Wir haben fertig: Geschäftsführung Tanya Kumst und Mathias Forkel, Projektleitung Ilona Lütje und Grafikleitung Constanze Henk (von rechts)

Gemeinsamer Genuss lässt Grenzen fallen

Essen verbindet. Gemeinsamer Genuss überwindet Grenzen. Das sind Binsenweisheiten? Nein! Nicht in einer Zeit, in der es nach den Wirren der Pandemie nun Krieg in Europa gibt. Da gilt es Zeichen zu setzen – für ein Miteinander der Kulturen, die sich befruchten, respektieren und schätzen. Kulinarische Vielfalt kann da ein Schlüssel sein. Mit dieser 35. Ausgabe des Genuss-Guide wollen wir den so weit wie möglich umdrehen. Denn Hamburgs Gastronomie ist international, multikulturell und divers. An Alster und Elbe kocht die Welt. Crossover. Fusion. Miteinander.

Genuss-Guide wäre nicht Genuss-Guide, wenn es keine Konstanten gebe. Und so haben sich unsere Autoren und VIP-Tester auch in diesem Frühsommer wieder aufgemacht, Hamburgs Gastronomen auf die Teller zu schauen und Noten zu verteilen. Über 700 Restaurants haben sie getestet, genossen, abgefeiert und – muss ja – manchmal auch wortgewaltig verrissen. Dabei bleiben wir nicht an der Stadtgrenze hängen, sondern würdigen auch das Umland. Und klar haben wir ab Seite 16 die heißesten Neueröffnungen und alles, was in den kommenden Monaten an den Start geht, in unseren „Schinken" gepackt. Beim VIP-Talk (Seite 30) haben wir mit Top-Gastronomen darüber diskutiert, ob Hamburg in Zeiten von Corona und Krieg noch bezahlbar is(s)t und bleibt. Und erfahren, dass die Angst den Gastronomen im Nacken sitzt, aber auch Optimismus und Zusammenhalt wachsen. Und dann wird's international (ab Seite 42). Wir lassen Gastronomen zu Wort kommen, die an der Elbe heimisch geworden sind. Sie erzählen ihre Geschichten und lassen uns in ihre Töpfe schauen. Wir streifen durchs Portugiesenviertel, suchen nach koscheren Restaurants, entdecken den Grindel mit seiner jüdischen Geschichte und kümmern uns um Regeln der orientalischen Küche.

Dazu sprechen wir ab Seite 82 mit den coolsten Frauen der Gastro-Szene, haben jede Menge Top-Listen an Bord, checken Cafés (Seite 110), in denen der Start in den Tag noch besser schmeckt, und lässige Bars (Seite 406).

So, nun aber genug der vorgreifenden Worte. Zeit für feine Sachen, tolle Teller und grandiose Drinks. Und für Antworten. Wie heißt das beste Restaurant 2022? Wo kocht der beste Newcomer? Wer darf sich Testsieger in einer der 19 Kategorien nennen? Davon schenken wir euch übrigens zwei mehr also als noch 2021. Orient und Indien sind ebenso solo unterwegs wir die zuvor als Iberien gelisteten Portugal und Spanien. Auch den Genuss-Michel für das gastronomische Lebenswerk und einen Sonderpreis für Nachhaltigkeit haben wir im Köcher. Vor allem aber erfahrt ihr auf satten 438 Seiten, wo es 2022 besonders gut schmeckt und wo noch ein bisschen was draufgelegt werden sollte, wenn es ums kulinarische Niveau geht. Denn das liegt uns am Herzen. Und gern auch am Gaumen.

Und jetzt: Los geht's mit unserer Weltreise durch Hamburg. Buen provecho! Itadakimasu! Buon Appetito! Bom apetite! Afiyet olsun! Enjoy your meal! Und guten Genuss! Den gibt es übrigens auch online – auf der frisch relaunchten Website informieren wir laufend über alles, was in der Gastro-Szene passiert. Viel Spaß beim Lesen!

Das Team von
SZENE HAMBURG

FOTO: ERIK BRANDT-HÖGE

W0366847

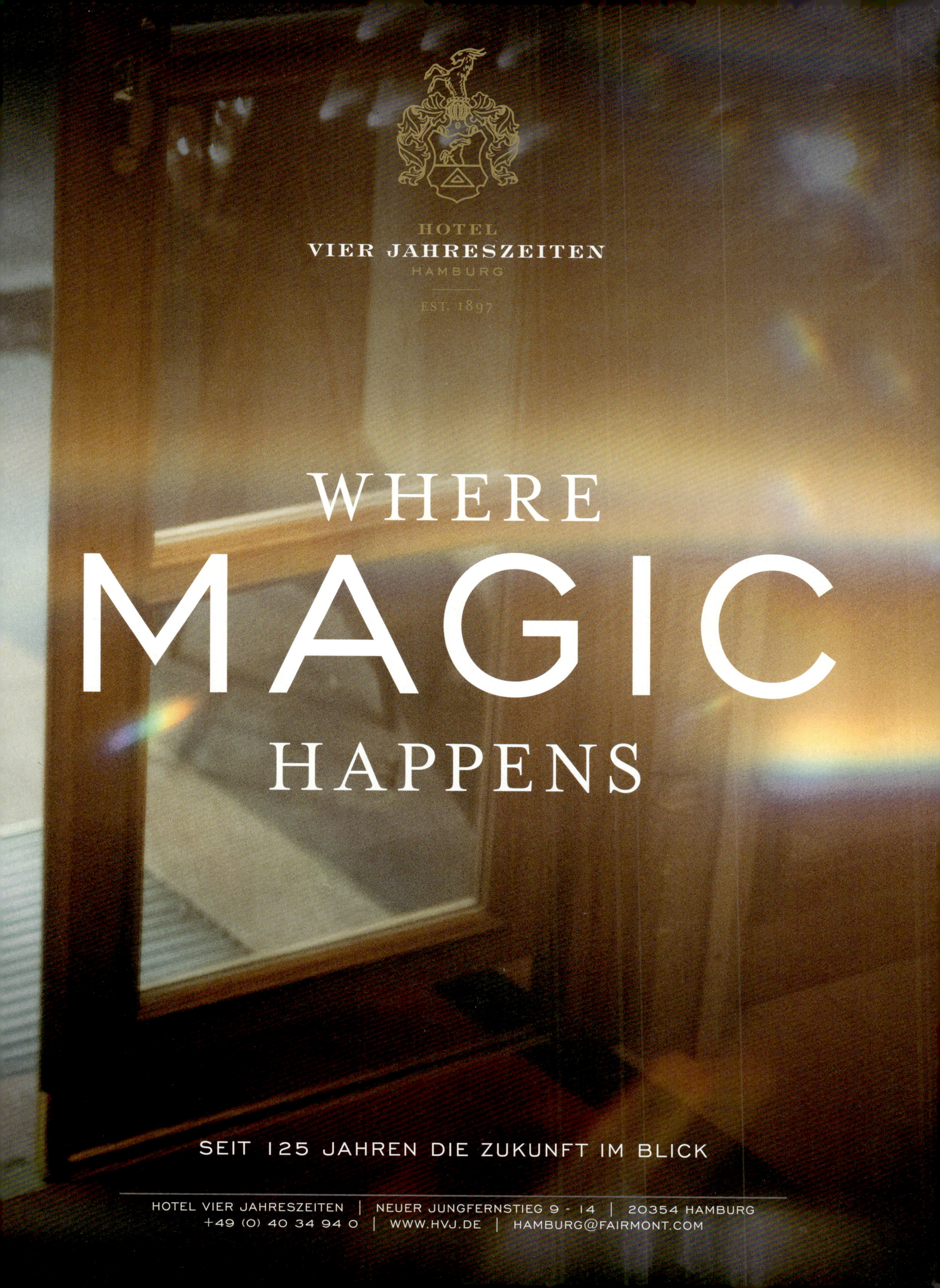
HOTEL
VIER JAHRESZEITEN
HAMBURG
EST. 1897
WHERE
MAGIC
HAPPENS
SEIT 125 JAHREN DIE ZUKUNFT IM BLICK
HOTEL VIER JAHRESZEITEN | NEUER JUNGFERNSTIEG 9 - 14 | 20354 HAMBURG
+49 (0) 40 34 94 0 | WWW.HVJ.DE | HAMBURG@FAIRMONT.COM

700 Restaurants im Test

Magazin

FOTOS: JULIA SCHUHMACHER (O.), JÉROME GERULL (U.L.), SPANISCHE TREPPE (U.R.)

INHALT

110

Service

FOTO: ALEXIA RABE/WASWIRWIRKLICHLIEBEN (L.), THE GEORGE (R.O.), JÉROME GERULL (R.M.), JOHANNA ZOBEL (U.)

Unsere Top-Listen

Register

Standards

HELBING „FEINE FREUNDE"

Hanseatische Bodenständigkeit

Helbing gehört zu Hamburg wie der Michel und die Elphi, St. Pauli und Blankenese. Seit 180 Jahren trotzt der Kümmelschnaps jedem Trend und verbindet Jung und Alt, Gourmet und Kneipe. Auf dem Etikett der Flasche der Sonderedition sind „Feine Freunde" aus der Gastro- und Eventszene vertreten: Nachtschwärmer, Hamburger Urgesteine und echte Nordlichter. Neben Thai Oase, Schmidt Theater und Knust, gehört auch die SZENE HAMBURG zu Helbings Freunden.
helbing-kuemmel.de

Tipps & **Trends**

Von schönen Dingen, edlen Tropfen, gesunden Produkten und nachhaltigen Ideen – feines Zeug von heute und morgen eben

BOHLSENER MÜHLE

GRANOLA FÜR DIE ARTENVIELFALT

Das vegane Granola mit Hafer, Gerste und Buchweizen schmeckt nicht nur gut, sondern fördert durch seinen Mix von unterschiedlichen Getreiden wie Gerste und Buchweizen die Artenvielfalt und schafft Lebensräume für Insekten. Schließlich baut die Bohlsener Mühle zusammen mit dem Landwirt Kay Hansen direkt vor den Toren Hamburgs Buchweizen an.
ausgutemgrund.bio

FOTO: ERIK BRANDT-HÖGE (O.), BOHLSENER MÜHLE (U.)

FAME FOREST

Love & Peace für Kriegskinder

Fame Forest ist ein ökologisch sinnvolles Kooperationsprojekt vom gemeinnützigen Unternehmen „Das Geld hängt an den Bäumen" und der Barclays Arena. Sie pflanzen für alle Artists, die dort auftreten, einen Baum. So entsteht Star für Star langsam ein ganzer Wald. Aus dem gewonnenen Obst wird Saft für die Fame-Forest-Schorlen gewonnen, deren Verkaufsgewinn komplett in den Umweltschutz fließt. Insektenhotels, Wildblumenwiesen und Bienenstöcke sorgen zudem für einen ökologisch perfekt funktionierenden Kreislauf. Doch weil das Fame-Forest-Team nicht nur an eine ökologisch perfekte Welt glaubt, sondern auch an ein grenzenloses Miteinander und Frieden, legt es nun noch einen drauf: mit der Sonderedition Love&Peace. Das Unternehmen spendet 100 Prozent des Gewinns an WAR CHILD und unterstützt gemeinsam mit der Initiative der Klitschko-Brüder #weareallukrainians psychosoziale Projekte. „Kinder aus dem Krieg zu holen, ist das Eine. Den Krieg aus den Kindern zu holen das Andere", heißt es bei Fame Forest.
fame-forest.com

MOUTAI

LUXUS-SPIRITUOSE

Für anspruchsvolle Genießer: Der Moutai, ein Baijiu, zählt zu den feinsten Spirituosen der Welt. Der chinesische Schnaps wird entlang des Chishui-Flusses produziert, seine Rezeptur gehört zu den besten in China. Nicht zuletzt wurde der Baiju mit zahlreichen Auszeichnungen gekürt. Moutai ist ein wahres Luxusgut mit komplexem Geschmack. Es gibt ihn in verschiedenen Variationen: Flying Fairy, Moutai Prince und Moutai Yingbin.

moutaigermany.de

ELMENDORF

HOCHPROZENTIGER BIO-SCHNAPS

Die Brennerei Elmendorf brennt den ersten und einzigen Hamburger Kümmel in Bio-Qualität, hergestellt in Handarbeit in Winterhude. Destilliert aus Bio-Weizen und verfeinert mit erlesenem Bio-Kümmel und frischen Zitronenschalen, entsteht ein würziger Genuss mit einer leichten Süße, begleitet von feinen Zitrusnoten. Die älteste Brennerei in Hamburg feiert dieses Jahr ihren 333. Geburtstag und brennt jetzt endlich auch die älteste Spirituose der Hansestadt. Elmendorf Hamburger Kümmel ist raffiniert und stilvoll, lecker und unkompliziert. Typisch Hamburg eben.
elmendorf.de

FOTOS: FAME FOREST (O.), MOUTAI (M.), ELMENDORF (U.L.)

ALDER RUM

100 % BIO

Mit viel Liebe, Talent, dem Anspruch an fairen Handel und hochwertigen Rohstoffen hergestellt. Der ALDER RUM wird aus 100 Prozent bio und fairtrade Zuckerrohrmelasse aus Südamerika destilliert und reift anschließend in einem Edelstahl-Reifungstank. Bei der Herstellung bedient sich der ALDER RUM ausschließlich der natürlichen Süße. Das Ergebnis kann sich schmecken lassen: Der PURE.WHITE.ORGANIC eignet sich mit seiner milden und fruchtigen Note perfekt für die Zubereitung von Longdrinks. Auch das braune Pendant, der PURE.BROWN. ORGANIC, dem beim Reifen ausgewählte Hölzer hinzugegeben werden, macht sich hervorragend in Cocktails, er schmeckt leicht holzig und würzig im Abgang.
alder-rum.bio

MIT GERD RINDCHEN UNTERWEGS

Wein- und Genussreise nach Südafrika

Seit über 20 Jahren ist Südafrika Gerd Rindchens Sehnsuchtsland Nummer eins. Nun hat er, gemeinsam mit Marco Polo Reisen, eine faszinierende Reise für Weinfreunde, Entdecker und Genießer konzipiert. Die zwölftägige Reise führt nach Kapstadt und Stellenbosch, neben den weltberühmten Sehenswürdigkeiten der Region werden auch einige der besten Winzer des Landes besucht, die zu individuellen Verkostungen laden, welche über „normale" Weinproben weit hinausgehen. So können einige zukünftige Spitzenweine direkt aus dem Barrique probiert werden und auf den schönsten Gütern wird anschließend Lunch oder Abendessen serviert. Darüber hinaus gibt es geführte Weinmenüs in einigen von Gerd Rindchens Lieblingsrestaurants.
16.1.–27.1.2023, Marco Polo Reisen; Kontakt: cathrin.ege@studiosus.com

SPENDENPROJEKT

HILF MAHL!

From London to Hamburg: Dieses Spendenprojekt für Obdachlose hat seine Wurzeln in der englischen Hauptstadt. Nach einem London-Besuch waren Sophie und Mathias Bach so angetan, dass sie das Konzept von Streetsmart in die Hansestadt überführten. Helfen ist damit ganz einfach: Teilnehmende Restaurants weisen durch Tischkarten darauf hin, dass Gäste einen zusätzlichen Betrag von einem Euro auf ihrer Rechnung finden werden. Dieser wird an Organisationen weitergeleitet, die Notunterkünfte betreiben oder Essen verteilen. Der Spendenbetrag kann von den Gästen abgelehnt oder auch beliebig erhöht werden. Also auf geht es: Hilf Mahl!
hilfmahl.de

BIA

VIETNAMESISCHES BIER

In der Hamburger Gastro-Szene ist Hai Ngoc Bui längst mit mehreren Restaurants wie dem Quan36 oder dem Quan36too bekannt. Nun hat er sich etwas Neues überlegt: das erste vietnamesische Bier, dass nach deutschem Reinheitsgebot gebraut wird. Mit dem leichten Bier „Bia" bringt er das vietnamesische Street-Feeling in die Straßen Hamburgs. In Vietnam ist es üblich, sich zum Feierabend auf ein Bier zu treffen – dieses wird dann ganz simpel auf Plastikhockern in der Fußgängerzone oder auf der Bordsteinkante getrunken. Logisch, dass es das Bier in Buis Läden gibt.
quan36too.de

FOTOS: ALDER RUM (O.), © SOUTH AFRICAN TOURISM/MARCO POLO REISEN (O.), HILF MAHL! (U.L.), QUAN36 (U.R.)

may®

Stilvoll Platz nehmen.

Blue Mare - Hamburg

Einzigartige Möbelvielfalt seit 65 Jahren.

Restaurant I Hotel I Bar I Office I Health&Care

Es findet nur ein Verkauf an Gewerbekunden statt.

Katalog kostenlos bestellen.

www.may-kg.de

@maymoebel

@maymoebel

KOCHBUCH

AUS DER FREIEN WILDBAHN

Das neue Kochbuch „Gefundenes Fressen" von Fabio Haebel ist da. Gemeinsam mit Angler Jan Hrdlicka und Koch Olaf Deharde hat er ein Buch darüber geschrieben, wo man wilde Lebensmittel findet und wie man diese zubereitet. Die drei Food-Spezialisten kennen sich mit regionalem und saisonalem Essen aus: Jan angelt, Olaf sammelt und kocht im Freien und Fabio führt ein Restaurant, in dem strikt nachhaltig gekocht wird. Der Ratgeber ist in saisonale Kapitel unterteilt und erklärt auf über 240 Seiten genau, wo man nachhaltiges Fleisch beziehen kann und worauf man beim Spazieren im Freien achten sollte, um fündig zu werden. Die drei Gastronomen zeigen zu jeder Jahreszeit, was Fluss, Wiese und Wald kulinarisch zu bieten haben und konzentrieren sich in ihren Rezepten rein auf Zutaten, die in der freien Wildbahn vorkommen.
brandstaetterverlag.com

VOELKEL SHOT INGWER & KURKUMA

Natürliche Vitamine aus gesunden Strukturen

Der alkoholfreie Shot aus dem Hause Voelkel kickt die Sinne mit scharfem Ingwer und würzigem Kurkuma von Kleinbauern-Kooperativen aus Peru – und versorgt den Körper zugleich mit reichlich Vitamin C aus Acerola. Faire Sache auch für die Umwelt, denn der Demeter-Anbau leistet einen Beitrag für nachhaltig fruchtbare Böden, reine Luft und saubere Gewässer. Der 100-prozentige Direktsaft schmeckt köstlich pur oder auf Eis und lässt sich dank der integrierten Dosierskala ganz einfach portionieren. So lässt es sich gleich mehrfach gut genießen!
voelkeljuice.de

LINIE AQUAVIT

PREMIUM-AQUAVIT

Der norwegische Premium-Aquavit wird mit seinen Noten von Vanille, Anis und Zitrusfrüchten traditionell als Aperitif oder Digestif vor oder nach einem leckeren Essen serviert. LINIE Aquavit reift von seinen insgesamt 16 Monaten in Oloroso-Sherry-fässern vier auf See, wo ihm Wellengang und Meeresluft den letzten Schliff verleihen. In Norwegen, im Gegensatz zu Deutschland, immer bei Zimmertemperatur, denn so kommen die feinen Nuancen viel besser zur Geltung. Aber auch gekühlt oder in einem nordisch angehauchten Cocktail wie dem LINIE Ginger ein Genuss.

Das Rezept:

4 cl LINIE Aquavit / 2 cl frisch gepresster Limettensaft / Schweppes American Ginger Ale / ein paar Heidelbeeren / 2–3 Gurkenscheiben / Eiswürfel

Ein Longdrinkglas mit Eiswürfeln füllen, LINIE Aquavit und Limettensaft ins Glas geben, Heidelbeeren und Gurkenscheiben hinzugeben, mit Ginger Ale auffüllen und servieren.

ludwig-von-kapff.de

HERBIVORE HUB

VEGANER ONLINESHOP

Seit Mitte Juni 2022 ist der vegane bio-zertifizierte Onlineshop von Dr. Tina Ingwersen-Matthiesen online. Die ehemalige geschäftsführende Gesellschafterin des Spirituosenunternehmens BORCO-Marken-Import verzichtet seit fünf Jahren selbst auf tierische Produkte. Auf „Herbivore Hub" stellt sie das Angebot aus über 200 ausgewählten veganen Produkten selbst zusammen. „Tierwohl und Klimaschutz sind meine wichtigsten Beweggründe für eine vegane Ernährung, eine gesündere Ernährung ist nicht der Hauptfokus", betont sie. „Vegan ist kein Synonym für Diät. Zur veganen Ernährung gehört Genuss – darum auch mal Zucker oder ein guter Wein. Wir wollen mit Herbivore Hub zeigen, dass vegane Ernährung und Genuss perfekt matchen und dabei die Welt ein Stückchen besser machen." Der neue Onlineshop hält rund 220 Spezialitäten bereit, darunter Weine, Champagner und alkoholfreie Getränke. Aber auch zwei hauseigene Herbivore Kräutertees und zwei vegane Soßen gehören zum Sortiment. Naschkatzen dürfen sich ebenso freuen: Es gibt Schokoladen verschiedener Marken, bunte Bonbons und Fruchtgummis sowie würzige Chips.
herbivore-hub.de

FOTOS: BRANDSTAETTER (O.), MARC DIETENMEIER (M.), ANRI SCHRAMM (U.)

ELEKTRISCHES GOKART-FEELING UND EINE VOLLE LADUNG MINI BIG LOVE.

Der neue vollelektrische MINI Cooper SE ist alles, was MINI ausmacht, und noch viel mehr: Erleben Sie legendäres Gokart-Feeling vereint mit ikonischem Design und 100 % emissionsfreiem Fahren. Neugierig geworden? Dann vereinbaren Sie jetzt Ihren persönlichen Termin für Ihre Probefahrt und lassen Sie sich vollumfänglich von uns zu den Themen E-Mobilität und Ladelösungen in Hamburg beraten.

LEASINGBEISPIEL DER BMW BANK GMBH[1]: MINI COOPER SE 3-TÜRER.

Neuwagen, Rebel Green uni, Stoff-/Leatherettekombination Black Pearl Light Chequered, 17" MINI Electric Collection Spoke, MINI Resolute Edition, Premium Paket, Ablagenpaket, Lichtpaket, Sitzheizung für Fahrer und Beifahrer, Ambientes Licht, Park Distance Control (PDC) hinten, Driving Assistant, DAB-Tuner, MINI Navigationssystem, LED-Scheinwerfer, Klimaautomatik, Bordcomputer, Akustischer Fußgängerschutz u. v. m.

Stromverbrauch in kWh/100 km: 14,9 (NEFZ); 15,4 (WLTP); elektrische Reichweite (WLTP) in km: 231,0; Spitzenleistung: 135 kW (184 PS); Effizienzklasse (NEFZ): A+++.

Anschaffungspreis:	32.704,79 EUR
Leasingsonderzahlung (förderbar mit dem Umweltbonus[2]):	6.000,00 EUR
Laufleistung p. a.:	10.000 km
Laufzeit:	36 Monate
Gesamtpreis:	18.564,00 EUR
36 monatliche Leasingraten à:	**349,00 EUR**
Zzgl. Kosten für Gute-Fahrt-Paket (Zulassung, Transport und Überführung):	999,00 EUR

[1] Ein unverbindliches Leasingbeispiel der BMW Bank GmbH, Lilienthalallee 26, 80939 München; alle Preise inkl. MwSt.; Stand 06/2022. Ist der Leasingnehmer Verbraucher, besteht bei außerhalb von Geschäftsräumen geschlossenen Verträgen und bei Fernabsatzverträgen nach Vertragsschluss ein gesetzliches Widerrufsrecht. Nach den Leasingbedingungen besteht die Verpflichtung, für das Fahrzeug eine Vollkaskoversicherung abzuschließen. Angebot gültig bis 15.12.2022, Zulassung bis 30.06.2023. Wir vermitteln Leasingverträge und Finanzierungsverträge ausschließlich an die BMW Bank GmbH, Lilienthalallee 26, 80939 München. [2] Die Förderung beträgt bei einem vollelektrischen Fahrzeug 6.000 EUR (mit „Innovationsprämie": 9.000 EUR) bei einem Basisfahrzeug mit einem Netto-Listenpreis von unter 40.000 EUR, und 5.000 EUR (mit „Innovationsprämie": 7.500 EUR) bei einem Basisfahrzeug mit einem Netto-Listenpreis von über 40.000 EUR. Bei den Plug-in-Hybrid-Modellen beträgt die Förderung 4.500 EUR (mit „Innovationsprämie": 6.750 EUR) bei einem Basisfahrzeug mit einem Netto-Listenpreis von unter 40.000 EUR, und 3.750 EUR (mit „Innovationsprämie": 5.625 EUR) bei einem Basisfahrzeug mit einem Netto-Listenpreis von über 40.000 EUR. Die Förderung wird bis zu einem maximalen Netto-Listenpreis des Basisfahrzeugs von 65.000 EUR gewährt. Überschreitet der Netto-Listenpreis des Basisfahrzeugs diesen Betrag, gibt es keine Förderung. Die Förderung leisten Automobilhersteller und Bund jeweils zur Hälfte. Im Zuge der „Innovationsprämie" wird der Anteil des Bundes an der Förderung zeitlich befristet bis zum 31.12.2022 verdoppelt. Der Anteil des Herstellers wird netto ausgezahlt, der des Bundes brutto für netto (echter Zuschuss). Der maßgebliche Zeitpunkt für die Gewährung der Innovationsprämie sowie des Anteils des Bundes an der Förderung gemäß der Förderrichtlinie ist die Fahrzeugzulassung auf den Antragssteller. Die Bundesregierung hat eine Änderung der Förderbedingungen zum 01.01.2023 angekündigt. Die Höhe und Berechtigung zur Inanspruchnahme des Umweltbonus sind durch die auf der Webseite des Bundesamts für Wirtschaft und Ausfuhrkontrolle unter www.bafa.de/umweltbonus abrufbare Förderrichtlinie geregelt. Es besteht kein Rechtsanspruch auf Gewährung des Umweltbonus. Der Umweltbonus endet mit Erschöpfung der bereitgestellten Fördermittel, spätestens am 31.12.2025.

Offizielle Angaben zu Stromverbrauch und elektrischer Reichweite wurden nach dem vorgeschriebenen Messverfahren ermittelt und entsprechen der VO (EU) 715/2007 in der jeweils geltenden Fassung. Für seit 01.01.2021 neu typgeprüfte Fahrzeuge existieren die offiziellen Angaben nicht mehr nach NEFZ, sondern nur noch nach WLTP. Weitere Informationen zu den Messverfahren NEFZ und WLTP finden Sie unter www.bmw.de/wltp. Abbildung zeigt Sonderausstattung.

DER MINI COOPER SE.

MINI

BMW AG Niederlassung Hamburg

hamburg.mini

Hauptbetrieb
Offakamp 10–20
22529 Hamburg
Tel.: 040 55301-10

Filiale City Süd
Süderstraße 133–141
20537 Hamburg
Tel.: 040 55301-20

Filiale Wandsbek
Friedrich-Ebert-Damm 120
22047 Hamburg
Tel.: 040 55301-30

Filiale Elbvororte
Osdorfer Landstraße 50
22549 Hamburg
Tel.: 040 55301-50

Gebrauchte Automobile Zentrum Barsbüttel
Rahlstedter Straße 4–10
22885 Barsbüttel
Tel.: 040 55301-1477

BIO-OBST MÜNCH

Secco und Brand vom Bio-Apfel

Als die meisten Menschen bei dem Wort „Bio" noch an das Fach in der Schule dachten, hatte Claus-Peter Münch den Grundstein für einen der ersten reinen Bio-Obsthöfe in Deutschland längst gelegt. Seit mehr als 40 Jahren baut der Obstbau-Pionier im Alten Land Bio-Obst an. Heute gehört der Familienbetrieb zu den größten selbstständigen Erzeugern von Demeter-Tafeläpfeln und vermarktet nicht nur das frische Obst, sondern seit ein paar Monaten auch den alkoholfreien Apfelsecco. Jetzt folgt der Apfelsecco mit Alkohol und überzeugend fruchtiger Apfelnote – der perfekte Aperitif. Verwendet werden ausschließlich erlesene norddeutsche Apfelsorten. Und auch von ihrem Apfelbrand „Apfler" haben die Münchs aufgrund der hohen Nachfrage bereits die zweite Charge brennen lassen. Der milde Premium-Apfelbrand erfreut mit seinem ganz besonderen Apfelaroma. Auch hierfür werden ausschließlich eigene Bio-Äpfel verwendet: In einem Liter Apfelbrand stecken 16 Kilo Äpfel.
bioobstmuench.de

RYEKORN

KORN MADE IN HAMBURG

Ryekorn – das ist norddeutscher Korn, der in Hamburgs ältester Spirituosenmanufaktur in Bergedorf kreiert wird. Die Herstellung erfolgt in sorgsamer Handarbeit, anschließend lagert der Korn in alten Tonkrügen. Im Gegensatz zu anderen Kornsorten wird der Ryekorn nicht aus Weizen, sondern aus Roggen hergestellt. Dadurch bekommt er seine milde Note und eignet sich hervorragend zum puren Genuss. Aber auch in Longdrinks und Cocktails macht er eine gute Figur. Gut fürs Gewissen: Jede verkaufte Flasche spendet einen Euro an Brot für die Welt.
ryekorn.com; 0,5 Liter- und 5 cl-Flasche u. a. hier erhältlich: Oschätzchen (Hohe Bleichen 26), amazon.de

PUBLIC COFFEE ROASTERS – MOONLIGHT

Nachhaltig verkapselt

Kaffee aus Kapseln – das geht auch mit gutem Gewissen! Das beweisen die Public Coffee Roasters mit ihrer Espresso-Röstung „Moonlight". Die Kapseln bestehen aus natürlichen Holzfasern und werden mit Pflanzenstärke gebunden (GMO-frei und ISCC PLUS zertifiziert), auf Aluminium, Plastik und Mikroplastik wird darum komplett verzichtet. Alle verwendeten Holzfasern sind Restprodukte der Holzverarbeitung aus Süddeutschland, kommen aus heimischer, nachhaltiger Forstwirtschaft und werden in einer kleinen Manufaktur in Baden-Württemberg zu Kaffeekapseln verarbeitet. Die handgerösteten Kaffeesorten werden in der Rösterei auf der Elbe in Hamburg-Entenwerder entwickelt. Insgesamt betreiben die Röster von der Elbe vier Cafés, der schonende Umgang mit Ressourcen gehört bei ihnen zu den Grundfesten.
publiccoffeeroasters.com

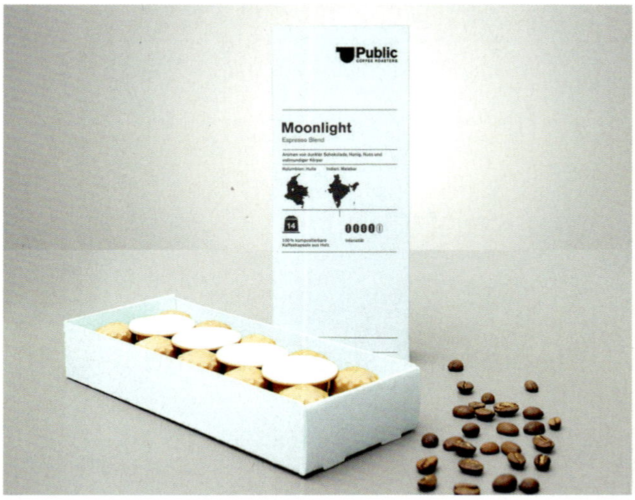

FOTOS: BIOOBST MÜNCH (O.), RYEKORN (M.L.), PUBLIC COFFEE ROASTERS (U.)

LEVANTEHAUS
HAMBURG

48 GESCHÄFTE | 8 RESTAURANTS & BARS | 1 HOTEL

Ob raffiniertes Menü oder frischer Snack – kulinarische Genüsse
in geschmackvollem Ambiente verlocken im Levantehaus.
Eleganz und Exklusivität in Fashion, Gastronomie, Manufaktur und Service.

WWW.LEVANTEHAUS.DE

WILLKOMMEN
in Hamburg!

Es gibt sie noch, die Mutigen. Gastronomen, die ihr Herz, den Kochlöffel und Geld in die Hand nehmen, um die Szene zu rocken. Trotz schwieriger Zeiten und all der Unsicherheit mit Pandemie und Krieg. Chapeau, hier kommen unsere Neueröffnungen 2022

TEXTE: ANDREAS DAEBELER, ALICE VON DER LADEN UND JOHANNA ZOBEL

GOLDBACH

Das Goldbach soll eine Hommage an das Leben und den Genuss sein. Und an die goldenen Zwanziger, deren Flair in dem neuen Restaurant am Rathausmarkt aus jeder Ecke weht. Im historischen Gebäude der Hanseatischen Wertpapierbörse ist Art déco angesagt, stuckverzierte Decken und Säulen wurden beim Umbau freigelegt. Auf den Tellern landen raffiniert und modern zubereitete Klassiker wie Königsberger Klopse, Pannfisch und Roastbeef mit Bratkartoffeln. Aber auch Steaks und Gambas können unterm Kronleuchter genossen werden.
Rathausmarkt 17-18 (Altstadt); goldbach-restaurant.de

FOTO: DANIEL WISCHER GMBH & CO. KG

VIER JAHRESZEITEN – EXKLUSIVER WEINKELLER

Rechtzeitig zum 125. Geburtstag des Hotel Vier Jahreszeiten Hamburg im Jahr 2022 ist der exklusive Weinkeller des Hauses komplett renoviert und neu gestaltet worden. Die Erlebniswelt ist künftig begehbar und bietet Raum für Degustationen und Empfänge. Gruppen können zu Führungen durch alle Bereiche eines der größten Weinkeller Europas starten, zudem kann das außergewöhnliche Ambiente, übrigens unter dem Wasserspiegel der nahen Alster gelegen, für exklusive Veranstaltungen gemietet werden. Eine spannende Zeitreise ist garantiert. Die älteste Flasche hier stammt aus dem Gründungsjahr des Hotels. Vor knapp 125 Jahren wurde zu Zeiten Wilhelms II. ein Rotwein namens „Clos de la Roche, Reserve de la Maison" aus Beaune im Burgund eingelagert. Die älteste verkäufliche Flasche stammt aus dem Jahr 1943 – ein „Château Latour 1er Cru Classé". Insgesamt werden im Weinkeller des Vier Jahreszeiten rund 100.000 Flaschen gelagert. Deren Gesamtwert wird auf 2,5 Millionen Euro geschätzt.
Neuer Jungfernstieg 9-14 (Neustadt); hvj.de

NOMAD

Das Nomad ist eine Fusion von Restaurant, Bar und Lounge. Am Alsterufer hat sich Viet Pham seinen Traum von einer coolen Location in exzellenter Lage erfüllt. In der Küche des stylishen Ladens in den Räumen des ehemaligen Basil & Mars geht's gern mal experimentell zu. Die Basis ist die japanische Küche. Serviert werden Sushi-Kreationen, die vor den Augen der Gäste zubereitet werden. Aber auch Fleisch kommt auf die Teller. Etwa flambiertes Rinderfilet nebst Nussbutter oder Lamm vom Holzkohle-Grill.
Alsterufer 1 (Harvestehude); nomad-restaurant.de

Inhaber Argin (links) und Shop-Manager Konstantin

PUBLIC COFFEE ROASTERS

Richtig stylisher Tresen, in Grautönen gestrichene Wände und herrlicher Duft, der in der Luft liegt – willkommen im neuen Laden der Public Coffee Roasters, die ihren Kaffee auf einem Hausboot bei Entenwerder rösten. Auch in der Eimsbütteler Filiale wird natürlich ausschließlich handgeröstete Bohne verwendet, die im Shop auch für zu Hause gekauft werden kann. Dazu gibt es leckere Cookies, Raw Balls, Granola und Kuchen. All das wird vor Ort zubereitet, denn dem Laden ist eine Bäckerei angeschlossen. Für die Public Coffee Roasters ist das rund 100 Quadratmeter große Café an der Lappenbergsallee der vierte Laden in Hamburg.
Lappenbergsallee 43 (Eimsbüttel); publiccoffeeroasters.com

PAOLA'S DELI & BAR

Köchin Cornelia Poletto schenkte ihrer Tochter Paola zum 18. Geburtstag 2020 eine eigene Bar. Im Mai 2022 hat das Paola's nun eröffnet – direkt neben dem Poletto-Restaurant in Eppendorf. Das Paola's ist eine Mischung aus Bar und Deli: Tagsüber gibt es Pastrami-Sandwiches, Pinsa und Pasta, abends pflegt Barchef Marvin Pitz – bekannt aus dem Nikkei Nine – die Aperitivo-Kultur. Poletto-Tochter Paola wird man übrigens (vorerst) nicht hinter der Bar treffen. Sie studiert jetzt in den USA Musikbusiness.
Goernestraße 1 (Eppendorf); cornelia-poletto.de

FOTOS: VIER JAHRESZEITEN (O.), JOHANNA ZOBEL (M.L.), MARC SILL (M.R.), MELANIE DREYSSE (U.)

DER NEUE IM NIKKEI NINE

Das Nikkei Nine im Hotel Vier Jahreszeiten hat mit Kai Wiegand einen neuen Chef in der Küche. Welche kulinarischen Pläne hat der 29-Jährige, der unter anderem für Küchenstar Tim Raue oder das Hotel Adlon Kempinski kochte?

„Das Nikkei Nine gehört bereits zu den besten Restaurants und hat sich über die letzten Jahre seit der Eröffnung 2016 sehr etabliert. Mein Ziel ist es selbstverständlich, das Restaurant gemeinsam mit meinem Küchenteam und dem Serviceteam unter der Leitung von Matthias Förster noch erfolgreicher zu machen, es weiter nach vorne zu bringen, so dass der Name Nikkei Nine in aller Munde ist. Ich möchte meine eigenen Akzente einbringen, neue kulinarische Highlights setzen mit kreativen Neukompositionen, aber dabei natürlich dem Stil und dem erfolgreichen Konzept des Nikkei Nine treu bleiben – ich freue mich sehr auf eine spannende Zeit mit dem Team und alle Projekte, die mich nun hier in Hamburg im Hotel Vier Jahreszeiten erwarten."

Neuer Jungfernstieg 9-14 (Neustadt); nikkei-nine.de

[STAMM]TISCH

Wo zuvor in der Küche des Trüffelschwein auf Sterne-Niveau gekocht wurde, ist jetzt ein Newcomer zu finden. Dort haben sich Leon Blume und Clemens Maiwald, die sich in Steffen Hensslers Ono kennenlernten, ihren Traum von einem eigenen Restaurant erfüllt. Das Credo der Gastronomen spiegelt sich im Namen des Ladens wider: [Stamm]Tisch. Es soll also entspannt und ungezwungen zugehen. Gegessen wird an gebeizten Holztischen, die Stühle sind mit Samt bezogen. Drinnen gibt es knapp 50 Plätze, auf der Terrasse noch mal 60. Auf den Tellern landen Steaks von Rindern aus der Heide, saisonale Gerichte und Fisch. Bowls und Salate runden das Angebot ab. Es gibt einen täglich wechselnden Mittagstisch.

Mühlenkamp 54 (Winterhude); stammtisch-restaurant.de

COCO RIVIERA

Tido Appelhoff, Tim Becker und Thomas Jankowski bringen in Hamburg ein neues Gastro-Projekt an den Start. Sie haben den Amora-Steg auf der Alster übernommen und ordentlich investiert. Das Konzept des Coco Riviera setzt auf französisches Flair, gepaart mit italienischem Charme. Angesagt ist Bistro-Küche. Auf die Teller kommen Lachs Sashimi, Beef Tatar und Scampi. Aber auch Currywurst nebst Trüffelpommes darf geordert werden. All das kann mit grandiosem Blick über die Alster mit seichten Wellen, kreuzenden Segelbooten und herrlichen Sonnenuntergängen genossen werden.

An der Alster 72 (St. Georg); coco-riviera.com

FOTOS: VALENTIN AMMON (O.), (STAMM)TISCH (M.), COCO RIVIERA (U.)

NEW YORK BAGEL BAR

Wer schon mal zwischen Central Park und dem Village unterwegs war, kennt den coolen Style der kleinen Backwaren-Shops in Manhattan. Und eben diese Atmosphäre wollen die Betreiber der New York Bagel Bar auch in Hamburgs Innenstadt zaubern. Hat ja am Mühlenkamp schon gut geklappt – und soll auch in der City funktionieren. Dort hat an der Gerhofstraße kürzlich die zweite Filiale der Kette eröffnet. Und zwischen die beiden Hälften der unverwechselbaren Brötchen kommt so ziemlich alles, was schmeckt. Süßes ebenso wie herzhafte Leckereien, Käse und Co. Dabei darf es auch gern mal etwas weggehen vom Mainstream in Sachen Belägen. So die DNA der Macher, die auf stylish-puristisches Ambiente setzen. Vegane Alternativen? Kein Problem.

Gerhofstraße 25 (Neustadt);
newyorkbagelbar.com

FRAU DR. SCHNEIDER'S GRILLED CHEESE WONDERLAND

Frau Dr. Schneider nimmt den Mund ganz schön voll. In ihrem Grilled Cheese Wonderland gibt es angeblich die besten Sandwiches der Welt, jedenfalls wenn es um echte Käsebomben geht. Die Teile werden mit Chili, Speck, Avocado oder Schinken gepimpt. Zum Einsatz kommt Sauerteigbrot. Die Specials tragen vielversprechende Namen wie Evil Elvis, The Mighty Pastrami und Pulled Pilz. Catering bietet Frau Dr. Schneider ebenfalls an. Hinter der steckt übrigens Helena Gleissner, die einst aus Wuppertal nach Hamburg kam, schon in der Sterneküche unterwegs war – und mit ihrem Foodtruck auch dem einen oder anderen Festivalgänger begegnet sein dürfte.

Seilerstraße 40 (St. Pauli);
grilledcheesewonderland.com

CARMEL BY KAPARA

Über diese Neueröffnung in Hamburg kann man sich nur freuen: Das Kapara hat endlich wieder einen festen Standort auf St. Pauli. Nach zahlreichen Pop-ups und drei temporären Standorten mit israelischem Streetfood, Hummus und Falafel bringt das Team nun feinste Pita-Kreationen in die Simon-von-Utrecht-Straße. Rein vegan, alles hausgemacht und finger-licking good: Sechs verschiedene Varianten stehen zur Auswahl und bringen authentisches Streetfood aus Tel Aviv in die Hansestadt. Dabei darf der coole Kapara Vibe natürlich nicht fehlen.

Simon-von-Utrecht-Straße 12 (St. Pauli);
kapara.hamburg

SALT & SILVER AM MEER

Die Pfahlbauten an den Stränden von St. Peter-Ording sind nicht weniger als Kult. Und jetzt gibt's auch noch richtig feine Küche in luftiger Höhe. Denn die Jungs vom Hamburger Restaurant Salt & Silver haben es sich da oben über der Nordsee so richtig gemütlich gemacht. Nach ihren zwei Läden auf St. Pauli erfüllen sich Johannes Riffelmacher und Thomas Kosikowski im Ortsteil Böhl einen Traum – sie sind auch privat künftig am Meer zu Hause. Und tischen in acht Metern Höhe Salzwiesenlamm aus der Region, Fisch aus der Nordsee und schleswig-holsteinischen Seen sowie Leckereien vom Lavastein-Grill auf. Am Kiosk gibt es Fischbrötchen. Viel vom Interieur des Traditionsrestaurants Seekiste wurde übernommen und einfach nur etwas gepimpt. Nachhaltig halt.

Zum Böhler Strand, St. Peter-Ording;
saltandsilver.de

FOTOS: NEW YORK BAGEL BAR (O.), FRAU DR. SCHNEIDER (M.L.), KAPARA UPSTAIRS / FILIPPO MAZZASETTE (M.R.), ISABEL RAUHUT (U.)

WAS WIR WIRKLICH LIEBEN FEINKOST

Hannes Schröder hat seinem Gastro-Konzept Was wir wirklich Lieben Zuwachs beschert. Und zwar im trubeligen Stadtteil St. Georg. Kürzlich eröffnete Schröder an der Langen Reihe seinen Was wir wirklich lieben Feinkost nebst Bistro mit knapp 30 Sitzplätzen. Auf den Tisch kommen hauptsächlich vegane und vegetarische Gerichte, deren Zutaten aus der Region stammen. Das Ambiente setzt auf viel Holz und warme Farben. Nachhaltigkeit spielt im Feinkost nicht nur beim Essen eine große Rolle, alte Möbel werden gern mal aufgearbeitet. Und wer nicht bleiben will, kann sich die leckeren Salate und Bowls auch einfach mit nach Hause oder ins Büro nehmen.

Lange Reihe 60 (St. Georg); waswirwirklichlieben.de

NORD COAST COFFEE ROASTERY

Die Nord Coast Coffee Roastery ist jetzt auch in Eimsbüttel vertreten. Seit März gibt's die Filiale im Eppendorfer Weg. Mit dem Standort in der Deichstraße und einer weiteren in Eppendorf ist es bereits die dritte Dependance der Betreiber Paula Mendes und Jörn Gorzolla in Hamburg. Die Nord Coast Coffee Roastery ist vor allem für fair produzierten Kaffee bekannt, der vor Ort frisch geröstet wird. Die Speisekarte hat jedoch mehr als nur Kaffee zu bieten. Vor allem das Frühstücksangebot des Cafés ist vielfältig – es gibt verschiedene Bowls, Bananenbrot-Pfannkuchen oder Bio-Rührei mit Steinpilzbutter. Auch leckere Waffeln sind am Start.

Eppendorfer Weg 171 (Eimsbüttel); nordcoast-coffee.de

SURF'N TURF KITCHEN

Neuzugang in Winterhude: Surf'n Turf Kitchen nennt sich der Laden, den Vasile Diaconu in der Dorotheenstraße aufgemacht hat. Der Rumäne ist schon seit knapp 20 Jahren in Hamburg. Er arbeitete unter anderem im Marlin, bevor er sich jetzt seinen Traum vom eigenen Restaurant erfüllte. In den Räumen des ehemaligen Caruso gibt es Steaks, die Fleischqualität spielt in der Küche eine entscheidende Rolle. Auch Meerestiere und Angebote für Veggies sind auf der Karte zu finden. Das Ambiente ist gediegen und schick.

Dorotheenstraße 54 (Winterhude); surf-n-turf-kitchen.de

COTIDIANO

Seit April wird im Cotidiano Hamburg aufgetischt. Das bereits aus München und Stuttgart bekannte Restaurant, das am Alten Wall beheimatet ist, setzt beim Ambiente auf viel Holz und eine gemütliche Atmosphäre. Restaurantleiter Jochen Ebnet hat sich mit seinen 25 Kollegen vorgenommen, sein Haus zu einem Wohlfühlort für jeden zu machen – und zwar morgens, mittags und abends. Gefrühstückt werden kann den ganzen Tag. Für die gesunde Pause gibt es im Cotidiano vitaminreiche Bowls, abends kommen etwa Flammkuchen, Burger oder Steak auf den Tisch. Die Leckereien können bei einem Sundowner auch draußen genossen werden – den Blick aufs Hamburger Rathaus gibt's dann als Zugabe.

Alter Wall 22 (Altstadt); cotidiano.de

FOTOS: ILONA LÜTJE (O.L.), ALEXIA RABE / WASWIRWIRKLICHLIEBEN (O.R.), SURF'N TURF KITCHEN (M.R.), NORD COAST COFFEE ROASTERY (M.L.), SOFIE LATOUR (U.)

BRETZ
STORE
STILWERK
HAMBURG
BRETZ STORE IM STILWERK HAMBURG
1. OG • GROSSE ELBSTR. 68 • 040 - 38 03 86 66
HAMBURG@BRETZ.COM • HAMBURG.BRETZ.STORE
Bretz
TRUE CHARACTERS

MUTTERLAND IM MONTBLANC HAUS

Montblanc und Mutterland, zwei Hamburger Originale, die ihre Leidenschaft für Qualität und Handwerk teilen, kommen im neuen Montblanc Haus zusammen. Hier erzählt die prestigereiche Marke die Unternehmensgeschichte von der Gründerzeit bis zur Gegenwart. Im angeschlossenen Mutterland Café gibt es eine kleine Karte mit regionalen und saisonalen Speisen wie wechselnde Wochengerichte oder Franzbrötchen und Brownies aus der hauseigenen Backstube.
Hellgrundweg 98 (Lurup); mutterland.de

PIRI PIRI

Der Sommer 2022 bringt ein Stück Portugal in die Sternschanze. Hinter einer Hauswand mit blauen, handbemalten Fliesen verbirgt sich das im Mai eröffnete Restaurant Piri Piri. Das Programm: viel Fisch und Fleisch, aber auch vegetarische und vegane Gerichte. Verpackt sind die Leckereien als Petiscos, tapasartige Portionen zum Teilen, nur wesentlich größer. Dazu gibt es rund 1200 deutsche und portugiesische Weine von 130 Winzern sowie eine Gin-Auswahl aus Portugal. Wirklich besonders: Das Brot wird hier mit Olivenöl einer portugiesischen Farm gereicht, dessen Olivenbäume schon über tausend Jahre alt sind.
Schulterblatt 63 (Sternschanze); piripirihamburg.de

MADAME MAI

Eine Besonderheit im Madame Mai ist, dass es zwei Speisekarten gibt. Eine davon vereint ausschließlich vegane Gerichte. Asiatische Küche landet auf jeden Fall auf den Tellern. Und zwar modern zubereitet und angerichtet. Als da wären die sogenannten Fusion Tapas, kleine Portionen zum Teilen. Leckereien wie Hähnchen in Kokos oder Lachstatar sind ebenso am Start wie Avocado im Tempuramantel oder Soja-Sticks. Fans von Bowls werden bei Madame Mai ebenfalls satt. Und genossen wird in einem stylishen Ambiente mitten in Bahrenfeld. Funktioniert auch einfach nur für einen leckeren Cocktail.
Stahltwiete 19a (Bahrenfeld); madamemai-hamburg.de

WOHLERS

Das Restaurant Wohlers in Altona-Altstadt ist seit Jahrzehnten eine Institution im Stadtteil. Doch es hat sich was getan an der Ecke Thadenstraße/Wohlersallee. Ivo Ruczinski und Matthias Schulz haben das Wohlers im Frühjahr 2022 übernommen und nach einer umfassenden Renovierung neu eröffnet. Auf der monatlich wechselnden Karte stehen moderne Interpretationen gutbürgerlicher Gerichte wie Kalbsbratwurst, Käsespätzle oder Schnitzel. Im Sommer sitzt man unter der großen Kastanie auf dem Gehweg, im Winter locken Vintage-holztische und -Stühle, bunte Wände und viel Gemütlichkeit ins Innere.
Thadenstraße 148 (Altona); restaurant-wohlers.de

FOTOS: ISABEL RAUHUT (O.L.), SEBASTIAN FUCHS (U.L.)., DANIEL SCHÄFER (O.R.), MADAME MAI (U.R.)

„Circus ist ein echtes Versprechen“

„Kein Junk, kein Fastfood, kein Bullshit“, verspricht Gastronom Fabio Haebel. Zusammen mit Flink-Gründer Nikolas Bullwinkel will er mit „Circus“ das Restaurantkonzept der Zukunft etablieren

Kennt Hamburgs Gastro-Szene aus dem Effeff: Gastronom Fabio Haebel

FOTO: JOHANNA ZOBEL

Fabio, mit Circus setzt ihr auf modernes Food-Delivery. Wie ist die Idee dazu entstanden?

Die Ursprungsidee zu Circus entstand beim Pizza essen und Wein trinken mit Tim Mälzer. Wir diskutierten darüber, wie wir als Gastronomen mit dem Lockdown umgehen und wie wir die Kapazitäten unserer vorhandenen Küchen weiter nutzen können. Circus denkt den ganzen Prozess vom Einkauf bis zur Lieferung neu. Um zumindest schon mal gedanklich ein Restaurantkonzept der Zukunft aufzubauen, benötigten wir Hilfe. Also zogen wir Niko hinzu, der vorher Flink mit aufgebaut hat. Da so ein Projekt sehr zeitintensiv ist und Zeit bei Tim meistens knapp ist, trennten sich unsere Wege. Wir stehen aber weiter im Austausch, was Circus immer wieder sehr hilft.

Was sind die entscheidenden Eckpfeiler des Konzepts?

Circus ist kein Lieferdienst, sondern eine völlig neue, smarte Restaurantkette, die eben auch liefert. Bei Circus wird bestellt, gekocht und geliefert. Circus ist ein echtes Versprechen. Frisch gekochte Gerichte schnell geliefert: „Kinderessen“, Bowls, Pizza, Sushi, Currys, BBQ und Pasta.

Der Guide Michelin hat dich für Nachhaltigkeit ausgezeichnet. Welche Rolle spielt Nachhaltigkeit bei Circus?

Es ist vollumfänglich verpflichtend und Teil meiner täglichen Arbeit. Über die Verpackung, mit einem starken Shift zu Mehrweg, hin zur Lieferung ausschließlich mit dem E-Bike, Höchstsätze bei Vergütung, Benefits für Mitarbeiter:innen, Waste-Management, Monitoring unserer Food-Cost und effizientem Einkaufen.

In Ottensen ist Circus schon am Start. Wie sehen die Pläne für die Zukunft aus?

Wir erweitern das Liefergebiet nach ausgiebiger Analyse der Standorte und immer auf Grundlage eigener und externer Daten. Unser Fokus liegt neben unserer Heimatstadt Hamburg auch auf kleineren Städten und dem klassischen Speckgürtel. Wir sehen hier große Chancen im gesamten europäischen Markt. Circus wird den täglichen Bedarf an Essen und frischen Lebensmitteln abdecken.

INTERVIEW: ILONA LÜTJE

instagram.com/circuskitchens

Pizza & Bar
FARINA
MEETS MEHL
Est. 2017
www.farina.pizza

FARINA MEETS MEHL

ITALIENISCHER GENUSS IN SEINER REINSTEN FORM

Wir lieben keinen Schnick-Schnack. Wir lieben Pizza.

Am besten, wie sie purer kaum zu genießen ist. Deshalb finden auch nur Mehl, Hefe, Wasser und Salz den Weg in unseren Teig. Unsere Zutaten für den Belag werden frisch und handverlesen ausgesucht. Damit man auch nur das schmeckt, was auf der Pizza zu sehen ist. Plus eine spezielle Zutat für das perfekte Pizzaerlebnis: unser Original-Ofen aus Neapel. Eine kurze Backdauer von maximal 90 Sekunden und Temperaturen über 450°C machen den Unterschied. Und das kann man nicht nur schmecken, sondern auch in unserer offenen Pizzaküche sehen.

Öffnungszeiten
(Pizzeria und Bar)
Dienstag bis Sonntag ab 17:00 Uhr
Küchenzeiten von
17:00 Uhr bis 22:30 Uhr
Montags Ruhetag

Gaußstraße 190, 22765 Hamburg
+49 162 - 8663600
info@farina.pizza
www.farina.pizza

Tim Lang eröffnet das Tim's im ehemaligen La Vela

TIM'S

Anfang Juli eröffnet der Gastronom Tim Lang sein Fine-Dining-Restaurant Tim's am Fischmarkt. Lang, der zusammen mit Hannes Schröder unter anderem die Küchenfreunde betreibt, übernimmt das einstige La Vela. Direkt an der Elbe gelegen bietet das Restaurant einen einzigartigen Blick auf Hafenkräne und Elbphilharmonie. In stilvollem Ambiente aus modernen und klassischen Elementen tischt das Tim's internationale Speisen mit norddeutschem Flair auf. Je nach Jahreszeit gibt es im Sommer mehr Fisch und Meeresfrüchte, im Winter Schmorgerichte und Wild.
Große Elbstraße 27 (Altona); tims-restaurant.de

BALD AM **Start**

Gong – die nächste Runde der Neueröffnungen wird eingeläutet. Auch in den kommenden Wochen und Monaten entstehen in Hamburg frische kulinarische Hotspots. Hier kommt, worauf Feinschmecker sich schon jetzt freuen dürfen. Und wir uns aufs Testen in 2023

TAKUMI RAMEN

Fans der japanischen Nudelsuppe aufgepasst: Takumi Ramen gibt es bald zweimal in Hamburg! Im Spätsommer öffnen die Türen des neuen Restaurants auf dem Schulterblatt. Stammgäste dürfen sich freuen: Zum Start hält die Speisekarte Gerichte aus dem Schwesterlokal in Ottensen bereit. Doch damit nicht genug:

Nach einer weiteren Umbauphase soll es hier einen richtigen Ramen-Klassiker geben: Tonkotsu-Ramen – die Variante in Schweineknochenbrühe. Zudem soll auch die Getränkekarte mit unter anderem feinen japanischen Sake-Spezialitäten erweitert werden. Also, schleift schon mal die Stäbchen, bald geht's los!
Schulterblatt 114 (Eimsbüttel); takumi-hamburg.com

CASSE-CROÛTE

Das Casse-Croûte war die letzten 20 Jahre eine gute Adresse, wenn es um französische Restaurants in Hamburg ging. Mit dem Abriss der Gänsemarkt-Passage ist auch die Ära des Restaurants an jenem Standort vorbei. Doch die Betreibenden haben nur wenige Meter weiter neue Räumlichkeiten gefunden. In der ABC-Straße soll im August das neue Restaurant eröffnen. Hier trifft dann modernes Ambiente auf den altbekannten Charme des Restaurants. Ein weiterer Pluspunkt der neuen Location: die große Außenterrasse.
ABC-Straße 44-46 (Neustadt); casse-croute.de

FOTO: SASKIA GIEBEL (O.), TAKUMI (U.)

Der Neubau in der Bahrenfelder Straße wurde vor Kurzem fertiggestellt

DER PLAYER

Eine Zeitreise in die Clubszene im Stil der 70er- und 80er-Jahre ist in Ottensen bald möglich: Ende August eröffnet dort Der Player, Restaurant und Bar in einem. Das Konzept verbindet neu und alt. Viele der Möbel sind vintage und wurden aufgearbeitet, um die Atmosphäre eines New Yorker Clubs aus den 70er-Jahren zu schaffen. Umso moderner geht es in der Küche zu. Der Küchenchef ist Jonas Straube, der schon im Coast by east die kulinarische Leitung innehatte. Dementsprechend asiatisch geprägt, vielfältig und geschmacksintensiv sind die Gerichte im Der Player.
Bahrenfelder Straße 322 (Ottensen); player-hamburg.de

KIMCHI GUYS

Das koreanische Restaurant Kimchi Guys bekommt Zuwachs: In Ottensen eröffnet Anfang Juli eine zweite Filiale des stylishen Lokals. Auf der Karte, die stetig erweitert werden soll, stehen klassische koreanische Vor- und Hauptspeisen. Die Spezialität der Kimchi Guys ist Bibimbap, ein traditionelles und gesundes Gericht. Eine Besonderheit und das neue Herzstück wird die neue Bar sein. Neben klassischen Getränken bietet Kimchi Guys dort koreanische Drinks und Cocktails an.
Bahrenfelder Straße 182 (Ottensen); kimchiguys.de

PASTA AUTHENTICA BY JILL

Die Pizzeria Jill's bekommt eine kleine Schwester: Pasta Authentica by Jill. In einem denkmalgeschützten Gebäude in der City möchte Jill Bittner ab Juli frische Pasta mit traditionellen Soßen servieren. Die offene Manufaktur ermöglicht den Blick auf den Herstellungsprozess – alles handgemacht, nachhaltig und nach Rezepten von waschechten italienischen Nonnas. Die Gerichte wechseln: mal klassisch, mal vegan oder vegetarisch, immer in 100 Prozent Handarbeit und immer mit einer außergewöhnlichen Signature-Pasta als Option.
Börsenbrücke 5-7 (Altstadt)

BRAMMIBAL'S DONUTS

Die bunten, veganen Donuts von Brammibal's kommen endlich nach Hamburg! Angefangen hat alles 2015 in der Küche von den Inhabern Bram und Jessica. Heute gibt es die Teigkringel bereits in sechs Berliner Filialen. Ab Anfang September dürfen auch die Hamburger in den Genuss kommen. Im Altonaer Store mit großer Backstube bietet ein Fenster Einsicht auf die Zubereitung der Donuts – darunter die Sorten Strawberry Pretzel, Cinnamon Sugar und Caramel Hazelnut. Übrigens: Auch der zweite Store am Gänsemarkt ist schon in Planung.
Harkortstraße 79 (Altona); brammibalsdonuts.de

FOTOS: JILL BITTNER (U.), STEPHEN WILLIAMS (O.), BRAMMIBAL'S DONUTS (M.)

Macht's gut!

Erst Corona, jetzt wegen des Kriegs steigende Preise bei Energie und Wareneinkauf – es sind keine leichten Zeiten für die Gastronomie. Auch 2022 müssen wir uns wieder von einigen lieb gewonnenen Restaurants verabschieden. Und sagen hier Tschüss

TEXTE: ILONA LÜTJE

ZUR TRAUBE

103 Jahre hat sie auf dem Buckel und galt als Gastro-Legende: Nach einer langen Corona-Pause hatte die Traube zum Jahresende 2021 gerade erst wieder geöffnet. Zwar waren die Gäste der ältesten Weinstube Hamburgs treu geblieben, doch wegen Personalmangels zog Inhaberin Karin Wege im Mai 2022 den Schlussstrich und konzentriert sich jetzt auf ihr zweites Restaurant, die Blaue Blume. Ein Hoffnungsschimmer bleibt: Man führe Gespräche, heißt es.

EINSTÜCKLAND ESSZIMMER

Abschied vom Testsieger: Kurz nach Erscheinen unserer Ausgabe 2021 fällten Lina Kypke und Hinrich Carstensen eine Entscheidung: EinStückLand Esszimmer soll (erst mal) geschlossen bleiben, die Corona-Situation sei zu risikobehaftet gewesen. Die Pause wurde für ein neues Konzept genutzt. Der Hofladen ist in die große Diele, direkt neben dem Esszimmer, gezogen und bietet jetzt als Land-Kaufhaus nicht nur die eigenen, sondern auch Produkte aus der Nachbarschaft an. Im Esszimmer sind Verköstigungen und Vorträge geplant. Und wenn alles nach Plan läuft, wird hin und wieder auch wieder aufgetischt.

LA VELA

Panzerglas und Stahltüren halfen nicht: Der Promi-Italiener La Vela gab nach 20 Jahren auf. Im April schloss das Restaurant an der Großen Elbstraße wegen ständiger Überflutung endgültig seine Türen. Im Juli 2022 eröffnet hier Tim Lang (Küchenfreunde) das Tim's.

BOK

Nach mehr als 20 Jahren schließt das Restaurant Bok Ende Mai zwei Filialen, teilte Inhaber Shin-Won Kang über den Instagram-Account @bokhamburg am 2. Mai mit. Betroffen sind die Standorte am Schulterblatt und in den Stadthöfen. Die Bok-Filialen in Altona und Eppendorf bleiben bestehen. Inhaber Shin-Wong Kang will nun mit dem „Kkokki" ein ausschließlich veganes Restaurant in der Schanzenstraße eröffnen. Der Start ist für Ende Juli 2022 geplant.

ELIANES ESSZIMMER

Es ist einer der traurigsten Abschiede der Gastro-Szene 2022. Elianes Esszimmer in Eimsbüttel verabschiedete sich am 27. April 2022 über Facebook mit einem bewegenden Posting von seinen Gästen. Inhaber Mirko Sachs liege seit über vier Monaten im Krankenhaus. „Ohne ihn gibt es kein Elianes Esszimmer. Das hat die Familie so beschlossen. Wir stecken jetzt all unsere Kraft und Energie in Mirkos Gesundheit." Seit 2017 hat Mirko Sachs seine Gäste mit Gerichten aus Oma Elianes Küche verzaubert.

ILLUSTRATION: JAMES SMITH / THE NOUN PROJECT

RINDER MARKT HALLE St. Pauli

HIER SCHMECKT DAS LEBEN!

30 individuelle Konzepte rund um die Themen Genuss und Frische, mitten im Herzen von St. Pauli.

www.rindermarkthalle-st.pauli.de

Neuer Kamp 31 • 20359 Hamburg • U3 Feldstraße

Einmal ALLES, bitte!

Beim Genuss-Guide Podcast „Einmal ALLES, bitte!" schnacken wir mit Gastronomen und Experten nicht nur über Essen und Trinken, sondern auch über Politik, Nachhaltigkeit, Trends – und Anekdoten aus dem Alltag

TEXT: JOHANNA ZOBEL

Sie waren unter anderem an Bord: Cornelia Poletto (Spitzenköchin und Unternehmerin), Stephan von Bülow (Manager und DEHOGA-Präsidiumsmitglied), Sebastian Baier (Fischhändler), Onur Elci (Gastro-Unternehmer), Zora Klipp (Köchin und Moderatorin), Anke Harnack, (Moderatorin), Jasmin Baltres (Köchin und Gastgeberin), Jurek Voelkel (Vertriebs- und Marketingleiter), Karlheinz Hauser (Spitzenkoch und Unternehmer), Fabio Haebel (Multi-Gastronom), Mónica Orjeda Fernández (Gastronomin), Nils Gerber (Co-Founder von Beesharing)

unterstützt von LOTTO Hamburg

Einmal ALLES, bitte! – Podcast vom Genuss-Guide Hamburg: in allen bekannten Apps für Android- und iOS-Nutzer sowie auf genussguide-hamburg.com

Das Lieblingsrestaurant ist ein ganz besonderer Ort. Ein Ort, um sich mit köstlichem Essen verwöhnen zu lassen. Ein Ort, um dem Alltag zu entfliehen. Und eben auch einer, der Menschen zusammenbringt. Dort herrscht eine eigene Atmosphäre, die durch viel Engagement und vor allem Herzblut vorangebracht wird. Bei „Einmal ALLES, bitte!" geht es genau darum: den Einsatz der Gastronomen und deren Teams sowie die Vielfältigkeit mit Essen aus unterschiedlichen Kulturen, zahlreichen Cafés, Bistros und Restaurants.

Bisher zu Gast

17 Folgen gibt es bereits, in denen spannende Gastronomen und Experten aus dem Nähkästchen plaudern. Jede Menge Euphorie und Liebe für ihre Mitmenschen bringt etwa die Gastronomin Mónica Orjeda Fernández mit. Sie spricht im Podcast über ihre Zeit als Sozialpädagogin und wie sie ihr neues Restaurant, die Bodega Lima, mit sozialem Engagement verbindet. Neben Gastronomen sind auch diejenigen zu Gast, die die Gastronomie mit frischen Produkten versorgen, die im besten Falle noch nachhaltig sind. Unter ihnen Nils Gerber, Gründer vom Imker-Netzwerk Beesharing, der sich mit seinem Unternehmen seit 2014 für nachhaltigen Honig und die Hamburger Stadtbienen einsetzt.

Die Gespräche moderiert Redakteurin Johanna Zobel. Die gebürtige Marburgerin hat sich sofort in Hamburg, die Gastro-Szene und die Menschen hier verliebt. Unter den knapp zwei Millionen Menschen der Hansestadt finden sich spannende und hörenswerte Geschichten, die in diesem Podcast eine Plattform bekommen. ▌

FOTOS: ASA-SELECTION, ROMAN PAWLOWSKI, FISCHFEINKOST BAIER, KITCHEN GUERILLA, JAN KRAUSE, PRIVAT, JOACHIM VON RAMIN, HAUSER COLLECTION GMBH,DAVIS STRÜNING, JOHANNA ZOBEL

Ein Stück „Heimat" in der Hamburger Geschichte.
Die Speisen sind modern initiiert, regional, kreativ und nordisch geprägt. Serviert wird, was die Jahreszeit zu bieten hat. So unterliegt auch die Speisenauswahl dem Wechsel der Natur und zeigt in frischen Kreationen die saisonale Vielfalt.

VERANSTALTUNGEN UND TISCHRESERVIERUNGEN UNTER
WWW.STADTRESTAURANT-HAMBURG.DE

IM REICHSHOF HAMBURG
KIRCHENALLEE 34-36 · 20099 HAMBURG · TELEFON 040 370259-0

CORONA, KRIEG, KOSTEN – DIE GASTRO AM SCHEIDEWEG

Is(s)t Hamburg noch bezahlbar?

Erst kam Corona, dann der Krieg gegen die Ukraine. Es fehlt an Rohstoffen, Lieferungen verzögern sich, die Preise explodieren. Is(s)t Hamburg noch bezahlbar? Darüber haben wir mit unseren VIP-Testern aus Kultur, Wirtschaft, Politik und Medien diskutiert. Klar ist: Nach der Krise ist vor der Krise. Das Credo: Zusammenhalten!

TEXT: ALICE VON DER LADEN, KATHARINA STERTZENBACH UND ILONA LÜTJE
FOTOS: JOHANNA ZOBEL

Moderator Markus Tirok diskutiert mit den Hamburger Gastronomen Hannes Schröder, Sophia Behr, Stephanie Döring und Fabio Haebel (von links) in der alten Gleishalle an der Hobenköök

SZENE
hamburg:pur
www.szene-hamburg.com

Launige Begrüßung: Szene-Hamburg-Geschäftsführer Tanya Kumst und Mathias Forkel

> **Als Gastronom hat man die Angst im Nacken**
>
> HANNES SCHRÖDER

Die Sonne wirft noch wärmende Feierabendstrahlen durch das Glasdach der Gleishalle an der Hobenköök, als vier Top-Gastronomen von Moderator Markus Tirok auf die Bühne gebeten werden. Zusammen mit Sophia Behr (eisundsalzig), Stephanie Döring (Weinladen St. Pauli), Hannes Schröder (Küchenfreunde, Botanic District, Was Wir Wirklich Lieben) und Fabio Haebel (haebel, XO, bægeri, Circus) wollen wir über das Thema sprechen, das derzeit die Menschen auf der ganzen Welt umtreibt: Inflation und Preissteigerungen.

Dass Tirok allerdings mit seiner ersten Frage gleich in ein Wespennest sticht, konnte er zuvor nicht ahnen. Passend zum Sommer und der Talkgästin Sophia Behr, die in ihrem Restaurant eisundsalzig auch eine Eiswerkstatt betreibt, will er wissen: Was darf eigentlich eine Kugel Eis kosten? Sie wird an diesem Abend zum Sinnbild von Qualität, Wertschätzung und einer modernen Gastronomie.

Die Eis-Diskussion

Fabio Haebel lacht. „Das ist tatsächlich die älteste Diskussion in der Gastronomie", sagt er. „Das ist traurig. Es wird für jedes Mineralwasser mehr gezahlt." Er dagegen würde nahezu jeden Preis für ein sensationelles Eis auf den Tisch legen. Schließlich ginge es nicht nur um die Qualität, sondern auch um das Handwerk. Stephanie Döring reist kurz zurück in die Kindheit, damals, als gefühlt alle Eisläden noch Venezia hießen. „Heute könnte ich dort nie wieder ein Eis essen", sagt sie. „Das ist wie mit richtig gutem Wein oder gutem Kaffee. Wenn man den einmal genossen hat, kann man nie wieder zum Alten zurück."

Das unterstreicht Hannes Schröder. „Es hat sich in den letzten Jahren viel getan. Die Bereitschaft der Menschen, Geld für gutes Essen auszugeben, hat sich deutlich erhöht." Doch er mahnt auch an: „Wir dürfen nicht vergessen, dass es eine zunehmende Zahl an Menschen gibt, die sich das Essen so nicht mehr leisten kann." Und genau darauf hat Sophia Behr ein Auge. Sie hat in ihrer Eiswerkstatt die Kinderkugel eingeführt und bekommt dafür von den rund 40 Gästen Applaus. „Es soll kein Kind vorbeigehen, und die Eltern sagen: ‚Das ist zu teuer.'"

Dennoch habe man nach vielen Überlegungen die Preise erhöhen müssen. „Bei uns kostet eine Kugel Eis jetzt zwischen 1,70 und 2 Euro", sagt Sophia Behr. „Ein Witz, das müsste sehr viel teurer sein", sagt Fabio Haebel. Ähnlich sieht das Hannes Schröder: „Man muss sich klarmachen, wofür man Geld ausgibt. Und wenn wir alle daran arbeiten, dass der Schwerpunkt auf der Ernährung liegen sollte, dann sitzen wir in einem Boot, und dann geht's auch in die richtige Richtung." Und für die soll dieser Abend ein Kompass sein. Wie gehen Hamburgs Gastronom:innen mit den steigenden Preisen um, mit welchen Corona-Nachwehen haben sie zu kämpfen, welche Herausforderungen müssen und können bewältigt werden? Die Gastro am Scheideweg: Droht jetzt schon die nächste Krise?

Die Preissteigerungen

„Als Gastronom hat man die Angst im Nacken", sagt Hannes Schröder. „Man merkt das an den eigenen Ausgaben und auch an den Unternehmensausgaben: Die Hamsterbäckchen sind einfach nicht groß genug", sagt er. „Ich mache mir schon große Sorgen." Ähnlich betrachtet das Fabio Haebel: „Natürlich geht das alles nicht spurlos an uns vorüber." Die zum Teil horrenden Preissteigerungen auf Lieferantenseite könne man nicht einfach an die Gäste weitergeben. „Wir gucken heute ganz genau, wie viel wir von einem Produkt verkaufen." Alle zwei Wochen wer-

Die Ruhe vor dem Talk: In der alten Gleishalle tischt an diesem Abend die Hobenköök regional und lecker auf

de eine Renner-oder-Penner-Analyse gemacht. „Wenn ein Gericht nicht gut läuft, fliegt es raus. Es zählt wirklich jeder Cent."

Das sieht auch Hannes Schröder so. „Hauptsache ist, dass der Gastronom versteht, wo sein Geld reinkommt", sagt er. International sei vieles sehr viel teurer geworden, aber regionale Produkte hätten oft ihren Preis halten können. „In der Pandemie haben sich die Preise nicht nach oben getraut; viele Produzenten sind auf ihren Waren sitzen geblieben, die Kosten sind alle gestiegen, und jetzt kommt alles auf einmal." Er ist sich sicher: „Zum Ende des Jahres wird sich alles relativieren." Seine Hoffnung sei aber auch, „dass sich das Verständnis für regionale Produkte nochmal ganz tiefer verankert". Für die Gastronomen auf der Bühne ein klarer Vorteil: „Wenn man wie wir direkt bezieht, hat man gute Kurse."

Die Flaschen-Krise

Die nützen Stephanie Döring nichts. Denn der Weinladen-Inhaberin fehlt es an Grundsätzlichem: Es fehlen Flaschen. Während Corona sei die Produktion heruntergefahren und noch nicht wieder in vollem Gange. Wie vielerorts fehle auch hier Personal, die wichtigsten Glashütten säßen zudem in der Ukraine. Für die Glasproduktion werde Siliciumdioxid benötigt, das aus Russland kommt. „Wir haben letzte Woche einen Wein bestellt, der in drei verschiedenen Flaschenformen abgefüllt wurde", berichtet sie. Man sei zwar erst am Anfang, aber die Winzer seien schon jetzt verzweifelt. Teilweise könnten sie ihre großen Gewächse nicht abfüllen. Hinzu käme, dass an allen Enden Etiketten und Kartonagen fehlten und die Transportpreise stiegen. „Aktuell verkaufen wir ja noch, was wir auf Lager haben. Aber wenn wir jetzt neu bestellen, wird es schon über einen Euro mehr pro Flasche sein", kündigt sie an. „Die Weinbranche hat einfach gepennt. Pfand ist immer noch kein Thema, und der Produzent darf noch in eigene Flaschen abfüllen. Das fällt uns jetzt komplett auf die Füße", sagt Döring.

Hier wird nun also eine ganze Branche gezwungen, sich neu aufzustellen. In anderen Ländern bereits gang und gäbe: Bag-in-Boxen und Wein aus Pouches, unzerbrechlichen, leichten und platzsparenden Beuteln. In Deutschland tue man sich damit allerdings schwer. Ähnlich wie mit dem „Probierschluck". „Die Kunden wollen den Wein probieren, bevor sie ihn kaufen", erzählt Stephanie Döring. „Das muss ich bei der Preisgestaltung aber ja auch berücksichtigen." Sie mache das zwar gern, aber es ginge auch ein wenig um die Erwartungshaltung. „Ich geh ja auch nicht

Schauspielerin, Autorin und Verlegerin Dayan Kodua mit Ehemann Steffen Scherer

Tolle Gäste, toller Moderator, und alle haben Spaß

Moderatorin Anke Harnack

Denise Wachter, Food-Redakteurin beim Stern

„Es zählt wirklich jeder Cent

FABIO HAEBEL

Chirurg Jan Nebendahl mit Ehefrau Karla Rosado de Nebendahl

Robert Peters von Rindchen's Weinkontor

Paralympische Goldmedaillen-gewinnerin Edina Müller

Gesunde Sache(n): Essen von der Hobenköök und Kümmel

Großartige Sponsoren für einen großartigen Abend

zu Fabio und sag: ‚Lass mal kurz antesten und dann kannst du fertig kochen.'"

Dass die Branche aktuell noch auf der Nach-Corona-Welle surft, liegt auf der Hand. „Die Leute wollen wieder raus und sind auch bereit, dafür eben etwas mehr zu bezahlen. Die Bereitschaft ist gestiegen, für gute Produkte mehr Geld auszugeben", ist sich Haebel sicher. Die Gäste würden heute viel erwarten. „Man geht nicht nur einen Happs essen, sondern es muss auch ausgezeichnet sein." Sein Vorzeigebeispiel: das 100/200 von Thomas Imbusch (s. S. 36). „Da ist das Pricing auch noch mal anders zu rechtfertigen. Als Imbusch gerade die Preise von 144 auf 200 Euro angehoben hat, haben alle aufgeschrien, aber der Laden ist voller denn je", erzählt Haebel. „Mag an zwei Sternen liegen, aber ich glaube, es liegt daran, dass er eines der abgefahrensten Erlebnisse dieser Stadt bietet." Und es ginge um Bindung, betont Stephanie Döring. „Die Menschen dahinter werden immer wichtiger. Man geht nicht ins XO, sondern zu Fabio. Und nicht ins 100/200, sondern zu Thomas."

Das Klopapier-Gate

Steigende Preise auf der einen Seite, leere Regale auf der anderen. Wie kommen die Gastronomen damit klar? „Wenn du sehr, sehr regional arbeitest, hast du die Probleme nicht", betont Haebel und übt zugleich Kritik an der Berichterstattung einiger Medien, allen voran der des größten deutschen Boulevardblatts. Das schüre bekanntlich gern die Panik. „Würde es das Blatt mit den vier Buchstaben nicht geben, hätten wir das Problem mit dem Mehl, mit dem Speiseöl und auch mit den Konserven genauso wenig wie vor zwei Jahren mit dem Toilettenpapier", ist auch Hannes Schröder überzeugt. Selbst wenn er dann doch mal bei einem größeren Händler einkaufen müsse, sei alles zu haben. „Die großen Paletten werden nur einfach nicht mehr nach vorn gestellt, weil die Leute sonst komplett durchdrehen", so Schröder. „Die Leute haben gehortet und sie horten auch heute noch." Aus dem Klopapier-Gate also nichts gelernt?

Jetzt kann auch Hobenkööк-Chef Thomas Sampl, der an diesem Abend für das Catering zuständig ist und als Zuhörer die Diskussion verfolgt, nicht mehr still bleiben. „Hier war nie ein Regal leer. Hier gibt es auch keine Inflation von acht Prozent", betont er. „Die Sachen kosten das, was sie kosten müssen. Wer sich ehrlich regional ernährt, der wird keine großen Engpässe haben. Man gibt im Normalfall bislang einfach nur viel zu wenig Geld für gute Lebensmittel aus."

Die Personalnot

Seit in der Pandemie dem Gastgewerbe die Mitarbeiter davongelaufen sind, leidet die Branche unter akutem Personalmangel. „Im Service ist der Markt komplett leer gefegt", bedauert Sophia Behr. Die Köchin hat in ihrem Restaurant den Service mittlerweile selbst übernommen. Außerdem habe sie sich der Berliner Initiative #proudtokellner angeschlossen. Diese will den Kellnerberuf wieder attraktiver machen.

Auch für Hannes Schröder ist es noch das mit Abstand größte Problem. Seine Lösung: „Wir werden massiv den Service runterfahren müssen: Das heißt, es wird nicht mehr an den Tischen abgerechnet, vor allem zum Lunch werden wir die Bestellung digitalisieren." Er müsse seine Mitarbeiter schützen. „Es tut mir in der Seele weh, wie unsere wirklich extrem guten Leute gerade alles auffangen müssen. Sie sind die Leidtragenden, die die Schichten auffangen müssen, die ich nicht in der Lage bin zu besetzen. Das geht so nicht mehr." Dass sich Gäste beschwerten, ärgere ihn massiv. „Da gibt ein Team alles, aber es wird so massiv gedrückt, und alles muss schnell gehen, da würde ich mir mehr Rücksicht wünschen."

Als einer der wenigen in der Branche ist Fabio Haebel zumindest im Service gut aufgestellt. Er habe keine Mitarbeiter in der Pandemie verloren, allerdings fehlen ihm Fachkräfte wie Sommeliers oder Baristas. Gerade hat er vier geflüchtete Ukrainerinnen angestellt, die in einer Intensivausbildung im foodlab für die Gastro fit gemacht wurden. „Das sind Wege, die wir gehen müssen", betont er. „Ich bin sehr dankbar dafür. Es kommt immer ein Trottel rein, der sich beschwert, auf Englisch bedient zu werden. Dann: raus! Wenn du das nicht verstanden hast 2022, dann hast du hier nichts verloren." Was er sich aber nicht mehr leisten könne, sei, jemanden auf Verdacht einzustellen. „Ich hatte immer ein Back-up, wenn jemand ausfällt. Wir sind jetzt immer auf Messers Schneide, und das macht mir Sorge."

Argin Keshishian Namagerdi, Chef der Public Coffee Roasters und ebenfalls Gast an diesem Abend, hat dafür vollstes Verständnis: „Wir sitzen alle im selben Boot: Viele Leute, die sehr viel Spaß in der Gastro hatten, haben den Glauben an die Branche verloren." Seine Idee: „Wir wollen für die Mitarbeiter einen Ruhetag einführen und zeigen: Wir sehen, was ihr leistet und ihr sollt euch erholen." Anerkennende Worte gibt es dazu auch von Hannes Schröder: „Wir müssen die Branche revolutionieren. Ich bin guter Dinge, dass wir auf dem richtigen Weg sind."

Is(s)t Hamburg noch bezahlbar?

Bei der letzten Frage sind sich alle einig: Ja! „Wir müssen nur aufpassen, dass wir nicht die Menschen abhängen, die eh schon sehr sehr wenig haben", so Haebel, der von einem Fall in der eigenen Unternehmensgruppe berichet: Die Eltern bezögen Sozialhilfe, der 16-jährige Sohn jobbe für seinen Führerschein, und der Verdienst werde nun angerechnet. „Wenn wir so mit Menschen in Armut umgehen, ist Hamburg zu teuer." Kein Wunder, dass er in seiner bægeri den „suspended coffee" eingeführt hat: Wer will, zahlt einen Kaffee mehr, und der wird an Menschen ausgegeben, die ihn sich sonst nicht leisten könnten. Stephanie Döring setzt aufs grandiose Netzwerk, das die Branche in Hamburg pflege. Ihr Traum: „In Japan gibt es Locations, die werden 24 Stunden lang bespielt: Morgens gibt es da ein Café, nachmittags den Weinladen und nachts den Club. In Hamburg haben wir die Chance dazu und das Netzwerk. So stark gibt es das in keiner anderen Stadt. Also könnten wir sowas hier doch auch mal angehen." Sophia Behr sieht noch ein bisschen Spielraum und appelliert an alle Gastro-Kollegen, weiter fair zu kalkulieren. Das gehe vor allem, wenn man die Regionalität weiter in den Fokus rücke, so Schröder: „Wir sollten an uns glauben und stolz auf uns sein. Und wenn wir fair bleiben, wird das alles gut ausgehen." ▮

Kennt das Rampenlicht: Thalia-Theater-Chef Tom Till

"Die Winzer sind schon jetzt verzweifelt"

STEPHANIE DÖRING

Fragt nach: Yvonne Kurkowski, die mit Planetariums-Direktor Thomas W. Kraupe gekommen war

Sorgt für seine Mitarbeiter: Public-Coffee-Roasters-Chef Argin Keshishian Namagerdi

„Hier war nie ein Regal leer": Hobenköök-Chef Thomas Sampl

Erfahren an diesem Abend viel Neues: unsere VIP-Tester:innen

Vom Fach: Die Kaffeeröster Frederic Peters (links) und Argin Keshishian Namagerdi (Mitte) sowie Robert Peters von Rindchen's Weinkontor mit Szene-Hamburg-Chefin Tanya Kumst und Chirurg Jan Nebendahl

"Es soll kein Kind am Laden vorbeigehen, und die Eltern sagen: ‚Das ist zu teuer'

SOPHIA BEHR

„Wir müssen endlich mehr über Wertigkeit sprechen

Vorreiter in der Gastro-Szene: Sophie Lehmann und Thomas Imbusch

FOTO: RENE FLINDT

Die Preiserhöhung im 100/200 Kitchen war keine Überraschung. Dabei hat sie nichts mit dem zweiten Stern zu tun. Wer heute überleben will, muss mitgehen – und neue Wege finden

Sophie, ihr wolltet erst im Herbst eure Preise anheben, nun ging es schneller als geplant …

Sophie Lehmann: Mit dem Thema Preise setzen wir uns sehr sehr bewusst auseinander. Es gehört nicht nur zum Unternehmertum mit dazu, sondern definiert ja auch den Selbstwert. Die Preiserhöhung ist bei uns schon sehr viel früher angekommen: Teilweise hatten unsere Lieferanten schon im letzten Jahr ihre Preise extrem angezogen, gerade Kleinsterzeuger müssen auch auf ihre Wirtschaftlichkeit achten. Für uns war es nie eine Option, da nicht mitzugehen. Doch wenn ich teilweise 300-fache Preissteigerungen habe und neuerdings auch Anfahrtspauschalen zahlen muss, muss ich mitziehen. Darum haben wir entschieden: Wir wollen wirtschaftlich arbeiten, wir wollen alle Leute behalten, dann ist es das, was wir jetzt nehmen müssen.

Seid ihr in einer ganz guten Situation, weil ihr eine wohlhabendere Klientel ansprecht?

Wir haben nicht das klassische Sternepublikum, sondern auch ganz viele Gäste, die für einen Besuch sparen. Darum haben wir unser Angebot angepasst. Es gibt jetzt zum Beispiel auch eine kleine Variante, und die Gäste haben trotzdem einen tollen Abend.

Ist die Preiserhöhung auch eine Chance für mehr Wertschätzung?

Die meisten unserer Gäste verstehen, warum wir das machen. Doch vielen Menschen fehlt der Bezug zu den realen Preisen – also was Lebensmittel eigentlich kosten müssten. Man muss einfach verstehen, dass gute Dinge Geld kosten. Wir müssen endlich mehr über Wertigkeit sprechen.

Ihr wart die ersten, die Reservierungen mit einem Ticketsystem handhaben. Jetzt macht ihr auch noch Schluss mit der klassischen Ausbildung und startet eine eigene Akademie. Was versprecht ihr euch davon?

Wir brauchen Menschen mit gastronomischem Verständnis, wenn du wirklich gute Dienstleistung haben möchtest. Wir haben Leute um uns herum, die mehr oder weniger mitten im Leben stehen, schon angefangen haben zu studieren oder die studiert haben, teilweise sogar schon selbstständig waren in der Gastronomie und sich also sehr bewusst für das hier entscheiden. Die brauchen keine Grundausbildung mehr, wie sie in der Berufsschule vermittelt wird. Sie müssen nicht stundenlang Dreisatz rechnen, wenn sie schon BWL studiert haben. Oder Englisch-Vokabeltests schreiben, obwohl sie schon fünf Jahre in Neuseeland oder den USA gelebt haben. Da kam die Idee, die Ausbildung anzupassen. Wir haben die Ausbildungsverträge aufgelöst, die Leute sind bei uns fest angestellt und werden auch extern geschult. Alles, was nicht Kernkompetenz Gastronomie ist, machen wir über Fachpersonal. Wir wollen den Leuten ein möglichst breites Wissen geben in der immer besten Qualität, die uns zur Verfügung steht. Ich glaube, dass das für einige Gastronomie-Betriebe eine Zukunft sein kann.

INTERVIEW: ILONA LÜTJE

Volkswagen Automobile Hamburg GmbH, volkswagen-hamburg.de
Audi Hamburg GmbH, hamburg.audi | **VGRHH GmbH,** vgrhh-gruppe.de

Peter Asche und seine Frau Tanja führen die Bäckerei Bahde, die es seit 90 Jahren gibt

„Positiver Wertewandel

Sie ist die wohl älteste Bio- und Demeter-Bäckerei Norddeutschlands: In diesem Jahr feiert die Bäckerei Bahde ihr 90-jähriges Bestehen. Die Auswirkungen des Krieges in der Ukraine stellen auch sie vor Herausforderungen. Ein Gespräch mit Geschäftsführer Peter Asche

In der Bäckerei Bahde entstehen Backwaren, die das Gütesiegel Demeter tragen

Peter Asche, die Preise für Getreide und Mehl sind wegen des Ukraine-Kriegs in die Höhe geschnellt. Welche Konsequenzen hat das für Sie?

Peter Asche: Ja, auch wir spüren natürlich den Kostendruck. Jedoch im Wesentlichen bei Zutaten wie zum Beispiel Bio-Sonnenblumenkerne und -öl, Bio-Leinsaat, Bio-Mohn, Bio-Sesam oder Bio-Kümmel. Unser Mehl und Getreide kaufen wir ausschließlich in Demeterqualität bei Landwirten und Mühlen aus dem Umland oder Norddeutschland. Hier hilft uns die Regionalität und unsere jahrzehntelange Treue zu unseren Bauern und Müllern.

Müssen auch Ihre Kund:innen bereits tiefer in die Tasche greifen für einen Laib Brot?

Wir mussten natürlich auch die Preise erhöhen, nicht nur durch die gestiegenen Rohstoffkosten. Auch die sehr hohen Energiepreise spüren wir deutlich. Aber das Verständnis bei unseren Kundinnen und Kunden ist groß, denn schließlich backen wir ein für alle Menschen wichtiges und wertvolles Lebensmittel: Brot! Und hier erfahren wir nach wie vor eine sehr hohe Wertschätzung.

Wie bezahlbar is(s)t Hamburg noch?

Meiner Überzeugung nach geht es um die grundsätzliche Wertschätzung für gute Lebensmittel und die Menschen, die diese zubereiten, veredeln und mit Herzblut anbieten. Wir alle müssen bereit sein, dies neu wertzuschätzen. Wir geben fast täglich Geld aus für Dinge, die vielleicht nicht immer nötig sind. Das berühmte Zitat von Ludwig Feuerbach „Der Mensch ist, was er isst" drückt genau aus, worum es geht. Hier findet aus meiner Sicht ein positiver Wertewandel statt – zumindest hoffe und wünsche ich mir das! Das Angebot und die Vielfalt ist für alle in Hamburg so großartig, dass ich der festen Überzeugung bin: Ja, Hamburg is(s)t und wird bezahlbar bleiben!

INTERVIEW: ILONA LÜTJE

FOTOS: BAHDE

Mit dem HaspaJoker sparen und genießen.

Genieße nicht nur umfangreiche Bankleistungen und Services, sondern auch köstliche Rabatte bei Top-Partnern in Hamburg: z. B. dauerhaft sparen bei DAT BACKHUS und viele weitere günstige Angebote rund ums Essen und Trinken.

Mehr auf **haspa.de/joker**

Haspa
Hamburger Sparkasse

Meine Bank heißt Haspa.

Eine der letzten Ölflaschen im Supermarkt

„Für Panik ist noch kein Platz"

Wer aktuell einen Supermarkt betritt, erlebt ein kleines Déjà-vu. Die Regale sind leer. Was passiert in der Gastronomie, wenn Mehl und Öl fehlen? Und wie schätzen Experten die derzeitige Lebensmittelsituation ein?

TEXT: JOHANNA ZOBEL

Man sollte meinen, aus dem ersten Lockdown gelernt zu haben. Die einen horteten massenweise Lebensmittel und Hygieneartikel, die anderen mussten nicht nur ihren Menüplan anpassen, sondern mit Sorge auf die letzte Toilettenrolle schauen. Die Regale waren leer gefegt. Nudeln, Konserven und Reis waren so begehrt wie besonderer Kaviar und frischer Trüffel. Die Pandemie ist zwar noch nicht überstanden, die Lage im Supermarkt hatte sich zuletzt jedoch beruhigt. Bis zum 24. Februar 2022, als Russland einen Angriffskrieg gegen die Ukraine begonnen hat, der auch wirtschaftliche Auswirkungen auf die Welt, Europa, Deutschland hat. Die ersten Boulevardmedien ließen nicht lange mit Schlagzeilen auf sich warten: „Uns droht größte Versorgungs-Krise seit 70 Jahren" und „Neue Schock-Liste: Diese Produkte sind bis zu 52 % teurer". Die Folge: Panik und Hamsterkäufe. In kürzester Zeit wurden wieder Regale leer geräumt. Öl und Mehl sind diesmal die Waren der Begierde. Vom 7. bis 13. März stieg die Nachfrage nach Speiseöl um 123 Prozent und bei Mehl sogar um 206 Prozent, ergab eine Auswertung des Statistischen Bundesamtes. Warum? Ein Großteil der Güter kommt aus der Ukraine und Russland. Die Agrarmarkt Informations-Gesellschaft (AMI) hat den 5-Jahre-Durchschnitt der Anteile am Welthandel bilanziert: Sonnenblumenöl stammt zu 51 Prozent aus der Ukraine und zu 25 Prozent aus Russland, Weizen zu zehn Prozent aus der Ukraine und zu 19 Prozent aus Russland. Die Lücken in den Regalen seien aber nicht nur auf Engpässe, sondern häufig auf vermehrte Einkäufe zurückzuführen, so Armin Valet von der Hamburger Verbraucherzentrale. Jetzt dürfe es noch keine Probleme geben, solange der normale Einkauf stattfindet. „Für Panik ist noch kein Platz", ergänzt er.

Auswirkungen in der Gastronomie

Trotzdem: Einige Regale sind leer. Nicht nur die Verbraucher sind davon betroffen, auch die Gastronomie spürt die Lücken im Markt. Denn Mehl ist für die meisten Gastronomen ein essenzieller Bestandteil. Das vegane Restaurant froindlichst verbraucht laut eigenen Angaben 150 Kilo davon in der Woche. Wie Inhaber Hendrik berichtet, seien Anfang April erstmals keine Mehlsäcke mehr geliefert worden. „Wir haben das getan, was sehr viele getan haben: Mehl auf Lager gelegt. Diese Knappheit würde es wahrscheinlich nicht geben, wenn nicht alle so handeln würden. Aber hätten wir es nicht getan, würde es jetzt in unserer Konditorei ein riesiges Problem geben", sagt der Gastronom. Derzeit können im Restaurant noch alle Gerichte angeboten werden, doch es sei mit Preissteigerungen zu rechnen: „Es ist alles schon im letzten Jahr und Anfang des Jahres deutlich teurer geworden. Nun erwarten wir dieses Jahr nach und nach weitere Preissteigerungen", sagt Hendrik, „diese müssen wir leider an die Kunden weitergeben. Das haben wir bisher noch nicht getan, werden es aber in naher Zukunft tun." Auch die Braaker Mühle spürt die Auswirkungen der Krise. Hier sei beispielsweise ein Snack um acht Cent gestiegen. In einer schriftlichen Stellungnahme heißt es: „Das Gute bei uns ist, dass die Erhöhungen moderat ausfallen. Dennoch müssen wir Preisanpassungen vornehmen. Es wird jedoch nicht alles auf den Kunden umgelegt, da wir der Meinung sind, dass man sich gute Backwaren leisten muss. Deshalb versuchen wir an anderen Stellen kosteneffizienter zu arbeiten und Ressourcen besser zu nutzen." Neben Mehl benötigen viele Lokale Öl, wie etwa das Restaurant FrittenFreude. Hier ziehe das Geschäft durch vermehrte Catering- und Veranstaltungsanfragen langsam wieder an, was einen erhöhten Bedarf an Frittieröl bedeutet. „Aktuell wirkt sich vor allem

FOTO: JOHANNA ZOBEL

die Ölknappheit auf unser Geschäft aus. Wir bekommen zwar noch Frittieröl, aber dies wird stark rationiert. Unser Großhändler unterbindet das sogenannte Hamstern", sagt Geschäftsführerin Miriam, „und das ist auf der einen Seite gut, denn dadurch bekommen wir noch den Grundbedarf an Öl – zumindest noch bis zum Sommer." Bisher habe die Fritten-Freude nur den Preis für neue Catering-anfragen erhöht. Aber auch im Restaurant sei bis zum Sommer mit einer Anpassung an die aktuellen Einkaufspreise zu rechnen. „Denn auch die anderen Lebensmittel sind insgesamt teurer geworden", so Miriam.

> **Sich mit großen Mengen an Lebensmitteln zu bevorraten, ist unsolidarisch**
>
> ARMIN VALET, VERBRAUCHERZENTRALE

Wie sieht die Zukunft aus?

Laut AMI hat sich der Verbraucherpreis von Margarine und Speiseöl im März 2022 um 21,7 Prozent im Vergleich zum Vorjahr erhöht, der Preis von Eiern um 16,4 Prozent und bei Kartoffeln sei eine Preissteigerung von 23,8 Prozent zu verzeichnen. Im Durchschnitt sei das eine Veränderungsrate von 6,4 Prozent bei den Frische-Warengruppen. Wie geht es weiter? Womit haben Verbraucher und Gastronomen noch zu rechnen? Fest steht: Die Auswirkungen sind abhängig von der Dauer des Krieges. „Wenn keine Ernte möglich ist und vielleicht noch Exporte verboten werden, weil die eigene Bevölkerung zuerst versorgt werden muss, dann wird es schwieriger", sagt Armin Valet von der Hamburger Verbraucherzentrale. Im AMI Talk vom 31. März 2022 wird diese Beurteilung von Jan Peters, Agrar- und Wirtschaftsjournalist, teilweise bestätigt und eine aktuelle Einschätzung zur Erntesituation geliefert: „Wir haben direkte Verbindungen zu Landwirten in der Ukraine. Das Hauptproblem ist im Moment: Mitarbeiter und Treibstoff. Ein Betrieb, den ich dort gut kenne, hat 120.000 Hektar und 2100 Mitarbeiter, von denen 2000 im Moment im Krieg sind. Mit 100 Mitarbeitern kann man keinen Ackerbaubetrieb mit Viehzucht bewirtschaften. Der wird die Sommeraussaat stark zurückfahren, weil Personal und Treibstoff fehlen. Ich denke, die Erntemenge wird sehr stark davon abhängen, wie lange der Krieg noch dauert." Trotzdem erinnert er: „Was man in dieser Phase nicht vergessen darf, ist, dass die Ukraine jetzt schon seit Wochen nicht mehr exportiert. Das heißt, im Lande sind noch relativ hohe Bestände an Mais, an Weizen und an Raps in den Lagern." Laut Armin Valet von der Hamburger Verbaucherzentrale müssen andere Lieferketten aufgebaut werden. Es gäbe noch andere Quellen, wie etwa die Niederlande, das wäre eher eine Frage des Preises. 2022 und 2023 würden Jahre, in denen Verbraucher in gewissen Unsicherheiten leben. Aber es gäbe noch genügend günstige Lebensmittel, so Valet. „Es ist nicht die Zeit, sich mit großen Mengen an Lebensmitteln zu bevorraten, denn das ist unsolidarisch und treibt die Preisspirale an." ▮

INTERNATIONALE VIELFALT

Hier kocht die Welt

Sie kommen aus Dänemark und Peru. Aus Indien und Äthiopien. Oder aus Tschechien, wie Ondrej Kovar, der eines der besten Restaurants unserer Stadt leitet. Ohne Einwanderer, die Kulinarik, Ideen und Handwerk aus anderen Kulturkreisen mitbringen, wäre Hamburgs Gastro-Szene so viel ärmer. Hier erzählen einige von ihnen ihre Geschichten

PROTOKOLLE: KAROLINE GEBHARDT UND JOHANNA ZOBEL
FOTOS: JULIA SCHUMACHER

„Die Gastronomie war ein Happening“

Ruchira Trivedi (55) aus Dänemark, Mitinhaberin Ayu-Leela

Ruchira Trivedi aus Dänemark betreibt zusammen mit ihrem Mann Swamiji Hari Bhakta aus Indien das Ayu-Leela

FOTO: PHILIPP SCHMIDT (R.)

„Ich bin in der Küche und mit Gästen groß geworden. Meine Eltern hatten einen Gutshof in Nordjütland in Dänemark, mit allem, was dazugehört: Hühner, Kühe, Pferde und vieles mehr. Seit 1993 bin ich in Hamburg. Davor war ich viel in der Welt unterwegs, bis ich nach dem Studium hier gelandet bin – ursprünglich, um mein Deutsch zu verbessern. Dann lernte ich einen wunderschönen Menschen kennen, der mein Leben veränderte: Swamiji Hari Bhakta. Ich hatte zuvor noch nie von Ayurveda gehört. Das köstliche Essen, was er zaubert, hat mich beeindruckt: mit Geschmacksexplosionen und Gewürzen, die ich nicht kannte. Es war eine Offenbarung, dass vegetarisches Essen so vielfältig sein kann und vieles von Natur aus vegan ist. Nahrung hat eine völlig neue Bedeutung für mich bekommen. Sie dient nicht nur der Sättigung, sondern der Heilung und bringt Körper und Geist in Einklang. Das Restaurant Ayu-Leela dient eigentlich als vergrößertes Esszimmer. Wir haben einfach gelebt, gelacht, getanzt und meditiert. Die Gastronomie war keine Entscheidung, sondern ein Happening, ein Teil unseres Lebens. Durch Swamiji kamen auch die Philosophien von Osho in mein Leben, ein unendlich großes Geschenk. Hier in Hamburg sind wir besonders gerne an der Alster, im Sommer auf unserem Gummiboot. Dann packen wir genug Essen ein, damit wir teilen können, denn oft treffen wir dort unsere Gäste. Uhlenhorst ist einfach wunderschön: mit viel Wasser und großen Bäumen. Ich bin dankbar für meinen Lebensweg und dafür, dass ich sehr vielen wunderschönen Menschen hier in unserem ‚Meeting Place' begegnen durfte. Diese bunte, warmherzige Vielfalt an Menschen inspiriert und unterstützt uns seit vielen Jahren. Sie sind Freunde geworden, mit denen wir konstruktive Gespräche über Gott, die Welt und Osho führen. Die Nähe zu unseren Gästen ist schon speziell, glaube ich. Und jetzt kommt schon die zweite Generation unserer Gäste mit ihren Kindern.“ / JZ

ayuleela.de

„Wir verstehen uns als kulinarische Botschafter"

Tadele Mengistu (56) aus Äthiopien, Inhaber Ethio

„Ich kam 1987 nach Hamburg. Ich war Seemann und bin im Hamburger Hafen an Land gegangen und geblieben. Nachdem ich die Sprache gelernt hatte und viele verschiedene Beschäftigungen gehabt habe und die Stadt besser kennengelernt habe, habe ich festgestellt, dass es im multikulturellen Hamburg kein gutes und authentisches äthiopisches Restaurant gab. Bereits sechs Monate nach meiner Ankunft in Hamburg habe ich meine jetzige Frau Elsa kennengelernt. Seitdem leben und arbeiten wir glücklich und erfolgreich zusammen, und wir haben zwei wunderbare Kinder großgezogen. Anfangs haben wir verschiedene multikulturelle Veranstaltungen und Partys organisiert – meistens im Schanzenviertel. Wir haben dort Dias gezeigt, Kaffeezeremonien durchgeführt und die äthiopische Küche bekannt gemacht – und es wurde natürlich viel getanzt.
Im Jahr 1999 haben wir dann unser erstes Restaurant in Rotherbaum eröffnet. Im Jahr 2001 zeichnete uns das ‚Hamburger Abendblatt' als exotischstes Restaurant der Stadt aus. Wir hatten viele Gäste aus dem universitären und wissenschaftlichen Umfeld. 2005 wurden wir von der SZENE HAMBURG ausgezeichnet. 2008 haben wir uns dann vorübergehend aus der Gastronomie zurückgezogen und uns unseren beiden Kindern gewidmet. Wir sind viel mit ihnen gereist und haben sie auf ihrem Weg begleitet. Auf diese Entscheidung bin ich sehr stolz, denn die Kinder sind auf einem sehr guten Weg. Das sehen die Kinder übrigens genauso. Während dieser Jahre habe ich mein Exportgeschäft mit Äthiopien weitergeführt, das ich bereits parallel zum Restaurant aufgebaut hatte. Nun, da unsere Kinder das Nest verlassen haben, wollte meine Frau gerne an unser Leben als Gastronomen anknüpfen. Durch glückliche Umstände bekamen wir 2020 die Möglichkeit, in Ottensen ein Restaurant anzumieten. Der Laden lief von Anfang an sehr gut. Und trotz Corona und Lockdown sind wir sehr zufrieden damit, wie es jetzt läuft. Nicht zuletzt haben uns die Ottenser sehr freundlich in der Nachbarschaft aufgenommen und ihre Unterstützung angeboten. Und auch unser Vermieter ist uns während der Pandemie sehr entgegengekommen.
Uns inspirieren vor allem Kultur und Gespräche mit verschiedenen Menschen. Auch unsere äthiopische Gemeinschaft hier in Hamburg ist für uns Quelle der Inspiration. Besonders wichtig ist uns Gerechtigkeit. Alle Menschen sollen gerecht behandelt werden. In unserer Küche muss alles frisch zubereitet sein. Bei uns soll jeder Gast glücklich, zufrieden und satt sein. Wenn der Gast einen Nachschlag wünscht, bekommt er ihn. So will es die äthiopische Gastfreundschaft, und so haben wir es von klein auf gelernt: Der Gast steht im Mittelpunkt. Wir sind sehr froh, dass wir in unserem Restaurant an die vielfältigen Beziehungen zwischen Deutschland und Äthiopien anknüpfen können. Die Beziehung zwischen Hamburg und Äthiopien besteht nun schon seit über 100 Jahren. Wir verstehen uns auch als kulinarische und kulturelle Botschaft Äthiopiens." / KG

ethiorestaurant.de

„Ich habe als Küchenhilfe angefangen"

Suman Kumar (61) aus Indien, Inhaber des Casa di Roma

„Ich war immer ein großer Fan der italienischen Küche, schon als ich noch in Indien gelebt habe. Es gibt einfach alles: Pizza, Salat, Pasta, Fisch, Fleisch. Für mich war und ist die beste Küche schon immer die italienische Küche gewesen und für mich stand fest, dass ich, wenn ich mich selbstständig mache, ein italienisches Restaurant eröffnen möchte.
Ich lebe seit 1980 in Hamburg, seit über vierzig Jahren also. Den Laden habe ich 1992 aufgemacht, als mein Sohn Ricky ein Jahr alt war.
Ich koche gerne, ich gehe gerne essen. Ich bin hier der Küchenchef und bereite alles mit meinem Team vor. Einige arbeiten schon seit über 20 Jahren bei mir in der Küche. Die Ideen bringe ich selbst. Neue Gerichte koche ich vor, und danach probieren wir das gemeinsam.
Die Produkte, die wir benutzen, müssen immer frisch sein. Jeden Tag stehe ich um sieben Uhr auf und spreche mit Fisch-, Gemüse- und Fleischhändlern. Mit vielen Lieferanten, unserem Spargel-Lieferanten zum Beispiel, arbeite ich seit vielen Jahren zusammen. Angefangen habe ich als Küchenhelfer und mich dann als Kellner und Koch hochgearbeitet. Ich habe jeden Job in diesem Bereich ausgeübt. Der Start war sehr schwer, auch finanziell. Doch durch die gute Qualität und tolle Weine haben wir es geschafft und uns durchgesetzt. Persönlichkeit ist uns sehr wichtig. Außerdem stand für mich schon immer fest, dass der Kunde König ist, denn dann kommt er immer wieder. Mit der Zeit entwickelte es sich, dass die ganze Familie mithilft: meine Frau und mein Sohn. Mein Sohn hat eine Ausbildung im Restaurant gemacht, er ist belastbar und kann das. Wäre er nicht gewesen, hätte ich schon aufgehört, denn ich merke, dass ich schon seit 30 Jahren jeden Tag für das Restaurant arbeite.
Zudem war die Lage in der Langen Reihe nicht immer so beliebt wie heute, sodass es schwierig war, Personal zu finden. Aber nach einiger Zeit habe ich tolles Personal und Publikum hinzugewonnen, zum Beispiel vom Theater. Mundpropaganda hat sich für uns immer ausgezahlt. 2004 haben wir das Restaurant dann vergrößert – mit Erfolg. Meine Inspiration finde ich zu Hause oder beim Essengehen. Ich bin ein Hobbykoch und probiere zu Hause gerne neue Rezepte aus und lasse meiner Fantasie freien Lauf." / KG

casadiroma.de

Ricky Kumar tritt im Casa di Roma in die Fußstapfen seines Vaters Suman Kumar

[m]eatery restaurant · Drehbahn 49 · D-20354 Hamburg
+49 (0)40 30 999 596 · info@meatery.de
www.meatery.de
Instagram: meatery_hamburg
Facebook: [m]eatery bar + restaurant

botanist bar
fresh garden herbs for cocktail lovers

[m]eatery

„Mein Herz schlägt für die Gastronomie“

Ondrej Kovar (47) aus Prag, Inhaber Restaurant Stüffel – Genuss-Michel Bestes Restaurant 2019

„Mein Vater war Bodenleger. Zu seinen Kunden zählten viele (Urlaubs-)Hotels. In den Ferien hat er mich oft mitgenommen, damit wir mehr Zeit zusammen verbringen. Während er arbeitete, wuselte ich durch das Hotel. Dort half ich am liebsten den Mitarbeitern im Service. Das hat mir extrem viel Spaß gemacht, und seitdem war es gesetzt: Mein Herz schlägt für die Gastronomie. In meinem zwölften Lebensjahr kam ich nach Deutschland. 1992 startete ich meine Ausbildung im Hotel Markgräfler in Freiburg. Schon vor der Eröffnung meines eigenen Restaurants 2014 arbeitete ich in Hamburg im Landhaus Scherrer. Davor und dazwischen war ich in unterschiedlichen Städten tätig: Freiburg, Oberbergen, München, Berlin, Salzburg und am Wörthersee. Dann zog es mich 2012 wieder in den Norden. Hamburg ist eine tolle Stadt mit einer sehr angenehmen Gastro-Szene. Wenn ich jedoch ehrlich bin, fiel die Entscheidung, hierher zu kommen, meiner Frau zuliebe. Und manchmal vermisse ich auch den Süden: das Wetter und die Nähe zum Weinbau in Freiburg, vor allem aber die badische Mentalität. Es geht alles ein wenig langsamer und gemütlicher zu. Zudem spielt der Genuss in Bezug auf Essen und Wein dort eine besondere Rolle. Wenn ich zurückblicke, würde ich dennoch nicht viel ändern, vielleicht hätte ich gerne mehr Zeit im Ausland verbracht. Ich würde mir wünschen, dass mehr junge Menschen wieder die Begeisterung für die Gastronomie und Hotellerie finden. Unsere Branche leidet enorm unter dem wenigen Nachwuchs. Das führt zum Aussterben traditioneller Betriebe.“ / JZ

restaurantstueffel.de

„Die Schanze ist meine Heimat geworden"

Thanesor Lamichhane (66) aus Nepal, Inhaber Asia Unique

„Ich habe 2005 aus beruflichen Gründen meine Heimat Nepal verlassen und bin nach Hamburg gekommen. In Nepal hatte ich einen großen Supermarkt und ein Busunternehmen mit dem Namen Unique. Diesen Namen wollte ich auch in Deutschland weiter nutzen. Bereits in Nepal hat mir das Kochen immer große Freude bereitet. Hier in Hamburg habe ich dann gleich in einem asiatischen Restaurant als Koch angefangen, bis ich schließlich den Laden in der Schanze fand und ein eigenes Lokal eröffnete. Am Anfang war es eine echte Herausforderung. Die Arbeitsbelastung war sehr hoch; ich war allein und habe täglich 13 bis 14 Stunden gearbeitet. Außerdem war Asia Unique zu Beginn noch sehr unbekannt, was sich durch die gute Lage aber schnell änderte. Wie in meiner Heimat steht auch bei uns im Restaurant Freundlichkeit an erster Stelle. Daneben legen wir aber auch großen Wert auf Sauberkeit und vor allem frische Zutaten für unsere Gerichte. Was mich inspiriert? Zum einen andere asiatische Restaurants. Ich versuche, bei Besuchen dort sehr viel aufzusaugen, um meine eigenen Gerichte weiterzuentwickeln. Aber ich lasse mich auch von Kundenwünschen inspirieren und schaue mir sehr viele Youtube-Videos an. Seit ich hier bin, lebe ich in der Schanze – der Stadtteil ist damals schnell zu meiner neuen Heimat geworden. Ich schätze die Menschen, die hier leben, sehr, alle sind sehr nett. Besonders viel Spaß habe ich wochentags auch mit den Leuten, die hier in der Umgebung in den Büros arbeiten und zum Mittagessen oder nach Feierabend vorbeischauen. Sie mag ich ganz besonders." / KG

asia-unique.de

foodlab.

Das foodlab ist der Platz für Food Startups, für Innovation und Kreativität in Hamburg. Ein Ort zum Arbeiten, Vernetzen, aber auch zum Feiern, Schlemmen und Genießen.

café: mo – fr // 9 – 16 uhr
popup-restaurant: aktuelle öffnungszeiten unter www.foodlab.hamburg
coworking & küchen: mo – so // ganztägig

überseeallee 10 ·hafencity, hamburg
www.foodlab.hamburg · we.are.foodlab

- arbeiten im coworking-space mit blick auf den hafen
- entwickeln, testen und produzieren auf insgesamt 6 küchenplätzen
- neue gastro-konzepte ausprobieren im popup-restaurant
- haus- und gastkaffee probieren und neue produkte testen im café
- vernetzen und durchstarten im accelerator-programm
- fotografieren, filmen & workshoppen in unserem studio
- kreativ-power aus der eigenen food-content-agentur
- feiern und lernen bei unseren vielfältigen events

„Ich möchte eine neue Esskultur etablieren"

Mónica Orjeda Fernández (56) aus Peru, Inhaberin Bodega Lima

„Die Gastronomie hat mich immer fasziniert. Schon als Kind verbrachte ich die Zeit in der Küche meiner Mutter, die eine fantastische Köchin ist. Im Jahr 1992 bin ich nach Chile ausgewandert. Ich war dort fast dreieinhalb Jahre und arbeitete in einem Restaurant. Dann, im Juli 1995, bin ich der Liebe wegen nach Deutschland gekommen. Ich bin direkt in Hamburg gelandet und geblieben. Kaum angekommen, war ich sofort in die Stadt verliebt. Ich bin in Lima aufgewachsen und wohnte direkt am Meer – für mich ist Wasser sehr wichtig. Hier in Hamburg hat mich der Hafen sofort fasziniert, diese Hafenkultur ist mein Ding. Ich liebe die Leute, das Wetter und die Vielfalt der gastronomischen Kultur in Hamburg: Man kann hier nicht nur alles probieren, man kann alles kochen. Im Juli werde ich 27 Jahre meines Lebens in dieser wunderbaren Stadt sein. Ich habe zwei Kinder, die hier geboren wurden. Mein Sohn macht seine Kochausbildung im Salt & Silver, und meine Tochter möchte Konditorin werden. Ich habe hier Sozialpädagogik studiert, fünf Dokumentarfilme über soziale Themen gemacht und lateinamerikanische Festivals organisiert. Nach 18 Jahren als Sozialarbeiterin kam die große Wende meines Lebens: Seit Mai 2022 habe ich nun endlich mein eigenes richtiges Restaurant, das Bodega Lima – und das während Pandemie- und Kriegszeiten. Zuvor verwandelte ich meine Wohnung in ein Gourmetrestaurant, in dem alle drei bis vier Wochen Kochevents mit vier bis sechs Gängen stattgefunden haben. Ich wünsche mir, dass das Bodega Lima eine Adresse für die beste peruanische Küche in Hamburg wird, ich möchte eine neue Esskultur etablieren. Bodega Lima soll für einen Moment eine unvergessliche Reise nach Peru sein. Kochen ist meine Leidenschaft, und ich kann mich durch eine neue Geschmack-Sprache äußern und ausleben. Ich liebe es, Menschen durch das Essen glücklich zu machen!" /JZ

bodegalima.de

„Hamburg ist multikulturell"

Matteo Ferrantino (43) aus Italien, Inhaber bianc und pan con tomate

„Mit der Gastronomie habe ich schon von klein auf Berührungspunkte. Angefangen hat alles in einer kleinen Pizzeria in meinem Heimatort Mattinata in Apulien. Schon als Kind liebte ich es zu kochen. Also ging ich mit 18 Jahren nach Mallorca. Dort arbeitete ich in einem einfachen Restaurant. Nach einigen Jahren lernte ich Roland Trettl kennen – das war der Einstieg in die Sterne-Gastronomie. Seit knapp sieben Jahren bin ich jetzt in Hamburg. Im November 2017 habe ich mein Restaurant bianc eröffnet. Ich fühle mich in Hamburg wohl, besonders liebe ich, dass es im Gegensatz zu Italien so multikulturell ist. Wenn ich aber doch mal Sehnsucht nach meiner Familie, der Meeresluft oder dem Essen in meiner Heimat habe, dann fliege ich einfach kurz nach Hause. Ich bin froh, wie bisher alles gelaufen ist. Anders machen würde ich nichts!" /JZ

bianc.de

HYGGE

BRASSERIE & BAR

WWW.HYGGE-HAMBURG.DE BARON-VOGHT-STRASSE 179, 22607 HAMBURG TEL 040 82 27 41 60 INFO@LANDHAUS-FLOTTBEK.DE

Es gibt sie noch, die Landgasthäuser mit gestärkten Tischdecken – aber die Zeiten ändern sich

KULINARISCHE ZEITENWENDE

Vom Wienerwald zur Healthy Bowl

TEXT: MATTHIAS ONKEN

Kulinarischer Experte: Matthias Onken

Wie war das damals in den 70ern? Erste Restaurantbesuche assoziiere ich mit runden Geburtstagen meiner etwas sperrigen Großtante Annemarie. In einem Gasthof in Hamburgs Norden pflegte der ewige Single einen auszugeben. An Tafeln mit gestärkter Tischwäsche servierten nicht weniger steife Kellner stets: Kroketten und Kaisergemüse in silbernen Schalen zu Braten und brauner Soße. Wer's nicht mochte, bekam Forelle Müllerin Art mit Salzkartoffeln. Eine Szenerie, die sich mir einbrannte als Sinnbild „gutbürgerlicher Küche". Besuchten wir besagte Tante ohne feierlichen Anlass, ließ sie meinen Vater halbe Hähne mit Fritten vom Wienerwald mitbringen. Lieferdienste gab's noch nicht, McDonald's war ein No-Go. Also ab an die Mitnahmetheke des gastronomischen Nachkriegswunders.

Nach Umzug an den Stadtrand ging's in den frühen 80ern ins Ristorante Sicilia, einziger Italiener am Platze. Wir aßen Pizza Salami. Lasagne. Oder Rigatoni. Dieser kulinarischen Horizonterweiterung folgten respektable Fleischexzesse beim „Jugoslawen", in den Cafés tranken die Erwachsenen Cappuccino, später Mokka. Noch vor Tschernobyl lernten wir, dass der Bestellcode für Hühnchen süßsauer beim Chinesen „B3" lautete. Die Lokale hießen Shanghai, Hong Kong oder – verständlich für den letzten Klapskalli: China Restaurant. Das Einheitsinterieur inkludierte rote Lampions, Papierdrachen, güldene Bögen sowie ein Aquarium im Eingangsbereich. Über die Bedeutung der Zahl der Fische kursierten wilde Räuberpistolen.

Das Speisenangebot trimmten die Betreiber auf unsere untrainierten Gaumen. Eine Verleugnung, wenn nicht Verleumdung ihrer Heimatküche. Ähnlicher Verrat beim „Griechen". Ob Akropolis, Athen oder Olympia: Dass Gyros mit Pommes mit traditioneller Esskultur Griechenlands nichts gemein hat, stellten die meisten Gäste erstaunt im Urlaub fest. Und sorgten dafür, dass es die gewohnten Fleischberge von zu Hause alsbald auch in Restaurants und an Hotelbüffets auf

FOTOS: ADOBESTOCK (O.), BERTOLD FABRICIUS (U.)

Kreta, Rhodos und Samos gab. Ouzo aufs Haus inklusive.

Verlässlich verhunzten wir jede Länderküche nach unserem Gusto. Den Döner stopften wir entgegen türkischer Tradition des Tellergerichts ins Fladenbrot, den indischen Currygerichten entzogen wir ihre Schärfe und Gewürzvielfalt, die Frische ad hoc gerollten japanischen Sushis opferten wir entwürdigenden Vorproduktionen für die To-go-Truhen im Supermarkt. Und dem heute vielerorts möglichen Genusserleben eines echt guten Burgers gingen satte fünf Jahrzehnte Pampenmampf voraus.

Die Internationalisierung der Hamburger Restaurantszene hat in den vergangenen zehn, fünfzehn Jahren kräftig Fahrt aufgenommen. Dank des großen Erfolgs von TV-Formaten wie Tim Mälzers „Kitchen Impossible", Bestsellern wie denen von Ottolenghi und des Imports vieler Küchentrends durch junge Gastronomen ist die Neugier auf authentische Länderküche mittlerweile ausgeprägt. Viele sind originaler Zubereitung exotischer Gerichte gegenüber heute ungleich aufgeschlossener. Sie ist nicht nur Gütesiegel, sondern oft der Grund für großen Zulauf. Auf kulinarischer Ebene ist die vom Kanzler angekündigte politische Zeitenwende also bereits vollstreckt. Davon zeugen all der Ramen, die Pho Bos, Smoothies, Healthy und Vegan Bowls, Reis- und Nudelboxen sowie Tacos, die sich seit Jahren mit Currywurst, Schnitzel und „B3" im Rennen um die Gunst der Lunch-Gäste messen.

Und wohin geht die Reise weiter? Die Internationalität des Angebots wird sich stetig verästeln und die „gutbürgerlichen Küchen" weiter verdrängen. Auf andere Länder ausgerichtete Restaurants gibt's in dieser Stadt wie Sand am Meer, zu beobachten ist derzeit eine zunehmende Spezialisierung auf Regionen wie die zum Beispiel die südwestchinesische Szechuan-Küche. Leidenschaftliche Schärfe, eingelegtes Gemüse, Schweinefleisch und Tofu zeichnen sie aus.

Das wachsende Bedürfnis nach gesunder, ethisch korrekter Ernährung wird das Angebot weiter beeinflussen. Kein Burgerladen mehr ohne regionales Fleisch und Pflanzenpattys, kein Business District mehr ohne Bowl-Bar. Die Digitalisierung (Megatrend: Ghost Kitchen) wie auch der Klimawandel (Plant-Based Food) triggern die Entwicklung der Gastro zusätzlich. Gründern, ebenso etablierten Betreibern ist der Mut zu wünschen, mit Konzept und Küche Haltung zu zeigen. Aus Mitverantwortung für eine bessere Welt, in der wir endliche Ressourcen schonen, Überfluss drosseln und fleischarm genießen, weil wir den Wert zumindest flexitarischer Ernährung schätzen lernen. Hamburgs Gastroszene von morgen macht hoffentlich Appetit. Riesen-Appetit auf gesellschaftlichen Wandel. ▮

AUS ALLER LÄNDER TÖPFE

Und so is(s)t die Welt

Hamburg ist kulinarisch mehr als Labskaus, Pannfisch und Astra-Knolle. Das liegt an Gastronomen, die Kochkunst aus aller Herren (und Frauen) Länder importieren. Wir haben einige von ihnen gefragt, welche Heimatgerichte ihnen besonders am Herzen liegen – und was deren Geheimnis ist. Natürlich verraten sie nicht alles, aber ein paar kulinarische Kniffe gibt's frei Haus

TEXTE: KATHARINA STERTZENBACH
FOTOS: JULIA SCHUMACHER

FRANKREICH: Tatar vegan

Restaurant: Bistro Carmagnole
Zutaten: Frische Champignons, Auberginen, Karotten, Schalotten, Rote Bete, Räuchertofu und Algenkaviar.
Zubereitung: Alle Zutaten werden im Ofen geschmort und durch den Fleischwolf gedreht, anschließend mit Rote-Bete-Saft, Balsamico-Essig, diversen Ölen, Salz und Pfeffer abgeschmeckt. Die vegane Soße wird aus Kapern, Ketchup, Cornichons, Rotweinessig, Cognac, Senf, Olivenöl, veganer Mayonnaise und einem Spritzer Tabasco gemacht.
Region: 1921 von Auguste Escoffier erstmalig als „Beefsteak Tartare" kreiert, finden sich die ältesten Aufzeichnungen dieses Gerichts in dem 1851 erschienen Buch „Gastrosophie" von Eugen von Vaerst.
Das Besondere: Thomas Bernhard, ein Liebhaber des Steak Tartare, beschrieb das „blutige Fleischgericht", die von seinen Protagonisten verzehrte Speise, als „metaphorische Spiegelung" von „Zerstörung" und dem „Gedanken der Selbstvernichtung". Wir haben diese Speise komplett ihrer blutigen Ureigenschaften beraubt und bieten sie komplett vegan an. Es ist etwas anderes, es ist etwas Neues, und dennoch bleibt die Grundidee dieser Speise erhalten – und überführt dieses archaische und dennoch raffinierte Gericht ins 21. Jahrhundert.
Gut zu wissen: Überholten und auch latent rassistischen Erzählungen zufolge wurde das Steak Tartare – wie der Name schon sagt – den gefürchteten Tatarenreitern angedichtet. Diese Erzählung wurde jedoch schon früh demontiert, dennoch hält sie sich weiterhin hartnäckig.
carmagnole.kr

Im französischen Bistro von Alvaro Pina Otey und Maria Endrich zaubert Michael Hermes in der Küche solch verlockende Gerichte

LIBANON:
Lahmeh bel Looz

Restaurant: L'Orient Restaurant
Zutaten: Neuseeländisches Lammkarree (Lammfleisch) aus dem Ofen umhüllt von einer Mandelkruste, serviert mit einer Schafskäse-Basilikum-Soße, Rosmarinkartoffeln und saisonalem Gemüse.
Das Besondere: Der Geschmack – die Mandelkruste in Zusammenspiel mit der Schafskäse-Basilikum-Soße macht das Lammkarree auf libanesische Art zu einem echten kulinarischen Erlebnis.
Gut zu wissen: Obwohl es sich um ein Gericht aus dem Abendmenü handelt, kann das Lahmeh bel Looz auch gern mit den Händen gegessen werden.
restaurant-lorient.de

Salah Marouk beherrscht als Chefkoch die libanesische Küche aus dem Effeff

REWE
Dein Markt
Bönningstedt
Pinneberg
Langenhorn
Poppenbüttel
Bergstedt
Ahrensburg
Volksdorf
Niendorf
Fuhlsbüttel
Wellingsbüttel
Eidelstedt
Alsterdorf
Bramfeld
Rahlstedt
Schenefeld
Winterhude
Osdorf
Eimsbüttel
Barmbek
Wandsbek
Blankenese
Barsbüttel
Groß Flottbek
Ottensen
Altona
St. Georg
Horn
Hafencity
Hamburg
Jork
Lohbrügge
Reinbek
Über 80x in Hamburg
Deine Märkte für gutes Essen und Trinken.
Frische Vielfalt aus deiner Region
Frische aus deiner Region
Förderung der lokalen Wirtschaft
Kürzere Lieferwege
Haltungsform
1 2 3 4
Außenklima
haltungsform.de
Mehr Infos unter:
chateau-boeuf.de
rewe.de/chateauboeuf
CHÂTEAU BOEUF
Auszeit vom Feinsten.
Gönn dir etwas Besonderes und verfeinere deinen Alltag: Mit unseren REWE Feine Welt Produkten genießt du außergewöhnliche Momente, die in Erinnerung bleiben. Besondere Leckereien – für eine Auszeit vom Feinsten.
REWE Feine Welt
Deine Entscheidung für mehr Tierwohl.
Château Boeuf® steht für bestes Premiumfleisch aus Frankreich aus tiergerechter Haltung.
Genieße unsere große Weinvielfalt
180 Tage Weidegang im Jahr beginnen mit meiner Milch.
REWE Bio
In vielen Märkten Montag-Sonntag von 7 bis 22 Uhr für dich geöffnet
Die REWE-App
Alle Angebote immer dabei.
PAYBACK
rewe.de

Chefköchin Haiming Xu serviert im Herr He nicht nur fantastische Dim Sum, sondern auch den spektakulären Wolfsbarsch

CHINA: Kantonesisches Dim Sum

Restaurant: Herr He
Zutaten: Dim Sum sind sehr vielfältig. Sie können zum Beispiel Garnelen, Eier, Hühnerfleisch, Fisch und gedämpften Brotteig enthalten.
Region: Das Mekka der Dim Sum ist Hongkong.
Das Besondere: Die Vielfältigkeit: Es gibt über 1000 verschiedene Dim-Sum-Sorten. Außerdem wird immer geteilt. Und man isst süß und salzig zusammen – es gibt also keine wirklich Vor-, Haupt- oder Nachspeise. In welcher Reihenfolge Dim Sum gegessen wird, entscheidet jeder Gast für sich.
Gut zu wissen: Dim Sum kann zu jeder Tageszeit gegessen werden. In Hongkong gibt es anstatt Kaffee und Kuchen eine Tee-Pause mit Dim Sum. Übersetzt heißt Dim Sum „kleine Herzwärmer".
facebook.com/herrhe.hamburg

WIR STEHEN VOLL AUF HAMBURGER.
Darum sind wir mit über 15.500 Mitarbeitenden jeden Tag in der Hansestadt für unsere Patient:innen im Einsatz. In sieben Akutkliniken und einer Rehabilitationsklinik stehen wir Ihnen zu jeder Zeit zur Seite – im Notfall, im Ernstfall, für die Vorsorge oder die persönliche Beratung, für alle Gesundheitsfragen.
Mehr auf asklepios.com/hamburg
ASKLEPIOS

Inhaber Fernando da Silva und Köchin Sandra Finseca lieben Bacalhau – in der Tasquinha Galego mit Drillingskartoffeln und Scampi

PORTUGAL: Bacalhau á casa

Restaurant: Tasquinha Galego
Zutaten: Kabeljau, Zwiebeln, Drillingskartoffeln und Scampi.
Zubereitung: Der getrocknete Fisch muss vor der Zubereitung einen Tag lang in Wasser gelegt werden, das alle sechs bis acht Stunden gewechselt werden muss. Anschließend wird der Fisch in der Mitte aufgeschnitten und final gewürzt. Dann wird er ganz leicht frittiert, damit die Kruste schön knusprig wird. Abschließend wird der Kabeljau im Ofen fertig gegart.
Das Besondere: Es ist eine der ältesten Konservierungsmethoden der Menschheit: Nach Tradition wird der Bacalhau zunächst in Meersalz gelegt, um die Flüssigkeit zu entziehen und den Fisch lange haltbar zu machen. Der Bacalhau ist in Portugal historisch, wirtschaftlich und kulturell von großer Bedeutung. Ohne ihn hätten die Seefahrer in früheren Jahrhunderten alt ausgesehen. Für sie war der Stockfisch, der durchs Trocknen leicht und lange haltbar gemacht wurde, ebenso überlebenswichtig wie für die Menschen an Land, als es noch keine Kühlschränke gab.
Gut zu wissen: 2014 ist der Bacalhau in das Register der garantiert traditionellen Spezialitäten in der EU eingetragen worden. In Portugal gibt es mehr als 1000 Rezepte für den beliebten Stockfisch.
galego.de

KOREA:
Bibimbap

Restaurant: Seoul 1988
Zutaten: Reis, Gemüse (zum Beispiel: Spinat, Bohnensprossen, Gurke, Rettich, Shiitake-Pilze), Rindfleisch oder vegetarisch mit Tofu, ein rohes oder gebratenes Ei und – ganz wichtig – Chilipaste Gochujang.
Zubereitung: Die Zubereitung variiert je nach Bibimbap-Version.
Das Besondere: Bibimbap vereint im Idealfall fünf Geschmacksrichtungen in einer Schale (süß, salzig, sauer, bitter und würzig). Es gibt viele verschiedene Varianten von Bibimbap. So gibt es zum Beispiel eine heiße Variante, die in einer koreanischen Tontopfschale zubereitet wird, oder eine lauwarme Variante (ideal für den Sommer), die in einer Edelstahlschale zubereitet wird.
Gut zu wissen: Bibimbap bedeutet auf Koreanisch Reis umrühren oder Reis mischen. Bibimbap wird unvermischt serviert, anschließend kann jeder Gast nach Belieben Gochujang auf das Gericht geben. Danach wird Reis, Gemüse und Fleisch/Tofu mit Stäbchen vermischt und anschließend mit einem Löffel (nicht mit den Stäbchen) gegessen.
1988seoul.com

Koch Tae Hyung Kim liebt den Klassiker der koreanischen Küche

Das Was-ist-was der internationalen Küche

Die Portugiesen lieben ihren getrockneten Fisch namens Bacalhau. Die orientalische Küche bietet herrlich klingende Gewürze aus Tausendundeiner Nacht. Und roher Fisch mit Leche de Tigre findet sich als Vorspeise mittlerweile sogar dort auf Speisekarten, wo nicht südamerikanisch gekocht wird. Hier kommen ein paar Begriffe, die jeder nicht auf deutsche Gerichte fixierte Genießer kennen sollte. Hallo, leckere Welt!

TEXTE: LAURA LÜCK

Asien

Bei Lesser Panda Ramen dreht sich alles um die japanische Nudelsuppe

Bibimbap

Eine Bowl, viele Zutaten, fast keine Limits: Bibimbap ist in der koreanischen Esskultur ein typisches Resteessen. Die Grundlage bildet Reis mit verschiedenem Gemüse, einem rohen oder gebratenen Ei, Chilipaste sowie Rindfleisch, Tofu oder Fisch. Bibimbap bedeutet so viel wie Reis umrühren. Das tut man mit dem Löffel, nachdem alle Zutaten noch ungemischt serviert werden.

Dim Sum/Dumplings

Wenn die Teigtasche sprechen könnte, würde sie Geschichten aus aller Welt erzählen. Fast jedes Land kennt eine eigene Version: deutsche Maultaschen, russische Pelmeni, italienische Ravioli, türkische Manti oder chinesische Dim Sum. Letztere stammen ursprünglich aus der kantonesischen Küche. Dim Sum heißt so viel wie „das Herz berühren" und ist ein Überbegriff für kleine gedämpfte oder frittierte Köstlichkeiten. Darunter fallen üblicherweise Teigtaschen und -rollen sowie Reismehlkuchen und Hefeklöße mit oder ohne Füllung. Dumpling ist die englische Bezeichnung, meint aber meist Teigtaschen in runder oder Halbmondform.

Onsen-Ei

Das perfekte Ei zu kochen ist eine Kunst, die in der japanischen Küche auf die Spitze getrieben wird. Das Onsen-Ei wird in kleinen Körben in heißen Quellen – den sogenannten Onsen – gegart. Bei gleichbleibender Temperatur zwischen 65 und 70 Grad bleibt das Ei circa eine Stunde im Wasserbad. So können Eiweiß und Dotter nie ganz stocken. Das Ergebnis: ein unglaublich cremiges, geschmeidiges Ei. In unseren Breitengraden tut es statt der vulkanischen Quelle auch der Sous-vide-Garer.

Ramen

Ramen sind einer der großen Foodtrends der letzten Jahre. Die Nudelsuppe gilt in Japan als schneller Mittagsimbiss und wird mit Brühen auf Basis von Sojasoße (Shoyu-Ramen), Miso (Miso-Ramen), Fisch und Meeresfrüchten (Shio-Ramen) oder Schweineknochen (Tonkotsu-Ramen) gekocht. Neben den dicken Weizennudeln kommen diverse Beilagen wie gekochte Eier, Schweinebauch, Mais, Lauchzwiebeln oder Shiitake-Pilze mit in die Suppenschüssel.

Umami

Die Zunge kennt verschiedene Geschmäcker: süß, sauer, salzig und bitter – und umami. Die Bezeichnung stammt aus dem Japanischen und bedeutet schmackhaft oder würzig. Im Deutschen übersetzt man den Ausdruck auch mit herzhaft oder pikant. Umami wird unseren Geschmacksknospen durch die Aminosäure Glutamat vermittelt, die vor allem in stark proteinhaltigen Lebensmitteln wie Fleisch oder Käse und Gewürzpasten enthalten ist. Fonds und Soßen wie Miso, Sojasoße und Dashi verleihen asiatischen Gerichten den berühmten Umami-Kick.

FOTO: DAVID STRÜNING

Südamerika

Ceviche / Leche de Tigre

Das peruanische Nationalgericht verläuft sich inzwischen sogar auf Menükarten, die sonst nichts mit lateinamerikanischer Küche am Hut haben. In den letzten Jahren ist ein regelrechter Hype um das Gericht entstanden, bei dem klein geschnittener roher Fisch im Mittelpunkt steht. Dieser wird in „Leche de Tigre" mariniert. So nennt sich der Sud aus Limettensaft, Salz und Chilis. Das Spannende an dem simplen Rezept ist, dass es sich beliebig ergänzen lässt – mit roten Zwiebeln, Koriander, Süßkartoffeln, Mais oder Sellerie zum Beispiel. Die Möglichkeiten der Variation sind endlos – genau das ist wohl des Ceviches Erfolgsgeheimnis.

Mexiko Strasse Taqueria: In die Tortilla darf alles, was gesund und würzig ist

Mole

Unter dem Begriff Mole sammeln sich verschiedene Soßen der mexikanischen Küche. Was sie eint, ist ihre Basis: gekochte Chilischoten. Eine typische weitere Zutat der bräunlichen Soße ist ungesüßte Bitterschokolade. Dazu gesellen sich durchschnittlich noch um die 35 weiteren Gewürze und Nüsse.

Tacos / Enchiladas/Burritos / Fajitas / Quesadillas

Eines haben sie alle gemeinsam: die Tortilla, ein Fladenbrot auf Mais- oder Weizengrundlage. Weizentortillas werden hauptsächlich für Quesadillas verwendet. Dafür werden sie mit Käse gefüllt und zusammengeklappt in der Pfanne gebraten. Burritos sind ebenfalls Weizentortillas, die bereits gefüllt und gerollt serviert werden. Wer Weizentortillas selbst am Tisch füllt, hat Fajitas vor sich. Bei Maistortillas gilt: Einfach gefaltet nennen sie sich Tacos. Gefüllt, gerollt und mit Salsa gratiniert, heißen sie Enchiladas. Harte Taco-Shells stammen übrigens aus der US-amerikanischen Tex-Mex-Küche und sind daher keine authentisch mexikanische Variation der Tortilla.

Iberien

Anchovis / Sardinen / Sardellen

Das lateinische Wort sarda meint Hering. Sardinen und Sardellen gehören beide den heringsartigen Fischen an, sind aber verschiedene Arten. Hauptsächlich unterscheiden sie sich in der Größe. Die kleineren und schlankeren Fische sind die Sardellen. Sie werden meist mit Salz haltbar gemacht, in Olivenöl eingelegt und als Filets verkauft, während Sardinen tendenziell im Ganzen serviert werden. Anchovis dürfen sich ebenjene in salziger oder in süßsaurer Lake eingelegte Sardellen nennen, die europäischer Herkunft sind.

Empanadas

Empanadas sind so verschieden wie die Länder, in denen sie verbreitet sind. Von Mittel- über Südamerika über Spanien bis hin zu den Philippinen haben die Teigtaschen diverse Füllungen und Formen. Ob Rind, Huhn, Stockfisch oder vegetarische Mungobohnenpaste – die Variationen sind unendlich. In Spanien sind Empanadas landesweit verbreitet und in fast jeder Bäckerei zu finden. Grundlage für die Füllung bieten Paprika, Tomaten und Zwiebeln sowie zusätzlich je nach Zubereitung Fisch oder Fleisch. Thunfisch ist hierbei besonders verbreitet. Empanadas werden meist im Ofen gebacken, es gibt aber auch frittierte Exemplare.

Bacalhau

Hinter dem portugiesischen Nationalgericht verbirgt sich Klippfisch: getrockneter und gesalzener Kabeljau, der eine lange Geschichte in der portugiesischen Kultur hat. Ein Sprichwort besagt, dass es 365 Rezepte für Bacalhau gibt, für jeden Tag des Jahres eines – in Wahrheit sind es aber bereits über 1000. Berühmt ist zum Beispiel der Bacalhau à Bras, bei dem der Klippfisch erst mit Kartoffelstiften und Zwiebeln und zuletzt mit verquirlten Eiern gebraten wird. Im Hamburger Portugiesenviertel kennen wir ihn vor allem als Bolinhos (oder Pasteis) de Bacalhau, kleine frittierte Kroketten aus Kartoffeln, Klippfisch und Petersilie.

Der Bacalhau alias Kabeljau ist die Nationalspeise in Portugal

FOTOS: MARC SILL (O.), ORMUZD ALVES / ADOBESTOCK (U.)

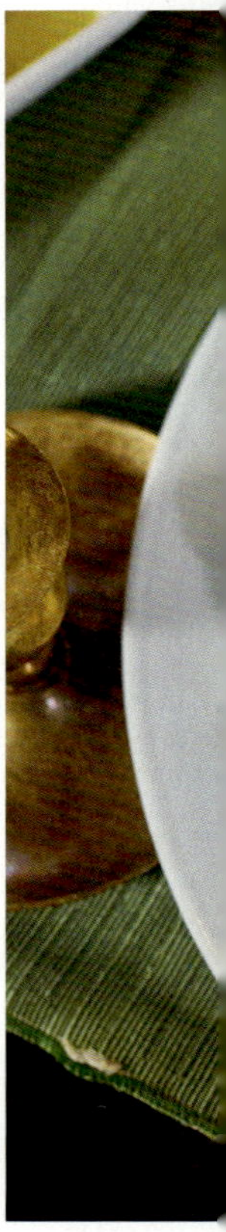

Ohne Dips und Cremes wie hier in der Taverna Elia wäre die griechische Küche ärmer

Indien und Orient

Mezze / Mazza / Mezedes / Mesa

Sharing Plates haben sich auf vielen Hamburger Speisekarten durchgesetzt. Inspiration lieferten dabei mediterrane Tapas wie die nahöstliche Küche. Dort ist das Tellerteilen nämlich kein Trend, sondern echtes Kulturgut. Mezze nennen sich verschiedene, vorrangig vegetarische Vorspeisen, die meist kalt in der Tischmitte serviert werden, damit alle zugreifen können. Typische Beispiele sind Hummus, Baba Ghanoush, Dolma, Oliven, Tsatsiki, Taboulé oder Tarama. Gerichte, Schreibweisen und Aussprache variieren je nach Region. So genießen die Griechen ihre Mezedes, die Syrer teilen Mazza, in der Türkei bestellt man Mezze und im Libanon Mesa.

Papadam / Naan

Was darf's sein zum indischen Curry? Wer es knusprig mag, bestellt Papadam, ein dünnes frittiertes Fladenbrot aus Linsenmehl, das meist mit Pfeffer, Chili und Kreuzkümmel gewürzt ist. Sein softer Bruder heißt Naan – auch fladenförmig, aber aus weichem, gesäuertem Teig, der an Stockbrot erinnert. Vielleicht auch, weil Naan traditionell über offener Glut im Tandur gebacken wird.

Manti

Yufka? Das ist doch das Dürüm-Brot vom Kebab-Imbiss. Stimmt genau, allerdings verwendet man Yufkateig in der türkischen Küche auch für kleine Teigtaschen, die mit Lamm, Zwiebeln, Knoblauch, Pinienkernen und Minze gefüllt sind. Die typische Veggie-Variante wird mit fein gewürfelter Kartoffelfüllung zubereitet. In der Türkei serviert man sie mit Knoblauch-Joghurt und scharfem Paprikaöl. Manti sind auch in der russischen, kasachischen, armenischen und in der afghanischen Küche zu finden und unterscheiden sich immer ein wenig in Würze oder Fleischsorte.

Dolma

Der Begriff Dolma stammt von dem türkischen Adjektiv dolmalik, was so viel heißt wie gefüllt oder gestopft. Dolma kann alles sein, von gefüllter Paprika über Tomaten bis zum Kohlblatt. Besonders bekannt sind auch die gefüllten Weinblätter, die oft auf griechischen Speisekarten auftauchen. Dort heißen sie Dolmadakia.

Pide / Pita

In Deutschland gehört Souvlaki auf den griechischen Grillteller. Ein bisschen Salat und Tsatsiki dazu – fertig. In Griechenland kommt der Fleischspieß ins Pita-Brot und wird so zum beliebten Streetfood. Das dicke, weiche Fladenbrot aus Hefeteig eignet sich bestens zum Befüllen und ist bis in den nahen Osten weit verbreitet. In Syrien findet man Falafel im Brot, in der Türkei wird es zu länglichen Schiffchen geformt und beispielsweise mit Käse oder Spinat gefüllt. Dort nennt sich der leckere Snack dann Pide.

Zum indischen Curry muss es einfach Naan sein

Panir / Paneer

Wer gern Spinat isst, sollte beim nächsten Besuch im indischen Restaurant unbedingt einmal Palak Panir bestellen. Das cremige Curry auf Spinatbasis ist eine nordindische Spezialität mit gewürfeltem Panir, einem schnittfesten Frischkäse aus Kuhmilch. Manchmal findet man ihn auch als Paneer auf der Speisekarte – das ist schlicht die englische Schreibweise des Käses, der auch gern für Desserts verwendet wird.

FOTOS: MARC SILL

Griechenland

Tarama

Wenn Griechen altes Weißbrot herumliegen haben, mixen sie es gern mit gesalzenem Fischrogen, meist vom Karpfen, Olivenöl und Zitrone zu einer orange- bis rosafarbenen mayonnaiseartigen Paste. Die sogenannte Tarama oder Taramosalata ist eine typische kalte Vorspeise, zu der Brot zum Dippen serviert wird.

Fava

Fava ist so etwas wie der griechische Hummus. Konsistenz und Farbe ähneln sich, nur besteht Fava nicht aus Kichererbsen, sondern aus gelben Platterbsen. Der cremige Brei wird traditionell mit Zwiebelringen und Kapern serviert und gilt als Spezialität auf Santorin. Man findet Fava aber auch im Rest des Landes in fast jeder Taverna auf der Speisekarte.

Stifado

Ein gutes Stifado muss lange köcheln. Das Ragout wird meist mit gewürfeltem Kaninchen-, Rind- oder Lammfleisch zubereitet, das im besten Falle butterzart im Mund zerfällt. Vorher muss es schmoren – mit reichlich Zwiebeln, Tomaten, einem ordentlichen Schuss Mavrodaphne, Zimt, Lorbeer und Piment.

Hani Alhay mag Döner der etwas anderen Art – und trifft mit seinen kartoffeligen Kreationen den Nerv vieler Fans

Wenn die Kartoffel mit dem Döner

Hani Alhay ist der Kartoffel-Döner-Mann. Nicht nur für seine multikulturellen Spieß-Kreationen hat er sein eigenes Rezept, sondern auch für den Umgang mit Vorurteilen, Mobbing und Fremdenfeindlichkeit

TEXT: SARAH SEITZ

In Hani Alhays Küche in Oldenburg dreht sich kein gewöhnlicher Fleischspieß. Der Gastronom mixt den orientalischen Döner vielmehr mit deutschen Leckereien. Bei ihm spielen Spargel und Grünkohl wichtige Rollen. Und natürlich Kartoffeln. Das machte ihn über Nacht bekannt – und das über die Grenzen seiner Heimatstadt Oldenburg hinaus. Er ist der Kartoffel-Döner-Mann.

Und Hani ist stolz auf seinen kulinarischen Spitznamen. „Man muss Humor haben, passt ja auch irgendwie", sagt er. Und bezeichnet sich als „halb und halb", wenn es um seine Herkunft geht. Geboren wird der heute 48-Jährige im Libanon. Seine Kindheit ist eigentlich keine. Als Neunjähriger flüchtet der Junge mit seiner Familie aus Beirut. Die erste Zeit in Deutschland ist hart. „Wir haben im Park geschlafen, tagelang, bis wir uns zurechtgefunden hatten", erinnert sich Hani

FOTOS: PRIVAT

„Der Kartoffel-Döner ist eine Liebeserklärung“

HANI ALHAY

heute. Er muss mehrere Ausbildungen abbrechen, sein Deutsch ist nicht gut genug. „Ich habe mich damals geschämt zu sprechen. Sobald ich meinen Mund aufgemacht habe, wusste ich, dass über mich gelacht wird.“ Später findet er in der Gastronomie nicht nur seine Berufung, sondern auch einen Weg, sich auszudrücken: „Essen ist eine Sprache, die jeder versteht“, sagt Hani.

Der ehemalige Personenschützer sieht sich in seinem heutigen Job auch als Künstler, der was probiert. Die kulinarischen Experimente des Küchen-Tüftlers treffen für gewöhnlich erst mal auf Skepsis. „Jeder denkt, ein Dönermann hat nichts im Kopf. Ich wurde sogar auf ganz üble Weise beschimpft“, ärgert er sich. Das habe sich geändert, als die Medien auf den Kartoffel-Döner aufmerksam wurden. Selbst arabische und türkische Zeitungen berichten über ihn. „Mir wurde erst später klar, dass der Kartoffel-Döner eine Liebeserklärung an verschiedene Kulturen ist, dass es um Völkerverständigung geht“, sagt er. Dabei sei die Idee zunächst mehr Fluch als Segen gewesen. Bis sich der erste Kartoffel-Döner-Spieß in seinem Laden drehte, habe er ein Jahr an der Umsetzung gearbeitet. Aber aufgeben? Für Hani nie eine Option.

Trotz ihm begegnender Vorurteile und Hürden nimmt der Oldenburger die Dinge stets mit Humor und Gelassenheit – und versucht sie aus einer anderen Perspektive zu sehen. Eben so entstand auch der Kartoffel-Döner. Ein rassistischer Spruch auf einer Pegida-Demo brachte den Gastronomen erst auf die Idee: „Da hat jemand ein Schild hochgehalten, auf dem stand: ‚Kartoffel statt Döner. Ich dachte: Da muss Kartoffel UND Döner stehen. Dann wendet sich das Blatt.“

Seit 2016 ist Hanis einzigartiger Döner-Mix fast täglich ausverkauft. Regelmäßig muss er enttäuschte Gäste – viele davon reisen extra aus Hamburg an – trösten. Der Kartoffel-Döner-Mann fühlte sich berufen, sein kulturelles Liebessymbol, wie er es nennt, deutschlandweit bekannt zu machen. Dafür geht er noch einen Schritt weiter: „Warum sagen alle, die Deutschen seien Kartoffeln? Die essen doch viel mehr Wurst“, so der findige Spieß-Experte. Er hat jetzt angefangen, seinen Kartoffel-Döner als Wurst zu verkaufen. Und schafft es damit sogar ins Fernsehen. Seine Kartoffel-Döner-Bratwurst wurde kürzlich zur leckersten Idee Deutschlands gekürt.

Seinen plötzlichen Erfolg kann Hani oft selbst nicht fassen. Trotzdem bleibt er bodenständig. Weitere Läden eröffnen will er nicht. „Das sind mir zu viele Kopfschmerzen. Ich bin ein Mensch, der gern kocht, der gern in der Küche steht, aber ich bin kein Geschäftsmann“, sagt er. Aus Liebe zu seiner Heimatstadt Oldenburg will er zur kommenden Wintersaison den Grünkohl-Döner anbieten. Vielleicht bekommt er dann einen neuen Spitznamen verpasst. Und wird für alle zum Grünkohl-Döner-Mann. ▮

PORTUGIESENVIERTEL

Bom dia, Elb-Portugal!

Das Portugiesenviertel in Hamburg ist ein Knotenpunkt der Hamburger Gastro-Szene. Wenige Gehminuten von den Landungsbrücken entfernt wird Vielfalt in familiärer Atmosphäre gelebt. Zu Besuch im Hafendorf, das sich zu einem Szeneviertel entwickelt hat, ohne seinen Charakter zu verlieren

TEXT: KAROLINE GEBHARDT

FOTO: JÉROME GERULL

> **Vieles ist im Portugiesenviertel einfach so passiert**
>
> RÜDIGER „REGIS" BEHRENS

Die Sonne taucht Altbauten in rötliches Licht und versinkt allmählich in der Elbe, während sich Menschen mit einem Glas Wein zuprosten, Radfahrer vorbeirasen. Die Glocken des Michel läuten den Abend ein, vermischen sich mit fröhlichem Stimmgewirr. Der Duft von Grillgut breitet sich aus. Das Portugiesenviertel in der Hamburger Neustadt entwickelt sich seit mehreren Jahrzehnten zu einer kleinen Oase inmitten des Trubels. Und ist dabei in seinem Habitus doch originell und angenehm ungezwungen geblieben, obwohl sich Hafenpromenade, das Museumsschiff Rickmer Rickmers und die Landungsbrücken als touristische Attraktionen der Hansestadt gleich nebenan befinden. Umringt von Ditmar-Koel-Straße, Vorsetzen und Neustädter Neuer Weg reiht sich Vielfalt in Form von rustikalen Restaurants, lebendigen Cafés, Pastelarias und urigen Bodegas aneinander.

Rüdiger Behrens, der sich selbst auch Regis nennt, ist Journalist und gründete vor 28 Jahren mit anderen Ansässigen und Interessierten die Initiative „Portugiesenviertel Hamburg". Das Quartier kennt er wie seine Westentasche. Denn Regis verdiente sich als Student sein Geld als Taxifahrer und ließ sich durch die Stadt treiben. Er erinnert sich: „Ich habe diese Stadt wirklich Quadratmeter für Quadratmeter kennengelernt." Laut Regis sei vieles im Viertel „einfach so passiert", ohne, dass es einen Anstoß von ➡

Im Caramba Especial gibt es kaum ein Gericht, das nicht flambiert ist

FOTO: MARC SILL

GALLERIA

Galleria Hamburg · Grosse Bleichen 21

Die GALLERIA Passage

SHOPPEN UND GENIESSEN

Sie gilt als Hot Spot unter Hamburger Kreativen, Denkern und Dauershoppern; die GALLERIA. Mit ihrem kultverdächtigen Branchenmix, der noblen und ausgezeichneten Architektur ist und bleibt sie die angesagteste Passage der Stadt. Die coolen Hamburger lieben diesen Konsumtempel der besonderen Art. Sogar vom hippen englischen Designblatt wallpaper wurde die GALLERIA mit ihren besonderen, einzigartigen Geschäften als eines der Highlights Hamburgs vorgestellt. Das Konzept der schwarz-weißen Marmorschönheit GALLERIA ist einfach und konsequent: individuell, avantgardistisch und trendy. Die perfekte Bühne für Kosmopoliten

außen gegeben hätte. Ursprünglich prägten Kleingewerbe, Hafenarbeiter und Unternehmen der Schifffahrtsbranche das Portugiesenviertel. Darunter verschiedene Reedereien, die noch heute existente Eisenkrämerei Chr. Weimeister und die 1768 gegründete Hafenapotheke, die bis in die Gegenwart medizinische Ausrüstung an Schiffe liefert. Traditionell stark vertreten im Portugiesenviertel war und ist aber vor allem die Gastronomie, die das Bild der Ditmar-Koel-Straße prägt.

Die Geburtsstätte des Portugiesenviertels

In den 1980er-Jahren schlug die Geburtsstunde des Portugiesenviertels, dessen Name keine amtliche Bezeichnung, sondern vielmehr ein sich autonom entwickelter Begriff ist, der mit der Historie zusammenhängt. In den 1960er-Jahren kamen im Zuge eines Anwerbeabkommens zwischen Deutschland und Portugal zunehmend portugiesische Gastarbeiter nach Hamburg und Harburg. Viele von ihnen waren Handwerker oder Ungelernte, weshalb sie verstärkt in der Industrie arbeiteten. Einer von ihnen war José Vasconcelos, der den Grundstein für das Viertel legte und dessen Geschichte Regis folgendermaßen erzählt: „José arbeitete in der Reifenindustrie in Harburg bei der Phoenix AG. Dort wurde er eines Tages gekündigt und erhielt eine Abfindung. Als er nach Hause kam, legte er das Geld auf den Tisch und seine Mutter fragte ‚Sind wir jetzt reich?'. Doch José, dieser schlaue Kahn, sagte ‚Nein, noch nicht'. Denn er hatte vor, das Geld zu investieren." José und seine Mutter seien von Harburg nach Hamburg gefahren – damals beinah eine Tagesreise, denn eine S-Bahn fuhr noch nicht. Die beiden suchten eine Location für ein Restaurant und schauten sich an der Hafenpromenade um. „Doch als José den Preis hörte, schüttelte sich sein Kopf von ganz alleine", merkt Regis schmunzelnd an. José und seine Mutter seien dann bei einem Streifzug durch die Gegend auf das heutige Portugiesenviertel aufmerksam geworden und mieteten 1984 an der Ecke der Ditmar-Koel-Straße Räumlichkeiten, die sie sanierten. „Josés Mutter kochte begnadet portugiesisch", erzählt Regis, „und das zu sehr bezahlbaren Preisen." Es handelt sich um das Restaurant Porto, die Geburtsstätte des Portugiesenviertels und damals einziges Restaurant mit iberischer Küche in der Ditmar-Koel-Straße. Mit zunehmendem Erfolg des Restaurants zog es weitere Gastronomiebetriebe in und um die Ditmar-Koel-Straße, die mittlerweile Hauptschlagader des Quartiers ist. So entwickelte sich seit Mitte der 1980er-Jahre das Portugiesenviertel, in dem, anders als der Name es vermuten lässt, nicht nur portugiesische Kulinarik vertreten ist. Mittlerweile beherbergt das Viertel rund 200 Gewerbebetriebe, davon etwa 40 Gastronomiebetriebe. Darunter auch spanische und italienische Lokale.

Bodega und Weinladen: Luis Correia De Pinho betreibt seit sieben Jahren das Weinkost Portugal

FOTO: JÉROME GERULL

„Wir haben hier etwa 20 verschiedene Nationaltäten"

RÜDIGER „REGIS" BEHRENS

Gebündelte Vielfalt

Regis kennt sich aus in seinem Viertel und hebt bei einer persönlichen Führung durch die Straßen einige Restaurants hervor. So käme im Restaurant Caramba Especial kaum ein Gericht auf den Tisch, das nicht flambiert worden sei, die griechische Küche im The Greek sei extraordinär und die italienischen Pizzen bei Luigi's weit über die Grenzen der Neustadt hinaus bekannt. „Wir haben hier etwa zwanzig verschiedene Nationalitäten", erzählt Regis. Die Initiative kümmert sich um vielfältige Aufgaben, um den Charakter und Charme des Viertels aufrechtzuerhalten. Neben Führungen und der Weitergabe der Geschichte des Viertels kümmert sich Regis um allerlei Probleme, die im sogenannten „Hafendorf" aufkommen. So vermittelte er bereits zwischen der Müllabfuhr und Gewerbetreibenden, die sich beschwerten, dass der Müll stets um die Mittagszeit abgeholt und dadurch Gäste gestört würden. Ein Grund für Regis, einen Tag lang mit der Müllabfuhr unterwegs zu sein und sich deren Sorgen und Nöte anzuhören. Zudem helfe er bei der Wohnungssuche, wenngleich das die schwierigste Aufgabe sei. Die Initiative Portugiesenviertel vermittelte etwa der Cap San Diego einen Souvenirshop, als das Schiff wegen einer Baustelle so gut wie abgeschnitten war. Zudem pflegt Regis guten Kontakt zu den Gastronomen im Viertel, zum Beispiel zum Ladenbesitzer Luis, der seit nun sieben Jahren seine Bodega und Weinladen Weinkost Portugal führt, und der Regis schon von Weitem grüßt. „Wir sind Kümmerer", sagt Regis lächelnd. Der Erhalt der Vielfalt sei der Antrieb der Initiative. Sie wollen ihr Viertel davor bewahren, ein wirklich szeniges Szeneviertel zu werden. ▮

RESTAURANT

Ihr findet uns im Oberhafen, unser Restaurant ist 250 qm groß. Wir bieten Fröhstück, Middach & Avendmahl an. Bis zu 150 Gäste gleichzeitig können wir im a la Carte im Innenbereich bewirten.

MARKTHALLE

Die Markthalle der Hobenköök erstreckt sich über 800qm und befindet sich direkt neben dem Restaurant. Unsere Lieferant:innen sind fast alle biozertifiziert.

CATERING

In unserer Location lassen sich exklusive Feiern in kleinem und mittleren Rahmen durchführen, wie z.B. Firmenfeiern, private Events, Live-Cooking Buffet und Produktpräsentationen

Hobenköök GmbH | Stockmeyerstraße 43 | 20457 Hamburg | 040 228 65 538 | info@hobenkoeoek.de

Vor Anker im Seeteufel

Auf einer Weltreise will man neue Kulturen kennenlernen, ungesehene Ecken entdecken und Zeit mit interessanten Menschen verbringen. Was man nicht sehen will, sind die immer gleichen Orte, bei denen man später nicht sagen kann, ob man das Selfie in der Stylo-Bar in Brooklyn oder in Brunsbüttel gemacht hat. Auf Übungsreise und der Suche nach Unverwechselbarem in der Bar „Zum Seeteufel"

TEXT: MARKUS GÖLZER
FOTOS: JÉROME GERULL

Die letzten beiden Jahre hat man das Reisen dem Corona-Virus überlassen und tastet sich jetzt vorsichtig ins Weltenbummler-Dasein zurück. Da empfiehlt sich übungshalber erst mal die kleine Runde über die sieben Meere in der Bar „Zum Seeteufel" – eigentlich weniger Bar als maritimes Museum mit Schanklizenz und Open End. Schon vor Betreten macht eine Bank vor dem Lokal klar: Hier wird Barkultur an der Schwelle zur Kunst gepflegt. Vor rund zehn Jahren monierte ein Amt: „Die Bank muss weg. Außer, ihr macht ein Kunstwerk draus." Das ließen sich Betreiberin Evelyn Subbert und ihr Mann, der Maler und Galerist Wolfgang Maack, nicht zweimal sagen. Sie erklärten die Bank kurzerhand zum Sitzschiff „MS Felix 1800" – nach dem Namensgeber der Bar, dem Seeabenteurer Felix Graf von Luckner, und der Länge von 1800 Millimeter. Seitdem stellt man vor dem Seeteufel sein Bier auf echter Kunst ab.

Sieben Weltmeere auf 27 Quadratmetern

Aktuell liegt die „MS Felix 1800" auf Trockendock, was nicht weiter schlimm ist. Denn die Kreuzfahrt ins Glück wartet drinnen. Die fängt schon bei der Einrichtung an und hört mit der energiegeladenen Betreiberin Evelyn „Evi" Subbert noch lange nicht auf. Einrichtung ist untertrieben, Lebenswerk wäre treffender. Der Gast betrachtet staunend ein Sammelsurium aus maritimen Schätzen bis unter die Decke mit der mächtigen Seekarte: Rettungsringe, eine Schiffsglocke mit 32 Kilogramm, eine funktionierende Straßenlaterne, ein Teil der Arbeitsleiter des Dampf-Eisbrechers Stettin, der als technisches Kulturdenkmal im Museumshafen Oevelgönne liegt, ein ➡

Viel zu gucken: Evelyn Subbert hat was für Gedöns aus aller Länder Häfen übrig

Männer mit Bärten trinken Schnaps aus Tassen – das ist Seeteufel pur

Gemälde der Gastgeberin, Seefahrtpatente, Reedereiflaggen, Treibanker und und und. Und sechs Globen, von denen einer ausschließlich die Terra Hamburgo zeigt.

Betreiberin Evi liebt Globen: „Wenn ich nicht in die Welt komme, kommt die Welt zu mir." Der Umfang der zahllosen Sammlerstücke steht im Gegensatz zur Größe der Bar, die mit 27 Quadratmeter in etwa der eines Seecontainers entspricht. Genügend Platz für eine Schiffsmannschaft! Dabei wirkt die Bar nie überladen, sondern immer einladend. Als besondere Preziosen laden im Regal hinter dem Tresen antike Seefahrtsbücher zum behutsamen Blättern ein. Unter anderem die Erstausgabe von „Abenteuer aus meinem Leben" von Felix Graf von Luckner, dem „Seeteufel".

Alles hört auf ihr Kommando

Man kann sich gar nicht sattsehen, bis Evi auf ihre eigene Art daran erinnert zu bestellen: „Milch mit Honig ist übrigens aus." Die Ansage erfolgt standesgemäß hinter einem echten Steuerrad neben einem Sprachrohr, das einst als Verbindung von der Kommandobrücke zum Maschinenraum diente. Die rauchige Stimme von Evi ist aber so kräftig und klar, dass sich jede Form von Flüstertüte erübrigt.

„Wenn ich nicht in die Welt komme, kommt die Welt zu mir"

EVELYN „EVI" SUBBERT

In Mecklenburg-Vorpommern als fünftes von sieben Kindern geboren, auf Rügen großgeworden, entschied sich Evelyn Subbert schon früh für die freie Meinungsäußerung und ging mit ihrem Kind 1986 aus der damaligen DDR in den Westen nach Hamburg. Die junge Frau kam sich im fremden System vor wie eine Außerirdische: „Ich musste alles lernen. Ich wollte braune Schuhcreme kaufen, da fragte mich die Verkäuferin: ‚Von welcher Firma?' Ich sagte: ‚Ist mir scheißegal.'"

Zu Beginn ihrer Zeit in Hamburg arbeitete sie in der Altenpflege und im Casino Caesars Palace. „Dann hat mir der damalige Besitzer Siggi Schindler 1988 seine Kneipe angeboten. Der dachte sich: Die aus der Zone können arbeiten. Er hat mir den Laden vorfinanziert und weiter bestimmt. Und ich stand als junge Frau mit 35.000 Mark Schulden da. Damals war es ganz furchtbar hier. Keine Heizung, keine richtigen Fenster. Das hier ist alles mein Verdienst. Wenn ich hier schon mein Leben verbringe, will ich es schön haben."

Evi hat in den 34 Jahren im Seeteufel rund 70 Stammgäste überlebt. Einer ist ihr geblieben, und das ist ihr Mann, der Künstler und Galerist Wolfgang Maack. Vor zwei Jahren haben Evi und ihr langjähriger Partner geheiratet, auch wenn sie eigentlich immer der Meinung war: „Verlobe dich oft. Heirate nie."

Kurs: Klartext

Obwohl Betreiberin einer Seemannsbar, neigt Evi weniger zum Seemannsgarn als zum Klartext. Das hatte sie schon in der „Zone" so praktiziert: „Wenn uns die ➡

Coole und individuell konzipierte Hotels an Nord- und Ostsee. Nach dem Motto „Ankommen und Füße hoch", wollen wir vor allem eins: dir ein entspanntes Zuhause am Meer bieten.

www.heimathafenhotels.de

HEIMAT HAFEN HOTELS

Stasi auf den Sack gegangen ist, habe ich immer gesagt: ‚Mach die Leute nicht schlau, du kriegst sie nicht wieder dumm.'" Als Gast bleibt man nicht lang dumm, sondern weiß sofort, wo's langgeht. „Setz dich mal mit deinem Arsch dahin, Schatzi. Der Gang muss freibleiben." Kurzer Nachsatz „Aus einem Gesicht ist schnell ein Arsch gemacht" und die Diskussion ist vorbei, bevor sie begonnen hat. Evi ist auch heute zuverlässig von Mittwoch bis Samstag für ihre Gäste da: „Eine gute Bar erkennt man daran, dass der Betreiber ein guter Gastgeber sein will. Und dass sich alle Gäste, egal, wo sie herkommen, verstehen. Egal, was einer im Portemonnaie hat. Das Zwischenmenschliche habe ich gelernt, weil es bei uns nichts gab in der Zone. Und das wenige, was es gab, haben wir geteilt. Wenn wir alle am Tisch saßen, bin ich immer gern neben meinem Vater gesessen. Da gab es immer ein Stück mehr."

Zu einer guten Bar gehört eine gute Zigarette. „Zum Seeteufel" ist eine Hardcore-Raucherkneipe, genervte Nichtraucher sind herzlich eingeladen, vor der Tür frische Luft zu schnappen. Die Frage nach der täglichen Zahl der Zigaretten beantwortet Evi klar: „So viel, wie ich kann." Wie lange sie sich das ungefähr vorstellt, zeigt ein Maßband am Tresen, das man wie beim Bund abschneidet und das die verbleibende Zeit anzeigt: Das Maßband reicht noch gute zehn Jahre bis 75, und dann ist auch gut: „Ich habe alles gelebt."

Passagiere und Biere

Die Atmosphäre im Seeteufel ist familiär, das Publikum angenehm durchmischt und entspricht dem, was Evi unter einem guten Gast versteht: „Er muss Manieren haben." Die Getränke heißen Bier, Wein und Helbing, den man aus Minitassen mit Ankerbemalung kippt. Nicht wenige der Gäste haben tatsächlich mit Seefahrt zu tun. Eine Dame verlegt Magazine, in denen es um Land und Meer im Norden geht. Eine andere ist Schiffskauffrau und war in den Achtzigern ein halbes Jahr auf der „Icebird", ein Versorgungsschiff der „Australian Antartic Division" für die Forschungsgebiete in den Polargebieten. „In den ‚Roaring Forties' zwischen Tasmanien und der Antarktis gab es neben Seelöwen, Walen und Pinguinen aller Art ganzjährig Winde in Sturmstärke und hohen Seegang. Das ‚schwere Wetter' riss mal eine Brotschneidemaschine aus der Verankerung. Hier in der Middle of Nowhere verselbstständigten sich die Gedanken, es galt: Seemann, lass dass Träumen", erzählt sie.

Auch Skurriles für Raucher darf in der Kultkneipe nicht fehlen

Wer ständig seine Liebsten zu Hause vermisste, hatte schon verloren. Wer hingegen Unabhängigkeit und – heute schwer vorstellbar – Unerreichbarkeit schätzte, konnte schöne Geschichten erleben, die auch fast vierzig Jahre später nichts von ihrer Wirkung verloren haben. Neben echten Abenteuern gehörte auf einem Schiff auch Seemannsgarn zum guten Ton: „Seemänner prahlten gern mit tollen Nächten und noch tolleren Frauen in den Häfen der Welt. Bei näherem Nachfragen waren die Nächte dann doch nicht so toll: Die Hafenbars waren Löcher, die Seemannsbräute Prostituierte, die die Matrosen ordentlich abzockten. Aber Hauptsache, die Wellen waren immer hoch", schließt die Schiffskauffrau lachend ab.

Was Kunst ist, liegt auch im Seeteufel im Auge des Betrachters

Auch Prominente fühlen sich im Seeteufel wohl, wie die obligatorische Promi-Fotowand zeigt. Evi hatte im Laufe ihres Lebens tolle Gäste aus allen Schichten, kennt Nina Hagen noch aus DDR-Zeiten, ist befreundet mit Udo Lindenberg. Am meisten am Herzen liegen ihr aber bis heute ihre Seefahrt-Studenten, wie ein liebevoll gepflegtes Fotoalbum beweist. Sie waren ihre ersten Gäste und hatten sogar einen eigenen Schlüssel, für den Fall, dass sie nach der Schule einen Kaffee trinken wollten. Oder etwas anderes. Mittlerweile sind sie Kapitäne, haben Familie und kehren doch immer wieder gern in ihr früheres Wohnzimmer zurück. Gilt hier doch heute wie vor 34 Jahren: „Geld ist nicht wichtig. Wichtig ist Wärme, Zuneigung und Zuhören." ▮

seeteufel-hamburg.de

PLANT-BASED
SCHNITZEL
·VOM·
FELD
GEERNTET - NICHT GESCHLACHTET
LIEBER HAMBURGER GASTRONOM,
...unsere veganen Schnitzel vom Feld in den drei Größen 60, 110 oder 150 Gramm gibt's jetzt auch für Dein Restaurant. Und zwar mit dem Gutscheincode „HAMBURG" in der kostenfreien Musterkiste in unserem Webshop.
Ebenso wie viele weitere hochwertige und nachhaltige TK-Produkte, die wir innerhalb von 24 Std. frachtfrei bis zu Deiner Restauranttür liefern. Gelingsicher und ohne kennzeichnungspflichtige Zusatzstoffe auf Speisekarten.
FRoSTA FOOD SERVICE
FRoSTA Foodservice GmbH · Postfach 29 03 64 · D-27533 Bremerhaven · Tel. +49 (0)471 9736-441 · E-Mail: foodservice@frosta.com · frostafoodservice.shop

Zahlen bitte!

Hamburgs Gastro rockt. In kaum einer anderen deutschen Metropole geht's so vielfältig und international zu. In unserer Stadt kommen Asia-Fans genauso klar wie Liebhaber der iberischen Küche und überzeugte Veggies. Fisch geht ja an der Elbe eh immer. Wir haben mal ein paar interessante Zahlen, Daten und Fakten rund ums Thema Essen und Trinken in Hamburg geangelt

TEXT: ANDREAS DAEBELER

27 Hektar

misst einer der wichtigsten Handelsplätze für Lebensmittel in Hamburg. Auf dem Großmarktgelände mit seinen 350 Firmen werden pro Jahr 1,5 Tonnen Waren umgeschlagen. Vieles davon landet in Hamburgs Gastronomie. 3200 Menschen arbeiten in und um die Hallen in Hammerbrook.

0

koschere Restaurants gibt es in Hamburg. Nicht mal im Grindelviertel, das als Zentrum des jüdischen Lebens gilt, ist eines zu finden. Das hat vor allem mit den strengen Vorschriften bei der Zubereitung und Lagerung der Lebensmittel zu tun. Auch ist die Nachfrage nach koscherem Essen mittlerweile in Hamburg überschaubar.

1971

kam Elias Hanna Saliba als junger Seemann aus Syrien nach Hamburg, verliebte sich in die Stadt, blieb und wurde einer der bekanntesten Gastronomen. Insgesamt 13 Restaurants eröffnete Saliba, darunter das Mazza, den Grill of Arabia in Eimsbüttel – und kürzlich in Hammerbrook ein Bistro namens Banks. Mittlerweile ist er unter die Autoren gegangen, hat mit „Moin und Salam" ein kulinarisches Logbuch verfasst.

ILLUSTRATIONEN: THE NOUN PROJECT - WOLF BÖSE, POPCORNARTS, ALICE NOIR, WALEED ELAGAMY, SHAKEEL CH. PHILIPP PETZKA, STAN DIERS

4517

Gastronomiebetriebe gab es vor der Corona-Krise in Hamburg, Bei knapp 3000 davon handelt es sich um Restaurants, Bistros und Imbisse. Rund 1100 gelten als Kneipen ohne Küche. Hinzu kommen rund 400 Caterer. Trotz staatlicher Hilfen in der Pandemie gilt aktuell jeder sechste Betrieb als in seiner Existenz gefährdet.

300

rein vegane Restaurants gibt es aktuell in Deutschland. Deren Anzahl sich in den vergangenen zehn Jahren vervierfacht hat. Und der Markt wächst weiter, denn immer mehr Menschen verzichten komplett auf tierische Produkte. Schon jetzt gibt es hierzulande 1,1 Millionen Veganer.

1800 Millimeter

lang ist die Bank vor der kultigen Bar namens Zum Seeteufel. Aus dem Sitzmöbel machte Evelyn Subbert mit ihrem Mann Wolfgang Maack vor zehn Jahren ein Kunstwerk, das jetzt vor ihrer Kneipe steht. Drinnen gibt es maritime Kostbarkeiten zu bestaunen. Und natürlich das eine oder andere Kaltgetränk in die Hand.

14 Kilo

Fisch essen wir Deutschen im Schnitt pro Jahr. Am liebsten Lachs, Alaska-Seelachs und Thunfisch. 4,7 Milliarden Euro geben wir für Fisch und Meeresfrüchte aus. Hamburg und Schleswig-Holstein sind im Vergleich der Bundesländer klar vorn, wenn es um den Konsum von Köstlichkeiten aus Meer und Flüssen geht.

25,1 Prozent

der deutschen Frauen haben im Jahr 2021 mehrmals im Monat Restaurants, Gaststätten oder Kneipen besucht. Bei den Männern waren es rund 31,8 Prozent, die mehrmals im Monat ausgingen. Immerhin 6,5 Prozent der Frauen und 5,9 Prozent der Männer bleiben hingegen immer zu Hause, wenn es um Essen oder Trinken geht.

HAMBURGS GASTRO-HELDINNEN

Frauen. Mit Geschmack.

Das Nil ohne Elisabeth Füngers? Undenkbar. Elli Neubert ohne kreative Projektideen? Tüdelkram. Und wenn es auf St. Pauli der richtige Wein sein soll – dann ab zu Stephanie Döring. Geht es um Gastronomie, haben es Frauen häufig immer noch schwerer als Männer. Aber sie sind auf dem Vormarsch, wenn es um Essen und Trinken geht. Belege? Bitte schön: Diese Frauen rocken schon jetzt Hamburgs Gastro-Szene

TEXTE: LAURA LÜCK
FOTOS: JÉROME GERULL

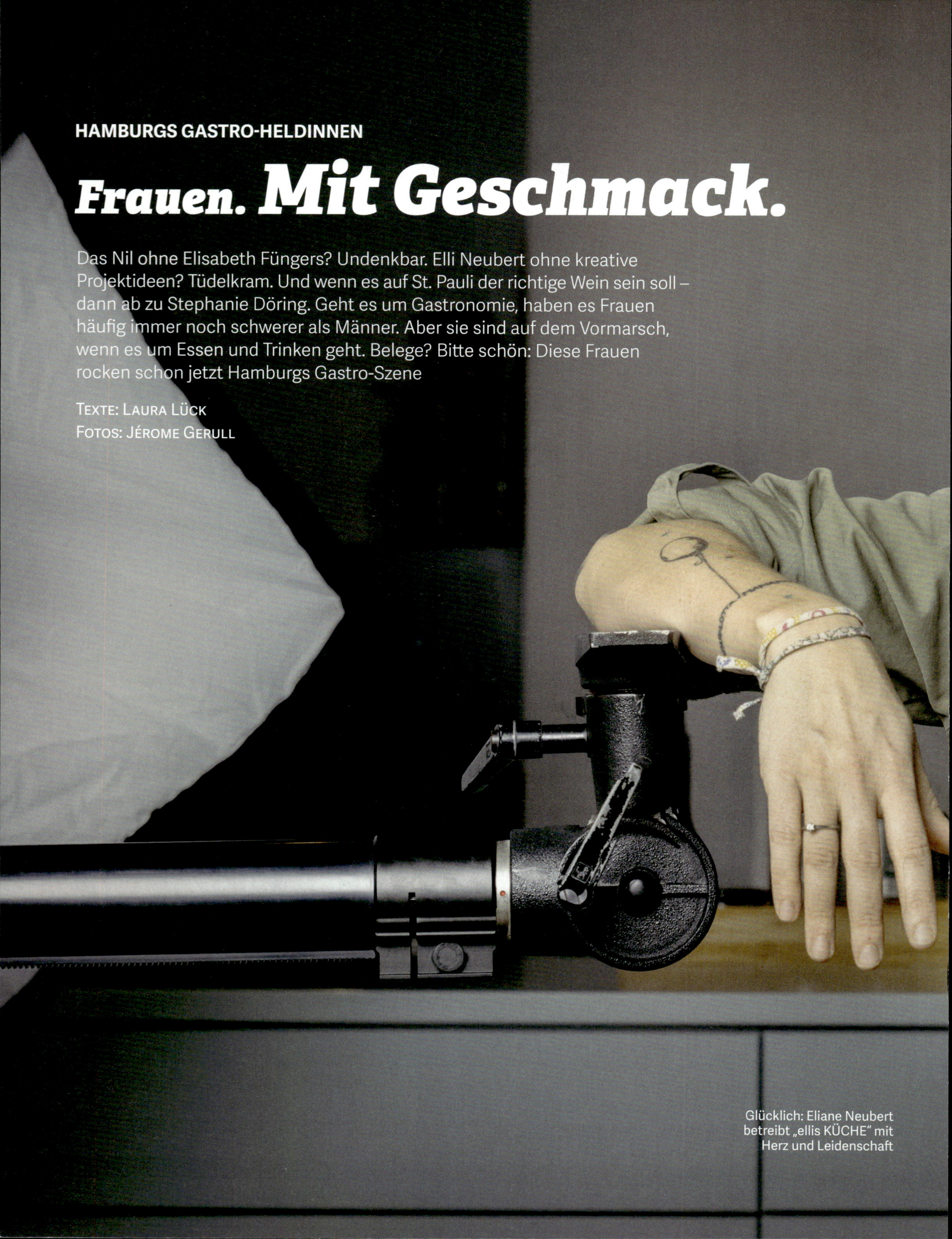

Glücklich: Eliane Neubert betreibt „ellis KÜCHE" mit Herz und Leidenschaft

> **„Wir sollten neue Wege finden, Mutterschaft und Gastrogewerbe miteinander zu verbinden**
>
> ELIANE „ELLI" NEUBERT

Elli glaubt fest daran, dass man Liebe schmecken kann, denn: „Essen ist Emotion. Ich liebe es, wenn ein Gericht Kindheitserinnerungen aufflammen lässt oder mich an Orte zurückbringt, an denen ich mich wohl gefühlt habe." Gute Gefühle vermag der Job in der Werbebranche ihr nach acht Jahren nicht mehr zu geben. Die damals 30-Jährige lässt sich freistellen und meldet sich bei einer TV-Kochshow an. Die 100.000 Euro Preisgeld bringt Elli zwar nicht nach Hause, aber den dritten Platz und die Gewissheit: Es gibt kein Zurück an den Werber-Schreibtisch. Sie will ihre eigene Chefin sein und etwas tun, das ihr Herz erfüllt.

Da sich mit Essen gehen und Kochen für Freunde leider kein Geld verdienen lässt, begibt Elli sich auf die Suche nach ihrer Berufung. Ein Jahr mit vier Praktika soll Klarheit bringen. Die Stationen: Restaurantküche, Catering, eine Kochschule und ein Foodmagazin. Die erste Einsicht: Die klassische Gastronomie ist keine Option. Zu viel Druck, schlechte Arbeitszeiten, zu familienunfreundlich. „Ich bin in den drei Monaten im Restaurant um drei Jahre gealtert, habe zu viel getrunken und viel zu wenig geschlafen", erinnert sie sich heute.

So schneidert Elli sich den perfekten Job kurzerhand selbst. 2012 mietet sie ein 115 Quadratmeter-Loft in einem Eimsbütteler Gewerbehof, das zu ihrer persönlichen Spielwiese für Kulinarik wird: „ellis KÜCHE". Hier veranstaltet sie Küchenpartys und Kochkurse, stylt Food-Fotostrecken, dreht Rezeptvideos, richtet kulinarische Events aus und bietet die Location zur tageweisen Miete an. Die Vielfalt der Projektarbeit entspricht Ellis sprunghaftem Wesen. Die verschiedenen Standbeine entfachen ihre Begeisterungsfähigkeit, füttern die Wissbegierde und bewahren sie vor der Last der Eintönigkeit – ellis KÜCHE wird zum Erfolg. Davon bekommt auch der NDR Wind und fragt die Quereinsteigerin für eine Kochsendung an. Von da an steht Elli regelmäßig live vor der Kamera und kocht, schnackt und lacht so echt und sympathisch, als stünde sie privat mit Freunden in der Küche.

Dass Mut und echte Leidenschaft sich letztlich bezahlt machen, beweist die Gründerin heute jeden Tag. Als Frau und Mutter habe man es in der Branche manchmal nicht leicht, denn der Feminismus sei in den meisten Küchen noch nicht eingezogen und die Gastronomie in ihren Grundfesten nicht sehr familienfreundlich. „Alte Schule à la ‚If you can't stand the heat, get out of my kitchen', ist nicht mehr zeitgemäß. Wir sollten achtsamer miteinander umgehen und neue Wege finden, Mutterschaft und Gastrogewerbe miteinander zu verbinden", findet Elli. Ihre eigene kleine Familie gibt ihr nicht nur Halt, sie profitiert auch von der Flexibilität, die ihr die Selbstständigkeit ermöglicht. Konkrete Zukunftspläne verfolgt sie momentan nicht „Ich bin nicht der Typ für ferne Ziele. Was gestern war, ist vorbei, was morgen kommt, weiß keiner. Ich versuche mir das Heute schönzumachen. Mein Ziel ist, dass ich heute glücklich bin."

ellikocht.de

Dass der Weinbranche auch heute noch ein elitärer Ruf vorauseilt, findet Stephanie Döring nicht mehr zeitgemäß. „Ich versuche den Leuten die Angst vorm Wein zu nehmen. Es ist bloß ein Getränk, wenn auch das schönste Getränk der Welt." Als junge Sommelière habe sie sich selbst manchmal von Experten einschüchtern lassen. In ihrem Weinladen St. Pauli, der den Claim „Wein ohne Dresscode" trägt, will sie heute genau das verhindern und guten Wein für jedermann zugänglich machen: „Wir haben es mit einem wunderbaren Produkt zu tun, hinter dem so tolle Menschen, Regionen und ein spannendes Handwerk stehen, die es sich zu entdecken lohnt. Wein sollte eher Abenteuerlust wecken als Angst." Das Konzept geht auf: Seit sieben Jahren treffen im Weinladen, der nicht nur Weinhandel, sondern auch Weinbar mit kleiner Speisekarte ist, Hamburger aller Stadtteile auf Touristen, Anwohner und St. Pauli-Fans. Studenten bringen ihre Eltern mit und Nachbarn besorgen gern mal eine gekühlte Flasche Wein fürs Abendessen.

Die Winzer, mit denen Stephanie arbeitet, kennt sie meist persönlich. Da Wein für sie auch Verantwortung bedeutet, sind Biozertifikat und nachhaltige Produktion Voraussetzung, um es ins Sortiment zu schaffen. Das schätzen auch viele Hamburger Gastronomen. Die Mexiko Straße Taquería, das Salt & Silver, Pizza Tazzi, das Neni und die Alpenkantine sind nur eine Handvoll Namen auf der langen Liste ihrer Abnehmer. Stephanie ist heute eine von Deutschland gefragtesten Weinexpertinnen, moderiert Veranstaltungen, gibt Weinkurse und der männerdominierten Branche eine weibliche Stimme. Als Nachteil habe sie ihr Frausein nie empfunden, allerdings sei sie immer sehr fleißig gewesen: „Ich habe geackert und Weinkisten geschleppt, war bei unzähligen Weinproben, wollte lernen und habe mich nie beschwert, meine Urlaube auf Weingütern verbracht und während der Lese gearbeitet. Vielleicht müssen Frauen auch heute immer noch ein bisschen mehr tun, um die Männer zu überholen. Zum Glück verändert sich das inzwischen."

> **„Vielleicht müssen Frauen auch heute immer noch ein bisschen mehr tun, um die Männer zu überholen**
>
> STEPHANIE DÖRING, WEINLADEN ST. PAULI

Gelernt hat Stephanie einst Hotelfach. Ihren Wein-Wissensdurst stillte die Münsteranerin anschließend im Hamburger Louis C. Jacob bei Star-Sommelier Hendrik Thoma, der sie später nach London vermittelte. Dort wurde sie zur Chefsommelière bei Gordon Ramsey. „Das war eine tolle, prägende Zeit, aber auch wahnsinnig viel Druck", erinnert sie sich. Zum Glück hat Stephanie ihren Weg zurück in die Hansestadt gefunden. Der Weinhandel Hawesco machte ihr damals ein Angebot. Eine junge Marke aufzubauen, bot eine reizvolle Perspektive. Ein Pop-up-Store in der Schanze, den sie blindlinks ohne Absprache mit Hawesco für sechs Monate unterschrieb, wurde zu einer Art Probelauf für ihren heutigen Weinladen. „Wenn sich eine Chance auftut und das Risiko überschaubar ist, muss man manchmal schnell handeln und nicht zu viel drüber nachdenken", sagt Stephanie. Eine Fähigkeit die sie die Gastronomie gelehrt habe. Als 2015 die Fläche in der Paul-Roosen-Straße frei wurde, griff sie erneut spontan zu – ein großes Glück für Hamburg!

weinladen.de

Das Konzept des Koch Kontors in der Karolinenstraße ist in Hamburg einzigartig: Tina Olufs führt hier einen Kochbuchladen mit Mittagstisch. Das Buch, aus dem das jeweilige Rezept des Tages stammt, landet so beim Bezahlen schnell mal mit auf der Rechnung.

Auf eine Lieblingsküche kann sich Tina schwer festlegen. Japanisch, als auch italienisch kocht sie privat am meisten. „Ich liebe das neueste Kochbuch von Cornelia Poletto. Das sind wahnsinnig tolle italienische Rezepte – die möchte ich am liebsten von vorne bis hinten nachkochen." Die italo-amerikanische Autorin Marcella Hazan bleibt aber ihre unangefochtene Heldin. Ihr Standardwerk habe jeder Kochbuchkenner im Regal. Wenn sie nicht selbst kocht, trifft man Tina im Vienna, im Vineyard oder bei den Küchenfreunden im Grindelhof, denn „die machen das allerbeste Wiener Schnitzel der Stadt".

„Männer sind lauter und besser vernetzt. Damit fangen wir jetzt auch an"

TINA OLUFS, KOCH KONTOR

Die geborene New Yorkerin hat Kontakt zu vielen Hamburger Gastronomen, tauscht sich mit Tim Mälzer aus, kennt Yotam Ottolenghi persönlich und Donna Hay ist regelmäßiger Gast zur Signierstunde in ihrem Koch Kontor. Stevan Paul war auch schon da. Und Claudio del Principe oder die Bloggerin und Kochbuchautorin Lynn Höfer – samt Fanclub, der sich vor Tinas Laden versammelte, um ein Selfie zu ergattern. Asma Khan, bekannt aus der Netflix-Serie „Chef's Table" hat sich auch schon angekündigt. Tinas Newsletter lohnt sich unbedingt, denn Abonnenten erfahren als erste, welchen Autor sie als nächstes im Koch Kontor treffen können.

Tinas Verkaufs- und Küchenteam besteht hauptsächlich aus Frauen. Andere Kochbuchhandlungen, wie die inzwischen geschlossene Berliner „Kochlust", die Tina Inspiration für ihren eigenen Laden schenkten, waren ebenfalls alle unter weiblicher Führung. Obwohl sie die Branche als frauenlastig beschreibt, scheinen unter Kochbuchautoren, Bloggern und Gastronomen die Männer stets die bekannteren zu sein. Sie seien lauter und besser vernetzt. „Das können wir auch“, meint Tina, „und damit fangen wir jetzt auch an.“ Zukünftig möchte sie sich noch mehr auf Veranstaltungen konzentrieren und sich bewusst mit Frauen aus dem Kochbuch-Kosmos verbinden.

Und mehr Kuchen soll es wieder geben. Die Auswirkungen der Pandemie haben das Sortiment vorübergehend schrumpfen lassen. „Ich bin eine gute Köchin, aber backen kann ich richtig gut“, so Tina. Auf dem Gebiet der Cheesecakes macht ihr niemand etwas vor. Ihre Espresso-Schokoladenvariation ist ein Verkaufsschlager – und was gibt es Schöneres, als durch Kochbücher zu stöbern und sich dabei Kaffee und Gebäck schmecken zu lassen, dessen Rezepte es direkt zum Mitnehmen gibt? Obgleich Kochbücher eine wunderbare Inspirationsquelle bieten, liebt Tina ebenso die Zubereitung nach strikter Vorgabe: „Ein Autor denkt sich etwas bei einem Rezept und das möchte ich herausfinden. Beim ersten Nachkochen empfehle ich deshalb, den Angaben einmal genau zu folgen. Danach kann man immer noch abwandeln.“

koch-kontor.de

„Ich bin ein kräftiger Weißwein

ANNE RATJEN, ZUR ERHOLUNG

Anne Ratjen würde sich selbst als kräftigen Weißwein beschreiben. Mit Petrol- oder Kaffeenote, jedenfalls einer mit Charakter. Und guter Reife und Säure, die der angenehmen Sorte – vor allem aber nicht langweilig. Annes Biografie ist tatsächlich alles andere als öde. Ihre Kindheit verbringt sie auf einem Landgasthof in der Kleinstadt Uetersen, die sie liebevoll „Ueters-End" nennt. „Bist du mit ihr aufgewachsen, schreckt die Gastro dich entweder ab und du läufst ganz weit weg oder du begreifst, dass sie vielleicht deine Berufung ist", glaubt Anne und in ihrem Fall trifft beides ein wenig zu: Das Work-and-Travel-Jahr in Neuseeland entfacht ihr Reisefieber, das sie so schnell nicht wieder loslässt. Immer wieder packt sie ihren Rucksack und sieht viel von der Welt. Nach einigen Stationen als Barfrau in Berlin und Hamburg belegt die gelernte Buchhändlerin 2014 einen IHK-Kurs, um Weinfachfrau zu werden. Den leitet damals die Hamburger Sommelière Stephanie Döring. „Ihre lockere, offene Art gepaart mit dem vielen Fachwissen fand ich damals beeindruckend und inspirierend", erinnert sich Anne.

Den entspannten Zugang zum Wein will sie heute selbst an ihre Gäste weitergeben, denn inzwischen ist sie angekommen – und zwar bei ihren ländlichen Wurzeln. Der Druck und die Ellenbogen-Mentalität in Großstadt-Bars mit Renommee ging ihr immer ein wenig zu nah. Gemeinsam mit ihrem Bruder Bernd führt Anne seit 2017 das Familienunternehmen in Uetersen. Den 160 Jahre alten Landgasthof „Zur Erholung" haben die beiden auf links gedreht und ins 21. Jahrhundert katapultiert. Hier wollen sie leben, was ihnen die Gastronomie bisher nicht geben konnte: Ein wertschätzendes faires Miteinander und nachhaltiges, soziales Wirtschaften, ganz ohne Ausbeutung. Bernd hat ebenso zehn Jahre Berufserfahrung in gehobenen und Sternerestaurants gesammelt und steht heute in der Küche, während seine Schwester den Service leitet. Das Restaurant und den Tanzsaal von 1899 haben die beiden aufwendig renoviert und um einen Biergarten und einen Feinkostladen mit Weinhandel erweitert. Gekocht wird regional und saisonal mit hochwertigen Biozutaten und „von der Snute bis zum Steert".

„Unser Konzept ist für Uetersen eigentlich viel zu modern. Trotzdem spüren wir, dass es das Richtige ist", sagt Anne. Gäste mit Vorurteilen machen ihr sogar besonders Spaß: „Manche haben schon auf der Stirn stehen: „Auf keinen Fall Riesling!" Ich nehme die Leute gern an die Hand und überzeuge sie trotzdem zu probieren, ganz ohne hochgestochenes Geschwafel." Die Gäste schätzen Annes direkte, norddeutsche Art – und die faire Preispolitik. 15 Euro Korkgeld berechnet sie auf den To-go-Flaschenpreis. „Je anspruchsvoller der Wein ist, desto größer wird das Schnäppchen. Bei uns soll jeder in der Lage sein, einen tollen Wein zu trinken, egal, wie dick das Portemonnaie ist."

zur-erholung-uetersen.de

Ein Leben ohne Nil kann Elisabeth Füngers sich nicht vorstellen. „Hier bin ich zu Hause, Kinder habe ich nicht; der Laden ist so etwas wie mein Baby", sagt Elisabeth über das Kultrestaurant am Neuen Pferdemarkt, in dem sie einen Großteil der letzten 30 Jahre verbracht hat – als Service-Chefin, Sommelière und Mitinhaberin. Bis am Abend die Lichter ausgehen, bleibt sie schon eine Weile nicht mehr, aber ganz ohne Gastro geht es auch nicht. „Würden wir morgen schließen müssen, ginge ich wahrscheinlich ehrenamtlich zur Tafel", vermutet Elisabeth.

Die Kulinarik liegt der Kielerin im Blut. Sie stammt aus einer Fischdynastie und wuchs zwischen Rollmops und Heringssalat auf. Während andere Kinder im Sand spielten, schaufelte Elisabeth in Salzbergen und Säcken voll Lorbeer, Piment und Senfkörnern. Dem frühen Kontakt mit Gewürzen hat die Weinexpertin wohl auch ihre gute Nase zu verdanken. Die klassische Ausbildung zur Sommelière durchlief sie nie, dafür hat sie aber schon viel gesehen und umso mehr probiert. Um Wein zu verstehen, empfehle es sich, ein volles Weinjahr mitzumachen, meint Elisabeth. Ihres leistete sie auf dem Pfälzer Weingut Bergdolt ab. Alle sechs bis acht Wochen setzte sie tageweise Weinstöcke und half beim Ernten, Sortieren, Flaschen putzen, Fässer schrubben und Trecker fahren.

Elisabeths Meinung über Weine interessiert bei Weitem nicht nur die Gäste des Nil. Einige Jahre schrieb sie eine Weinkolumne beim „Rheinischen Merkur", saß in der „Feinschmecker"-Jury für Weine und ist bis heute Teil der „Falstaff"-Jury fürs Jahrbuch der Weine. Im Nil möchte sie ihren Gästen vor allem die Hemmungen nehmen und sie bei der Weinwahl unterstützen, ohne zu belehren.

Wer glaubt, das Nil habe nach über 30 Jahren Staub angesetzt, liegt falsch. Heutige Trendthemen wie Nose-to-Tail-Verarbeitung oder saisonale, regionale Küche sind dort seit jeher Standard. „Damit sind wir auch angeeckt. Wir waren der Zeit so weit voraus, dass wir abstrus wirkten. Bei uns landete nicht nur das Filetstück auf dem Teller, sondern auch mal eine dicke Kalbsbacke oder kandierter Engelwurz. Dafür waren die Leute nicht bereit." Die aktuell gehypten Naturweine stehen auch schon lange auf der Karte, sie sind bloß nicht zwingend als solche gekennzeichnet. „Wein kommt und geht in Wellen, genau wie Schlaghosen und Brillenmodelle", weiß Elisabeth.

Ans Hinschmeißen hat sie in all den Jahren nie gedacht. Ihre Ideen reichen außerdem für drei Leben. „Wenn ich einen leer stehenden Laden sehe, weiß ich jedes Mal sofort, was ich dort machen würde." Manchmal denkt Elisabeth, sie hätte viel lieber Köchin werden wollen. Heute pflegt sie eine enge Beziehung zur Nil-Küche: „Im Kühlhaus gibt es keinen Topf, dessen Inhalt ich nicht kenne. Morgens führt mein erster Gang mich in die Küche, wo ich ein paar Dinge zum Frühstück nasche." Der bestmögliche Fund: echt norddeutsches Wuddelmus, Karotten-Kartoffel-Stampf, denn: „Das schmeckt nach Kindheit."

restaurant-nil.de

"Der Laden ist so etwas wie mein Baby

ELISABETH FÜNGERS, NIL

Ich könnte hier stundenlang sitzen und gucken", schwärmt Cornelia Poletto und lässt den Blick über die belebte Eppendorfer Landstraße schweifen. Sitzt sie an einem der Tische vor ihrem Restaurant an der Ecke Goernestraße, laufen alle paar Minuten Bekannte vorbei und grüßen. „Ich liebe Eppendorf und ganz besonders diese Ecke. Hier ist immer was los." Auch ihr Restaurant Cornelia Poletto ist meist voll besetzt. Der Name an der Tür sorgt bisweilen aber auch für Berührungsängste. Vom schicken Interieur, den feinen Menüs und dem TV-Star in der Küche sollte man sich jedoch nicht täuschen lassen. Bei Cornelia Poletto wird ein Gast, der flaschenweise Champagner und acht Gänge bestellt, genauso behandelt wie jener, der bloß auf ein Glas Wein und Antipasti vorbeikommt. Wer dennoch kleiner anfangen möchte, kann sich in ihrer anliegenden frisch eröffneten Bar „Paola's" bei Apéritivo und Barfood herantasten. Cornelia Poletto rät, sich einfach mal drauf einzulassen.

„Ich freue mich immer über Bewerbungen von tollen Frauen

CORNELIA POLETTO

Mut und Offenheit hat die Sterneköchin in ihrer Karriere selbst immer wieder bewiesen. Nachdem ein Teilnehmer einer ihrer Kochkurse in Begleitung von Johannes B. Kerner erschien, lud dieser sie in seine Kochsendung ein – der Startschuss einer TV-Karriere, wie sie keine zweite deutsche Köchin hinlegte. Auf ihre Sendung „Polettos Kochschule" im NDR folgten die „Küchenschlacht" im ZDF und die Sat.1-Show „The Taste". Erträumt hat Cornelia Poletto sich den Fernseherfolg jedoch nie: „Ich wollte eigentlich immer nur kochen". Das tut sie im Übrigen auch noch zu Hause. Am Sonntag kommen einfache Gerichte auf den Tisch. Spaghetti Vongole zum Beispiel, denn die isst Cornelia am liebsten: „Ein bisschen Olivenöl, etwas Knoblauch und ein bisschen Schärfe, mehr braucht es nicht – herrlich!" An der italienischen Küche schätzt sie die Einfachheit: „ohne viel Schnickschnack, aber immer mit viel Geschmack".

Auf ihren Geschmack vertraut Cornelia Poletto auch beim Kochen. Ein Rezept braucht sie nicht. Um die Geschmacksknospen regelmäßig aufzufrischen, wird einmal im Jahr gefastet. Ihr gutes Gefühl fürs Abschmecken lehrte sie einst Heinz Winkler, das Geheimnis der perfekten Ravioli später Anna Sgroi. „Heute gibt sogar Tim Mälzer zu, dass ich die beste italienische Köchin außerhalb Italiens bin", sagt Cornelia und lacht. Dafür hat die Gastronomin auch stets hart gearbeitet. Als junge Mutter knetete sie Pastateig, während ihre Tochter in der Babyhängematte am Fleischerhaken schlief. Im Abendgeschäft stand neben dem Herd ein Babyphone, dessen Signal bis in die Wohnung überm Restaurant reichte.

Sich in der Männerbranche Gastronomie zu beweisen, sei eben nur durch Fleiß und Ehrgeiz zu schaffen, meint Cornelia. Nur verbissen dürfe man nicht sein, man müsse sich die Leichtigkeit bewahren. Testosterongesteuerte Köche habe sie immer mit Humor genommen und durch Schlagfertigkeit entwaffnet. In ihrer Küche stehen heute zwar mehr Männer als Frauen, doch das dürfe sich gern ändern. „Es gibt so viele grandiose Köchinnen! Wenn ich welche kennenlerne, sind es immer sehr besondere Frauen. Super tough, nie zickig, immer bodenständig – und meist können sie dreimal mehr arbeiten als jeder Mann. Ich freue mich immer über Bewerbungen von tollen Frauen."

cornelia-poletto.de

Jeder Griff sitzt: Nóra Horváth ist in der Küche in ihrem Element

Pfeffer, Salz und Testosteron

Geht's um die Gastronomie, spielen Sexismus und überholte Rollenbilder noch immer eine Rolle. Die Köchin Nóra Horváth sieht darin ein gesellschaftliches Problem – und arbeitet gegen Vorurteile an

TEXT: MARKUS GÖLZER

Das Patriarchat hat viele Gesichter, eines lugt scheel unter der Kochhaube hervor. Frauen in der Küche werden auch nach über 100 Jahren Emanzipationsbewegung oftmals als Heimchen am Herd wahrgenommen. Wenn überhaupt. Die Lorbeeren fahren Männer ein. Nóra Horváth, vormalig Besitzerin des Bistro Spajz, sagt dazu: „Wo es um Ruhm, Erfolg und Durchsetzungsvermögen geht, ist Kochen immer noch eine Männerdomäne. Die setzen sich eher durch, gerade in der gehobenen Gastronomie. Das ist kein Männer- oder Frauenproblem, sondern generell ein gesellschaftliches."

Bis heute werden Rollenbilder gepflegt, die schon vor 40 Jahren überholt waren. Da sollen Frauen nicht jeden Tag 15 Stunden in der Küche stehen, weil sie sich ja sonst nicht um die Familie kümmern können. Bei einem Mann ist das okay. Ganz im Sinne von Altmeister Bocuse, der einst erklärte: „Frauen gehören ins Schlafzimmer, nicht in die Küche." Bei allem Sexismus unfreiwillig komisch: Lehrmeisterin von Bocuse war Eugénie Brazier, die wohl einflussreichste Köchin des 20. Jahrhunderts mit zwei Restaurants und sechs Michelin-Sternen.

Der Geist von Bocuse weht nicht nur in Sterneküchen, sondern bläst Frauen schon in der Berufsschule kräftig ins Gesicht. Nóra Horváth: „Es wurde immer gesagt, wenn eine Frau in der Nähe ist, kippt die Suppe. Das war wie ein militärischer Kodex, wo man als Frau gar nichts zu suchen hatte. Da ist man davon aus-

FOTO: WIM JANSEN

gegangen, dass man körperlich nicht in der Lage ist. Also, zehn Kilo Kartoffeln kann jeder gleich gut schälen", sagt sie lachend.

Nach der Ausbildung muss man sich auf einem harten Pflaster seinen Platz erkämpfen. Der lange Tag in der heißen Küche kennt nur Hochdruck und das liegt nicht ausschließlich am Job. Denn, plakativ gesagt: Frauen rücken unter Stress zusammen, bei Männern setzt der Beißreflex ein. Es bleibe wenig Platz für Feinfühligkeit, der Ton sei rau und gleite schnell in Sexismus oder Rassismus ab, so Nóra Horváth. Wo die Grenzen liegen, bleibt den Betroffenen überlassen. Sicher ist: Wer jung und ehrgeizig ist, verzichtet oft darauf, gegen verbale oder körperliche Belästigung vorzugehen – aus Angst, dass dies schon das Karriereende bedeuten könnte. Und das zu Recht: „Einzelne Menschen haben da krasse Machtpositionen, können das extrem beeinflussen und ganze berufliche Werdegänge zerstören. Es ist nicht so, dass man sich groß bewirbt. Man kennt sich, alles läuft über Empfehlung. Das geht schnell, dass man sehr gut werden kann, und auch schnell, dass man verrissen wird", sagt Nóra Horváth.

Divers gegen den Fachkräftemangel

So entscheiden sich viele Frauen trotz Interesses letztlich doch für eine andere Branche. Was mehrfach bedauerlich ist, denn Kochen ist ein kreativer Job, der Vielseitigkeit braucht. „Je bunter und diverser das Team, desto weiter kann man fliegen", wie es Nóra Horváth ausdrückt. „Nicht nur als Mann oder Frau. Auch mit Menschen, die man im ersten Moment im Team als schwierig empfunden hätte. Die auf dem ersten Bildungsweg nicht so stattgefunden haben. Bei denen die Muttersprache nicht Deutsch ist. Die Unterstützung brauchen, weil sie eine Form von Behinderung haben. Diversität bringt eine neue Perspektive rein. Je mehr Perspektive, desto besser Arbeit und Output."

In größeren Städten hat sich das herumgesprochen. Es wird versucht, Teams diverser aufzustellen. Auch wenn im woken Hamburg das Machotum auf kleinerer Flamme vor sich hinköchelt, sind die Probleme die gleichen wie überall. Es herrscht brutaler Fachkräftemangel, bei dem es sich weniger denn je empfiehlt, nur Männer zu fördern. Die Branche denkt um und nicht nur, weil sie es muss. Die Chefinnen und Chefs von heute sind Anfang 40, haben völlig andere Vorstellung vom Kochen als die Boomer-Generation der 60- bis 70-Jährigen, die sie ausgebildet hat: „Man kocht nicht mehr nur mit der Idee, was auf dem Teller liegt. Es ist ein allumfänglicher Prozess: Wie kann ich Ressourcen schonen, wie bin ich gegenüber meinen Arbeitnehmerinnen und Arbeitnehmern?", erklärt Nóra Horváth. „Das ist keine wirtschaftliche Komponente, man hat da fast eine politische Haltung. Wie kann ich das vereinbaren, wie kann ich mit anderen Menschen zusammenarbeiten, mit meinen Lieferanten und Produzenten?" Einher gehe, dass man sein Personal nicht so verschleißen kann. Nóra Horváth: „Man muss den Leuten Angebote schaffen, dass sie auch bleiben. Das können Arbeitszeiten mit Schichtdienst sein oder eine Drei- oder Vier-Tage-Woche."

> ”
> **Je bunter und diverser das Team, desto weiter kann man fliegen**
> NÓRA HORVÁTH

Job und Leben im Gleichklang

Nóra Horváth hatte 2016 ihre eigene Idee eines Arbeitsplatzes verwirklicht, der für Frauen wie Männer attraktiv ist: In ihrem Bistro Spajz waren die Öffnungszeiten dem Leben angepasst. Es gab unter der Woche ein täglich wechselndes Mittagsmenü mit ausgewählten biologischen und regionalen Zutaten, am Freitagabend ein produktbezogenes Dinnerkonzept. Anfangs kamen hauptsächlich Leute aus ihrer Hood in Barmbek, nach zwei Jahren war der Laden etabliert. Gäste aus ganz Hamburg genossen gute Qualität zu guten Preisen. Das Konzept funktionierte nicht nur kulinarisch, sondern auch wirtschaftlich.

Dann kam Corona. Die Personalprobleme wurden mehr – Spaß und Freude immer weniger. Nóra verkaufte ihr Bistro und arbeitet heute freiberuflich. Ihren Beruf aufzugeben war nie eine Option. Ganz im Gegenteil. Bei allen unerfreulichen Umständen bleibt Köchin für sie ein „mega geiler Job", den sie jeder Frau nur wärmstens empfehlen kann: „Ich finde, durch die Verbindung zu den Produzenten ist es ein krasser Luxus, mit einem tollen Produkt zu arbeiten. Wenn ich Rote Bete in der Hand halte, kann ich jeden Tag was anderes daraus machen. Ich habe eine Fingerfertigkeit und eine handwerkliche Fähigkeit, die mir niemand nehmen kann, die ich immer dabeihabe. Ich denke permanent darüber nach, wie man was verarbeiten kann. Es ist eine einzige Inspiration und Leidenschaft. Ich liebe es zu kochen. Ich liebe es, Gastgeberin zu sein. Es ist einfach toll. Es gibt nichts Besseres."

norahorvath.de

Für Nóra Horváth ist Köchin trotz allem „ein mega geiler Job"

FOTO: WIM JANSEN

Ohne geschultes Personal bleibt jede Küche kalt. Fehlende Fachkräfte sind aktuell eines der großen Probleme in der Gastro

FACHKRÄFTEMANGEL

Hamburg braucht die Welt

Fachkräftemangel war in der Gastronomie schon vor Corona ein beherrschendes Thema. Jetzt droht der Kollaps. Doch es gibt nahe liegende Wege aus der Krise – Vielfalt spielt dabei eine entscheidende Rolle

TEXT: DAGMAR ELLEN FISCHER

Alles längst vertraut: Beim Italiener um die Ecke dringen ausschließlich italienische Töne aus der Küche, und im Bistro provenzalischen Stils wird jenseits des Tresens nur noch Französisch gesprochen. Und so lange uns die (meist) jungen Servicekräfte mit charmantem Akzent bedienen, passt alles. Doch was wäre, wenn die Diversität deutlich sichtbarer Einzug hielte in Hamburgs Gastronomie? Wenn beispielsweise die jeweils Verantwortlichen einer „Beschäftigung von älteren Menschen, Menschen mit Behinderung oder mit Migrationshintergrund offen gegenüberstehen" würden? Das eine oder andere Loch könnte auf diese Weise in der Gastronomie vermutlich gestopft werden.

Seit Jahren sucht das Gastgewerbe händeringend Personal – das ist nichts Neues. Neu aber ist die Situation, wie sie sich durch gut zwei Jahre Pandemie zur Katastrophe entwickelte, denn Restaurantschließungen machten sowohl die Fach- als auch die Hilfskräfte arbeitslos: Fachkräfte wie Köche waren gezwungen, sich neu zu orientieren, entweder umzuschulen oder als Quereinsteiger in einem anderen Bereich ihren Lebensunterhalt zu verdienen; nun, da sich die Türen der Gastronomie wieder öffnen, fehlen sie schmerzlich in dieser Branche.

FOTO: FRIENDS STOCK / ADOBESTOCK

Zuwanderung als Chance?

Vergleichbares gilt auch für die Hilfskräfte in Küche und im Service: Ob Studierende oder Teilzeitarbeitende, auch sie mussten sich mit Beginn des Lockdowns im März 2020 andere Einnahmequellen suchen und sind eventuell gar nicht daran interessiert, zurückzukehren. Erschwerend hinzu kam, dass die Unsicherheit über die Dauer des Lockdowns potenziell an einer Ausbildung Interessierte eher abgeschreckt hat, sich für diese Branche zu entscheiden.

Die Prophezeiung fällt nicht schwer: Der Mangel an (Fach-)Kräften wird sich in diesem Sommer potenzieren und zahlreiche Betriebe vor große Probleme stellen. Die Hamburger Agentur für Arbeit meldet in ihrem Monatsbericht aus März 2022 insgesamt 538 freie Arbeitsstellen im Bereich der Hotel- und Gaststättenberufe, die besetzt werden könnten; das sind 357 oder fast 200 Prozent mehr als im Vorjahresmonat (wobei dieser Monat kaum als Bezugsmonat herangezogen werden kann, da er schon in die Pandemie fiel). Von diesen 538 Stellen entfallen 329 (+196 oder 147,4 %) auf Helfertätigkeiten und 154 (+111 %) auf Fachkräfte, die per Definition mindestens eine abgeschlossene Berufsausbildung vorweisen müssen. Da läge es doch nahe, diese Stellen mit Menschen zu besetzen, die aus anderen Ländern oder Kontinenten zugewandert sind und hier arbeiten wollen.

> **„Wir wollen keinen Sozialapplaus für die Menschen mit Behinderung, sondern einen möglichst hohen Grad an Normalität**
>
> SEBASTIAN WEYHING

Gastro-Ausbildung für Geflüchtete

Eine deutschlandweit einzigartige Initiative, die genau dort ansetzte, gab es schon einmal in Hamburg: die „Refugee Canteen", 2016 ins Leben gerufen von Benjamin Jürgens. Gemeinsam mit einem Team bot er eine Basisschulung in der Gastronomie an, in der Geflüchtete im geschützten Raum Grundfähigkeiten lernen, bevor sie in ein begleitetes Praktikum eines Betriebs wechseln. Diese beiden Erfahrungen befähigten sie zu entscheiden, ob daraus eine berufliche Perspektive werden könnte. Jürgens' Modell „Integration geht durch die Küche" wurde seinerzeit von Peter Clever, Geschäftsführer der Bundesvereinigung der Deutschen Arbeitgeberverbände, gelobt: „Refugee Canteen ist die erste gastronomische Vorschule, die Menschen mit Migrationshintergrund und Geflüchteten eine Grundlagenausbildung für gastronomische Berufe vermittelt." Doch schon 2019 war Schluss, denn die Auflage, eigenständig Gewinne zu erwirtschaften, war nicht zu erfüllen.

Angewiesen auf ausländische Arbeitskräfte

Viele Hamburger Gastronomiebetriebe wären ohne ihre ausländischen Arbeitskräfte verloren. Sven Oliver Schmidt von der DEHOGA Hamburg bestätigt diese Notwendigkeit: „Arbeitnehmerinnen und Arbeitnehmer aus dem europäischen wie außereuropäischen Ausland helfen bereits seit vielen Jahren, den Fachkräfte- und Arbeitskräftemangel in der Gastronomie zu lindern. Die während der Corona-Pandemie verordneten Lockdowns haben den Fachkräftemangel noch einmal drastisch verschärft. In vielen Betrieben haben sich Fachkräfte anders orientiert, das betrifft meist 20 Prozent und mehr der Mitarbeiterschaft. Vor diesem Hintergrund könnten Mitarbeitende aus dem Ausland eine wichtige Rolle spielen. Tatsächlich sind nach unseren Beobachtungen die Zuwanderungszahlen jedoch zu gering, um kurzfristig zur Problemlösung beizutragen." Folglich sollte das Problem mittelfristig und auf mehreren Ebenen angegangen werden.

Da es schwierig ist, bei einem Erstkontakt via Videokonferenz die praktischen Kenntnisse von Bewerbern realistisch einzuschätzen, scheuen Arbeitgeber das Risiko, „Bewerber:innen von weit her, gar von anderen Kontinenten anreisen zu lassen, um dann zur beidseitigen Enttäuschung den Arbeitsplatz mangels Sprach- oder Fachkenntnis doch nicht anbieten zu können", so Schmidt. In seiner Eigenschaft als Justiziar hat er einen Vorschlag: „Abhilfe könnte aus unserer Sicht nur eine groß angelegte Aktion zur Anwerbung von Fachkräften (auch anderer Branchen) vor Ort im jeweiligen Land schaffen." Dort könnten Ausbilder die Bewerber persönlich kennenlernen, um ihre Fähigkeiten zu beurteilen. Und: „Sprachkurse vor Ort sind ebenfalls ein wichtiger Baustein. Die Bewerberinnen und Bewerber müssen sich auf Deutsch oder Englisch gut verständigen können. Eine Unterstützung bei der Erlangung der notwendigen Visa und Arbeitserlaubnisse wäre ebenfalls wichtig."

> **„Aufkommende Spekulationen über ein Arbeitsmarktwunder verbieten sich aus vielerlei Gründen**
>
> SÖNKE FOCK

Menschen aus der Ukraine noch nicht bereit

Der Gedanke, Geflüchtete aus der Ukraine auf diese Weise auch in Hamburg einzubinden, drängt sich geradezu auf, denn viele von ihnen sprechen Englisch ➡

FOTOS: PRIVAT (O.), AGENTUR FÜR ARBEIT HAMBURG (U.)

oder sogar Deutsch. Mit dem EU-Ratsbeschluss aus März 2022 ist für eine Beschäftigung auch die rechtliche Grundlage geschaffen worden. In Hamburg sind mittlerweile 15.000 Menschen aus dem Kriegsgebiet in Hamburg angekommen, Tendenz steigend. Sönke Fock, der vorsitzende Geschäftsführer der Agentur für Arbeit Hamburg, gibt indes im aktuellen Arbeitsmarktbericht aus März 2022 Folgendes zu bedenken: „Aus Erfahrung wissen wir, dass Unternehmen sehr schnell bereit sind, betroffenen Frauen und Männern die Chance auf eine ‚Integration' in den Arbeitsmarkt (…) ermöglichen zu wollen. Aber ist das in diesen Wochen tatsächlich das Thema der überwiegend geflüchteten Frauen? (…) Aufkommende Spekulationen nach einem vermeintlichen Arbeitsmarktwunder verbieten sich aus vielerlei Gründen, an denen ich mich mit dem Verweis auf das nicht absehbare Kriegsende, die persönlichen Verluste der Geflüchteten, die Fluchthintergründe und die existenziellen Notwendigkeiten der Betroffenen derzeit nicht beteiligen werde."

"

Integration geht durch die Küche

BENJAMIN JÜRGENS

Mit Inkluison gegen den Fachkräftemangel

Eine andere eingangs genannte Gruppe leistet in Hamburg bereits wertvolle Hilfe bei Engpässen, dank des Engagements von Inklusionsfirmen. „Jedes Unternehmen ist angesichts zunehmender Knappheit fachlich geeigneten Personals gut beraten, gerade auch Menschen mit Behinderung aufs Einstellungsradar zu nehmen und ihnen Gelegenheit zu geben, Motivation und Können unter Beweis zu stellen. Inklusionsfirmen sind hierbei Vorreiter und geben Beispiele." Insgesamt acht solcher Inklusionsfirmen sind in Hamburg ansässig. Unter ihnen sind auch Gastronomiebetriebe, wie beispielsweise das Restaurant in Haus5.

Wie Geschäftsführer Sebastian Weyhing berichtet, stellen dort Menschen mit Schwerbehinderung 60 Prozent der Mitarbeitenden. „Sie werden geschult, und natürlich hängt es auch von der Eignung für eine bestimmte Aufgabe ab. Jede/r bekommt eine Chance und kann sich entwickeln, denn wir wollen keinen Sozialapplaus für die Leistung der Menschen mit Behinderung, sondern einen möglichst hohen Grad an Normalität!" Ähnliches bestätigt auch Kai Gosslar, Geschäftsführer vom Inklusionsunternehmen hamburg work gGmbH; einer der Zweige heißt „Lecker hoch drei", und dieser Betrieb schafft seit 2014 Arbeitsplätze für Menschen mit Behinderung, indem er gesundes Essen in Kitas liefert. „In diesem Bereich werden über 50 Prozent Menschen mit Schwerbehinderung eingesetzt", so Gosslar, „in der Produktion, im Lager, in der Abrechnung, im Büro, in der Spülküche und als Fahrer. Wir fragen zunächst: Was kann jemand? Sofern Tätigkeit und Fähigkeit bei Menschen mit Behinderung zusammenkommen, halte ich das durchaus für einen Weg, einem Teil des Fachkräftemangels zu begegnen." ▮

"

Sofern Tätigkeit und Fähigkeit bei Menschen mit Behinderung zusammenkommen, halte ich das durchaus für einen Weg, einem Teil des Fachkräftemangels zu begegnen

KAI GOSSLAR

FOTO: REFUGEE CANTEEN, PRIVAT

GELEBTE INTEGRATION

Sozial gebrüht

Das Barista Projekt bildet Frauen aus der Ukraine zu Kaffee-Könnerinnen für die Gastro aus

TEXT: JOHANNA ZOBEL

In vier Wochen zur Barista: Das Barista Project von Hand in Hand e. V. bildet geflüchtete Frauen aus der Ukraine zu Kaffee-Expertinnen aus. Ideengeberin und Koordinatorin ist Liya Smekun. Sie unterstützt Menschen aus dem Kriegsgebiet, hilft ihnen, in Deutschland Fuß zu fassen und organisiert Deutschkurse. Die gebürtige Russin lebt seit 14 Jahren in Deutschland. „Als Migrantin weiß ich nur zu gut, dass ein Dach über dem Kopf zwar der Anfang ist, aber noch lange nicht alles. Und so suchte ich nach weiteren Lösungsansätzen, um die Menschen, die ins Land strömen, so schnell wie möglich in den deutschen Lebensalltag zu integrieren“, so Liya. Das Barista Project findet im foodlab statt und wird von den Kaffee-Experten XLVI, Pascucci und Black Delight unterstützt.

Seit Anfang April wurden schon 34 Frauen von Barista-Trainer João Bento ausgebildet. Win-win: Das Projekt steuert gleichzeitig dem Personalmangel in der Gastronomie entgegen. Mittlerweile arbeiten einige der Frauen unter anderem bei Elbgold, Black Delight, The Special Connection, Sovino, Café Brooks sowie im Kaffeemuseum Burg, bei Espresso Nero und im foodlab. ▮

FOTO: LIYA SMEKUN

Barista-Trainer João Bento hat ein Auge auf die gelungene Crema

Weiß, wie eng die Geschichte des Grindelviertels mit jüdischem Glauben verbunden ist: Ulrich Lohse

FOTO: JÉROME GERULL

JÜDISCHE GESCHICHTE DES GRINDELVIERTELS

Über die Vergangenheit zur Gegenwart

TEXT: KAROLINE GEBHARDT

Der Straßenlärm verklingt allmählich, sobald man die Grindelallee verlässt und in die Straße Grindelhof abbiegt. Hungrige Studierende tummeln sich vor den kleinen Cafés, das Abaton-Kino am Allende-Platz öffnet seine Türen. Kinder fahren Rad, Senioren flanieren durch die kleinen Twieten, während aus der Pony Bar seichte Jazzmusik ertönt und Menschen glückselig mit einem Stück Kuchen herausspazieren. Prächtige Bauten aus der Gründerzeit prägen das Erscheinungsbild des Viertels, und Bäume umsäumen die Straßen. Hier im Grindelviertel geht es lebendig zu, und dennoch bleibt der Stress der Innenstadt aus, das Viertel versprüht Nonchalance.

Das Quartier im Bezirk Eimsbüttel wurde urkundlich bereits im 14. Jahrhundert erwähnt. Damals war es ein Wald- und Feuchtgebiet. Zentrum des heutigen Viertels ist die Universität Hamburg, dessen Hauptgebäude in der Nähe des Dammtorbahnhofs steht. Weiter wird der Grindel begrenzt durch die U-Bahn-Haltestellen Schlump und Hallerstraße sowie den Mittelweg nahe der Alster. Das Grindelviertel ist allerdings nicht nur Anlaufstelle für Studierende der dort ansässigen Universität, sondern auch in Anbetracht der deutschen Geschichte historisch von hoher Relevanz. Schließlich war es bis zur Machtergreifung der Nationalsozialisten das jüdische Viertel Hamburgs. Deren Rassenwahn zerstörte die damalige jüdische Gemeinde in Hamburg.

Pulsierendes Leben

Mit dem Anwachsen Hamburgs entwickelte sich das Grindelviertel im 19. Jahrhundert zum Zentrum der jüdischen Gemeinden und trug den Beinamen „Klein-Jerusalem". Zwischen 1870 und 1930 verlagerte sich das einstige Hauptwohngebiet der jüdischen Bevölkerung aus der damals durch kleine Gänge geprägten Alt- und Neustadt nach Harvestehude und Rotherbaum. Im Jahr 1925 erreichte die Bevölkerung der damals sogenannten „Grindel-Vororte" ihren quantitativen Höhepunkt: 10.774 Juden lebten mittlerweile in diesem Areal, 1895 waren es lediglich 3858 gewesen. Das spiegelte sich unter anderem in dem Bau mehrerer jüdischer Gotteshäuser – der Neuen Dammtorsynagoge, des Israelitischen Tempels und der Bornplatzsynagoge – wider. Des Weiteren entstanden Einrichtungen wie die Talmud-Tora-Schule und das Deutsch-Israelitische Waiseninstitut. Außerdem befand sich der Jüdische Friedhof an der Ecke Rentzelstraße/An der Verbindungsbahn. Dazu gab es weitere jüdische Einrichtungen, wie etwa ein jüdisches Altenheim in der Sedanstraße, das unentgeltlich Wohnung und Lebensunterhalt bot.

Das jüdische Leben pulsierte im Grindelviertel: Es gab jüdische Geschäfte, Restaurants und Kaffeehäuser, Geschäfte mit koscheren Lebensmitteln. Der Rabbiner Joseph Carlebach war als Rektor der Talmud-Tora-Schule und anschließender Rabbiner der Bornplatzsynagoge eine gesellschaftlich relevante Person. Jüdische Gelehrte wie der Philosoph Ernst Cassirer und die Germanistin Agathe Lasch trugen maßgeblich zum hohen Ansehen der Universität bei.

Ideologischer Wahnsinn

… bis der wachsende Antisemitismus in Deutschland, den das nationalsozialistische Regime in politischer Form ab 1933 brachial realisierte, die jüdische Gemeinde im Grindelviertel zerschlug. Schulen und Geschäfte wurden geschlossen, jüdische Gelehrte entlassen. Es folgten Deportationen und systematische, rassistisch motivierte Zerstörungen jüdischer Einrichtungen. Am Sammelpunkt für die Deportationen an der Moorweide nahe der Universität steht heute ein Gedenkstein als Mahnmal. In der Reichspogromnacht 1938 wurde die Bornplatzsynagoge verwüstet, die Neue Dammtorsynagoge 1943 durch Bomben zerstört. Fast alle jüdischen Hamburger flüchteten ins Ausland oder wurden Opfer der Gräueltaten der Nazis. In Hamburg lebten nach Kriegsende noch 647 Juden, fast alle in sogenannten „Mischehen" verheiratet. Weitere 50 bis 80 Personen überlebten die Verfolgung im Versteck oder unter falscher Identität.

Die Zukunft gestalten

Der Holocaust kennzeichnete allerdings nicht das Ende der jüdischen Kultur in Hamburg. Anhaltende antisemitische Einstellungen und eine mangelhafte Aufarbeitung des Kriegsgeschehens sorgten jedoch für eine langsame Entwicklung einer dauerhaften Infrastruktur jüdischer Einrichtungen. Dennoch kehrte in den Jahrzehnten nach Kriegsende das jüdische Leben zurück ins Grindelviertel, dessen die Menschen beraubt worden waren. Im Juli 1945 trafen sich zwölf Hamburger Juden in einer Wohnung in der Rutschbahn 25, um die durch das NS-Regime vernichtete jüdische Gemeinde wieder aufzubauen. 1945 wurden die Hamburger Kammerspiele, die 1941 von den Nationalsozialisten geschlossen worden waren, von der jüdischen Schauspielerin und Regisseurin Ida Ehre erneut eröffnet. Die Talmud-Tora-Schule, die heute Joseph-Carlebach-Bildungshaus heißt, nahm wieder ihren Betrieb auf. Auch die Jüdische Gemeinde in Hamburg hat ihren Sitz dort. Zudem soll die Bornplatzsynagoge am ehemaligen Standort wieder errichtet werden. 2021 wurde Stefan Hensel, langjähriger Vorsitzender der Deutsch-Israelitischen Gesellschaft, zum Antisemitismusbeauftragten der Stadt benannt.

Jüdische Küche im Grindel

Und auch in kulinarischer Hinsicht gewinnt Hamburg ein Stück jüdische Kultur zurück, auch wenn das Angebot jüdischer Speisen in Hamburg begrenzt ist. Das im Grindelviertel befindliche Café Leonar tischt jüdische Küche und Gerichte aus der Levante-Küche, zum Beispiel Shakshuka und das legendäre Reuben Sandwich, eine Delikatesse der jüdisch-amerikanischen Küche, auf. Im Hinterzimmer beherbergt das Café den „Jüdischen Salon", in dem Bücherregale bis unter die Decke reichen. Er trägt wesentlich dazu bei, dem ehemals jüdisch geprägten Viertel ein kleines Stück seiner Identität zurückzugeben, die jüdische Kultur und Tradition zu fördern und Interessierten zu vermitteln. Vorträge, Lesungen und Diskussionen finden statt. Die Körber-Stiftung richtet Veranstaltungen zu verschiedenen Themen der jüdischen Kultur und Geschichte aus.

Die Jüdische Gemeinde in Hamburg schafft sich wieder Raum, um kulturell, kulinarisch, gesellschaftlich und politisch zu agieren und das Stadtbild zu prägen. ∎

Ulrich Lohse führte den koscheren Imbiss Deli King und ist heute Weinhändler

Kaschrut – strenger wird's nicht

Vorschriften für den Verzehr von Lebensmitteln und Getränken sind für viele Religionen der Welt von hoher Bedeutung. Die wohl strengsten Vorschriften hat das Judentum

TEXT: KAROLINE GEBHARDT

Die strengen Regeln werden als „Kaschrut" (jüdische Speisevorschriften) bezeichnet. Leben ist heilig, heißt es in der Tora, und impliziert damit einen sorgsamen Umgang mit Pflanzen und Tieren. Lebensmittel, die erlaubt sind, werden als „koscher" bezeichnet; solche, die nicht erlaubt sind, werden als „treife" bezeichnet.

Bedeutend ist das Unterscheiden zwischen Fisch- und Fleischarten sowie die Trennung von fleischigen (hebräisch: basari) und milchigen (hebräisch: chalawi) Lebensmitteln, die nicht zusammen konsumiert werden dürfen. Produkte, die weder fleischig noch milchig sind, werden als „parve" bezeichnet. Nach der Kaschrut-Regelung sind nur solche Tiere koscher, die zwiegespaltene Hufe haben und Wiederkäuer sind.

Schweinefleisch ist somit treife. Spezifische Regelungen gibt es auch für Geflügel und Fische. Im Wasser lebende Tiere sind beispielsweise nur dann koscher, wenn sie über Flossen und Schuppen verfügen. Essenziell ist das Schächten, das rituelle Schlachten, der das möglichst rückstandslose Ausbluten des Tieres zum Ziel hat, da der Verzehr von Blut im Judentum verboten ist.

Ähnliche Vorschriften von großer Komplexität gibt es für viele weitere Lebensmittel, zum Beispiel für Brot, Honig und Süßigkeiten. Darüber hinaus existieren Regelungen zur getrennten Zubereitung milchiger und fleischiger Speisen. Milchige Speisen dürfen nicht von fleischigem Geschirr gegessen werden und andersherum. Aus diesem Grund verfügen strenggläubige Juden oftmals über verschiedene Ausfertigungen von Kochgeschirr, Besteck, Geschirrtücher und getrennte Geschirrspüler. In Israel haben übrigens alle Fünf-Sterne-Hotels eine koschere Küche. Hätten sie keine, würden sie keinen fünften Stern erhalten.

Koscher essen in Hamburg – gar nicht so einfach

Gastronomische Angebote, die den Regeln der jüdischen Speisegesetze folgen, sind in Hamburg seit dem Nationalsozialismus eine Rarität. Die Möglichkeiten, in Hamburg koschere Lebensmittel zu beziehen, sind in Hamburg ebenfalls eingeschränkt. Die Beschaffung koscheren Fleischs etwa gestaltete sich in den Nachkriegsjahren als alltägliche Herausforderung, sodass viele Familien sich sogar damit behalfen, in den eigenen Badezimmern Geflügel zu schächten und selbst koscher zu machen. Auch heute noch sorgt die Komplexität der Umsetzung koscherer Lebensmittel, vor allem in der Gastronomie, für ein knappes Angebot.

Um den strengen Regeln der koscheren Küche gerecht zu werden, habe man nicht die Kapazität, so ein Mitarbeiter des israelischen Restaurants Mirou – es sei kein Platz für einen zweiten Kühlschrank, getrenntes Geschirr und Zubereitungsmöglichkeiten. Des Öfteren seien sie bereits danach gefragt worden, erzählt er. „Die Nachfrage nach koscheren Produkten ist in Hamburg nicht allzu hoch", sagt dagegen Ulrich Lohse, Inhaber des Online-Weinhandels Deli King. Er weiß, wovon er spricht: Zunächst führte er die Weinhandlung Mezada, später den koscheren Imbiss Deli King – beide mussten aus Mangel an Kundschaft schließen.

Wer koschere Produkte wünscht, muss in Hamburg also etwas suchen. Es gibt keinen einzigen Supermarkt, der sich explizit auf ein koscheres Angebot spezialisiert hat. Dennoch existieren der ein oder andere Laden, in dem auch koschere Lebensmittel verkauft werden, und Restaurants, die Gerichte der jüdischen Küche anbieten. ▮

FOTO: JÉROME GERULL

TIPPS DER REDAKTION

Koscher essen in Hamburg

Strenge Vorschriften, geringe Nachfrage. Doch es gibt sie, die kleinen Angebote. Wir haben sie gefunden

TEXT: KAROLINE GEBHARDT

Edeka Sven Anders

Dazu gehört beispielsweise die Edeka Filiale „Sven Anders" an der Grindelallee. Üblicherweise werden dort koschere Produkte mit einem blauen Sticker markiert. Zudem verfügt Edeka Anders über eine Truhe mit koscheren Fleischprodukten und ein gesondertes Weinregal.

Edeka Sven Anders, Grindelallee 126 (Rotherbaum)

American Bagel Company

Bagel haben eine besondere Rolle in der jüdischen Tradition. Runden Gegenständen wird häufig eine schützende Funktion nachgesagt. So werden sie zu besonderen Anlässen gereicht: Mandel-Bagel wurden zum Purimfest verschenkt, während in Asche getunkte Bagel nach einer Beerdigung gegessen wurden. Die in Hamburg ansässige American Bagel Company ist koscher zertifiziert und beliefert Kunden in ganz Deutschland. Für Privatpersonen gibt es das Gebäck bei Edeka Niemerszein in der Langen Reihe und bei Carlos Coffee in der Osterstraße.

american-bagel-company.de

Café Leonar

Das Café Leonar befindet sich seit 2008 im Grindelhof. Es gleicht den Kaffeehäusern in Israel und wurde nach den Leonar-Werken in Wandsbek, eine ehemalige Foto-Fabrik, benannt, deren Besitzerfamilie 1938 vor den Nationalsozialisten fliehen musste. Koschere Gerichte gibt es dort zwar nicht, man hat sich allerdings auf levantinische und jüdische Küche fokussiert. Das Café bietet zum Beispiel Mezze, Tahina-Eis, Reuben Sandwich und Shakshuka, eine israelische Spezialität, an.

Café Leonar, Grindelhof 59 (Rotherbaum); cafeleonar.de

Lowinsky's NY Coffee & Tea

Hillel Lowinskys Familie floh im Zweiten Weltkrieg nach New York. Vor knapp zehn Jahren kehrte der gebürtige Amerikaner in das Heimatland seiner Familie zurück. Und serviert im Café Lowinsky's in Eppendorf jüdische Speisen in Anlehnung an New Yorker Delis. Die Spezialität des Cafés sind Grilled Cheese Sandwiches, die ihm sein Vater nach der Schule zubereitete. Lange Zeit behielt Hillel die Geschichte seiner Familie für sich, bis er beschloss, sich nicht mehr zu verstecken. „Meine Vergangenheit verbindet sich mit meiner Kultur", sagt der 36-Jährige.

Lowinsky's NY Coffee & Tea, Lehmweg 36 (Hoheluft-Ost); lowinskys.com

Deli King

Der Online-Weinhandel Deli King war zuvor ein Imbiss für koschere Speisen im Grindelviertel. Aus Mangel an Kundschaft musste Inhaber Dr. Ulrich Lohse das Lokal allerdings schließen. Seitdem führt er das Geschäft als Fachhandlung für israelische Weine online fort. Die Weine sind alle koscher, viele Spezialitäten kommen aus der Gegend Jerusalems, zum Beispiel aus der Winzerei Domaine du Castel. Zudem bietet Deli King Kiddusch-Wein an. Kiddusch bezeichnet den Segensspruch über einen Becher Wein, mit dem der Sabbat eingeleitet wird.

Deli King, Grindelberg 73 (Harvestehude); deliking.de

Schiffsvermietung
BARKASSEN-MEYER

HAFENRUNDFAHRTEN
2 Stunden XXL | Das Original
1 Stunde | Der Klassiker
Salon-Fahrgastschiffe | Komfort- & Traditions-Barkassen

1919 2019 BARKASSEN-MEYER 100
info@barkassen-meyer.de | +49 (0) 40 31 77 37-0 | Bei den St. Pauli Landungsbrücken, Br. 2+6
barkassen-meyer.de

Viel kann, aber nicht alles muss: Im Restaurant L'Amira in St. Georg wird auch halal aufgetischt

Reine Küche

Die islamische Küche birgt Vorschriften. Sie basieren dabei auf dem Koran und der Sunna, der Lebensweise des Propheten Mohammed. Doch was bedeuten eigentlich Begrifflichkeiten wie „halal", „haram" oder „Ramadan"?

TEXT: LILLI GAVRIĆ UND HAKAN EVCIL

Wenn Speisen und Restaurants als „halal" bezeichnet werden, heißt das, dass diese „rein" sind. Halal ist alles, was nicht explizit im Koran verboten ist. Alles, was aus der Erde wächst, ist ebenso halal wie alles, das aus dem Meer kommt. Auch Fleisch von Pflanzenfressern wie Huhn, Rind und Schaf ist erlaubt.

Haram, also verboten, sind dagegen zum Beispiel alle Tiere, die an Land und Wasser leben wie Amphibien sowie alle Tiere ohne Ohren wie Schlangen, Eidechsen und Frösche. Auch Blut, also zum Beispiel Blutwurst, ist ebenso haram wie Alkohol, Drogen und Schweinefleisch. Das Schwein wird als unrein bezeichnet, weil es sich suhlt und ein Allesfresser ist.

Wer sich halal ernähren möchte, muss sich gut informieren oder auskennen. Da der Begriff lebensmittelrechtlich nicht geschützt ist und es keine einheitlichen Standards gibt, reichen die Angaben auf den Verpackungen allein nicht aus. Ethik spielt in Bezug auf Schlachtung, Haltung und Fütterung der Tiere eine wichtige Rolle. Die Tiere dürfen nicht krank sein und bei der Schlachtung auch nicht unnötig leiden.

Die Tiere müssen nach religiöser Vorschrift geschlachtet worden sein. Streng genommen bedeutet dies, dass sie geschächtet werden, also ohne Betäubung geschlachtet werden und ausbluten – ein Prozedere, das in Deutschland lange verboten war. Einigen Betrieben in Deutschland ist das Schächten mittlerweile aber erlaubt worden.

Mit Verzicht hat der Fastenmonat Ramadan zu tun, der jedes Jahr an einem anderen Datum beginnt. Weil er nach dem islamischen Mondjahr berechnet wird, das weniger Tage hat als das Jahr nach dem Julianischen Kalender, verschiebt sich der Fastenmonat jedes Jahr um etwa zehn Tage. Fest steht: Ramadan ist der neunte Monat des islamischen Kalenders. Das Fasten ist eine der fünf Säulen des Islam und heißt im Türkischen zum Beispiel oruç. In der Fastenzeit sollen sich Körper und Geist reinigen. Dann gilt Folgendes: Zwischen Sonnenaufgang und Sonnenuntergang darf nichts zu sich genommen werden. Natürlich gibt es dabei Ausnahmen, zum Beispiel für Reisende, Kranke, Kinder oder Schwangere. Gegessen wird demnach nur vor Sonnenaufgang („Sahur") und nach Sonnenuntergang („Iftar"), dann gern üppig und gemeinsam. Genau wie Speisen ist auch das Fluchen oder Streiten verboten. Rauchen, Sex und Süßigkeiten sind ebenfalls tabu. In dieser Zeit muss man besonders gütig und wohlgefällig sein. Plakativ und im übertragenden Sinne ließe sich sagen: Ramadan ist kein Zuckerschlecken. Die Halal-Küche allerdings schon. ▮

FOTOS: MARC SILL

TIPPS DER REDAKTION

Halal essen in Hamburg

In diesen Restaurants wird halal gekocht. Und hier zeigen Köche, dass die islamische Küche nicht nur Vorschriften hat, sondern vor allem lecker ist

TEXTE: LILLI GAVRIĆ UND ANDREAS DAEBELER

Hala

Die Köche in den Hala-Restaurants im Grindelviertel und Othmarschen mögen die libanesisch-mediterrane Küche modern und leicht – genauso wie ihre Gäste. Unabhängig davon, ob diese vegetarisch, vegan oder glutenfrei essen wollen, freuen sie sich über die tolle Auswahl und Frische. Mit anderen Worten, fühlen Sie sich herzlich willkommen, denn „Hala“ heißt übersetzt nichts anderes als das.

€€€ Beselerplatz 11 (Othmarschen), Telefon 040 88167787, Mo-Fr 12.30–14.30 und 17–23, Sa 17–23 Uhr, EC-Karte, VISA, Mastercard, Othmarschen S1, S11; restaurant-hala.de

L'Amira

L'Amira, übersetzt „Die Prinzessin“, befindet sich im bunten und vielfältigen Stadtteil St. Georg und vereint syrisch-libanesische Speisen, die oft vegetarisch, vegan und auf Wunsch auch glutenfrei daherkommen. Lamm und Huhn gibt es dennoch und zum Abschluss hausgemachtes Eis und einen Mokka, also Kaffee mit Kardamom, einem indischen Gewächs.
Herrlich anders.

€ Steindamm 58 (St. Georg), Telefon 040 37027926, Mo-So 9–2 Uhr, EC-Karte, VISA; Hauptbahnhof alle Bahnlinien; falafel-lamira.de

Ottenser Foodkitchen

Burger ist schon lange keine Schweinerei mehr. Jedenfalls nicht zwangsläufig. So auch in der Ottenser Foodkitchen. In dem gerade total angesagten Laden ist alles halal. Ansonsten kommen die gestapelten Teile mit allem, was der Burger-Freak so liebt. Käse, Gemüse, Chili und übliche Toppings werden hier gern auch mal mit türkischer Knoblauchwurst aufgepeppt. Hamma!

€ Bahrenfelder Straße 332 (Ottensen), Telefon 040 39898765, Mo–Do 12–22, Fr 12–23, Sa-So 16–23 Uhr, EC-Karte, VISA, Mastercard; Schützenstraße Bus 2; ottensener-foodkitchen.de

Öz Urfa

Ebenfalls in St. Georg ist das türkische Restaurant Öz Urfa beheimatet, das nicht nur mit landestypischen und orientalischen Gerichten, sondern auch mit Herzlichkeit punktet, wie ein Gast beschreibt, der gerade aus den USA zurück nur Dollar in der Tasche hat und sein Essen dann eben morgen bezahlen soll. Vegetarisch kann Öz Urfa ebenfalls und nahezu durchgehend geöffnet hat der Laden auch.

€ Steindamm 43 (St. Georg), Telefon 040 28055700, Mo-So 8–4 Uhr; Hauptbahnhof alle Bahnlinien; instagram.com/oezurfa_hamburg/

Pamukkale Restaurant

Pamukkale ist für Pistengänger Legende. Ganze Generationen kennen den Laden, in dem der Holzkohlegrill auch spät in der Nacht noch glüht. Und das schon seit 1988, als İrfan Yalçın seinen damals noch winzigen Imbiss eröffnete. Auf den Tellern des türkischen Restaurants landet, was halal ist. Leckere Spieße vom Lamm sind genauso am Start wie Pide, bodenständige Suppen und vegane Köstlichkeiten.

€€ Susannenstraße 34-35 (Sternschanze), Telefon 040 4302411, So-Do 9–1, Fr-Sa 9–3 Uhr, EC-Karte, VISA, Mastercard; Sternschanze S11, 21, 31, U3; pamukkalerestaurant.de

Zwei Jahre Ottensener Foodkitchen! Das ist ein Grund zur Freude!

Dabei liegt der **Burgerladen von Mehmet Dagci** nicht gerade in einem Gastro-Hotspot. Doch als er pünktlich zum Corona-Lockdown öffnet, freut das trotz aller Maßnahmen vor allem zunächst die Nachbarschaft.

Das Erfolgsgeheimnis: ein Mix aus feinster Qualität der Zutaten und Speisen – also vor allem Burger und Kumru –, eine sehr durchdachte Social-Media-Strategie mit mehr als 18k Followern, und ein leidenschaftlicher Inhaber mit viel Herz und Mut! Der Dank sind drei Burgercheck-Awards, mit denen sich die Foodkitchen heute schmücken darf! Seit der Eröffnung vor über zwei Jahren ist die Foodkitchen laut Google mit knapp 1000 Rezensionen und einer Bewertung von 4,7 Hamburgs bester Burgerladen! Trotzdem ist Mehmet Dagci auf dem Boden geblieben und engagiert sich für sein Obdachlosen-Hilfsprogramm, für das er über 500 Burgermenüs mit Getränken und Obst spendiert.

Pläne für die Zukunft? Nächste Filiale in Wedel.

Ottensener Foodkitchen Bahrenfelder Str. 332 • 22765 Hamburg • Telefon: +49 40 39898765 • www.ottensener-foodkitchen.de/menu

Ob süß oder salzig – im Restaurant Tibet ist jede Speise ein Mund voll Glück

Essen fürs Karma

Für viele Hindus und Buddhisten gilt: Tiere sollten nicht fürs Essen getötet werden. Das ist schlecht fürs Karma. Von heiligen Kühen, Lebensenergien und ayurvedischen Gerichten

TEXT: LILLI GAVRIĆ

Im Buddhismus und im Hinduismus gibt es keine allzu strengen Richtlinien und Vorschriften, was die Ernährung angeht. Allerdings scheint man sich in einer Sache einig zu sein: Das Schlachten von Tieren, so der Glaube, führt zu einem schlechten Karma. Grund dafür, dass sich Buddhisten und Hindus oft vegetarisch oder vegan ernähren. Verboten ist der Konsum von Fleisch nicht, als tabu gilt speziell im Hinduismus allerdings Rindfleisch. Schließlich ist die Kuh heilig. Alkohol, Gelatine und Zwiebelgemüse werden in beiden Religionen gern vermieden.

Aus diesen Gründen haben sich beide Glaubensrichtungen vor allem der ayurvedischen Küche zugewandt. Sie betrachtet Leben und Gesundheit ganzheitlich und arbeitet mit den sogenannten Doshas (die Lebenskräfte), die jeder Mensch mehr oder weniger stark ausgeprägt in sich trägt. An ihnen orientiert sich die Ernährung, denn in der ayurvedischen Lehre sind sie für die Konstitution eines Menschen – psychisch und physisch – verantwortlich. Darum hat auch die ayurvedische Küche das Ziel, alle Doshas im Gleichgewicht zu halten. Vatta steht für Luft und Raum und ist flexibel, Pitta ist gleich Feuer und Wasser und mag es eher kühl, und Kapha mit dem Element Erde mag gern Warmes, zum Beispiel einen warmen Haferbrei am Morgen statt eines kalten Müslis. Das wirft viele Fragen auf. Was ist gut für welchen Typ, welches Dosha spielt bei mir die größte Rolle und was bedeutet das? Hier hilft auf die Schnelle schon einmal ein Dosha-Test weiter, der online zu finden ist.

In Hamburg gibt es eine gute Auswahl an ayurvedischen Restaurants und Angeboten, die sich der indischen Heilkunst verschrieben haben oder nah dran sind. Neben hauptsächlich indischer Küche finden sich auch tibetanische und nepalesische Küchen, die spannende Abwechslung versprechen. ▮

FOTOS: MARC SILL

TIPPS DER REDAKTION

Ayurvedisch essen in Hamburg

Essen kann heilen. Diesen Ruf genießt die ayurvedische Küche. Hier kann gesund genossen werden

TEXT: LILLI GAVRIĆ

Ændrè

Nah dran an der ayurvedischen Küche ist das Ændrè in Hoheluft. 100 Prozent pflanzlich, frei von raffiniertem Zucker und bedenklichen Zusatzstoffen ist es „inspiriert von lokalen Produzenten und Rezepten in Kombination mit weltlicher Gesundheitsweisheit", wie es von sich sagt. Es tischt zum Beispiel warme Porridges mit Kompott zum Frühstück auf (Typ „Kapha" freut's) und kocht sehr gewürzreich, wie es auch ayurvedisch gang und gäbe ist.

€€ Lehmweg 31 (Hoheluft-Ost), Telefon 040 36941522, Mo-Fr 9–15, Sa-So 9–16 Uhr, EC-Karte, VISA, Mastercard, Klosterstern U1, Eppendorfer Baum U3; aendre.de

Maharani

Das indische Maharani am Grindelviertel ist ein Klassiker in Hamburg, wenn es um ayurvedische Gerichte geht. Auch das Maharaja und Mahadosa auf St. Pauli gehören zur Familie. Hier gibt es Vegetarisches, Veganes und Glutenfreies – alles „exotisch gewürzt" und „glücklich machend". Die Gäste können zwischen unterschiedlichen Schärfegraden wählen und selbst entscheiden, wann das Glück für sie einsetzt.

€€ Hallerstraße 1 (Harvestehude), Telefon 040 42949691, Mo-So 12–0 Uhr, Bezirksamt Eimsbüttel Bus 5, Bus 4, Bus 15; EC-Karte, VISA, Mastercard; maharani-hamburg.de

Ayu-Leela

Im Ayu-Leela in Uhlenhorst wird nach traditionell indischer Heilkunst gekocht, also ayurvedisch. Diese hat Koch Hari Bhakta von seinem Großvater gelernt, so heißt es. Einmal im Monat verrät er eines seiner Rezepte auf der Website für den Selbstversuch. NDR-Moderator Hinnerk Baumgarten hat das Restaurant für uns getestet. Er liebt die Atmosphäre und die „sensationelle" Küche, welche man hier übrigens durchaus mit einem Grauburgunder verbinden darf. So streng wird die Richtlinie hier dann nicht genommen.

€€ Mundsburger Damm 41 (Uhlenhorst), Telefon 040 2298109, Di-Fr 12–14 und 18–21, Sa 17–21, So 12–14 und 17–21 Uhr, EC-Karte, VISA, Mastercard; Mundsburg U3; ayuleela.de

Tassajara

Vegetarische Spitzenküche mit ayurvedischen und mediterranen Einflüssen und das seit über 40 Jahren. Daher wird das Restaurant auch gern als Schlaraffenland bezeichnet. Die Betreiber selbst sagen, „Freude ist gesunde Kost", lieben Gemüse und wollen damit für Einklang zwischen Seele und Körper sorgen. Klingt nicht nur gut, sieht auch so aus und schmeckt hervorragend.

€€ Eppendorfer Landstraße 4 (Eppendorf), Telefon 040 483801, Mo-Sa 11.30–22 Uhr, nur Barzahlung; Eppendorfer Baum U3; tassajara.de

Tibet Restaurant

Das Tibet überzeugt mit authentisch tibetanischer und nepalesischer Küche und freundlichem Service. Klar, das Nationalgericht „Momo", gefüllte Teigtaschen, steht natürlich auf der Karte. Außerdem sollte man hier unbedingt den Buttertee probieren. Die traditionellen Sitzecken mit Gebetsmühlen sollen Glück bringen.

€€ Harkortstieg 4 (Altona-Nord), Telefon 040 38611662, Di-Fr 17–22.30, Sa-So 12–15 und 17–22.30 Uhr, EC-Karte, VISA, Mastercard; Holstenstraße S21, S 31; tibet-restaurant.de

Gute Laune am Spieß: Bei der Harburg-Tour wird den Teilnehmenden im Panthera Rodizio lecker portugiesisch aufgetischt

Hamburg genießen

HAMBURGS FOOD-SZENE ENTDECKEN

Die Genuss-Touren Hamburg entführen ihre Gäste zu kleinen Schätzen und großen Gaumenfreuden. Mit Tipps von Hamburgern geht es durch die verschiedensten Stadtteile und Viertel, garniert mit viel Geschichte und Geschichten

TEXT: FELIX WILLEKE

Hamburg, das ist die Elbe, der Hafen, die Speicherstadt und der Kiez. Weit gefehlt! Hamburg ist mehr und besonders südlich der Elbe gibt es noch viel zu entdecken. Selbst für viele Hamburger ist der Süden der Stadt größtenteils unbekannt und unentdeckt. Stadtteile wie Harburg und Wilhelmsburg gehören nicht zu den bevorzugten Ausflugszielen, dabei ist gerade hier die Vielfalt, mit der sich das sprichwörtliche Tor zur Welt so gerne brüstet, zu Hause – vor allem kulinarisch. Wer sich auf Genuss-Tour durch Harburg und Wilhelmsburg begibt, bekommt neben echten Gaumenfreuden auch viel Spannendes und Neues aufgetischt. Dabei werfen die Tour Guides nie mit Zahlen um sich, sondern verstehen es, die Geschichten in spannende Anekdoten zu verpacken – ohne dabei Seemannsgarn zu spinnen.

Harburg – ein genussvoller Sprung über die Elbe

Nur eine S-Bahn-Station von Wilhelmsburg entfernt liegt Harburg. Viele Hamburger und Gäste kennen diesen Teil der Stadt kaum und das ist ein Fehler. Denn Harburg ist viel mehr als die meisten erwarten. Das fängt schon bei der Geschichte an. Seit 1938 gehört Harburg wie Altona und Wandsbek zu Hamburg. In dieser Zeit, und auch schon in den Jahren davor, war der Stadtteil geprägt vom Handel, dem Hafen und großen Industrieanlagen. Mittlerweile befindet sich der Stadtteil in einer spannenden Transformation. Kein Wunder also, dass es immer mehr Künstler und Studierende nach

FOTO: MARIUS GEBHARDT

Kulinarisches Highlight in Harburg ist das vietnamesische Restaurant Hoi An

Harburg zieht, die die ohnehin große Vielfalt noch einmal bereichern. Dazu kommen neben viel Kunst und Kultur im öffentlichen Raum auch Projekte wie der Harburger Binnenhafen: Wo vor Jahren noch die Industrie das Bild prägte, gibt es heute schicke Loftwohnungen, futuristische Architektur und das Ganze direkt neben alten Fachwerkgebäuden. Ein für Hamburg nahezu einzigartiges Bild. Genau hier zwischen Wasser, Fachwerk und neuer Architektur führt die Genuss-Tour seine Gäste zu einem der kulinarischen Highlights des Viertels: dem Hoi An. Benannt nach der vietnamesischen Küstenstadt Hoi An, ist sofort klar, was einen erwartet. Es gibt bestes vietnamesisches Essen auf höchstem Niveau. Die Genuss-Tour bietet einen Einblick in diese vielfältige und leckere Küche, die von klassischem Fingerfood, über Reis- und Nudelgerichte bis hin zu den süßen Mochis reicht. Doch bei dem ganzen leckeren Essen sollte man auf keinen Fall die hausgemachten Limonaden, Eistees und Drinks übersehen, ein echtes Highlight im Hoi An.

Wilhelmsburg – lecker und vielfältig

In Wilhelmsburg beginnt die Tour inmitten der Elbinsel und führt die Gäste durch das Reiherstiegviertel, vorbei an historischen Orten, entlang der Kanäle, durch das viele Grün des Stadtteils bis zu versteckten Höfen. Besonders ins Auge fällt von Beginn an die kulturelle und kulinarische Vielfalt. Dazu kommt die Nähe zum Wasser und Hafen. Daher kommt es nicht selten vor, dass es bei den ständig wechselnden Restaurants und Cafés auch einmal Fisch zu probieren gibt. Kaum ein Stadtteil ist dabei so stark von der portugiesischen Community geprägt wie Wilhelmsburg. Neben dem Portugiesenviertel findet sich hier die höchste Dichte an Restaurants mit dem Besten aus dem Westen der iberischen Halbinsel. Ein perfektes Beispiel dafür ist das O Atlantico. Seit mehr als 20 Jahren bietet das Restaurant im Herzen Wilhelmsburgs echte portugiesische Hausmannskost. Natürlich führt für die Genuss-Touren hier kein Weg dran vorbei.

Im Süden Hamburgs gibt es also noch viel zu entdecken und wer sich mit den Genuss-Touren Hamburg auf die Reise macht, der wird sich in den Süden verlieben, denn Liebe geht bekanntlich durch den Magen.

Tourguide Antje hat fesselnde Geschichten auf Lager

Eispause in Wilhelmsburg

Oft unterschätzt: Wilhelmsburg hat kulinarisch so einiges zu bieten: Das O Atlantico ist ein echter Geheimtipp

FOTOS: MARIUS GEBHARDT (O.), JÉROME GERULL (U.)

Speicherstadt: Treffpunkt Kanal – Ziel Kulinarik

Die weiteren Genuss-Touren im Überblick

Neben den beiden Rundgängen durch Harburg und Wilhelmsburg bieten die Genuss-Touren Hamburg noch fünf weitere Touren, die die Gäste mit auf Entdeckungsreise durch die zweitgrößte Stadt Deutschlands nehmen.

Das Schanzenviertel

Die Schanze, wie das Schanzenviertel umgangssprachlich genannt wird, kennen in Hamburg alle. Geprägt von der Roten Flora, den vielen Kneipen, Restaurants und einigen Clubs ist es eines der Szeneviertel der Stadt. Auch wenn der Stadtteil nur rund einen halben Quadratkilometer groß und damit der kleinste in ganz Hamburg ist, gibt es viel zu entdecken. Auf der Schanze trifft das alte Hamburg auf das ehemals dänische Altona, man spaziert entlang des alten Grenzverlaufs und begegnet einer kulinarischen Vielfalt, die es in dieser Dichte in Hamburg wohl kaum ein zweites Mal gibt. Dabei treffen klassische To-go-Gerichte auf modernes Streetfood und versteckte Genussorte. Hinzu kommt eine bewegte Geschichte zwischen Gentrifizierung und dänischer Vergangenheit.

Spannendes Szeneviertel voller Überraschungen: die Schanze

St. Georg

Was ist St. Georg? Eine Antwort würde ganze Bücher füllen können. Kein Stadtteil Hamburgs bietet auf kleinstem Raum so viele Kontraste und eigene Welten wie St. Georg. Angefangen an der Außenalster, der blauen Mitte Hamburgs, geht es kreuz und quer vorbei an historischen Grand Hotels über die berühmte Lange Reihe, den quirligen Hansaplatz bis hin zum ewig pulsierenden Steindamm. Theaterkultur, große Reedereigeschichte, berühmte Namen vergangener Epochen bereichern die bunte Restaurant- und Ladenszene des Stadtteils. Zwischen einstigem Milieu, kreativer Szene, Menschen aus aller Welt, dem Hansa Varieté Theater und dem Deutschen Schauspielhaus, lässt sich St. Georg mit einer Genusstour ebenso vielfältig genießen.

Speicherstadt / HafenCity

Eine Tour zwischen Historie und Moderne, zwischen Weltkulturerbe und Weltmusik, das ist die Genuss-Tour durch Speicherstadt und HafenCity. Der Rundgang beginnt in der berühmten Deichstraße – eine der wenigen noch aus der Hanse-Zeit erhaltenen Straßen in der Hamburger Innenstadt. Weiter geht es in die Speicherstadt, der unter UNESCO-Weltkulturerbe stehenden Speicherstadt. Hier erfährt man Spannendes und Kurioses über manchen Kaffeebaron, Schlickrutscher und große Kaufmannsdynastien. Apropos Architektur: Was im 19. Jahrhundert die Speicherstadt war, ist heute die HafenCity. Seit 2008 wird an Hamburgs jüngstem Stadtteil gebaut. Noch nicht ganz fertig, verstecken sich zwischen Elbphilharmonie, Überseeboulevard und Sandtorpark schon längst viele kulinarische Highlights.

Altona & Ottensen

Läuft man bei der Genuss-Tour durch die Sternschanze noch auf der alten Grenze zwischen Dänemark und Hamburg, ist die Tour durch Altona und Ottensen ganz und gar geprägt vom dänischen Einfluss. Dazu kommen Geschichten aus dem goldenen Zeitalter, von großen und von kleinen Leuten, Entdeckern, Poeten und großer Politik.

Dabei ist kaum ein Stadtteil so eng mit dem Hafen verbunden wie Altona. Noch heute gibt es hier neben dem historischen noch einen echten Fischmarkt. Dazu kommen viele kleine Straßen und eine Architektur, die im Zweiten Weltkrieg nicht komplett zerstört wurde. „Altona und Ottensen, das ist Elbchic, Hafenflair, Weltmännisches und Dorfcharakter in einem. Auf der Tour geht es vom raubeinigen Altonaer Fischereihafen, über die mondäne Altstadt bis tief hinein ins quirlig-bunte Ottensen“, sagt Tourguide Antje. Dem ist nichts hinzuzufügen.

Vielfalt ist in St. Georg nicht nur kulinarisch eine Selbstverständlichkeit

FOTOS: DAHLINA-SOPHIE KOCK (O.), HENNING KRETSCHMER

Auf Tour durch Altona und Ottensen: vielseitiger geht es kaum

Blankenese

Auch wenn Altona und Ottensen Dorfcharakter zu bieten haben, gibt es diesen in Blankenese noch einmal auf einem ganz anderen Niveau. Hier an der Hamburger Riviera sind die Menschen eine eingeschworene Gemeinschaft, die ihre Gäste auf Genuss-Tour herzlich willkommen heißt. Jeder, der hier zu Gast ist, wähnt sich im Urlaub. Erst recht, wenn die Sonne zwischen den alten Kapitänshäusern im Treppenviertel hervorlugt und die leichte Brise von der Elbe den Hang hinaufweht. Blankenese ist dabei nicht nur von Stufen, sondern auch von viel Grün durchzogen. Das einst berühmteste Seefahrerdorf der Welt hat sich dabei auf liebevolle Art und Weise viele Traditionen und traditionelle Geschäfte bewahrt, die neben den Restaurants auf der Genuss-Tour zielsicher angesteuert werden. Das zusammen mit der wunderschönen Szenerie ergibt einen Mix aus Urlaubsflair, Heimatgefühl und bestem Essen. Und wenn auf der Elbe ein großer Frachter vorbeizieht, träumen die Gäste vom Fernweh und der großen Fahrt.

Wie, wann und wo?

Alle sieben Genuss-Touren finden bei jedem Wetter statt und dauern jeweils drei Stunden. Dabei geht es zu Fuß zu mindestens vier Restaurants, Cafés oder Bistros, bei denen man sich durch die kulinarischen Köstlichkeiten probieren kann. Mit unseren versierten Tourguides von den Urban Gurus und den Tipps des Genuss-Guide Hamburg die schönste Stadt der Welt entdecken. Alle Infos gibt es unter genusstouren-hamburg.de

Smutje's Landgang

Zusammen mit dem Team rund um Spitzenkoch Thomas Sampl von den Hobenköök bieten die Genuss-Touren Hamburg kulinarische Highlights bei „Smutje's Landgang": Touren voller Kulinarik, Wissen und regionalen Produkten. Der Smutje ist auf jedem Schiff der wichtigste Mann direkt nach dem Kapitän. Als Schiffskoch sorgt er für das Wohl der Mannschaft und dieses Wohl liegt auch Thomas Sampl am Herzen. Mit der Höbenköök hat er einen Ort für bestes Essen geschaffen. Dabei kann man hier nicht nur speisen, sondern auch einkaufen. „Die Hobenköök ersetzt mehrere Supermärkte auf einmal. Bei uns findet man alles für seinen Wocheneinkauf." Damit meint er aber nicht die üblichen Fertigprodukte, die für das schnelle Essen gedacht sind. Sampl und die Hobenköök setzten auf bewussten und regionalen Konsum und genau das vermitteln sie auch bei „Smutje's Landgang".

Die Isemarkt-Tour

„Wenn wir mit unserer Tour ‚Smutje's Landgang' über den Isemarkt gehen, ist es wie ein Ausflug zum Direkterzeuger. Auf dem Wochenmarkt lernen unsere Gäste die Produzenten vor Ort kennen", sagt Thomas Sampl, „sie spüren, mit wie viel Liebe sie ihre Produkte erzeugen – und erleben wieder natürliche Produkte in ihrer wunderbaren Ursprünglichkeit." So füllt sich im Laufe der Tour bei jedem Gast ein Jutebeutel mit den zubereiteten Leckereien aus den Produkten der Anbieter. Direkt vor Ort wird dann verkostet und dazu gibt es von einem Koch noch Erläuterungen und Anregungen.

Die Markthallen-Tour

Auf der Markthallen-Tour in der Hobenköök verbindet das Team von Thomas Sampl Kulinarik mit Wissen. Nach einem Streifzug durch die Markthalle, bei der die Produkte für das abschließende Kochen zusammengestellt werden, geht es für die Gäste auf einen kleinen Rundgang durch die HafenCity und die Speicherstadt. Zurück in der Hobenköök werden die vorher ausgesuchten und zum Großteil bio-zertifizierten Köstlichkeiten zubereitet. Gemeinsam mit Thomas Sampl und seinem Team werden dabei jedes Mal neue Rezepte gezaubert. Was dabei am liebsten gekocht wird? „Keine Ahnung", sagt Thomas Sampl, „wir entscheiden jetzt gemeinsam, was wir kochen. Dann laufen alle durch die Markthalle und lassen sich von dem saisonal verfügbaren Angebot inspirieren und los geht's. So entstehen immer wieder ganz unterschiedliche Gerichte, die wir dann an einem großen Tisch gemeinsam genießen."

„Smutje's Landgang" findet in der Regel einmal im Monat statt, mehr Infos gibt es unter **genusstouren-hamburg.de**

Mit dem Smutje auf Landgang: Bei Thomas Sampl von der Hobenköök dreht sich alles um regionale Produkte

Entdeckt und erschmeckt Hamburg!

Genuss TOUREN DER SZENE HAMBURG powered by LOTTO Guter Tipp. Hamburg

www.genusstouren-hamburg.de

FOTOS: DAS LICHTBILD STUDIO / MAREIKE SUHN UND CHRISTIAN GEISLER (U.), HENNING KRETSCHMER

Bunt und gesund
geht's im Was wir
wirklich lieben zu

Super Stullen

Besser brunchen und fein frühstücken: Hamburg bietet reichlich Spots für den kulinarischen Start in den Tag. Darf dann gern auch mal bis zum Abend gehen

Amorebelle

Französisch frühstücken

Das Café Amorebelle liegt in direkter Nähe des Bramfelder Dorfplatzes, inmitten der BraDo-Passage. Bramfeld hat sich in den letzten Jahren entwickelt und mit der U5 wird es zukünftig auch eine eigene U-Bahnstation fußläufig zum Amorebelle geben. In dem Café, in dem man sich wie in einem kleinen französischen Café fühlt, stehen selbst gemachte Leckereien aus der Konditorei im Mittelpunkt. So lassen sich hier individuelle Torten für jeden Anlass bestellen und viele französische Leckereien wie Macarons, Éclairs und Tartelettes käuflich erwerben. Die Frühstücksauswahl ist bodenständig, und es gibt ein kleines (5,50 Euro) und ein mittleres Frühstück (7,50 Euro) je in einer süßen oder herzhaften Variante, zudem ein großes Frühstück für zwei Personen (25 Euro) in einer Mischung aus süß und herzhaft. Außerdem gibt es Bowls und Eierspeisen wie Rühr- und Spiegelei. Das Frühstück ist grundsolide, aber im Mittelpunkt stehen die selbst gemachten Spezialitäten aus der Konditorei. MH

Perfekt für eine Stärkung vor oder nach dem Shopping in der BraDo

Das Besondere: Die Vielfalt an selbst gebackenem Gebäck

Ambiente: Französisch

Veganes Angebot: Bowls mit 2 Euro Aufpreis, verschiedene Kuchen

Kuchen & Co.: Selbst gemacht: individuelle Torten, Cupcakes, Törtchen, Macarons, Éclairs, Tartelettes

AMBIENTE ●●●○○ SERVICE ●●●●○
KÜCHE ●●●○○ PREIS-LEISTUNG ●●●●○

€€ Bramfelder Dorfplatz 10 (Bramfeld), Telefon 040 36111577, Mo-Di 10–18, Do-Sa 10–18, So 13–16 Uhr, EC-Karte, VISA, Mastercard, AMEX; Bramfelder Dorfplatz Bus 8, 118; amorebelle.de

Albatros

Dick belegte Stullen

Richtig was los ist im Albatros Café – und auch davor –, als ich mich an einem sonnigen Sonntagvormittag zum Frühstück unweit der Hamburger Meile verabredet habe. Das szenige Café mit seinem nordischen Einschlag, das wir so auch in der Schanze oder eben in Kopenhagen oder Stockholm finden könnten, bietet leckeres Frühstück, selbst gemachte Kuchen und Kaffeespezialitäten von Onetake Coffee und Tee von „Trink Meer Tee" an. Wir nehmen Platz an einem der kleinen Holztische am Fenster und können das Treiben draußen beobachten. Die auf der Karte angebotenen Stullen haben es uns sofort angetan. Wir ordern die Avocado-Stulle (8,30 Euro, vegan) und zusätzlich die Option mit zwei Rühreiern (3,50 Euro on top) sowie die Rührei-Stulle mit Bacon (10,80 Euro), Kaffee Americano (groß 3,20 Euro) und frisch gepressten Orangensaft (groß 4,50 Euro). Die Stullen sind reichhaltig belegt, optisch ansprechend und machen richtig satt. Der Clou: Das Dinkel-Sauerteig-Brot wird jeden Tag frisch aus dem selbst angesetzten Teig gebacken. MH

Perfekt für ein ausgiebiges Frühstück mit der besten Freundin oder dem besten Freund

Das Besondere: Selbst gebackenes Graubrot, riesige Stullen, perfekte Anbindung

Ambiente: Szenig, abseits von Schanze und Co.

Veganes Angebot: Verschiedene belegte Stullen, Pancakes, Kuchen

Kaffeesorte: Onetake Coffee

AMBIENTE ●●●●○ SERVICE ●●●●●
KÜCHE ●●●●● PREIS-LEISTUNG ●●●●○

€€ Wagnerstraße 5 (Barmbek), Telefon 040 21086325, Di-So 9–17 Uhr, EC-Karte, VISA, Mastercard; Hamburger Straße U3; albatroscafe.de

Blackline

Hier steckt viel Herz drin

Klein und charmant – das bringt nicht nur das Blackline Cafe im Eppendorfer Weg auf den Punkt, sondern auch dessen Frühstücksangebot. Die überschaubare Auswahl hat es aber in sich. Zwischen absoluten Kaffee-Nerds, ein paar Touris und Wochenendbummlern lässt sich hier in gemütlich stylisher Atmosphäre ein leckeres Pastrami-Sandwich, das vegetarische Pendant dazu mit Ziegenkäse oder ein gegrilltes Käse-Sandwich genießen. Für Veganer wird's im Blackline leider etwas schwierig. Zu ausgezeichnetem Kaffee, aus der Onetake-Rösterei in Bahrenfeld, gibt es außerdem eine täglich wechselnde Auswahl an Kuchen – solange der Vorrat reicht! Alles hausgemacht und regional. Wer kein Fan von Cappuccino, Cortado und Co. ist, muss mit dem Chai-Tee aus frischen Gewürzen absolut keine Abstriche machen. Kleiner Tipp: Früh kommen lohnt sich – Reservierungen sind nämlich leider nicht möglich. SAS

Perfekt für Kaffee-Nerds, Tee-Liebhaber und Kuchenfans

Das Besondere: Alles ist hausgemacht und regional

Ambiente: Stylish, gemütlich, ruhig, unaufgeregt, einladend

Veganes Angebot: Veganer Kuchen – mit Glück

Kuchen & Co.: Selbst gemachte Kuchen, täglich wechselnde Auswahl

Kaffeesorte: Onetake Coffee

AMBIENTE ●●●●○ SERVICE ●●●●●
KÜCHE ●●●●● PREIS-LEISTUNG ●●●●○

€ Eppendorfer Weg 67 (Eimsbüttel), Mo-Fr 9–16, Sa 10–16 Uhr, EC-Karte, VISA, Mastercard; Fruchtallee Bus 20,25; blacklinecoffee.de

FOTO: ALEXIA RABE, WASWIRWIRKLICHLIEBEN

Café Auszeit

Eine Stunde Auszeit

Klein ist das Café Auszeit in Horn, unweit des Hammer Parkss, denke ich, als ich das Café betrete. Nur drei Tische? Nicht ganz. Passiert man den Verkaufstresen und geht ein paar Stufen nach oben, eröffnet sich ein weiterer Raum. Hier nehme ich auf dem Sofa Platz und verstaue den Hund unter dem kleinen Tisch. Ich bestelle à la carte und gebe die Order am Verkaufstresen auf, so wie es hier üblich ist. Ich entscheide mich vorab für das „Kölner" (5 Euro), ein Bio-Müsli mit Milch, und für das „Altländer Frühstück" (6,20 Euro) mit Rührei aus drei Landeiern und Schinken, Brötchen sowie Butter. Alles ist von einer guten Qualität, aber eben auch abgepackte Supermarktware – der Preis deutet es schon an. Zeit für ausgiebiges Zeitungslesen bleibt leider nicht, denn jeder Gast bekommt für das Frühstück einen Timeslot von einer Stunde. Bei höheren Temperaturen kann man im „Auszeit" auch draußen sitzen, und die gesamte Terrasse wird bei Bedarf mit einer Markise überdacht. MH

Perfekt für ein schnelles Frühstück

Ambiente: Laudhausstil, Shabby Chic

Veganes Angebot: Verschiedene Frühstücksvariationen

Kaffeesorte: MAYA 1991

AMBIENTE ●●●○○ SERVICE ●●●●○
KÜCHE ●●●○○ PREIS-LEISTUNG ●●●●○

€ Horner Weg 68 (Hamm), Telefon 040 57241866, Mo-Fr 7–18, Sa-So 8–18 Uhr, EC-Karte, VISA, Mastercard; Rauhes Haus U2,U4; auszeit.hamburg

Im Café Herz & Bauch geht es ein bisschen zu wie am Frühstückstisch einer Großfamilie

Café Gnosa

Wenn Kaffeehaus, dann Gnosa!

Der heute weltberühmte Fotograf Wolfgang Tillmans hatte hier 1988 seine erste Ausstellung. Auch heute noch präsentiert das 1939 eröffnete Café Gnosa in der Langen Reihe kleine Wechselausstellungen. Vor allem aber genießt es Kultstatus – nicht nur innerhalb seiner Stammklientel, der queeren Community. Die gut erhaltene historische Einrichtung, die unverputzten Wände, das historische Geschirr und eine Auswahl an Zeitungen verleihen diesem traditionsreichen Lokal einen unverwechselbaren Kaffeehaus-Charme, wie man ihn eher in Wien als im oft so schnelllebigen Hamburg erwartet. Das Gnosa scheint es daher auch gar nicht nötig zu haben, sein eher klassisches Frühstücksangebot mit neumodischen Features aufzupeppen. Wir bestellen ein reichhaltiges italienisches Frühstück (11,40 Euro) mit Parmaschinken, Salami, Tomate-Mozzarella, Gorgonzola, Ei und Ciabatta. Dazu passt ein Cappuccino (3,20 Euro). Zum Müsliteller mit frischen Früchten (5,90 Euro) ordern wir noch einen frisch gepressten Orangensaft (0,2 l 3,90 Euro). So lässt es sich gut in den Tag starten. Ein Paradies für Langschläfer ist das Gnosa außerdem: Wer mag, kann hier bis 16 Uhr frühstücken – fast wie damals in den 1980ern. HK

Perfekt für alle, die ein Kaffeehaus suchen, aber denen Wien zu weit ist

Das Besondere: Reichhaltige Kuchenauswahl mit Klassikern und Innovationen

Ambiente: Gemütlich, historisch, szenig, denkmalwürdig

Veganes Angebot: Kuchen

Kuchen & Co.: Eigene Konditorei

AMBIENTE ●●●●● SERVICE ●●●●○
KÜCHE ●●●●○ PREIS-LEISTUNG ●●●●●

€ Lange Reihe 93 (St. Georg), Telefon 040 243034, Mo-Do 10–23, Fr 10–1, Sa 10–24, So 10–23 Uhr, EC-Karte, VISA, Mastercard; AK St. Georg Bus 6, 17, 18; facebook.com/CafeGnosa

Café Herz & Bauch

Ein kleiner Urlaub

Das Café Herz & Bauch ist unter Eimsbüttlern für die kleine, aber gemütliche Sonnenterrasse und die beladenen Stullen bekannt. Das Frühstück sieht hier nicht nur aus, als sei es direkt aus einem Instagramfoto auf den Teller gepurzelt, es schmeckt dazu noch unfassbar gut. Der Clou: Hier wird mit Gewürzen und Zutaten aus aller Welt gespielt. Zum Beispiel das pochierte Ei „Avocado" (7,90 Euro) auf Ciabatta, welches mit Dukkah verfeinert wird und sich von den vielen anderen Avocado-Stullen der Stadt abhebt. Für die Süßen gibt es die kleinen frischen Waffeln mit Rhabarberkompott (5,50 Euro) oder mit Früchten und Tonkabohnen-Mascarpone-Creme (5,90 Euro). Skandinavisch angehaucht sind hingegen die Waffeln mit Räucherlachs, Kräutern und Schmand (8,90 Euro), ein absoluter Favorit! Wer kein Frühstücksmensch ist, kann sich am Nachmittag mit einem Earl-Grey Spritz (6,90 Euro) auf die kleine Sonnenterrasse setzen und das Eimsbüttler Treiben beobachten. Fast wie im Urlaub. NSS

Perfekt für Stulle und Kaffee oder einen Spritz im Sonnenschein

Das Besondere: Speisekarte inspiriert von Leckereien aus der ganzen Welt

Ambiente: Stylish, liebevoll, verspielt

Veganes Angebot: Breakfast-Bowl, Pitaya-Smoothie-Bowl, Overnight-Oats, Soja-Vanille-Joghurt und verschiedene Stullen

Kuchen & Co.: Verschiedene frische Waffeln, süß mit Früchten, Kompott und Tonkabohnen-Mascarpone-Creme und herzhaft mit Räucherlachs

Kaffeesorte: Rösterei Baristahaus

AMBIENTE ●●●●● SERVICE ●●●●○
KÜCHE ●●●●● PREIS-LEISTUNG ●●●●●

€ Müggenkampstraße 34 (Eimsbüttel), Telefon 040 75682182, Mi-Fr 9–15, Sa-So 9–16 Uhr, EC-Karte, VISA, Mastercard; Lutterothstraße U2; herzundbauch.eu

FOTO: HERZ & BAUCH

Café Johanna

Freundlich, hell und lecker

„Da gibt's doch mittags den guten Johanna-Salat!", sagt meine Begleitung, während wir zwischen Michel und Bismarck hindurch Richtung Elbe schlendern. Im Café Johanna wird man zu jeder Tageszeit gut bewirtet – wir haben das Glück, schon morgens frisches Grünzeug zu bekommen. Das große Frühstück (14,90 Euro) in dem lichtdurchfluteten ehemaligen Kiosk kommt außerdem mit veganer Leberwurst, hausgemachtem Vollkornbrot, Sticky Rice mit Apfel-Birnenkompott und mehr. Unser Favorit: der gratinierte Ziegenkäse. Obendrein locken Paninis, Brioches und vegane Kuchen – wir verfallen dem French Toast mit Ahornsirup. Sarah Rappmann führt ihr Café am Hügel überm Portugiesenviertel in der Neustadt bereits seit 2008 und hat sich einen Blick für Details bewahrt. Die alten Schulmöbel mit den gemütlichen Kissen, die rohen Betonwände, die durch Blumen-Farbtupfer aufgehellt werden – das hat Stil und Charme. Der Kaffee ist heiß und stark, der Service freundlich und lässig: Das Café Johanna hat das Zeug zum absoluten Lieblingscafé. JP

FOTO: LENA BUSS

Süße Sachen werden im Café Johanna gern genossen

Perfekt für Süßes an einem sonnig-kalten Wintermorgen

Das Besondere: Helles Ambiente mit schönem Blick

Ambiente: Schick und gemütlich

Veganes Angebot: Kuchen, Frühstück

Kuchen & Co.: Selbst gebackenes Brot und Kuchen

AMBIENTE ●●●●● SERVICE ●●●●
KÜCHE ●●●●● PREIS-LEISTUNG ●●●●

€€ Venusberg 26 (Neustadt), Telefon 040 38645278, Di 9–18, Mi 9–15, Do 9–18, Fr 9–15, Sa 10–18 Uhr, EC-Karte; Landungsbrücken U3, S1, S2, S3; cafejohanna.de

Café Délice

Eimsbüttels kleines Frankreich

Hell und freundlich: das Café Délice

Im legeren Samstags-Outfit über die Osterstraße bummeln und mit der Begleitung lautstark über die Notwendigkeit der soeben beendeten Shopping-Schlacht diskutieren. Oder ein mit Monstersonnenbrille getarnter Kater-Spaziergang mit dem Hund – von diesen und anderen Wochenendszenarien können sich die Gäste des Café Délice bei einem Café au Lait in französischem Flair unterhalten lassen. Wer keine Lust hat, das Treiben auf der Osterstraße zu beobachten, kann auf einem der sonnigen Außenplätze seine Morgenlektüre genießen. Cappuccino, Latte macchiato, Cortado – in der Espresso-Bar gibt's die gewünschte Dosis Koffein. Wer schon wach genug ist, findet Alternativen auf der üppigen Getränkekarte – zum Beispiel neben heißer Schoki diverse Tees und Säften auch Aperitifs und 2cl-Schmankerl. Die Auswahl zwischen den in der Vitrine bunt leuchtenden Tartes fällt alles andere als leicht. Auch bei schlechtem Wetter lädt das rustikal angehauchte Interior der Espresso-Bar zu einem neapolitanischen Kaffee und französischem Gebäck ein. SAS

Perfekt für eine kleine Pause mit gutem Kaffee, leckeren Tartes und gratis Unterhaltung

Das Besondere: Das französische Flair

Ambiente: Gemütlich

Veganes Angebot: Vegane und glutenfreie Brotzeit, veganer Frühstücksteller, vegane und glutenfreie Tartes

Kuchen & Co.: Hausgemachte Tartes (Apfel, Maracuja, Himbeeren, Zitrone)

AMBIENTE ●●●●○ SERVICE ●●●●○
KÜCHE ●●●●○ PREIS-LEISTUNG ●●●●○

€ Osterstraße 168 (Eimsbüttel), Telefon 040 60783580, Di-Fr 8–18.30, Sa-So 9–18 Uhr, EC-Karte, VISA, Mastercard, Amex; Osterstraße U2; cafedelice.de

Café Koppel

Das schönste Zweit-Wohnzimmer

Das Café Koppel in St. Georg versteckt sich in einem ruhigen Innenhof zwischen Lange Reihe und Koppel. Doch ein Geheimtipp ist das seit mehr als 30 Jahren existierende Café mit Gartenterrasse längst nicht mehr – dafür ist es einfach zu schön hier. Mit einem strahlenden Lächeln werden wir begrüßt und dazu eingeladen, uns auf einer der zwei Etagen auf alten Sofas an rustikalen Holztischen zu fläzen. Das Bio-Rührei mit Vollkornbrot (6 Euro) hat die perfekte Konsistenz, der Tee wird im hübsch getöpferten Kännchen serviert – natürlich stilecht mit Stövchen. Mittags gibt es ein wechselndes Tagesgericht, immer vegan oder vegetarisch, dazu jeden Tag eine beeindruckende Kuchenauswahl – wir können die mächtige Schoko-Rum-Torte und den saftigen Mandel-Rhabarber-Kuchen wärmstens empfehlen. Hoffentlich ein Vorbild für andere Cafés: Hafermilch gibt's zum fair gehandelten El Rojito-Kaffee ohne Aufpreis. Hier stimmt einfach alles. Fazit: ein schöneres Zweit-Wohnzimmer ist kaum vorstellbar. JP

Perfekt für einen gemütlichen Brunch, der nahtlos ins Tortenessen übergeht

Das Besondere: Vegan und vegetarisch

Ambiente: Gemütlich und hell

Veganes Angebot: Ja

Kuchen & Co.: Große Tortenauswahl

Kaffeesorte: El Rojito

AMBIENTE ●●●●● SERVICE ●●●●●
KÜCHE ●●●●● PREIS-LEISTUNG ●●●●○

€€ Lange Reihe 75 (St. Georg), Telefon 040 249235, Mo 12–18, Mi-Fr 12–18, Sa-So 10–18 Uhr, EC-Karte; Gurlittstraße Bus 6, Bus 17; cafekoppel.de

Café par ici!

Unverkrampft französisch

Da fühlt man sich doch fast wie in Paris. Im Café par ici! in Winterhude gibt es nicht nur richtig gute Croissants, Baguettes, Madeleines, Éclairs und Quiches, sondern auch Crémant, Marmelade aus dem Elsass und Café au Lait. Die Inhaberin Agnès Brinker ist eine waschechte Französin und produziert die süßen Sachen für ihr Café im eigenen Backatelier an der Rothenbaumchaussee. Bestellt und bezahlt wird am Tresen. Man sitzt entweder drinnen im klassischen Bistro-Ambiente oder draußen an der Maria-Louisen-Straße. Wir sind begeistert vom leicht angetoasteten Baguette mit gekochtem Schinken und Bergkäse (5,20 Euro) sowie dem Pariser Frühstück, bestehend aus Baguette, Croissants, mild gesalzener Butter und hausgemachter Himbeermarmelade (5,90 Euro). Der Cappuccino der Rösterei Pascucci ist so wie er sein sollte (3,40 Euro). Da geht noch ein starker Espresso hinterher (2,50 Euro). Der Orangensaft ist frisch gepresst (0,2 l 3,80 Euro). Zeitung lesen, E-Mails checken, mit der Freundin den neuesten Klatsch austauschen oder einfach ein Baguette to go mitnehmen – im par ici! trifft sich die Nachbarschaft. Auch Handwerker im Blaumann machen hier ihr Päuschen. NB

Perfekt für typisch französische Produkte vom Croissant bis zum Café au Lait

Das Besondere: Die süßen Produkte werden im eigenen Backatelier aus hochwertigen Zutaten hergestellt, hausgemachte Marmelade aus Frankreich

Ambiente: Lichtdurchflutet, Bistro-Stil

Veganes Angebot: Nein

Kuchen & Co.: Selbst gemachte französische Backwaren

Kaffeesorte: Pascucci

AMBIENTE ●●●●○ SERVICE ●●●●○
KÜCHE ●●●●● PREIS-LEISTUNG ●●●●●

€ Maria-Louisen-Straße 1 (Winterhude), Telefon 040 36160817, Mo-Sa 9–19, So 10–18 Uhr, EC-Karte, VISA, Mastercard; Streekbrücke Bus 19; parici.de

FOTO: CAFÉ DELICE

90 JAHRE BAHDE
AUCH MIT 90
NOCH FRISCH
Bäckerei BAHDE – 1932 in Finkenwerder gegründet.
Seit 1994 backen wir ausschließlich in Bio- und Demeter-Qualität
und sind damit die erste und älteste Bio-Bäckerei in Norddeutschland!
Unsere wertvollsten Zutaten: echtes Handwerk, Zeit und Regionalität.
Bio aus Leidenschaft – Demeter aus Überzeugung. Gut für Mensch und Natur.
Bei der Vielfalt an Brotensorten, Klein- und Feingebäck
findet garantiert jeder bei uns seine Lieblinge.
BAHDE. Täglich. Seit 1932.
Verkaufsstellen unter:
www.bahde.de/fachgeschaefte
oder QR-Code scannen
Bäckerei Bahde GmbH | Postweg 200 | 21218 Seevetal
BROT AUS GUTEM HAUSE
B
BAHDE
BIOBROTE
demeter
Bio
Bioland
Wir sind Partner
Ausgezeichnet von:
DER FEINSCHMECKER
GEMEINWOHL ÖKONOMIE
Bilanziertes Unternehmen

Das britische Flair findet sich auch im Interieur des Eaton Place wieder

Café Paris

Joie de vivre par excellence

Ich kenne niemanden, der Paris nicht mag. Und genauso ist es mit dem Café Paris in Hamburg. Entsprechend schwierig, einen Tisch zur Frühstücks- oder Brunch-Zeit zu erwischen. Touristen und Einheimische locken nicht nur die besten Croissants nördlich der französischen Hauptstadt (am Wochenende bis 15 Uhr genießbar!), sondern auch exzellente hausgemachte Marmeladen und 21 verschiedene, auch ausgefallene Teesorten – zum Beispiel Nougat-Tee oder gelber Tee mit Granatapfel-Cranberry-Geschmack (jede Tasse 3,60 Euro). Zur Wahl stehen ausgesuchte Frühstücksarrangements, so „Das Vegetarische" (16,50 Euro) unter anderem mit Mozzarella und Tomate oder „Das Französische" (13,50 Euro) mit Baguette und Fruchtjoghurt. Alternativ kann man sich einen Brunch-Baukasten selbst zusammenstellen, aus Pancake (6,50 Euro) – kommt immer mit Ahornsirup und Erdnussbutter – und frisch gepresstem Orangensaft (3 Euro) oder anderen verführerischen Bestandteilen. So großartig wie das französische Original: Macarons (1,80 Euro)! DEF

Perfekt für jeden Frankophilen, um sich wegzuträumen

Das Besondere: Französischer Champagner

Ambiente: Lebendig

Veganes Angebot: Veganer Kokosmilchreis mit Frucht

Kuchen & Co.: Macarons

AMBIENTE ●●●●● SERVICE ●●●●○
KÜCHE ●●●●● PREIS-LEISTUNG ●●●●○

€€€ Rathausstraße 4 (Altstadt), Telefon 040 32527777, Mo-Sa 9–24, So 9.30–22 Uhr, EC-Karte, VISA, Mastercard, Amex; Rathaus U3; cafeparis.net

Café Leonar

Ausgiebiger Brunch in der Sonne

Wer im Grindel ausgiebig brunchen möchte, ist im Café Leonar goldrichtig: Frühstück aus aller Welt gibt es hier am Wochenende bis 16 Uhr. Bei einer Auswahl von französisch über amerikanisch bis hin zu israelisch findet hier jeder sein Glück. Das Shakshuka mit Hummus, Schafskäse, Oliven, hausgemachtem Brot und israelischem Salat (17,50 Euro) macht nicht nur optisch was her, und mit der Gourmet-Stulle (Hüttenkäse, Avocado, Kresse und zwei pochierte Eier) für 11,90 Euro lässt es sich gut in den Tag starten – auch, wenn beides nicht gerade Schnäppchen sind. Der Preis für einen Hafer-Cappuccino ist mit 3,60 Euro da schon angemessener. Nicht nur der Cappuccino lässt sich vormittags auf einem der Sonnenplätze direkt vor dem Café besonders gut genießen: Für alle, die tagsüber etwas zu feiern haben, hält das Café Leonar eine solide Auswahl an Weinen, Aperitifs, Highballs und Schnäpsen bereit. ABA

Perfekt für ein sonniges Wochenendfrühstück

Das Besondere: Frühstück rund um die Welt

Ambiente: Unaufgeregt gemütlich

Veganes Angebot: Veganes Frühstück auf Wunsch möglich, Milchalternativen

AMBIENTE ●●●○○ SERVICE ●●●●○
KÜCHE ●●●●○ PREIS-LEISTUNG ●●●○○

Grindelhof 59 (Rotherbaum), Telefon 040 41353011, , EC-Karte, VISA, Mastercard, Amex; Hallerstraße U1, Grindelhof Bus 5; cafeleonar.de

Eaton Place

Hamburgs britische Insel

Brexit hin oder her – man muss sie einfach lieben, die Engländer. Für ihren Humor, all die tolle Musik, die gemütlichen Pubs und ja, auch für ihre Küche. Zum Glück hat Hamburg für alle anglophilen Feinschmecker eine kleine britische Insel: Im Eaton Place in Ottensen wird Frühstück, Cream Tea (bestehend aus Scones und einer Kanne Tee), Afternoon Tea (nur mit Vorbestellung) und High Tea (mit Live-Musik, Termine online buchbar) serviert. Das viktorianische Interieur des cozy Tearooms versetzt uns sofort in ein B&B in Cornwall zurück, für das nötige Maß Spleenigkeit sorgen ein Pappaufsteller der Queen und Plastikblumen im WC. Wir bestellen Frühstücks-Scones, von außen schön knusprig, aber innen nicht trocken, dazu gibt es Clotted Cream und fruchtige Himbeer-Rhabarber-Marmelade (8,20 Euro). 28 eigene Teesorten stehen im Eaton Place zur Auswahl. Eine Grafik gibt einen Überblick, welche Sorte wozu passt. Bei uns siegt heute allerdings der süße Zahn, und wir bestellen die Trinkschokolade der britischen Marke Cadbury mit Marshmallows (4,20 Euro). Very nice indeed! NW

Perfekt für Britische Tea Time

Das Besondere: Scones und Tee aus England

Ambiente: Gemütlich, viktorianisch

Veganes Angebot: Nein

Kuchen & Co.: Selbst gebackene Kuchen nach UK-Rezepten

AMBIENTE ●●●●● SERVICE ●●●●●
KÜCHE ●●●●○ PREIS-LEISTUNG ●●●●○

€ Bahrenfelder Straße 80-82 (Ottensen), Telefon 040 55641892, Di-So 10–19 Uhr, EC-Karte, VISA, Mastercard, Amex; Bahnhof Altona S1, S21, S3; eaton-place.de

EM Breakfast Club

Instagramable, aber ...

Selten habe ich mich so auf einen Gastrotest gefreut wie auf den EM Breakfast Club: Der Blick auf Instagram zeigt Avocado-Sandwiches, Latte-Art und schön angerichtete Bowls. Doch es war der Wurm drin: Ein erster Besuch scheitert, weil ich mit Kinderwagen nicht die Stufen zu den Sitzplätzen hochkomme, ein weiterer, weil meine Begleitung und ich lange Zeit nicht bedient wurden und wieder gingen. Versuch Nummer drei: Ich bin zehn Minuten zu früh, alle Tische sind gedeckt. Anstatt mich schon zu platzieren, schickt mich der mürrische Kellner noch mal weg. Wenig später werde ich dann freundlich begrüßt und nehme an einem der kleinen Biertische draußen Platz. Hier gibt's Frühstück den ganzen Tag, die Karte hat neben Kompositionen wie Sauerteigbrot mit Avocado oder Brot, Rührei und Käse auch Waffeln, Sandwiches, Salate und Bowls zu bieten. Ich stelle mir eine Bowl mit Açaíbeeren-Joghurt, Himbeersoße und karamellisierten Mandeln (7,50 Euro) zusammen und ordere ein Hot Grilled Sandwich mit Avocado, Tomaten, Rucola und selbst gemachtem roten Pesto (auch 7,50 Euro). Auf Instagram sieht das alles ganz schön aus, aber geschmacklich bleibt es fad: Die Eiswürfel verwässern den Prosecco (3,90 Euro), das Pesto im überhaupt nicht Hot Grilled Sandwich schmeckt

FOTO: EATON PLACE

An gemütlicher Atmosphäre fehlt es im EM Breakfast Club nicht

man kaum. Es fehlt der Pep, da hilft auch nicht die üppig drübergeschmierte Balsamicocreme. Auch die Bowl ist keine Überraschung, sondern langweilig. Von mir also leider kein Likes. Dafür gibt es aber eine gute Aussicht: Nebenan eröffnet die Saft- und Smoothiebar Juicery by EM. MV

Perfekt für Langschläfer und Spätstücker
Das Besondere: „Breakfast all day"
Ambiente: Szenig, stylish, schattig
Veganes Angebot: Waffeln, Frühstück, Milch
Kuchen & Co.: Waffeln, auch mit veganem Teig

AMBIENTE ●●○○○ **SERVICE** ●●○○○
KÜCHE ●●○○○ **PREIS-LEISTUNG** ●●●○○

€€ Neuer Pferdemarkt 14 (Sternschanze), Telefon 040 26100192, Mo-So 10–18 Uhr, EC-Karte, VISA, Mastercard, Amex; Feldstraße U3

Eclair au Café

Feine Patisserie, schlechter Service

Wer vier Euro für einen aufdringlich süßen Kakao bezahlt, darf auch erwarten, dass er sein Getränk nicht eigenhändig am Tresen abholen muss. Die Covid-Krise hat so mancher zum Anlass genommen, den Service zu reduzieren – die Kette Eclair au Café gehört offenbar dazu. Acht Filialen betreibt man mittlerweile in Hamburg – der Erfolg dürfte vor allem auf die beachtliche Backkunst mit französischstämmigen Zutaten zurückzuführen sein. Tartelettes, Éclairs und Macarons, knusprige Baguettes, buttrige Croissants – all das ist très français und macht nicht nur optisch viel her. Am Standort Eppendorfer Weg gibt es viel Platz, man sitzt unter hohen Decken und hat durch die großen Fenster eine ganze Kreuzung im Blick. Die

FOTO: EM BREAKFAST CLUB

roasted.: Wo sich die Specialty Coffee Szene trifft

Specialty Coffee ist genau dein Ding? Dann solltest du roasted. kennenlernen: Das ist eine Specialty Coffee Plattform von lokalen Röstereien und Tchibo. Für alle, die besonderen Kaffee lieben, sich informieren und inspirieren lassen wollen.

Ganz konkret: Zum Start sind 16 lokale Röstereien aus Deutschland mit rund 75 Produkten vertreten. Weitere sollen folgen. Alle vereint der hohe Anspruch an ihre Bohnen, die gemeinsamen Werte und die grenzenlose Hingabe für Specialty Coffee.

Entdecke ausgewählte Specialty Coffees & die Menschen dahinter

Entstanden ist ein Projekt, das die Vielfalt der Specialty Coffees jenseits von Coffee Festivals zeigt – und die ganze Specialty Coffee Szene verbindet: Untereinander, aber auch mit allen Coffee Lovern, die besondere Kaffees lieben. Denn die müssen nun nicht mehr quer durchs Land fahren, um Geheimtipps rund um Spezialitätenkaffees zu entdecken. Das Besondere: Auf roasted. gibt es nicht nur ausgewählte Specialty Coffees zu entdecken, sondern auch die Menschen dahinter. Darunter befinden sich in der Szene bekannte Namen, wie Bonanza und Five Elephant aus Berlin. Aber auch viel Lokalprominenz, wie etwa Black Delight aus Ottensen, Ohne Coffee, die Spezialisten für entkoffeinierten Kaffee aus St. Pauli, oder 55 Degrees, die Rösterei von der Peute, sind vertreten.

Und natürlich kann man auf roasted. auch die ganzen entdeckten Kaffeeschätze kaufen und nach Hause liefern lassen. Unser Tipp sind die Probierpakete, ideal als Einstieg in die spannende Welt der Specialty Coffees – oder auch als perfekte Geschenkidee für Kaffeefans.

tchibo.de/roasted
tchibo.com/blog/roasted-die-buehne-fuer-besondere-bohnen

TIPPS DER REDAKTION

Aus den Federn, Genießer!

Frühstück muss nicht früh sein. Kaffee, Brötchen, Rührei und Co. – das geht in Hamburg alles auch später. Diese Restaurants und Cafés bescheren Langschläfern einen leckeren Start in den Tag

TEXTE: SARAH SEITZ

Café Gnosa

Rührei um 16 Uhr oder Kuchen um Mitternacht – im Café Gnosa in der Langen Reihe nicht ungewöhnlich. Das LGBTQ-Kaffeehaus mit eigener Konditorei hält sich als absolute Institution wacker in dem gentrifizierten Stadtteil. Hier gilt das Prinzip: Wer zuerst kommt, frühstückt zuerst. Ausschlafen kann man trotzdem, denn das Angebot gilt den ganzen Tag. Veganer haben es in dem Szene-Café allerdings schwer.

€ Lange Reihe 93 (St. Georg), Mo-Do 10–23, Fr 10–1, Sa 10–0, So 10–23 Uhr, EC-Karte, VISA, Mastercard; facebook.com/CafeGnosa

Café Klatsch

Italienisches Brot mit Nutella, Brie, Leberwurst und Lachs. Klingt speziell, aber ist im Café Klatsch durchaus bestellbar. Der Familienbetrieb im Karolinenviertel ist der Subway unter den Frühstücksläden. Denn aus dem großen Angebot können Gäste ihr Frühstück selbst zusammenstellen. (Fast) alle Wünsche werden erfüllt – egal wie ausgefallen. In dem kleinen Café im Shabby-Chic-Stil lässt sich bis in den späten Nachmittag hinein schlemmen.

€€ Glashüttenstraße 17 (Karolinenviertel), Mo-So 10–20 Uhr; cafe-klatsch-hamburg.de

Café melt

Slow Mornings mit Sicht auf den Hafen? Im Café Melt lohnt sich nicht nur der Blick nach draußen. Auch die Einrichtung ist ein Hingucker: Zwischen dem Mix aus pastellfarbenen Fliesen und Holz sorgen ausgefallene Vasen und Trockenblumen für ein Ambiente, das man wohl „instagramable" nennen könnte. Hier im Portugiesenviertel findet man sogar einen Frühstücks-Burger auf der Karte.

€€ Johannisbollwerk 19 (Neustadt), Di-Mi 9–18, Do-So 9–20 Uhr, EC-Karte, VISA, Mastercard; melt-cafe.de

Café Miller

Spätes Frühstück gibt es in dem kleinen Eckcafé auf St. Pauli bis 14 Uhr. Veganer können sich im Cafe Miller auf den Scrambled Tofu freuen. Voll wird es bei Heimspielen des FC St. Pauli. Zwischen Croissant und Cappuccino gibt das Team bei einem Tor der Kiezkicker einen Kurzen aus.

€ Detlev-Bremer-Straße 16 (St. Pauli), Di-Do 9–23, Fr-Sa 9–24, So 9–20 Uhr, EC-Karte, VISA, Mastercard; cafemiller.eatbu.com

Café Paris

In dem klassisch französischen, theaterhaften Ambiente tischt euch das Personal in Hemd und Fliege internationale Leckereien auf. Neben dem – natürlich – französischen Frühstück gibt es noch italienische, englische, marokkanische oder amerikanische Varianten. Die Karte lässt keine Wünsche offen. Ohne Reservierung braucht es allerdings sehr viel Glück, einen Tisch zu ergattern. Wer es schafft, wird happy sein. Unsere Meinung: Très bien!

€€€ Rathausstraße 4 (Altstadt), Mo-Sa 9–24, So 9.30–22 Uhr, EC-Karte; cafeparis.net

Café Reinhardt

Von Brot über Baguette bis Blechkuchen – mit der über 100-jährigen Backtradition des Café Reinhardt können nicht viele mithalten. 365 Tage im Jahr bietet die Konditorei in ihren zwei Hamburger Cafés selbst gebackene Leckereien. Den ganzen Tag lang gibt es hier Brötchen frisch aus der Backstube. Dazu die hausgemachte Marmelade oder der vegane Aufstrich und der späte Start in den Tag ist gerettet.

€€ Poppenbüttler Hauptstraße 37 (Poppenbüttel), Mo-Sa 6–18, So 8–18 Uhr, EC-Karte, VISA, Mastercard; cafe-reinhardt.de

Cotidiano

Cotidiano ist spanisch und bedeutet Langschläfer. Kleiner Scherz. Die wahre Übersetzung: alltäglich. Denn in dem neuen Restaurant am Alten Wall spielen Wochentag und Uhrzeit keine Rolle. Egal, wie spät einen der Hunger aus dem Bett treibt, auf der Suche nach Frühstücksbowls oder Avocado-Toasts werden Langschläfer hier den ganzen Tag über fündig – vieles gibt's auch vegan oder vegetarisch.

€€ Alter Wall 22 (Altstadt), Mo-So 8–23 Uhr, EC-Karte, VISA, Mastercard, Amex; cotidiano.de/hamburg

Gute und gesunde Sache – so ein Brunch im Cotidiano

Good One Café

Hier gibt es nichts, was nicht pflanzlich ist. Das komplett vegane Café in Eimsbüttel versorgt euch den ganzen Tag mit Leckereien wie den Breakfast-Burrito oder Smashed Avocado. Bei dem umweltbewussten und gesunden Ansatz darf eine Auswahl an Säften natürlich nicht fehlen. Nach dem verspäteten Start in den Tag bringen euch der „Vitamin Boost", „Green Energy" oder der „Good-For-You" Smoothie wieder voran.

€€ Eimsbütteler Chaussee 71, (Eimsbüttel), Mo-Fr 8.30–17.30, Sa-So 9–17.30 Uhr, keine Barzahlung, alle Karten; goodonecafe.com

La Caffètteria

Morgenmuffel? Dann erst einmal wach werden und das Frühstück auf den Nachmittag verlegen. Das La Caffètteria bietet Frühstück speziell für Spätaufsteher. Bis 16 Uhr könnt ihr hier à la carte ganz entspannt in den Tag starten. Egal, ob vegan, veggie, gluten- oder laktosefrei – es ist für jeden Ernährungsstil und jede Unverträglichkeit gesorgt. Langschläfer haben die Auswahl zwischen süß, herzhaft und gesund – lecker ist alles. Auf der Terrasse schmeckt alles besonders gut.

€€ Abendrothsweg 54 (Hoheluft-Ost), Mo-Fr 10–23, Sa-So 10–19 Uhr, EC-Karte; la-caffetteria.de

RAIN Cafeatery

Wer das klassische Brötchen-Frühstück sucht, ist hier falsch. Die Auswahl zwischen üppig belegten (veganen) Stullen, Sandwiches, Shakshuka oder Pancakes hält, was die erste Seite der Frühstückskarte verspricht: hausgemachte, nachhaltige und regionale Eigenkreationen. Das Ottensener Cafe bezieht seine Eier vom Hof Heine, Milch vom Reitbrooker Milchhof und den Kaffee von der Hamburger Rösterei Mr. Hoban.

€ Große Rainstraße 15 (Ottensen), Mo-So 9–17 Uhr, nur Barzahlung; raincafeatery.de

FOTO: BENJAMIN OLSZEWSKI

Pistazientarte ist perfekt, der Kaffee stimmig und selbst die Franzbrötchen passabel (2,20 Euro pro Stück erscheinen jedoch unangemessen). Wenn nur der Service besser wäre … JP

Perfekt für Süßes in größerer Runde teilen

Das Besondere: Authentische französische Backwaren in eigener Produktion

Ambiente: Rustikal-geräumig

Veganes Angebot: Vegane Milchalternativen

Kuchen & Co.: Toll: die Tartelettes

AMBIENTE ●●●○○ SERVICE ●●○○○
KÜCHE ●●●●● PREIS-LEISTUNG ●●●○○

€ Eppendorfer Weg 1 (Eimsbüttel), Telefon 040 43282375, Mo-So 8–19 Uhr, EC-Karte; Christuskirche U2; eclairaucafe-hamburg.de

elbgold

Frühstück mit Röstaromen

Ein bisschen muss man sie suchen, die Kaffeerösterei von elbgold in der Lagerstraße. Vor Ort fällt einem sofort ins Auge, dass hier nicht nur Kaffee getrunken, sondern auch verarbeitet wird. Alles riecht herrlich nach der braunen Bohne. Zwei lange gegenüberliegende Theken erstrecken sich durch die große Lagerhalle. Sie trennen Kaffeeproduktion von Kaffeekonsum. Wer hier mit der Absicht vorbeischaut, in Ruhe zu frühstücken, braucht Petrus auf seiner Seite und genießt unter freiem Himmel. Zu einem guten Frühstück gehört guter Kaffee, darum kommen Kaffeeliebhaber voll auf ihre Kosten. Hier gibt es alles, was das Kaffeeherz begehrt – vom Cappuccino (3,90 Euro) bis zum Flat White (3,60 Euro). Obwohl bei elbgold der Kaffeegenuss im Vordergrund steht, fällt das Frühstücksangebot ebenfalls nicht gering aus: süß und herzhaft, normales Franzbrötchen und Käsefranzbrötchen (2,50 Euro/3 Euro), Buttercroissant (2 Euro) oder italienische und orientalische Frühstücksandwiches (jeweils 4,90 Euro). Zum süßen Abschluss ein Tipp: Der New York Cheesecake mit Himbeersoße ist der Hammer (4,50 Euro). KS

Perfekt für ein Stück hausgemachten Cheesecake mit Himbeersoße, dazu einen leckeren und mit Barista-Kunst verzierten Cappuccino

Das Besondere: In dem elbgold-Lokal in der Schanze ist auch gleichzeitig die Rösterei ansässig

Ambiente: Szenig

Veganes Angebot: Sandwiches

Kuchen & Co.: Hausgemachter Cheesecake

Kaffeesorte: Elbgold

AMBIENTE ●●●●○ SERVICE ●●●○○
KÜCHE ●●●○○ PREIS-LEISTUNG ●●●●○

€ Lagerstraße 34c (Sternschanze), Telefon 040 23517520, Mo-Fr 7–18, Sa 9–18, So 10–18 Uhr, EC-Karte; Sternschanze S11, S21, S31; elbgold.com

Im Entenwerder 1 wird auf dem Ponton gefrühstückt

Das kultige Ambiente fängt bei Herr Max schon draußen an

Entenwerder 1

Meine Elbe, mein Ponton

Der Geheimtipp direkt vorweg: Wer das schwimmende Café mit dem schönsten Blick auf die Elbe richtig für sich genießen möchte, sollte am besten in der Woche herkommen. Am Wochenende steht sich hier halb Hamburg in der Schlange die Beine in den Bauch. Zu Recht, denn Speisen und Ausblick sind wundervoll. Wir sind an einem Montagmorgen da und ergattern einen der besten Plätze auf dem Ponton. Die Sonne scheint auf die Elbe, wir haben die Sonnenbrillen auf und trinken zur Feier des Tages erst mal ein Gläschen Prosecco (4,50 Euro). Das Genießergefühl macht sich bereit! Auf der Tafel steht das Frühstücksangebot: verschiedene Stullen, Pancakes, Birchermüsli, Croissant mit Marmelade. Ob vegan, vegetarisch oder fleischessend, das kleine, aber feine Angebot hat für jeden etwas dabei. Wir entscheiden uns für eine Stulle mit Hummus und getrockneten Tomaten (9,50 Euro) sowie eine Stulle mit Avocado (10,50 Euro). Der Prosecco prickelt, Cappuccino gibt es wahlweise mit Hafermilch (3,60 Euro), und der Piepser, den wir nach der Bestellung im Häuschen mitbekommen, braucht nicht lange: Die Stullen sind abholbereit. Zwei große Brote mit je kleinen Sprossensalaten sehen nicht nur schmackhaft aus – sie sind es auch! Der Hummus ist super cremig, die Avocado ebenso. Am Wochenende ist es hier bestimmt genau so lecker, aber eben auch richtig richtig voll. Wir holen uns noch einen zweiten Cappuccino und freuen uns über den perfekten Start in die Woche. MV

Perfekt für ein wenig Eskapismus unter der Woche

Das Besondere: Leckere Kuchen, leckere Gerichte, Ponton direkt auf der Elbe

Ambiente: Szenig-cool

Veganes Angebot: Pancakes, Milchalternativen

Kuchen & Co.: Bananenbrot mit Peanut-Topping

Kaffeesorte: Public Coffee Roasters

AMBIENTE ●●●●● **SERVICE** ●●●○○
KÜCHE ●●●●● **PREIS-LEISTUNG** ●●●●○

€€ Entenwerder 1 (Entenwerder), Telefon 040 70293588, Mo-So 10–18 Uhr, EC-Karte, VISA, Mastercard; Rothenburgsort S21, S1; facebook.com/entenwerder1

Gretchens Villa

Leckereien aus der Backstube

Beim Betreten des Cafés im Karoviertel empfängt uns der warme Duft frisch aufgebackener Brötchen. Gretchens Villa besteht aus zwei nebeneinander liegenden Ladenabteilen. In dem einen steht eine üppig gefüllte Kuchenvitrine, im anderen befindet sich die hauseigene Backstube. Wir sitzen im letzteren Teil, was den Brötchengeruch erklärt. Die freundliche Bedienung erscheint geschwind, das Essen lässt dafür ein wenig auf sich warten. Das Rührei mit Cheddar, rotem Pesto und Frühlingszwiebeln (8,90 Euro) kommt auf einer großzügig bemessenen Stulle von knusprigem Sauerteigbrot: lecker! Bei dem De-luxe-Frühstück (10,90 Euro) fehlt es uns trotz der vielseitigen Auswahl auf dem Teller und der hausgemachten Marmelade allerdings ein wenig an Raffinesse. Und auch Gretchens Obstsalat mit Joghurt, Früchten und karamellisierten Mandeln (5,20 Euro) schmeckt, doch das gewisse Etwas suchen wir vergeblich. Wir finden es in der verlockenden Kuchenauswahl nebenan und gönnen uns jeweils noch ein saftiges Stück aus der Vitrine. BD

Perfekt für bei reichlich Kuchen den Touristen beim Schlendern zuschauen

Das Besondere: Die eigene Backstube direkt im Café

Ambiente: Szenig

Veganes Angebot: Frühstück, Salat, Milch, Kuchen

Kuchen & Co.: Große Auswahl an hausgemachten Kuchen aus der eigenen Backstube, frische Waffeln

Kaffeesorte: Verschiedene

AMBIENTE ●●●○○ **SERVICE** ●●●●○
KÜCHE ●●●○○ **PREIS-LEISTUNG** ●●●●○

€ Marktstraße 142 (St. Pauli), Telefon 040 76972434, Mo-So 10–18 Uhr, EC-Karte, VISA, Mastercard, Amex; Messehallen U2, Feldstraße U3; gretchens-villa.de

FOTO: HERR MAX (U.), ENTENWERDER 1 (O.)

Herr Max

Gesund in den Tag

Herr Max auf dem Schulterblatt ist nach wie vor das hippe Kultcafé im Schanzenviertel. In den charmant schrammeligen ehemaligen Räumlichkeiten eines Fischgeschäftes gibt es nicht nur außergewöhnliche Kuchen, handverzierte Kekse und selbst gemachtes Eis, sondern auch besondere Frühstücksvarianten. Wir bestellen ein veganes Frühstück (14,50 Euro) und ein Cranberry-Granola (7,50 Euro). Der vegane Teller ist üppig bemessen. Zu den locker gebackenen, dunklen Brötchen gibt es dreierlei hausgemachte Gemüseaufstriche (Bärlauch, Rote Bete, Kichererbse), Avocado, gerösteten Tofu, veganen Frischkäse und anderes mehr. Das crunchige Granola wird von Naturjoghurt, fruchtigen Cranberrys, Banane, Beeren und Quinoa begleitet. Alles sehr gesund und reichlich. Passende Getränke ergänzen die sportliche Kost. Der Cappuccino (3,10 Euro) hat einen echt italienischen Touch, und die heiße Schokolade Herr-Max-Style (0,3 l 3,60 Euro) ist mit Kardamom, Zimt und Nelken gewürzt. Ein Hauch Exotik, der den richtigen Kick für den späten Vormittag gibt. Wir lassen uns noch zwei Stück Kuchen für den Nachmittag einpacken und bummeln mit allerlei Superfoods gestärkt zurück nach Hause. NB

Perfekt für Leute, die schräg-rebellische Backkreationen mögen

Das Besondere: Kreative Kuchen, handverzierte Kekse mit frechen Motiven

Ambiente: Charmant-schrammelig

Veganes Angebot: Veganer Frühstücksteller, veganes Eis, veganer Kuchen

Kuchen & Co.: Alles eigene Kreationen, wechselnd nach Saison

Kaffeesorte: Kaffee von diversen Röstereien

AMBIENTE ●●●●● SERVICE ●●●●○
KÜCHE ●●●●● PREIS-LEISTUNG ●●●●●

€ Schulterblatt 12 (Sternschanze), Telefon 040 69219951, Mo-Do 10–18, Fr-So 10–19 Uhr, EC-Karte, VISA, Mastercard; Sternschanze S11, S21, S31, U3; herrmax.de

Knuth

Das Knuth kann vieles und alles davon gut

Leckeres Frühstück gibt es in Ottensen wie Sand an der Elbe. Hier eine absolute Empfehlung, um etwas Abhilfe bei der riesigen Auswahl zu schaffen: Jonas' Frühstücksbowl (7,90 Euro) – und die gibt es nur in einem Laden. Das Knuth in der Großen Rainstraße bietet süße kleine Sitzmöglichkeiten – drinnen sowie draußen – und alles, was das Frühstücksliebhaber-Herz begehrt: deftiges Frühstück, vegetarisches Frühstück (8,80 Euro), veganes Frühstück (9,80 Euro), Frühstückseier von „glücklichen Hühnern" (1,80 Euro), Bowls (7,90 Euro), Franzbrötchen (2,80 Euro) – die Liste könnte noch ewig so weitergehen. Die hausgemachte Konfitüre (1,20 Euro) – ein Träumchen. Kartenzahler aufgepasst: Hier könnt ihr eure Frühstücksschulden nur in bar begleichen. Aber keine Sorge, es gibt fußläufig zum Glück jegliche Bankautomaten. SAS

Perfekt für eine spontane Pause beim Bummeln durch Ottensen

Das Besondere: Riesenauswahl

Ambiente: Gemütlich, stylish, lässig

Veganes Angebot: Veganes Frühstück, vegane Paste, Sojamilch, Oatly Hafer Drink

Kuchen & Co.: Kuchen, am Wochenende auch vom Blech

AMBIENTE ●●●●○ SERVICE ●●●●○
KÜCHE ●●●●● PREIS-LEISTUNG ●●●●○

€ Große Rainstraße 21 (Ottensen), Telefon 040 46008708, Mo-Fr 10–23.30, Sa 10–24, So 10–20 Uhr; Bahnhof Altona alle S-Bahnen; dasknuth.com

Der Drip Coffee Bag von den Hanseatic Coffee Roasters

NEUHEIT!

Der Drip Coffee Bag ist ein portionierter Filterkaffee für eine frischgebrühte Tasse Kaffee. Der Drip Coffee Bag ist der ideale Begleiter für unterwegs, auf Reisen in Hotels oder aber auch beim Camping. Der Aromaschutz garantiert eine einzigartige Qualität und Geschmackserlebnis. Einfach aufreißen, einhängen und aufgießen und schon kannst Du eine frischgebrühte Tasse Filterkaffee genießen.
Die Drip Coffee Bags sind in vier verschiedenen Sorten erhältlich und für kurze Zeit zum Kennenlernen im Shop um 10% rabattiert.

Jetzt unter:
www.hanseatic-coffee.com

Besuche uns in unserer Familienrösterei in Bahrenfeld

HANSEATIC Coffee ROASTERS

In unserer Rösterei in Bahrenfeld sind wir täglich mit frischen Kaffee, selbstgebackenen Kuchen und Quiche, sowie weitere Leckereien für Euch da! Wir freuen uns auf Deinen Besuch von Montag bis Freitag 08.00 Uhr - 17.00 Uhr.

Wo findest Du uns?
In der Luruper Chaussee 125, D-22761 Hamburg auf dem Quartier Bahrenfeld!

Mikkels

Hyggelig Hausgemachtes

Geradezu unaufdringlich im Herzen von Ottensen gelegen ist das Mikkels. Ein Quell wahrer Freude für alle, die kleine Küchlein und tolles Frühstück lieben. In dem sehr kleinen, hell und freundlich gestalteten Souterrain-Gastroraum in der Kleinen Rainstraße stellt sich schnell die typische genussvolle Sonntags-Gemütlichkeit ein, besonders beim Anblick des Stars der Speisekarte, dem „Mikkels for two" (39 Euro). Zugegeben, dafür braucht es Ausdauer – aber diese ist jeder Bissen wert angesichts von hausgemachten französischen Brioches und englischen Scones, Weizen- und Roggenbrötchen, Butter, Marmelade, Honig, Bergkäse, Camembert, Avocadocreme, Oliven, Tomaten, eingelegtem Gemüse. Frischer Obstsalat mit Granola und zwei Minikuchen aus der eigenen Backstube runden den stilsicher auf einer Etagere servierten Brunch ab, der kaum noch Platz lässt für den aromatischen Cappuccino (2,90 Euro). Geschweige denn für Köstlichkeiten wie Linzer Törtchen oder Mandel-Nonnettes. Aber wir kommen wieder. Auch, weil es so schön hyggelig ist. FD

Perfekt für den kleinen Kuchen-Kaffee-Genuss, das leckere Frühstück oder einen ausschweifenden Brunch

Das Besondere: Selbst gebackene Küchlein sowie Scones und Brioches

Ambiente: Gemütlich, freundlich, hyggelig

Veganes Angebot: Veganes Frühstück und Hafermilch

Kuchen & Co.: Diverse Küchlein wie Linzer Törtchen und Mandel-Nonnettes

AMBIENTE ●●●●○ SERVICE ●●●○○
KÜCHE ●●●●○ PREIS-LEISTUNG ●●●●○

€€ Kleine Rainstraße 10 (Ottensen), Telefon 040 76995072, Mo-Sa 9–18, So 10–17 Uhr, nur Barzahlung; Große Rainstraße Bus 2,16; mikkels.de

Mit Herz und Zucker

Liebevoll und skandinavisch

Kann man sonntags im Grindel spontan auswärts frühstücken? Ja, wenn man pünktlich ein Café ansteuert, das keine Reservierungen annimmt. Gegen 9 Uhr bekommen wir im Mit Herz und Zucker den perfekten Fensterplatz und können in der nächsten halben Stunde beobachten, wie sich die Tische in dem hellen, skandinavisch anmutenden Raum füllen. Währenddessen werden immer wieder fertig gepackte „Frühstücksboxen" abgeholt – wer sein Frühstück lieber im Bett einnimmt, kommt also auch auf seine Kosten. Wir bestellen Rührei mit rotem Pesto auf Landbrot (8,80 Euro) mit Avocado als Extra (2 Euro) und hausgemachtes Granola auf Vanillequark mit Früchten (7,50 Euro) und sind begeistert. Selten bekommt man perfekt reife, frische Zutaten – die Früchte und die Avocado sind wie gemalt – so liebevoll zubereitet und angerichtet. Auf die Verlockungen der Kuchentheke müssen wir leider verzichten, versprechen uns aber gegenseitig, dass wir demnächst auf einem Spaziergang für ein Stück Apfel-Rhabarber-Streusel (3,60 Euro) zurückkehren. KF

Perfekt für ein leichtes Frühstück vor dem Spaziergang durchs Grindelviertel

Das Besondere: Sehr hohe Qualität der Zutaten, lauschige Lage, Frühstücksboxen zum Mitnehmen

Ambiente: Hell, gemütlich, skandinavisch

Veganes Angebot: Hafermilch, Bircher Müsli mit Haferjoghurt, Avocado-Brot

Kuchen & Co.: Alles hausgemacht: Croissants, Zimtschnecken, verschiedene Sorten Kuchen

AMBIENTE ●●●●● SERVICE ●●●●●
KÜCHE ●●●●● PREIS-LEISTUNG ●●●●●

Grindelhof 85 (Rotherbaum), Telefon 040 84504085, Mi-So 9–15 Uhr, EC-Karte, VISA, Mastercard; Hallerstraße U1; cafe-mitherzundzucker.de

Die Kuchentheke im Mit Herz und Zucker hat süße Verlockungen am Start

FOTO: MIT HERZ UND ZUCKER

Nord Coast Coffee Roastery

Heiß begehrt

Die Nord Coast Coffee Roastery gibt es dreimal in Hamburg. Um in der Deichstraße einen Tisch zu bekommen, muss man Wochen im Voraus reservieren. Nichts für uns. An der Ecke Isestraße/Eppendorfer Baum ist uns die Schlange vorm Eingang zu lang und die Leute ein wenig zu schick. Im Eppendorfer Weg haben wir Glück und können am späten Sonntagvormittag endlich frühstücken. Irgendwie ist es noch ungewohnt, so nah beieinander auf so engem Raum zu sitzen. Der Laden scheint also richtig gut zu laufen. Kein Wunder, der Kaffee (Latte macchiato 3,70 Euro) aus eigener Röstung schmeckt fantastisch. Die vegane Hummus Bowl (9,50 Euro) regt uns zu Diskussionen an: Wieso denn Bowl? Einfach gesagt frühstückt mein Gegenüber einen sehr großen Salat mit ein bisschen Quinoa. Das Sauerteigbrot dazu ist dafür richtig lecker und macht auch ein bisschen satt. Mich macht die vegane Waffel mit frischen Früchten und Ahornsirup (8,70 Euro) umso glücklicher: außen knusprig und innen schön saftig. Unser Fazit ist am Schluss etwas zwiegespalten: Irgendwie gut, aber haut uns auch nicht total um. Beim nächsten Sonntagsspaziergang holen wir uns hier aber auf jeden Fall eine der verlockenden Zimtschnecken raus! LH

Perfekt für Zimtschnecke und Cappuccino to go beim Sonntagsspaziergang

Das Besondere: Eigene Kaffeeröstung, Bohnen aus nachhaltigem Anbau und fairem Handel, drei Locations

Ambiente: Stylish und szenig

Veganes Angebot: Waffel, Panini, Hummus Bowl, Acaibowl

Kuchen & Co.: Selbstgemachte vegane Waffeln und Zimtschnecken

Kaffeesorte: Nord Coast Coffee

AMBIENTE ●●●●○ SERVICE ●●●●○
KÜCHE ●●●●○ PREIS-LEISTUNG ●●●○○

€€ Eppendorfer Weg 171 (Eimsbüttel), Telefon 040 45028595, Mo 10–17, Do-So 10–17 Uhr, EC-Karte, VISA, Mastercard; Kottwitzstraße Bus 20, 25; nordcoast-coffee.de

Public Coffee Roasters

Industrie-Flair am Goldbekplatz

Kaffee und Co-Working in Winterhude gefällig? Dann sind die Public Coffee Roasters am Goldbekplatz die richtige Adresse. In dem alten Backsteingebäude wird die urbane Kaffeehauskultur regelrecht zelebriert: WLAN, große Tische, Steckdosen und eine Theke bestückt mit Stullen, Franzbrötchen, Kuchen und veganen Leckereien. Bereits beim Hafer-Flat-White (was sonst) für 3,85 Euro wird man vor die Wahl gestellt: lieber beerige Bohnen oder schokoladig mit einer Haselnussnote? Die erste Variante verträgt sich wunderbar mit der (na klar) veganen Avocado-Stulle. Überraschend: Die Stulle ist mit 4,60 Euro für Winterhuder Verhältnisse schon fast ein Schnäppchen. Dazu gibt es eine Flasche Orangensaft aus gerettetem Obst (4,20 Euro) und einen sehr freundlichen und kompetenten Barista. Wer sein Frühstück lieber draußen genießt, wird hier auch nicht enttäuscht: Vor dem Café im Innenhof gibt es genug Sitzplätze, an denen man die Vormittagssonne genießen kann. ABA

Perfekt für entspanntes Co-Working in hipper Atmosphäre

Das Besondere: Große Sonnenterrasse

FOTO: PUBLIC COFFEE ROASTERS

Wer Backstein und gutes Frühstück mag, ist bei den Public Coffee Roasters richtig

Ambiente: Stylisch, hip

Veganes Angebot: Stullen, Kuchen, Milch

Kuchen & Co.: Auswahl an Kuchen, Franzbrötchen, Croissants, Brownies

Kaffeesorte: Große Auswahl an verschied. Espresso- und Kaffeeblends

AMBIENTE ●●●●○ **SERVICE** ●●●○○
KÜCHE ●●●○○ **PREIS-LEISTUNG** ●●●●○

€ Goldbekplatz 1 (Winterhude), Telefon 0176 93171580, Mo-Fr 9–17, Sa-So 10–18 Uhr, EC-Karte, VISA, Mastercard, Amex; Goldbekplatz Bus 25; publiccoffeeroasters.com

HUSSEL
Dein Stück vom Glück!

genussvolle GESCHENKIDEEN

Bei uns ist jedes Stück ein Stück vom Glück!

Ob die kleine Aufmerksamkeit oder der große Geschenkkorb – wichtig ist, dass es von Herzen kommt.
In unserem HUSSEL Onlineshop findet ihr für jeden Anlass eine edle und leckere Geschenkidee für Groß und Klein.

Schaut vorbei und entdeckt die vielfältigen Möglichkeiten auf: **hussel.de**

Paledo

Toast und Bowls

Wie das Café und Deli Paledo in Winterhude auf seiner Website ankündigt, kann es am Wochenende zu längeren Wartezeiten kommen – und dem ist auch so. Dass alles frisch zubereitet wird, schmeckt man. Der Süßkartoffel Toast (9,40 Euro) mit Hummus, Avocado, Feta und Granatapfel kommt hübsch angerichtet auf den Tisch. Die Süßkartoffelscheiben anstatt Brot, mit cremigem Hummus und einem fruchtigen Einschlag durch den Granatapfel machen satt und glücklich. Das Grilled Cheese Sandwich (6,50 Euro) mit Spiegelei (1,90 Euro) ist lecker, auch wenn es ein klein wenig zu viel Käse ist. Die Karte bietet viele vegane Gerichte, und einiges ist auch auf Wunsch laktose- und glutenfrei zu haben. Das kleine Café ist einfach, aber hübsch eingerichtet und für ein Frühstück ein guter Ort. Allerdings sollte der Hunger nicht allzu groß sein, damit man die Wartezeit bis zum Essen übersteht. HED

Perfekt für ein Frühstück zu zweit

Das Besondere: Unverträglichkeiten werden individuell berücksichtigt

Ambiente: Gemütlich, klein und wuselig

Veganes Angebot: Bowls, Pancakes, Sandwiches

Kaffeesorte: Public Coffee Roasters

AMBIENTE ●●●●○ SERVICE ●●●●○
KÜCHE ●●●●○ PREIS-LEISTUNG ●●●●○

€ Mühlenkamp 1 (Winterhude), Telefon 040 69454466, Mo–Mi 9–16, Do–Fr 9–17, Sa–So 9–18 Uhr, EC-Karte, VISA, Mastercard; Gertigstraße Bus 6, 17, 25; paledohamburg.de

Rainer Schneider

Ran an die Rösti

Stylishe Lampen, coole Hocker, eine offene Küche, in der fieberhaft gekocht, gebrutzelt und kunstfertig angerichtet wird: Rainer Schneider nennt sich die Emsbüttler Dependance des Restaurants Berta Emil Richard Schneider. Die Frühstückskarte ist übersichtlich. Was dann auf den Tellern landet, ist schlicht grandios. Ich gönne mir Eggs Berta (12 Euro), eine Kartoffelrösti, das von pochierten Eiern und lecker aromatischem Rosmarinschinken getoppt wird. Eggs Richard (11 Euro) hält mit frischem Spinat dagegen. Die Hollandaise ist auf beiden Gerichten toll und sparsam genug eingesetzt. Die Portobello-Pilze haben wunderbare Würze. Der Kaffee kommt von einer regionalen Rösterei. Passt alles. Gelungener Start in den Tag. AND

Perfekt für Hipster-Frühstück

Das Besondere: Rösti zum Frühstück

Ambiente: Szenig

Veganes Angebot: Stullen, Milch

Kuchen & Co.: Nein

Kaffeesorte: Mr. Hoban

AMBIENTE ●●●○○ SERVICE ●●●●●
KÜCHE ●●●●● PREIS-LEISTUNG ●●●●○

€€ Stellinger Weg 35 (Eimsbüttel), Telefon 04043277810, Di 17–24, Mi–Do 8–24, Fr 8–1, Sa 9–1, So 9–17 Uhr, EC-Karte, VISA, Mastercard; Lutterothstraße U2; rainerschneider.net

Im Rainer Schneider gibt's Frühstück jenseits des Mainstream

SOUL – vegan coffee bar

Vegane Köstlichkeiten unterm Blätterdach

Kaum öffnet sich die Tür der SOUL – vegan coffee bar, fällt der Blick zunächst auf einen imposanten grünen Pflanzendschungel an Wand und Decke, dann auf den Haushund, der uns freundlich begrüßt. Wir setzen uns, die Karte des veganen Eppendorfer Cafés ist schnell studiert: Doch sie bietet alles, was das Frühstücks-, Brunch- und Lunch-Herz begehrt. Von herzhaften Bowls bis zu süßem Porridge – nicht zu vergessen die Kuchenauswahl. Wir sind morgens da und entscheiden uns für Rührtofu mit Champignons und Wildkräutern (11,50 Euro) sowie Chocolate-Chips-Dinkel-Pancakes mit frischem Obst und Ahornsirup (12,50 Euro). Das Frühstück kommt trotz gut besuchtem Laden flott, der Service ist top organisiert, aufmerksam und gut gelaunt. Und das Essen schmeckt köstlich! Das Rühr-„Ei" ist saftig, die Pancakes fluffig und fest zugleich – und schneller weg, als wir Pancakes sagen können. Ein Kaffee geht noch. Der ist zwar fair gehandelt, aber geschmacklich unspektakulär. Muss auch nicht. Das Essen ist für uns der Fokus – und das ist hervorragend. Wir sind uns sicher: Das vegane Café gefällt bestimmt nicht nur veganen Seelen. AM

Perfekt für Brunch im gemischt speisenden Freundeskreis

Das Besondere: 100 Prozent vegan, regionale Produkte, kein raffinierter Zucker

Ambiente: Stylish-gemütlich

Veganes Angebot: Alles

Kuchen & Co.: Selbst gebackener Kuchen

Kaffeesorte: House Blend aus fair gehandelten Arabica- und Robusta-Bohnen

AMBIENTE ●●●●○ SERVICE ●●●●●
KÜCHE ●●●●● PREIS-LEISTUNG ●●●●●

€ Eppendorfer Landstraße 109 (Eppendorf), Telefon 040 21063612, Di–So 10–17 Uhr, EC-Karte, VISA, Mastercard, Amex; Eppendorfer Marktplatz Bus 20, Bus 25; soul-vegan.de

Torrefaktum Zeit Café

Grundsolide

Das Torrefaktum Zeit Café befindet sich im Helmut Schmidt Haus. Im Treppenaufgang zum ersten Stock hängt ein großer Schwarz-Weiß-Druck des verstorbenen Ex-Bundeskanzlers und „Zeit"-Herausgebers. Er raucht darauf, klar, eine Zigarette. Das Café gehört zur Hamburger Rösterei zu Torrefaktum, Kaffeebohnen kann man direkt im Café kaufen oder vor Ort genießen. Das Café ist nicht nur Ort für sehr leckere Kuchen und sehr guten Kaffee, sondern bietet auch Raum für Ausstellungen und – klar –Magazine und Zeitungen der „Zeit". Hier tummeln sich zur Nachmittagszeit Journalist:innen, Studierende und andere Leute mit Laptops, vereinzelt trifft man sich hier auch zum Arbeitsgespräch oder trinkt einfach nur – wie wir – einen kleinen Cappuccino (3,10 Euro)

FOTO: ANDREAS DAEBELER

Die SOUL - vegan coffee bar setzt auf freche Früchtchen in der Bowl

und einen Flat White (3,60 Euro). Dazu gibt's ein Bananenbrot (3,50 Euro) und herrlichen Käsekuchen (4,20 Euro). Der Einrichtungsstil ist klassisch skandinavisch. Alles in allem grundsolide. Ein bisschen so, wie sich die „Zeit" auch liest: keine Überraschung, aber Top-Qualität. MV

Perfekt für Zeitung lesen, arbeiten und Kaffee trinken

Das Besondere: Eigene Kaffeeröstung von Torrefaktum, viel Lesestoff von der „Zeit", wechselnde Ausstellungen

Ambiente: Skandinavien-Design

Veganes Angebot: Milchalternativen, Kuchen

Kuchen & Co.: Eine sehr gute Auswahl

Kaffeesorte: Torrefaktum ZEIT Café Espresso-Blend bio

AMBIENTE ●●●●○ **SERVICE** ●●●●●
KÜCHE ●●●●● **PREIS-LEISTUNG** ●●●●○

€ Speersort 1 (Altstadt), Telefon 040 39893770, , EC-Karte, VISA, Mastercard; Speersort, Bus 6, 16, 17; torrefaktum.de

Was wir wirklich lieben

Brunchen all day long

Es ist der neueste Streich von Gastronom Hannes Schröder: Im November 2021 hat der Küchenfreunde- und Botanic-District-Chef nach dem Deli in der Hegestraße und dem Herzstück in der Osterstraße nun sein nächstes „was wir wirklich lieben" eröffnet – in der Langen Reihe als Feinkostladen, Café und Deli in einem. Der Laden ist lässig und modern, das Publikum bunt gemischt und der Service gut gelaunt. Die dick belegten Stullen lächeln uns bereits aus der Auslage entgegen, doch wir ordern erst einmal ein „Fräulein in Rot" und ein „Rumgegurke". Der rote Smoothie aus Erdbeere, Himbeere, Maracuja, Acai, Avocado und Basilikum (4,90 Euro) ist eine ganze Mahlzeit und tut sich entsprechend schwer, den Weg durch die nachhaltigen Trinkhalme zu finden, schmeckt allerdings himmlisch. Der Saft aus Gurke, Apfel und Zitrone (4,50 Euro) hat es wesentlich leichter und erfrischt. Essenstechnisch setzen wir auf Bewährtes und teilen uns ein kleines Gemüsebeet (9,90 Euro) – vier vegane Feinkostsalate und Gemüse der Saison nach Wahl, alles vom eigenen Kastanienhof in der Lüneburger Heide. Dazu gibt es eine bunte, gemischte Früchtebowl mit selbst gemachtem Granola (8,90 Euro), die für gute Laune sorgt. Tipp: Wenn danach dem ausgiebigen Frühstück kein Platz mehr sein sollte, unbedingt ein Stück vom selbst gemachten Bananenbrot mitnehmen. Suchtgefahr! Definitiv ein Ort der Liebe. Wo, wenn nicht auf der Langen Reihe? ILO

Perfekt für einen gesunden Start in den Tag

Das Besondere: Frühstück den ganzen Tag, Feinkostladen

Ambiente: Szenig, hell und gemütlich

Veganes Angebot: Vegane Franzbrötchen, Soja-, hafer- und Erbsenmilch

Kuchen & Co.: Kuchenkreationen aus der hauseigenen Patisserie

Kaffeesorte: Mr. Hobans

AMBIENTE ●●●●○ **SERVICE** ●●●●●
KÜCHE ●●●●● **PREIS-LEISTUNG** ●●●●●

€ Lange Reihe 60 (St. Georg), Telefon 040 537976355, Di-Sa 9–16 Uhr, EC-Karte, VISA, Mastercard; Hauptbahnhof alle Bahnlinien; waswirwirklichlieben.de

FOTO: JAN SEEBECK

Im Elbgold werden die Bohnen behutsam von Hand geröstet

Gut gebrüht!

Geht's um Kaffee, ist Hamburg voll im Geschäft. Hat schließlich Tradition in der Stadt mit den imposanten Speichern unten am Hafen. Wo es die besten Bohnen, die feinste Crema und noch dazu leckeres Gebäck gibt? Hier!

TEXTE: BEKE DETLEFSEN & JOHANNA ZOBEL

Becking Kaffee

Seit 1928 werden in der Rösterei in Bahrenfeld feinste Bohnen geröstet, gemahlen und als aromatischer Kaffee behutsam verpackt – bei Becking Kaffee wird Tradition großgeschrieben. Im schönen Kontorhaus in der Leverkusenstraße kann man den Röstmeistern sogar bei der Arbeit zuschauen. Neben Kaffeespezialitäten warten im angrenzenden Café belegte Brötchen, Kuchen und ein täglicher Mittagstisch mit wechselnden Tagesgerichten, Salat, Burger und Pizza.

Leverkusenstraße 31 (Bahrenfeld); becking-kaffee.de

Black Delight

„Respecting Coffee" – so lautet das Motto der kleinen Rösterei aus Altona. Hier wird der Rohkaffee nach höchsten Qualitätsstandards ausgewählt und fair gehandelt. Denn nicht nur das Produkt, sondern auch die Natur und die beteiligten Menschen liegen den Machern von Black Delight am Herzen. Geröstet wird in der Waidmannstraße, in der gemütlichen Kaffeebar in der Friedensallee kann der würzige Kaffee direkt verkostet werden.

Friedensallee 32 (Ottensen); blackdelight.de

Carroux Café

In einem kleinen Laden in Blankenese röstet Inhaber Ulrich Carroux seit 1998 sorgfältig ausgewählte Kaffeebohnen. Er wünschte sich schon lange vor der „Third Wave"-Bewegung feinsten Espresso und eröffnete kurzerhand seine eigene Rösterei. Seitdem gibt es hier fair gehandelten, guten Kaffee ohne viel Schnickschnack – und stets nur in kleinen Mengen hergestellt. Über einen Onlineshop wird er mittlerweile deutschlandweit an Restaurants, Cafés und Feinkosthändler geliefert, im Blankeneser Stammhaus kann er auch direkt vor Ort verkostet werden.

Elbchaussee 583 (Blankenese); carroux.de

Im Kaffeebrewda wird mit viel Liebe aufgebrüht

FOTOS: ELBGOLD (L.), BECKING KAFFEE (O.), KAFFEEBREWDA (U.)

Das Becking punktet mit hellem und freundlichem Ambiente

Coffeum

Die geschmackliche Vielfalt, die Kaffee zu bieten hat, fasziniert Kaffeesommelier Ulrich Marsau seit langer Zeit. Er röstet in der Rösterei Coffeum seit über 20 Jahren täglich frisch und hat mit etwa 40 verschiedenen Sorten ein beeindruckendes Sortiment. Deshalb findet im Familienbetrieb in der Altstadt auch jeder den für sich richtigen Kaffee – auch weil Ulrich Marsau sich Zeit für seine Kunden nimmt, um diesen zu finden. Zudem sind für ihn Qualität, Transparenz und Nachhaltigkeit beim Kaffeebohnen-Anbau sehr wichtig.

Steinstraße 19a (Altstadt); die-roesterei.com

Copenhagen Coffee Lab

Nicht einfach nur ein Kaffeelieferant: Das Team des Copenhagen Coffee Lab möchte sich stets weiterentwickeln und steht in enger Zusammenarbeit mit den Kaffeebauern. Ein Konzept, das schmeckt, denn in Hamburg gibt es das Kopenhagener Unternehmen mittlerweile an sieben Standorten. Neben köstlichem Kaffee gibt es hier außerdem leckere Backwaren: frisches dänisches Gebäck, belegte Sandwiches sowie selbst gebackenes Brot aus der hauseigenen Bäckerei in Stellingen. Die Kardamomknoten und Zimtschnecken könnte man auch hinter der Grenze nicht besser bekommen.

Poolstraße 34 (Neustadt); copenhagencoffeelab.com

Deathpresso

Hier folgt alles dem Motto: „Schlafen kannste, wenn du tot bist". Die hauseigene und gleichnamige Espressomarke „Deathpresso" kann ebenso wie weitere Kaffeesorten im Café in der Schanze probiert oder mit nach Hause genommen werden. Der „Alles wird gut"-Kaffee unterstützt dabei das Projekt „Flores del Café", das Frauen in Nicaragua Landbesitz ermöglichen will. Neben viel Koffein warten am Grünen Jäger auch Kuchen, Zubehör und Merch mit dem kultigen Logo – einem dampfenden Totenschädel – auf müde Gäste.

Beim Grünen Jäger 24 (St. Pauli); deathpresso.de

Elbgold

Bei Elbgold im Szeneviertel Sternschanze werden die Kaffeebohnen aus Äthiopien, Guatemala und Co. behutsam von Hand geröstet. Damit sich wirklich jeder Kaffee-Liebhaber bei Elbgold wohl fühlt, verpasst das erfahrene Team jedem Kaffee ein individuelles Röstprofil. An allen fünf Standorten gibt es dazu in der Lagerstraße hausgemachte Törtchen, Franzbrötchen oder belegte Bagels.

Lagerstraße 34c (Sternschanze); elbgoldshop.com

Kaffeebrewda

Wer Kaffee nicht nur gerne trinkt, sondern auch mehr über das braune Gold wissen möchte, ist bei Kaffeebrewda genau richtig. Hier kann sich jeder ausführlich beraten lassen und durch alle Kaffee -und Espressosorten probieren. Tipp: Immer sonntags trifft man sich um 15 Uhr in der Speicherstadt zur Kaffeeverkostung mit Franzbrötchen. Es gibt eine Stunde geballtes Kaffeewissen gepaart mit Geschmack und Humor und dazu natürlich das leckere Gebäck. Anschließend mit den Liebsten noch durch die Speicherstadt oder Hafencity bummeln und der Sonntag ist perfekt.

Auf dem Sande 1 (HafenCity); kaffeebrewda.com

Kaffeerösterei Burg

Guter Kaffee braucht Zeit: 30 Minuten für 30 Kilo. Geröstet wird dabei noch heute mit einem traditionellen Trommelröster aus den 1950er-Jahren. Beheimatet ist die Rösterei Burg in Eppendorf. Dort findet man neben Kaffee schöne Dinge wie Tee- und Kaffeekannen, Marmeladen, Süßigkeiten, Kaffeedosen sowie vieles andere Neue und Nostalgische. In der Speicherstadt betreibt die Rösterei ein hauseigenes Kaffeemuseum mit fast 9000 Ausstellungsstücken rund um das Thema Kaffee.

Eppendorfer Weg 252 (Hoheluft-Ost); kaffeeroesterei-burg.de

Public Coffee Roasters

Bei den Public Coffee Roasters dreht sich alles um hochwertigen Kaffee, der fair gehandelt und für jeden zugänglich sein soll – dafür steht das Wort „Public" im Namen. Geliefert wird dieser von verschiedenen Kleinimporteuren, die im direkten Kontakt mit Kleinfarmern in den Ursprungsländern wie Brasilien, Guatemala oder Äthiopien stehen. Anschließend werden die Bohnen auf dem Hausboot auf der Elbe schonend geröstet. In den dazugehörigen drei Cafés sollte man den Cheesecake, die Avocadostullen und die knackigen Salate nicht verpassen!

Wexstraße 28 (Neustadt); publiccoffeeroasters.com

Maya Kaffeerösterei

Birthe und Christian Haase betreiben schon seit 23 Jahren ihre eigene Kaffee- und Espressorösterei in Hammerbrook, seit 2012 unter dem Namen MAYA. Mittlerweile wird nicht mehr nur im Stammhaus produziert, sondern auch in einer größeren Trommelröstanlage im niedersächsischen Dörfchen Hollenstedt. Das Ergebnis: biologisch-organisch und biodynamisch angebauter Kaffee, der deutschlandweit seine Fans gefunden hat. Ein Besuch im Stammhaus lohnt sich aber nicht nur wegen der köstlichen Kaffeespezialitäten, sondern auch wegen der funky Musik und auffallend guten Laune im Maya-Kaffeehaus.

Hammerbrookstraße 75 (Hammerbrook); mayakaffeeroesterei.de

Mount Hagen

Seit über dreißig Jahren hat sich das Hamburger Unternehmen Wertform auf die Herstellung von Bio-Kaffee spezialisiert und deckt mit seiner Marke Mount Hagen alle Kaffeevorlieben ab: von Single-Origins über Kaffeekompositionen bis hin zu Espressi, Instants oder auch Getreidekaffees. Dahinter verbirgt sich nicht nur perfekter Genuss, sondern auch das Versprechen nur ökologisch angebaute Kaffees in den Ursprungsländern zu Fairtrade-Preisen zu beziehen.

mounthagen.de

Nord Coast Coffee Roastery

Stylish und nachhaltig: In den drei schicken Cafés der Rösterei im Industriedesign gibt's neben hausgemachten Köstlichkeiten – wie Waffeln, belegte Brote und verschiedene Bowls – hochwertigen „Third Wave"-Kaffee. Die Bohnen sind fair produziert sowie gehandelt und anschließend sorgfältig geröstet. Mit der Aktion „Coffee for a better place" spenden Paula Mendes und Jörn Gorzolla außerdem pro verkauftes Kilo 50 Cent an soziale Projekte in den Ursprungsländern.

Eppendorfer Baum 20 (Harvestehude); nordcoast-coffee.de

Speicherstadt Kaffeerösterei

Wer in der Speicherstadt Kaffeerösterei einkehrt, darf sich auf ein aromatisch-duftendes Erlebnis freuen. Denn unmittelbar im Gastraum befinden sich die Röstanlagen, an denen man den Machern bei ihrer Arbeit einen Blick über die Schultern werfen darf. Verarbeitet werden nur Bohnen mit herausragender Qualität, bei denen genau auf die Herkunft geachtet wird. Zudem unterstützt die Rösterei soziale Projekte, wie etwa das Orang-Utan-Coffee für bessere Lebensbedingungen der Kaffeebauern und regionale Projekte wie BG Baskets Hamburg oder leethub St. Pauli e. V.

Kehrwieder 5 (HafenCity); speicherstadt-kaffee.de

The Roastery by Hanseatic Coffee Company

Seine hochwertigen und fair gehandelten Kaffeebohnen bezieht The Roastery der Hanseatic Coffee Company von kleinen Familienplantagen in Südamerika, Afrika und Indonesien. Daraus entsteht aromatischer Kaffee, der mit saftiger Quiche, frischen Waffeln oder belegten Brötchen genossen werden darf. Wer ohne den ordentlichen Koffeinkick nicht aus dem Bett kommt, kann sich in Bahrenfeld mit hauseigenen Röstungen und jeder Menge Zubehör eindecken.

Wichmannstraße 4 (Bahrenfeld); hanseatic-coffee.com

Torrefaktum

Neben dem Mutterschiff in Ottensen und dem „Zeit"-Café in der Altstadt betreibt die Kaffeerösterei Torrefaktum auch einen Laden in Eppendorf und seit November 2021 das Coffee Lab in der Ruhrstraße. Der frisch gebrühte Kaffee wird hier mit hübscher Latte-Art verzaubert – mit Blumen, Herzen und Tiermotiven. Zum Knabbern gibt es verschiedene Gebäcke wie Kuchen, Brownies oder hausgemachtes Knuspermüsli. Nachhaltigkeit wird hier großgeschrieben: Bei der Verpackung kommen ausschließlich kompostierbare Materialien zum Einsatz.

Speersort 1 (Altstadt); torrefaktum.de

Industrielles Flair herrscht in der Speicherstadt Kaffeerösterei

FOTO: BORIS GOLZ

Public
COFFEE ROASTERS

Eure neue Anlaufstelle für Kaffeegenuss in Eimsbüttel.

Wir sind Public Coffee Roasters – eine junge familiengeführte Hamburger Kaffeerösterei für Spezialitätenkaffees. Wir freuen uns Euch in unserem neuen Café in der Lappenbergsallee 43 zu empfangen. Entsprechend unserer Philosophie werden wir hier Qualität, Transparenz und gute Laune servieren.

Der QR Code nimmt Dich mit auf unsere Reise!

Handgeröstet auf der Elbe

publiccoffeeroasters.com

So wurde **getestet**

Mehr als 700 Restaurants und Gastro-Tipps für Hamburg und das Umland wurden von mehr als 90 Testern geprüft. Hier erfahren Sie mehr über unsere Kriterien, die Testsieger-Auswahl und die Symbole, die Ihnen im Heft begegnen

WER?

Essen kann jeder – kritisch und unabhängig darüber schreiben nicht. Deshalb haben wir unsere Tester:innen sorgfältig ausgewählt. Neben unseren Redakteurinnen und Redakteuren waren Journalist:innen und Gastrokenner:innen aus unserem Netzwerk im Einsatz. Hinzu kommen 26 VIP-Tester:innen, die jeweils als Pate und Patin einer Rubrik bis zu drei Restaurants getestet haben. Auch hier galt: Kein Besuch war angekündigt, die Tester:innen blieben unerkannt, und gezahlt wurde selbst.

WIE?

Anonym, kritisch, unabhängig: Nach diesen Leitmotiven wurden die Restaurants über Monate von uns getestet. Basis der Bewertung waren Kriterien wie etwa Qualität und Anrichtung des Essens, Service, Atmosphäre und Preis-Leistungs-Verhältnis.

Lange Tests: Knapp 400 Restaurants wurden seit der letzten Ausgabe (Oktober 2021) besucht und ausführlich getestet.

Kurzgebraten: Diese Lokale haben wir kurz und knapp unter die Lupe genommen.

WAS?

Alle Restaurants in und um Hamburg aufzuführen, ist schier unmöglich – und unnötig, finden wir. Bei der Auswahl haben wir auf einen bunten Mix aus Klassikern, Geheimtipps und Neueröffnungen geachtet – und darauf, Restaurants aus allen Teilen Hamburgs und dem Umland zu testen. Wir haben uns nämlich auch im Umkreis von Pinneberg, Bergedorf, Harburg und Lüneburg umgesehen.

Genuss GUIDE DER SZENE HAMBURG TESTSIEGER

Genuss GUIDE DER SZENE HAMBURG HANSEPERLE

TESTSIEGER UND HANSEPERLE

Jede Rubrik hat ihren Testsieger, der nach den unten stehenden Kriterien auf ganzer Linie überzeugt hat. Hier passt alles zusammen: Geschmack, Atmosphäre, Preis und Konzept. Zur Hanseperle gekürte Restaurants sind besonders herzlich, köstlich, gemütlich – oder eben: typisch Hamburg. Hanseperlen werden seit Jahren geliebt, sind besonders knackige Neulinge oder gelten als Geheimtipp unter Kennern.

€ Hauptgerichte für 5–15 Euro
€€ Hauptgerichte für 10–20 Euro
€€€ Hauptgerichte für 15–25 Euro
€€€€ Hauptgerichte ab 25 Euro

PREISSPANNE

Die Eurozeichen von eins bis vier verraten auf den ersten Blick, in welcher Preisklasse ein Restaurant spielt. Ob es auch seinen Preis wert ist? Das verraten wir im Text.

●●●●●

PUNKTEBEWERTUNG

Für einen schnellen Überblick haben wir den Restaurants Punkte von 1 bis 5 (eine glatte Eins) verliehen. Bewertet haben wir nach folgenden Kriterien: Ambiente – grauenhaft, so lala, komfortabel, überzeugend, spektakulär. Service – miserabel, durchwachsen, in Ordnung, kompetent, einwandfrei. Küche – kann nichts, geht so, solide, kreativ, hohe Kunst. Preis-Leistung – unangemessen, grenzwertig, akzeptabel, gut, sehr gut.

NEU!

NEUERÖFFNUNGEN

Jedes Jahr sprießen neue Restaurants in Hamburgs Gastrolandschaft. Neueröffnungen (ab August 2021) haben wir markiert.

PIKTOGRAMME

Ist das Restaurant barrierefrei, darf mein Hund mit und wo sind Kinder gern gesehene Gäste? Einfach den Piktogrammen folgen.

Grüner Stern
Diese Restaurants wurden 2022 vom Guide Michelin für ihre Nachhaltigkeit mit dem grünen Stern ausgezeichnet

Außensitzplätze
Wenn das Hamburger Wetter mitspielt, kann man hier lauschige Abende verbringen

Barrierefrei
In diesen Restaurants ist der Eingang ebenerdig

Freier WLAN-Zugang
Für Instagrammer und Arbeitswütige: Hier gibt es eine freie Leitung in die Online-Welt

Kinderhochstuhl
Diese Restaurants sind auf kleine Gäste eingestellt und haben Hochstühle parat

Hundefreundlich
Fiffi, Waldi und Rex müssen nicht draußen bleiben. Wer sich benimmt, ist hier gern gesehen

VLET
Familie
VLET-Genusswelt
Kulinarik im Herzen von Hamburg
Entdeckt die Genuss-Vielfalt unserer Lieblingsstadt:
Wir nehmen euch mit auf eine kulinarische Reise durch unsere international-hanseatische Küche am Jungfernstieg bis hin zu modern interpretierten Hamburger Klassikern inmitten der Speicherstadt.
Raffiniert, regional, mit Liebe zum Detail.
Restaurant VLET in der Speicherstadt
Sandtorkai 23/24 · 20457 Hamburg
040 334 753 75-0 · info@vlet.de
VLET Kochschule
Dammtorwall 15 · 20355 Hamburg
040 2000 64-105 · info@vlet-kochschule.de
Restaurant VLET Kitchen & Bar
Jungfernstieg 7 · 20354 Hamburg
040 350 189-90 · info@vlet-kitchen.de

Frischer Look!

NEU! Die Website des Genuss-Guide Hamburg strahlt in neuem Gewand. Neben schickem Design gibt es das Menü nun gebündelt und übersichtlich auf einen Blick

Wissen, was in der Gastro-Szene passiert: Mit dem digitalen Genuss-Guide immer auf dem neusten Stand bleiben. Auf genussguide-hamburg.com geht es um die wichtigen Fragen des Alltags: Was gibt es zu essen? Und wo finde ich das? Ob italienisch, spanisch oder indisch, auf der Website leiten mehr als 700 Restauranttests zu dem gewünschten kulinarischen Erlebnis. Neu dabei: Hamburger Cafés im Test – wo gibt es das beste Frühstück?

Die neue Benutzeroberfläche sieht nicht nur superschick aus, sie macht das Surfen auf dem Genuss-Guide auch wesentlich einfacher. Das Menü ist übersichtlicher: Unter Gastro-Tests liegen die Restaurant-, Bar- und Cafétests – in der Suchmaske kann neben dem Stadtteil auch nach Gericht, Preiskategorie und Küchenstil gefiltert werden. Unter Feinkost bekommen User einen schnellen Blick auf Bäckereien, Fisch-Läden, Bauern- und Gutshöfe sowie vieles mehr. Außerdem: Top-Listen. Regelmäßig verrät die Redaktion ihre besten Food-Adressen. Der Magazinteil liefert spannende Storys über die bunte Gastro-Szene Hamburgs.

50 % Rabatt für unser Online-Angebot

Einfach mit dem untenstehenden Rabatt-Code (gültig bis 15.7.2023) unter genussguide-hamburg.com/abo/ registrieren und das 12-monatige Genuss-Guide+ Abo für nur 12 Euro statt 24 Euro beziehen.

Natürlich auch als App: Jetzt downloaden!

Die Genuss-Guide-App

Das geballte Insiderwissen der Genuss-Guide-Redaktion auf deinem Smartphone.

Q3RDQAOR

genussguide-hamburg.com

700 Restaurants

Peppige Pasta? Cremiges Curry? Oder doch Lust auf Langusten? Hamburg-City ist am Start. International. Vielfältig. Ein Gastro-Himmel! Bodenständige Küche, hippe Szene-Restaurants und echte Stars, die Sterne sammeln – nichts müssen wir lange suchen. Wir finden, schlemmen, testen und schreiben es auf. Ab geht die wilde Genießer-Fahrt!

DIE JURY

Christian Sroka
Head of Marketing
Heimathafen Hotels

Eliane Neubert
Köchin und
Foodstylistin, elliKOCHT

Anke Harnack
a.ha. solutions by Anke
Harnack Moderatorin,
Coach, Trainerin

Stevan Paul
Foodjournalist und
Kochbuchautor

Ravindra K. Ahuja
ehem. Hoteldirektor
Courtyard by
Marriott Airport

Koral Elci
Geschäftsführer
Kitchen Guerilla

Denise Wachter
Stern | Redakteurin für
Genuss & Kulinarik!

Jens Sroka
Geschäftsführer
Heimathafen Hotels

Onur Elci
Geschäftsführer
Kitchen Guerilla

Stefanie von Carlsburg
Unternehmens-
kommunikation HASPA

FOTOS: JULIA SCHUMACHER, BERTOLD FABRICIUS, JULIAN KEYSER, DANIELA HAUG, SEREN DAL, ROMANUS FUHRMANN, ANDREA THODE

Hamburgs Gastropreis

Genuss-Michel 2022

Keine Frage: An Alster und Elbe gibt's viele gute Köchinnen und Köche. Aber wir suchen die Besten. Nur die dürfen sich Hamburgs wichtigsten Gastropreis in die Vitrine stellen. Also nichts wie ran an den Genuss-Michel 2022. Gekürt werden beste Newcomer und Restaurants. Als Topping haben wir den Preis fürs Lebenswerk in petto. Die hochkarätig besetzte Fachjury hat gesprochen!

Restaurant des Jahres

Die Nominierten

CASA DI ROMA

Wer es trotz der Dichte an Restaurants mit der typischen Stiefel-Küche in Hamburg mehrfach auf das Italien-Testsieger-Podest schafft, hat wohl alles richtig gemacht. Die Familie Kumar, deren jüngster Spross Ricky nach und nach die Zügel im Casa di Roma, dem Italo-Fine-Dining-Hotspot in St. Georgs Langer Reihe, übernommen hat, feiert in diesen Monaten zusätzlich das 30-jährige Bestehen ihres Lokals. Hut ab vor solch einer Kontinuität in Küche, Service, Weinauswahl und Ambiente!

Seite 152 / PETER WAGNER, TESTER

HENNY'S

Als 2015 der Großhansdorfer Gastronom Danilo del Favero die Küchenwerkstatt von Sternekoch Gerhard Zogbaum übernahm und das kulinarische Konzept des neuen Henny's mit „ehrliche deutsche Küche und einige internationale Akzente" beschrieb, ging ein Raunen durch die Restaurant-verwöhnten Winterhuder: Sushi & Sashimi auf der gleichen Karte wie Sauerfleisch und Rindsroulade, dazu Käsekrainerwürste, Hummersüppchen, Senfeier auf Spinat, Steinpilzrisotto oder geschmorte Kalbsbäckchen – was hat so ein Gemischtwarenladen am schnieken Alsterfleet zu suchen? Nun, in diesen sieben Jahren ist das Henny's nicht nur für uns ein sicherer Gaumenhafen geworden, in dem ohne Reservierung im heimelig-schicken Gastraum nur selten einer der Tische ergattert werden kann.

Seite 260 / PETER WAGNER, TESTER

+++ Mehr zur Preisverleihung und allen Nominierten unter

Inhaber Björn Juhnke (l.) und sein Küchenchef David Danek haben das Haco zum besten Restaurant 2022 gekocht

Der Preisträger

HACO

Das Haco kann was. Und das wissen wir schon länger. Seit 2017 bereichern Björn Juhnke und sein Team den Kiez. Sie setzen lässig-gekonnt einen kulinarischen Kontrapunkt zum von Feierbiestern und Sauftouristen geprägten Trubel in der Nachbarschaft. Mit zwei schwarzen Kochhauben vom Gault-Millau und dem grünen Stern vom Guide Michelin darf das Restaurant sich bereits schmücken. Denn Nachhaltigkeit gehört zur DNA des Hauses. Wir setzten noch einen drauf: Für uns ist das Haco im Jahr 2022 das beste Restaurant Hamburgs. Trotz grandioser Konkurrenz.
Was Juhnke und Küchenchef David Danek an der Clemens-Schultz-Straße auftischen, ist schlicht gehobene Küche. Fine Dining mit Öko-Anspruch. Kulinarisch setzen die beiden auf eine streng regionale Philosophie. Zu den Lieferanten, Produzenten und Bauern wird ein enger Kontakt gepflegt. Verarbeitet werden Obst und Gemüse von Bio-Händlern aus Norddeutschland. Das Wild kommt aus der Lüneburger Heide. Rind, Geflügel und Schwein von Bauern aus dem Hamburger Umland.
Herzstück des Haco sind der extra für die Küche gebaute Herdblock und der offene Holzfeuer-Grill. Eine Speisekarte gibt es nicht. Das an der Saison orientierte Menü hat zehn Gänge. Was auf den Tellern landet, ist hohe Kunst der Nordic Cuisine. Saftige Rippchen grüßen Makrele und handgetauchte Jakobsmuschel. Die Teller? Ein Augenschmaus. Die Weinkarte bezeichnen die Macher des Haco selbst als „einen Mix von Underdogs, den Tropfen junger Winzer und großer Gewächse europäischer Weingüter". Apropos groß: Glückwunsch zur Nummer eins in Hamburg. **Seite 354**

/ ANDREAS DAEBELER

Phänomenal! Ich habe so noch nie in Hamburg gegessen. Ich bin noch nie so als Gast auf Händen getragen worden. Ich hab noch nie so viele so gute Geschichten gehört über einzelne Komponenten. Von vorn bis hinten ein grandioser Abend

ANKE HARNACK

Diese Art zu kochen ist Fine Dining auf legere Art! Das Haco macht seit vielen Jahren irre gute Arbeit! Vordenker einer neuen Kulinarik. Spektakulär: 119 Euro für zehn Gänge! Das Preis-Leistungs-Verhältnis ist unschlagbar in Hamburg

STEVAN PAUL

FOTO: JULIA SCHUMACHER

genussguide-hamburg.com +++

Bester Newcomer

Die Nominierten

[STAMM]TISCH

Als hätte man ein Stück Cannes eingefangen, es mit einem Schluck Außenalster gemixt und am Mühlenkamp wieder freigelassen. Hier wird Händchen gehalten, dort auf gelungene Deals angestoßen, da hinten bekleckert jemand Mamas Shirt mit Spinat – all dies unter den wohlwollenden Blicken gediegener Winterhuder Uranwohner:innen. Mitten drin sitz ich mit Flipflops und meiner Tochter und fühl mich pudelwohl. Der Service ist gut gelaunt, die kleinen Gerichte sind abwechslungsreich, ohne dabei zu überfordern. Das Konzept: Stell den Teller in die Mitte vom Tisch, sodass alle was abbekommen. **Seite 319**

/ ELIANE NEUBERT, VIP-TESTERIN UND JURORIN

CHEZ L'AMI

Das Chez L'Ami ist auf den Punkt durchdacht. Aus dem kleinen Raum haben die Betreiber ein elegantes intimes Restaurant gezaubert. Wir fühlen uns wie bei Freunden, die uns mit ihrer Gastfreundschaft und Kulinarik verwöhnen wollen. Ein ungewöhnliches Konzept, ein freundlicher Service und eine hervorragende Qualität der Speisen – ein perfektes Restaurant für einen perfekten Abend. Chapeau!

Seite 174

/ STEFANIE VON CARLSBURG, VIP-TESTERIN UND JURORIN

Der Preisträger

ELMA SPEISEKNEIPE

Ankommen. Auftischen. Abräumen. Klare Ansage. Wir hören sie aus Altona. Dort, wo das neue Herz des Stadtteils mittig schlägt und Tausende Menschen eine neue Wohnung bezogen haben, gibt es seit 2021 die Elma Speisekneipe, die von Nessy Rose, Steffen Schönfeld und Thomas Naerger geführt wird. Es gehört fraglos Mut dazu, angesichts pandemischer Ungewissheiten ein Restaurant zu eröffnen. Der macht sich aber bezahlt, wenn das Konzept stimmt. Wie bei Elma. Das Team an der Harkortstraße schafft einen bemerkenswerten Spagat zwischen klassischem Mittagstisch und toller Abend-Kulinarik. Auf den Tellern landen internationale Klassiker und bodenständige Gerichte. Elma verzichtet bei der Carbonara auf den vielerorts üblichen Sahne-Betrug, interpretiert Königsberger Klopse frisch und begeistert à la carte mit Ochsenbacke, Wolfsbarsch und echtem Wiener Schnitzel. Nach veganen und vegetarischen Alternativen muss niemand lange suchen. Bei den Zutaten spielen Saison und Regionalität wichtige Rollen. Das Ambiente mit den hohen Decken, viel hellem Holz und angenehmem Licht ist stimmig, der Service auf Zack. Unweit des Lessingtunnels ist so Gastro zum Wohlfühlen entstanden. Übrigens auch für Familien, die Kinderkarte lässt kaum Wünsche offen. Also: Essen gut, Atmo gut, alles gut. Aber hey, Elma Speisekneipe ist auch eine prima Adresse für den Feierabend mit Lager oder Weißbier vom Fass vor der Nase. So kann draußen vor dem historischen Gebäudeensemble des alten Güterbahnhofs das Treiben zwischen Bahnhof und der weiter wachsenden Mitte Altona beobachtet werden. Liebe Elmas: Schön, dass ihr da seid. Und Glückwunsch zur Auszeichnung für den besten Newcomer Hamburg. Verdient! **Seite 314**

/ ANDREAS DAEBELER

GENUSS MICHEL 2022
Hamburger Gastropreis
Genuss Guide
SZENE HAMBURG
Bester Newcomer

Newcomer, die begeistern: Florian Kleppel, Thomas Naerger, Nessy Rose und Steffen Schönfeld (von links) von Elma Speisekneipe

FOTO: JUIA SCHUMACHER

Wir danken unserern Sponsoren

MINI HAMBURG

HAK

Public COFFEE ROASTERS

Nachhaltigkeitspreis „Nachschlag“

FOTO: SVEN SCHOMBURG

MATTHIAS GFRÖRER

Geht es um Nachhaltigkeit in der Gastronomie, führt an der Gutsküche Wulksfelde kein Weg vorbei. Hier ist Matthias Gfrörer am Werk. Schon seit 2009, als Nachhaltigkeit noch kein angesagtes Buzzword war, legt er Wert auf einen respektvollen Umgang mit den Produkten und geht mit der Saison. So hat er es in Sterneküchen auf der ganzen Welt gelernt, so setzt er es von Beginn an in seiner Gutsküche um. Auf den Tisch kommt, was Acker und Gewächshaus gerade so hergeben: Spargel im Frühling aus Wulfsdorf, Wulksfelder Erdbeeren im Sommer, Hof-Kürbis im Herbst, Grünkohl beim ersten Frost. Und wird dann doch mal etwas importiert, muss es garantiert ökologisch angebaut und fair produziert sein. Gfrörers Bio-Hausmannskost ist raffiniert und beweist gleichzeitig Bodenhaftung: Alles ist handwerklich kreativ und trotzdem ohne Chichi. Warum die saisonale und regionale Küche so wichtig ist? „Wir müssen respektvoll mit der Umwelt umgehen und mit den Ressourcen so arbeiten, dass auch die nächste Generation noch etwas davon hat“, sagt Gfrörer. „Wenn man Geschmack erleben will, muss man auf die Natur hören.“ Gutsküche heißt also: Genuss mit gutem Gewissen. Aus diesem Grund hat Gfrörer seine Karte 2021 auch neu konzeptioniert. Weil ein übermäßiger Fleischkonsum als einer der größten Treiber des Klimawandels gilt, will die Gutsküche das Bewusstsein schärfen. „Zu unserer vegetarischen Landhausküche servieren wir gern die besten Beilagen der Welt!“, sagt Gfrörer – zum Beispiel besonders gute Stücke Fleisch von Tieren aus der hofeigenen Aufzucht und Fisch aus kontrollierten Fängen. Für einen bewussten Genuss. Grund genug für unseren „Nachschlag“. Mit dem Nachhaltigkeitspreis ehren wir Hamburger Gastronom:innen, die sich auf herausragende Weise für Umweltschutz und eine wertschätzende Genusskultur einsetzen. **Seite 380** / ALICE VON DER LADEN

Ehrenpreis Lebenswerk

GENUSS MICHEL 2022
Hamburger Gastropreis
Genuss GUIDE SZENE HAMBURG
Ehrenpreis Lebenswerk

ELIAS HANNA SALIBA

Wenn Elias Hanna Saliba lächelt, geht die Sonne auf. Passt. Der Mann kommt schließlich aus dem Morgenland. Es ist 1971, als er blutjung aus der syrischen Hafenstadt Latakia aufbricht, um an der Elbe sein Kapitänspatent zu erwerben. Als er damals in der Jugendherberge am Stintfang einzieht, ahnt er noch nicht, dass er nach 13 Jahren auf See letztlich hier an der Elbe stranden wird. Aber seine offene und herzliche Art beschert ihm schnell Freunde fürs Leben. Hamburg wird zu einem Heimathafen. 1984 setzt er dort endgültig den Anker. Hanna Saliba startet in sein zweites Leben. In der Osterstraße 10 eröffnet er ein erstes kleines Restaurant. Und das schlägt ein. Vor allem die orientalischen Vorspeisen und das Interieur verzaubern die Hamburger. Der Beginn einer wilden Fahrt: Alle paar Jahre kommen neue Lokale hinzu. Irgendwann sind es 13. Zum Flaggschiff wird das „Saliba" in den Alsterarkaden, das er noch heute führt. Von allen anderen Restaurants hat sich der 71-Jährige mittlerweile getrennt. Ein halbes Jahrhundert nach seinem ersten Blick auf die Elbe gehört er zu den bekanntesten Gastronomen unserer Stadt. Er hat Türen aufgestoßen, Horizonte erweitert und orientalische Küche salonfähig gemacht. Zu einer Zeit, als Hamburg kulinarisch noch ziemlich einsilbig war und Souvlaki beim Griechen nebenan schon als Ausflug in eine fremde Welt galt, wartete er mit Hummus, Falafel und Tabouleh auf. Ging es um Qualität und hohen Standard, hat Hanna Saliba auch an Land das Ruder fest in der Hand und dabei den Kurs gehalten. Als Kapitän einer beeindruckenden Gastro-Flotte. Und der Imbisskette „Salibaba", in der syrischen Flüchtlingen eine Jobperspektive geboten wird. Soziales Engagement, das ihm immer wichtig war.
Die Entscheidung, für Frau und Kinder Seefahrt Seefahrt sein zu lassen, hat er nicht bereut. Auch an Land hat er sein Leben zum Werk gemacht. Und an dem schreibt er weiter. Kürzlich ist Hanna Saliba auch noch unter die Autoren gegangen. Sein Buch „Moin und Salam" ist nicht weniger als eine Liebeserklärung ans abendländische Hamburg. Und ans Essen. Natürlich. **Seite 234**

/ ANDREAS DAEBELER

FOTO: JULIA SCHUMACHER

PLANETARIUM
HAMBURG
DIE MEHR ALS
★★★ STERNE KÜCHE
AUF DEM MENÜ
Reisen in den Kosmos
Der Blick zu anderen Planeten, Sternen und Galaxien.
Alles rund um unsere Welt
Spektakuläre Ausflüge in die Umwelt und rund um unseren blauen Planeten.
Musik und DJ-Veranstaltungen
Stars aus Kunst und Kultur auf unserer Sternenbühne.
PLANETARIUM
planetarium
planetariumhh
planetariumhamburg
TICKETS: 040 428 86 52-10 www.planetarium-hamburg.de
PLANETARIUM HAMBURG. DAS STERNENTHEATER

CLAUDIO'S | SPANIEN
Vanessa Stüven und Claudio Williams können nicht nur grandiose Tapas und saftige Steaks, sondern auch feurige Desserts
Seite 182

XO SEA-FOODBAR | FISCH
Die Souschefs Patrick Neureuther und Clara Hunger begeistern mit lässig-leckerer Fischküche
Seite 274

CASA DI ROMA | ITALIEN
Juniorchef Ricky Kumar heimst mit Italo-Fine-Dining zum dritten Mal in Folge den Testsieg ein
Seite 152

UNSERE **Testsieger**

Kein Genuss-Guide ohne Gewinner. Wer sich aus mehr als 700 getesteten Restaurants nach vorn kocht, hat einen Extra-Tusch verdient. Und wir drehen das Rad diesmal noch ein Stück weiter. Denn jetzt gibt es ein paar Rubriken mehr. Aus Iberien wurden Portugal und Spanien, Orient und Indien sind solo unterwegs. Hier kommen unsere 19 Testsieger

FOTOS: JULIA SCHUMACHER

NAU | PORTUGAL
Mit feiner Küche und ausgesuchten Weinen sticht Carlos Vasconcelos deutlich aus der Masse des Portugiesenviertels hervor
Seite 188

BUDDELS | HEIMATKÜCHE
Führen Gasthaus & Weinbar mit Charme und Freude: Christine Heitmann und Michael Maaß
Seite 336

ELMA SPEISEKNEIPE | SZENE-LÄDEN
Lassen uns schier durchdrehen: Nessy Rose, Florian Kleppel, Steffen Schönfeld und Thomas Naerger
Seite 314

LIEBLINGSPLATZ | IM SÜDEN
Adolf und Christina Behrens und Küchenchef Markus Schubert schenken den Gästen schöne Stunden am See **Seite 391**

HACO | GOURMET
Nehmen uns mit auf eine nordische Weltreise: Björn Juhnke (l.) und David Danek **Seite 354**

Unsere Testsieger

PICCOLO PARADISO | VEGGIE & VEGAN

Martina Neumann und Peter Kühn sind seit vielen Jahren der Fels in der Brandung
Seite 302

ALTE RADER SCHULE | IM OSTEN

Eins mit Sternchen: Für Folke Kaempfe drücken wir gern die Schulbank
Seite 382

YU GARDEN | ASIEN

Das Yu Garden von Qiuyi Chen überzeugt mit chinesischer Hochküche im Teehaus **Seite 210**

WYNDBERG | LÜNEBURG

Hotel, Restaurant, Bar und Destille: Marc Blancke (l.) und Christopher Weckle feiern den Genuss **Seite 403**

ASHOKA | INDIEN

Maria Manuela Santos Martins und Jaspal Singh machen indische Küche zu einem farbenfrohen Erlebnis
Seite 246

CHEZ L'AMI | FRANKREICH

So sehen Sieger aus: Restaurantmanager Martin Schmiedeberg (r.) und Küchenchef Bartek Wydrzynski haben abgeliefert
Seite 174

„Ich hab es wieder getan!“
Willkommen zurück, Ulla!
Ulla U. aus Uelzen fährt zur Alpaka-Wanderung nach Lüneburg. Und wann bist du wieder mit uns unterwegs?
www.metronom.de
metronom
Unterwegs mit Freunden.

SALIBA | ORIENT

Wadie Saliba (v. l.), Hanna Saliba und Alexander Mudjadidi haben den Testsieg im Team erkocht
Seite 234

HENNY'S | INTERNATIONAL

Küchenchef Dirk Brinkmann (l.) und Restaurantleiter Ercin Berisa laden ins Winterhuder Esszimmer
Seite 260

ONIRO | GRIECHENLAND

Beim Zeus – im Oniro tischt Geschäftsführerin Nicoletta Louizou göttlich auf
Seite 202

[M]EATERY | FLEISCH

Hat gern Beef: Küchendirektor Hendrik Maas weiß, was gutes Fleisch braucht. Im Restaurant des Side Hotels serviert er saftige Steaks
Seite 288

ZUR ERHOLUNG | IM NORDEN

„Wiederholungsgewinner" Bernd Ratjen lockt aufs Land und macht glücklich
Seite 373

EFFENBERGER
VOLLKORN - BÄCKEREI

Unser Roggenbrot

- Wir backen dieses Brot, wie es schon vor einigen tausend Jahren gebacken wurde. Wir verfolgen den Weg des Getreides von der Aussaat über Wachstum, Ernte, Reinigung und Lagerung bis zur Auslieferung. Wir wissen, wo das Getreide gewachsen ist, wir kennen den Bauern und seine organisch-biologische Anbaumethode. Denn – wie das Korn, so das Brot.

- Wir verwenden keine Backmittel wie Pulver organischer Säuren oder getrocknete Sauerteigextrakte, wir verwenden keine Quellmehle und Frischhaltemittel, keine Konservierungsstoffe wie Sorbinsäure oder Propionsäure, wir verwenden nicht einmal industriell produzierte Hefe.

- Wir backen unser Roggenbrot aus Roggen, Salz und Wasser, ausschließlich aus diesen drei Zutaten. Wir verzichten auf die „Hilfs"-Mittel und backen unser Brot nach den Regeln der Backkunst.

- Wir mahlen das Getreide auf unseren Steinmühlen und bereiten daraus unmittelbar unsere Teige, noch bevor der Luftsauerstoff Fette und Vitamine angreifen und zersetzen kann, bevor sich die Aromastoffe verflüchtigen können.

- Unseren Sauerteig züchten wir über 24 Stunden in mehreren Führungsstufen, bis er gerade da ist, wo wir ihn haben wollen: eine ausreichende Versäuerung für ein gutes Backergebnis, ein mildes, ausgeglichenes Aroma und reich an Sauerteighefen.

- Früher fügten wir dem Teig Meersalz hinzu. Aber wegen der Belastung durch Mikroplastik verwenden wir heute ausschließlich Steinsalz.

- Wir lassen den Teigen lange Ruhezeiten zur Reifung.

- Die Teiglinge werden schließlich in den gut vorgeheizten Ofen geschoben, wo die Brote bei fallenden Temperaturen in Ruhe ausbacken können.

- Wir empfehlen, dieses Brot nicht frisch anzuschneiden. Roggenbrote brauchen Zeit zur Nachreifung und erreichen ihr volles Aroma erst nach zwei bis drei Tagen.

- Unsere Getreide werden organisch-biologisch angebaut.

- Wir mahlen unser Getreide selbst.

- Wir verbacken nur das volle Korn.

- Wir verwenden keine chemischen Zusätze.

- Die Seele des Bäckers liegt in den Fingerspitzen.

Ihr Bäckermeister Thomas Effenberger

www.effenberger-vollkornbaeckerei.de

Italienische Küche,
die begeistert: Spaghettini
arrabbiata mit Gambas
im Casa di Roma

Italien

Mamma Mia, es geht doch nichts über Pasta. Handgemacht, bissfest und mit feinster Soßenkunst veredelt. Oder soll es doch lieber die Pizza aus dem steinernen Backofen sein? Die Italiener haben das Rezept zum Glücklichsein. Viele Rezepte sogar!

380 Grad Pizza Bar

Heiße Leidenschaft

Mitten im Altonaer Kiez – der Bahnhof ist nicht weit – bekommen wir in der 380 Grad Pizza Bar viel mehr als die erwartet gute Pizza. Wir erleben Leidenschaft, Aufmerksamkeit, Humor, Ambiente und eben richtig gute Pizzen: dünner, hausgemachter, knuspriger Pizzaboden mit frischesten Zutaten für den Belag – von Büffelmozarella über Salsiccia, Parmaschinken und Ziegenkäse bis hin zu Sardellen und Trüffel. Dem Zeitgeist geschuldet gehören hier auch vegane, auf Wunsch auch glutenfreie, Pizzen zum Angebot. Alles zwischen 8 und 14 Euro. Damit auch wirklich kein Wunsch unerfüllt bleibt, gibt es eine ganze Reihe an extra Toppings: neben den üblichen Verdächtigen wie Zwiebeln, Kapern oder Oliven auch eher ungewöhnliche wie veganer Schmelz, Honig, Hummus oder beyond meat. Und so wundern wir uns auch nicht, dass quasi im Minutentakt stapelweise online oder telefonisch bestellte Pizzen das Haus verlassen. Der 380 Grad heiße Pizzaofen ist nonstop in Betrieb! Die originelle Einrichtung (hohe Bartische, trendige Farben, coole Leuchten und witzige italienische Fotos an den Wänden) gepaart mit der lässigen, freundlichen und herzlichen Art des Wirts machen aus der schnellen Pizza am Bahnhof ein Pizza-Erlebnis. Und ich bekomme sogar italienisches Bier! Wir kommen jederzeit gern wieder. Die Zugfahrt nach Italien können wir uns – jedenfalls ,wenn es um Pizza geht – getrost sparen. KL

AMBIENTE ●●●●● SERVICE ●●●●●
KÜCHE ●●●●● PREIS-LEISTUNG ●●●●●

€€ Paul-Nevermann-Platz 1 (Altona), Telefon 040 52158317, Di-So 17–23 Uhr, EC-Karte, VISA, Mastercard, Amex; Altona S1, S3, S31; 380grad-pizzabar.de

Anna Sgroi

Zicklein mit Gezicke

Dass im Ortskern von Pöseldorf die Zeit stehen geblieben ist, erfreut nicht nur die dort ansässigen Best Ager – der Riss in der Raum-Zeit-Achse zieht sich bis zu Google Street Views: Dort sind noch immer die „Alt Pöseldorfer Bierstuben" zu sehen, in deren wunderschön antiquierten Räume das edle Fine-Italian-Dining-Restaurant von Ex-Sterneköchin Anna Sgroi eingezogen ist. Das war 2012. Macht nichts, denn Sgroi kocht auch noch so, wie sie das in ihrem 2010er-Buch „Typisch Anna!" rezeptieren und fotografieren ließ. Es ist wohl dieses typisch annaeske Momentum, das dieses Lokal über alle Höhen und (Corona-)Tiefen getragen hat – und das in dem Block mit der höchsten „Italiener"-Dichte Hamburgs. Da braucht es schon einen klaren USP. Bei Sgroi ist das neben der kontinuierlich hohen Küchenleistung der charmant-aufmerksame Service, der Stammgäste nicht mehr umschwärmt als uns Neulinge. Die übersichtliche Karte ist schneller gelesen als das warme Weißbrot in das fein-milde Olivenöl getunkt und das hoch aromatische Amuse-Stückchen Mini-Pizza vertilgt. Anna-Klassik so weit das Auge reicht – alles schon im bewährten Sgroi-Stil, also zurückhaltend gewürzt und ultranah am Produkt gekocht. Daran erfreuen wir uns auch bei meinem nicht zu dünn aufgeschnittenen mit zarter Brunoise von Tomaten, Oliven und gerösteten Minikapern (18 Euro) oder dem als Vorspeise georderten Primi, einem weißen Spargelrisotto, das man besser nirgendwo in der Stadt besser bekommen dürfte. Großartig und ebenso gut zu Pinot Grigio La Tunella (43 Euro, schlau kuratierte Weinkarte auch mit vielen großen Franzosen) passend: das saftige Störfilet meiner Co-Testerin unter süßlichem Zwiebelchutney als genialem Widerpart zu den Bitternoten von Spinat und Baby-Artischocken (28 Euro). Dass Anna heute ausgerechnet ihren berühmtesten Klassiker, das römische Zicklein (33 Euro), als Fleischrolle gewordene Staublunge servieren lässt, macht mich traurig, weil ich so gut wie nie Gerichte mit Tierbabys bestelle. Anders als im Kochbuch zu sehen, ist das Fleisch grau (vom Aufwärmen?), mit viel zu wenig Soße, die in nicht minder trockenen Berglinsen versickert. Dafür sollte keine junge Ziege sterben müssen. Aber hey, wollten wir nicht alle weniger Fleisch essen? Also genug Gezicke und her mit dem legendären Tiramisu mit karamellisierten piemontesischen Haselnüssen (12 Euro)! PESI

AMBIENTE ●●●●○ SERVICE ●●●●○
KÜCHE ●●●●○ PREIS-LEISTUNG ●●●●○

€€€€ Milchstraße 7 (Rotherbaum), Telefon 040 28003930, Di-Fr 12–14, 19–22.30, Sa 19–22.30 Uhr, EC-Karte, VISA, Mastercard; Böttgerstraße Bus 19; annasgroi.de

Bei uns

Der herzliche Familienbetrieb

Bei uns – für das mediterrane Restaurant mitten in Winterhude ist dieser schlichte Name genau der richtige. Betrieben wird es von einer portugiesischen Familie, das kleinste Familienmitglied sieht man schon mal schlafend in der Babyschaukel, während seine Eltern fleißig Pizza belegen. Pizza bestimmt hier das Hauptgeschäft und ist etwas Besonderes durch den mit Grieß angereicherten, knusprigen Teig. Es lohnt sich aber auch, die Tagesgerichte zu probieren, insbesondere die portugiesischen, die die freundliche Kellnerin an unseren Tisch stellt. Heute starten wir deswegen mit etwas, das wir noch nicht kennen. Eine Portion Rissolen mit Salat (10,50 Euro). Sie entpuppen sich als vier knusprige, würzige Kroketten, gefüllt mit Krabbenfleisch, Stockfisch, Hähnchen und Kalbsfleisch, der Salat dazu ist frisch und knackig. Ein guter Einstieg, und auch der Hauptgang macht uns Freude. Eine Pizza Rucola (12 Euro)

FOTO: JULIA SCHUMACHER

mit viel Grünzeug und Parmesanspänen liegt auf unserem Teller. Schön aromatisch ist die Soße über dem Rucola mit viel Knoblauch und Oregano. Außerdem probieren wir ein Pasta-Gericht von der Tageskarte: Agnolotti mit Spargel, Cherry-Tomaten und Trüffel und einer Rinderhackfleischsoße (16,50 Euro). Wir salzen ein bisschen nach, ansonsten eine wunderbare Kombination von Geschmäckern, auch der Trüffel in der Soße ist nicht zu dominant. Sehr zu empfehlen: der rote Hauswein dazu, ein kräftiger Montepulciano. Und zum Schluss gibt's noch ein riesiges, cremiges Tiramisu (8,50 Euro). MAN

AMBIENTE ●●●●● SERVICE ●●●●●
KÜCHE ●●●●● PREIS-LEISTUNG ●●●●●

€€ Semperstraße 78 (Winterhude), Telefon 040 18063910, Mi-So 17.30–23 Uhr, EC-Karte, VISA, Mastercard, Amex; Semperstraße Bus 6,17; restaurant-bei-uns.de

Cantinetta Ristorante & Bar

Kreativ und voller Leidenschaft

Inmitten der Speicherstadt vereint das Cantinetta kreative Küche mit einer entspannten Atmosphäre. Wer Pizza und Pasta sucht, wird an der kleinen Karte keine Freude haben. Ich erfreue mich dagegen sehr an dem Signature-Gericht wie dem Brasato di Manzo, einem geschmorten Rinderschaufelbug mit Jus, geschmorten Zucchini, Graupen und Balsamico-Zwiebeln (29,50). Drei sehr spannend anmutende Risottos gehören zu den wenigen, aber vorzüglich klingenden Piatti principali. Auch bei den Vorspeisen setzt das Cantinetta eher auf Klasse statt Masse. Die gerösteten Salatherzen mit Grana-Padano-Creme (14,50 Euro) sind dabei eine ebenso gute Wahl wie die marinierte Dorade mit Kartoffel-Oregano-Vinaigrette (19,50 Euro). Der Service ist sehr aufmerksam. Das Ambiente ist vor allem durch die sehr hohe Decke und die Nähe zum Brooksfleet sehr besonders. Es wäre eventuell hilfreich, Tischdecken auf den Holztischen zu drapieren oder Vorhänge anzubringen, um den Geräuschpegel im Restaurant etwas zu reduzieren. Aber auch so sorgen vor allem die Dekoration, die Bestuhlung und die großen, viel Licht einlassenden Fenster sehr schnell für ein Gefühl des Willkommenseins. Das Cantinetta ist eines dieser Restaurants, die nicht nur lauthals versprechen, sondern auch abliefern. Zu verdanken ist das den beiden Gastgebern Merle Brauer und Enrico Friedrich sowie dem Küchenchef Christopher Gieritz.

MICHAEL OTREMBA

AMBIENTE ●●●●● SERVICE ●●●●●
KÜCHE ●●●●● PREIS-LEISTUNG ●●●●●

€€€€ Pickhuben 3 (HafenCity), Telefon 040 638589900, Mi-So 18–23 Uhr, EC-Karte, VISA, Mastercard; Bei St. Annen Bus 6; ristorante-cantinetta.de

Ciao Ana

Ein Durchschnittsbesuch in Bella Italia

Das Ciao Ana liegt im Portugiesenviertel, in dem, anders als der Name vermuten lässt, nicht nur portugiesische Küche auf den Teller kommt. Zwischen all den Restaurants sticht das Ciao Ana durch eine große Fensterfront und niedliche karierte Tischdecken auf schweren Holztischen heraus. „Essen wie bei Mama" steht in Großbuchstaben auf der roten Markise. Sieht schon mal authentisch aus! Wir nehmen am Fenster Platz, während italienische Klassiker aus den Boxen klingen. Berühmte Persönlichkeiten wie Sophia Loren lächeln uns von den Wandgemälden zu, das italienische Flair ist da. Die Speisekarte erschlägt uns ein wenig und vermittelt den Eindruck, auf die Bedürfnisse eines touristischen Hotspots ausgelegt zu sein. Wir starten mit einer Variation von Antipasti (9,90 Euro), die von fein abgeschmeckt bis zurückhaltend gewürzt reicht. Durchwachsen sind auch unsere Hauptspeisen: Der Klassiker der italienischen Küche, eine knusprig angepriesene Pizza Margherita (8,90 Euro) mit frischem Basilikum, ist leider etwas zu fettig und der frische Basilikum fehlt – trotz des fruchtigen und aromatischen Tomatensugos nicht vollkommen überzeugend. Das Saltimbocca alla romana (18,90 Euro) zergeht zwar auf der Zunge und harmoniert mit der fein gewürzten Weißweinsoße, dennoch können hier die Beilagen nicht überzeugen. Denn diese sind lediglich eine Abwandlung der Antipasti-Platte. Etwas trostlos. Wir sind satt geworden, unser inneres italienisches Herz ist jedoch nur zum Teil befriedigt. KG

AMBIENTE ●●●●● SERVICE ●●●●●
KÜCHE ●●●●● PREIS-LEISTUNG ●●●●●

€€ Ditmar-Koel-Straße 8 (Neustadt), Telefon 040 25485183, Mo 15–23, Mi-Do 15–23, Fr-Sa 11.30–0, So 11.30–23 Uhr, EC-Karte, VISA, Mastercard; Landungsbrücken S1, S3; ciao-ana.de

VIP-TESTER
Matthias Elwardt

Da Lui

Italienische Küche für einen guten Preis

Unscheinbar in einer Ladenzeile versteckt sich das Da Lui am Winterhuder Marktplatz. Es wirbt mit seiner Lage zwischen Planetarium, Alma Hoppes Lustspielhaus und dem Theater Winterhuder Fährhaus. Mehr als 100 Positionen umfasst die Speisekarte, und für Theatergäste gibt es eine dreigängige Menüempfehlung (27,50–30,50 Euro), dazu kommt noch eine Tageskarte. Die roten Lederbänke sind auch unter der Woche gut gefüllt. Wir starten mit Antipasti de la casa (9,90 Euro). Bei der reichlichen Portion gefällt uns der frittierte Sellerie besonders gut. Von der Tageskarte bestellen wir die Ravioli gefüllt mit Garnelen und Wildkrabben in Hummer-Basilikumsoße (14,50 Euro) und das knusprig gebratene Zanderfilet auf herzhaft zubereiteten braunen Linsen mit Kirschtomaten, begleitet von gebratenem Gemüse und Rosmarinkartoffeln (18,50). Der gemischte Grillteller (24,90 Euro) überzeugt mit auf den Punkt gegarten Rinder-, Schweine- und Lammfilets, wieder begleitet von gebratenem Gemüse und Rosmarinkartoffeln und Knoblauchbrot mit Kräuterbutter. Das Finale bildet bei uns die gemischte Desserplatte (9,90 Euro) – genügend für zwei Personen! – mit fünf Klassikern. So erwartet den Gast ein angenehmes, solides italienisches Restaurant mit einem guten Preis-Leistungs-Verhältnis, und

Feinsten Stoff vom Meeresgetier gibt's im Cantinetta

FOTO: CANTINETTA

VIP TESTER

Matthias Elwardt
Geschäftsführer Zeise Kinos

Getestet: Da Lui, Il Gambero, Il Locale

Lieblingsrestaurant Nil, es ist einfach immer schön und hat ein tolles Team!

Lieblingsbar Chug Club, außergewöhnlich.

Besondere Anlässe feiere ich am liebsten auf der Seeterrasse des Restaurants „Zum Weissen Ross" mit Blick über den Möllner Stadtsee.

Essen ist für mich eine große Freude im Kreis der Lieben.

Ein Leben ohne Gastro wäre wie Kino ohne Filme, also sinnlos.

Zum Frühstücken gehe ich gern ins Café Eclair au Café am Lattenkamp zum draußen sitzen mit einem Café noisette und einem Eclair.

Ein Tipp für Kaffee, Kuchen, Cupcakes? Das Café Fabric in Winterhude hat eine ausgezeichnete Auswahl an saisonalen Kuchen und Torten, es gibt immer wieder etwas, was man noch nicht probiert hat.

zum Schluss wird man noch zum Digestif eingeladen.

AMBIENTE ●●●●○ SERVICE ●●●○○
KÜCHE ●●●○○ PREIS-LEISTUNG ●●●●●

€€€ Hudtwalckerstraße 37 (Winterhude), Telefon 040 46092044, Mo-So 11.30–22 Uhr, EC-Karte, VISA, Mastercard; Hudtwalckerstraße U1; dalui.de

Don A Roma

Pasta mit lässigem Chic

Essen gehen in Blankenese ist meist kein Pappenstiel. Billig verkauft sich auch das neue Restaurant Don A Roma am Bahnhof nicht. Das Konzept Pizza – Pasta – Salat lässt aber keinen Gast ausbluten. Das Ambiente setzt auf New-York-Style der 30er. Das dürfte die nächsten Jahre als lässiger Chic bestehen. Waldgrün flirtet mit Schwarz und Gold, die Beleuchtung ist gedämpft. Das lang gestreckte Restaurant unterteilt sich in Speiselokal und Barbereich mit Piano. Pluspunkt der überschaubaren Karte: veganer Käse. Zutaten wie Sahne lässt die frisch produzierende Küche auf Wunsch weg. Neben den typischen Pizzeria-Angeboten vermissen wir aber ein, zwei Tagesgerichte. Nix da. Hier schlägt der systemische Ansatz der Betreiber durch. Hamburg ist nach Aurich der zweite Standort. Das Konzept ist erkennbar auf Wachstum ausgelegt. Bei der Bestellung stört uns der aufdringliche Jazz. Später wird die Musik schmissiger. Von den fünf Pasta-Sorten aus der hauseigenen „Fabrica" stehen nur drei zur Auswahl. Hmm. Tomatensuppe (5,50 Euro) und Tomate/Mozzarella (7 Euro) lassen dann auch eine halbe Stunde auf sich warten, obwohl sich der Laden an diesem späten Sonntagnachmittag nur zögerlich füllt. Da sind wir etwas mucksch. Appetitliche Anrichtung auf Villeroy-und-Boch-Geschirr, guter Geschmack und netter Service entschädigen. Noch mal 30 Minuten vergehen bis zum Auftritt der herrlich scharfen Spaghetti all'arrabbiata (10 Euro) und der Tagliatelle mit zarten Rinderfiletstreifen und Champignons (16 Euro). MO

AMBIENTE ●●●●○ SERVICE ●●●●○
KÜCHE ●●●●○ PREIS-LEISTUNG ●●●●○

NEU! €€ Erik-Blumenfeld-Platz 27B (Blankenese), Telefon 040 226392830, Di-Do 11–23, Fr-Sa 11–2, So 11–23 Uhr, EC-Karte, VISA, Mastercard; Blankenese S1; donaroma.de

Das Erdgeschoss

Mehr Sein als Schein

Der Name ist so bescheiden wie das Äußere unscheinbar: „Das Erdgeschoss" in Barmbek macht auch mit seiner einfach laminierten Speisekarte nicht viel her. Umso größer ist dann die Überraschung, sobald die Teller auf den Tischen stehen. Den warmen, dicken, runden Ziegenkäse verbindet mit dem unterlegten Salat ein dezent zu beiden passendes Dressing (9,50 Euro), und auch das Artischocken-Carpaccio (7 Euro) ist raffiniert angerichtet. Pizzas können die Köche verdammt gut und – je nach Hunger – in zwei Größen. Die Karte liefert hier zwar Beispiele für den Belag, die sind aber eher als Vorschläge zu verstehen: Auf unsere kreativen Extrawünsche wird freundlich und flexibel reagiert. Neben Standardsäften und Schorlen stehen auch extravagante Sorten wie Mango und Cranberry (0,3 l 2,80 Euro/0,4 l 3,40 Euro) zur Verfügung. Aus einer Vitrine kann man aus mehreren Torten den Nachtisch wählen, die Walnuss-Möhren-Torte im XL-Format (3,20 Euro) ersetzt notfalls eine Mahlzeit. Nur beim Heißgetränk scheint etwas schiefgegangen zu sein: Aufgrund der Benennung in der Karte als „Ingwertee mit O-Saft und Honig" (3,50 Euro) konnte man ahnen, was es hätte werden sollen – geschmeckt hat es nach keinem der drei benannten Zutaten. Gäste dürfen sich wahlweise in die Schaufenster des ehemaligen Ladengeschäfts setzen oder weniger beobachtet ins Innere der beiden Räume. Kein Bistro wie jedes andere: faire Preise und geschmackvolle Gerichte. DEF

AMBIENTE ●●●○○ SERVICE ●●●●○
KÜCHE ●●●●○ PREIS-LEISTUNG ●●●●●

€€ Alte Wöhr 13a (Barmbek), Telefon 040 66874097, Di-Sa 15–23, So 15–22 Uhr, EC-Karte; Alte Wöhr S1, S11

Farina Meets Mehl

Wo sich Italiener zu Hause fühlen

Zufällig erwischen wir den ersten Abend, an dem das Farina Meets Mehl nach Virus-bedingter Zwangspause wieder öffnet. Das macht die Situation besonders: Einerseits ein großes Hallo beim Wiedersehen mit Stammgästen, andererseits bestehen neue Mitarbeiter gerade ihre Feuertaufe. Da wir beim Essen gern reden, fragen wir, ob die Musik weniger laut okay wäre – war sie, und andere Gäste freuen sich mit uns über ihre geschonten Stimmbänder. Unser Tisch erlaubt einen perfekten Blick auf den italienischen Pizzabäcker, der die Bestellungen im Akkord in einem eigens dafür errichteten Glashaus samt enormem Backofen erledigt. Seine Hefeteig-Kreationen gehören zu den besten der Stadt, und sowohl er als auch der Service reagieren gelassen und gutwillig auf alternative Belag-Ideen der Gäste. Im Gegenteil: Für Special Guests erfindet der Mann am heißen Ofen spontan ganz neue Variationen. Gehoben sind Niveau und Preise, und dass hier italienische Familien einkehren, adelt das Restaurant zusätzlich. Eine Pizza mit Trüffel und anderen Pilzen (18,50 Euro) bekommt eine eigene Note, weil sie nur rund 90 Sekunden bei 450 Grad gebacken wird. Da bleibt Gemüse knackig, und sogar Rucola übersteht den Vorgang unbeschadet (13,50 Euro). Selbst Säfte stehen unter italienischem Einfluss: Himbeere bekommt Basilikum, Ingwer etwas Rosmarin als Begleitung (je 5 Euro). Nur die Desserts sind ein wenig zu überschaubar, sowohl Tiramisu (6,50 Euro) als auch Panna cotta (5,50 Euro). DEF

AMBIENTE ●●●●○ SERVICE ●●●●○
KÜCHE ●●●●○ PREIS-LEISTUNG ●●●○○

€€€ Gaußstraße 190 (Ottensen), Telefon 0162 8663600, Di-So 17–23 Uhr, EC-Karte, VISA, Mastercard; Schützenstraße (Mitte) Bus 3; farina.pizza

FOTO: HEIKE BLENK

Favoloso

Noch nicht ganz Mailand

Der elegante Empfang im Favoloso an der Treppe, die den Barbereich und das dämmerige Restaurant voneinander trennt, stimmt uns zu Beginn sehr erwartungsvoll. Unser Platz auf dem kleinen Balkon mit Blick über den Barbereich des italienischen Restaurants ist außerordentlich romantisch, nur die Sessel leider ziemlich unbequem. Das Favoloso kennen wir bisher nur von den Drinks, welche uns auch diesmal in gute Stimmung versetzen. Als Aperitif wählen wir einen Cosmopolitan mit Gin (12,50 Euro) und einen Moscow Mule (12,50 Euro). Diese bleiben leider unsere einzigen Getränke, denn man versäumt es, uns im Laufe des Abends Wein oder andere Getränke anzubieten. Im ersten Gang werden uns Burrata mit saisonalem Gemüse (16 Euro) und Lachs-Tatar mit Avocado und Frischkäse-Creme (24 Euro) serviert. Komisch, denn wir haben eigentlich das vegane Tatar aus Avocado, Rote Bete und Tomaten-Basilikum-Törtchen bestellt. Der Fehler des Services war womöglich unser Glück, denn das Lachs-Tatar ist leicht, fein gewürzt. und der Kaviar besticht mit der natürlich salzigen Note. Der Burrata sowie dem Gemüse fehlt es leider komplett an Salz und Twist. Das fehlende Salz finden wir im zweiten Gang in den hausgemachten Eiernudeln mit Butter und Trüffel (28 Euro) wieder. Die gegrillten Riesengarnelen mit Knoblauch und gebratenen Kartoffeln meiner Begleitung sind jedoch schön angerichtet, und an dem Knoblauch wurde hier keineswegs gespart. Wer also sehr großen Hunger hat, sollte sich im Favoloso strickt an die Karte halten, die die Hauptgänge in einen ersten Pastagang und einen Fleisch- oder Fischgang einteilt. Unser Tipp an das Favoloso: etwas aufmerksamer bedienen und den Gerichten einen Twist verpassen, damit die gepfefferte Rechnung am Schluss auch zu 100 Prozent gerechtfertigt ist.

NSS

AMBIENTE ●●●●● SERVICE ●●●○○
KÜCHE ●●○○○ PREIS-LEISTUNG ●●○○○

€€€€ Dammtorstraße 25 (Neustadt), Telefon 040 35018960, Di-So 16–23 Uhr, EC-Karte, VISA, Mastercard; Stefansplatz (Oper) U1, Bus 112, Gänsemarkt U2; favoloso.de

Il Cortile

Diese Suche lohnt sich!

Wenn sich ein Restaurant so versteckt und seit 2014 hält, muss es gut sein. Auf dem Theodorhof in Bahrenfeld, ziemlich zentral gelegen, findet der Liebhaber italienischer Speisen eine echte Oase. Hell erleuchtet lädt das Il Cortile seine Gäste ein, an großen Holztischen und weich gepolsterten Bänken in großzügigen Räumlichkeiten im ehemaligen Pferdestall Platz zu nehmen. Umgeben von Weinregalen (man kann den Wein auch mitnehmen) fühlen wir uns auf Anhieb wohl und finden sowohl auf der umfangreichen Speisekarte als auch auf der Tagestafel viel Leckeres. Bei einem Glas Rosé Prosecco (0,1 l 5,50 Euro) entscheiden wir uns für lecker geröstete, frische Bruschetta (5,50 Euro), eine köstliche Tomatencremesuppe (6 Euro), die locker für zwei Personen reicht, und einmal gemischte Vorspeisen (12 Euro), deren Auberginen genau richtig geröstet sind und deren Vitello tonnato als Aushängeschild fungieren darf. Der freundlich aufmerksame Service serviert uns ein wirklich perfekt medium gegartes Rinderfilet mit einer sehr pfeffrigen, sehr köstlichen Cognac-Pfeffersoße (26,50 Euro). Dieses wird wie die kross gegarte Ente von einem leckeren Gemüsemix begleitet. Die Pizza Margherita (8,50 Euro – ohne Tomatenscheiben, sehr zum Glück der Jüngsten) kommt mit dünnem Teig und üppig belegt daher. Begleitet wird alles von einem halben Liter Nero d'Avolo – süffig und perfekt zu den geschmacksintensiven Hauptspeisen. So ganz ohne Dessert wollen wir noch nicht wieder hinaus in die Kälte und so landen einmal die gemischten Dessertvariationen (9,50 Euro) und die Mascarponecreme mit Beeren (7,50 Euro) auf unserem Tisch. Allgemein empfinden wir die Desserts als ein wenig zu süß, aber trotzdem bleibt nichts auf den Tellern übrig. Es empfiehlt sich jedoch, zum Dessert noch etwas Wasser in den Gläsern zu behalten (San Pellegrino). Das Il Cortile ist eine tolle Entdeckung, und wir werden definitiv häufiger diesen kurzen Weg nach Italien einschlagen, ob für Pizza und Pasta oder ein raffiniertes Hauptgericht – dort geht alles zu wirklich fairen Preisen!

KN

AMBIENTE ●●●●● SERVICE ●●●●○
KÜCHE ●●●●○ PREIS-LEISTUNG ●●●●○

€€€ Theodorstraße 41Z (Bahrenfeld), Telefon 040 88167216, Mo-Mi 11.30–16, Do-Fr 11.30–21, Sa 17.30–21 Uhr, EC-Karte; August-Kirch-Straße Bus 3; il-cortile.de

VIP-TESTER
Matthias Elwardt

Il Gambero

Italienische Lebenskunst

Das Il Gambero empfängt seine Gäste in zwei großzügigen Räumen einer ehemaligen Villa am Anfang der Elbchaussee. Schon beim Eintreten schafft das erfahrene und souveräne italienische Kellnerteam eine angenehme, gesellige Atmosphäre. Im Sommer gibt es eine großzügige Terrasse zur Straße hin. Die Betreiber Luigi Coluccia und Mario Della Negra sind geschätzte Veteranen der italienischen Lebenskunst in Hamburg. Das Mamma Mia, eine italienische Institution in Ottensen, haben sie stolze 37 Jahre bis zur Schließung 2019 betrieben. Seit 2016 zelebrieren sie ihre klassische Küche hier. Die Gäste schätzen die Vielfalt des Angebotes, der Einstieg bei Pizza und Pasta beginnt bei 9,50 Euro und geht auf der wöchentlich wechselnden Spezialitätenkarte bis auf 29,50 Euro hoch. Sowohl die Vorspeisen Antipasto Misto (14 Euro) und die zarten Calamaretti all'aglio (14,50 Euro) als auch die herzhaften Hauptgerichte Bistecca all'italia (25 Euro) und Fegato Buro e Salvia (22 Euro), jeweils begleitet von Rosmarinkartoffeln, Linsen und Karottengemüse, nehmen uns überzeugend auf eine kleine Italienreise mit. Auch die Desserts Tiramisu und Mousse au Chocolat (jeweils 7 Euro) und das Mandelparfait (8 Euro) gefallen uns als schöner Abschluss. Auch für Weinfreunde gibt es eine interessante Auswahl bezahlbarer italienischer Weine. So begeistert das Il Gambero mit seiner italienischen Lebenskunst an der Elbchaussee.

AMBIENTE ●●●●● SERVICE ●●●●●
KÜCHE ●●●●○ PREIS-LEISTUNG ●●●●○

€€€ Elbchaussee 94 (Ottensen), Telefon 040 38079985, Di-Fr 12–15, 18–23, Sa 18–23, So 12–20 Uhr, EC-Karte, VISA, Mastercard; Fischers Allee Bus 15; il-gambero.com

Nudeln zum Niederknien werden im Il Gambero serviert

FOTO: MARC SILL

Vorm Il Locale im Szenestadtteil Ottensen lässt es sich aushalten

VIP-TESTER
Matthias Elwardt

Il Locale

Italien für alle

Das Il Locale in Ottensen lockt mit einer Mischung aus traditioneller und moderner italienischer Küche in familiärer Atmosphäre. Beginnend mit einer größeren Aperitifauswahl bis zu sonst selten angebotenen Fritti Misti, frittierten Risottobällchen (4 Stück 13 Euro), die etwas größer sind, als das Wort „Bällchen" vermuten lässt und uns für eine Vorspeise etwas zu mächtig sind. Zur umfangreichen Karte kommen auf einer Schiefertafel die Tagesempfehlungen. Unsere zweite Vorspeise sind die kleinen Antipasto Il Locale (8,50 Euro), eine klassische Gemüsezusammenstellung. Zum Hauptgang bestellen wir die im Internet viel gelobte Pizza – der vegane Teig ruht vor der Verarbeitung 48 Stunden –, in der edlen Ausführung mit Trüffelsalami (14,50 Euro) und einer ganzen Burrata (plus 6 Euro) mit knusprigem Rand und schön dünnem Boden. Dazu gibt es einen fruchtigen Gavi Aurora aus dem Piemont (0,1 l 3,50 Euro). Von der Tageskarte wählen wir die Spinat-Canelloni (26,50 Euro), üppig garniert mit Trüffeln. Ein besonderes Geschmackserlebnis ist der knusprig gebackene Nudelteig. Zum Dessert entscheiden wir uns für ein Pistazien-Panna cotta (6,50 Euro) mit einer angenehmen Festigkeit und einer sämigen Pistaziensoße und einem klassischen Tiramisu in Tazza (5 Euro). Hier kann jede:r sein italienisches Lieblingsgericht in handwerklich guter Qualität finden. Für den Absacker danach kann man noch an der Bar verweilen.

AMBIENTE ●●●●○ **SERVICE** ●●●●●
KÜCHE ●●●●○ **PREIS-LEISTUNG** ●●●●○

€€€ Große Brunnenstraße 41 (Ottensen), Telefon 040 39893689, Di-Fr 17–23, Sa-So 16–23 Uhr, EC-Karte, VISA, Mastercard; Altona S3, S31; il-locale.de

FOTO: JOHANNA ZOBEL

vineyard
Weinlager
EIMSBÜTTEL

DAS VINEYARD...
MEHR ALS EIN WEINHANDEL!

- Weinladen mit Late Night Shopping bis 23:00 Uhr
- Großhandel für die Gastronomie
- Weinbar
- Weinverkostungen

Weinhandel: 040 - 43 21 32 30
Weinbar: 040 - 43 21 32 31
www.vineyard-weinhandel.de
Osterstraße 92, 20259 Hamburg

MUNDFEIN
PIZZAWERKSTATT
über 45 x in Deutschland

Ausgezeichnete Produkte online bestellen:
mundfein.de

Genuss GUIDE
DER SZENE HAMBURG
TESTSIEGER
2022/2023

Casa di Roma

Himmlische Italo-Referenz

Es muss nicht immer Pasta sein: getrüffelte Jakobsmuschel auf Sellerie-Kartoffelpüree mit Trüffelschaum ist eine prima Alternative

Wer es trotz der Dichte an Restaurants mit der typischen Stiefel-Küche in Hamburg mehrfach auf das Italien-Testsieger-Podest schafft, hat wohl alles richtig gemacht. Die Familie Kumar, deren jüngster Spross Ricky nach und nach die Zügel im Casa di Roma, dem Italo-Fine-Dining-Hotspot in St. Georgs Langer Reihe, übernommen hat, feiert in diesen Monaten zusätzlich das 30-jährige Bestehen ihres Lokals. Hut ab vor solch einer Kontinuität in Küche, Service, Weinauswahl und Ambiente! Auch wir gehen seit gut einem Jahrzehnt immer wieder gern ins „Roma" und hatten das mit vier zeitlos schicken Gasträumen schier unendlich in die Tiefen des Gebäudes reichende Restaurant stets mit hochgezogenen Mundwinkeln verlassen. Das ist auch am aktuellen Testtag nicht anders, an dem wir gezielt die drei kulinarischen Hauptsäulen des Lokals überprüfen wollen: Italo-Klassik, kreative Mittelmeerküche – und den richtigen Wein dazu. Zum Beispiel der gaumenschmeichelnde Gavi di Gavi La Scolca zur Vorspeise und ein vom flottfreundlichen Service generös eingeschenktes Glas Montepulciano Avignonesi zum Fleisch (59/11,90 Euro). Beides von der Wunder-Weinkarte: Nicht selten legen Sommeliers aus Hamburger Sterne-Restaurants ihre Kröten zusammen und checken hier die Unterschiede der Jahrgänge 2013 und 2003 vom Supertuscan Tignanello (149/209 Euro). Meine Co-Testerin erfreut sich an den krossen Parmesancroutons ihrer herrlich cremigen Spargelsuppe fast so sehr wie an dem saftigen Steinbeißerfilet auf Kartoffel-Pü und Trüffelschaum plus einiger feister Albatrüffelscheiben, die auch den warmen Ziegenkäse auf Grillzucchino meines Vorspeisen-Dreiers krönen (9,50/32,50/22,50 Euro). Noch besser mundet dort der schmackige Burrata auf Spargelsalat und die Kostprobe vom Vitello tonnato. Letzteres in Bestform wie auch die beiden weiteren Klassiker, das superzarte, Salbei-starke Saltimbocca und das überirdische Tiramisu (28,50/8,90 Euro). Alle drei taugen als Referenz, wenn man frisch gelandeten Außerirdischen die italienische Küche erklären möchte. Da drücken wir gern ein Auge angesichts der eher unterirdischen – weil viel zu rohen – Gemüsebeilagen zu. Denn nirgendwo in der Stadt lässt sich derart himmlisch am italienischen Kulinarikstiefel lecken. PESI

AMBIENTE ●●●●○ SERVICE ●●●●●
KÜCHE ●●●●○ PREIS-LEISTUNG ●●●●○

€€€ Lange Reihe 76 (St. Georg), Telefon 040 2803043, Mo-So 11.30–24 Uhr, EC-Karte, VISA, Mastercard, Amex; Gurlittstraße Bus 6, Bus 17; casadiroma.de

Junior-Chef Ricky Kumar weiß, welch entscheidende Rolle die Auswahl des richtigen Öls spielt

FOTOS: JULIA SCHUMACHER

Il Tramonto

Sonnenuntergang in Lokstedt

Das italienische Restaurant Il Tramonto – zu Deutsch „Sonnenuntergang" – präsentiert sich im Herzen Lokstedts beim Empfang einladend und freundlich. Die Inneneinrichtung ist gleichermaßen modern, geschmackvoll und ansehnlich – wie auch die Präsentation der Speisen. Was serviert wird, ist nicht zu beanstanden, qualitative Ausreißer nach oben gibt die Küche allerdings nicht her. Die Preise der Vor- und Hauptspeisen sind im citynahen Lokstedt vergleichsweise hoch. Die Auswahl der Speisen auf der Karte ist solide, aber nicht überraschend – ein Signature Dish ist nicht zu finden. Carpaccio vom Pulpo (14 Euro), Dorade vom Grill (22 Euro), Kalbskotelett (28 Euro), Rinderfilet (30 Euro) alles tadellos zubereitet, aber ohne besondere Note. Die Beilage zu Fisch und Fleisch heißt Gemüse und zumeist „Kartoffel", wobei diese gestampft oder als Rosmarinkartoffel gegart zu haben ist. Wir werden aufmerksam (und manchmal etwas zu schnell) bedient – die Hauptspeisen erreichen uns, während wir noch mit den Vorspeisen beschäftigt sind. Eine typisch italienische, familiäre Atmosphäre suchen wir leider vergebens. Vielleicht liegt es eher an der Nähe zum Hauptsitz des NDR und den sich vereinzelt in das Lokal verirrenden Promigästen, dass die Lokstedter hier gern Einzug halten. Wir verlassen das Lokal nach Sonnenuntergang gesättigt. Die Kinder waren mit der Pizza Salame (10 Euro) zufrieden – und so sind wir es auch. KL

AMBIENTE ●●●●○ SERVICE ●●●○○
KÜCHE ●●●●○ PREIS-LEISTUNG ●●●○○

€€€€ Grelckstraße 13 (Lokstedt), Telefon 040 54007509, Mo-So 12–23 Uhr, EC-Karte, VISA, Mastercard, Amex; Behrmannplatz Bus 22; il-tramonto.de

L'incontro da Cosimo

Eimsbütteler Institution

Das italienische Restaurant in der Weidenallee ist eine Eimsbütteler Institution, dessen Tiramisu der Ruf vorauseilt, eines der besten der Stadt zu sein. Aber der Reihe nach. Mit Bier (0,33 l 3,90 Euro), Wasser (0,75 l 6,50 Euro) und Primitivo (0,15 l 4,90 Euro) ausgestattet starten wir in den Abend, während sich an den Tischen reihum Familien, Nachbarn, Freunde und Pärchen in der Kennenlernphase („Du liebst Pasta? Toll, ich auch!") niederlassen. Wir teilen uns ein Vitello tonnato (14,50 Euro) und sind begeistert: wunderbar dünnes Kalbsfleisch, der Thunfischüberzug ist kräftig und cremig. Die gute Laune bleibt auch bei den Hauptgerichten erhalten: Die frischen mit Hummer-Ricotta gefüllten Ravioli (17,50 Euro) und das Scaloppine alla milanese (21,50 Euro) sind exzellent, und Zweiteres punktet vor allem mit den zwei Unterlagen aus feinem Kürbis- und Kartoffelstampf. Und was ist nun mit dem Tiramisu? Wir sind nach den zwei Gängen bereits so gesättigt, dass wir uns eine Portion (6,80 Euro) teilen und für Superlative nicht mehr zu haben sind. Schade eigentlich. Die Zehn von Zehn wollen wir auch für den kompletten Abend nicht zücken. Dafür fehlte es den Hauptgerichten ein wenig an Pep, der Tisch wackelte, und unsere Bedienung war eine überraschende Kombination aus forsch und altbacken. Aber das sind lediglich Abzüge in der B-Note, weiterempfohlen wird das L'incontro dennoch. MF

AMBIENTE ●●●●○ SERVICE ●●●○○
KÜCHE ●●●●○ PREIS-LEISTUNG ●●●●○

€€ Weidenallee 25 (Eimsbüttel), Telefon 040 4300246, Mo-Do 12–15, 18–22, Fr 12–15, 18–23, Sa 18–23 Uhr, EC-Karte, VISA, Mastercard, Amex; Christuskirche U2; lincontrodacosimo.de

VIP TESTER

Dr. Jan Nebendahl
Plastischer Chirurg, Dermatologikum Hamburg
Getestet: Piazza Romana

Lieblingsrestaurant Ristorante La Panetteria aufgrund der gemütlichen und familiären Atmosphäre mit tollem italienischem Essen – fast schon unser Wohnzimmer.

Lieblingsbar Tipsy Baker Bar mit guten Cocktails und ausgefallenen Herrengedecken.

Besondere Anlässe feiere ich am liebsten im Jahreszeiten Grill im Vier Jahreszeiten.

Essen ist für mich zum einen etwas zum Leben absolut Notwendiges, zum anderen großer Genuss.

Ein Leben ohne Gastro wäre langweilig und eintönig, was ja im Ansatz während des Lockdowns zu spüren war.

Zum Frühstücken gehe ich gern ins Mutterland am Hauptbahnhof – weil es neben dem klassischen Frühstück noch viele andere tolle Frühstücksvariationen gibt.

Ein Tipp für Kaffee, Kuchen, Cupcakes? Café Schmidt Othmarschen am Beselerplatz – hier gibt es den besten Apfel-Rosmarin-Kuchen der Welt.

Lamm zum Reinbeißen gibt's im Il Tramonto

FOTOS: ZITZLAFF (O.), MARC SILL (U.)

Im L'incontro da Cosimo herrscht helles, freundliches Ambiente

La Caffètteria

Nett und typisch Eppendorf

Das La Caffèteria liegt in einer kleinen Eppendorfer Seitenstraße. Wir versuchen unser Glück an einem Samstagnachmittag, vorab reservieren war nicht möglich. Die Plätze draußen an der Straße und auch im Restaurant sind bereits gut belegt, doch wir können einen Tisch ergattern. Die Karte ist sehr übersichtlich und aufgeräumt, Frühstück gibt es hier bis 16 Uhr. Also gut. Dann bestellen wir doch mal vorweg Rührei mit Käse und Tomaten (6,90 Euro) und zwei Spiegeleier (6,90 Euro). Die Tomaten und der Käse sind nur auf das Rührei gestreut und nicht im Rührei. Zu beiden Gerichten gibt es Toast oder Schwarzbrot. Die Vorspeisen sind zwar keine große Herausforderung, aber durchaus lecker. Zum Hauptgang gibt es Spaghetti Bolognese (9,90 Euro) und Pasta Filetto (14 Euro). Auch hier: ohne Finesse, aber gut und lecker. Wir ziehen Resümee: eine gemütliche Lokalität, die sich aber nicht entscheiden kann, ob sie Restaurant oder Café sein will. Der Spagat gelingt in diesem Fall nicht immer. Das haben wir schon besser gesehen. HE

AMBIENTE ●●●○○ SERVICE ●●●○○
KÜCHE ●●○○○ PREIS-LEISTUNG ●●●○○

€€ Abendrothsweg 54 (Eppendorf), Telefon 040 46777533, Mo-Fr 10–23, Sa-So 10–19 Uhr, EC-Karte; Eppendorfer Weg (Ost) Bus 5; la-caffetteria.de

La Forchetta

Kein Schnickschnack – ein echter Sizilianer

Die übergroße Gabel ist noch da. Als das italienische Bistro mit dem klangvollen Namen „La Forchetta da Salvatore" 1999 eröffnete, wurde sie schon stolz präsentiert. Jetzt hängt das 50 Zentimeter lange Metallutensil in dem einfachen italienischen Restaurant in der Neustadt an der Wand. Unweit des Rathausmarktes hat sich Salvatore Murabito mit seiner Schwester Sara ganz der sizilianischen Küche verschrieben. Hier gibt es keine übertrieben einschmeichelnde Freundlichkeit und kein falsches Lachen, sondern echte Familienstimmung mit umherwuselndem Enkel. Das Essen kommt prompt, der Wein stimmt (wie in Italien gibt es nur drei Sorten: Rot, Weiß und Rosé), das Ambiente um die rot-weiß-karierten Tischdecken sowieso. Wir teilen uns vorweg den Klassiker, Aubergine Parmigiana (13,50 Euro): fettig und famos. Die Tageskarte hat vor allem Pasta- und Fischgerichte zu bieten, wir entscheiden uns für die Steinpilz-Ravioli mit Salbei. Würzig und perfekt gekocht! Als Nächstes im Test: die Pizza Buffalina mit Büffelmozzarella (13,50 Euro). Dünner Teig, sizilianisch weich, an Käse wurde nicht gespart. Die enge Verbindung zur Heimat ist bei Salvatore keine Floskel: Die Murabitos verkaufen ihr eigenes Olivenöl, auch ein Ferienhaus auf Sizilien wird vermittelt. Mittags ist's hier voll, abends ruhiger – das La Forchetta dürfte immer einen Besuch wert sein. JP

AMBIENTE ●●●○○ SERVICE ●●●○○
KÜCHE ●●●●○ PREIS-LEISTUNG ●●●●○

€€ Rathausstraße 12 (Altstadt), Telefon 040 32527070, Mo-Sa 12–22 Uhr, EC-Karte; Gerhard-Hauptmann-Platz Bus 3, Bus 4, Bus 5, Bus 6, Bus 17, Bus 19; la-forchetta-da-salvatore.de

La Vita

Nachbarschafts-Italiener

Mit Rezensionen für Restaurants ist das ja so eine Sache. Man kennt all die, die die Kritiken geschrieben haben, nicht. Und doch traut man dem Urteil und lässt sich locken. So war es bei uns mit dem La Vita in Eimsbüttel. „Endlich ein super Italiener im Viertel", hieß es bei Google. „Am Herd ein Pulpo-Genie." Wir reservieren an einem Mittwochabend, was nicht nötig gewesen wäre, denn es sind nur zwei weitere Tische besetzt. Die Einrichtung ist nicht die eines typischen Italieners und auf den ersten Blick durchaus eindrucksvoll: dunkle Wände mit einer umlaufenden Bank, davor gelbe Samtsessel und tiefe Fenster mit Blick über die Straßenkreuzung zum grünen Else-Rauch-Platz. Es gibt Pizza und Pasta zu moderaten Preisen (9,50 bis 14,50 Euro), die üblichen Vorspeisen, eine kleine Auswahl Fleisch- und Fischklassiker und einfache, aber großzügig eingeschenkte Weine (0,2 l 4,50 Euro). Wir teilen uns den im Netz gelobten Polpo con patate (17,90 Euro) vorweg. Leider sind die kleinen Stücke zu zäh geraten und die anschließenden Scaloppine al limone (17,90 Euro) zu dick geschnitten. Als Beilage werden, wie zu allen Hauptgerichten, Röstkartoffeln angeboten. Meine Bitte, als Alternative etwas Gemüse zu bekommen, macht den durch-

FOTO: MARC SILL

OSTERIA da Francesco

MILCHSTRASSE 3-4
20148 HAMBURG

TELEFON: 040 - 25304380
MAIL: INFO@DA-FRANCESCO.DE
WWW.DA-FRANCESCO.DE

ÖFFNUNGSZEITEN:
MONTAGS BIS SAMSTAGS 12–23 UHR
SONNTAGS 12–22 UHR

OSTERIADAFRANCESCO_HAMBURG

In der Osteria da Francesco wird in edlem Ambiente serviert

aus bemühten und sehr freundlichen Kellner ratlos. Schließlich serviert er eine unglückliche Mischung aus Salat und Antipasti. Die Tortiglioni mit Datteln und Speck (14,50 Euro) sind al dente. Und vielleicht ist die Pizza gut, die haben wir aber nicht probiert. Fazit: Das La Vita ist gewollt, aber zumindest an diesem Abend nicht gekonnt. Und wird (noch) kein Lieblingsitaliener.

INKA SCHNEIDER

AMBIENTE ●●●○○ SERVICE ●●●●○
KÜCHE ●●○○○ PREIS-LEISTUNG ●●●○○

NEU! €€ Stellinger Weg 51 (Eimsbüttel), Telefon 040 89064942, Mo-Fr 11.30–23, Sa-So 15–23 Uhr, EC-Karte, VISA, Mastercard; Lutterothstraße U2; lavita.hamburg.de

Mama Trattoria

Erfüllt alle Erwartungen

Wer die freundlich modern aufgemachte Mama Trattoria im Herzen von Blankenese betritt, die so wirkt, als gäbe es auf der Welt nichts Schlimmes, hat ganz bestimmte Erwartungen an seinen Besuch. Und diese werden mit ziemlicher Sicherheit auch erfüllt. Der Besuch bei „Mama" stößt auch bei unseren Teenager-Töchtern auf große Begeisterung. Und Konsens ist hier nicht die Norm. Der Service ist an diesem Tag mit einer Person zwar etwas unterbesetzt, aber auch das kann unsere Gelassenheit kaum schmälern. Mit klassischen Vorspeisen wie Bruschetta (6,30 Euro) und einem Carpaccio (12,40 Euro) starten wir in den Abend. Die Bruschettas sind üppig belegt, schmecken jedoch leider recht fad. Das Carpaccio ist hauchdünn gehobelt und schmackhaft, etwas weniger Parmesanbelag wäre hier jedoch mehr gewesen. Begleitet wird alles vom unkomplizierten und sehr konsensfähigen roten Hauswein. Die Kernkompetenz von Mamma liegt eindeutig bei den Pizzen, die es in mehreren Versionen gibt – mit Dinkelmehl, klassisch oder „Biancho" mit Frischkäsecreme statt mit Tomaten. Die klassische Version wird nach kurzer Zeit als Margherita (8,50 Euro) und als Diavolo (12,50 Euro) serviert – hier wähnt man sich in Neapel: wunderbar dünner, knuspriger, aber nicht trockener Teig mit gut gewürztem Belag. Die Diavolo hält ihr Wort – besonders empfehlenswert für feuerspeiende Drachen oder unerschrockene Chili-Liebhaber. Die Spaghetti pomodori e gamberi (12,60 Euro) beeindrucken hingegen lediglich optisch – geschmacklich sind sie leider eher im neutralen Bereich angesiedelt. Mein Insalata di campo (11,50 Euro), Feldsalat mit im Speckmantel gebratenen Ziegenfrischkäse, ist schmackhaft, das Hausdressing lecker. Die Bestellung des Desserts verzögert sich unfreiwillig etwas, da wir leider nicht nach weiteren Wünschen gefragt werden. Aber das Tiramisu (5,70 Euro) entschädigt für die Wartezeit, und auch das Mango- und Stracciatella-Eis (je Kugel 2,50 Euro) entspricht den Erwartungen. Wir hatten einen netten Abend, das Ambiente ist unkompliziert und lässig – und so ist auch das Essen. Da weiß man, was man hat. KN

AMBIENTE ●●●●● SERVICE ●●●○○
KÜCHE ●●●●○ PREIS-LEISTUNG ●●●●○

€€ Blankeneser Bahnhofsstraße 31 (Blankenese), Telefon 040 80007373, Mo-Di 12–22.30, Mi-Sa 12–23, So 12–22.30 Uhr, EC-Karte; Blankenese Bus 22, Bus 122; mama.eu

Nevio

Lucacelli neu erfunden

Gleicher Ort, gleiches Team, und auch bei der Karte hat sich nicht so viel geändert, seit das Lucacelli sich ins Nevio verwandelt hat. Die Gäste scheint das nicht zu stören: Nach wie vor herrscht hier wuseliger Betrieb, bei dem schon auch mal eine Bestellung liegen bleibt. Das zuzugeben war unser Kellner allerdings nicht bereit. Geschenkt. Die sehr guten Veggie-Antipasti (13 Euro) hatten den gröbsten Hunger längst in die Schranken gewiesen. Denn die Pizza Burrata (17 Euro), die saftig und mit knusprigen Blasen daherkommt, ist wirklich sehr, sehr gut. Und auch die fruchtige Pasta Calamarata (17 Euro) macht Freude – wobei weniger Salz ganz sicher besser für den Geschmack gewesen wäre. Das eigentlich Schöne an Nevio ist aber die gute Stimmung: Stammgäste werden überschwenglich persönlich begrüßt, Hunde und Babys sind genauso willkommen wie Teenagerinnen beim Mädelsabend. Und durch die stylishe Holzdämmung der Decke lenkt das Stimmengewirr nur ein ganz kleines bisschen vom Essen ab.

FT

AMBIENTE ●●●●○ SERVICE ●●●●○
KÜCHE ●●●●○ PREIS-LEISTUNG ●●●●○

NEU! €€€ Eppendorfer Landstraße 95 (Eppendorf), Telefon 040 88185944, Mo-Fr 17–24, Sa-So 11.30–24 Uhr, EC-Karte, VISA, Mastercard; Eppendorfer Marktplatz Bus 20, Bus 114; nevio-hamburg.de

Osteria da Francesco

In guten Händen

In der elegant-modernistisch eingerichteten Osteria da Francesco in der Milchstraße in Pöseldorf sitzt man sehr komfortabel auf samtgepolsterten Bänken oder Thonet-Freischwingern. An den Nebentischen hat es sich die Stammklientel aus Geschäftsleuten und hanseatischen Familien bequem gemacht. Noch vor der Bestellung bringt der aufmerksame Service Ciabatta mit einem tomatisierten Gemüse-Aufstrich an den Tisch. Wir starten mit einem erfrischenden, handgeschnittenen Rindertatar mit Basilikumpesto, gezupftem Büffel-Mozzarella und konfierten Tomaten (24 Euro). Gelungen auch das hauchdünn geschnittene Rindercarpaccio mit fein säuerlich abgeschmeckter, sämiger Cipriani-Soße und frisch gerösteten Pinienkernen (19 Euro). Die Pasta bestellen wir dann als halbe Portionen: Überzeugen können sowohl die Penne Rigate mit frisch gehobelten Frühlingstrüffeln und jungen Spinatblättern (13 Euro) als auch die butterweichen Kalbsschwanz-Ravioli mit Limonensoße und Parmesan (17 Euro). Beim tadellos rosa gebratenen Lammfilet (36 Euro) bringt die Küche die äthiopische Gewürzmischung Ducca und damit ein exotisches Flair ins Spiel. Dazu gibt es grüne Bohnen, abgeschmeckt mit Ziegenfrischkäse und Paprika. Für ein Fischgericht muss man bei Francesco ziemlich tief in die Tasche greifen. Doch es lohnt sich. Der glasig gebratene Steinbutt mit pikanter Safran-Kartoffel-Aioli (48 Euro) wird auf einem vielstimmigen mediterranen Gemüsebett aus Artischocken, Fenchel, Paprika und Zucchini serviert, das Ganze aromatisiert mit Taggiasca-Oliven, Kapern und Rosmarin. Als Weinbegleitung wählen wir einen kraftvollen Cabernet Sauvignon aus dem Latium (0,75 l 36 Euro) und zum Fisch ein Glas

FOTO: MARC SILL

DaCaio
RESTAURANT + BAR
Barcastraße 3 · 22087 Hamburg · T +49 40 2800 30 1810 · dacaio@thegeorge-hotel.de · www.thegeorge-hotel.de

Sauvignon Blanc mit exotischen Fruchtnoten aus der Pfalz (0,2 l 10 Euro). Zum Abschluss teilen wir uns noch einen klassischen Crêpe à l'orange mit Vanilleeis (18 Euro). Dazu empfiehlt uns Francesco den eleganten Dessertwein Muffato della Sala von Antinori, der sich mit 16 Euro (0,1 l) allerdings als nicht ganz billig erweist. Doch sei's drum: Der Abend ist zwar teuer, aber sehr gelungen. HK

AMBIENTE ●●●●● SERVICE ●●●●●
KÜCHE ●●●●● PREIS-LEISTUNG ●●●●○

€€€€ Milchstraße 3-4 (Rotherbaum), Telefon 040 25304380, Mo-Sa 12–23, So 12–22 Uhr, EC-Karte, VISA, Mastercard, Amex; Böttgerstraße Bus 19; da-francesco.de

Palazzo Ristorante

Wo sich Gaudi und Gaumen Gute Nacht sagen

Wer das Palazzo besucht, sollte noch etwas Platz fürs Dessert lassen

Wer Zweifel an der Standfestigkeit seines neuen Esstisches hat, sollte sich das Mobiliar dieser Restaurant-Legende in Harvestehude genauer ansehen: Der einzige Ort der Republik, an dem noch gnadenloser auf den Tischen getanzt wird, ist das Schottenhamel-Zelt auf dem Münchner Oktoberfest. Okay, man kann natürlich auch ganz hervorragende Speisen der eher auf Produktqualität denn auf kreative Bearbeitung setzenden Cucina Italiana neapolitanischer Prägung genießen. Und das in einer seit Jahrzehnten kontinuierlichen Küchenleistung, was die von uns probierten Klassiker Vitello tonnato, Trüffel-Tagliatelle, Saltimbocca alla romana (15,50/23,50/28,50 Euro) und die mit 10,50 Euro mild gepreiste Dessertvariation mit Profiterols, Cassata, Tiramisu und Mascarpone/Waldbeeren beweisen. Wir teilen uns friedfertig Vor- und Zwischengericht, nur beim Nachtisch gibt es einen kleinen Löffelkrieg um das sensationelle Hausmacher-Tiramisu. Geld wird in der bis in den hintersten Winkel blutrot gestrichenen Genuss-Grotte von Nevio Fontaniello ohnehin eher mit den Getränken verdient. Wer jenseits der preiswert trinkbaren Hausweine (6 Euro für das Viertele) in die Reben gehen will, landet wie wir schnell bei knapp 50 Euro für eine Flasche Le Volte, Ornellaias „Zweitwein", von dem jeder Schluck sein Geld wert ist. Die „Hauptweine" sind für Otto Normalzecher wie uns unerschwinglich, aber immerhin bestaunbar – als im Gastraum ausgestellte Riesenflaschen von Magnum über Nebukdadnezar (15 Liter) bis zum 20-Liter-Boliden Salomon. Allesamt längst in der roten Höhle oder auf der riesigen Sommerterrasse ausgetrunken von den im Palazzo dauerfeiernden Promis. Die schauen mal eben von den TV-Studios gegenüber rein oder ertränken stilvoll nach HSV-Spielen ihren Nachspielzeit-Gegentrefferfrust. Ach ja – und die anschließend von Donnerstag- bis Samstagnacht bis in die Puppen (wenn nicht gerade Sperrstunde gilt) auf den Tischen tanzen zu Italo-Schlager und Stimmungsmusik. Momente, in denen München nicht mehr die nördlichste Stadt Italiens ist. PESI

AMBIENTE ●●●●○ SERVICE ●●●●●
KÜCHE ●●●○○ PREIS-LEISTUNG ●●●○○

€€€€ Rothenbaumchaussee 185 (Harvesthude), Telefon 040 4102277, Mo-Fr 12–15, 18–23, Sa 18–23 Uhr, EC-Karte, VISA, Mastercard; Hallerstraße U1; ristorante-palazzo.com

Pane e Tulipani

Kunst trifft auf Kulinarik

Im Pane e Tulipani direkt neben dem Kunstverein trifft sich besonders gern die Hamburger Kunstszene. Nach Eröffnungen, Kurator:innenführungen oder Mitgliederversammlungen empfängt der charismatische Wirt Lillo sein kunstaffines Klientel im eleganten Lokal mit hoher Decke, Designermöbeln und angesagter Kunst an den Wänden. Doch auch Touristenpaare aus den nahegelegen Hotels schauen offenbar gerne im Pane e Tulipani vorbei. Nach einem appetitanregenden Amuse-Bouche mit Lachs auf Guacamole und einem Topping aus Teriyakisoße überzeugt das bissfest gegarte Risotto mit Salsiccia, Radicchio und aromatisiertem Honig (18,50 Euro). Das dürfen wir uns, wie in Italien üblich, in Form von zwei halben Portionen teilen. Die Kalbsbäckchen sind wunderbar weich und werden von Kartoffelstampf und kurz gegartem grünem Spargel begleitet (27,50 Euro). Die in der Salzkruste gegarte Dorade (28,50 Euro) wird zunächst im Ganzen am Tisch präsentiert, um kurz darauf perfekt filetiert zurückzukehren. Sie erweist sich als äußerst schmackhaft. Dazu passen Butterkartoffeln und der extrem kurz gegarte und im Ganzen belassene junge Spinat. Schwarzer Sesam verleiht dem ansehnlichen Superfood eine leicht asiatische Note. Ganz europäisch dann das Dessert: ein Schokoladenmalheur mit flüssigem Kern (12,50 Euro). Ein Glas Lugana (0,2l 7 Euro) zum Fisch und ein Glas Primitivo (0,2l 8 Euro) zum Fleisch runden den gelungenen Abend ab. HK

AMBIENTE ●●●●○ SERVICE ●●●○○
KÜCHE ●●●●○ PREIS-LEISTUNG ●●●●○

€€€€ Klosterwall 23 (Hammerbrook), Telefon 040 80601688, Mo-Fr 12–14.30, 18–1, Sa 18–23 Uhr, EC-Karte, VISA, Mastercard, Amex; Steinstraße U1; pane-e-tulipani.eu

Panetteria

Pasta-Love-Story

An diesem Abend versuchen wir spontan unser Glück im Restaurant La Panetteria in Bahrenfeld. Gegenüber dem Flottbeker Markts, auf einem Hinterhof versteckt, erkennen wir erst bei näherer Betrachtung Licht hinter den Scheiben der ehemaligen Bäckerei. Schummrige Gemütlichkeit gehört zum Konzept. Man kennt sich, viele Stammgäste kommen vorbei und werden familiär begrüßt. Eine Karte gibt es nicht, dafür eine große Tafel über der Küche. Pizza sucht man dort vergeblich – es gibt sie aber, auf Wunsch und sehr köstlich! Wir starten mit einer Portion Tagliatelle mit Trüffeln (26,50 Euro) und schon bei der ersten Gabel fühlen wir uns auf eine Piazza in der Toskana gebeamt. Cremig, nicht wie anderswo gern in Öl ertränkt, geschmackvoll, aber nicht aufdringlich und die Nudeln von perfektem Biss: mit die beste Trüffel-Pasta, die wir bisher genießen durften. Die Antipasti della casa (20,50 Euro) sind geschmacklich exzellent und nicht mit dem sonst oft anzutreffenden lieblosen Allerlei zu vergleichen. Wir trinken einen sehr leckeren Primitivo (0,2l 8,50 Euro) und schon kommen die Hauptgerichte: ein im Ganzen gebratener Loup de Mer (23,50 Euro), welcher ein wenig zu viel Salz abbekommen hat, aber davon abgesehen hervorragend ist. Mit den Penne mit Salsiccia (14,50 Euro) geht die Pasta-Love-Story weiter: eine sämige Soße mit würziger Salsiccia zu bissfesten Penne – anbetungswürdig. Die Pizza Margherita präsentiert sich original italienisch – ein perfekt dünner Teig mit würziger Tomatensoße und üppigem Käse. Die Dessertvariationen (12,50 Euro) kommen mit mehreren Löffeln: köstliches Panna cotta mit Mangogeschmack, eine Crème brûlée, eine etwas zu feste Mousse au Chocolat und Tiramisu. Der Re-

FOTO: MARC SILL

gen vor der Tür macht uns anschließend nichts aus. Wir strahlen wie nach einem sonnigen Urlaubstag in Italien.

KN

AMBIENTE ●●●●○ SERVICE ●●●○○
KÜCHE ●●●●● PREIS-LEISTUNG ●●●●○

€€€€ Osdorfer Landstraße 4 (Bahrenfeld), Telefon 040 89064802, Mo 12–15, 18–23, Mi-Fr 12–15, 18–23, Sa 18–23, So 17–23 Uhr, EC-Karte, VISA, Mastercard, Amex; Groß Flottbeker Straße Bus 186; ristorante-panetteria.de

Pastalozzi

Bodenständig

Im Portugiesenviertel in der Neustadt einmal nicht in ein portugiesisches Restaurant zu gehen kommt einem fast falsch vor, dabei ist das italienische Pastalozzi hier kein bisschen fehl am Platz. Wir sitzen an einem der dicht gestellten Tische direkt am Eingang und kriegen so alle ankommenden Gäste sowie die Gespräche der Kellner an der Bar neben offen gestapelten Getränkekisten mit. Für einen Freitagabend ist es nicht sonderlich voll, aber die Stimmung ist gelöst, und italienische Schlager untermalen die hemdsärmelig-lockere Atmosphäre an den nackten Holztischen, die auf gemusterten Fliesen unter einem Kronleuchter stehen. Das Publikum ist gemischt: junge und alte Paare, Familien sowie einige Männer mittleren Alters und eine größere Gruppe Zwanzigjähriger, die Geburtstag feiern. Das Essen ist genauso angenehm unprätentiös wie der Raum und wird uns herzlich, schnell und heiß serviert: Vitello tonnato (11,90 Euro) und Saltimbocca (19,90 Euro) sind eine runde Sache und die Crespelle, italienische Crêpes, gefüllt mit Ricotta und Spinat (11,90 Euro), schmecken frisch und doch tomatig-würzig, ähnlich wie eine gute Lasagne. Auch wenn das Tiramisu (6,50 Euro) uns entgegen der Empfehlung kalt lässt, ist der Espresso (2,20 Euro) doch zumindest perfekt: stark und brühend heiß in einer vorgewärmten Tasse. Zum Schluss – so gehört es sich schließlich für einen Italiener – gibt e noch einen Limoncello aufs Haus und man wünscht sich eine Vespa für den stilgerechten Heimweg.

KF

AMBIENTE ●●●●● SERVICE ●●●●○
KÜCHE ●●●●○ PREIS-LEISTUNG ●●●●●

€€ Reimarusstraße 10 (Neustadt), Telefon 040 31791709, Mo-Fr 12–15, 18–23, Sa 17–23 Uhr, EC-Karte; Landungsbrücken S1, S3, U3; pastalozzi-hamburg.de

VIP-TESTER
Jan Nebendahl

Piazza Romana

Erwartungen übertroffen

Fünf-Sterne-Hotels sind eine Welt für sich. Wenn man in Hamburg lebt, kennt man die bekannten Hotels – aber meist nur von außen. So ging es auch uns, und mit Spannung und Freude betreten wir das Reich des Elysée-Hotels. Es fühlt sich sehr wenig nach Hamburg an, eher ein bisschen wie ein Hotel in den USA. Das Restaurant Piazza Romana liegt sehr zentral in dem von innen noch größer wirkenden Hotel. Im Restaurant wer-

den wir äußerst höflich begrüßt und bekommen einen sehr schönen Platz genau in der Mitte des Restaurants. Sofort merken wir, dass Service in diesem Restaurant großgeschrieben wird und der Gast viel Aufmerksamkeit erhält. Nach Beratung mit dem Restaurantleiter, der sich ebenso freundlich vorstellt, entscheiden wir uns als Vorspeise für die Antipasti speciale (18 Euro), bei denen es sich um drei Teller von den Vorspeisen des Antipasti-Büfetts handelt: Vitello tonnato, Meeresfrüchte-Salat und ein Gurken-Tomaten-Feta-Salat. Dazu werden Ciabatta-Brot, Oliven und sehr hochwertiges Olivenöl gereicht. Wunderbar zu teilen – aber eher durchschnittlich. Bei der Hauptspeise richten wir uns nach der Empfehlung des Kellners und bestellen die Seezunge (Sogliola alla Piazza Romana, pro Person 34 Euro) – eine wirkliche Empfehlung: fantastisch! Vor unseren Augen filetiert und dampfend auf den vorgewärmten Tellern serviert. Dazu nur zerlassene Butter und Zitrone. Als Beilage werden Kartoffeln und Spinat in die Mitte des Tisches gestellt. Einfach perfekt. Als Wein wählen wir eine Flasche des Sauvignon Blanc Collavinvi (35 Euro), der wunderbar mit dem Essen harmoniert. Insgesamt ein sehr schöner Abend in einem etwas ungewöhnlichen Ambiente eines in die Jahre gekommenen Hotels. Unsere Erwartungen wurden allerdings übertroffen!

AMBIENTE ●●●●○ SERVICE ●●●●●
KÜCHE ●●●●○ PREIS-LEISTUNG ●●●●○

€€€ Rothenbaumchaussee 10 (Rotherbaum), Telefon 040 414120, Mo-So 12–14.40, 18–22 Uhr, EC-Karte, VISA, Mastercard, Amex; Dammtor (Messe/CCH) S 21, S 31, Bus 5, Bus 19; grand-elysee.com

Piccolo Amore

Solider Italiener

Das Piccolo Amore am Ende der Elbchaussee, direkt beim Übergang ins Treppenviertel, ist – Überraschung – klein. Die Einrichtung ist rustikal und einfach. Die Tische sind klein und die ungepolsterten Holzstühle nicht wirklich dazu geeignet, einen langen geselligen Abend darauf zu verbringen. Statt einer Menükarte wird uns eine Tafel gebracht und auf einem Stuhl platziert. Die Auswahl: ein paar Pasta-Gerichte, einige Pizzen und drei Vorspeisen. Abgesehen von den Vorspeisen: kein Fisch, kein Fleisch. Und das, obwohl es kein vegetarisches Restaurant ist. Nach kurzer Beratung beschließen wir, auch als Karnivoren dem Abend eine Chance zu geben. Als Vorspeise bestellen wir einen großen Teller Antipasti (28 Euro) und dazu Scampi mit Knoblauch aus dem Ofen (30 Euro). Das dazu gereichte Brot ist frisch zubereitet und äußerst bekömmlich. Das Gemüse auf dem Antipasti-Teller ist gut abgeschmeckt und auf den Punkt gegart. Butter, Meersalz und mediterrane Kräuter runden den Geschmack ab. Das Vitello tonnato ist perfekt ausgewogen zwischen der Säure der Limonen und dem Salz der Kapern, das

Im San Michele kocht Franco – und weiß, welcher Tropfen zum Essen passt

Kalbfleisch zart. Die Salame Felino und der Serrano-Schinken: hauchdünn geschnitten. Die Burrata cremig und geschmacklich hervorragend. Alles in allem: eine außergewöhnlich geschmackvolle Vorspeise. Als Hauptgang bestellen wir Scampi (30 Euro), Pizza Piccolo Amore (15 Euro), Spaghetti Carbonara (14,90 Euro)und Pappardelle con salmone (18,90 Euro). Die Pizza ist belegt mit Mozzarella und frischem Rucola, der Boden dünn und die Tomatensoße gut abgeschmeckt. Die Spaghetti Carbonara sind solide, aber wenig überraschend. Der Lachs auf den Pappardelle scheint Tiefkühlkost zu sein und schmeckt tranig. Das Dessert macht dieses Manko wieder wett: Das Tiramisu (5 Euro) ist hausgemacht und fantastisch. Fazit: ein solider Italiener. HE

AMBIENTE ●●●○○ SERVICE ●●●●○
KÜCHE ●●●○○ PREIS-LEISTUNG ●●●○○

€€€ Elbchaussee 587 (Blankenese), Telefon 040 82294447, Do-Sa 17–22 Uhr, EC-Karte, VISA, Mastercard; Blankenese S1; piccoloamore.de

Ruperti

Kleinod mit Style

Das Ruperti im schnieken Nienstedten erweist sich als Entdeckung. Richtig reich gesegnet sind die Elbvororte mit gastronomischen Perlen nicht. Da trumpft dieses Kleinod sofort auf. Majid Ehsasian und Ghazal Pishevar betreiben es seit sechs Jahren in den Räumen der legendären Kneipe „Schlag". Geblieben ist das frisch gezapfte Ratsherrn, Tresen-Snacks wie Frikadellen und Sülze sind Pizza, Pasta und zwei Handvoll köstlicher Edelgerichte des italienischen Kochs Antonio gewichen. Der Gastraum ist in stylishes Olivgrün getüncht, die Beleuchtung über den weiß eingedeckten dunklen Holztischen wohlig warm. Ins Auge fallen im lauschigen Biergarten die Batterien geleerter und drinnen am Tresen drapierter, teils noch verkorkter Magnumflaschen guter Rotweine. Von der kompakten Karte wählen wir den Antipasti-Mix aus der Vitrine (12 Euro). Adrett, frisch, lecker. Das gekonnt gegrillte Rinderfilet, leider nur sparsam von Gemüse flankiert, ist mit 32 Euro Preiskönig des Hauses. Der „nur kurz vom Feuer geküsst" bestellte Thunfisch auf Salat (29 Euro) kommt zwar voll durchgegart, dennoch saftig daher. Dank der vielen Familien aus der Nachbarschaft gibt's alle Gerichte auch als Kinderportion. So die fantastischen Tagliatelle mit Garnelen (12 Euro) und die Spaghettini mit Büffelmozzarella und Tomaten (10 Euro). In ähnlicher Preislage rangieren die Pizzen. Einen perfekten Abschluss liefert das hausgemachte Tartufo (7 Euro). MO

AMBIENTE ●●●●○ SERVICE ●●●●○
KÜCHE ●●●●● PREIS-LEISTUNG ●●●●○

€€€ Rupertistraße 26 (Nienstedten), Telefon 040 85505995, Mo-So 11–23 Uhr, EC-Karte; Hochkamp S1, S11; ruperti-restaurant.de

San Michele

Der gute Sizilianer

Einst befand sich das San Michele gegenüber dem Michel, daher der Name. Heute ist das Restaurant in einer kleinen gepflasterten Straße auf der Uhlenhorst. Dort kocht Franco. Und das seit über 40 Jahren in Hamburg. Franco kommt ursprünglich aus Sizilien, und das sizilianische Blut und die Liebe zur Kulinarik kann man in seinem Restaurant mit jeder Faser spüren und auch schmecken. Auf den ersten Blick gibt's die italienischen Klassiker: Vitello tonnato, Spaghetti Carbonara oder Saltimbocca alla romana. Aber es sind vor allem

FOTO: MARC SILL

die sizilianischen Gerichte, die bei Franco so gut schmecken. Darum muss man ihn aber persönlich bitten, er bereitet je nach Marktlage zu. Mit Wein kennt sich Franco übrigens auch sehr gut aus. Da sind sizilianische Geheimtipps dabei. Beispielsweise der „Il Segreto", ein Verschnitt aus Grecanico, Chardonnay, Viognier und Fiano (Flasche 29 Euro). Der herrlich frisch nach Zitrus, blumig und trotzdem mineralisch schmeckt. Ein Hoch auf den sizilianischen Boden! Mein Tipp: Gucken Sie am besten gar nicht auf die Speisekarte, sondern lassen Sie sich alles empfehlen. Man munkelt, dass das der Lieblingsladen eines Hamburger Fernsehkochs ist. Aber noch einmal zurück zur Speisekarte: Wir bestellen erstmal die Klassiker. Es gibt Vitello tonnato (14,50 Euro), Scampi aragonese (16,50 Euro) und Tagliolini mit Spargel und Trüffel (19,50 Euro). Klingt erst mal nicht besonders. Aber die Kunst ist, die einfachsten Gerichte so gut zuzubereiten, dass sie einem nicht mehr aus dem Kopf gehen. Das trifft es auf den Punkt. Geschmacklich waren alle drei Gerichte in absoluter Harmonie abgeschmeckt. Als Secondo gönnen wir uns den marktfrischen Tonno alla siciliana (27,50 Euro), der von außen scharf angebraten wird, aber innen seinen rosa Kern behält. Das schmeckt nur in Sashimi-Qualität. Zum Abschluss gibt's ein erfrischendes Sorbet (7,50 Euro), natürlich hausgemacht. Auch hier ist die Zubereitung alles andere als einfach: Sorbet muss frisch und fruchtig schmecken, aber ja nicht zu süß! Bestehend aus Blutorange, Lavendel und schwarzer Johannisbeere ist das ein krönender Abschluss. DSW

AMBIENTE ●●●●○ SERVICE ●●●●○
KÜCHE ●●●●● PREIS-LEISTUNG ●●●●○

€€€€ Kanalstraße 22 (Uhlenhorst), Telefon 040 371127, Mo-Fr 17.30–22.30, Sa 17.30–23 Uhr, EC-Karte, VISA, Mastercard; Zimmerstraße Bus 6, Bus 17; san-michele.de

Spaccaforno

Die beste Pizza der Stadt

Es war nicht leicht, im Spaccaforno in Ohlsdorf essen zu gehen. Erst hatte ich einen Virus, dann die Pizzeria, dann war alles ausgebucht. Schließlich, auf den letzten Drücker, haben wir einen Tisch ergattert, dann die nächste Hiobsbotschaft: Pasta gibt's heute nicht! Nun gut. Ein schlechtes Omen? Was soll ich sagen! Nie zuvor habe ich in Hamburg eine bessere Pizza gegessen als im Spaccaforno. Der Teig für die Pizza darf 28 Stunden reifen und wird klassisch neapolitanisch gebacken, mit dickem Rand und dünnem Boden. Geschmacklich ist er die Wucht, nicht zu salzig, nicht zu fettig. Normalerweise esse ich gern Pizza rossa, also mit Tomatensoße. Im Spaccaforno bestelle ich versehentlich eine Pizza bianca – und vermisse nichts: Der Geschmack ist einfach überwältigend. Meine Wahl fällt auf Zucchine e menta (13,50 Euro), also Zucchini und Minze mit dem rauchigen Provola-Käse, Ricotta und Pecorino. Aber auch die anderen Pizzen sind erstklassig:

Alles – außer gewöhnlich:

Bella Italia inmitten der Hamburger Speicherstadt genießen – es erwarten Sie raffinierte, italienische Köstlichkeiten. Hier geht's zu unserer Speisekarte:

ristorante cantinetta bar

Pickhuben 3 I 20457 Hamburg
Reservierung: T. 040 638589-900
info@cantinetta-hamburg.de I ristorante-cantinetta.de

cantinettahamburg

Das Restaurant That's Amore ist etwas für Antipasti-Liebhaber

Primavera mit Burrata und Bresaola (16,50 Euro) oder Pera e Noci mit Birnen, Ziegenkäse, Walnüssen und Gorgonzola. Vorweg teilen wir uns ein Tatar vom piemontesischen Fassona-Rind (12,50 Euro) und einen Burrata mit Datteltomaten (12,50 Euro). Und auch hier hört mein Lobgesang nicht auf: Ich kann gar nicht so schnell gucken und die Vorspeisen sind verzehrt. Besonders in Erinnerung werden uns die Datteltomaten bleiben. In Zeiten, in denen Tomaten mehr nach Wasser schmecken als einen Eigengeschmack zu haben, sind sie hier eine kulinarische Überraschung: erlesen und hocharomatisch. Zum Abschluss geht's dann ganz klassisch zu: Tiramisu (8,50 Euro) und eine Mascarpone-Creme (darunter ein Gelato aus salzigem Karamell, darüber kippt uns der Service lauwarmen Espresso/8,90 Euro). Unsere Erwartungen waren nicht hoch, aber es macht eben einen Unterschied, wenn man Wert auf Produktqualität legt und eine Portion Liebe ins Essen gibt. Dieser Abend wird uns kulinarisch noch lange in Erinnerung bleiben. DW

AMBIENTE ●●●●● SERVICE ●●●●●
KÜCHE ●●●●● PREIS-LEISTUNG ●●●●●

€€ Erdkampsweg 4-6 (Ohlsdorf), Telefon 040 42101301, Di-So 12–22 Uhr, EC-Karte, VISA, Mastercard, Amex; Erdkampsweg Bus 172; spaccaforno.de

Spezzagrano

Pizza, Brot und Leidenschaft

Samstagabend, 19 Uhr. Das Spezzagrano ist ausgebucht, doch glücklicherweise dürfen wir noch am geräumigen Tresen mit Blick in die offene Küche Platz nehmen. Hier steht auch der große Pizza-Ofen. Wir sind fasziniert von der hingebungsvollen Zubereitung der Pizzen. Wir bestellen Salsiccia e Funghi mit Fior-di-latte-Käse, hausgemachter Wurst und Pilzen (14,50 Euro), Porchetta mit Fior-di-latte-Käse, Spanferkel, Kartoffeln und karamelisierten Zwiebeln (15,50 Euro) und eine Pera e Noci mit Fior-di-latte-Käse, Birne, Ziegenkäse und Walnüssen (13,50 Euro). Der Rand ist schön kross, der Teig locker und der Belag eindeutig frisch und kreativ komponiert. Einzig der letzte Pfiff fehlt, ansonsten gibt es nichts zu meckern. Zum Dessert lassen wir uns Tiramisu (5,90 Euro), Sorbetto del Giorno (6,90 Euro) und Panna cotta (5,90 Euro) schmecken. Das Tiramisu und Panna cotta sind bereits hervorragend, doch das Sorbetto del Giorno ist der absolute Knaller. Hier handelt es sich um ein Basilikumsorbet mit einem fruchtig eleganten Olivenöl. Allein hierfür hat sich der Besuch gelohnt. Tipp: selbst gebackenes Brot für zu Hause mitnehmen! TWU

AMBIENTE ●●●●● SERVICE ●●●●○
KÜCHE ●●●●○ PREIS-LEISTUNG ●●●●○

€€ Fuhlsbüttler Straße 300 (Barmbek), Telefon 040 53009595, Mo-So 12–22 Uhr, EC-Karte, VISA, Mastercard; Alte Wöhr (Stadtpark) S1, S11; instagram.com/spezzagrano_hh

That's Amore

Viel Liebe für wenig Geld

Im italienischen That's Amore in der Nähe der Christuskirche warten zwischen Schanze und Eimsbüttel Klassiker wie Pizza und Pasta. Bislang ist uns das Restaurant mit den vielen Fenstern eher wenig aufgefallen. Der quadratische Raum beherbergt eine große Bar in der Mitte und ist ansonsten dezent eingerichtet: An den weißen Wänden hängen ein paar Bilder, und auch die eingedeckten Tische sind eher schlicht gehalten. Wenig aufregend auf den ersten Blick, aber wir sind trotzdem neugierig. Am Anfang des Abends befinden sich nur wenige Gäste im That's Amore, doch die Tische füllen sich nach unserer Ankunft schnell. So wie sich Kellner und Neuankommende begrüßen, scheinen viele Stammgäste darunter zu sein. Die Stimmung ist entspannt gehoben und die Bedienung überaus freundlich. Zur Vorspeise teilen wir uns ein cremig-würziges Vitello tonnato (11 Euro), das durch eine subtile zitronige Frische überzeugt. Auch die Spaghetti Carbonara (10,50 Euro) und die Pizza Ortolana (11,50 Euro) mit verschiedenem Gemüse und frischem Rucola sind ausgesprochen lecker. Der Pizzateig ist gleichzeitig fluffig und dünn, die Pasta-Soße traditionell mit Ei angerührt – authentisch italienisch. Aufgrund der Qualität der Speisen und der Atmosphäre sind wir überrascht von den günstigen Preisen und werden wiederkommen. BD

AMBIENTE ●●●○○ SERVICE ●●●●○
KÜCHE ●●●●○ PREIS-LEISTUNG ●●●●●

€ Weidenstieg 24 (Eimsbüttel), Telefon 040 18980327, Di-Sa 16.30–23, So 16.30–22 Uhr, EC-Karte, VISA, Mastercard, Amex; Christuskirche U2; thatsamorehamburg.de

Trattoria Calabria

Grazie mille!

Ein 38-Tonner donnert vorbei. Danach ein Notarzt, vom UKE kommend. Wir stehen an der lauten Gärtnerstraße. Das kalabrische Meer kann gar nicht weiter weg sein. Doch als wir die Trattoria Calabria betreten, umweht uns sofort süditalienisches Flair. Die rot-weißen Tischdecken, die urigen Leuchter und kleinen Hocker, fröhliches Stimmengewirr. Und Adriano Celentano grinst zu all dem von der Wand. Die wuselige und wunderbar aufgedrehte Kellnerin ist heute Abend ganz allein, hat aber alles komplett im Griff. Die Speisekarte kann sie gleich wieder mitnehmen. Was uns da von einer an der Wand hängenden Papierrolle angepriesen wird, überzeugt uns. Also ran an den gemischten Vorspeisen-Teller für zwei (16,90 Euro), der von dünn gehobelter Wurst über Vitello bis hin zu Mozzarella und lecker angemachten Champignons alles bietet. Der kleine Gastraum, zu dem ein überdachter Wintergarten gehört, füllt sich. Fast alle Tische sind besetzt. Es wird gelacht, getrunken und aus der Küche hören wir klirrende Töpfe. Herrlich. Noch besser wird's, als die handgemachten und getrüffelten Tortellini (14,90 Euro) vor mir stehen. Der Teig noch leicht bissfest, die Füllung von grandioser Würze – ein kalabrisches Gedicht. Mein Gegenüber hat sich für die Tagliatelle mit Salsiccia (16,90 Euro) entschieden. Zu meckern gibt's auch da so gar nichts. Angerichtet wird in der Trattoria bodenständig. Wer auf Showküche steht, sollte besser ein anderes Restaurant ansteuern. Wer aber gutes Handwerk, überbordende Herzlichkeit und ursprüngliche italienische Atmo mitten in Hamburg erleben will, ist hier richtig. Vom vernünftigen Hauswein (0,5 l 9,90 Euro)

FOTO: MARC SILL

leicht angetüdelt verzeihen wir am Ende locker, dass vorm Bezahlen noch ein Spaziergang zum Geldautomaten nötig ist, weil nur bar akzeptiert wird. Grazie mille für einen fantastischen Abend. AND

AMBIENTE ●●●●● SERVICE ●●●●○
KÜCHE ●●●●○ PREIS-LEISTUNG ●●●●○

€€ Gärtnerstraße 76 (Hoheluft-West), Telefon 040 69081378, Di-Sa 17–24, So 16–23 Uhr, nur Barzahlung; Kottwitzstraße Bus 20, Bus 25; trattoriacalabria-hamburg.de

Trattoria Cento Lire

Italienische Klassiker auf hohem Niveau

Die Trattoria Cento Lire befindet sich im Karolinenviertel direkt gegenüber den Messehallen. Bereits von außen können wir einen Blick in das vielversprechende Innere des italienischen Restaurants werfen. Trotz des heimeligen Ambientes ist das Interior schlicht und stilvoll, und die dunkelgrünen Wände sorgen für eine Extraportion Gemütlichkeit. Bereits die übersichtliche Speisekarte lässt erahnen, dass hier auf Qualität statt Quantität gesetzt wird. Zusätzlich zu den regulären Speisen finden wir eine handschriftlich geschriebene Mittags- und Abendkarte. Mit Bruschetta (6,50 Euro) stimmen wir uns auf ein italienisches Mittagessen ein und werden nicht enttäuscht: Das Brot ist außen knusprig, innen herrlich weich. Die Tomaten sind gut gewürzt, die Garnitur aus Parmesan und Rucola rundet das Erlebnis geschmacklich und optisch ab. Es folgen Pizza Rucola e Parma (13,50 Euro) und eine Pizza Quattro Formaggi (12,50 Euro). Der Teig ist hauchdünn und behält trotz des Belags seine Knusprigkeit. Der Sugo ist fruchtig aromatisch, und am saftigen Parmaschinken wurde nicht gespart. Auch die angekündigten vier Käsesorten kommen geschmacklich alle zur Geltung. Vor allem der Gorgonzola schmeckt hervorragend fein und lässt den anderen Käsesorten Raum, sich im Gaumen zu entfalten. Nach diesem Geschmackserlebnis sind wir pappsatt – und ein wenig traurig, dass kein Nachtisch mehr in unsere Bäuche passt. Den italienischen Milchreis mit kandierten Früchten (5,50 Euro) lassen wir uns beim nächsten Besuch nicht entgehen. KG

Der gute Rote darf in der Trattoria Cento Lire nicht fehlen

FOTO: DAVID STRÜNING

AMBIENTE ●●●●○ SERVICE ●●●●○
KÜCHE ●●●●● PREIS-LEISTUNG ●●●●○

€€ Karolinenstraße 12 (St. Pauli), Telefon 040 41359177, Mo-Di 18–23, Mi-Fr 12–15, 18–23, Sa 18–23 Uhr, nur Barzahlung; Messehallen U2; trattoriacentolire.de

Trattoria Roma Sparita

Bilderbuch-Italiener

Rot-weiß-karierte Tischdecken, dunkle Holzvertäfelung und Lederpolsterung, Deko mit Rom-Bezug und eine Deckenverzierung aus Hunderten Korken sowie lauschiges Licht. Ein Bilderbuch-Italiener in Ottensen: die Trattoria Roma Sparita von Aldo Venturini. Zufällig haben wir beide wahnsinnig Lust auf Pasta mit Steinpilz. Also testen wir unterschiedliche Variationen, die zeigen werden, welch geschmackliche Bandbreite mit Können aus der Pilzsorte herauszuholen ist. Die vegetarischen Tagliatelle Porcini (16,50 Euro) bieten fast fleischige Deftigkeit, die Ravioli mit Steinpilzfüllung (16,50 Euro) sind hingegen mild und ideal kombiniert mit Salbeibutter. Zu beobachten ist, wie häufig Pizza anscheinend von Menschen aus der Nachbarschaft abgeholt wird. Es herrscht ein herzlicher Man-kennt-sich-Umgang – und beim Belegen mit Serrano kein Geiz. Gefühlt wird die gesamte Eros-Ramazzotti-Diskografie gespielt. Vielleicht für das sich zwei Weinflaschenlängen anschweigende Paar am Tisch nebenan. Man kann sich hier aber auch gut unterhalten, und der Astoria Icòna Cabernet Sauvignon (0,75 l 28,50 Euro) ist schön dunkelrot, fast tiefviolett im Glas. Er schmeckt üppig saftig nach Kirsche, Eiche und einem Kick Lakritze mit ausgewogener Säure. Bevor aufs Haus aus diversen italienischen Schnaps- und Likörklassikern gewählt werden darf, noch ein Dessert: Das großzügig portionierte Tiramisu (5,50 Euro) kann locker zwei Menschen glücklich machen. LMN

AMBIENTE ●●●○○ SERVICE ●●●○○
KÜCHE ●●●●○ PREIS-LEISTUNG ●●●●●

€€ Lobuschstraße 24 (Ottensen), Telefon 040 25777495, Mo-Di 17–23, Do 17–23, Fr-Sa 17–24, So 17–22 Uhr, EC-Karte, VISA, Mastercard; Altona S2, S3, S11, S31; roma-sparita.de

Ristorante Italiano
Boccone

Am Klingenberg 34
22587 Hamburg
Tel 040-87 00 97 07
Fax 040-87 00 97 09

Öffnungszeiten:
Mo-Sa 18-24 Uhr
Di Ruhetag
Sonn- & Feiertage
12-15 & 18-24 Uhr

www.boccone-blankenese.de
info@boccone-blankenese.de

SCHWECHOWER
Obstbrennerei
Edle SPEZIALITÄTEN

Lust zu schwecheln.

SCHWECHOWER GEISTE, BRÄNDE UND LIKÖRE IN VIELEN VORZÜGLICHEN SORTEN...

... die wir Ihnen neben vielen anderen Spezialitäten in unserem Hofladen präsentieren. Unser Personal lädt Sie gerne zu einer Verkostung ein und freut sich über Ihre Gruppenanmeldung für eine Brennereibesichtigung.

Schwechower Obstbrennerei
Am Park 5
19230 Schwechow
WWW.SCHWECHOWER.DE

Partner
Biosphärenreservat Flusslandschaft Elbe

KURZ GEBRATEN

In der Küche des Dal Fabbro sind Muschel-Magier am Werk

Al Volo

„La dolce vita" in Hoheluft: Fans der süditalienischen Küche kommen im Eppendorfer Weg auf ihre Kosten. Das italienische Restaurant Al Volo bezieht viele seiner Produkte direkt aus Italien. Neben neapolitanischer Pizza kommen Antipasti und Pasta auf die Teller. Ein paar Geheimtipps hat das Al Volo auch zu bieten: frittierte Reisbällchen. Komplettiert wird das Urlaubsfeeling durch die große Außenterrasse.

€€ Eppendorfer Weg 211 (Hoheluft-West), Telefon 040 43275924, Mo-So 12–23 Uhr, EC-Karte, VISA, Mastercard; Eppendorfer Weg (Ost) Bus 5; alvolo.de

anna.bistro

Ein farbiges Plätzchen mitten in der Großstadt versteckt sich in einem Ottenser Hinterhof. Nur ein paar Meter von der Straße entfernt erlebt man im anna.bistro ein Kontrastprogramm zur grauen Großstadt. Inmitten bunter Lichterketten und einer Vielzahl an Blumen in hängenden Schalen nimmt man dort in familiärer Atmosphäre Platz. Man könnte fast meinen, auf einer italienischen Familienfeier gelandet zu sein. Typisch für ein Bistro beherrschen Weine und kleine Speisen die Karte, darunter Variationen von Antipasti und einfallsreiche Pasta-Gerichte.

€€ Hohenesch 55 (Ottensen), Telefon 040 39805838, Di-Fr 12–15 und 18–22, Sa 18–22 Uhr, EC-Karte; Altona S1, S3; anna-punkt-bistro.de

Cucina d'Elisa

Wer einen entspannten Abend beim Italiener erleben will, lehnt sich am besten auf der Terrasse der Cucina d'Elisa zurück. Die Gastgeberin weiß, wie gute italienische Küche geht. Bevor sie das Restaurant 2008 von ihrem Vater Lello Papagna übernahm, ging sie bei niemand Geringerem als der Sterneköchin Anna Sgroi in die Lehre.

€€€ Rothenbaumchaussee 101 (Rotherbaum), Telefon 040 451072, Mo-Fr 11.30–15 und 17.30–23, Sa-So 17–23 Uhr, EC-Karte, VISA, Mastercard, Amex; Hallerstraße U1; cucinadelisa.de

Cuneo

Das Cuneo ist eine Legende. Seit fast 120 Jahren suchen Promis und Kiez-Größen den Italiener in der Davidstraße auf St. Pauli auf. Somit ist Cuneo das älteste italienische Restaurant Hamburgs. Mittlerweile wird das Lokal, in dem unter anderem hausgemachte Ravioli serviert werden, von Franca Cuneo, der Urenkelin des Gründers, geführt.

Hanseperle 2021 €€€ Davidstraße 11 (St. Pauli), Telefon 040 312580, Mo-Sa 17–24 Uhr, EC-Karte, VISA, Mastercard; Reeperbahn S1, S3; cuneo1905.de

DaCaio

Das italienische Restaurant DaCaio in St. Georg ist Teil des Design-Hotels The George, was sich an dem stylishen Interieur des Lokals bemerkbar macht. Dort können in entspannter und schicker Atmosphäre Klassiker und zeitgemäße Interpretationen verspeist werden.

€€€€ Barcastraße 3 (St. Georg), Telefon 040 2800300, Mo-Sa 18–22 Uhr, EC-Karte, VISA, Mastercard, Amex; AK St. Georg Bus 18; thegeorge-hotel.de

Dal Fabbro

Wer sich in gastronomische Obhut von Salvatore Testa und seiner Familie begibt, kann sich in der einstigen Blankeneser Schmiede auf beste italienische Küche freuen. Und zwar auf bodenständige ohne Gedöns. Auf der Karte des Restaurants Dal Fabbro stehen Vorspeisen Klassiker wie Vitello tonnato und Saltimbocca alla Romana. Und als Hauptgang gibt's natürlich Pasta in allen Variationen. Gäste werden wie Freunde bewirtet. Es gibt einen Wintergarten und die Weinkarte hält feine italienische Tropfen bereit.

€€€€ Blankeneser Bahnhofstraße 10 (Blankenese), Telefon 040 868941, Mo-Sa 12–15 und 18–23, So 12–22 Uhr, EC-Karte, VISA, Mastercard, Amex; Oesterleystraße Bus 488; dal-fabbro.de

Die Pizzeria

Unweit des idyllischen Eppendorfer Hayns Park liegt Die Pizzeria. Die Außenplätze sind mit langen Holzbänken ausgestattet, auf denen man es sich gemütlich machen kann. Im Inneren ist es gemütlich und freundlich, nur 40 Leute passen rein. Anders als der Name vermuten lässt, stehen auch Pasta und weitere italienische Spezialitäten auf der Karte.

€€ Eppendorfer Landstraße 165 (Eppendorf), Telefon 040 46776566, Mo-So 12–23 Uhr, EC-Karte, VISA; Schubackstraße Bus 114, Bus 392; diepizzeria.eu

Gallo Nero

An Sommertagen gibt es wohl kaum eine schönere Terrasse als die des Gallo Nero: lauschig und grün, mitten im nachbarschaftlichen Winterhude. Hier ist der schwarze Hahn seit über 20 Jahren Platzhirsch. Ins Gallo Nero geht man, wenn man gehobene italienische Küche möchte.

€€€€ Sierichstraße 46 (Winterhude), Telefon 040 27092229, Mo-So 11.30–24 Uhr, EC-Karte, VISA, Mastercard; Gertigstraße Bus 6, Bus 17; gallo-nero.net

I Vigneri Osteria Enoteca

Osterias gibt es in Hamburg bekanntlich viele. Doch die I Vigneri Osteria Enoteca, mitten in der Innenstadt an der Großen Bäckerstraße beheimatet, hat den Ruf, das zeitgenössische Italien stilecht auf die Teller zu zaubern. Panoramafenster und gedeckte Farben schaffen ein modernes und elegantes Ambiente. Geschmacklich hervorragender Italiener mit einem guten Preis-Leistungs-Verhältnis.

€€€€ Große Bäckerstraße 13 (Altstadt), Telefon 040 38670850, Mo-Sa 11.30–22.30 Uhr, EC-Karte, VISA, Mastercard, Amex; Jungfernstieg alle Bahnlinien; ivigneri.de

FOTO: MARC SILL

Il Buco

Das kleine italienische Souterrain-Restaurant Il Buco befindet sich in St. Georg und steht für vergleichsweise faire Preise und ausgefallene Menü-Ideen. Es gibt im Il Buco lediglich die Tageskarte, nix von der Stange, je zwei bis drei Fleisch- und Fischgerichte und vor allem wirklich tolle Vorspeisen. Das einzige Gericht, welches das Il Buco stoisch durch die Jahre trägt, sind die Nudeln „nach Hurenart", die Pasta alla puttanesca. Vielleicht als Erinnerung an Zeiten, in denen St. Georg noch eine verruchte Gegend war.

€€€ Zimmerpforte 5 (St. Georg), Telefon 040 247310, Di-Sa 18–24 Uhr, EC-Karte, VISA, Mastercard; Hauptbahnhof alle Bahnlinien

Il Cantuccio

Das Il Cantuccio ist ein echtes Erlebnis. Schon beim Betreten des edlen Restaurants kommt dem Besucher ein Hauch Italien entgegen. Sehr edel und trotzdem gemütlich. Die Karte ist fein und perfekt abgestimmt – nach Jahreszeiten variierend. Inhaber und Chefkoch Strato Cotugno genieße den Ruf, ein Held am Herd und Küchen-Star zu sein, sagen Stammgäste.

€€€€ Eppendorfer Landstraße 36 (Eppendorf), Telefon 040 69691495, Mi-Fr 12–15 und 18–24, Sa-So 13–24 Uhr, EC-Karte, VISA, Mastercard; Kellinghusenstraße U1; il-cantuccio.de

L'Europeo

Eine gute italienische „cucina tipica" auf gehobenem Niveau in einem Ambiente zwischen deutscher Gemütlichkeit und italienischer Leichtigkeit mit vielen Stammgästen. Seit der Eröffnung 1987 hat sich wohl nicht viel geändert: Padrone Antonio Cotugno kennt die meisten seiner Stammgäste persönlich. Eine Speisekarte gibt es nicht, das Tagesangebot stellt er eindrucksvoll am Tisch vor.

€€€€ Osdorfer Weg 27 (Groß Flottbek), Telefon 040 8992138, Mo-Di 18–23, Do-Fr 18–23, Sa-So 12.30–14.30 und 18–23 Uhr, EC-Karte, VISA, Mastercard; Osdorfer Weg Bus 16, Bus 37; leuropeo.de

La Locanda

Wie ein warmer Sommerabend in Rom kommt einem die Stimmung in der Innenstadt vor dem italienischen Restaurant La Locanda vor: Auf einem kleinen Platz zwischen Wohnhäusern kann gemütlich auf den Außenplätzen des Restaurants gespeist werden. Brot gibt es klassisch vorweg, die Portionen sind groß. Ein Dinner im La Locanda kommt einem Abend in Italien schon sehr nahe.

€€ Wexstraße 29 (Neustadt), Telefon 040 33441786, Mo-Fr 11.30–22.30, Sa-So 16.30–22.30 Uhr, EC-Karte, VISA, Mastercard; Jungfernstieg U2, U4; la-locanda-hamburg.business.site

Mimo's Trattoria Italia

Eine Trattoria ist ein einfaches italienisches Lokal – kein Großraum, keine Anbiederung an Trends und erschwingliche Preise. All das trifft auf Mimo's Trattoria Italia zu. Am trubeligen Hamburger Berg gelegen, steht die Küche seit Jahrzehnten für gute Qualität. Gut zu wissen: Warme Küche gibt's hier bis nachts um 1 Uhr. Endlich kein Fast Food mehr bei Heißhungerattacken nach dem Kiez-Konzertbesuch.

€€€ Seilerstraße 59 (St.Pauli), Telefon 040 312988, Mo-So 15–1 Uhr, EC-Karte, VISA, Mastercard; Reeperbahn S1, S3; mimos-trattoria.de

Im Morellino wird göttlich angerichtet

FOTO: MORELLINO

KURZ GEBRATEN

Morellino

Peter Theiss, der italienisch-tschechische Wurzeln hat, verkleinerte das Morellino vor ein paar Jahren und entschlackte die Karte. Seitdem ist in dem Eppendorfer Restaurant noch Platz an fünf Tischen. Die mediterran inspirierte Küche gibt es nur noch in Form dreier edler Überraschungsmenüs, die durch tadellose Küche und vielfältige Aromen auftrumpfen. Schlicht genial.

€€€€ Falkenried 54 (Eppendorf), Telefon 040 420 62 95, Di-Sa 19–23 Uhr, EC-Karte, VISA, Mastercard; Eppendorfer Weg (Ost) Bus 5; morellino.hamburg

In der Küche des Pepe Nero kocht Chef Giorgio Freitas mit viel Freude

Osteria Liguria

Giorgio Bellini betreibt die die Osteria Liguria schon seit 1980. Ein typisch italienisches Restaurant, an dem man 100-mal vorbeifährt und nicht ahnt, was einen darin erwartet. In der Osteria Liguria genießt man italienische Lebensart und authentische Gerichte von höchster Qualität. Hier lohnt sich eine Vollbremsung auf der Kollaustraße.

€€€ Kollaustraße 125 (Lokstedt), Telefon 040 582569, Mo 17–22, Mi-Sa 17–22, So 13–21 Uhr, EC-Karte, VISA, Mastercard; Niendorfer Straße Bus 5; osterialiguria.de

Pepe Nero

Das Pepe Nero ist der unkomplizierte Italiener unten an der Straßenecke für die, die mal nicht selbst kochen möchten. Vor allem im Sommer verspricht die große Außenterrasse im ruhigen nördlichen Winterhude einen lauschig schönen Abend.

€€€ Hindenburgstraße 54a (Winterhude), Telefon 040 51903046, Di-Sa 12–15, 17.30–22.30, So 12–0.30 Uhr, EC-Karte, VISA, Mastercard; Alsterdorf U1, Bus 118; ristorante-pepenero.de

Pittarello

Seit 2015 gibt es in Winterhude das von Vater und Sohn, Carlo und Dario Pittarello, geführte italienische Restaurant gleichen Namens am trubeligen Mühlenkamp. Auf der Karte: viele italienische Klassiker, so natürlich Burrata, Aubergine-Parmigiana und Vitello tonnato. Der Geschmack stimmt.

€€€€ Mühlenkamp 8 (Winterhude), Telefon 040 69456969, Di-Fr 12–15, 17–23, Sa-So 17–23 Uhr, EC-Karte, VISA; Gertigstraße Bus 6, Bus 17, Bus 25; ristorante-pittarello.de

Porticello

Das Porticello liegt in der Altstadt am U-Bahn-Viadukt der U3, gegenüber strahlt die Elphi in der Sonne. Die Speisekarte ist zwar klassisch, die Gerichte aber mit kleinen Besonderheiten wie Trüffelöl oder Hummersoße gepimpt. Molto bene!

€€ Kajen 12 (Altstadt), Telefon 040 30066273, Mo-Fr 12–24, Sa 16–24 Uhr, EC-Karte, VISA, Mastercard, Amex; Stadthausbrücke S1, S3; ristorante-porticello.de

Portonovo

Direkt auf dem Alsterwasser in der Sonne sitzen und die Balz der Haubentaucher am Harvestehuder Alsterufer beobachten – das geht, und zwar auf dem Ponton des Italieners Portonovo. Drinnen wie draußen serviert man dort kleine Höhepunkte italienischer Kochkunst. Ein Highlight ist vor allem die Weinkarte: Mehr als 100 ausgesuchte Tropfen liefert der Wirt Claudio Spinsanti, ein Winzersohn, an die gehobene Italo-Gastronomie aus.

€€€€ Alsterufer 2 (Rotherbaum), Telefon 040 41356616, Mo-Sa 12–23.30, So 12–22 Uhr, EC-Karte, VISA, Mastercard, Amex; Dammtor S21, S31, Bus 109; ristorante-portonovo.de

Rossini

Hier gibt es angeblich die besten Nudeln Hamburgs. In ungezwungener, typisch italienischer Atmosphäre kommen Fans mediterraner Küche in Eppendorf auf ihre Kosten. Die Speisen sind geschmacklich auf den Punkt, auch das Preis-Leistungs-Verhältnis ist spitze – für Kleines einfach Köstliches!

€€ Eppendorfer Landstraße 15 (Eppendorf), Telefon 040 46961423, Mo-So 11–22 Uhr, EC-Karte; Kellinghusenstraße U1; rossini-hamburg.com

Teigfabrik

Der schönste Biergarten Ottensens ist wieder in Betrieb. Nach der langen großen Zeit des Bolero und dem kurzen glücklosen Zwischenspiel des Riedel's wird dort nun Pizza serviert. Die in Barmbek enorm erfolgreiche Teigfabrik hat hier eine Zweigstelle eröffnet. Die Geheimwaffe der Teigfabrik: Burrata, den es als Vorgeschmack auf die hauchdünnen Pizzen als Vorspeise gibt.

€€€ Bahrenfelder Straße 53 (Ottensen), Mo-So 17–23 Uhr, EC-Karte; Altona S1, S3, S11, S31; teigfabrik.hamburg

Trattoria Campo da Franco

Das rot-weiß-grüne Fachwerkhäuschen in der Eppendorfer Ludolfstraße wirkt von außen wie ein Schwarzwälder Traditionslokal. Im Inneren geht es hingegen ziemlich italienisch zu, das trifft auch auf das Ambiente auf der breit angelegten Terrasse zu. Koch Franco ist ein süditalienisches Original, importiert sämtliche Zutaten aus seiner Heimat und bereitet mit seinem Team alle Speisen selbst zu.

€€ Ludolfstraße 43 (Eppendorf), Telefon 040 38642968, Mo und Mi-Fr 12–23, Sa-So 16–23 Uhr, EC-Karte, VISA, Mastercard; Hudtwalckerstraße U1; trattoria-campo.de

Trattoria Brunello

Auf der großen und gemütlichen Terrasse der Trattoria Brunello in Poppenbüttel geht es entspannt und heiter zu. Familien, Freunde, Verliebte und Nachbarn treffen sich hier und genießen laue Sommernächte. Neben typischen Gerichten wie Pasta und Pizza bietet das Brunello eine wöchentlich wechselnde Sonderkarte an. An der sollte kein Weg vorbeigehen. Denn hier landen echte italienische Highlights.

€€€ Stormarnplatz 8 (Poppenbüttel), Telefon 040 61187753, Mo-Fr 12–23, Sa 16–23, So 12–23 Uhr, EC-Karte, VISA, Mastercard, Amex; Poppenbüttel S1, Bus 8; trattoria-brunello.de

Vito

Bereits seit über 25 Jahren gibt es das italienische Restaurant Vito. Freundlicher Empfang, routinierter Service und perfekte Pasta-Gerichte spiegeln die Leidenschaft des Lokals wider. Der Laden pflegt Prinzipien, mit denen man sich arrangieren kann.

€€€ Bleickenallee 41 (Ottensen), Telefon 040 8800746, Mo-So 12–23 Uhr, EC-Karte, VISA, Mastercard; Hohenzollernring (Süd) Bus 112; ristorante-vito.com

FOTO: MARC SILL

Casa di Roma - 30jähriges Jubiläum

Unsere Philosophie

Mein Team und ich möchten Ihnen den Aufenthalt
in unserem Restaurant so angenehm wie möglich gestalten.

Wenn Ihr Besuch bei uns zu einem unvergesslichen Event wird,
haben wir alles richtig gemacht. Dafür arbeiten wir mit Herz und Leidenschaft,
von der Küche bis zum Service.

Alle Produkte, die wir Ihnen in unserem Haus verarbeiten, wurden mit Bedacht
ausgewählt. Sie werden täglich frisch und der Saison entsprechend geliefert.
Das Obst und Gemüse kommt aus dem regionalen Umland. Fleisch, Geflügel,
Fisch und Meeresfrüchte stammen von den besten Erzeugern aus aller Welt.

In unserer Küche entstehen daraus neben unseren beliebten mediterranen Klassikern
auch immer wieder neue Kreationen und saisonale Speisen.

Ihr Suman Kumar

Casa di Roma · Lange Reihe 76
Dienstag — Sonntag von 11:30 bis 24 Uhr
Montag Ruhetag

Tel. 040 — 280 30 43
casadiroma@gmx.de
www.casadiroma.de

Französische Poesie auf dem Teller des Chez l'ami: Atlantikhummer mit Spargelsalat

Frankreich

Bonjour, bonne cuisine. Dass die Franzosen kochen können, ist nicht erst seit Paul Bocuse bekannt. Und zum Glück haben es viele Könner aus dem Südwesten Europas zu uns nach Hamburg geschafft. Voilà, hier kommen einige der besten Bistros und Brasserien

Brasserie La Provence

Selig wie nach dem Sommerurlaub

Um es vorwegzunehmen: Wir verlassen die Brasserie La Provence, dieses wunderbare Stück Frankreich in Ottensen, nach zweieinhalb Stunden beinahe so selig wie die gleichnamige Region im Südosten des Landes nach einem ausgedehntem Sommerurlaub. Und das liegt nicht nur am Ambiente – dank in warmen Farben gehaltenem Mobiliar, Kerzenschein, Chansons, ästhetischen Bildern, zugewandtem Service –, sondern vor allem am kulinarischen Angebot. Mit spritzigem Crémant (0,1 l 6 Euro) auf den Lippen fällt die Wahl etwas leichter und auf „Tartelette Chevre Chaud" mit Ziegenfrischkäse und Ratatouille-Confiture. Diese ausgewogen zwischen herb und fruchtig changierende Vorspeise ist Teil des Drei-Gänge-Menüs (47 Euro), das ansonsten „Les Mezzalune Noix et Fiques" – handgemachte Ravioli, unter anderem gefüllt mit gerösteten Walnüssen und confierten Feigen (geschmacklich rund, aber eine Spur zu fettig) – sowie ein Schokoküchlein garniert mit himmlischem Himbeersorbet bereithält. Der weiße Cuvée Brasserie La Provence 2014 (0,2 l 7,50 Euro) ist ein charakterstarker, aber gleichsam unaufdringlicher Begleiter, was auch auf den roten Domaine Richeaume (0,2 l 9,50 Euro) zutrifft – für das auf den Punkt gegarte, außen leicht krosse und innen zarte Premium Entrecote (300 Gramm) mit knusprigen Pommes, aromatischer Sauce béarnaise und Salat (29,50 Euro). Die „Assiette de Fromages" (15 Euro), sieben ausgewählte Käseklassiker mit Orangenkonfitüre, sind da nur noch pure Lustmaximierung. „A bientôt", können wir nur sagen. FD

AMBIENTE ●●●●● SERVICE ●●●●●
KÜCHE ●●●●○ PREIS-LEISTUNG ●●●●○

€€€ Eulenstraße 42 (Ottensen), Telefon 040 30603407, Di-Sa 18–23 Uhr, EC-Karte; Altona S1, S3, S31; brasserielaprovence.org

Brasserie Tortue

Mondäne Lässigkeit

Die Tische in der Brasserie Tortue, eines der drei Restaurants des Luxus-Design-Hotels gleichen Namens, sind bis auf den letzten Platz besetzt. Selbst an dem schmalen Tresen zur offenen Küche haben Menschen Platz genommen. Warum eine Reservierung auch am Dienstagabend Sinn ergibt, wird spätestens klar, wenn die ausgewählten Speisen auf den Tellern sind. Dass wir im Eingangsbereich ein paar Minuten verloren im Raum stehen, bleibt eines von zwei klitzekleinen Mankos an diesem sonst perfekten Abend. Der „Choufleur", gebackener Blumenkohl mit Salsa Verde, Kräuterpflücksalat und piemonteser Haselnüssen (19 Euro), klingt einfach, ist aber ein Hochgenuss. Die gerösteten Garnelen mit Sauce Montpellier, getrockneten Cherrytomaten, geröstetem Knoblauch und feiner Dillnote (24 Euro) lassen uns fast glauben, in Südfrankreich zu weilen. Gebratener Oktopus mit reichlich Gemellini, Kräuterpesto, krossem Fenchel, Babyspinat und Oliven aus Ligurien: jeden seiner 36 Euro wert. Und das cremige Risotto an Mascarpone mit feinster Zitronennote (26 Euro) lässt uns mit großer Vorfreude an die Nachspeisen denken, für die allein der Weg gelohnt hätte. Das Glace au chocolat avec „Mon Amour" (Schokoladeneis, 10 Euro) wird mit hauseigenem Eierlikör serviert, den es in der Hotellobby auch flaschenweise zu kaufen gibt. Würde nicht kalter Zigarrenrauch aus einem der Hinterzimmer des Hotels in den Gastraum wabern – wir hätten noch ewig hier sitzen und die mondäne Lässigkeit genießen können. OMA

AMBIENTE ●●●●● SERVICE ●●●●●
KÜCHE ●●●●● PREIS-LEISTUNG ●●●●○

TESTSIEGER 2021 €€€€ Stadthausbrücke 10 (Neustadt), Telefon 040 334414023, Mo-Fr 12–22, Sa-So 14–22 Uhr, EC-Karte, VISA, Mastercard, Amex; Stadthausbrücke S1, S3; tortue.de

Bistro Carmagnole

Fronkraisch, Fronkraisch

Genuss Guide der Szene Hamburg – HANSEPERLE

Wenn man das französische Bistro Carmagnole in der Schanze hinter der Roten Flora betritt, ist es so als wäre das Leben hier irgendwie komprimiert. Die Luft ist warm, vibriert von Lachen und Besteckklappern, der Service wuselt geschäftig durch die nah beieinanderstehenden Tische. Wie ein Puzzleteil setze ich mich auf den letzten freien Stuhl. Verliebte Worte müsste ich hier rufen statt zu raunen. Einstieg in die Karte ist das Low Carb Menu. Merde!, denk ich. Dass dieser Wahn von Essen mit Funktion nicht mal vor Häusern wie diesem haltmacht! Doch es steckt etwas anderes dahinter – nämlich ein Dutzend Austern und eine Pulle Champagner. Ich bestelle ein Tatar (10,50 Euro). Tiefrot kommt es daher, würzig, nicht zu fein gewolft, mit schönem Biss. Begleitet von einer perfekt ausbalancierten Mayonnaise, Kapern, fein gewürfelten Schalotten und sauren Gürkchen. Ich habe nicht einen Moment das Gefühl, nachwürzen zu müssen. Der Clou: Es ist vegan. Pilze und Rauchtofu schmecken umami, Rote Bete bringt feine Saftigkeit, Karotte sorgt für Süße und ein gutes Mundgefühl. Der schmelzig rauchige Chardonnay Réserve aus Rheinhessen passt perfekt (0,7 l 58 Euro). Es folgen ein Filet vom St. Pierre und eine Jakobsmuschel. Beides sanft und ganz pur gegart auf samtig schlotzigem Risotto. Außerdem butterzart gegrillter Pulpo und eine dunkle, dichte Safranbrühe, die alles sanft und zugleich kraftvoll umarmt und zu einer Einheit macht (28,50 Euro). Meine Begleitung isst einen Klassiker des Hauses – saftige richtig gut gewürzte Merguez (19,50 Euro). Dazu kommen ein kühler Tomatensalat mit Koriander und Pommes, wie sei sein müssen: dünn, knusprig, salzig. Begleitet von einer Harissapaste, die so unverschämt gut ist, dass sie hausgemacht sein könnte. Ist sie aber gar nicht, wie ich auf Nachfrage erfahre. Mit einer Spicy Marguerita (12,50 Euro) wol-

FOTO: JULIA SCHUMACHER

len wir am Gaumen klar Schiff machen und Platz für ein Dessert schaffen. Neugierig gemacht haben uns die Zutaten Jalapeño und Raupensalz. Spicy ist das Ganze dann tatsächlich. Doch auch, wenn die pulverisierten Raupen ein wohliges Gruseln erzeugen, ist geschmacklich am Ende niemand von uns Dreien überzeugt. Die Crème brûlée zaubert dann ein versöhnliches Abschiedslächeln auf die Lippen. Ohne Gedöns kommt sie unter der krachenden Karamellkruste und zergeht vanillig auf der Zunge. Merci beaucoup.

ELIANE NEUBERT

AMBIENTE ●●●●● SERVICE ●●●●●
KÜCHE ●●●●● PREIS-LEISTUNG ●●●●●

Hanseperle 2021 €€€ Juliusstraße 18 (Sternschanze), Telefon 040 40186115, Di-So 18–22 Uhr, EC-Karte, VISA, Mastercard; Sternschanze S11, S21, S31, U3; carmagnole.kr

In der Küche des Bistro Carmagnole ist Michael Hermes

Café des Artistes

Frankreich in der Altstadt

Echte französische Küche zu gehobenen Preisen gibt es im Café des Artistes in der Hamburger Altstadt. Vorsicht, denn hier speist die Hochkultur: Das Restaurant direkt im Thalia Theater zieht gerade vor den Vorstellungen Theatergäste an. Zu leger sollte man hier also nicht aufschlagen. Dazu passt das angenehm-gediegene Interieur, das gemeinsam mit der Karte – klein, aber gut ausgewählt – die Gäste direkt nach Frankreich katapultiert. Und das hat auch seinen Preis: Zur Vorspeise gibt es frische Austern (2,90 Euro pro Stück) und einen Spargelsalat mit Ziegenkäse für 16,50 Euro – der sein Geld leider nicht wert ist. Besser klappt es dann bei den Hauptgerichten, die fleischlastig sind: Am französischen Steak mit Fritten und Salat für stolze 28,90 Euro gibt es überhaupt nichts zu bemängeln, und von der großen Portion Tatar mit Fritten (mit 23,90 Euro übrigens die Spezialität des Hauses) wird vermutlich fast jeder Gast satt. Genauso üppig ist auch die Getränkekarte. Hier hat man die Wahl aus knapp 100 verschiedenen Weinen (mit Flaschenpreisen bis 899 Euro). Wir entscheiden uns für die bodenständige Variante: Sowohl Weißburgunder (0,15 l 6,50 Euro) als auch Languedoc (0,15 l 6 Euro) sind zwar nicht spektakulär, aber grundsolide. Grundsolide ist auch der Service: Nicht herzlich, sondern zuvorkommend, aber zurückhaltend wird hier mit dem Personal agiert. Das passt auch irgendwie zum Klientel: Theatergänger ab Mitte vierzig fühlen sich hier besonders wohl.

ABA

Die Küche des Café des Artistes kann natürlich auch Steaks

AMBIENTE ●●●●● SERVICE ●●●●●
KÜCHE ●●●●● PREIS-LEISTUNG ●●●●●

€€€€ Gerhart-Hauptmann-Platz 70 (Altstadt), Telefon 040 30375088, Mo-Sa 12–21 Uhr, EC-Karte, VISA, Mastercard; Mönckebergstraße U3; cafedesartistes.de

Carls Brasserie

Schlemmen mit Elbblick

Carls Brasserie an der Elbphilharmonie kann schon allein mit dem Blick auf den Hafen punkten. Es ist das ideale Lokal für gutes regionales Essen und gemütliche Unterhaltungen bei einer Flasche Wein vor dem Konzertbesuch in der Elbphilharmonie. Von unserer sehr zuvorkommenden und humorvollen Bedienung wird uns als Aperitif der „CARLI" Martini Fiero (10 Euro) empfohlen. Eine erfrischend sommerliche Alternative zum gängigen Aperol Spritz. Kurz darauf fallen wir schon über das Tatar vom Husumer Ochsen (19,50 Euro) her, begleitet von den besten Pommes Frites (4,50 Euro) mit Trüffel-Mayo, die

FOTOS: MARC SILL

wir seit langer Zeit gegessen haben. Das nordische Forellenfilet „mariné“ mit Forellenkaviar von Altonaer Kaviar Import (17,50 Euro) besticht ebenfalls durch die angenehme Säure der Vinaigrette und die krossen Croûtons. Im Hauptgang lassen wir uns eine saftig zarte Brust vom Odefey Weidehuhn mit Champignon de Paris, Topinambur, Grünkohl und Moosbeere (29,50 Euro) sowie einen perfekt rosa gebratenen Hirschrücken mit Quatre Epices Sauce, rauchig karamellisiertem Chicorée und cremigem Kartoffel-Sellerie-Püree (30,50 Euro) schmecken. Beide Hauptgerichte sind perfekt abgeschmeckt und durch das karamellisierte Gemüse oder die Moosbeeren delikat angerichtet. Ungeachtet unseres einsetzenden Sättigungsgefühls teilen wir uns zum Espresso noch ein herbes Schokoladenmousse „Café noir“ mit fruchtiger Orange und samtiger Crème Chantilly (10,50 Euro). Und wir würden es genau so jederzeit wieder tun.

NSS

AMBIENTE ●●●●● SERVICE ●●●●●
KÜCHE ●●●●● PREIS-LEISTUNG ●●●●●

€€€€ Am Kaiserkai 69 (HafenCity), Telefon 040 300322400, Mo 12–15, 16.30–21.30, Di 12–15, 16.30 21.30, Mi-So 12–15, 16.30–21.30 Uhr, EC-Karte, VISA, Mastercard; Überseequartier U4; carls-brasserie.de

FOTO: ROMANUS FUHRMANN

VIP TESTERIN

Stefanie von Carlsburg
Haspa | Leiterin Unternehmenskommunikation

Getestet: Goldene Gans, Chez l'ami

Lieblingsrestaurant Santé! – weil die Gerichte so kreativ sind und die Atmosphäre besonders.

Lieblingsbar Botanic District – coole Mischung aus Hamburg und London.

Besondere Anlässe feiere ich am liebsten im ... ... Strauchs Falco, weil die Karte für jeden was bietet und man hier gleichzeitig schick und bequem essen kann.

Essen ist für mich ... Kunst.

Ein Leben ohne Gastro wäre ... machbar, aber schade.

Zum Frühstücken gehe ich gern ins Café ... Café Paris – so ist es eben in Frankreichs Hauptstadt: laut und lecker.

Ein Tipp für Kaffee, Kuchen, Cupcakes? Schmidtchen&Schmidtchen

VIP-TESTERIN
Stefanie von Carlsburg

Goldene Gans

Gehobene Bistroküche

Heute soll es mal französische Küche sein – und so landen wir im Restaurant Goldene Gans in Ottensen. Das versprüht eine gemütliche Atmosphäre und serviert regionale Produkte auf gutem Niveau. Das schließt auch das leckere selbst gemachte Focaccia zum Start mit ein. Das Gorgonzola-Birnen-Macaron (15,50 Euro) als Vorspeise klingt lecker und schmeckt auch so. Gleiches gilt für den provenzalischen Fischeintopf (13,50 Euro). Weiter geht es mit Raviolo mit flüssigem und gebeiztem Eigelb mit Trüffel-Beurre blanc und Spinat (19,50 Euro). Leider schmeckt man die Trüffelbutter kaum, da der Spinat sehr salzig ist. Das gebratene Black Cod Filet (25,50 Euro) ist auf den Punkt gebraten, eine Prise zu viel Salz. Die Polenta-Krapfen sind schön knusprig und gewürzt, was man leider von den Teltower Rübchen nicht sagen kann, hier hätten wir mehr Pfiff erwartet. Das weiße Schokoladen-Nuss-Küchlein mit Salzkaramell Soufflé (9,50 Euro) ist ein gelungener Abschluss, das Popcorn Panna cotta (10,50 Euro) eine ungewöhnliche Kombination. Sehr lecker dazu ist das Passionsfrucht-Sorbet – die Tonkabohnen-Marshmallows wären entbehrlich gewesen. Die begleitenden offenen Weine sind eher Standard, dafür aber nicht günstig (Grauburgunder Hand in Hand, Weinhaus Näkel – 9,20 Euro –, Riesling vom Muschelkalk von Hofmann – 10,60 Euro – und Sauvignon Blanc Dr. Köhler aus Rheinhessen – 9 Euro).

AMBIENTE ●●●●○ SERVICE ●●●●○
KÜCHE ●●●○○ PREIS-LEISTUNG ●●○○○

€€€€ Rothestraße 70 (Ottensen), Telefon 040 39909878, Mo-So 17.30–23 Uhr, EC-Karte, VISA, Mastercard; Altona S1, S3, S31; goldene-gans.eu

La Crème de la Crêpe

Joie de vivre und laissez-faire

Wenn er nicht gerade Gäste bedient oder mit seinem Koch spricht, singt Pierre die Texte sämtlicher Lieder mit, die den kleinen Raum beschallen, meist Rap en français. Und zwischendurch findet er Zeit, eine Zigarette vor der Tür zu rauchen: Die Atmosphäre im französischen Bistro La Crème de la Crêpe ist entspannt – passend zu Ottensen, das im Sommer südliches Flair verbreitet. Dass man es im Bistro auch mit der Sauberkeit eher lässig nimmt, ist schade: Zwei Haare auf einem französischen Pfannkuchen sind zwei zu viel – egal, ob vom Koch oder dem freundlichen Service. Wie gut, dass die Spinnweben an den Wänden ihren festen Platz haben und Fotos umranken – dann bleiben sie, wo sie sind. Die herzhaften Galettes aus dunklem Buchweizenteig sind nach Freunden des Bistro-Gründers benannt, „Bernard" und „Fernand" wissen von vornherein, welchen Belag sie à la carte zu tragen haben: erstgenannter Käse, Spinat, Tomaten, Avocado, Pinienkerne und Feldsalat (11,90 Euro), sein Kumpel Ziegenkäse, Walnüsse, mit Cidre abgelöschte Zwiebeln (11,50 Euro). Superlecker – wäre da nicht der haarige Zwischenfall. Eine süße Crêpe-Variation kann sich jeder selbst zusammenstellen: Meine Wahl mit weißer Schokolade, Karamell und gebrannten Mandeln überzeugt mich restlos (6,70 Euro). Bei Wein aus Frankreich kann ja fast nichts schiefgehen (0,2l 4,90 Euro), doch die Softdrinks „Sirup Grenadine" (2,50 Euro) und der Kakao (2,60 Euro) sind dünn angerührt. DEF

AMBIENTE ●●●●○ SERVICE ●●●●●
KÜCHE ●●●○○ PREIS-LEISTUNG ●●●○○

€€ Erzbergerstraße 14 (Ottensen), Telefon 040 18071896, Mi-Do 18–22, Fr 12–14.30, 18–22, Sa 12.30–22, So 13–18 Uhr, EC-Karte; Altona S1, S3, S31; lacremehamburg.de

Remy Yameogo versteht sich auf bretonische Galettes, die er in unaufgeregtem Ambiente im Monsieur Rémi serviert

Monsieur Rémi

Bonjour, Galette!

Heute Abend geht es ins Volksparkstadion. Ich trage also meinen HSV-Schal, als wir bei Monsieur Rémi eintreten. Mon dieu, die falschen Farben, denke ich, als ich das Trikot eines St.-Pauli-Profis an der Wand hängen sehe. Egal, wir sind trotzdem willkommen, werden sehr freundlich begrüßt. Und lassen uns im unaufgeregten Ambiente eines Straßenbistros erst mal einen Salat namens Biquette kommen. Knackig, gut angemacht mit leckerem Ziegenkäse – so darf es gern losgehen. Zumal hier mit den aufgerufenen 7,70 Euro nicht der aktuell üblichen Versuchung nachgegeben wird, Salate in den Rang hochpreisiger Gerichte zu heben. Bei der Galette darf es dann die bretonische Breitseite sein. Das Flaggschiff Super Complete (9,90 Euro) kommt mit cremig ummantelten Champignons, Ratatouille, Spiegelei, Schinken und natürlich Käse. Gibt es besser sicher auch in der Bretagne nicht. Und macht pappsatt. Auf der anderen Seite wird zum Hauptgang auf Schmalhans gesetzt und die simple Variante mit Käse (6,90 Euro) verputzt – natürlich mit Hintergedanken. Denn es soll noch ein süßer Schlussakkord aus Buchweizen her. Den liefert eine Galette mit karamellisierten Äpfeln (6,20 Euro). Lecker! Schade, dass es bei Monsieur Rémi kein Bier vom Fass gibt, aber das ist kein Drama. Flens aus der Buddel tut es auch. Die Crêperie an der Osterstraße haben wir ganz sicher nicht zum letzten Mal von innen gesehen – trotz der Vorliebe für den anderen Fußballclub. AND

AMBIENTE ●●○○○ SERVICE ●●●○○
KÜCHE ●●●●○ PREIS-LEISTUNG ●●●●○

€ Osterstraße 83 (Eimsbüttel), Telefon 040 43274213, Mo-Sa 12–21 Uhr; EC-Karte; Osterstraße U2; monsieurremi.de

FOTOS: MARC SILL

Online bequem
Wein bestellen!
Wein PORT
Der Hafen feiner Weine
Ahoi!
Willkommen im Heimathafen
für feine Weine aus aller Welt.
„Liebe das Meer und bleibe in der Schenke"
Bestellen Sie bequem und sicher von zu Hause aus. Entdecken Sie unbekannte, exklusive Weine und lassen Sie sich begeistern.
Schuppenverkauf immer freitags!
15-18 Uhr Bogenstraße 11 - Hamburg
www.wein-port.de
M. CABELIER
BRUT
MARCEL CABELIER
JURA
BRUT
Q.S.S.
rare
VINHO REGIONAL LISBOA

Genuss GUIDE DER SZENE HAMBURG
TESTSIEGER 2022/2023

VIP-TESTERIN
Stefanie von Carlsburg

Chez l'ami

Großer Genuss wie bei guten Freunden

Das Konzept ist auf den Punkt durchdacht. Aus dem kleinen Raum haben die Betreiber ein elegantes intimes Ambiente gezaubert. Wir fühlen uns wie bei Freunden, die uns mit ihrer Gastfreundschaft und Kulinarik verwöhnen wollen. Das beginnt mit dem „gedeckten Tisch" – einer Auswahl an Vorspeisen, die der Koch für uns trifft. Vorweg gibt es das leckere Sauerteigbrot von Gaues mit einem köstlich angemachten Salat und frisch aufgeschlagener Butter. Als Vorspeisen folgen Foie gras mit Topinambur und Rhabarber – unser Favorit und eine tolle Geschmackskombination (35 Euro), Wolfsbarsch-Sashimi mit Ponzu (29 Euro), Jakobsmuscheln (36 Euro) sowie Pata Negra mit Artischocken (26 Euro). Alles ist durchweg sehr originell und von höchster Qualität. Als Hauptspeise entscheiden wir uns für eine individuell zusammengestellte Surf-and-Turf-Variante aus Rinderfilet (69 Euro) und Steinbutt (79 Euro) mit Pommes allumettes, geröstetem Blumenkohl und Bärlauch-Gnocchi begleitet von verschiedenen Saucen wie Beurre blanc und Béarnaise sowie Chimichurri. Für ein Dessert bleibt leider kein Platz. Begleitet werden diese hervorragenden Gerichte von ausschließlich französischen Weinen und zwar aus Magnumflaschen. Glücklicherweise kann man diese auch glasweise genießen: ein fruchtiger Pouilly Fumé (0,1 l 10,50 Euro), ein leichter roter Malbec Acacias (0,1 l 13 Euro) und ein nach Kräutern duftender Chardonnay Macon-Igé (0,1 l 13 Euro) passen perfekt. Die Flasche San Pellegrino kostet stolze 12 Euro. Fazit: Man sollte sich hier kein Limit setzen, sondern einfach einen ganz besonderen Abend genießen.

AMBIENTE ●●●●● SERVICE ●●●●●
KÜCHE ●●●●● PREIS-LEISTUNG ●●●●●

NEU! €€€€ Stadthausbrücke 10 (Neustadt), Telefon 040 33441400, Di-Sa 18–23 Uhr, EC-Karte, VISA, Mastercard, Amex; Stadthausbrücke S1, S3; tortue.de
♿

Feiner Stoff aus dem Meer: Pulpo wird im Chez l'ami auch als Carpaccio serviert

FOTOS: JULIA SCHUMACHER

Bei Küchenchef Bartek Wydrzynski muss die Komposition bis ins kleinste Detail stimmen

KURZ GEBRATEN

P'Ti Breizh Crêperie

Die Crêperie P'Ti Breizh ist eines der vielen kleinen Lokale für Menschen, die oft essen gehen und sich schnell langweilen. Sie ist auf bretonische Spezialitäten spezialisiert, also vor allem deftige Galettes (knusprige Buchweizen-Crêpes), süße Crêpes und aromatische Cidres, die etwas weniger aufdringlich und deutlich weniger süß als die britischen Ciders sind.

€ Ölmühle 30 (St. Pauli), Telefon 040 82312600, Mi-So 12–22 Uhr, EC-Karte; Feldstraße U3, Bus 17; ptibreizh.de

Vorm P'Ti Breizh können bretonische Leckereien auch draußen genossen werden

Bistro Tati

Das kleine Bistro Tati liegt zwischen der Sternschanze und Eimsbüttel. An den runden Tischen vor dem Lokal können Gäste Platz nehmen. Das Prinzip ist einfach: Man wählt eine Basis für die Galettes und kombiniert diese nach Bedarf. Die Basis besteht entweder aus Ziegenkäse, Honig und Rotweinzwiebeln oder aus Emmentaler, Gruyère und Salat. Auch süße Crêpes gibt es hier.

€ Bellealliancestraße 35 (Eimsbüttel), Telefon 040 18017611, Di-Do 17–24, Fr-Sa 17–1 Uhr, EC-Karte, VISA; Christuskirche U2; bistro-tati.de

Brasserie Flum

Das französische Restaurant Brasserie Flum im Grand Elysée Hotel an der Rothenbaumchaussee wurde nach seinem Architekten Max Flum benannt. Unter der beeindruckenden Jugendstildecke wurde laut Eigenbeschreibung ein „authentisches Pariser Flair" geschaffen. Hier geht's ein bisschen konservativer zu, was der Qualität des Essens aber keinen Abbruch tut.

€€€€ Rothenbaumchaussee 10 (Rotherbaum), Telefon 040 41412723, Mo-So 12–23 Uhr, EC-Karte, VISA, Mastercard, Amex; Dammtor S21, S31, Bus 109; grand-elysee.com/restaurants-hamburg/brasserie-flum

Café Paris

Das Café Paris ist mitten in der City zu finden. Schon beim Eintreten wird klar, dass allein das Ambiente einen Besuch wert ist: herrliche Wandfliesen, eine Decke, die an eine alte Markthalle in „La France" erinnert – ein Genuss für die Augen. Es gibt typische Kleinigkeiten der französischen Küche. Und natürlich Austern.

€€€€ Rathausstraße 4 (Altstadt), Telefon 040 32527777, Mo-Sa 9–24, So 9.30–24 Uhr, EC-Karte, VISA, Mastercard, Amex; Rathaus U3; cafeparis.net

Marseille

Die südfranzösische Hafenstadt Marseille ist eine der Partnerstädte Hamburgs. Marseille lautet auch der Name des 2008 gegründeten Restaurants in der Großen Elbstraße mit Blick auf die Hafenkräne. Die Karte hält französische Besonderheiten bereit: Ceviche vom Schellfisch mit Schwarzer-Knoblauch-Aioli und Avocadocreme oder Pasta mit Seeteufel und frischen Erbsen verfrachten die Gäste direkt nach Frankreich.

€€€€ Große Elbstraße 164 (Altona-Altstadt), Telefon 040 41307221, Di-Sa 12–23 Uhr, EC-Karte, VISA, Mastercard; Königstraße S1, S3; restaurant-marseille.de

In einem Restaurant namens Marseille darf Fisch auf der Karte nicht fehlen

Petit Bonheur

Wer hätte gedacht, dass man sich in der kleinen, unscheinbaren Straße Hütten in der Neustadt fühlen kann wie mitten in Frankreich? Hier befindet sich seit Oktober 2012 das feine Restaurant Petit Bonheur, in der französische Küche sich von ihrer besten Seite zeigt, während Charles-Aznavour-Klänge einen musikalisch durch den Abend begleiten.

€€€€ Hütten 85-86 (Neustadt), Telefon 040 33441526, Mo-Fr 12–23, Sa 17–23 Uhr, EC-Karte, VISA, Mastercard, Amex; St. Pauli U3; petitbonheur-restaurant.de

Petite Tortue

Wer Lust auf wunderbare kleine französische Leckereien zu einem schönen Glas Wein nach einer Shoppingtour durch Hamburgs Innenstadt hat, der wird im Bistro Petite Tortue sein Glück finden. Auch mit der Tagesbar beweist das Tortue, wie gehobene Kulinarik und angenehmste Gastlichkeit perfekt Hand in Hand gehen können.

€€€ Neuer Wall 88 (Neustadt), Telefon 040 607744888, Mo-Sa 11.30–20 Uhr, EC-Karte, VISA, Mastercard, Amex; Stadthausbrücke S1, S2, S3, S21 / Rödingsmarkt U3; tortue.de

Ti Breizh

Das französische Restaurant Ti Breizh liegt zentral zwischen Altstadt, HafenCity und Landungsbrücken. Man kann gemütlich drinnen im alten Kaufmannshaus oder an der frischen Luft draußen auf einem schwimmenden Ponton sitzen. Die Galettes sind knusprig gebraten und lecker belegt, für Vegetarier allerdings ist die Auswahl begrenzt.

€ Deichstraße 39 (Altstadt), Telefon 040 37517815, Mo-So 12–23.30 Uhr, EC-Karte, VISA, Mastercard; Stadthausbrücke S1, S3; tibreizh.de

FOTOS: DAVID STRÜNING (O.), MARSEILLE (U.)

MEIN
bäderland
Mein Rückzugsort,
wenn es im Alltag stressig wird.
MEHR INFOS
ZU UNSEREN
SAUNEN:
baederland.de

Caramba! Der Ziegenkäse auf frischen Waldfrüchten nebst Feige wird im Claudio's mit Likör 43 flambiert

Spanien

Hola, hier kommen die Experten für Krake, Dorade, schwarzes Schwein und scharfe Kartoffeln nebst würziger Salsa. Wer glaubt, in Spanien werde einfach nur alles frittiert, hat die iberische Küche nie geliebt

Aqui España

Keine Freudensprünge

Fußläufig vom U-Bahnhof Dehnhaide entfernt befindet sich das spanische Restaurant Aqui España, das an der Verbindungsachse zwischen Barmbek-Süd und Winterhude, der Weidenstraße, liegt. Beim Betreten fällt mir direkt das grelle leuchtende Schild in den Landesfarben rot und gelb auf und im Gastraum dröhnt mir sehr laute spanische Folkloremusik entgegen, die auf dem Weg zum reservierten Tisch immer lauter wird. Mein persönlicher Super-GAU: Der Hauptlautsprecher des Gastraumes steht unmittelbar neben meinem Platz, und so muss ich die sehr nette, aber kaum Deutsch sprechende Bedienung bitten, die Lautstärke stark zu drosseln, damit ich den Abend überlebe. Überhaupt die Bedienung: Im Großen und Ganzen nett, aber auch sehr unaufmerksam. Im Restaurant sind lediglich drei Tische besetzt, und trotzdem versuche ich manchmal minutenlang, irgendwie Kontakt aufzunehmen. Wir arbeiten uns heute Abend an sechs der insgesamt rund 40 Tapas-Varianten ab (alle im Schnitt zwischen 6 und 10 Euro). Die sind allesamt solide, lassen aber bei uns kaum größere Freudensprünge aufkommen. Zwei Tapas möchte ich aber gern doch noch herausheben, da sie mir am besten geschmeckt haben: die kleinen gebratenen Tintenfische (7,90 Euro) und die hausgemachten Kroketten mit Spinat (5,80 Euro). Sollte es mich wieder einmal nach iberischen Speisen gelüsten, würde ich mit sicherer Wahrscheinlichkeit einen anderen Vertreter dieser ansonsten so vielseitigen Küche ansteuern. MH

AMBIENTE ●●○○○ SERVICE ●●○○○
KÜCHE ●●●○○ PREIS-LEISTUNG ●●●●○

€€ Weidestraße 49 (Barmbek), Telefon 040 2991954, Di-Sa 17–23, So 12–20 Uhr, EC-Karte, VISA, Mastercard; Dehnhaide U3; aqui-espana-hamburg.de

Barcelona Tapas

Mehr als Tapas in Tonschälchen

Barcelona Tapas gegenüber vom Altonaer Rathaus ist keine Unbekannte. Als Tapas-Liebhaber haben wir hier schon so einiges verschlungen. Wir bestellen heute mal das, was wir noch nicht kennen. Nach frisch gebackenem Brot und etwas Aioli auf Kosten des Hauses kommen auch schon unsere Tapas. Die Gambas al ajillo (in Öl und Knoblauch, 12,90 Euro) sind heiß, etwas salzarm, aber schmackhaft. Der Atún a la plancha (Tunfisch gebraten, 11,90 Euro) ist grandios. Angerichtet mit gebratenem Paprika auf einer leichten Kartoffel-Meerettich-Mousse – mein absolutes Highlight des Abends. Gebraten auf Sesam, perfekt medium rare. Auch der Queso fresco de cabra al grill (Frischer Ziegenkäse mit Honig und Rosmarin, 7,50 Euro) ist exzellent. Die Berenjana a la andaluza (frittierte Auberginen-Sticks mit Honig-Dip, 7,50 Euro) harmonieren mit dem süßen Dip. Die Dados de solomillo al ajillo (Filetwürfel mit Knoblauch, 11,50 Euro) stehen in starker Konkurrenz zu dem Tunfisch. Unfassbar zartes Fleisch, perfekt medium rare gegrillt und grandios gewürzt. Der Esparragos verdes (Grüner Spargel vom Grill, 8,90 Euro) gehört – ich gebe es zu – zu meinen Standards, und er ist wie immer auf den Punkt. Die Parrillada de verduras (Gegrillte Gemüsevariation, 7,90 Euro) braucht ein wenig Salz. Als Nachtisch gönnen wir uns noch eine Crema catalana und eine kleine Käseplatte. Fazit: Die Tapas sind nicht ganz günstig. Aber kleine Twists in der Zubereitung sowie die Art, die Tapas anzurichten, machen sie zu Meisterwerken. JAS

AMBIENTE ●●●●○ SERVICE ●●●●●
KÜCHE ●●●●○ PREIS-LEISTUNG ●●●●○

€€€ Max-Brauer-Allee 12 (Altona-Altstadt), Telefon 040 38083635, Mo-Fr 12–24, Sa 17–24 Uhr, EC-Karte, VISA, Mastercard; Königstraße S1,S3; barcelonatapas.de

Dalí Bar

Schnelle Nummer im Portugiesenviertel

Wir lieben Tapas. Den Abend lang entspannt mit immer wieder neuen Köstlichkeiten verwöhnt zu werden ist eine Freude. So statten wir der im September 2021 eröffneten Dalí Bar in der Neustadt einen Besuch ab. Wir werden freundlich empfangen und an einem der Schaufenster platziert. Das Ambiente ist schön: dunkle Wände und Decken, ein wandfüllendes Porträt des großen Meisters, das Mobiliar stylish. Wir wählen einen Cava als Aperitif und aus der umfangreichen Karte je Kategorie zunächst zwei Tapas aus. Kaum haben wir den ersten Schluck getrunken, wird bereits serviert – alle Tapas auf einmal. Damit haben wir nicht gerechnet. Die Lammkoteletts mit Knoblauch und Petersilie (8,10 Euro) sind wirklich gut, wenn auch schon eine Spur zu kalt, frittierte Sardellen (6,10 Euro) und Calamares (8,20 Euro) sind gut, aber auch diese leider eher nur lauwarm. Auf die vegetarischen Tapas waren wir besonders gespannt: Die Käsekroketten (5,90 Euro) sind allerdings trocken, sehr salzig und werden mit einer asiatischen Sweet-Chili-Soße serviert, und bei dem überbackenen Ziegenkäse auf Johannisbeersoße (5,90 Euro) können wir nur neutralen Käsegeschmack auf einer Marmelade ausmachen. Genauso schnell, wie alles serviert war, wird abgeräumt. Kommentarlos und ohne Nachfrage, ob wir noch etwas bestellen wollen. So endet der Abend als „Quicky" und früher als erwartet. Schade, das kann das Portugiesenviertel besser. BW

AMBIENTE ●●●○○ SERVICE ●●○○○
KÜCHE ●●○○○ PREIS-LEISTUNG ●●○○○

NEU! €€ Reimarusstraße 17 (Neustadt), Telefon 040 31792030, Mo-So 16–23 Uhr, EC-Karte, VISA, Mastercard, Amex; Landungsbrücken S1, S3; dalibar.de

FOTO: JULIA SCHUMACHER

VIP-TESTER
Sascha Mika

El Toro

Springende Stiere und vergoldete Schweine

Das ist Spanien: ein springender Stier über dem Eingang, drinnen herzliche Gastfreundschaft und eine angenehme Atmosphäre. Das spanische Restaurant El Toro in Rotherbaum ist längst eine Institution in Hamburg. Schließlich wird hier bereits seit 1982 spanische Küche serviert. Wir fühlen uns sofort wohl und lassen das Ambiente und die spanische Lebendigkeit erst einmal auf uns wirken. Auch das Essen könnte authentischer nicht sein. Wir bestellen verschiedene klassische Tapas wie Artischocke mit Meersalz (6 Euro) und Manchego aus Kastilien und fühlen uns bereits wie im Urlaub. Ein ausgefallener Hingucker ist das Chuleta de Iberico (25 Euro). Das Kotelett vom iberischen Schwein wird mit Blattgold serviert und überzeugt auch geschmacklich voll und ganz. Alles ist frisch und hochwertig und das Fleisch auf den Punkt genau gebraten. Der Service ist freundlich und auf Zack. Hier ist man mit Herz und Leidenschaft dabei. Kein Wunder, dass das El Toro auch nach 40 Jahren immer noch angesagt ist. Darum: Eine Tischreservierung sei empfohlen.

AMBIENTE ●●●●● SERVICE ●●●●●
KÜCHE ●●●●● PREIS-LEISTUNG ●●●●○

€€€ Kleiner Schäferkamp 21 (Sternschanze), Telefon 040 459551, Mo-Sa 18–23 Uhr, EC-Karte; Schlump U2; el-toro.de

El Iberico

Nebenan und zuverlässig

Tapas sind leicht zu essen, aber schwer zu lieben, denn in der Regel fehlt ihnen die Einmaligkeit: Es gibt sie überall, und fast überall sind es dieselben, die zudem auch noch fast exakt gleich schmecken. Hinzu kommt, dass Tapas-Restaurants weitgehend gleich aussehen mit ihren Holztischen und Holzstühlen, gefliesten Fußböden und spanisch angehauchten Bildern. Das spanische Restaurant El Iberico in Ottensen macht da keine Ausnahme, und die Karte ist ebenfalls weitgehend überraschungsfrei, einige Ausreißer wie Tatar de aguacate con gambita (Avocadotatar und Flusskrebse, 13,90 Euro) wirken in diesem Rahmen fast merkwürdig. Wir nehmen das eher italienische Pan con tomate (geröstetes Brot mit Tomate, 5,10 Euro), Pulpo (13,10 Euro), Gegrillte Blutwurst (7,10 Euro) sowie Kartoffelstifte mit Manchego und Trüffelöl (7,10 Euro) und hegen beim Warten recht bescheidene Erwartungen, die aber bereits mit dem Aioli (2,40 Euro) deutlich übertroffen werden: Ausgesprochen kräftig setzt es sich erfreulich von den oft zu feinsinnigen Varianten andernorts ab. Tatsächlich ist es am Ende so mit allen Tellern: Für diese kräftige, ordentliche Hausmannskost in amtlichen Portionen würde zwar niemand sein Viertel verlassen, aber als anständige Abendmahlzeit mit Freunden, die keine Gourmet-Ansprüche haben, ist sie bestens geeignet. Dazu passen auch die solide Liste offener Weine und die erfreulich große Auswahl an Brandys. Ein prima Feierabendspanier! PL

AMBIENTE ●●●○○ SERVICE ●●●●○
KÜCHE ●●●●○ PREIS-LEISTUNG ●●●●○

€€€ Friedensallee 34a (Ottensen), Telefon 040 25768984, Mo-So 17–23 Uhr, EC-Karte; Altona S1, S3, S31; el-iberico.com

VIP-TESTER
Sascha Mika

La Paz

Gelungener Neustart

Obwohl Kemal Üres das La Paz in Eimsbüttel bereits vor über 25 Jahren eröffnet hat, ist hier so gar nichts angestaubt. Schließlich hat der Gastronom die Corona-Pause 2020 genutzt und sein Restaurant von Grund auf modernisiert. Das Studentenkneipenflair der 90er war einem modernen und stilvollen Design gewichen, als das La Paz im Sommer 2021 wieder seine Türen öffnete. Wir lassen uns von der coolen und lebhaften Atmosphäre einfangen und bestellen gut gelaunt aus der kleinen, aber feinen Karte einige spanische Tapas. Die werden hier mit einem modernen Twist serviert, zum Beispiel das Pà Amb Tomaquet (5,50 Euro), ein katalanisches Gericht, das einst als Arme-Leute-Essen galt. Im La Paz wird aus dem gerösteten Brot mit Tomaten, Knoblauch, Olivenöl und Basilikum mit Iberico-Schinken (4 Euro) – ein stilvoller Einstieg in den Abend. Alle Tapas wie handgerollte Datteln in Serranoschinken (6,90 Euro) oder der gegrillte Fetakäse (8,50 Euro) sind perfekt zubereitet und toll angerichtet. Besonders die „katalanische Frau“ überzeugt. Die was? Dahinter verbirgt sich Oktopus auf Kartoffel-Trüffel-Püree (15,50 Euro) und wird das Highlight an diesem Abend. Mit einer perfekten Crema catalana (6,90 Euro) runden wir den Abend ab. Unser Fazit: ein gelungener Neustart des alten La Paz. VG

AMBIENTE ●●●●● SERVICE ●●●●●
KÜCHE ●●●●● PREIS-LEISTUNG ●●●●○

€€ Heußweg 49 (Eimsbüttel), Telefon 040 409857, Mo-Do 17–23, Fr-Sa 17–1, So 17–23 Uhr, EC-Karte, VISA, Mastercard, Amex; Osterstraße U2; lapaz-hamburg.de

Le Golden Igel

Kleinod als Glücksbringer

Ein Kleinod ist Le Golden Igel in der Neustadt: versteckt gelegen, der Gastraum kaum größer als ein privates Esszimmer, das Team leidenschaftlich bei der Sache. Es gibt Tapas. Sagenhaft leckere Kreationen von Küchenchef Phil! Er ist einer der beiden Inhaber, gebürtiger Hamburger mit portugiesischen Wurzeln. Gelebt hat er an vielen Orten der Welt, auch in Italien. Die Aromen des Südens bilden die DNA seiner Küche. Per Klemmbrett bekommt der Gast die Karte überreicht. Was gefällt, bitte ankreuzen. Na, denn man tau! Mehr als 20 Appetithappen lachen uns dank toller Beschreibungen an. Zu Fleisch und Fisch stehen tolle vegetarische und vegane Alternativen zur Wahl. Schon der Rote-Bete-Dip zum Brot ist der Hammer. Und die Tapas erst: süßsäuerliches Huhn in Sherrysoße mit kandiertem Apfel, Gambas in Knobi-Limetten-Sherry, Rinderhackbällchen in fruchtig-pikanter Tomatensoße, spanischer Kartoffelsalat, säuerlich eingelegte Sardinen auf Rucola, Möhren in Balsamico-Sud mit Petersilie und Sonnenblumenkernen, karamellisierte Kirschtomaten unter Parmesan (5,70–9,90 Euro). Wir schwelgen in geschmacklicher Vielfalt und fühlen uns pudelwohl. Das geht auch auf die Kappe von Simone, zweite Hälfte des Chef-Tandems. Sie führt den kümmernden, sehr

Der Oktopus im La Paz ist ein echter Hingucker

FOTO: MARC SILL

Das Le Golden Igel bestich mit stimmigem Ambiente

sympathischen Service im „Igelbau". Ist der voll, lässt es sich im Gärtchen unter regenfesten Zelten genießen. Dieses Kleinod macht einfach rundum glücklich. MO

AMBIENTE ●●●●○ SERVICE ●●●●●
KÜCHE ●●●●● PREIS-LEISTUNG ●●●●●

€ Neustädter Straße 49 (Neustadt), Telefon 040 30706336, Do–So 17.30–23 Uhr, EC-Karte, VISA, Mastercard; Gänsemarkt (Oper) U2, Bus 109; legoldenigel.de

Madrigal

Ehrlich, einfach und intensiv

An einem verregneten Montagabend ist die Tapas-Bar Madrigal in Winterhude ein wunderbarer, schummriger Unterschlupf. Aus bunten Glasscherben zusammengesetzte Lampen werfen bunte Lichtakzente, Kerzen flackern und im Hintergrund läuft dezent „Buena Vista Social Club". Es ist nicht viel los und der Wirt auf eine zurückhaltende Weise sehr freundlich. Wir bestellen einen roten Hauswein, einen Temperanillo (4,70 Euro), und man könnte ihn als für den ganzen Besuch programmatisch sehen: ehrlich, einfach und intensiv im Geschmack. Auch die Tapas, die bald serviert werden, sind kein großes Hexenwerk, überzeugen aber durch die Frische der Zutaten und genau die richtige Würze an den richtigen Stellen. Auf unserem Tisch stehen nicht allzu kleine Schalen mit speckumhülltem Zander auf Rosmarinzweig mit Knoblauchsoße (8,10 Euro), Hähnchenbrust in Kokossoße (5,90), kanarische Kartoffeln im Salzmantel mit einer grünen Mojo Sauce (6,10 Euro), gegrillte Austernpilze mit Knoblauch beträufelt (7,10 Euro), mit Spinat, Nüssen und Backpflaume gefüllte Tomaten, überbacken mit Parmesan auf Roquefortsauce (5,90 Euro). Highlights dieser Auswahl sind die saftigen Fischhappen, eher mild im Geschmack, zu denen das rauchige Speckaroma einen schönen Kontrast bildet. Ganz besonders im Gedächtnis bleiben aber sämtliche sämigen, würzigen, ziemlich gehaltvollen Soßen, die wir genussvoll mit Weißbrot auftunken. Ein schöner Abend! MAN

AMBIENTE ●●●●● SERVICE ●●●●○
KÜCHE ●●●●○ PREIS-LEISTUNG ●●●●○

€€ Semperstraße 4 (Winterhude), Telefon 040 27075838, Mo-So 16–24 Uhr, EC-Karte, VISA, Mastercard, Amex; Goldbekplatz Bus 6, Bus 17; madrigal-hamburg.de

pan con tomate

Tapas auf Sterne-Niveau?

In direkter Nachbarschaft zum Zwei-Sterne-Restaurant bianc befindet sich in der HafenCity das Tapas-Restaurant pan con tomate, das mit dem Zusatz „by Matteo Ferrantino" wirbt. Ferrantino ist der kulinarische Mastermind des Sternerestaurants. Gibt es hier also Tapas auf Sterne-Niveau? Wir bestellen in großer Vorfreude quer durch die Karte und es geht richtig gut los. Das klassische Pan con tomate besteht aus einem aus Spanien importieren, sehr knusprigem Weißbrot mit einem Klecks abgetropfter und dadurch geschmacklich intensivierter Tomatenpulpe mit mediterranen Kräutern. Unsere favorisierte Variante ist die mit einem zusätzlichen Stück Manchego-Käse (8 Euro). Das schmeckt himmlisch. Weniger begeistert sind wir jedoch von den weiteren Tapas in den typischen Ton-Schälchen. Die Gambas Piri-Piri (13 Euro) sind so winzig wie Nordseekrabben und eher mehlig, dafür aber gut abgeschmeckt. Die Datteln im Speckmantel (7 Euro) und die gebratene Chorizo (8 Euro) sind makellos, die Parmigiana (9 Euro) jedoch einfach schlapp. Dem Auberginen-Auflauf mit Mozzarella fehlt eine pointierte Würzung. Auch die ansonsten gute Crema catalana (6 Euro) hätte uns mit einem präsenteren Zitrus- und Zimtaroma noch besser gefallen. Der Service ist sehr aufmerksam, die Atmosphäre locker und perfekt für einen Feierabend-Snack geeignet. Wir kommen also gerne wieder, um die vielen übrigen Pan-con-tomate-Varianten zu probieren. Und da wäre ja auch noch die große Bar-Karte …! BC

AMBIENTE ●●●●○ SERVICE ●●●●●
KÜCHE ●●●●○ PREIS-LEISTUNG ●●●○○

NEU! €€ Am Sandtorkai 50 (Hafencity), Telefon 040 36945873, Di-Sa 17–24 Uhr, EC-Karte, VISA, Mastercard; Am Sandtorkai Bus 2; pancontomate.de

Picasso

Kunstvoll speisen

Eines vorweg: Das kleine Restaurant Picasso mit spanischer und argentinischer Küche ist sehr beliebt, eine rechtzeitige Reservierung sei daher dringend empfohlen. Ich habe mal wieder Glück und bekomme einen Tisch „für zwei Stunden". Das „Einchecken" ist ein wenig hektisch und so werden wir bereits nach unseren Getränkewünschen gefragt, während wir uns noch aus unseren Jacken schälen. Wir bestellen erst mal den Hauswein, einen weißen Rioja (7 Euro), und kommen zur Ruhe. Die Auswahl der Speisekarte ist groß und sehr ansprechend. Wir entscheiden uns für die gemischte Edelfischplatte (25,50 Euro) und eine Tapa Mixta Vegetariana (21 Euro). Vom Haus kommen Oliven, Aioli und ein sehr leckeres Brot. Das gibt es auf Wunsch auch glutenfrei. Während wir also langsam eingelullt werden von dem angenehmen und entspannenden spanischen Flair des Picasso, füllt es sich hier rasch und alle Tische sind belegt. Einige Stammgäste treffen sich hier, man kennt sich und begrüßt sich herzlich. Auch mit dem Nachbartisch kommen wir schnell ins Gespräch und erfahren, dass das Essen hier großartig wäre. Und so ist es auch! Alles kommt wie gewünscht zur gleichen Zeit auf den Tisch, sodass wir eine bunte Vielfalt vor uns haben und perfekt teilen können. Die Edelfischplatte bietet unter anderem Scampi, Tintenfisch und Lachs. Auf den Punkt gegrillt, sehr frisch, ohne viel Chichi. Die Tapa Mix ist dazu einfach nur gut vollendet abgestimmt. Ein Nachtisch geht immer, denken wir uns und können uns kaum entscheiden: Die Wahl fällt auf Flan (7 Euro) und Cheesecake (8,50 Euro) – beides hausgemacht und echte Glücklichmacher. Mit zwei Stunden kommen wir exakt hin! Olé! TWU

AMBIENTE ●●●●● SERVICE ●●●●●
KÜCHE ●●●●● PREIS-LEISTUNG ●●●●●

€€€ Rathausstraße 14 (Altstadt), Telefon 040 326548, Mo-Do 17–23, Fr-Sa 16–23 Uhr, EC-Karte, VISA, Mastercard; Jungfernstieg alle Bahnlinien; picasso-hamburgo.de

FOTO: MARC SILL

Geht's um edles Fleisch, legt Inhaber Claudio Carlin Williams in seinem Restaurant Claudio's gern selbst Hand an

Genuss Guide
DER SZENE HAMBURG
TESTSIEGER
2022/2023

Claudio's Restaurant & Bar

Viva la Tapa!

In Claudio's Restaurant & Bar direkt an den Messehallen geht es lebendig und laut zu. Wir fühlen uns sofort wohl. Ein üppiger Kandelaber mit Kerzen, Blumensträuße und ein Tresen, der sich unter der Last von Hunderten von Flaschen zu biegen scheint. In unseren Tapas-Abend starten wir mit Bellota-Iberico-Schinken, Pata Negra, 36 Monate gereift (18,50 Euro), der auf einem vorgewärmten Teller gereicht wird. So kann sich das edle Aroma voll entfalten, und der Schinken schmilzt förmlich auf der Zunge. Der Ziegenkäse (12,50 Euro) wird mit Likör 43 am Tisch flambiert, die Chipirones (9,20 Euro) sind hinreißend zart und begleitet von feinstem Kräuteröl. Die Croquetas de Pollo, also Kroketten mit Hähnchen-Bechamel-Füllung (8,90 Euro), sind hausgemacht – das schmeckt man! Unser Star des Abends ist der Carabinero, eine Riesengarnele aus dem Ostatlantik aus einer Meerestiefe von 500 bis 2000 Metern (25 Euro). Die charmante Chefin erklärt wortreich, dass ein Carabinero kein Hummer sei und die Portion eine einzige Garnele umfasse. Sie scheint Kummer gewohnt. Wer schon einmal Carabinero beim Fischhändler gekauft hat, wundert sich nicht über den Preis. Im Claudio's kommt die rote Riesengarnele elegant auf einer Schiefertafel mit einem wunderbaren Chimichurri daher – einfach nur köstlich. Das Dessert findet kaum noch Raum, und die freundliche Gastgeberin lädt noch auf einen Absacker ein. Tapas von dieser ausgezeichneten Qualität muss man in Hamburg suchen. Wir haben sie gefunden. Hasta la próxima! WIE

AMBIENTE ●●●●○ **SERVICE** ●●●●●
KÜCHE ●●●●● **PREIS-LEISTUNG** ●●●●●

€€€ Tschaikowskyplatz 2 (St. Pauli), Telefon 040 35004422, Di-Do 17–22, Fr-Sa 17–23, So 17–22 Uhr, EC-Karte, VISA, Mastercard, Amex; Messehallen U2; claudios.hamburg

Im Claudio's kommt japanisches Wagyu aus der Region Kobe mit der höchsten Marmorierungsstufe auf den Grill

FOTOS: JULIA SCHUMACHER

VIP TESTER

Sascha Mika
Leiter BMW Niederlassung Hamburg
Getestet: El Toro, La Paz

Lieblingsrestaurant La Bruschetta in der Dorotheenstraße: Atmosphäre, Essen und Service, hier stimmt einfach alles.

Lieblingsbar Clouds.

Essen ist für mich ... das Allerwichtigste.

Ein Leben ohne Gastro wäre ... eine Katastrophe!

Zum Frühstücken gehe ich gern ins ... „Was wir wirklich lieben".

Ein Tipp für Kaffee, Kuchen, Cupcakes? Lowinski Eppendorf.

Im Portomarin in Winterhude isst das Auge fraglos mit

Portomarin

Lektionen in Lecker

Am Anfang ist Enttäuschung. Unsere Reservierung im Portomarin wird storniert. Allerdings stilvoll. Wirtin Patricia Pérez bedauert in einer ausführlichen Mail und verspricht Wiedergutmachung mit einer Flasche Wein. Da buchen wir gern um. Wohl wissend: Von guten Tropfen verstehen Pérez und ihr Mann Jesús A. Díaz Sindín eine Menge. Im heimeligen Restaurant werden wir Zeugen einer etwas sehr ausführlichen Vorstellung des Tagesmenüs. Wir bevorzugen die Karte. Der Vorspeisenteller für zwei (32 Euro) überzeugt mit würziger Wurst, eingebackenem Schafkäse und fantastischen, mit Marzipan (!) gefüllten Datteln. Wow! Lamm als Hauptgericht ist aus, erfahren wir. Das gute Zeug aus Neuseeland liege vermutlich irgendwo ungelöscht in einem Container. Also ran an Pluma vom Iberico (31 Euro), einen Klassiker der iberischen Küche. Für den fahren Spanier in ihrer Heimat viele Kilometer, wenn sie einen Koch oder eine Köchin ihres Herzens ausgemacht haben. Und ja: Für das vor uns liegende, außen leicht krosse und innen herrlich saftige Stück aus dem Rücken des schwarzen Schweins würden auch wir weit reisen. Vor allem, wenn es mit derart samtigem Hummus serviert wird. Auch das tadellos saftige Entrecôte (32 Euro) auf dem anderen Teller lässt keine Wünsche offen. Zum Essen genießen wir einen leckeren Tempranillo für rund 30 Euro. Der Hinweis auf die fehlende Herkunftsbezeichnung auf der Flasche beschert uns wiederkehrende Besuche am Tisch. Wir erfahren alles über das bei jungen, experimentierfreudigen Winzern nicht mehr angesagte Siegel der spanischen Weinbranche. Es gibt an diesem Abend noch weitere Lektionen in Önologie. Wir lernen etwa, dass die Auswahl des Weins mit dem weiblichen Zyklus zusammenhängen kann. Vor allem aber feiern wir grandioses Essen. Das eigentlich für sich spricht. AND

AMBIENTE ●●●●○ SERVICE ●●●●○
KÜCHE ●●●●● PREIS-LEISTUNG ●●●●○

TESTSIEGER 2021 €€€€ Dorotheenstraße 180 (Winterhude), Telefon 040 46961547, Di-Sa 18–22 Uhr, EC-Karte, VISA, Mastercard; Sierichstraße U3; portomarin.de

Zur Flottbeker Schmiede

Tapas in Perfektion

Die Flottbeker Schmiede liegt in einem sehr schönen alten Fachwerkhaus. Die Einrichtung ist einfach, aber gemütlich. Soweit der erste Eindruck. Nach der netten Begrüßung geht's gleich ans Eingemachte: Wir bestellen kreuz und quer durch die verlockend klingende Tapas-Karte, darunter 14 Monate gereifter Serrano-Schinken (9,50 Euro), gratinierter Ziegenkäse in Rosmarinhonig (9 Euro), Pimentos (6 Euro), Pulpo ala Feria (13,50 Euro), wilde Gambas in Knoblauch und Butter (14,90 Euro), Entrecôte in Kräuteröl (14,50 Euro), Bäckchen vom Iberico (12,50 Euro) und Hähnchen Piri Piri (7,90 Euro). Alle Gerichte kommen zügig und zeitgleich. Dazu gibt es hausgemachtes Weizenbrot. Wir folgen der Weinempfehlung und bereuen das nicht: der Muralhas de Monção harmoniert sehr gut zu den Tapas, die allesamt perfekt zubereitet worden und von hervorragender Qualität sind. Wenn ich etwas hervorheben müsste, dann wäre das der wilde Brokkoli (7,90 Euro), der asiatisch zubereitet begeistert. Zum Dessert gibt es Schokokuchen mit flüssigem Kern, Eis (9,50 Euro) und gebrannte Milch-Vanillecreme (9,50 Euro). Auch hier gibt es überhaupt nichts zu meckern. Beide Desserts sind perfekt abgeschmeckt und frisch zubereitet worden. Das Fazit des Abends kann nur lauten: außergewöhnlich gut. Übrigens: Jede Woche werden neue und wechselnde Tapas angeboten, die nicht auf der Karte stehen. HE

AMBIENTE ●●●●○ SERVICE ●●●●○
KÜCHE ●●●●○ PREIS-LEISTUNG ●●●●○

€€€ Baron-Voght-Straße 79 (Nienstedten), Telefon 040 20918236, Di-So 18–23 Uhr, EC-Karte, VISA, Mastercard, AMEX; Christuskirche U2; facebook.com/tapasbar.mareas

FOTOS: JANNICKE KITCHEN PHOTOGRAPHY (L.), JULIA SCHUMACHER (R.)

KURZ GEBRATEN

Amaranto

Das Besondere an der Location des iberischen Restaurants Amaranto ist die charmante Lage im Hochparterre. Hat man also das Glück, direkt am Fenster den Platz in der Nische zu bekommen, genießt man einen herrlichen Überblick über das Geschehen draußen. Die Außenterrasse schmiegt sich zur Hälfte um den Spanier in Uhlenhorst herum. Auf die Tische kommen hier Tapas in typisch spanischen Schälchen: Pflaume im Speckmantel, Pulpo sowie gebackener Ziegenkäse.

€€ Winterhuder Weg 146 (Uhlenhorst), Telefon 040 22691111, Mo-Sa 18–23 Uhr, EC-Karte, VISA, Mastercard, Amex; Hans-Henny-Jahnn-Weg Bus 6, Bus 17; amaranto-hh.de

Altamira

Mehr als 70 Tapas stehen auf der umfangreichen Karte des Café Altamira. Darunter sind Tintenfisch im Teigmantel, Kartoffel-Mandel-Bällchen auf Steinpilzragout und der Klassiker frittierte Sardellen. In der Tapas-Bar an der Grenze zwischen Ottensen und Bahrenfeld darf man es sich im Sommer auf der Terrasse gemütlich machen. Aber auch der Innenraum kann mit Charme überzeugen: Hier verbirgt sich ein großer Wintergarten, der zwar schon ein paar Jahre auf dem Buckel hat, aber eine gemütliche rustikale Kulisse bildet.

€€ Thomasstraße 4 (Ottensen), Telefon 040 85371600, Mo-Do 18–23, Fr-So 17– 23 Uhr, EC-Karte, VISA, Mastercard; Altona S1, S3, S31; cafealtamira.de

el local

Auf Höhe der Tennisplätze im Hirschpark betreiben Katja Kölsch und Klaus Rebattu mit Herzblut und völlig unprätentiös das el local, welches gleichzeitig die Clubgastronomie ist. Lässigkeit und Flair der Location werden durch die Gastgeber geprägt – als getriebener Städter kann man hier bei Tapas und Kuchen aus Dinkelmehl im Handumdrehen ein paar Gänge runterschalten. Eine Empfehlung für einen lässig-genussvollen Abend mit wenig Chichi.

€€ Elbchaussee 477 (Nienstedten), Telefon 040 863742, Di-Fr 14.30 –23, Sa 12–23, So 11–23 Uhr, EC-Karte, VISA, Mastercard; Stauffenbergstraße Bus 286; el-local.de

La Catalana

Im idyllischen Hinterhof des La Catalana ist der laute Standort nahe der Neuen Flora direkt vergessen. Neben Sangria, der hier kaum süß und leicht würzig angeboten wird, gibt es vor allem eines: leckeres Essen. Neben hausgemachten Tapas mit Fisch, Fleisch und in vegetarischer Alternative gibt es Paellas. Und auch beim Hauptspeisen-Angebot werden Fisch- und Fleischfreunde fündig – unter anderem bei zart-knusprigem Tintenfisch vom Grill oder Lammhaxen aus dem Ofen. Satt wird man hier allemal, freundlichen Service gibt es on top.

€€ Holstenstraße 200 (Altona-Nord), Telefon 040 76489624, Mi-Fr 17–23, Sa 17–24, So 13–20 Uhr, nur Barzahlung; Holstenstraße S21, S31; restaurante-lacatalana.de

La Pata Negra

La Pata Negra heißt ins Deutsche übersetzt „die schwarze Pfote" und ist ein Hinweis auf die iberischen Schweine, die in der Regel schwarze Haut und Hufe haben. Inhaber Jimmy Yassa Campos kann seine Gäste fachkundig und emphatisch zu allen Fragen rund um die spanische Küche beraten. Er hat eine leckere Auswahl an Tapas und spanische Weine der Spitzenklasse. Spanien hat mit dem Pata Negra einen ganz wunderbaren und würdigen Botschafter in die Hansestadt gesandt.

€€€ Hofweg 45 (Uhlenhorst), Telefon 040 20952910, Mi-Sa 18–23 Uhr, EC-Karte, VISA, Mastercard; Zimmerstraße Bus 6, Bus 17; la-patanegra.de

Pata Negra: So geht Wurst auf spanisch

Marbella

Das Marbella liegt zentral an der Winterhuder Dorotheenstraße. Besonders Tapas kann man hier gut essen, etwa gut gewürzten Pulpo mit Chimichurri oder Albondigas mit Manchego. Das Ambiente ist spanisch-mediterran: Innen sitzt man an schön gedeckten Tischen mit Stoffservietten und hat viel Platz. Im Sommer finden Gäste auch auf der Terrasse ein Plätzchen, dann muss man allerdings mit einer hohen Geräuschkulisse durch den Standort an der Straße leben. Wer Lust auf spanisches Essen hat, auch ohne besonderen Anlass, ist hier gut aufgehoben.

€€€ Dorotheenstraße 104 (Winterhude), Telefon 040 275757, Di-So 17–22.30 Uhr, EC-Karte, VISA, Mastercard; Sierichstraße U3; restaurant-marbella.de

Pásalo bien

Wer schon einmal unweit des Stadtparks an der Ecke Borgweg und Barmbeker Straße in Winterhude vorbeigekommen ist, wird ihn sicherlich bemerkt haben: den schwarzen Stier, lebensgroß. Er steht auf vier Säulen aus Beton. Der gesenkte Kopf mit Blick auf die Kreuzung zeigt unmissverständlich: „Hier habe ich das Sagen!" Es könnte aber auch bedeuten: „Hier könnt ihr die spanische Küche in ihrer ganzen Pracht genießen!" Denn darüber verspricht eine Leuchtreklame Tapas und eine Weinbar. In diesem Sinne: Pásalo bien! – Viel Spaß!

€€€ Barmbeker Straße 70-72 (Winterhude), Telefon 040 87603466, Mo-So 18–23.30 Uhr, EC-Karte, VISA, Mastercard, Amex; Borgweg U3; pasalo-bien.de

Tapas y Más

Am Kreisel Schanzenstraße/Ecke Lagerstraße gelegen, biegen sich reichlich Außenplätze um die Tapas y Más-Fassade. Das spanische Lokal ist rustikal gestaltet. Innen: dunkelbraun geflieste Gasträume mit Weinregalen und spanischen Landaufnahmen an den Wänden. Draußen: Bierbänke und -tische. Das Essen: superlecker. Die Vorspeisen sind ordentlich und frisch. Vor allem die Paella ist ein Augenschmaus – kunterbunt und detailverliebt angerichtet. Das Tapas y Más ist kein Nobel-Spanier, sondern eher etwas für einen netten Feierabend in bester Lage.

€€ Schanzenstraße 72 (Sternschanze), Telefon 040 43182040, Mo-Fr 15–23, Sa-So 13–23 Uhr, EC-Karte,VISA, Mastercard; Sternschanze S11, S21, S31; facebook.com/Tapasymashamburg

Das Tapas y Más setzt beim Interieur aufs Rustikale

FOTOS: MARC SILL

Bei der Cataplana de Tamboril e Gambas im Nau wird der Seeteufel von ansehnlichen Krustentieren getoppt und mit Koriander gepimpt

Portugal

Nein, Portugal kann nicht nur Fisch. Die Küche des Alentejo etwa ist ein kulinarisches Paradies für alle Fleischliebhaber. Ob geschmorte Bäckchen, gegrillte Secretos oder scharfes Piri-Piri-Hähnchen – alles lecker! Hamburg ist mit seinem Portugiesenviertel auf jeden Fall am Start

A Casa do Benfica

Ganz viel Hunger mitbringen

Ins A Casa do Benfica sollte man viel Hunger mitbringen. Es ist der Prototyp portugiesischer Eck-Kneipenkultur: rustikale Einrichtung, große Portionen und eine freundliche und flexible Bedienung. Bei den Vorspeisen denkt man als Erstes an Tapas – in Portugal Petiscos genannt – in allen Variationen. Die kommen dann auch als Teller mit Käse, Schinken und Kroketten (14,50 Euro). Bei den Suppen wählen wir die mit Grünkohl (4,50 Euro), eine portugiesische Spezialität. Der Laden füllt sich, und es wird eine schöne Kombination aus Stammgästen, Touristen und Portugiesen, die sich hier mit Kind und Kegel zum Feierabend treffen. Die Hauptgerichte auf der Speisekarte kommen oft landestypisch aus dem Tontopf. Uns lacht hingegen die Fleischplatte für zwei inklusive einer Flasche Wein an (42,50 Euro). Ob wir die Platte auch ohne Schwein bekommen könnten? Kein Problem, alles würde eh frisch zubereitet und dann lasse man es einfach weg. Schnell steht die Flasche Wein auf dem Tisch. In froher Erwartung wird schon einmal die Warmhalteplatte erhitzt. Ein klares Retro-Modell aus den 70er-Jahren. Hatte meine Tante damals auch. Im Casa pflegt man in der Einrichtung all die Dinge der letzten Jahrzehnte. Die Fleischplatte verdient ihren Namen. Dazu bekommen wir eine zweite mit gebratenen Kartoffeln. Beides rustikal. Vom Flan Karamel (4,50 Euro) werden als Dessert locker zwei satt. Im Eingang hing übrigens ein Zettel: „Nur Barzahlung". Soll aber die Ausnahme sein. Das Kartenlesegerät sei defekt. THORSTEN BARTELS

AMBIENTE ●●●○○ SERVICE ●●●●○
KÜCHE ●●●○○ PREIS-LEISTUNG ●●●●○

€€€ Rambachstraße 10 (Neustadt), Telefon 040 373183, Mo-Di 12.30–23, Do-So 12.30–23 Uhr, EC-Karte, VISA, Mastercard; Landungsbrücken S1, S3, U3, Bus 2; restaurante-a-casa-do-benfica.business.site

Beira Rio

Ein bisschen mehr Qualität, bitte!

Das Beira Rio lockt uns heute ins Portugiesenviertel. Vor der Tür stehen zwei kleine Tische, doch obwohl das Wetter ausnahmsweise sogar mitspielt, entscheiden wir uns gegen den Platz an der Straße. Drinnen sieht es gemütlich aus. Das Beira Rio gibt es bereits seit 1995, doch hat es offenbar gerade eine frische Renovierung hinter sich. Es ist gemütlich, aber auch sehr eng und etwas laut . Zur Einstimmung auf unseren portugiesischen Abend entscheiden wir uns für Garnelen – in Knoblauch (14,50 Euro) und gegrillt (13,50 Euro). Wir starten schon einmal mit Brot und Knoblauchcreme, das direkt serviert wird. Die Garnelen in Knoblauch verdienen wahrlich ihren Namen, schwimmen allerdings zu sehr in Öl. Schade. Die Garnelen vom Grill sind leider nicht vorab gelöst, so wird diese Vorspeise zu einer kleinen Herausforderung. Als Hauptspeise landen ein Rotbarsch-Gambas-Teller (18,50 Euro) mit Kartoffeln und ein Steak im Tontopf (19 Euro) mit hausgemachten warmen Chips auf unserem Tisch. Der Fisch schmeckt zu „fischig" und riecht auch entsprechend – der Verdacht von fehlender Frische macht sich breit. Die Gambas sind auch keine Überraschung mehr. Das Steak schwimmt in einer undefinierbaren Soße und ist bereits zu trocken. Der Beilagensalat hat seine beste Zeit hinter sich: Er ist lieblos drapiert und nicht angemacht. Zum Dessert gibt es Mousse au Chocolat (5,30 Euro), die wieder versöhnt. Das Beira Rio ist bodenständig und der Service zuvorkommend. Das Preis-Leistungs-Verhältnis ist jedoch grenzwertig. HE

AMBIENTE ●●●●○ SERVICE ●●●●○
KÜCHE ●●●○○ PREIS-LEISTUNG ●●●○○

€€€ Hafentor 3 (Neustadt), Telefon 040 313626, Mo 17–24, Mi-Fr 17–24, Sa-So 12–24 Uhr, EC-Karte, VISA; Landungsbrücken U3, S1, S3; beirario.de

Café Ribatejo

Ottensens Lieblingsportugiese

Draußen ist kalendarischer Frühling, sprich Hamburger Wetter. Drinnen strahlen die portugiesischen Servicekräfte ihre Gäste an. Das südländische Feeling im Ribatejo wissen in Ottensen viele auch unter der Woche zu schätzen – wir erwischen den letzten freien Tisch am frühen Abend. Hummus mit frischem Brot (3,40 Euro) als Starter ist bestens geeignet, den Appetit weiter anzuregen. Portugiesische Hauptgänge verzweigen sich traditionell in viele kleinere Gänge, Tapas. Es ist ratsam, mit einer überschaubaren Anzahl zu beginnen, denn Nachschub kann jederzeit in Minutenschnelle geliefert werden. Von den mit Spinat und Walnüssen gefüllten Tomaten (7,90 Euro) kommen zwei – ideal zum Teilen. Auch die Anzahl der wunderbar würzigen Käse-Dreiecke am (leider zu knapp bemessenen) Feigensenf (7,80 Euro) ist durch zwei teilbar. Sowohl die Kroketten als auch die Tortilla (5,80 Euro) kommen in Begleitung einer tiefroten Soße von idealer Schärfe. Ob es eine iberische Erfindung ist, Ziegenkäse in Honig und Rosmarin zu legen, bleibt unklar. Sicher ist: Diese Version ist ganz weit vorn (7,30 Euro). Nach Teilung aller Häppchen bleibt noch Platz für Desserts: Die Mandeltorte gewinnt vermutlich, wenn sie weniger lange auf Gäste warten muss. Der flüssige Kern des Schokoladenküchleins fließt begehrlich in Richtung Vanilleeis – die Vereinigung ist himmlisch. In Kombination mit dem in südlicher Sonne gereiften Hauswein (0,1 l 2,70 Euro) ergibt das Ottensens Lieblingsportugiesen. DEF

AMBIENTE ●●●○○ SERVICE ●●●●○
KÜCHE ●●●●○ PREIS-LEISTUNG ●●●○○

€€€ Bahrenfelder Straße 56 (Ottensen), Telefon 040 41287911, Di-So 12–15.30, 16–23 Uhr, EC-Karte, VISA; Altona S1, S3, S31; ribatejo.de

FOTO: JULIA SCHUMACHER

Quasi die portugiesische Version des Pannfischs: Mista de peixe mit Butterfinish an kurz gedünstetem Gemüse

Nau

Mehr als einer unter vielen

Der erste Besuch im Nau inmitten des Portugiesenviertels beginnt verwirrend: Das Restaurant wird zur Rechten vom Mutter-Lokal Porto flankiert, zur Linken von der hauseigenen Bodega. Alles führt eine Familie. Und: Alles bewirtet eine Küche. Allerdings gibt's mehrere Karten. Darauf gilt es zu achten, denn erst drückt uns der zackige Service das Menü von nebenan in die Hand. Es lässt sich also Cross-over bestellen. Wie praktisch. Das Angebot im Nau ist feiner als beim traditionell konzipierten Nachbarn, nach eigener Charakterisierung „modern portugiesisch". Was das meint, zeigen die Vorspeisen: heiß in Sherry gebadete Gambas auf Gurken-Carpaccio sowie hauchdünner Pulpo auf Salat (13,20 Euro). Oha, das ist köstlich. Und das Ambiente? Ein angenehm kompakter Gastraum, die Wände mit Kunst und Fotos behängt, keine Touris unter den Gästen. Unter solchen Umständen lässt sich das Gläschen Alvarinho aus der patriotisch komponierten Weinkarte entspannt süffeln. Dann haben die Headliner ihren Auftritt. Den gegrillten Seeteufel (26,90 Euro) supportet ein kräftiger Kräutermix. Dazu Kartoffelschnitze, Zucchini, Olivenöl, Knobi. Yummy! Zu überzeugen weiß auch das Rinderfilet vom dreigängigen Menü (38,50 Euro). Die begleitende Rotweinreduktion hat Ausdauer im Topf bewiesen – Bonuspunkte für ihre cremige Konsistenz. Und überhaupt: Hut ab. Das Nau ist mehr als nur einer unter vielen Portugiesen im Viertel. MO

AMBIENTE ●●●●○ SERVICE ●●●●●
KÜCHE ●●●●○ PREIS-LEISTUNG ●●●●●

€€€ Ditmar-Koel-Straße 13 (Neustadt), Telefon 040 31784850, Mo-So 15–24 Uhr, EC-Karte, VISA, Mastercard; Landungsbrücken S1, S3, U3; nau.hamburg

An guten portugiesischen Tintos fehlt es Carlos Vasconcelos ganz sicher nicht – am Douro und im Alentejo wachsen feine Trauben

FOTOS: JULIA SCHUMACHER

VIP TESTER

Leo Schmidthals

Musiker, Komponist, Bassist der Band Selig, sein Soloalbum „Tasten" erscheint im Oktober 2022

Getestet: Porto

Lieblingsrestaurant Das Vienna in der Fettstraße. Seit 25 Jahren gehe ich hin. Zuletzt aß ich die Bouillabaisse, wirklich köstlich! Ein kleines, gemütliches Restaurant mit Kaffeehaus-Flair und sehr gutem Essen.

Lieblingsbar Die Bar Lemmon. Schön, an lauen Abenden draußen zu sitzen, wo sich Margaretenstraße und Vereinsstraße kreuzen. Einer der schönsten Plätze der Stadt. Für zehn Euro die Stunde kann man drinnen kegeln. Es wird in der Bar geraucht und manchmal aufgelegt.

Besondere Anlässe feiere ich am liebsten ... im Cafe Prüsse. Erst letztes Jahr habe ich diese „andere" Seite der Alster entdeckt, von der aus man den Sonnenuntergang bei einem Getränk bewundern kann, während die Segler ihre Boote festmachen. Es gibt Kleinigkeiten wie Flammkuchen und Matjes.

Essen gehen ist für mich ... ein sehr wichtiger Bestandteil des Lebens. Wir sollten viel mehr Zeit damit verbringen und darauf achten, was wir zu uns nehmen.

Ein Leben ohne Gastro wäre ... wie die Suppe ohne Salz. Besonders nach Corona merkt man doch, wie schön es ist, wieder Leute zu treffen, sich auszutauschen, Pläne zu schmieden und über Politik und Kunst zu diskutieren. Das hat sehr gefehlt.

Zum Frühstücken gehe ich gern ins ... Café David im Grindelhof. Man kann dort morgens ab 9 Uhr in der Sonne sitzen, Ein guter Portugiese mit sehr freundlicher, flinker Bedienung. Super sind auch die Käsetoasts oder belegten Croissants. Wenn dort alles voll ist, gehe ich nebenan ins Café Leonar. Dort gibt es jüdische Speisen.

Ein Tipp für Kaffee, Kuchen, Cupcakes? Im Café Wundervoll in der Rappstraße macht Christina einen sehr guten Espresso und hat leckeren Kuchen.

Caramba Especial

Feuriges Erleben

Während die Sonne die Neustadt in rotes Licht taucht, machen wir uns auf den Weg ins Caramba Especial im Portugiesenviertel. Die Erwartungen an das portugiesische und rustikale Restaurant sind hoch, versprechen die Fotos auf der Website eine offene Küche mit großer Auslage und feurige Gerichte, im wahrsten Sinne des Wortes. Unsere Erwartungen werden gedämpft, denn eine gastfreundliche Begrüßung sieht anders aus: Wir sind wenige Minuten zu früh, und der Kellner gibt uns zu verstehen, dass wir erst zur reservierten Zeit bedient werden – auch ein Getränk vorab gibt es nicht. Im Caramba Especial werden Menüs angeboten, die in drei, vier oder fünf Gängen serviert werden. Ohne eine Bestellung unsererseits erreichen uns nach über einer Dreiviertelstunde portugiesische Wildfanggarnelen, die flambiert an den Tisch gebracht werden. Beeindruckend! Allerdings hat uns niemand gefragt, welches Menü wir wählen. Wir entscheiden uns nachträglich ohne Nachfrage für drei Gänge (48 Euro). Die Garnelen kommen in einem Sud aus Öl, einer Menge Knoblauch und Kräutern und schmecken fantastisch. Während wir auf unseren Hauptgang warten, freuen sich die anderen Gäste über ihren Zwischengang. Die Hauptspeise erreicht uns dann leider erst zur gleichen Zeit wie die Gruppen um uns herum. Wir sind etwas verärgert, freuen uns dann jedoch über den Hauptgang: eine Variation fangfrischen Fischs, serviert mit Gemüse und verschiedenen Soßen, unter anderem Sashimi-Thunfisch, Adlerfisch und Loup de Mer mit Pesto aus getrockneten Tomaten, Thymian-Salsa und einer Soße aus Erbsen. Der Fisch ist zart und auf den Punkt gebraten, und auch die Soßen harmonieren mit den Fischsorten. Auch der Service gerät wieder in die richtige Spur und führt uns zu prall gefüllten Regalen mit Schnaps – wir dürfen uns nach Lust und Laune daran bedienen. Sowieso bringt uns der Kellner alle paar Minuten einen Schnaps oder Drink aufs Haus. So vergessen wir den holprigen Start schnell und treten pappsatt den Heimweg an. KG

AMBIENTE ●●●●○ SERVICE ●●○○○
KÜCHE ●●●●○ PREIS-LEISTUNG ●●●●○

€€ Rambachstraße 4 (Neustadt), Telefon 040 70383999, Mo-So 17–1 Uhr, EC-Karte, VISA, Mastercard, Amex; Landungsbrücken S1, S3; carambaespecial.com

Casa Madeira

Durchwachsen

An einem frühen Sonntagabend ist das Casa Madeira kaum zur Hälfte gefüllt. Die Tischchen für zwei Personen im Außenbereich liegen noch in der prallen Sonne. Doch in den Schatten sollen wir uns nicht setzen. Das sei ein Sechser-Tisch. Schon, aber es ist noch so viel frei und wir sind doch Gäste. Zweimal werden wir darauf hingewiesen, dass man im Bedarfsfall weitere Gäste an unseren Tisch platzieren wird. Gerne, denken wir, aber warum so unfreundlich? Ein Pärchen mit Kinderwagen darf diesen nicht zwischen den Tischen abstellen. Sie ziehen weiter. Das hätten wir vielleicht auch tun sollen. Die Speisekarte, die ich nach der Bestellung noch einen Moment studieren möchte, muss ich tatsächlich festhalten, sonst würde sie mir aus der Hand genommen. Gastfreundlich ist das nicht. Die sechs Calmar-Tuben vom Grill (13,50 Euro) finden wir recht teuer. Die Seeteufelmedaillons mit Garnelen in der Kupferpfanne sind tadellos (26,50 Euro). Die gegrillten Lammfilets (22,50 Euro) werden allerdings mit „Pommes des Tages und Reis" serviert. Kein gegrilltes Gemüse, wie bei den Fischtellern. Irgendwie befremdlich. Der Vinho Verde ist so wie er

Im Caramba Especial werden feurige Gerichte der portugiesischen Küche serviert

FOTOS: ALEXANDRA KERN (O.), MARC SILL (U.)

Damit Du den Überblick behälst.

NEU: ECHT DASHBOARD

EINKAUFSPREISE UND UMSÄTZE IMMER IM BLICK BEHALTEN.

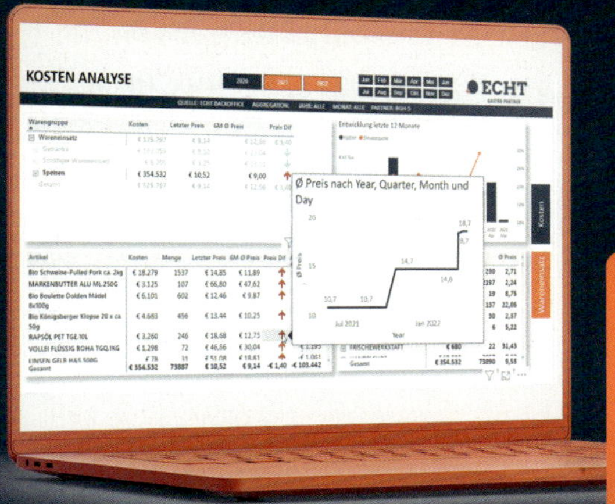

NEU
JETZT BUCHEN

Aktuell spielen die Einkaufspreise verrückt. Dank des innovativen ECHT Dashboards behältst du als Gastronom den Überblick über deine Einkaufspreise und kannst rechtzeitig reagieren.

Zusätzlich werden dir die wichtigsten Kennzahlen aus den verschiedenen Teilsystemen abgebildet. Dadurch bist du jederzeit in der Lage, dein Unternehmen aktiv zu steuern und laufend Verbesserungen vorzunehmen.

So ergibt Digitalisierung Sinn für Gastronomen und Hoteliers. Einmal aufgesetzt, vereinfacht ECHT deinen Alltag erheblich.

BWA Analyse – Ergebnisentwicklung, Einsatzquoten, Kostenstrukturen

Transparenz bis auf einzelne Rechnungspositionen

Waren- und Kostenanalyse

ECHT
GASTRO PARTNER

DER VERBUND FÜR ECHTE GASTRONOMEN

Das Restaurant El Pulpo macht seinem Namen alle Ehre

sein soll (0,25 l 4,90 Euro). Ein portugiesischer Aguardente wird aber keineswegs aus Birnen hergestellt. Da hat sich der zweite Kellner getäuscht. Der dritte Kellner bringt eine Rechnung mit zwei Portionen Seeteufel. Das wird korrigiert. Allerdings mit der Rechnung des Nachbartisches. Die dritte Rechnung bezahlen wir freiwillig. Die Auswahl im Portugiesenviertel ist groß. Das Casa Madeira sieht uns so schnell nicht wieder. DS

AMBIENTE ●●●○○ SERVICE ●●○○○
KÜCHE ●●○○○ PREIS-LEISTUNG ●●○○○

€€ Ditmar-Koel-Straße 14 (Neustadt), Telefon 040 74041880, Mo-So 11.30–24 Uhr, EC-Karte; Landungsbrücken S1, S2, S3; U3; casamadeira.de

El Pulpo

Wahnsinn am Tapastag

Wir besuchen das El Pulpo an einem Montag, dem traditionell müdesten Tag in der Gastronomie – und der große Saal ist rappelvoll. Ja, das sei immer so, erklärt uns eine der netten Servicekräfte. Denn montags ist in dem portugiesischen Restaurnts, das auch spanische Küche anbietet, Tapastag: Tapas endlos für 23,50 Euro. In den nächsten zwei Stunden bewundern wir, wie das bis auf den letzten Platz gefüllte Lokal von deutlich zu wenig Kellnern versorgt wird, weil zwei kranke Kollegen fehlen, für die kein Ersatz gefunden wurde, und wie sie dabei trotzdem immer freundlich, aufmerksam und sympathisch bleiben. Mein Serviceteam des Monats – Respekt! Wir schließen uns nicht der All-Inclusive-Gemeinde an, sondern wählen aus einem üppigen Fisch- und Meeresfrüchte-Angebot, wie es im spanisch-portugiesischen Hamburg selten geworden ist. Das Ergebnis ist leider durchwachsen: Die Cataplana mit Meeresfrüchten überzeugt mit einer vielfältigen Muschelmischung in einem kräftigen Sud, der spanischen Fischpfanne dagegen mangelt es deutlich an Würze. Dasselbe gilt für die äußerst salzarmen Lachsfrikadellen, die wir vorab als Tapas nehmen, während die Scampi-Spieße durchaus lecker sind. Der Salzmangel passt so gar nicht zur aromatischen iberischen Küche, und so drängt sich uns der Verdacht auf, dass in der Küche vielleicht ebenfalls Notstand herrscht. Also werden wir dem El Pulpo eine weitere Chance geben – schließlich wollen wir auch den Kraken probieren. Und wohl gefühlt haben wir uns hier auf jeden Fall. PL

AMBIENTE ●●●○○ SERVICE ●●●●●
KÜCHE ●●●○○ PREIS-LEISTUNG ●●●●○

€€€ Wandsbeker Zollstraße 25-29 (Wandsbek), Telefon 040 680625, Mo-Do 12–22, Fr-Sa 12–23, So 12–22 Uhr, EC-Karte; Wendemuthstraße Bus 9, Bus 116; elpulpo.de

O Atlantico

Ein Klassiker

Genuss Guide – Hanseperle

Portugal war früher ein armes Land, und so arbeiteten viele Portugiesen als Seeleute, die bei ihren Landgängen in Hamburg etliche portugiesische Restaurants am Laufen hielten. Bis in die 90er war es hier deshalb kein Problem, gute portugiesische Alltagsküche zu finden, oft in Gasträumen, in denen portugiesisches TV lief, von Videokassetten – Internet gab es noch nicht. Doch der Siegeszug des Container sorgte dafür, dass die Seeleute ausblieben und mit der Zeit von Reisenden ersetzt – so wurde das Portugiesenviertel zur Touristenfalle. Wer heute gute portugiesische Hausmannskost will, muss deshalb nach Wilhelmsburg fahren. Das O Atlantico befindet sich am Stübenplatz, wo das von Gentrifizierung bedrohte Viertel erfreulicherweise immer noch an Istanbul erinnert. Vor unserem Besuch war ich in dem Restaurant zuletzt vor rund 20 Jahren, und es sieht exakt aus wie damals: einfache Holztische, einfache Stühle, bemalte Wände. Auf der Karte ebenfalls fast nur Klassiker: Die Vorspeisen werden von Aprikosen in Speck (7 Euro) und Meeresschnecken (8,50 Euro) aufgemischt, aber wir entscheiden uns ganz konservativ für gemischte Tapas für zwei (14,50 Euro) und bereuen es nicht: Von Möhren und Pilzen bis Tintenfischsalat und frittiertem Oktopus ist alles lecker, am besten schmecken uns die Kichererbsen mit Zwiebeln. Als Hauptgang nehmen wir sehr ordentliche gemischte gegrillte Fische (16,50 Euro), obwohl Tintenfisch und Hühnchen in der Cataplana (15 Euro) echt verlockend klingt, und Zicklein nach Art des Hauses (16 Euro), weil es Ziege nirgends mehr gibt – sie ist so zart und deftig, wie wir sie uns nur wünschen konnten. Der Kellner, der aussieht, als käme er direkt vom Dockville, rockt den Laden souverän allein und hat trotzdem Zeit für Schwätzchen, auch sonst ist die Stimmung sehr gechillt, weit entfernt von der Ballermann-Atmo am Hafen. Als wir gehen, leicht bedröhnt von einigen Medronhos (4 Euro), ist klar: Bis demnächst! PL

AMBIENTE ●●●○○ SERVICE ●●●●●
KÜCHE ●●●●○ PREIS-LEISTUNG ●●●●○

€€ Veringstraße 26 (Wilhelmsburg), Telefon 040 75662727, Mo-So 12–24 Uhr, nur Barzahlung; Mannesallee Bus 13; facebook.com/RestaurantAtlantico

O Farol

Mitten im Trubel des Portugiesenviertels

Durch die hohen Glasfassaden steckt man gefühlt mittendrin im Trubel der Neustadt. Die Besucherströme ziehen draußen am A Farol (Leuchtturm) vorbei und innen die Teller mit portugiesischen Speisen. Gefühlt im Minutentakt schauen wir auf gebratene Sardinen, gefüllte Tontöpfe oder Tapas-Teller. Mit dem Mix für zwei (19,90 Euro) steigen wir in die typische Küche ein. Dazu wagen wir uns an den Hauswein in Rosé und Weiß (0,2 l 5,90 Euro). Eine gute Wahl. Verlockend ist die Karte mit „Edlen Weinen aus Portugal". Leicht überteuert vielleicht, aber eine gute Auswahl. Wir können die Augen nicht von den beiden wuseligen Bedienungen lassen. Das A Farol ist zweigeteilt, und die Außenplätze sind ebenfalls voll besetzt. Es geht also permanent die Tür auf und Teller und Gläser werden jongliert. Unser Tapas-Mix kommt auf einem Tablett mit fünf Schälchen. Reichhaltig, heiß und lecker – mit Fisch, Lamm und Kartoffeln. Seit 22 Jahren steht der Leuchtturm hier, immer noch im Originalzustand. Eine urige Einrichtung. Auf dem Weg zur Toilette kann man einen Blick in die Küche werfen. Aus der bestellen wir die Fischplatte (18,90 Euro) und Bauchrippen im Tontopf (15,90 Euro). Beides kommt richtig

FOTO: MARC SILL

HAMBURG GENIEßEN.
AM BESTEN MIT EUCH.
GEROLSTEINER
CITRUS
LIMO MINZE
GEROLSTEINER
ORANGE
PASSIONS
LIMO FRUCHT
GEROLSTEINER
ELSTAR
APFEL
SCHORLE
FRUCHTIG. ERFRISCHEND. LECKER!

Das La Sepia hat den rustikalen Charme einer portugiesischen Hafenkneipe

heiß auf den Tisch. Tontopf können sie hier. Die Platte glänzt mit drei Filets, Scampi, Kartoffeln und Gemüsebeilage. Dass man Tiefkühlgemüse so verkochen kann, ist eine neue Erfahrung und trübt den Eindruck. Versöhnlich ist die Spirituosen-Karte mit Erdbeerschnaps und Mandellikör (je 3,90 Euro). Man muss es aber schon lebhaft beim Essen mögen, wenn man das A Farol wählt. Die nette Bedienung bekommt hoffentlich Kilometergeld. THORSTEN BARTELS

AMBIENTE ●●○○○ SERVICE ●●●●○
KÜCHE ●●●○○ PREIS-LEISTUNG ●●●●○

€€€ Ditmar-Koel-Straße 12 (Neustadt), Telefon 040 31993760, Mo 18–23.30, Di-So 12–23.30 Uhr, EC-Karte, VISA, Mastercard; Landungsbrücken S1, S3, U3; o-farol.eatbu.com

VIP-TESTER
Leo Schmidthals

Porto

Traditionell und unaufgeregt

An einem schönen Frühsommerabend sitzen wir entspannt draußen an einem rustikalen Holztisch im Porto, einem der vielen Restaurants im Portugiesenviertel. Das Restaurant gibt es bereits seit 1984, es ist eine Institution. Da es schnell etwas kühl wird, bringt uns der sehr nette Kellner Decken. Der Service ist hier eh ausgezeichnet. Aufmerksam, schnell und lässig wird man bedient. Den guten portugiesischen Weißwein bringen sie in einem Weinkühler, der an den Tisch gehängt wird. Wir sehen, dass man sich auch drinnen sehr viel Mühe im Styling gibt: Weiße Tischdecken und Stoffservietten machen einen guten Eindruck. Leider kann das Essen an diesem Abend nicht mithalten: Die gemischte Vorspeisenplatte ist nichts Besonderes, mein Thunfisch-Carpaccio auf Rucola (15,30 Euro) ist zu dick geschnitten und nicht ansprechend angerichtet. Mein Hauptgericht ist okay, zumindest die – leider etwas zu salzige – Dorade, die auf Gemüse serviert wird, das wiederum etwas lieblos daherkommt. Die Gambas à casa in Weißwein-Sahnesoße für 18,30 Euro sind dagegen gar nicht gut: Sie schmecken nach Tiefkühlkost in einer faden Soße. Schade. Denn dort draußen zu sitzen und dem Treiben zuzusehen ist schön: Touristen:innen und Anwohner:innen schlendern vorbei, es ist tatsächlich ein etwas südländisches Flair umgeben von Gründerzeithäusern in Hafennähe. Und so schwingt auch ein Hauch Seefahrerromantik und Hafenfernweh mit. Auch wenn das Essen nicht grandios war an diesem Abend: Ich würde immer wieder hingehen, um vielleicht ein Bier zu trinken, ohne große Erwartung etwas Einfaches zu essen und einen portugiesischen Abend zu erleben.

AMBIENTE ●●●●○ SERVICE ●●●●●
KÜCHE ●●●○○ PREIS-LEISTUNG ●●○○○

€€€ Ditmar-Koel-Straße 15 (Neustadt), Telefon 040 3178480, Mo-So 11.30–24 Uhr, EC-Karte, VISA, Mastercard, Amex; Landungsbrücken U3, S1, S3; porto.hamburg

La Sepia

Spektakuläre Inszenierung

Gibt es das eigentlich in Hamburg, ein wirklich hervorragendes portugiesisches Restaurant? Um es vorwegzunehmen: Am Pferdemarkt auf St. Pauli haben wir es an diesem Abend nicht gefunden. Das Ambiente im La Sepia ist in jedem Fall stimmig: maritim anmutende Atmosphäre mit viel Türkis, einem unter der Decke hängenden Holzbötchen und den typischen Azulejos, den portugiesischen Kacheln, an der Wand. Das La Sepia hat eine fast 40 Jahre alte Tradition als Familienbetrieb. Im Sommer sitzt man hier auf der großen Terrasse, drinnen ist's gemütlich bei Kerzenschein und frischen Blumen. Wir bestellen den namensgebenden Tintenfisch gebraten in Form zarter, kleiner Röhrchen (18 Euro). Die optische Inszenierung der Speisen im La Sepia ist spektakulär, auch der vorweg servierte gratinierte Ziegenkäse (9 Euro) ist mit Feigen und Kürbiskernen auf hübschem Geschirr so angerichtet, dass der Appetit von alleine kommt. Geschmacklich ist der Fisch anständig, begeistert aber nicht, zumal die gebratene Dorade mit hastig zubereitetem Gemüse kommt. Das Finale überzeugt uns, zumal als Show: Die Crème brûlée wird am Tisch mit einem Handbrenner karamellisiert. JP

AMBIENTE ●●●●○ SERVICE ●●●○○
KÜCHE ●●●○○ PREIS-LEISTUNG ●●●○○

€€€ Neuer Pferdemarkt 16 (Sternschanze), Telefon 040 4322484, Mo-Do 12–22, Fr-Sa 12–23, So 12–22 Uhr, EC-Karte, Mastercard; Neuer Pferdemarkt Bus 3; la-sepia.de

Vasco da Gama

Eine Entdeckung

Der Name ist Programm: Das Vasco da Gama, benannt nach dem portugiesischen Seefahrer und Entdecker, ist eine Entdeckung. Das Interieur ist gemütlich-altmodisch in einem historischen Gebäude. Klassizismus? Jedenfalls mit Stuck und Säulen. Im grünen Hinterhof sitzt man herrlich ruhig. Ein Ort der Entschleunigung. Dafür sorgen auch die beiden souveränen Kellner, die eine unaufgeregte Gastlichkeit ausstrahlen. Leider können die Außenplätze nur bis Oktober 2022 im Hinterhof bleiben. Danach sitzt man wieder auf dem schmalen Gehweg an der Langen Reihe. Das Vasco da Gama serviert portugiesische und spanische Spezialitäten. Also gibt es Tapas. Die vier Jakobsmuscheln (12,80 Euro) sind ein Gedicht. Auf den Patatas bravas (5,80 Euro) finden sich nur Spritzer der typischen scharfen Soße. Das mögen wir lieber, als wenn die Kartoffeln darin ertränkt werden. Die Bacalhau-Kroketten (8 Euro) sind herrlich fluffig. Da fällt es nicht ins Gewicht, dass Aioli und Brot (2,90 Euro) in anderen portugiesischen Restaurants zumeist kostenlos gereicht werden. Als Hauptgang bestelle ich eine Cataplana, einen Fischeintopf mit Kartoffeln, Paprika und Zwiebeln in der Kupferpfanne (23,90 Euro). Die reichlichen Fischstücke sind auf den Punkt gegart. So lassen sich Dorade und Kabeljau herausschmecken, neben unverwechselbaren Herzmuscheln und Garnelen. Den Vinho Verde finden wir so gut, dass noch ein zweiter halber Liter sein muss (0,5 l 14,50 Euro), an diesem rundum gelungenen Abend in St. Georg. DS

AMBIENTE ●●●●○ SERVICE ●●●●●
KÜCHE ●●●●○ PREIS-LEISTUNG ●●●●○

€€€ Lange Reihe 67 (St. Georg), Telefon 040 2803305, Mo-So 11.30–23 Uhr, EC-Karte, VISA, Mastercard; Hauptbahnhof alle Linien; vasco-da-gama-hamburg.de

FOTO: DAVID STRÜNING

Zur Alten Flöte

Der zweite Eindruck zählt

Altmodische Möbel, rote und orange Wände, gefliester Boden: Auf den ersten Blick fehlt dem Restaurant Zur Alten Flöte lediglich ein zu groß geratener Flachbildschirm und die perfekte Fußballwirtschaft-Atmosphäre wäre geschaffen. Doch die überholte Einrichtung des portugiesischen Lokals in St. Georg rührt von einer langjährigen Tradition. Seit 1661 gibt es die Gaststätte. Seit inzwischen mehr als zehn Jahren findet sich hier die portugiesische Küche des Restaurants Zur Alten Flöte. Die anfängliche Skepsis ist nach der freundlichen Begrüßung des Personals und dem Blick in die Speisekarte verflogen. Spätestens als unser Fisch-Tapas-Teller „Zur Flöte“ (12,50 Euro) auf den Tisch kommt, sind wir überzeugt: Von einer Fußballwirtschaft ist das Zur Alten Flöte weit entfernt. Keine zehn Minuten Fußweg vom Hauptbahnhof entfernt finden die Gäste hier eine täglich variierende Karte portugiesischer Spezialitäten. Die gängige Karte hält von Suppen über Tapas bis hin zu Hauptgerichten Fisch und Fleisch in sämtlichen Variationen bereit. Darauf, welche der Tapas am besten waren, konnten wir uns nicht einigen. Die Entscheidung zwischen Leckereien wie Patatas bravas (feurige Kartoffeln, 3,30 Euro), Pasteis de Bacalhau (Stockfisch-Kroketten, 3,50 Euro) oder Lulas fritas (frittierte Tintenfische, 4,40 Euro) fiel einfach zu schwer. Wer statt der kleinen Appetithäppchen lieber einen großen vollen Teller vor sich hat, macht mit dem argentinischen Rumpsteak vom Grill (15,40 Euro) absolut nichts falsch. Mit einem leckeren grünen Salat und reichlich Kartoffeln wird das Fleisch auf gewünschter Garstufe serviert. Bei dem aufmerksamen Personal und der üppigen Getränkekarte bleiben wir gern noch aufs ein oder andere Gläschen sitzen. SAS

AMBIENTE ●●●○○ SERVICE ●●●●●
KÜCHE ●●●●● PREIS-LEISTUNG ●●●●○

€€ Koppel 6 (St. Georg), Telefon 040 25328737, Mo-Fr 12–15, 17–23, Sa 17–23 Uhr, EC-Karte, VISA, Mastercard; Hauptbahnhof alle Bahnlinien; portugiese-hamburg.de

Im Restaurant Zur Alten Flöte darf es auf dem Teller bunt zugehen

FOTOS: JULIA SCHUMACHER (O.), ZUR ALTEN FLÖTE (U.)

KURZ GEBRATEN

In der Tasquinha Galego gibt's den Hauswein aus Tassen

Bairro Alto

Mit blau-weißen Mosaikfliesen, Backsteinwand und schlichtem Holzmobiliar bringt das Bairro Alto rustikale Tavernen-Vibes aufs Schulterblatt. Gambas vom Grill werden hier kiloweise serviert – am besten macht man sich zu zweit die Finger schmutzig. Fisch- und Meeresfrüchte nehmen einen Großteil der Karte ein, aber die Küche kann auch vegan: pflanzenbasierte Paella zum Bespiel. Dazu gibt's Sangria und frisch gezapftes Sagres.

€€ Schulterblatt 58a (Sternschanze), Telefon 040 43098505, Di-Do 15–24, Fr-Sa 11.30–1, So 11.30–24 Uhr, EC-Karte, VISA, Mastercard; Sternschanze S11, S21,S31, U3; bairro-alto.de

Casa del Sabor

Die Menükarte vereint das Beste aus dem Süden: Platten mit spanischem Manchego und Serranoschinken treffen auf portugiesische Stockfisch-Gerichte und diverse Tapas-Kreationen beider Länderküchen. Die Stimmung ist gesellig, denn meist sind alle Tische voll besetzt. Das liegt sicher auch am freundlichen Service des familiengeführten Restaurants, der seine Gäste mit Herz bewirtet – und an der guten Cocktail-Auswahl.

€€€ Reimarusstraße 9 (Neustadt), Telefon 040 31768873, Di-Fr 17–23.30, Sa 12–23, So 12–22 Uhr, EC-Karte, VISA, Mastercard; Landungsbrücken S1,S2,S3, U3; casa-del-sabor.de

Olá Lisboa

Gastgeber Carlos Sequeira ist in Lissabon geboren und im Hamburger Portugiesenviertel aufgewachsen. Das Flair und den Geschmack seines Geburtsorts zaubert er heute in den Gastraum seines Olá Lisboa. Mit opulenten Fisch- und Meeresfrüchteplatten, raffinierten Tapas und Klassikern wie Kaninchen in Rotweinsoße, das selbstverständlich traditionell im Tontopf serviert wird.

€€ Ditmar-Koel-Straße 18 (Neustadt), Telefon 040 33396250, Mo-Do 11.30–24, Fr-Sa 11.30–1, So 11.30–24 Uhr, EC-Karte, VISA, Mastercard; Landungsbrücken S1, S2, S3, U3; ola-lisboa.de

Taparia Mar Salgado

Die perfekte Adresse für einen romantischen Tapas-Abend zu zweit: Das Meer ist zwar nur an die Wand gemalt, aber sorgt in Kombination mit frischen Blumen, Kerzenschein und der indirekt beleuchteten Bar für gemütliche Stimmung. Auf den ledernen Sitzbänken lässt es sich gut kuscheln und mit einem guten Rotwein anstoßen. Dazu die Tapas-Platte für zwei und die Date-Night ist gesichert.

€€ Reimarusstraße 4 (Neustadt), Telefon 040 8007062, Mo 12–23, Mi-So 12–23 Uhr, EC-Karte, VISA, Mastercard; Landungsbrücken S1, S2, S3, U3; mar-salgado.com

Tasquinha Galego

Im alten Luftschutzbunker am Hafen geht es überaus gesellig zu. Knapp 40 Gäste kann Inhaber Fernando da Silva in seinem portugiesischen Restaurant in der Neustadt bewirten. Es wird gelacht, sich zugeprostet und geschnackt. Die herzlich-einfache rustikale Gemütlichkeit reißt einen mindestens genauso mit wie die grandiosen Speisen. Es gibt Thunfischspieß mit Gambas, Lammgulasch nach Tasquinha-Art und Fisch-Spezialitäten. Wer es gern witzig und trubelig mag, ist in der Tasquinha Galego hervorragend aufgehoben.

Hanseperle 2021 €€€ Vorsetzen 70 (Neustadt), Telefon 040 35629360, Mo 17–23, Mi–Fr, 17–23, Sa 15–23, So 15–22 Uhr, EC-Karte; Baumwall U3; galego.de

Tapas à la Testsieger: Im Oniro in Winterhude muss es nicht unbedingt ein Hauptgericht sein

Griechenland

Fleischberge, Fritten und billiger Ouzo – das war einmal. Heute bieten griechische Restaurants in Hamburg häufig feinste Mittelmeer-Küche. Immer öfter auch als kleine Portionen zum Teilen. Und wenn es doch mal old school sein soll, geht da auch was. Der klassische Grillteller stirbt schon nicht aus

VIP-TESTERIN
Edina Müller

Dionysos

Modern und auf hohem Niveau

Das von außen etwas unscheinbare und auf den ersten Blick nicht unbedingt als Grieche erkennbare Dionysos in Eimsbüttel wartet auf mit einem eleganten Ambiente im Stile einer Weinbar. Das gemütliche kleine Restaurant fügt sich mit seiner gehobenen und außergewöhnlichen Küche gut in den Stadtteil ein. Wer hier klassisches Gyros mit Pommes erwartet, wird enttäuscht. Aber Freunde der griechischen Küche finden traditionelle Speisen auf hohem Niveau neu und modern interpretiert. Es gibt vorwiegend Mezze, die die Bandbreite der griechischen Küche abbilden. Vom gegrillten Oktopus (15,90 Euro) über mit Krabben gefüllte Mangoldblätter in Safransoße (14,90 Euro) bis hin zur Kalbsleber in Buttersalbei (7,90 Euro) ist für jeden etwas dabei. Vegetarier könnten sich insbesondere bei der sehr kurzen Auswahl an Hauptspeisen schwertun. Hier gibt es neben klassischen Lammkoteletts mit einer Joghurtmousse (24 Euro) auch einen Ibericorücken (24 Euro) oder frittierte Meeresfrüchte (24 Euro). Typisches Griechenlandfeeling kommt auf, wenn die Köstlichkeiten nach und nach zusammen auf den Tisch kommen und man von allem einmal probieren kann. Da jedes Gericht eine kleine Besonderheit bereithält, lohnt sich dieser Blick und Griff über den eigenen Tellerrand. Dem Gesamtkonzept des Restaurants wird die Nachtischauswahl nicht ganz gerecht. Das Dreierlei aus Panna cotta, Crème brûlée und griechischem Joghurt (7,90 Euro) hat noch einen gewissen Griechenlandbezug, aber die Moussee au Chocolat mit Waldbeeren (6,90 Euro) will als einzig weiteres Dessert nicht so richtig passen. Das Dionysos ist leider nicht barrierefrei: Während die eine Stufe im Eingangsbereich mit Hilfe sicher keine allzu große Hürde darstellt, sind die Toiletten im Obergeschoss leider nicht zu erreichen. Wegen der einzigartigen Interpretation der griechischen Küche und des besonderen Ambientes kann ich den Besuch im Dionysos nur empfehlen, insbesondere wenn man etwas anderes ausprobieren möchte als den Griechen um die Ecke.

AMBIENTE ●●●●● **SERVICE** ●●●●○
KÜCHE ●●●●● **PREIS-LEISTUNG** ●●●●○

TESTSIEGER 2021 **€€€€ Eppendorfer Weg 67 (Eimsbüttel), Telefon 040 498800, Mo-Sa 17.30–23 Uhr, EC-Karte, VISA, Mastercard; Christuskirche U2; dionysos-hamburg.de**

Irodion

Der nette Grieche von nebenan

Was uns sofort gefällt: Das griechische Restaurant Irodion in Winterhude ist sehr gemütlich eingerichtet, und die monochromen Bilder aus den 60ern verleihen ihm das gewisse Etwas. Der Biergarten ist im Winter ein Wintergarten. Und obwohl es ein Dienstagabend ist, ist das Restaurant sehr gut besucht. Wir werden sehr nett begrüßt und an unseren Tisch geführt. Als Vorspeise bestellen wir Ziegenkäse mit Gemüse (8,90 Euro), überbackene Zwiebelsuppe und eine griechische Bohnensuppe (je 6,90 Euro) und naschen schon einmal vom selbst gebackenen Brot mit Knoblauchcreme. Die Suppen lassen die Vorfreude auf den Hauptgang steigen, denn sie sind sehr gut abgeschmeckt und die Bohnen nicht verkocht, was gern eine Herausforderung ist. Challenge gemeistert! Der Ziegenkäse aus dem Ofen mit Gemüse vom Grill ist ein erstes Highlight – weder in Geschmack, noch in Komposition oder Konsistenz zu übertreffen. Als Hauptgang bestellen wir Entrecôte mit Pfeffersoße (23,90 Euro) und Pommes und klassisch Gyros (15,50 Euro) mit Reis. Das Entrecôte ist auf den Punkt gegrillt, ertrinkt aber leider etwas in der Soße – die allerdings sehr geschmackvoll ist. Etwas Gemüse als Beilage hätte hier vielleicht geholfen. Am Gyros zeigt sich, was die griechische Küche im Irodion draufhat: Es ist weder trocken noch überwürzt und der dazu servierte Tomatenreis sehr bekömmlich. Für einen Nachtisch ist leider kein Platz mehr. Alles in allem ein gemütliches Lokal mit guten Essen, großen Portionen und einem ausgesprochen netten und kompetenten Service. HE

AMBIENTE ●●●○○ **SERVICE** ●●●●●
KÜCHE ●●●○○ **PREIS-LEISTUNG** ●●●●○

€€ Ohlsdorfer Straße 1 (Winterhude), Telefon 040 461201, Mo-Sa 12–23, So 12–22 Uhr, EC-Karte; Hudtwalckerstraße U1; irodion-hamburg.com

Kalliopea

Griechische Spezialitäten am Stadtpark

Das griechische Restaurant Kalliopea befindet sich zwischen der Fuhlsbüttler Straße und dem Stadtpark, also direkt im Herzen von Barmbek. Ein echter Nachbarschaftsgrieche für die umliegenden Wohnhäuser. Inhaberin Kalliopi kümmert sich stets um jeden Gast persönlich und ist auch immer zu einem kleinen Schnack aufgelegt – die perfekte Gastgeberin. Die Einrichtung ist eher einfach gehalten und könnte beim Gemütlichkeitsfaktor noch etwas zulegen. Dafür ist das Essen wirklich hervorragend und authentisch griechisch. Vorweg lasse ich mir den gegrillten Oktopus (12,90 Euro) mit Fava Santorinis (eine Art Hummus aus dicken Bohnen) und gegrillten Zwiebeln schmecken. Der ist auf den Punkt gegrillt und ich kann zum Schluss den restlichen Fava mit dem selbst gebackenen Weißbrot (jeden Tag frisch) wegdippen. Als Hauptgericht wähle ich den „Mix-Teller“ (15,90 Euro), der aus Gyros, Souvlaki und einem Hacksteak besteht. Besonders schmackhaft finde ich bei diesem Gericht den selbst gemachten Tsatsiki, der den hohen Fleischanteil bei diesem Gericht merklich auflockert und viel leichter erscheinen lässt. Den obligatorischen Ouzo zum Schluss muss ich heute

FOTO: JULIA SCHUMACHER

FOTO: PRIVAT

VIP TESTERIN

Edina Müller

Paralympische Goldmedaillengewinnerin/ Sporttherapeutin BG Klinikum Hamburg

Getestet: Dionysos, Minas

Lieblingsrestaurant Das O Atlantico in Wilhelmsburg ist immer noch unsere Top-Adresse, wenn wir uns einen schönen Abend machen wollen. Besonders aber authentisches Ambiente und Personal, leckeres echt portugiesisches Essen mit sehr gutem Preis-Leistungs-Verhältnis lassen uns auch nach unserem Umzug aus dem Viertel immer wieder einkehren.

Lieblingsbar Die [m]eatery Bar und Restaurant Hamburg, perfekte Symbiose aus ausgewählten Cocktails und Getränken und hervorragenden Spezialitäten für Fleischliebhaber.

Besondere Anlässe feiere ich am liebsten im … Athena in Stelle. Unglaublich warmherzige Gastgeber und sehr kinderfreundliche Atmosphäre, man fühlt sich direkt willkommen und zu Hause. Das Essen ist ein echtes Stück Griechenland, und auch bei schlechtem Wetter ist der schöne Außenbereich gemütlich. Ein Riesenpluspunkt für mich ist, dass das Restaurant auf Rollstuhlfreundlichkeit Wert legt.

Essen ist für mich … bewusst Zeit miteinander zu verbringen und auch mal mitten in der Woche den Alltag Alltag sein lassen.

Ein Leben ohne Gastro wäre … ein großer Verlust an sozialen Begegnungen und geselligen Kontakten sowie besonderen Auszeiten, wie wir in der Pandemie schmerzlich erfahren mussten.

Zum Frühstücken gehe ich gern ins Café … „Mit freundlichen Grüßen". Toller Ausblick mit einer Frühstücksauswahl, bei der keine Wünsche offen bleiben.

Kaffee, Kuchen, Cupcakes – dieses Café ist ein Muss. Ein Tipp für Kaffee, Kuchen, Cupcakes? Ich bin so gar kein „Sweet Tooth" und kann deswegen auch keine gute Empfehlung für Süßes aussprechen – ich würde Antipasti mit Brot bevorzugen.

leider ablehnen, denn ich bin mit dem Motorroller da. Wer sich nach einem Spaziergang im Stadtpark oder nach einem Konzert beim Stadtpark Open Air stärken möchte, ist im Kalliopea sehr gut aufgehoben. Reservierung nicht vergessen!
MH

AMBIENTE ●●●○○ SERVICE ●●●●●
KÜCHE ●●●●○ PREIS-LEISTUNG ●●●●○

€€ Neue Wöhr 14 (Barmbek), Telefon 040 6310596, Mi-So 17–23 Uhr, EC-Karte, VISA, Mastercard, Amex; Alte Wöhr (Stadtpark) S1, S11; kalliopea.de

Mezedes bei Alexandros

Griechische Tapas am laufenden Meter

Dass es sich beim Mezedes bei Alexandros um eine Art Systemgastro handelt, merkt man spätestens beim Betreten des Ladens am Großneumarkt. Eifrig flitzen die Kellnerinnen und Kellner zwischen den vielen Tischen umher, die moderngesichtslos und so überhaupt nicht griechisch-gemütlich aussehen. Die Einrichtung wurde anscheinend auch mit viel Tempo, dafür aber wenig sorgsam angebracht; im Verlauf des Abends kracht meiner Begleitung gleich zweimal die Dektotür eines Regals in den Rücken. Und so wird uns auch bei der Speisewahl kaum Zeit gelassen, . Zweimal die Mezedes (19,90 Euro pro Person)? Kaum gefragt, schon notiert. „Wir servieren Ihnen so viele Mezedes, wie Sie essen können", heißt es in der Karte. Dass das zu zweit eine eher unbefriedigende Angelegenheit wird, merken wir schon bald. Ich kann kaum an meinem Wein (Domain Mega Spileo Cuvée III Weiß, 0,2 l 8,50 Euro) nippen, da wird schon die erste Runde aufgetischt. Es läuft nämlich so: Auf einem länglichen Brett werden etwa fünf bis acht Schälchen serviert. Sind diese halbwegs leer, kommt die nächste Runde, und immer so weiter. Wenn man es denn schafft, denn gleich zur ersten Runde gehören Sattmacher wie eine große Portion Tomatenreis, Krautsalat, Tzatziki, Chtipiti und in Sesam und Honig panierter Feta. Frittierte Zucchinischeiben, gebratene Garnelen und zwei kleine Lammspießchen machen den ersten Gang komplett, sind aber leider sehr sparsam gewürzt. Wir geben uns Mühe, die Schälchen halbwegs zu leeren und werden mit der zweiten Runde belohnt, die aus frittierten Sardellen, Pimientos, Kartoffelspalten und Datteln im Speckmantel besteht. Was uns wohl als Nächstes erwartet hätte? Wir werden es bedauerlicherweise nicht erleben, denn komplett gesättigt geben wir schon jetzt auf. Für Gruppen oder zum Wettessen mag dieses Konzept funktionieren, für einen entspannten Abend zu zweit leider nicht.
JFK

AMBIENTE ●●○○○ SERVICE ●●●○○
KÜCHE ●●●○○ PREIS-LEISTUNG ●●●○○

NEU! €€ Großneumarkt 58 (Neustadt), Telefon 040 28530508, Mo-Sa 11.30–23, So 11.30–22 Uhr, EC-Karte, VISA, Mastercard, Amex; Michaeliskirche Bus 16, Bus 17; mezedes-bei-alexandros.eatbu.com

VIP-TESTERIN
Edina Müller

Minas

Klassische Küche in gehobenem Ambiente

Im Restaurant Minas erwartet euch klassische griechische Küche, geschmackvoll angerichtet und mit viel Herzlichkeit serviert. Beim Betreten des Wandsbeker Restaurants trefft ihr erst einmal auf den großen ansprechenden Barbereich, wo man auch einfach einmal sein Glas Retsina genießen kann. Das Ambiente des Gastbereiches ist eher zurückhaltend und nur mit ausgewählten Accessoires versehen. Ausgelegt ist die Location auch für größere Veranstaltungen und Events, sonntags gibt es Brunch. Wir haben vor unserem Besuch reserviert, was sicher gerade am Wochenende zu empfehlen ist. Nach den liebevoll zubereiteten Vorspeisen wie dem überbackenen Schafskäse (8,80 Euro) oder den köstlichen Calamaretti (13,80 Euro) und den klassischen, eher fleischlastigen Hauptgängen ist ein Tipp sicher die hervorragende – vermutlich hausgemachte – Baklava (7,80 Euro). Den eher gehobenen Anspruch unterstreicht auch die gut sortierte Weinkarte, die neben den Hausweinen und einer umfangreichen Auswahl von Rot-, Weiß- und Roséweinen natürlich auch Retsina (0,5 l 11,20 Euro) vorhält. Beim Verlassen des Restaurants habt ihr noch die Möglichkeit, aus der kleinen Verkaufsecke landestypische Spezialitäten mit nach Hause zu nehmen. Der direkte Zugang ins Minas ist zwar nicht barrierefrei, aber es gibt eine steile Rampe, die mit Hilfe – das freundliche Personal hat sich direkt angeboten – gemeistert werden kann. Die weiteren Räumlichkeiten sind ebenerdig, aber leider ist die Toilette im Keller und mit Rollstuhl nicht nutzbar. Das Minas beschränkt sich auf gut gemachte Klassiker – wir als Liebhaber der griechischen Küche sind voll auf unsere Kosten gekommen.

AMBIENTE ●●●●○ SERVICE ●●●●●
KÜCHE ●●●●○ PREIS-LEISTUNG ●●●●○

€€€ Friedrich-Ebert-Damm 91 (Wandsbek), Telefon 040 27865598, Di-Fr 17.30–23, Sa 17–23, So 10–21 Uhr, EC-Karte, Amex; Stephanstraße Bus 171, Bus 271; restaurant-minas.de

Noah's Taverna

Von Gyros satt und Familientraditionen

Griechische Restaurants sind wohl der Prototyp für Familienbetriebe. Hier arbeiten zumeist drei Generationen fröhlich nebeneinander und schenken den Gästen reichlich Ouzo ein. Auch Noah's Taverna am Großneumarkt ist ein typisch griechisches Restaurant und – um es vorwegzunehmen – eines der besseren in Hamburg. Natürlich wird das Gyros (12,90 Euro) probiert, das von kaum einem anderen Restaurant in Hamburg getoppt wird. Der Krautsalat ist absolute Spitze: selbst gemacht und frisch. Wer mag, bestellt sich das „Flatrate-Gyros satt" (15,90 Euro), um immer wieder Nachschlag zu ordern. Doch wer musste

In Noah's Taverna von Inhaber Tomas Tanzi führt am Gyros kein Weg vorbei

jemals Gyros nachbestellen? Mir jedenfalls reicht ein Teller der normalen Portion heute. Mein Gegenüber ist begeistert von der Lammhaxe mit Ratatouille (14,90 Euro), die wirklich sehr gut aussieht. Schon die Einstimmung mit einem lockeren Gespräch mit dem Wirt und Auberginenmus (4 Euro) oder gefüllte Calamari (7,90 Euro) als erster Gang sorgt für gute Laune. Zum Abschluss des Abends gibt es griechischen Joghurt (5,90 Euro) und Loukoumades (5,90 Euro). Die Teigbällchen mit Vanilleeis, Sesam und Honig schmecken wunderbar. Der Name der Taverna stammt übrigens vom Sohn des Wirtes, und damit ist sein Weg wohl schon vorgezeichnet. Noch hüpft Noah im Fußballtrikot durch die Gästereihen und verputzt eine kindgerechte Portion der Lammhaxe zum Abendbrot, doch bald schon wird ihm wohl der Tresen gehören. So wie es Tradition ist in Familienbetrieben. LM

AMBIENTE ●●●●● SERVICE ●●●●●
KÜCHE ●●●●● PREIS-LEISTUNG ●●●●●

€€ Großneumarkt 12 (Neustadt), Telefon 040 63607829, Mo-Fr 11.30–15 Uhr,16 – open end, Sa-So 17– open end, EC-Karte, VISA, Mastercard; Stadthausbrücke S1, S3, Bus 17; noahs-taverna.de

Pinakas

Griechische Hausmannskost

Georgios ist kein Freund von Veränderung. Zumindest nicht auf seiner Speisekarte. Seit Jahren serviert er im Pinakas die gleichen Gerichte, vornehmlich griechische Mezedes. Vielleicht rührt genau davon das nachbarschaftliche „Nach-Hause-kommen-Gefühl" in dem Restaurant im Grindelhof her. Wer Oma besucht, hofft schließlich auch nicht etwa auf Ottolenghi, sondern freut sich auf die gleichen Königsberger Klopse, die es immer schon gab. Das Erwartbare macht auch bei Georgios den Charme aus. Man weiß, was man kriegt: griechische Hausmannskost. Schörkellos, aber lecker. Die Aubergine mit Knoblauch dümpelt ein wenig farblos in der Tomatensoße (4,60 Euro), ist aber perfekt abgeschmeckt. Der griechische Bauernsalat (7,90 Euro) hat simple, aber hochwertige Zutaten: Tomate, Gurke, rote Zwiebel und Feta. Auch die Zucchinipuffer (4,50 Euro) müssen ohne Garnitur auskommen, ebenso wie der panierte Schafskäse (5,60 Euro) – ein frittierter, nackter Klotz. Er schmeckt allerdings köstlich, das muss man ihm lassen. Genau wie die frittierten Calamari (5,90 Euro), die wir zu handgeschnittenen Pommes (3,90 Euro) in mildem Tsatsiki (3,90 Euro) ertränken. Kellnerin Limonia ist flink und freundlich und bringt unser Baby jedes Mal mit albernen Grimassen zum Lachen, wenn sie unseren Tisch passiert. Zum Abschluss bleiben wir bei fettig und frittiert: die Loukoumades (4,60), Teigbällchen mit Honig, Zimt und Vanilleeis schmecken nach Betthupferl. Wie bei Oma. LL

AMBIENTE ●●●●● SERVICE ●●●●●
KÜCHE ●●●●● PREIS-LEISTUNG ●●●●●

€€ Grindelhof 64 (Rotherbaum), Telefon 040 18102375, Di-So 17–24 Uhr, EC-Karte, VISA, Mastercard; Grindelhof Bus 4, Bus 5; restaurant-pinakas.de

FOTO: MARC SILL

Glücksspiel kann süchtig machen. Zutritt ab 18 Jahren. Ausweispflicht. Helpline: 0 800 / 137 27 00 (gebührenfrei).

Taverna Plaka

Kurze Auszeit im Griechenland Hamburgs

Wir gehen durch den dicken Vorhang hinter der Eingangstür und landen unverhofft im Griechenland Hamburgs. Eben noch mitten im Wochenendtrubel der Sternschanze und im nächsten Moment im rustikal eingerichteten Taverna Plaka. Schummriges Licht und leise griechische Musik schaffen eine gemütliche und vertraute Stimmung in dem überschaubaren Raum. Auf den Tellern der Gäste findet sich das, was ein großes gelbes Schild über dem Eingang verspricht: griechische Spezialitäten. Lust auf Gyros (11,90 Euro) oder Souflaki (12,90 Euro)? Oder lieber Suzukakia (12,50 Euro) oder doch Lammkoteletts (16,50 Euro)? Egal, welches Gericht: Die Kartoffelscheiben dazu sind eine absolute Empfehlung. Vorab gibt es zu jedem Gericht warmes Brot mit Kräuterbutter und Salat. Wir bestellen Filetakia (17,90 Euro) und den Herakles-Teller. Das gebratene Schweinefilet mit Brokkoli und Salat schwimmt in zweierlei Soßen. Der Herakles-Teller überzeugt dafür optisch – der kommt mit ordentlich Tsatsiki statt Soße. Geschmacklich gibt es bei beiden Gerichten nichts zu meckern. Vegetariern bietet sich nur eine kleine Auswahl. Das Taverna Plaka ist die richtige Anlaufstelle für ein romantisches Date bei Kerzenschein, aber auch für gesellige Runden mit Freunden. Im Anschluss gibt es für jeden Gast einen Ouzo aufs Haus. Da bleibt nicht mehr zu sagen als: Yamas! SAS

AMBIENTE ●●●●○ SERVICE ●●●●●
KÜCHE ●●●●○ PREIS-LEISTUNG ●●●●○

€€ Schanzenstraße 25 (Sternschanze), Telefon 040 437719, Mo-So 17–24 Uhr, nur Barzahlung; Sternschanze S21, S31; tavernaplaka.hamburg

The Greek

Oh Götter!

Dieser Name ist eine Ansage. Wer sein Restaurant The Greek nennt, gibt damit ein Versprechen ab: Dies ist der eine Grieche, der Maßstäbe in anspruchsvollerer griechischer Küche jenseits von Souvlaki und Gyros setzt. Viel Positives haben wir von dem Restaurant im Portugiesenviertel gehört und nun ist es Zeit für einen eigenen Eindruck. Doch die griechischen Götter sind nicht auf unserer Seite. Oder auf der des Restaurants. Denn was mit einem recht ungemütlichen Platz im oberen Bereich in Dunkelheit und mit nerviger, aufdringlicher Musik schon unglücklich beginnt, setzt sich auch bei den Gerichten fort. Der in Filoteig gebackene Schafskäse (9 Euro) ist in Ordnung. Die Seetäufelbäckchen (14 Euro), die eigentlich ein besonders zarter Teil des Fisches sind, wurden leider wie herkömmlicher Backfisch frittiert und kommen deutlich später als das Gericht meiner Begleitung. Die begleitende „Knoblauchcreme" ist ein Kartoffelpürree, die Estragonmayonnaise eine Senfmayo ohne wahrnehmbaren Estragongeschmack. Die traditionelle Moussaka (17 Euro) ist kaum abgeschmeckt, schon etwas Salz hätte geholfen. Das Lammkarree (28 Euro) ist durchgebraten und kalt, auch die Beilagen (lauwarmer Blumenkohl und nicht knusprige „crispy" Kichererbsen) enttäuschen. Der Service entschuldigt sich, „kommt sofort neu". Sofort ist dabei wörtlich zu nehmen, denn schon nach drei Minuten steht der Teller wieder vor mir. Und er kommt mir verdächtig bekannt vor. Tatsächlich hat man die gleichen Stücke, die eh schon durch waren, offenbar einfach noch mal aufgewärmt. Das ist frech. Der Service entschuldigt sich mit nun noch größerer Theatralik. Wir bestellen stattdessen eine gefüllte Aubergine mit Tomaten, Zwiebeln und Manouri-Käse (16,50). Doch auch hier fehlt es an Würze. Fair: Weder die Aubergine noch das Lamm stehen am Ende auf der Rechnung. Auch bei den Desserts erleben wir kein richtiges Happy End. Der wenig griechische Schokoladen-Brownie (10,50 Euro) schmeckt wenig schokoladig, das Olivenöl-Kakao-Eis lässt die Olivenöl-Note vermissen. Statt der Joghurt-Panna cotta (9 Euro) wird ironischerweise zunächst ein falsches Dessert gebracht, die Panna cotta selbst ist in Ordnung, die Rote-Grütze-artige Soße dazu aber erneut wenig griechisch. Uns ist dieser Abend ein Rätsel. Lag es an der Corona-Pause zuvor oder bläst man hier nur etwas doll die Backen auf? Etwas mehr Bescheidenheit und präzisere Arbeit in Küche und Service täten dem Restaurant jedenfalls gut. BC

AMBIENTE ●●○○○ SERVICE ●●○○○
KÜCHE ●●○○○ PREIS-LEISTUNG ●●○○○

€€€ Vorsetzen 53 (Neustadt), Telefon 040 31807370, Mo-Do 12–22, Fr 12–23, Sa 13–23, So 13–22 Uhr, EC-Karte, VISA, Mastercard; Baumwall (Elbphilharmonie) U3; thegreek.hamburg

Xenios bei Themi

Ein Grieche für alle Fälle

Wenn man in Eimsbüttel für ein Date, den Elternbesuch, ein Freundestreffen oder die Weihnachtsfeier ein passendes griechisches Restaurant sucht, landet man wundersamerweise immer wieder bei der gleichen Adresse: Xenios bei Themi ist einer dieser geheimnisvollen Mischläden, die rustikal genug sind für unaufgeregte Treffen und schick genug für „das Besondere". Und schick meint hier: sehr gutes Essen. Während die vielen Servicekräfte flink durch den verwinkelten Laden eilen und großzügig Ouzo nachschenken, starten wir einen griechischen „Großkampftag": Als Vorspeise teilen wir uns die Kalamarakia Tiganita, wunderbar weiche frittierte Calamariringe mit Tsatsiki (11,90 Euro). Damit haben wir den Fischanteil pflichtschuldig absolviert und können uns ins Bermudadreieck, bestehend aus Fleisch, Fleisch und Fleisch, stürzen. Wir nehmen den empfohlenen Xenios-Teller (18,50 Euro), der einen guten Schweine-Spieß, sehr gutes Putenfilet und Gyros und ein überragendes Hacksteak enthält. Auch das Bifteki Paradosiako (16,90 Euro), ein mit Fetakäse gefülltes Hacksteak – exzellent. Bei den Beilagen kann man nichts falsch machen: Pommes, Reis und Kartoffeln sind allesamt empfehlenswert. Beim Dessert entscheiden wir uns für zweierlei Halvas und Joghurt mit Honig (7,90 Euro), wären aber nach den üppigen Hauptgerichten auch mit dem Nachtisch aufs Haus bestens bedient gewesen. Beim nächsten Mal sind wir gewarnt. MF

AMBIENTE ●●●●○ SERVICE ●●●●○
KÜCHE ●●●●○ PREIS-LEISTUNG ●●●●○

€€€ Osterstraße 46 (Eimsbüttel), Telefon 040 400383, Mo-Fr 16–23.30, Sa-So 12–23.30 Uhr, EC-Karte, VISA, Mastercard, Amex; Osterstraße U2; bei-themi.de

In der Taverna Plaka wird gegrillt, was das Zeug hält

FOTO: MARC SILL

Zimt & Koriander

Glück und Gewürze

Genuss GUIDE HANSEPERLE

Der Film „Zimt & Koriander" handelt, wie so viele Food-Märchen, von einem Menschen, der über die Kunst des Kochens die Kunst des Lebens lernt. Es ist ein warmherziger Film, in dem sich vielfältige menschliche Beziehungen in Aromenvielfalt spiegeln und der Weg vom guten Mahl zum guten Gespräch kurz ist. Wer ihn kennt, weiß genug über das gleichnamige Restaurant. Für alle anderen: Es ist ein Grieche, bei dem es ausschließlich Mezedes gibt, also Vorspeisen. Auf der handgeschriebenen Tafel stehen 15 tapasartige Teller (3,60–8,20 Euro), etwa die Hälfte vegetarisch. Es sind fein austarierte Kompositionen, bei denen exzellente Grundzutaten (Calamaretti, Oktopus, Schmorbraten, Kartoffelsalat etc.) mit wenigen, aber klug gewählten Gewürzen in leise Explosionen des Glücks verwandelt werden. Der Höhepunkt des Abends ist die üppige Tagesempfehlung Tataki (16 Euro), eigentlich eine japanische Thunfischspezialität, die hier mit Rindfleisch variiert wird: das Fleisch außen knusprig, innen roh und super zart, dazu frischer, junger Spinat und reichlich Umami-Parmesan – sensationell! Das überschaubare Lokal ist bei unserem Besuch gut gefüllt (Reservieren!), überall unterhalten sich die Gäste bestens bei einem schönen Glas Wein. Und so ist es wie im Film, nur schöner – weil echt. PL

Im Zimt & Koriander kommt Fleisch erst richtig zu Geltung

FOTO: MARC SILL

AMBIENTE ●●●●○ SERVICE ●●●●●
KÜCHE ●●●●● PREIS-LEISTUNG ●●●●●

€€ Eppendorfer Weg 79 (Eimsbüttel), Telefon 040 82313070, Mo-Mi 12–15, 17.30–23, Do-Fr 12–15, 17.30–1, Sa 17.30–24 Uhr, EC-Karte; Christuskirche U2; instagram.com.zimtundkoriander_hamburg

Herrliche Würze, butterweiches Filet: Lammfilet-Stifado gehört im Oniro unweit der U-Bahnstation Lattenkamp zu den Stars auf der Speisekarte

Genuss GUIDE DER SZENE HAMBURG
TESTSIEGER 2022/2023

Oniro

Beim Zeus – so lecker!

Griechisch essen gehen kann anstrengend sein. Stress für Magen und Sinne. Da ist es doch wunderbar, dass es auch anders geht – wie im Oniro, das wir an einem Sonnabendnachmittag als erste Gäste betreten. Der Kellner hat herrlich gute Laune, platziert uns auf Barhockern im (nicht zu) stylishen, verglasten Anbau und erklärt, was hier wie zubereitet wird. Es dauert nicht lange, bis knusprig frittierte Sardellen (6,50 Euro) und sensationell zarte Baby-Calamari (7,90 Euro) mit Grillgemüse und Koriander vor uns stehen. Schön, dass die dazu gereichten Dips keine Knobi-Keulen sind. Ein leichter und leckerer Auftakt nach unserem Geschmack. Dem folgt, passend zum Frühjahr, Lamm in zweierlei Variationen. Die drei auf meinem Stifado (23,50 Euro) thronenden Filets sind auf den Punkt gegrillt. Butterweich. Die Schalotten haben noch leicht Biss. Die Filets auf dem Teller gegenüber, flankiert von knusprigen Kartoffelscheiben (21,90 Euro), glänzen innen ebenfalls noch leicht rosa. Der Koch hat zu unserer Freude darauf verzichtet, das Aroma des tollen Fleischs hinter Gewürzsalven zu verstecken. Wir sind restlos begeistert. Das Oniro füllt sich derweil zusehends, fast jeder Tisch ist nun besetzt. Die Laune des Teams kann der Stress offenbar nicht erschüttern, es wird gescherzt und gelacht – ohne dass es im Gastraum zu laut wird. Für ein Dessert sind wir leider zu satt. Nächstes Mal. Denn wer so gut und entspannt griechische Küche serviert, sieht uns auf jeden Fall wieder. AND

AMBIENTE ●●●●○ SERVICE ●●●●●
KÜCHE ●●●●● PREIS-LEISTUNG ●●●●○

€€ Lattenkamp 29 (Winterhude), Telefon 040 512660, Di-Sa 17–23, So 12–23 Uhr, EC-Karte, VISA, Mastercard; Lattenkamp (Sporthalle) U1; oniro.hamburg

Geschäftsführerin Nicoletta Louizou hat im Oniro ein Auge auf eines der leckeren Lammgerichte

FOTOS: JULIA SCHUMACHER

KURZ GEBRATEN

In der Taverna Elia in Ottensen geht es urgemütlich zu

Christos

Bei Christos gab's schon Mezedes, als Sharing Plates noch nicht in Mode waren und zum Griechen zu gehen bedeutete, sich Gyros, Bifteki und eine ordentliche Portion Tsatsiki zu genehmigen. Die kleinen Vorspeisen zum Teilen sind immer frisch und traditionell zubereitet. Unbedingt die Fava probieren – die Linsenpaste ist so etwas wie der griechische Hummus und schmeckt hier besonders gut. Im Sommer gibt's Plätze im Grünen direkt am Isebekkanal.

€€€ Osterstraße 2 (Eimsbüttel), Telefon 040 43092657, Mo 17–24, Mi-So 17–24 Uhr, EC-Karte, VISA, Mastercard, Amex; Osterstraße U2; restaurant-christos.com

Corfu Grill

Wer grillt Eimsbüttels bestes Gyros? Darüber gibt es sicher verschiedene Ansichten. Viele Eimsbütteler schwören aber auf den Corfu Grill am Hellkamp. In bodenständiger Imbiss-Atmosphäre genießt die Nachbarschaft hier große Portionen zum Feierabendbier, denn die Preise sind fair, und die Stimmung ist ausgelassen. Das Personal geizt nicht mit Ouzo und bedient mit guter Laune und Herz.

€€ Hellkamp 43 (Eimsbüttel), Telefon 040 40196244, Di-Sa 13–23, So 12–21.30 Uhr, EC-Karte, VISA, Mastercard; Lutterothstraße U2; corfugrilleimsbuettel.eatbu.com

Kouros

Der Grieche mit dem Promi-Faktor: Udo Lindenberg ist Stammgast im Kouros. Seine Liebe zu dem Restaurant an der Alster teilt meist, wer selbst einmal dort gegessen hat. Den Udonysos-Teller zum Beispiel. Die Gerichte sind aus hochwertigen Zutaten hausgemacht und schmecken fantastisch. Ein echtes Udo-Kunstwerk gibt's auch zu bestaunen: Im Gastraum hängt ein Gemälde des Musikers, das seine Interpretation der Götter auf dem Olymp zeigt.

€€€ An der Alster 38 (St. Georg), Telefon 040 244540, Mo-Sa 18–24 Uhr, EC-Karte; Gurlittstraße Bus 6, Bus 17; kouros-restaurant.de

Olympiade

Das entspannte Osdorfer Restaurant ist ein Ort zum Sattwerden. Die Gäste kommen wegen der saftigen Fleischplatten mit Souflaki, Gyros und Bifteki. Dazu gibt's frisch gezapftes Bier. Der Laden ist meist voll besetzt, die Portionen sind großzügig bemessen, und es gibt eine ansprechende Kinderkarte. Die Kegelbahn im Keller und der Hund des Hauses sorgen für familiäre Vibes.

€€€ Rugenbarg 18 (Osdorf), Telefon 040 8007050, Di-So 12–23 Uhr, EC-Karte, VISA, Mastercard; Sandort Bus 21; restaurant-olympiade.de

Olympisches Feuer

Fußballfans und Fleischliebhaber kommen hier auf ihre Kosten. Bei dem lebhaften Schanzen-Griechen läuft durchweg Sportprogramm auf mehreren Bildschirmen. Dazu gibt's grundsolide Klassiker der griechischen Küche. Der Service schnackt gern mit Stammgästen, und die Stimmung ist super – wenn St. Pauli gewinnt, gibt es kein Halten mehr.

€€ Schulterblatt 36 (Sternschanze), Telefon 040 435597, Mo-Do 11–1 Uhr, Fr-Sa 11–2 Uhr, So 11–1 Uhr, EC-Karte; Sternschanze (Messe) S21; olympisches-feuer.de

Papa's

Das Restaurant liegt im gemütlichen Clubheim des Hamburger Fußball-Kreisligisten TuS Germania Schnelsen. Der herzliche Service unterhält die Gäste mit lässigen Sprüchen und serviert Grillteller in ordentlicher Qualität. Ein echter Pluspunkt ist die große Terrasse mitten im Grünen. Sie bietet eine perfekte Partylocation für private Feierlichkeiten, die das Papa's gerne ausrichtet.

€€€ Königskinderweg 67 (Schnelsen), Telefon 040 57007557, Di-So 16-22.30 Uhr, EC-Karte, VISA, Mastercard; Eisenhansweg Bus 191; papas-mediterran.jimdofree.com

Parea

Für das gesellige Beisammensein im Freundeskreis hat die griechische Sprache ein eigenes Wort: Parea. Und das wird hier auch gelebt. Auf der Terrasse mit Wintergarten teilt die Eimsbütteler Nachbarschaft bunt gemixte Mezedes mit vielen veganen und vegetarischen Optionen. Wer keinen Ouzo mag, bestellt den traditionellen Eistee aus griechischem Bio-Bergtee mit Honig und Zitrone – der macht süchtig!

€€€ Luruper Weg 38 (Eimsbüttel), Telefon 040 35961282, Di-So 17–22.30 Uhr, EC-Karte; Lutterothstraße U2; parea-hamburg.de

Samos

Ein familiengeführtes Restaurant mit Herz: Hier steht mit Eleni Apostolides eine echte griechische Mama in der Küche. Ihr Mann und die gemeinsamen Söhne schmeißen den Service. Die hausgemachten Vorspeisen sind so gut, dass es kaum einen Hauptgang braucht. Wäre da nicht das butterzart geschmorte Stifado, an dem kein Weg vorbeiführt. Zum Glück gibt's das nach Bedarf auch in kleiner Größe.

€€ Osterstraße 150 (Eimsbüttel), Telefon 040 404442, Di-Sa 12–22.30, So 15–22.30 Uhr, EC-Karte, VISA, Mastercard, Amex; Osterstraße U2; hamburg-samos.de

Taverna Hellas

Nikos Kiez-Taverna in der Davidstraße bringt mit blau-weißem Farbkonzept und rustikalem Holzmobiliar griechisches Inselfeeling nach St. Pauli. Passend dazu schenkt er den Wein in typischen Kupferbechern aus. Dazu serviert der Gastgeber leckere Traditionsgerichte und kommt gern ins Plaudern – auch mal bis nachts um eins. Der Ouzo fließt dabei selbstverständlich großzügig.

€ Davidstraße 29 (St. Pauli), Telefon 040 83200171, Mo-So 12–1 Uhr, nur Barzahlung; Reeperbahn S1, S31

Taverna Elia

In der kleinen Ottenser Taverna lebt Inhaberin Anna Katela echte mediterrane Gastfreundschaft. Typisch griechisch sind auch die Speisen: diverse Cremes, Feta, Meeresfrüchte und knusprig-zart gegrilltes Fleisch. Die Weinkarte listet eine tolle Auswahl griechischer Weine, und nach ein, zwei Gläschen fühlt man sich auf der sonnigen Terrasse an der Friedensalle fast wie im Athener Straßencafé.

Hanseperle 2021 €€ Friedensallee 57 (Ottensen), Telefon 040 3901143, Di-Sa 17–23, So 13–23 Uhr, EC-Karte, VISA, Mastercard; Daimlerstraße Bus 16, Bus 37; tavernaelia.de

Vezos

Traumlage mit Wasserblick: Das Restaurant mit Sonnenterrasse liegt an der belebten Ecke Mundsburger Brücke/Papenhuder Straße. Die Gerichte sind hübsch angerichtet, überzeugen aber auch geschmacklich. Wer die Küche einfach machen lässt, wird auch mal mit Spezialitäten belohnt, die nicht auf der Karte stehen. Nach dem Essen ersetzt griechischer Mokka stilecht den Espresso.

Papenhuder Straße 22 (Uhlenhorst), Telefon 040 22692692, Mo-Di 17–24, Mi-Sa 17–21, So 12–24 Uhr, EC-Karte; Mundsburger Brücke Bus 6, Bus 17, Bus 37; vezos-restaurant.de

FOTO: MARC SILL

Kein Klassiker ohne Remake.
Kein Rakı ohne Wasser.
AUF DAS ZUSAMMEN
YENİ RAKI 1937
Massvoll-geniessen.de
WWW.YENIRAKIGLOBAL.COM
/YENIRAKIDEUTSCHLAND

Kleine Häppchen, die den Gaumen verzaubern: Dim Sum sind im Yu Garden köstlich

Asien

Der Kontinent ist riesig. Und kann verdammt viel, vor allem Abwechslung. Asien ist mehr als Sushi, Bami Goreng und Ente süßsauer. In Hamburg gibt es erstklassige Läden, in denen mit Fleisch, Fisch und allerlei Pflanzen gezaubert wird – dieses Mal unterteilt in die einzelnen Länderküchen

FUSION

Coast by East

Asiatische Küche auf höchstem Niveau

Entspannter als erwartet ist es im Coast by East in der HafenCity: Anstatt zugeknöpfter Anzugträger aus den umliegenden Büros sitzt neben uns eine bunte, fröhliche Runde junger Leute bei Aperol Spritz und Sushi zusammen. Auch der Service ist relaxt, macht dem gehobenen Preisniveau aber alle Ehre – unser Kellner rückt der Dame den dick gepolsterten Stuhl zurecht, wischt unauffällig ein Tröpfchen vom Tisch und erkundigt sich immer wieder charmant nach unseren Wünschen. Bei den Speisen hat der Herr den besseren Riecher. Die Crispy Duck (22 Euro) versteckt sich unter einem riesigen Berg Salat, schmeckt aber fantastisch. Und das Sancho Chicken (29 Euro) klingt nur auf der Speisekarte unspektakulär: Die relativ dünne Soße hat unerwartet viel Geschmack, die Beilagen sind außergewöhnlich – eine große Schale des geräucherten Kartoffelpürees hätte der Dame vermutlich besser geschmeckt als die Crazy Spider Roll mit Soft Shell Crab und Kimchimayonnaise (19 Euro): Die Sushi-Röllchen sind überraschend neutral, sehen durch den mit Rote-Bete-Saft gefärbten Reis aber toll aus. Noch spektakulärer ist nur der Auftritt des Desserts Pan Dan Cloud (14 Euro), das in einer Schale mit dampfendem, flüssigen Stickstoff serviert wird. Unser Fazit: Beim nächsten Besuch lässt die Dame das Sushi links liegen und probiert sich durch die warmen Fleisch- und Fischgerichte, denn die sind göttlich. Vielleicht ist es dann auch schon warm genug, um auf der schönen Terrasse mit Blick auf den Grasbrookhafen zu sitzen. LM

AMBIENTE ●●●●● SERVICE ●●●●●
KÜCHE ●●●●○ PREIS-LEISTUNG ●●●●○

€€€€ Großer Grasbrook 14 (HafenCity), Telefon 040 30993230, Mo-Mi 18–24, Do-Sa 12–24, So 18–24 Uhr, EC-Karte, VISA, Mastercard, Amex; Überseequartier U4; coast-hamburg.de

Kaibo

Fusion Kitchen mit Liebe zum Detail

Hübsch ist sie ja nicht, die Langenhorner Chaussee. Fast schon an der Grenze zu Schleswig-Holstein liegt hier das Kaibo – ein Sushi-Restaurant, das mit dem Buzzword „Fusion" wirbt. Der Anspruch, eine kreative und ungewöhnliche Küche zu bieten, ist also da. Was beim Betreten des Lokals zunächst ungewöhnlich ist: Abgesehen von uns gibt nur zwei weitere Gäste – und das an einem Samstagabend! Außerdem anwesend sind eine Servicekraft und der (sehr junge) Sushi-Chef. Wir sind hier also unter uns. Die Atmosphäre im kleinen Gastraum, der mal wieder ein Makeover vertragen könnte, ist aber herzlich und entspannt. Und so bleiben auch wir entspannt, als nach anderthalb Stunden Wartezeit die Sushi-Freestyle-Platte für zwei (49 Euro) noch immer nicht auf dem Tisch steht. Die Starter – Gyozas gefüllt mit krustigem Schweinebauch an einer fantastischen Maiscreme (8 Euro) und die mit Süßkartoffeln und Rindfleisch gefüllten Dumplings (8 Euro) – ließen zum Glück bereits erahnen, dass sich das Warten lohnen könnte. Und dann wird's ziemlich wild: Es gibt Maki und Rolls mit Büffelmozzarella, Rucola, Aprikosen, Salsa Verde oder Tortillas. Das ist alles so gut gewürzt, dass wir glatt die Sojasoße vergessen. Zum Schluss landen wir wieder in Hamburg, mit dem supercremigen Franzbrötchen-Parfait an heißen Zwetschgen (8 Euro). Schon verrückt, dass wir in dem Laden fast allein waren. Befände sich das Kaibo auf St. Pauli oder im Schanzenviertel – die Leute würden vermutlich Schlange stehen. KGR

AMBIENTE ●●●○○ SERVICE ●●●●○
KÜCHE ●●●●● PREIS-LEISTUNG ●●●●○

€€ Langenhorner Chaussee 397 (Langenhorn), Telefon 040 88358263, Di-So 17–21 Uhr, EC-Karte, VISA, Mastercard; Oehleckerring Bus 292; kaibo-go.de

Momo Buns

Korean Katerküche

„Der Banh Mi Burger mit dem Herzchen, ist das die Spezialtät des Hauses?", erkundige ich mich bei dem freundlichen Kellner. Er zuckt die Schultern und sagt:. „Der ist halt mit Schweinebauch und sehr mächtig. Das Herz steht also vermutlich für: Cholesterin." Die Blutfettwerte sollte man bei Momo Buns aber ohnehin besser ausblenden. Hier gibt's fettiges Comfort Food mit viel Sriracha-Soße, Gochujang oder Wasabi-Mayo. Wir ordern also trotz der kleinen Warnung den Banh Mi Burger mit Rindfleisch, Schweinebauch und eingelegtem Gemüse (10,40 Euro), dazu den Asia-Klassiker Korean Fried Chicken (7,20 Euro), also frittierte Hähnchennuggets in süß-scharfer Soße, und als überdimensionale Beilage die Kimchi Bulgogi Fries (8,30 Euro), Pommes unter einem Berg von sauer-scharfem Kimchi, mariniertem Rindfleisch und Käse. Als ich nach diesem „best possible" Kateressen nach einer Dessertkarte frage, lacht unser Kellner. „Normalerweise sind hier alle zu satt für einen Nachtisch. Vielleicht probiert ihr einen Milchshake?" Dann bringt er uns ein paar Oreo-Kekse an den Tisch. FT

AMBIENTE ●●●●● SERVICE ●●●●●
KÜCHE ●●●●● PREIS-LEISTUNG ●●●●○

€€ Margaretenstraße 58 (Eimsbüttel), Telefon 040 46869185, Mo-So 17–22 Uhr, EC-Karte, VISA, Mastercard; Sternschanze S21, S31; momo-buns.de

Madame Mai

Genuss im neuen Quartier

Ein Sommerabend im getunten Bahrenfeld rund um den Phönixhof. Bester Rahmen eines leckeren Asia-Dinners im frisch eröffneten Madame Mai. Dazu tragen die Jungs vom Service zunächst wenig bei: Trotz nur drei besetzter Tische lassen sie

FOTO: JULIA SCHUMACHER

erst nach angesäuertem Hinweis eine einzelne Karte rüberwachsen. Hallo? Uno, dos. Wir sind zu zweit. Nach schnellen Getränkewünschen fragen sie nicht, kein Wort zum Tapas-Bowl-Konzept mit der im Netz gepriesenen Kombi asiatischer Rezepturen und europäischer Garmethoden. Ihren Stotterstart haben die Herren wohl selbst bemerkt. Plötzlich sind sie sehr präsent. Unseren dicken Hals lässt der Riesling vom Weingut Manz abschwellen, bevor die Küche zaubert. Die Order von vier Tapas (ab 4,90 Euro) und zwei Bowls (ab 11,90 Euro) kommt zackig und in einer Rutsche. Alles sieht super aus und schmeckt fantastisch: schön knusprige Gyoza Ente, vegane Dumplings, leichte Sommerrollen an Hoisin-Sauce als Starter-Portionen. Dazu die Schüsselgerichte: „Chicken loves Rice", in Kokosflocken paniertes Federvieh in einer raffiniert-fruchtigen Sauce mit Mango, Teriyaki, Edamame und Sprossen, obendrein eine fleischfreie Curry-Udon-Suppe. Jetzt noch 'ne Madame für'n Service und alles ist perfekt. Die Chancen stehen gut – der Laden gehört zwei Frauen. MO

AMBIENTE ●●●●● SERVICE ●●●●●
KÜCHE ●●●●○ PREIS-LEISTUNG ●●●●●

NEU! €€€ Stahltwiete 19a (Bahrenfeld), Telefon 040 32591294, Mo-Fr 11–22, Sa 16.30–22 Uhr, EC-Karte, VISA, Mastercard; Schützenstraße Bus 3; madamemai-hamburg.de

Ponzu

Große und kreative Sushi-Karte

Mit Sushi kennt Sarita Gurung sich aus: Jahrelang hat er bei Stefan Henssler und im East Hotel in der Küche gestanden. 2018 beschloss er, eigene Wege zu gehen, und eröffnete an der Südspitze des Niendorfer Tibarg das nach einer Würzsoße benannte Asia-Restaurant Ponzu. Die schlichte Einrichtung versetzt nicht gerade nach Asien, deshalb nehmen wir draußen Platz, wo wir erst mal die große und kreative Sushi-Karte studieren. Darauf finden sich nicht nur Klassiker wie Maki und Nigiri, sondern auch Special Rolls und New Style Nigiri. Wir entscheiden uns für die schön knusprige Hot Fried Chicken Roll mit Hühnchen, Erdnüssen, Gurke, Avocado, Teriyaki -Soße und Crisky Panco (11,30 Euro) sowie ein Smoke Salmon Nigiri mit Nussbutter (3,40 Euro), bei dem der flambierte Lachs förmlich auf der Zunge zergeht. Das reicht erst einmal als Vorspeise, denn wir wollen auch noch die warmen Speisen probieren. Die können mit dem Sushi allerdings nicht ganz mithalten. Das Hühnerfleisch mit Erdnusssoße (14,60 Euro) ist in Ordnung, aber das Hühnerfleisch mit Cashewnüssen (14,30 Euro) schmeckt so intensiv, dass man meinen könnte, dem Koch sei die ganze Flasche Sojasoße in den Topf gefallen. Schnell ein großer Schluck von unserem süffigen Lassi mit Mangomark und Minze (5,30 Euro) und bei der wirklich äußerst freundlichen und aufmerksamen Bedienung Nachtisch bestellen. Die gebackene Banane mit Eis (4,90 Euro) stimmt uns wieder versöhnlich, denn die feine Panade schmeckt wirklich super. Nächstes Mal bleiben wir beim Sushi. NW

AMBIENTE ●●●○○ SERVICE ●●●○○
KÜCHE ●●●○○ PREIS-LEISTUNG ●●●●○

€€ Tibarg 16 (Niendorf), Telefon 040 81972461, Di-Do 12–15, 17–22, Fr 12–15, 17–22.30, Sa 15–22.30, So 15–22 Uhr, EC-Karte, VISA, Mastercard, Amex; Niendorf Markt U2; ponzu.de

Wow! Das Transit hat immer alle Lampen an

Ricebrothers

Asiatisch für Wortakrobaten

Der erste Eindruck des Asia-Restaurants Ricebrothers in der Schanze: proppenvoll an einem Mittwochabend. Das lässt Gutes erwarten. Die Begrüßung ist herzlich, wenn auch etwas hektisch – was wohl daran liegt, dass wir nicht die Einzigen sind, die noch einen Platz ergattern wollen. Auf dem Weg zum Tisch im hinteren Teil des Restaurants geht man an der offenen Küche sowie einer Vielzahl großer Lieferando-Taschen vorbei, was kurzfristig das Gefühl eines entspannten Restaurantbesuchs missen lässt. Eine hohe Lautstärke in den Räumen tut ihr Übriges dazu. Hat man seinen Platz gefunden, muss man erst einmal die ganzen Eindrücke verarbeiten – von einem normalen Tisch, über Sessel und Couchtische bis hin zu Hochtischen mit Barhockern ist hier alles zu finden. Was zusammengewürfelt klingt, ergibt aber doch ein modernes Ganzes und passt zu dem stylish-jungen Ambiente mit viel Deko, Kreidegraffitis und Sprüchen an den Wänden. Apropos Sprüche: Insbesondere bei der Speisekarte durften sich offenbar wahre Wortakrobaten austoben. Kostproben gefällig? „Lassi schmecken", „Maracu-Yippie-Yeah", „Is mir Suppe", „Pho Carb", „Mach's dir selbst". Ob die Wortwitze gelungen sind, ist Geschmackssache. Beim Geschmack der Speisen lassen sich die Ricebrothers aber nicht lumpen. Die Crunch Time Frühlingsrolle (5,50 Euro) und eine Pho Carb-Suppe (5,90 Euro) sind super zubereitet, heiß und lecker. Als Hauptspeise gibt es ein fein abgeschmecktes Mango-Kokos-Curry (ab 11,90 Euro) und Pho Schanze Spezial mit Beef, Chicken und Meat Balls (13,50 Euro). Die Suppe schmeckt kräftig und hat reichlich Einlage. Einzig die Konsistenz der Meat Balls ist gewöhnungsbedürftig. Das Fleisch ist zäh und die Bällchen wären wohl auch bestens zum Minigolf-Spielen geeignet. Alles in allem stimmen hier aber Preis, Leistung und Geschmack. Weiterhin positiv zu vermerken: Jeden Montag erhalten Student:innen 15 Prozent Rabatt, und es gibt eine Extrakarte für Kinder. LM

AMBIENTE ●●●○○ SERVICE ●●●○○
KÜCHE ●●●●○ PREIS-LEISTUNG ●●●●○

€€ Schulterblatt 35 (Sternschanze), Telefon 040 37504888, Mo-So 12–23 Uhr, EC-Karte, VISA, Mastercard; Sternschanze S11, S21, S31; ricebrothers.de

Transit

Hip reicht nicht immer

Samstagabend auf der Schanze. Das Restaurant Transit hat seinen Ursprung in Berlin und seine erste Hamburger Filiale auf dem Schulterblatt eröffnet. So wie eigentlich alles, was in diesem Stadtteil eröffnet, gilt es als hip. Das Konzept sind asiatische Tapas nach dem beliebten Motto „sharing is caring", los geht's: Crispy Pockets (4,90 Euro), vegetarische Rollen, die sehr fettig sind und mit einer gängigen süßsauren Soße serviert werden.

FOTO: DAVID STRÜNING

VIP TESTERIN

Dayan Kodua
Schauspielerin, Autorin und Verlegerin, Gratitude Verlag

Getestet: Le Cochinchine, Tyo Tyo

Lieblingsrestaurant Gong Restaurant im Mittelweg, weil das Sushi hier einfach der Hammer ist.

Lieblingsbar Habe ich nicht :)

Besondere Anlässe feiere ich am liebsten im … Café Waldhuuske in Rosengarten oder dem Café Rosa, auch in Rosengarten. Alles ist hier selbst gemacht, und man hat viel Natur um sich herum. Toll für Kinder und Hunde.

Essen ist für mich … Himmel, Genuss und Lebensfreude.

Ein Leben ohne Gastro wäre … ein Leben ohne Vielfalt, und das wäre katastrophal!

Zum Frühstücken gehe ich gern ins … Mutterland. Essen (Omelett) und zugleich einkaufen finde ich klasse.

Ein Tipp für Kaffee, Kuchen, Cupcakes? Auch hier finde ich Mutterland fantastisch. Oder das Café Waldhuuske.

Willkommen im Sushi-Himmel: Das Tyo Tyo tischt auf

Ebenso frittiert wirken die Calamares (4,90 Euro) mit Chili-Limetten-Soße, die nicht so schmeckt, wie sie heißt. Lecker ist dagegen das Cozy Green (4,90 Euro), ein Curry mit Erdnusssoße und Tofu-Stücken. Garnelen bekommen wir auf zweierlei Art: Crispy Prawns (4,90 Euro) mit einem sehr fruchtigen Avocado-Dip und mit einer sehr leckeren Wasabi-Mayo-Creme. Wer hier essen gehen möchte, sollte reservieren – im oberen Bereich des Restaurants. Und sich auf Kompromisse einstellen, denn die Tapas sind von bis, aber kulinarisch keineswegs hip. HED

AMBIENTE ●●●○○ SERVICE ●●●●○
KÜCHE ●●●○○ PREIS-LEISTUNG ●●●●○

€€ Schulterblatt 75 (Sternschanze), Telefon 0173 7596868, Di-Sa 12–15, 17–2, So 17–22 Uhr, EC-Karte, VISA, Mastercard; Bernstorffstraße Bus 3; transit-restaurants.com

VIP-TESTERIN
Dayan Kodua

Tyo Tyo

Neues Lieblingsrestaurant

Das Restaurant Tyo Tyo in Winterhude beeindruckt schon beim Eintreten: Es ist groß, modern und sehr edel eingerichtet. Große, wunderschöne Lampen hängen an den Decken, und an den Wänden hängen bunte Bilder, die aussehen wie Fragmente einer Tapete. Ein gelungener Mix aus asiatisch, europäisch-modern, elegant und trotz der Größe gemütlich und sehr edel. Es gibt zwei Räume und für schöne Tage eine tolle Terrasse direkt am Wasser. Die außerordentlich freundliche Kellnerin Anna will sich heute um uns kümmern. Und das tut sie kompetent und aufmerksam. Obwohl das Restaurant gut besucht ist, werden wir den ganzen Abend stets umsorgt und müssen nie um Aufmerksamkeit kämpfen. Während wir die Karte studieren, bin ich beeindruckt vom messingfarbenem Besteck und dem Geschirr, das nach ausgehöhlten Steinen aussieht. Auch die Bilder in der Karte sehen sehr verlockend aus. Aber werden diese Versprechen auch erfüllt? Wir bestellen die Black Tiger Garnelen (6 Stück 21,50 Euro). Sie sind so lecker, dass wir das entstandene Loch im Portemonnaie sofort wieder vergessen. Gleiches gilt für meine Pink Lady Sushi (acht Stück mit gebratenen Garnelen und Avocado, 16,90 Euro) und das Surf and Turf für meinen Mann (17,90 Euro). Wir essen nicht. Wir atmen unser Sushi regelrecht ein! Unfassbar gut, es war herausragend! Bestes Zeichen, dass es uns besonders schmeckt: Wir reden ungewohnt wenig und eigentlich sagen wir immer „mmh, mmh". Als Hauptspeise entscheiden wir uns für Lachs Teriyaki (20,90 Euro) und Pork Belly, in Stücke geschnitten und kross gebraten (19,90 Euro). Als Beilagen werden Brokkoli (6,90 Euro), Champignons (6,90 Euro), Spargel (6,90 Euro), Süßkartoffelpommes (5,90 Euro) und die Haussoße (1 Euro) auf den Tisch. Das Gemüse ist extrem gut gewürzt und schön bissfest, die Süßkartoffelpommes kross, und Fisch und Fleisch sind auf den Punkt. Das Pork Belly hat mein Mann seiner Aussage nach niemals besser gegessen. Satt und zufrieden entscheiden wir uns trotzdem noch für ein Dessert – was für ein Glück! Denn auch das Eis (Matcha Cheese Cake, 3,50 Euro) ist so lecker, dass ich fast noch einen Nachschlag bestellen will. Das Tyo Tyo ist ein deutlich gehobenes Asian-Fusion- und Sushi-Restaurant und, es ist nicht wirklich günstig. Das muss es aber auch nicht sein. Denn das Essen und der Service sind den Preis absolut wert.

AMBIENTE ●●●●● SERVICE ●●●●●
KÜCHE ●●●●● PREIS-LEISTUNG ●●●●●

€€€€ Barmbeker Straße 2 (Winterhude), Telefon 040 600600444, Mo-So 17–23 Uhr, EC-Karte; Jarrestraße (Kampnagel) Bus17; tyo-tyo.de

FOTO: MARC SILL

Genuss GUIDE
DER SZENE HAMBURG
TESTSIEGER
2022/2023

Die Haut bleibt dran: Loup de mer, gedämpft, mit Ingwerstreifen, Lauchzwiebeln und Sojasoße

Yu Garden

Chinas Vielfalt in einem Teehaus

Direkt hinter dem Museum am Rothenbaum (MARKK) liegt das China-Restaurant Yu Garden, das auf eine moderne Küche setzt. Willkommen geheißen werden wir in einer wunderbaren Pagoden-Landschaft. Auf dem Weg zum Eingang passieren wir eine schöne chinesische Teichlandschaft und können uns gut vorstellen, wie schön man hier bei sommerlichen Temperaturen draußen herrlich dinieren könnte. Auch drinnen bietet das einem Teehaus nachempfundene Ambiente viel Platz. Alles ist in einem traditionellen Stil gehalten, der aber nicht überbordet. Es ist an diesem verregneten Dienstagabend sehr gut gefüllt, und der Grund wird sich auch gleich bestätigen. Der sehr höfliche Service tischt auf, und wir haben definitiv den ganzen Abend nichts zu beanstanden. Vorweg genießen wir eine Auswahl von vier Dim-Sum-Varianten (7,90 Euro) und eine klassische Wan-Tan-Suppe (6,90 Euro) – alles fein würzig abgeschmeckt und lecker. Und so geht es direkt weiter. Wir nehmen als Hauptgänge einmal eine perfekt geröstete Ente mit Wok-Gemüse und Hoisin-Soße (19,50 Euro) und einen auf den Punkt gerösteten Schweinebauch (18,50 Euro). Zufrieden bestellen wir unsere Rechnung und können dieses Restaurant nur weiterempfehlen. Es ist ein schöner Ausflug in die Regionalküche Shanghais. Ergänzt durch Spezialitäten der südchinesischen Szechuan-, der Peking- sowie der kantonesischen Küche findet hier sicher jeder etwas, was ihn genauso zufrieden wie uns gehen lässt. Kleiner Tipp: Das Peking-Enten-Menü am Nachbartisch sah fantastisch aus. Vielleicht beim nächsten Mal, denn wir kommen bestimmt wieder.

FS

AMBIENTE ●●●●● SERVICE ●●●●●
KÜCHE ●●●●● PREIS-LEISTUNG ●●●●●

€€€ Feldbrunnenstraße 67 (Rotherbaum), Telefon 040 37502020, Di-So 12–23 Uhr, EC-Karte, VISA, Mastercard, Amex; Hallerstraße U1; yugarden.hamburg

Das Yu Garden von Qiuyi Chen ist eine sichere Bank, wenn es um gehobene chinesische Küche geht

FOTOS: JULIA SCHUMACHER

Vo Restaurant & Bar

Voll schnell. Voll gut.

Das panasiatische Vo liegt im Souterrain mit Blick auf die schöne Ecke zwischen Lehmweg und Eppendorfer Baum. Die Einrichtung ist asiatisch reduziert, sodass es in den zwei kleinen Räumen nie eng wird. Abstrakte Bilder bringen Farbe ins Spiel, ein asiatischer Schrein hält Geister bei Laune. Insgesamt ist alles sehr clean, und das ist wörtlich zu verstehen. Das Vo wirkt auffallend sauber. Während wir noch überlegen, was den ungewöhnlich gepflegten Eindruck ausmacht, wartet schon die nächste Überraschung: Der höflich-zurückhaltende wie aufmerksame Service ist sehr, sehr schnell. Gefühlt kehrt der Kellner nach Bestellung eine Tausendstelsekunde später mit dem Essen zurück. Das Tempo hat der Qualität nicht geschadet. Bei der „Duck im Kimono", Barbarie-Entenfilet in Pfannkuchen gerollt (5,40 Euro), ist allein die Konsistenz des Pfannkuchens Grund zur dringenden Empfehlung. Der Mango Tango Salat mit in Butter geschwenkten Tigerprawns (5,40 Euro) erfrischt mit Schärfe, das Kimchi (4,90 Euro) bekommt mit gehackten Nori-Blättern eine tolle, süßliche Note. Der Secret Garden Salat (5,40 Euro) macht kein Geheimnis draus, dass er mit frischen Kräutern und Ingwer zubereitet ist. Die Pho Soup (8,50 Euro) ist kräftig, das Rinderfilet schön dünn geschnitten und sehr zart, die Reisbandnudeln sind von perfekter Konsistenz. Das Vo bietet höchste Restaurant-Qualität zu Imbisspreisen. Tischtipp: unbedingt am Fenster sitzen, wo es Eppendorf von unten zu sehen gibt. MG

AMBIENTE ●●●●● SERVICE ●●●●○
KÜCHE ●●●●● PREIS-LEISTUNG ●●●●●

€ Lehmweg 49 (Hoheluft-Ost), Telefon 040 30753211, Mo-Fr 12–16, 17.30–22, Sa-So 13–22 Uhr, EC-Karte, VISA, Mastercard; Eppendorfer Baum U3; vorestaurant.com

Wer im Ni Hao speist, darf mit Farbe in der Schüssel rechnen

CHINA

Copper House

Viel Auswahl für hungrige Bäuche

Das asiatische Restaurant auf St. Pauli bietet Live-Cooking in einem modernen Ambiente und – neben À-la-carte-Gerichten – ein All-You-Can-Eat-Buffet. Das klingt, gerade in diesem Stadtteil, nach Touristenfalle und provoziert Vorurteile. Ersteres trifft nicht zu, Letzteres sollte man ablegen. Natürlich muss einem klar sein, dass 28,50 Euro fürs Buffet keine Edel-Ausführungen beinhaltet. Aber: Alles ist mindestens solide und vieles schmeckt richtig lecker. Die Auswahl für die verschiedenen Gänge ist enorm: Sushi-Variationen, Wan Tan, gebackene Sesambällchen mit Bohnenpaste zum Beispiel als Vorspeise. Als Hauptgericht stehen zum Beispiel Currys und klassisch gebratene Nudeln bereit. Oder man sucht sich in der Frischetheke etwas für das Live-Cooking aus. Auch hier: diverse Gemüse-Beilagen wie Pak-Choi, unterschiedliche Fleisch- und Fischsorten, unter anderem Wolfsbarsch, Muscheln, Lachs, Garnelen, dazu sind mehrere Soßen und frische Kräuter wählbar. Alles ist frisch und sorgfältig ausgesucht. Das Copper House ist perfekt für ein Essen mit der Familie oder mit Freunden. Es macht Spaß, wenn alle etwas aussuchen, in die Mitte vom Tisch stellen und jeder probiert. Und oft findet es kein Ende, weil es immer noch etwas gibt, das unbedingt auf den Teller muss. Und dabei verbringt man viel Zeit zusammen. HED

AMBIENTE ●●●●○ SERVICE ●●●●○
KÜCHE ●●●●○ PREIS-LEISTUNG ●●●●○

€€€ Davidstraße 37 (St. Pauli), Telefon 040 75662011, EC-Karte, VISA, Mastercard; Davidstraße Bus 112, Bus 2, Bus 16; copperhouse.de

Half the Sky

Top-Location mit grandioser Küche

Am Eingang der Mitte Altona gelegen, fällt das Chinarestaurant direkt ins Auge: Große Fensterfronten, moderne Einrichtung, warmes Licht und eine riesige Terrasse. Wir werden sehr freundlich begrüßt und an einen Tisch geführt und obwohl das Restaurant fast voll besetzt ist, fühlen wir uns weder in unserer Privatsphäre gestört, noch müssen wir unerwünschterweise die Gespräche an den Nachbartischen anhören. Als Vorspeise wählen wir Tempura Riesengarnelen (9,90 Euro) und klassische Frühlingsrollen (3 Stück 3,90 Euro), dazu Aubergine mit Knoblauchsoße (6,90 Euro). Die Garnelen sind von hervorragender Qualität, perfekt auf den Punkt gegrillt und anschließend in Öl geschwenkt. Die Frühlingsrollen sind handgefertigt, jedes Gemüse darin lässt sich noch herausschmecken. Die Auberginen sind immer etwas kniffelig, aber hier weiß man in der Küche, was man tut: Die Auberginen durften ihrer natürlichen Erscheinung treu bleiben und mussten nicht als Mus enden. Zum Hauptgang gibt es das buddhistische Heilmahl (14,50 Euro), Rinderfilet mit Brokkoli und gebratener Ente Hoi Sin. Unsere Sonderwünsche wie geröstete Cashewkerne werden sehr freundlich erfüllt. Zubereitung, Qualität, Darbietung – alles passt. Das Gemüse im Heilmahl ist knackig und hat die optimale Schärfe. Die Filetstreifen sind nicht trocken oder überwürzt, der Brokkoli auf den Punkt und die Ente kross. Den Nachtisch lassen wir weg, von vergangenen Besuchen wissen wir bereits, dass das hier ein Schwachstelle ist. Und so gibt es natürlich etwas, das man kritisieren könnte, doch das wäre jammern auf sehr hohem Niveau. Der Service ist stets freundlich und aufmerksam. Das Ambiente ohne asiatischen Schnickschnack. Das Preis-Leistungs-Verhältnis ist nicht zu toppen. Immer wieder gerne und sehr zu empfehlen. HE

AMBIENTE ●●●●● SERVICE ●●●●○
KÜCHE ●●●●● PREIS-LEISTUNG ●●●●●

€€€ Platz der Arbeiterinnen 1 (Altona-Nord), Telefon 040 21072288, Mo-So 12–23 Uhr, EC-Karte, VISA; Hamburg-Altona S1, S3, S31; halfthesky.de

Ni Hao

Chinesisch, wie es sein sollte

Ein wenig dauert es schon, das chinesische Restaurant Ni Hao mit öffentlichen Verkehrsmitteln zu erreichen. Circa zehn Minuten von Wandsbek Markt sind es noch zu laufen. Doch der Weg lohnt sich. Wir bestellen zunächst den mineralisch-trockenen Riesling „Chen's Selection Reichsgraf von Kesselstatt" (0,5 l 17 Euro), den Inhaber und Chefkoch Julian Chen ausdrücklich zu seinen chinesischen Speisen empfiehlt. Wie vom aufmerksamen Service versprochen: aromatisch scharf gewürzt ist die Wan-Tan-Suppe auf Szechuan-Art mit wunderbar leichten Teigtaschen als Einlage (6,90 Euro). Etwas ausdruckslos fällt dann das En-

FOTO: MARC SILL

tenfilet mit Pinienkernen auf gemischtem Salat (7,90 Euro) aus, zumal die Pinienkerne an diesem Abend leider durch Sonnenblumenkerne ersetzt wurden. Großes Kino dann bei den Hauptgerichten. Wie in China üblich, bestellen wir gleich mehrere zur Auswahl. Die kaiserlichen Garnelen mit Paprika und Cashewnüssen auf Sichuan Art (22,90 Euro) sind authentisch gewürzt und wunderbar glasig. Der knusprige Schweinebauch auf Gemüse (18,90 Euro) macht seinem Namen alle Ehre. Dazu passt die separat gereichte, süßlich-pikante Hoisin-Soße. Das im Wok gebratene, hochwertige Entenfleisch mit Chili, Zwiebeln und Lauchzwiebeln (17,90 Euro) ergänzt unsere Auswahl aufs Vortrefflichste. Seit 1994 gibt es das Ni Hao schon in Wandsbek. Familien, Touristen aus den nahegelegenen Hotels und Liebhaber der authentischen chinesischen Küche gehen in den großzügig bemessenen Räumen ein und aus. NB

AMBIENTE ●●●●○ SERVICE ●●●●●
KÜCHE ●●●●○ PREIS-LEISTUNG ●●●●●

€€€ Wandsbeker Zollstraße 25-29 (Wandsbek), Telefon 040 6520888, Di-So 12–22.30 Uhr, EC-Karte, VISA, Mastercard, Amex; Wendemuthstraße Bus 9, Bus 116; ni-hao.de

JAPAN

VIP-TESTER
Tom Till

Akari

Japanische Perfektion zu zivilen Preisen

In der Verlängerung der neuen Trendmeile Mühlenkamp ist seit 25 Jahren das beliebte japanische Restaurant Akari in einer ehemaligen Eckkneipe zu Hause: wenige Tische in familiärem, hellem Ambiente. Darum unbedingt reservieren, denn es ist eigentlich immer voll. Wir nehmen das sechsgängige Menü Akari, bestehend aus japanischen Klassikern mit einer Überraschung im Hauptgang zu angenehm günstigen 46 Euro pro Person. Das Amuse-Bouche aus Kohlsalat mit warmen Sesam bereitet den Magen vor. Die anschließende Misosuppe ist geschmacklich ausgewogen mit hauchdünn geschnittenen Frühlingszwiebeln. Wir genehmigen uns zu Beginn ein leichtes japanisches Kirin-Bier (3,50 Euro) und steigen zum Hauptgang auf Sake um, der angesichts des Hamburger Sauwetters warm genau richtig ist (0,15 l 4 Euro). Obwohl um 20 Uhr alle Tische besetzt sind, ist der Service schnell und zuvorkommend. Von ehrlicher Qualität ist das Sashimi aus Thunfisch, Lachs und Loup de Mer, allerdings auch nicht mehr. Wir müssen alle herzlich lachen, als unsere charmante japanische Bedienung versucht, Loup de Mer mit „Luftmeer" zu übersetzen. Mit den geschmacklich herausragenden Yakitori-Spießen steigt das Niveau wieder deutlich und bleibt auch beim anschließenden Tempura ganz oben, das leicht und knusprig viel Freude macht. Und es ist noch eine Steigerung möglich: Das gebratene Rindfleisch mit pikanter Soße an eingelegtem Salat zum Hauptgang überrascht als kulinarischer Höhepunkt: schlicht grandios! Als Dessert schließlich rundet Matcha-Eis mit warmen, süßen roten Azuki-Bohnen die Speisenfolge perfekt ab. Bestens gelaunt ziehen wir uns die Regenpelerinen über und wissen: Ins Akari kommen wir wieder, das nächste Mal mit der ganzen Familie!

AMBIENTE ●●●●○ SERVICE ●●●●○
KÜCHE ●●●●○ PREIS-LEISTUNG ●●●●●

€€€ Papenhuder Straße 67 (Uhlenhorst), Telefon 040 2200803, Mo-Sa 18–22 Uhr, EC-Karte, VISA, Mastercard; Mundsburger Brücke Bus 6, Bus 17, Bus 18; restaurant-akari.de

VIP TESTER

Tom Till
Thalia Theater | Geschäftsführer
Getestet: Akari, Daruma, Matsumi

Lieblingsrestaurant Café des Artistes im Thalia, weil es zu jeder Tages- und Nachtzeit die richtige kulinarische Antwort auf alle Fragen gibt.

Lieblingsbar Nachtasyl im Thalia, hier klingt der Tag aus und fängt nach einer Premiere manchmal auch wieder an.

Besondere Anlässe feiere ich am liebsten im ... Restaurant Louis C. Jacob, draußen an der Elbe, am liebsten im Sommer auf der legendären Terrasse.

Essen ist für mich ... eine existenzielle Notwendigkeit, die das Dasein angenehm bereichern kann.

Ein Leben ohne Gastro wäre ... entsetzlich, denn der Genuss bliebe komplett auf der Strecke.

Zum Frühstücken gehe ich gern ins Café ... Leonar im Grindel, der etwas anderen Frühstückskarte und des kulturell aufgeschlossenen Ambientes wegen.

Ein Tipp für Kaffee, Kuchen, Cupcakes? Café Français par ici am Leinpfand: beständiges Ziel aller familiären Sonntagsspaziergänge.

Wer so kochen kann, braucht keinen Style: Daruma

VIP-TESTER
Tom Till

Daruma

Das ist Japan!

Genuss Guide der Szene Hamburg – HANSEPERLE

Gleich hinter den Deichtorhallen liegt das Daruma, an dem sich seit Jahr und Tag die Geister scheiden: Für viele ist es der absolute Lieblings-Japaner, andere können mit der etwas altmodischen Einrichtung nichts anfangen. Um es gleich vorwegzunehmen: Wir finden das authentische, familiengeführte Restaurant ganz wunderbar – es ist eben kein durchgestylter Dining-Tempel, sondern eher ein Izakaya, also eine japanische Kneipe mit offener Küche, in der Chef Hiro San Hervorragendes zustande bringt. Wir entscheiden uns für das siebengängige Überraschungs-Chef-Menü zum überschaubaren Preis von 55 Euro, dazu gibt es ein Kirin Bier (4 Euro). Schon der Start überzeugt: Es ist nur eine Miso-Suppe, die aber samtig weich daherkommt und schmeckt. Der zweite Gang ist eine Reise durch die Vorspeisenkarte, die es in sich hat: blanchierter Spinat an Sesam, Yakibuta-Schweinebraten, ein zartes Yakitori-Spießchen, Tamagoyaki Omelett und ein paar Sushi-Rolls, alles von höchster Qualität. Das anschließende Sashimi aus rohem Lachs, Thunfisch und Wolfsbarsch an einem Algensalat behauptet das Niveau. Zum meisterhaft frittierten Tempura mit Hummerkrabben und Gemüse bringt Hiro San persönlich seine hausgemachte Brühe vorbei. Wir steigen um auf kalten Sake (5,50 Euro), der wie in Japan in der Masu-Holzbox serviert wird: etwas Salz auf die Ecke streuen und dann „wie Tequila genießen", empfiehlt Hiros Frau, die mit herzerwärmendem Charme serviert. Der Fischgang ist ein tadelloser Lachsstremel, dessen knusprige Haut wie Papier bricht. Zum Hauptgang (Nr. 6) schließlich gebratenes Rindfleisch (Yakiniku) auf Reis und Gemüse: schlicht und wunderbar. Hausgemachtes, leicht herbes Grüntee-Eis rundet die über jeden Zweifel erhabene Speisenfolge ab. Obwohl das Daruma wie eigentlich jeden Abend ausgebucht ist (Unbedingt reservieren!), geht alles flott und unaufgeregt zugleich voran. Wir fühlen uns im zeitlosen, speziellen Ambiente sehr wohl und haben im Laufe des Abends immer mehr das Gefühl: Das ist nicht ein japanisches Restaurant in Hamburg, das ist Japan!

AMBIENTE ●●●●○ SERVICE ●●●●●
KÜCHE ●●●●● PREIS-LEISTUNG ●●●●○

€€€ Stadtdeich 1 (Hammerbrook), Telefon 040 326632, Di-Sa 18.30–22.30 Uhr, EC-Karte, VISA, Mastercard; Deichtorhallen Bus 602

Gong

Solides All-you-can-eat

Das Gong Restaurant wirkt geschlossen, als wir zur reservierten Zeit ankommen, da ein schwerer Vorhang den Innenraum verbirgt. Nachdem wir uns reingetraut haben, werden wir freundlich begrüßt und nehmen auf bequemen grünen Sitzmöbel in dem ansonsten größtenteils in Schwarz gehaltenen Raum Platz. Die Bedienung ist durchweg zuvorkommend – so wird etwa ein leicht abgestandenes Glas Prosecco anstandslos ausgetauscht. Wir ordern das All-you-can-eat-Angebot (Kinder bis 11 Jahre 14,95 Euro, Erwachsene 29,90 Euro). So können wir die Vielfalt der Sushi, Vorspeisen und Hauptgerichte probieren – vom scharfen Kohlsalat Kimchi und Krebsscheren über Thunfisch-, Lachs- und vegetarische Sushi-Rollen bis zu Ente in Satey-Soße. Alles schmeckt, nichts ist aber wirklich überraschend. Die Verwendung gefriergetrockneter statt frischer Kräuter spricht für sich. Zudem sind viel Sushi und auch die Poke Bowl recht mayonnaiselastig und daher eher „westlich" – ob man das positiv oder negativ

FOTOS: PRIVAT

Boilerman Bar

NENI

Der Genussboulevard im Herzen der Hafencity

Das Überseequartier ist nicht nur das Herz der Hafencity. Setzt man den Fuß auf den 300 Meter langen Überseeboulevard, springen einem sofort die unterschiedlichen Restaurants, Bistros und Cafés ins Auge. Gaumenfreude aus Italien bietet Deutschlands größter Importeur italienischer Lebensmittel und Weine, Andronaco. Neben täglich frisch zubereiteten Spezialitäten der italienischen Küche, erhält man im direkt anliegenden Supermercato alles fürs „Dolce Vita" in den eigenen vier Wänden. Im „Wildes Fräulein" kommt sofort „Almfeeling" hoch. Beste alpine Küche und das ein oder andere „Schmankerl" verwöhnen hier die Sinne. Beim Katzentempel handelt es sich um ein außergewöhnliches Restaurant, in dem Gäste vegane Speisen in der Gesellschaft von Katzen genießen können. Die Bäckerei in einem anderen Stiel ist GAUESTIÖS, die Brote sind aus Sauerteig . Das Frühstücks Angebot wird mit frischen Produkten zubereitet. Dazu ist der Costa Kaffee ein echter Genuss. Im NENI kommt Familiengefühl und Lebensfreude in einen Kochtopf und wird kräftig umgerührt. Kosmopolitisches Soulfood wird hier ganz unprätentiös am Tisch mit Freunden und Familie geteilt. Das Restaurant „heimat" im 25hours Hotel Hafen City ist Wohnzimmer des Überseequartiers und Treffpunkt auf einen guten Wein am Abend. Hier genießt man die besten Gerichte von der Nordsee bis zu den Alpen. Klassiker aus Deutschland, Österreich und der Schweiz erfreuen sich großer Beliebtheit und für ein gemütliches Dinner ist die „heimat" ein „Herzstück". Dean & David sorgt mit seinem breiten Angebot an frischen Salaten, Bowls, Superfood und Currys genau für das Richtige, um in einer Mittagspause einmal durchzuatmen. Auf der Osakaallee – Insider nennen sie liebevoll die „Schattenseite der Hafencity" – trifft man die „älteste und lässigste Kneipe der Hafencity": Der „Club 20457" ist seit Jahren das Gegengift für Vorurteile dieses Stadtteils. Nur hier gibt es den Club 20457 Gin, neben Leffe gibt es hier frisch gezapftes Corona-Bier und bis in den Morgenstunden begegnen sich hier die unterschiedlichsten Menschen. Auch die Boilermann Bar ist ein Ort für Gespräche, Gesichter, Lachen, entspannte Momente und vor allem gute Drinks. Das einzigartig smarte Barkonzept von Jörg Meyer: Highballs – nicht geshaked, sondern ein Highball im eiskalten Glas mit runden Eiswürfeln. The Boilerman begleitet seine Gäste als Bartender auf eine Reise zu einem besonderen Trink-Stil.

überseeboulevard.de

Club 20457

Andronaco

Wildes Fräulein

Katzentempel

GAUESTIÖS

heimat

Dean & David

FOTOS: PATRICK LIPKE / STEPHAN LEMKE (3)

Im Nomad wird cross-asiatische Fusionsküche gezaubert

bewertet, ist Geschmackssache. Ein klares Highlight erwartet uns dagegen zum Dessert: Die Eiscremesorten „Matcha" und „schwarzer Sesam" sind geschmacklich aufregend und erfrischend, das Eis selbst cremig. Insgesamt sind wir nicht unzufrieden und sehr satt – traditionelle und gehobene Sushi-Kreationen muss man jedoch an einem anderen Ort suchen. KF

AMBIENTE ●●●●○ SERVICE ●●●●●
KÜCHE ●●●○○ PREIS-LEISTUNG ●●●●○

€€ Mittelweg 172 (Rotherbaum), Telefon 040 68876798, Fr-So 17–23 Uhr, EC-Karte, VISA, Mastercard; Dammtor S21, S31; gong-restaurant.de

Kampai Sushi Bar

Super-Sushi im lässigen Laden

„Cash only" prangt an der Tür. Das ist aber die einzige klare Ansage in der Kampai Sushi Bar auf St. Pauli. Wer das kleine Ladenlokal, das gerade mal zehn Gästen Platz bietet, betritt, dem schlägt danach die sprichwörtliche japanische Höflichkeit der zweiköpfigen Belegschaft entgegen. Ein süffiges Kirin Ichiban (0,33 l 3 Euro), Seetangsalat (4 Euro) und Edamame (4 Euro) sind perfekte Begleiter für die 13-teilige gemischte Kampai Special Box (20 Euro), die mit California Roll und Nigiri zeigt, was hier geschmacklich möglich ist – viel nämlich. Schon allein das Nigiri mit Makrele und das mit japanischem Omelett rechtfertigen den Besuch. Restliche Überzeugungsarbeit leisten die sechs warmen Crispy-Lachs-Maki (5 Euro) und die zwei Nigiri Spicy Thunfisch (6 Euro), denen jedoch geschmacklich die vom humorvollen Meister Hiroshi Sumikawa selbst aufs Haus servierten Nigiri mit flambiertem (!) Lachs die Krone streitig machen. Traditionelle Musik dudelt aus der Box, flankiert von Bastmatten und landestypischen Motiven – gefühlt ist hier mehr Tokio als Hamburger Berg. Und die frischen Fischfilets in der Auslage animieren zu weiteren Bestellungen bei der aufmerksamen Kellnerin. Die zwei Yellowtail-Nigiri (7 Euro) erweisen sich als würdige Wahl, während die sechs Maki mit japanischem Kürbis (5 Euro) eher die Reihe verlängern. Wie der Koch verrät, war der Kürbis eingelegt in Sake. Den bestellen wir in der wohligwarmen Variante (0,15 l 4,50), um das Sushi sacken zu lassen. FD

AMBIENTE ●●●○○ SERVICE ●●●●○
KÜCHE ●●●●● PREIS-LEISTUNG ●●●●○

€€ Hamburger Berg 25 (St. Pauli), Telefon 040 32318484, Mi-Sa 18–22 Uhr, nur Barzahlung; Reeperbahn S1, S2, S3; kampai-hamburg.de

VIP-TESTER
Tom Till

Matsumi

Ein Hoch auf das Handwerk!

Das Matsumi ist das älteste japanische Restaurant Hamburgs und eine Institution. Tradition, Authentizität und Handarbeit behaupten sich hier seit über 40 Jahren als starkes Statement gegen die Schnellebigkeit der Zeit. Gekocht wird ausschließlich nach alten japanische Rezepten, bei denen das Einlegen von Fisch und Gemüse oder das Herstellen von Fonds viele Tage dauert. Wir folgen dem Pfad der traditionellen japanischen Puristik und wählen beide das sechsgängige Spezialitätenmenü (74 bzw. 69 Euro) zu Beginn begleitet von einem herrlich leichten Iki-Bier mit Grüntee (6,50 Euro). Der Kozuke-Salat mit Seetang, Gurke und rotem Ingwer zum Anfang demonstriert perfekt die Kunst des Einlegens: fein nuanciert, zart und bissfest zugleich. Die in allen Altersklassen beliebten Yakitori-Hühnchen-Spieße im Anschluss sind saftig und überzeugen. Suimono ist der dritte Gang: In der klaren Suppe mit Wachtelei, Croûton, Fisch und Tofu-Blatt stimmt jedes Detail. Zum Sashimi rät uns der charmante und kompetente Service, auf Sake zu wechseln: Wir entscheiden uns für den fruchtig-milden Dassai 45 (39 Euro), der mit seiner zarten Säure an Weißwein erinnert und eiskalt mundet. Das Sashimi schließlich ist ein vorgezogener Höhepunkt: vier Sorten von rohem Fisch in allerhöchster Produktqualität. Zum Hauptgericht nehme ich Sukiyaki, das man sich ab zwei Personen auch am Tisch zubereiten lassen kann, und ziehe begeistert das hauchdünn geschnittene Beef durch den Dip aus gequirltem rohem Ei. Meine Begleitung wählt Tempura, was ein bisschen dauert, da jedes Fisch- und Gemüsestück separat frittiert wird, was im Ergebnis aber schlicht überwältigend ist. Schwarzes Sesam-Eis rundet als Dessert das gelungene klassische Menü ab. Als letzte Gäste schlendern wir nach zweieinhalb Stunden Hochgenuss bestens gelaunt hinaus in die Hamburger Frühlingsnacht.

AMBIENTE ●●●●● SERVICE ●●●●●
KÜCHE ●●●●● PREIS-LEISTUNG ●●●●○

€€€ Colonnaden 96 (Neustadt), Telefon 040 343125, Di-Fr 18.30–23.30, Sa 17.30–21.30 Uhr, EC-Karte, VISA, Mastercard, Amex; Stephansplatz (Oper) U1; matsumi.de

Nomad

Osaka and London Calling

Corona nimmt, Corona gibt: Kaum schloss das trendige „Basil & Mars" an Harvestehuders bester Adresse Alsterufer 1, beschallen schon wieder neue coole Beats das nicht minder coole Ausgehvolk der Stadt: Nomad will cross-asiatische Fusionsküche mit Schwerpunkt Japan in einem Konzeptmix aus Restaurant, Bar und Lounge auf globalem Hauptstadtniveau bieten. Geht die Latte noch etwas höher? Dahinter steckt der muntere Mittzwanziger Viet Pham, neuer Nachbar von Tim Mälzers „Botschaft" und Spross der vietnamesischen Franchisegeber-Familie der bundesweiten Asia-Hung-Imbisskette (90 Standorte). Er will damit „einen Schritt in die gehobene asiatische Gastronomie" wagen und schaute sich für sein Lokal Hotspots in Japan, Singapur und London an. Und tatsächlich könnten Ambiente, Mobiliar, Servicekleidung- und Einstellung, Musik, Beleuchtung und die ambitionierte Speisekarte allesamt so auch in Osaka, Tiong Baru oder Camden Market zu finden sein – allein die größte LED-Videowand Hamburgs ist einen Besuch wert. Heute Abend plätschert dort eine stylishe Meereswellen-Animation, während wir zu Non-Alk-Cocktails mit Rosenblüten oder Yuzu (10 Euro) sechs Teller zum trauten Teilen bestellen. Die getrüffelten Beef-Rolls mit Mango, Spargel, Yuzu und rauchiger Sojasoße vom japanischen Sushi-Meister sind Weltklasse, ebenso der in der offenen Showküche reichlich bestückte butterzarte Pulpo-Gang mit Wasa-

FOTO: NOMAD

Sommersaison - April bis Oktober
StrandPauli
OPEN ALL YEAR
Wintersaison - November bis März

Das Team des kini korean kriegt fraglos einiges gebacken

bi-Crumbles und die supersaftige Maisente mit Kraft-Jus und Agedashi Aubergine (20/20/25 Euro). Viel kulinarische Luft nach oben haben dagegen die faden King Crab Dumplings in dumpfem Fischsud und die anderswo viel krosser servierte und wie alle Gerichte planlos mit Daikonkresse beworfene Wildgarnelen-Tempura (22/21 Euro). Hektisch ordern wir vor Küchenfeierabend (22 Uhr) noch das Dessert Mango Dreams (14 Euro) und erfreuen uns angesichts dieser spannenden Fruchtvariationen am Happy End in einem Laden, der noch viel vor sich hat. PESI

AMBIENTE ●●●●● SERVICE ●●●●●
KÜCHE ●●●●○ PREIS-LEISTUNG ●●●○○

NEU! €€€€ Alsterufer 1 (Rotherbaum), Telefon 040 84609002, Di-Do 12–14.30, 18–23, Fr-So 18–23 Uhr, EC-Karte, VISA, Mastercard, Amex; Dammtor S21, S31; nomad-restaurant.de

KOREA

Anh Em (Chingu)

Her mit dem koreanischen Chicken!

Würde meine 17-jährige Nichte einmal Lust haben, mit ihrer Tante essen zu gehen, wir würden definitiv das Anh Em besuchen. Hier wird koreanische Küche serviert und da gerade alles, das aus Korea kommt, bei ihr sofort Glücksgefühle auslöst, könnte ich mit einem Besuch des Restaurants, das auch als Chingu bekannt ist, sicher punkten. Die Einrichtung ist einfach, aber stylish und modern, das Ambiente lässig. Der Service ist auf Zack und lässig – und um keinen Schnack verlegen. Und aus den Boxen dudelt der 1A K-Pop, den meine Nichte gerade über alles liebt. Wenn jetzt noch das Essen stimmt, dann haben wir hier einen runden Abend. Der Ruf des koreanischen Chicken eilt dem Restaurant bereits voraus, also ist klar, dass wir vorweg eine 12er-Portion der frittierten Chicken Bites (gibt es wahlweise auch als 6er- oder 9er-Portion; 6,50 Euro, 8,90 Euro, 11,90 Euro) ordern und wagen uns auch an die Kimchi-Pommes mit Gochujang-Ketchup-Mayo (5,50 Euro). Unter dem Mix leiden die Pommes, also bestellen wir lieber noch mal einzeln nach und freuen uns über knusprige Handmade-Pommes (3,50 Euro) und die Portion Kimchi (3,50 Euro). Der eingelegte Chinakohl ist gut scharf, wir spülen mit der selbst gemachten Limo Gangcchu aus Ginger, Gurken und Minze nach (0,33 l 3,90 Euro) und bekommen Nachschub: Der Black Wasabi Burger (9,90 Euro) punktet mit frischen Zutaten, das Rindfleisch ist saftig, das schwarze Brioche auf jeden Fall ansehnlich und die Avocado-Wasabi-Mayonnaise verleiht dem Ganzen den Extra-Kick (gibt es auch als vegane Variante mit Beyond Meat). Passt! Das Bibimbap (11,90 Euro) kommt im heißen Steintopf auf den Tisch. Das Reisgericht mit Gemüse und scharfer Paprikapaste lässt sich wahlweise mit Tofu, Rindfleisch, Hühnchen oder Garnelen pimpen (8,90 bis 9,90 Euro). Das Gemüse ist frisch, das Spiegelei obendrauf besser als bei Mama und das Fleisch von guter Qualität. Zwischenzeitlich wurde der K-Pop ein paar Stufen höher gedreht, wer sich unterhalten möchte oder einen Ort für ein romantisches Treffen sucht, könnte hier fehl am Platz sein. Meiner Nichte würd's gefallen. ILO

AMBIENTE ●●●○○ SERVICE ●●●●●
KÜCHE ●●●○○ PREIS-LEISTUNG ●●●●○

€ Kurze Mühren 13 (Altstadt), Telefon 040 76754463, So-Do 11.30–21.30, Fr-Sa 11.30–22 Uhr, nur Barzahlung; Hauptbahnhof alle Bahnlinien; anhemhamburg.de

Kimchi

Koreanischer Tischgrill-Himmel

Mit den schicken neuen koreanischen Läden der Stadt hat das Kimchi nichts gemein. Beim koreanischen Restaurant in Eimsbüttel ist es im besten Sinne des Wortes „rustikal": Gemütlichkeit geht vor indirekter Beleuchtung, Qualität vor fancy angerichteten Tellerchen. Wer im Kimchi isst, kommt an den Tischgrillgerichten nur mit großer Mühe vorbei. Begeistert von unserer Vorspeise Haemul Pajon, einem herzhaften Pfannkuchen mit gemischten Meeresfrüchten, Lauchzwiebeln und Sojasoße (13 Euro), lassen wir uns Jumulleog (20 Euro) und Samgyobsal (18 Euro) auf den Grill werfen. Die marinierten Rindfleischscheiben und der Schweinebauch in Scheiben schmecken großartig und werden mit allerlei Beilagen zubereitet. Wie das geht und wie man das alles isst, erklärt einem der ausnehmend freundliche und kompetente Service. Auch als Anfänger muss man also keine Angst haben, bei der Bestellung ins Risiko zu gehen. Tipp: Bestellen Sie sich eine Flasche Soju, den koreanischen Reiswein, dazu (12 Euro) und kippen Sie ihn originalgetreu gläschenweise ins Bier (0,4 l 4,20 Euro). Das Kennerzwinkern der zahlreichen koreanischen Gäste ist Ihnen gewiss. Und noch ein Tipp: Reservieren Sie für den Außenbereich, der entwickelt sich im Sprachengewirr und dem verführerischen Fleischgeruch auf Ihrem Grill schnell in einen bezaubernden Ort aus einer seouligen Parallelwelt. MF

AMBIENTE ●●●●○ SERVICE ●●●●●
KÜCHE ●●●●● PREIS-LEISTUNG ●●●●○

€€ Heußweg 10 (Eimsbüttel), Telefon 040 493871, Mo 17–23, Di-Fr 12–15, 17–23, Sa-So 12–23 Uhr, nur Barzahlung; Osterstraße U2; kimchi-hamburg.de

Kimchi Guys

Hotspot der Stadthöfe

Ein neues Mitglied der bok-Familie hat sich in kurzer Zeit zum Lunch-Hotspot der Stadthöfe in der Neustadt entwickelt. Der Sohn des Geschäftsführers der beliebten asiatischen Gastro-Marke aus der Schanze hatte die Idee zu Kimchi Guys, Freunde haben sie umgesetzt. Jeden Mittag stehen die Gäste nun Schlange. Wie wohl künftig auch in Ottensen, wohin die Betreiber gerade expandieren. Die Auswahl am Counter der offenen Küche im stylishen K-Pop-Ambiente bietet Variationen von Kimbap (Korea-Sushi), Bibimbap (Reis-Bowl) und Dolsot (Bibimbap im Hot Pot). Alle Gerichte sind mit Beef, Huhn oder vegan erhältlich, Kimbap zusätzlich mit Thunfisch (8,50–14,50 Euro). Ein Must-taste: Fried Chicken. Das gibt es mit verschiedenen Soßen als kleine oder große Portion. Unbedingt zu probieren lohnt sich auch das namensgebende Kimchi. Der fermentierte Chinakohl ist als Quell von Vitaminen und Antioxidantien nicht nur super gesund. Das säuerlich-scharfe Gemüse ist hier auch einmalig lecker. Entspannt sitzen lässt sich an wenigen Tischen

FOTO: MARC SILL

im Obergeschoss oder draußen im pulsierenden Bleichenhof. Wer schon mal im Seouler Ausgehviertel Gangnam gefeiert hat, nimmt sich für die nächste Fete Soju aus dem Kühlregel mit. Aber Achtung: Das koreanische Nationalgetränk knallt dank hoher Umdrehung und verführerisch mildem Geschmack ganz beachtlich. MO

AMBIENTE ●●●●○ SERVICE ●●●●○
KÜCHE ●●●●○ PREIS-LEISTUNG ●●●●●

NEU! € Große Bleichen 35 (Neustadt), Telefon 040 34960088, Mo-Fr 12–20, Sa 14-20 Uhr, EC-Karte, VISA, Mastercard; Axel-Springer-Platz S3, Bus 3; kimchiguys.de

kini korean

Probierparadies

Das Kini Korean in der Schanze war schon zu Lockdown-Zeiten mit seinen koreanischen Tapas („anju") zum Abholen und Liefernlassen eine kulinarische Rettung gegen Monotonie. Nun überzeugt das Restaurant wieder vor Ort mit Coolness und Top-Karte zum Erweitern des Geschmackshorizonts. Fancy Tapete mit Panthern und weißen Tigern hinter der Bar, davor hippes Publikum, studentische Pärchen, aber auch 300-Euro-Sneaker unter dem Tisch. Geschmacklich: tolle vegane Abwechslung zwischen sonst in der Veggie-Branche häufig langweiligen Burgern oder faden gebratenen Nudeln. Spannende fruchtige Schärfe kitzelt bei den auf gusseiserner Platte servierten Reiskuchenwürfeln die Zunge (Tteok Bokki, 7,50 Euro) sowie bei dem Fried Dubu (frittierter Tofu, 6 Euro) in „sweet-spicy" Marinade nebst fermentiertem Rettich. Ebenfalls super zum Teilen sind die diesmal süßlich-deftig-knoblauchig umhüllten Blumenkohl-Wings (6,50 Euro). Kimchi dazu (3,50 Euro) – endlich mal ohne Fischsoße – perfekt. Dem Geldbeutel tut auch ein Hauptspeisenpreis (inklusive Misosuppe) mit circa 12 Euro nicht weh. Und für 5 bis 6 Euro bekommt man zum Schluss zum Beispiel Mochi mit Haselnus-

Im Le Cochinchine kommen auch Fleischfans klar

FOTO:LE COCHINCHINE

seis, übrigens ebenso konsequent vegan wie die günstigen, guten Weine für 4,50 Euro/0,2 l. Prädikat „besonders probierenswert“: Makgeolli. Der leichte Reiswein wird aus Kupferschalen genippt.

LMN

AMBIENTE ●●●●● SERVICE ●●●●●
KÜCHE ●●●●● PREIS-LEISTUNG ●●●●●

€€ Susannenstraße 15 (Sternschanze), Telefon 040 4300220, Mo-Sa 12–23, So 14–23 Uhr, EC-Karte, VISA, Mastercard, Amex; Sternschanze S11, S21, S31; kini-korean.de

VIP-TESTERIN
Dayan Kodua

Le Cochinchine

Geschmack schlägt Ambiente

Das vietnamesische Restaurant Le Cochinchine in Hoheluft-Ost: Beim Eintreten sind wir zunächst angetan. Das Restaurant ist nett eingerichtet und wir werden sehr freundlich in Empfang genommen. Die Freude bekommt allerdings schnell einen Dämpfer: Leider simd unser Tisch und auch die Stuhlauflagen nicht so sauber, wie man es sich wünscht. Auch der Boden sieht aus, als sei hier nur mal schnell durchgefegt worden. Wir bestellen erst einmal zwei Apfelschorlen (0,4 l 4,50 Euro) und studieren die Speisekarte. Die hat sowohl für Fleisch- und Fischfans etwas zu bieten als für Vegetarier und Veganer. Da ich kein Fleisch esse, entscheide ich mich als Vorspeise für Ca Hoi Cuon la Chuoi Nuong (7,90 Euro). Serviert werden zwei Lachsfiletrollen: Der gegrillte marinierte Lachs ist gewickelt in Bananenblätter, dazu gibt es frische Kräuter, Chili und Fischsoße. Die Rollen sind herrlich saftig, doch das Highlight sind für mich die Bananenblätter. Sie erinnern mich an mein Geburtsland Ghana. Mein Mann freut sich über Ga Xien – zwei gegrillte und marinierte Hähnchenspieße mit Salat, frischen Kräutern und hausgemachter Erdnusscreme-Dip (5,90 Euro). Als Hauptspeise überzeugen kurz darauf auch die Gerichte Vit Nuong – Royal Roast (gegrilltes Barbarie-Entenbrustfilet auf buntem Gemüse mit Ingwer, Zitronengras, Erdnüssen, frischen Kräutern und Mangodressing, 18,90 Euro) und Tom Sot Nuoc Dua - Gamba de Coco (gegrillte Gambas mit Zwiebeln, Ingwer, Zitronengras, Kokosnusssaft und Kokosnussfleisch in Karamellsoße mit frischem Salat, frischen Kräutern und Reisnudeln, 18,90 Euro). Auch wenn es nicht besonders gemütlich ist: Das vietnamesische Essen hat auf voller Länge überzeugt und das Ambiente wieder ausgeglichen.

AMBIENTE ●●●●● SERVICE ●●●●●
KÜCHE ●●●●● PREIS-LEISTUNG ●●●●●

€€€ Eppendorfer Weg 278 (Hoheluft-Ost), Telefon 040 98761816, Mo-Fr 11.30–21.45, Sa 12–21.45, So 13–21.45 Uhr, EC-Karte; Klosterstern U1; lecochinchine.de

Seoul 1988

Zeitreise in das Korea der 1980er-Jahre

Die Tür geht auf, das Eimsbüttler Stadtleben bleibt vor der Tür und unsere kulinarische Reise durch Südkorea beginnt. Die Koreaner sind sehr stolz auf die Olympischen Spiele 1988 in Seoul, was das Seoul 1988 liebevoll widerspiegelt – von der Einrichtung und der Musikauswahl bis zur Speisekarte. Meine Begleitung und ich lassen uns zunächst von der geduldigen Bedienung ausführlich beraten. Nach kurzer Überlegung bestellen wir von der nicht allzu großen Karte einen Kimchi-Eintopf Seoul Kimchi Jjigae (12,50 Euro) und zwei Portionen Rindfleisch Grill so Bulgogi (je 16,50 Euro), welches wir auf dem Tischgrill zubereiten. Begleitend zu den Hauptgerichten wird unser Tisch mit kleinen Schalen gefüllt, die kleine Beilagen und Reis beinhalten. Diese Beilagen wie Kimchi, eingelegte Gurken, verschiedene Soßen und Salatblätter sind erstaunlich ergiebig und machen das Essen noch interessanter. Die Kombination aus dem angenehm scharfen Eintopf und dem süßlich marinierten Rindfleisch ist ein Hit! Erstaunlicherweise ist die Schärfe für unsere nordeuropäischen Geschmacksknospen auszuhalten, also werden wir uns beim nächsten Besuch bei der Bestellung vielleicht etwas weiter aus dem Fenster lehnen.

NSS

AMBIENTE ●●●●● SERVICE ●●●●●
KÜCHE ●●●●● PREIS-LEISTUNG ●●●●●

€€ Müggenkampstraße 86 (Eimsbüttel), Telefon 040 29855953, Di-Fr 17–22, Sa 12–22 Uhr, EC-Karte, VISA, Mastercard; Högenstraße Bus 4; 1988seoul.com

THAILAND

Qur Thai Drei Jai

Niemals nach dem Äußeren urteilen!

Bei unserem Besuch im Qur Thai Drei Jai in Hamburg-Schnelsen hadere ich vor Betreten des thailändischen Restaurants an der Oldesloer Straße mit zwei Dingen: dem Namen, den ich mir einfach nicht merken kann und mit dem äußeren Eindruck des Hauses. Der Besuch ändert nichts daran, dass ich mir den Namen nicht merken kann. Wohl aber ist er eine Lehrstunde, uns nicht von Äußerlichkeiten in die Irre leiten zu lassen. Wir werden von der äußerst freundlichen thailändischen Inhaberfamilie begrüßt und fühlen uns im authentischen Ambiente auf Anhieb wohl. Unsere gemischte Vorspeisenplatte (14,50 Euro) macht nicht nur optisch etwas her, sondern überzeugt auch durch sämtliche ihrer Bestandteile (Wan-Tans, Frühlingsrollen, Fischfrikadellen, Krupuk und mit Hähnchenfleisch gefüllte Teigtaschen). Wahre Begeisterung kommt bei den Satay-Gai-Spießen mit Erdnusssoße auf (7,50 Euro) – selten habe ich außerhalb Thailands derart zarte Sate-Spieße gegessen. Und auch die Thom Pak (Kokosmilchsuppe mit Gemüse) ist einfach nur richtig lecker. Da die Portionen üppig sind, bitten wir um eine kleine Pause. Das grüne Curry mit Hähnchen (15,50 Euro) sieht zwar auf den ersten Blick anders aus als wir es gewohnt sind, die Soße deutlich dunkler – aber es schmeckt köstlich! Auch mein Mann ist sehr glücklich mit seinem gebratenen Rindfleisch mit feinen Streifen vom frischen Ingwer, Möhren, Lauchzwiebeln und weiterem Gemüse in einer braunen Soße (15,50 Euro). Die Schärfe ist übrigens auch ziemlich authentisch – uns wird auf jeden Fall ganz schön warm! Für ein Dessert ist beim besten Willen kein Platz mehr, wofür man lächelnd Verständnis hat. Und was genau der Name bedeutet, das klären wir bei unserem nächsten Besuch.

KN

FOTO: MARC SILL

AMBIENTE ●●●○○ SERVICE ●●●●○
KÜCHE ●●●●● PREIS-LEISTUNG ●●●●●

€€ Oldesloher Straße 33 (Schnelsen), Telefon 040 57148736, Di-Fr 12–15, 17–23, Sa-So 13–23 Uhr, EC-Karte; Oldesloher Straße Bus 5, Bus 191; qurthaidreijai.de

Samui Thai Cuisine

Ein scharfer Ritt

Kann es einen uncooleren Standort für eines der besten Thai-Restaurants geben als an einem unfassbar hässlichen EKZ Hamburger Meile am südlichen Rand Barmbeks? Offenbar kein Makel für die unzähligen Gäste, die mittags wie abends wahlweise die normalen oder die flachen Schneidersitz-Tische bevölkern. Und erst recht nicht für die 1991 aus Bangkok übersiedelte Wiphawea Hoch, die das Lokal seit 2012 erfolgreich führt. Mit einer Frauenquote im Management (sie selbst) und Service von 100 Prozent: Die Bedienungen sind alle weiblich und bewegen sich scheinbar schwerelos in ihren traditionellen Thai-Trachten zu dem meditativen Kling-Klang. Wir könnten bis 15 Uhr vergünstigte Speisen von der Mittagskarte in riesiger Auswahl ordern, aber auf der noch umfangreicheren normalen Karte springen uns nur zwei hier bestellbare Köstlichkeiten ins Auge: der von uns noch nie auf einer Asia-Karte gesehene Meeresfrüchtesalat „Yam Ta Ley" sowie das gebackene Fischfilet mit Apfelsalat (9,90/16,90 Euro) für mich, während meine Co-Testerin mit den gemischten Fritteusen-Teilchen „Hors d'Oeuvre Samui" und dem roten Garnelen-Curry eher für konventionelles Thaifood optiert (9,50/19,90 Euro). Die Küche ist auf Zack: Kaum haben wir zweimal von der frisch aufgeschlagenen Kokosnuss und der Hausmacher Hibiskuslimonade „Nam Grajiab" genuckelt, naschen wir uns schon durch das krosse, teilweise leicht überfrittierte Allerlei von Wan Tan bis „Gai Choa"-Hühnerbällchen im Yuba-Mantel (Sojamilchhaut) und vor allem durch meine fantastischen, lauwarm servierten Garnelen, Sepia-Schnitzereien, Muscheln, Fischfilets und luftigen, süßsauren Pom-Pom-Pilz-Stückchen. Alles fast schon grenzwertig scharf – das Chilisymbol auf der Karte ist ein ernster Warnhinweis. Sehr pikant und in der Gemüseauswahl authentischer als so mancher Cross-Asia-„Thai" ist das ansonsten eher langweilige Curry. Einen eigenen Besuch wert dagegen sind meine drei mit Kurkuma-Trockenkrabben-Kruste knusprig gebackenen, innen super saftigen Tilapia-Filets. Gern versuchen wir noch das Spezialdessert Honigmango mit lila Kokosmilch-Klebreis (6,20 Euro), aber so anmutig wie bestimmt deutet die Service-Fee auf die Uhr. 15:01 – Mittagspause. Ordnung muss sein, auch im Thai-Paradies. PESI

Samui Thai Cuisine

FOTO: SAMUI THAI CUISINE

AMBIENTE ●●●○○ SERVICE ●●●●○
KÜCHE ●●●●○ PREIS-LEISTUNG ●●●●○

€€€ Adolph-Schönfelder-Straße 33 (Barmbek-Süd), Telefon 040 29823380, Mo-Fr 12–15, 17–23, Sa-So 12–23 Uhr, EC-Karte, VISA, Mastercard, Amex; Hamburger Straße U3; samui-restaurant.dede

Fast schon surreal wird in der Ban Canteen angerichtet

VIETNAM

Anici

Frisch, frischer, Anici

Es gibt ja mittlerweile viele gute vietnamesische Restaurants in Hamburg und vielleicht hat auch schon fast jeder Pho-Liebhaber seinen Stammladen gefunden. Doch hier kommt noch mal eine Empfehlung: Alle, die vietnamesisches Essen mögen, könnten das Anici lieben. In der kleinen familiengeführten Eatery im Herzen Eimsbüttels ist alles ziemlich genau so, wie man es sich eben vorstellt. Man sitzt auf Hockern, an der Decke hängen Lampions. Die Karte ist klein, aber hat alles, was es braucht: Wir entscheiden uns für Sommerrollen mit Garnelen (4,90 Euro) und Mangosalat (5,50 Euro) mit Gurke und knackigem Eisbergsalat, der wirklich außerordentlich frisch schmeckt. Die Kids knabbern Nem (vietnamesische Frühlingsrollen mit Hackfleisch und Gemüse für 5,90 Euro), und wir schlürfen hausgemachte Limonaden, Erdbeer-Basilikum und Ingwer-Minze (je 4,50 Euro), die glücklicherweise mehr erfrischend als süß sind. Genauso frisch geht es mit den Hauptgerichten weiter: Die Pho Bò (10,50 Euro) hat einen geschmackvollen Sud, und mein Begleiter kürt sie von allen Phos, die er bislang hatte (und das waren viele), ins obere Drittel. Mein Bún Dâu Phu (9,50 Euro) kann da mithalten: reichlich gebratene Tofu-Stücke, Mangostreifen, Limetten-Fischsoße, warme Nudeln – ich bin sehr zufrieden. Neben dem Essen punktet auch der Service. Wir werden umsorgt und fühlen uns trotz ständigem Kleinkindradaus wohl und willkommen. Am Ende sind wir alle happy, satt aber nicht überfüllt, und freuen uns auf das nächste Mal: Die anderen Gerichte auf der Karte müssen unbedingt auch noch probiert werden. MV

AMBIENTE ●●●●● SERVICE ●●●●●
KÜCHE ●●●●● PREIS-LEISTUNG ●●●●●

€ Emilienstraße 22-24 (Eimsbüttel), Telefon 040 82312500, Mo-Fr 12–22, Sa-So 13–22 Uhr, EC-Karte, VISA, Mastercard, Amex; Osterstraße U2; anici.de

Ban Canteen

Lässig vietnamesisch

Am späten Nachmittag machen wir uns mit leeren Mägen auf den Weg zur Ban Canteen am Grünen Jäger und müssen feststellen, dass das vietnamesische Restaurant seine Öffnungszeiten geändert hat. Also drehen wir noch eine Runde durch St. Pauli, bevor wir von dem sehr freundlichen Kellner Corona-konform an unseren Tisch begleitet werden. Das Restaurant ist modern eingerichtet, wodurch eine ungezwungene Atmosphäre entsteht. Vorweg starten wir mit frittiertem Tintenfisch mit pikanter Chili-Mayonnaise (7 Euro). Dazu gibt es Jasmin-Eistee mit Limette (4,50 Euro), der auf Wunsch ohne, mit wenig oder viel Zucker zubereitet wird. Der frittierte Tintenfisch wird mit einer Schale Chili und Limette gereicht und überzeugt uns, obwohl die einzelnen Stücke Tintentisch größer sein könnten. Besonders gespannt waren wir auf den Bao Ban Burger mit Pulled Chicken, Karottensalat und einer riesigen Portion Koriander (12 Euro): Das schneeweiße Hefebrötchen ist herrlich weich, das Pulled Chicken aromatisch und der Karottensalat süßsauer mariniert. Der Koriander übertüncht die anderen Aromen leider etwas. Als Beilage bestellte Süßkartoffel-Pommes (5 Euro) bekommen durch die Reismehlmarinade extra Biss. Vollständig befriedigend ist die außerordentlich große Portion Pho Bo (14 Euro) mit Rinderfiletstreifen und Reisnudeln. Der Geschmack ist kräftig und das Rindfleisch zart. Zwar erschwert die laute Clubmusik eine Unterhaltung leicht, dennoch gehen wir pappsatt und zufrieden nach Hause. KG

AMBIENTE ●●●●● SERVICE ●●●●●
KÜCHE ●●●●● PREIS-LEISTUNG ●●●●●

€€ Beim Grünen Jäger 1 (St. Pauli), Telefon 040 35989172, Mo-Do 12–22, Fr-Sa 12–22.30 Uhr, EC-Karte, VISA, Mastercard, Amex; Feldstraße (Heiligengeistfeld) U3; bancanteen.com

Cam On

Gut, günstig und gelassen

Seit Ende Februar 2022 gibt es ein neues vietnamesisches Restaurant im Eppendorfer Weg. Schon bei der telefonischen Reservierung im Cam On war ich von dem freundlichen Service begeistert. An diesem Abend wird sich dieser Eindruck noch verstärken. Die Atmosphäre des Restaurants ist sehr angenehm und lässt den Stress der Woche von uns abfallen. Wir wählen ein vietnamesisches Curry, das mit Tofu-Gemüse und Reis serviert wird und auch unter dem Namen das Xao Xa Ca Ri bekannt ist. Ein Highlight ist auf jeden Fall die klassische vietnamesische Pho Sup mit Rindfleisch, die sehr aromatisch schmeckt (12,90 Euro). Auch die hausgemachte Limetten-Limo (4,50 Euro) ist erfrischend und passt perfekt zu den Gerichten. Zum krönenden Abschluss gönnen wir uns noch zwei Mochi-Eis (4,90 Euro) und einen vietnamesischen Milchkaffee, der hier Ca Phe Sura heißt (4,50 Euro). Fazit: Hier kann man gut und günstig vietnamesisch speisen und dabei herrlich zur Ruhe kommen. KS

AMBIENTE ●●●●● SERVICE ●●●●●
KÜCHE ●●●●● PREIS-LEISTUNG ●●●●●

NEU! € Eppendorfer Weg 73 (Eimsbüttel), Telefon 040 55289797, Mo-So 11.30–22 Uhr, nur Barzahlung; Christuskirche U2, Bus 25; cam-on.org

Flying Market

Von Gang zu Gang besser

Im Flying Market gibt es drei Möglichkeiten: Man bestellt per Nummer, mit dem vietnamesischen Namen oder spricht die englisch-deutsche Beschreibung auf der Karte nach. Da die Übersetzungen noch Fragen offen lassen, möchte man gern zusätzlich kommunizieren – und das ist im Dialog mit der fließend Vietnamesisch sprechenden Servicekraft nicht einfach, denn es gilt das richtige Maß zwischen übertrieben deutlichem Deutsch-Sprech und normalem Gespräch zu finden. Der erste Versuch im Ottenser Bistro geht dann auch schief, doch beim zweiten kommt die bestellte Vorspeise. Und entschädigt für jegliche Anlaufschwierigkeiten: frittierte Garnelen mit einem scharfen Maracuja-Dip (6,90 Euro). Spaßeshalber lasse ich den Titel des Hauptgerichts vom Handy übersetzen: „Cari Vang" soll Karamellwein sein, gegessen aber habe ich Hühnerfleisch in gelbem Kokos-Curry mit Erdnusspaste, Gemüse und Kräutern (9,50 Euro) – einfach großartig. Okay, also kein Sprachen-Crash-Kurs, nur noch genießen: „Sua Chua Danh Da" ist ein Joghurt-Drink mit Limetten und ebenso erfrischend sowie Schärfe relativierend wie das „Peppermint Coconut Lassi" (beide je 4,50 Euro). Der asiatische Pflaumenwein (4,50 Euro) passt ob der fehlenden Süße genau so perfekt zum Essen wie das Bier „Saigon" (3,50 Euro). Doch das Beste kommt zum Schluss: Pürierte Avocado mit Kokos- und Kondensmilch (4,90 Euro) ist ein absolutes Highlight für Dessert-Liebhaber. DEF

FOTO: BAN CANTEEN

AMBIENTE ●●●○○ SERVICE ●●●○○
KÜCHE ●●●●○ PREIS-LEISTUNG ●●●●○

€€ Eulenstraße 38 (Ottensen), Telefon 040 84600904, Mo-So 12–22.30 Uhr, EC-Karte; Altona S1, S3, S31; flying-market.de

Man Wah

Legende ohne Brimborium

Gerade witzeln wir über die „salzigen Hühnerfüße (kalt)" auf der Karte, da kredenzt sie der Kellner am Nachbartisch drei asiatischen Studenten. Wir sind erst mal froh, unsere Plätze pünktlich bekommen zu haben. Der legendäre Kiez-Chinese Man Wah am Spielbudenplatz ist bumsvoll. Draußen stehen St.-Pauli-Touris (ohne Reservierung) Schlange, drinnen orchestriert der Gäste-Manager die Besetzung der Tische mit Kiezianern, Theaterbesuchern und Clubgängern (mit Reservierung) in dem schlauchigen Lokal. Das Interieur ist der Gegenentwurf zum Fernost-Fertigteil-Gedöns deutscher Süßsauer-Chinesen der 80er-Jahre. Hier könnte auch italienische Bistroküche beheimatet sein. Nur ein paar Buddhas verlinken auf die kantonesische Herkunft der Betreiber. Ihre Karte bietet für alle was. Wir probieren aus der Dim-Sum-Auswahl exzellente Fischbällchen und Har Kao, gedämpfte Teigtaschen mit Shrimps (4,90 Euro). Die Pekingsuppe (4,30 Euro) ist die beste Hamburgs. Dennoch eigentümlich, dass die Vorspeisen nacheinander kommen. Der Sake vertreibt das Störgefühl. Und schon platziert die zackige Bedienung unsere Hauptspeisen auf dem Marmortisch in einem Rutsch: Huhn in Pfeffer-Sahne (13,90 Euro), Huhn mit Zitronengras und scharfer Fischsoße (Top-Tipp!), für unseren Veggie-Sportsfreund gebratenen Tofu mit Gemüse (11,90 Euro). Karotten, Pak Choi, Chili und Co.: frisch und knackig. Die Portionen ordentlich, null Brimborium. Nach gut fünf Jahrzehnten ist das Man Wah auf keinen Innovationspreis aus. Unsere Studenten nebenan machen unterdessen keine Gefangenen, laben sich an Rinderblättermagen und halber gerösteter Ente auf gebratenem Entenfleisch. Sieht lecker aus. Wir merken uns das fürs nächste Mal. MO

AMBIENTE ●●●●○ SERVICE ●●●●○
KÜCHE ●●●●○ PREIS-LEISTUNG ●●●●●

€€ Spielbudenplatz 18 (St. Pauli), Telefon 040 3192511, Mo-Do 12–22, Fr-Sa 12–23, So 12–22 Uhr, EC-Karte, VISA, Mastercard, Amex; St. Pauli U3; manwah.foodpearl.com

Ngan Tinh

Hier lunchen Vietnam-Kenner

Vor einem Vierteljahrhundert verwandelte sich das Levantehaus an der Mö in eine Shoppingmall. Voll 90er, möchte man heute sagen. Mindestens zum Lunch lohnt sich der Besuch des guten Gastroangebots wegen aber unbedingt. Im Obergeschoss serviert das Ngan Tinh seit 2006 traditionelle vietnamesische Küche. Gut sitzt es sich an einem der Tische in der Galerie unterm Glasdach mit Blick auf bummelnde Passanten. Der respektable Anteil asiatischer Gäste zeugt von authentischer Zubereitung. Vorweg schmecken die die Sup Van Than und die Sup Ga, die statt der georderten scharf-sauren Suppe kommt (je 3,90 Euro). Der einzige kleine Fauxpas der flotten Service-Crew. Kokoswasser schlürfend lesen wir in der Karte die Geschichte der Betreiber Ngan und Tinh Nguyen. Sie erzählen von ihrer Auswanderung nach Deutschland Anfang der 80er-Jahre, erwähnen ihre Abstammung aus einer „berühmten Kochfamilie". Da rutscht die Erwartungslatte gleich mal eine Stufe höher. Die Pho Bo Hanoi (8,50 Euro), Reisbandnudelsuppe mit Rind und Kräutern, ist für den Schnapperpreis exzellent. Optisch kommen keine Kunstwerke auf den Tisch, dafür ordentliche Portionen und kein Geschmacksverstärker. Mein Begleiter ist Vietnam-Kenner, wählt mit Cha Ca La Vong (9,90 Euro) wissend eine der echten Spezialitäten. Frisch gegrillter Fisch, Reisnudeln, Salat, Nüsse, dazu eine lauwarme Fischbrühe. Nah dran am Original, so das Expertenurteil. Na also. MO

AMBIENTE ●●●○○ SERVICE ●●●●○
KÜCHE ●●●●○ PREIS-LEISTUNG ●●●●●

€€ Mönckebergstraße 7 (Altstadt), Telefon 30386693, Mo-So 11.30–21 Uhr, EC-Karte, VISA, Mastercard, Amex; Hauptbahnhof alle Bahnlinien; ngantinhrestaurant.de

Dafür stehen die Gäste gern Schlange: sensationelles Essen im O-ren Ishii

FOTO: MARC SILL

O-ren Ishii

Der lange Abschied

Ich habe das O-ren Ishii geliebt. Jahrelang habe ich in der City gearbeitet und zwei-, dreimal die Woche bei dem kleinen Asiaten hinterm Zeit-Haus Mittag gegessen. Nur selten in der traditionellen Mittagspausenzeit zwischen 12.30 und 14.30 Uhr, weil dann die Schlange endlos war und das überschaubare Lokal gepackt voll, was den Service allerdings nie zu stören schien: Alle waren immer freundlich, umsichtig, präsent. Diese Perfektion faszinierte mich, aber nie so sehr wie die Qualität des Essens. Sie hätte ein wenig nachlassen können im Tsunami des Erfolgs, aber nix da: Vom vietnamesischen Crêpe, einem Standard, bis zum ganzen gebackenen Fisch, den es nur einmal gab, war das Essen immer gut und oft sogar sensationell. Dann zog meine Firma nach Bahrenfeld. Kurz darauf Corona: Im O-ren Ishii gab es Essen nur zum Mitnehmen, und ich wollte lieber selber kochen. Das Restaurant war wie eine Freundin, die nach Australien gezogen ist: Du schaust dir ihr Leben von Weitem an, aber weg ist weg. Nun bin ich zurückgekehrt, und was soll ich sagen: Es gibt immer noch vier wechselnde Gerichte pro Woche plus ein Tagesgericht, die dort arbeitenden Menschen sind immer noch wunderbar, und das Essen ist mindestens so gut wie früher, wenn nicht gar ein klein wenig besser. Wir essen zweimal vegetarisch: geschmorter Tofu in Rendang-Curry mit Kokos, diversem Gemüse und Koriander-Joghurt (12 Euro) sowie Polentawürfel in süßlich-würziger Soße mit Bohnen und Chili (13 Euro). Beide Teller sind exquisit, auf der Abendkarte eines guten Asiaten würden sie wohl das Doppelte kosten. Und danach den besten vietnamesischen Espresso (3 Euro) der Stadt. Früher war das meine Mittagspause, jetzt ist es eine Reise fast bis nach Australien. Das ist nicht unbedingt schlechter. Der lange Abschied muss nicht in Tränen enden. PL

AMBIENTE ●●●●● SERVICE ●●●●●
KÜCHE ●●●●● PREIS-LEISTUNG ●●●●●

€€ Kleine Reichenstraße 18 (Altstadt), Telefon 0151 40030003, Mo-Fr 11–18 Uhr, EC-Karte; Meßberg U1; o-ren-ishii.com

Das Quan 19 setzt auf authentische Atmosphäre Vietnams

Quan 19

Authenisch vietnamesisch

Beim Ankommen im Quan 19 fällt uns direkt das Gewusel hinter dem Tresen auf. Hier ist was los, nicht nur im Gastraum selbst, sondern auch das ständige Kommen und Gehen der Lieferfahrer:innen und Gäste, die bestellte Speisen abholen, spricht für eine gewisse Attraktivität des vietnamesischen Lokals in Winterhude. Zu zweit bestellen wir uns drei der insgesamt 25 vietnamesischen Tapas von der Karte, den sogenannten Món khai vị (je 5,90 Euro). Diese sind schnell auf dem Tisch und zaubern direkt den typischen Geschmack der südostasiatischen Küche mit Limette und Koriander als Grundrauschen in den Mund. Dazu wird eine selbst gemachte Himbeer-Zitronen-Limo (5,90 Euro) serviert, die erfrischend schmeckt und Lust auf den Sommer macht. Mein Hauptgericht ist heute Abend ein Bún Chả Hà Nội, das mit 13,50 Euro ein sehr gutes Preis-Leistungs-Verhältnis hat. Im Mittelpunkt stehen bei diesem Gericht Reisnudeln, gegrillte Schweinebauchstreifen (sehr lecker!), Röstzwiebeln, Gemüse und viele Kräuter. Fazit: Das war ein wirklich toller Ausflug in die vietnamesische Küche. MH

AMBIENTE ●●●○○ SERVICE ●●●●●
KÜCHE ●●●●● PREIS-LEISTUNG ●●●●●

€€ Hofweg 77 (Uhlenhorst), Telefon 040 22697079, Mo-Fr 12–15, 17–22, Sa-So 12–22 Uhr, EC-Karte, VISA, Mastercard, Amex; Zimmerstraße Bus 6, Bus 17; quan-19.de

Quan 27

Bestes Straßen-Soulfood

Es gibt viele vietnamesische Restaurants, die „Quan" im Namen tragen. Wieso? Ganz einfach: „Quan" heißt übersetzt Restaurant. Und dieses Restaurant „27" – weil es in der Weidenallee 27 zu finden ist – sollte man sich merken. Hier gibt es vietnamesische Küche vom Feinsten. Der kleine Gastraum hat einige Holztische und einen großen Papagei als Wandmalerei, draußen direkt auf dem Gehsteig oder der Straßenbucht gibt es weitere Plätze. Wir bestellen hausgemachte Limonaden, Maracuja und Ingwer, die mit je 5,90 Euro ihren stolzen Preis haben, aber auch wirklich sehr lecker, fruchtig und erfrischend sind und uns die Freude auf die Gerichte machen: Der Mangosalat mit gegrillten Garnelen am Spieß (5,90 Euro) ist eine Gaumenfreude, das Fubao mit Tofu (4,90 Euro) schmeckt nicht ganz so frisch, aber die Komposition mit Rettich, Koriander und Erdnüssen überzeugt dennoch. Genauso die Hauptgänge: Die Reisnudelsuppe mit Rindfleisch (13,90 Euro) ist super. Zwar wollten wir „Flying 88", fliegende Reisnudeln von der Karte bestellen, werden aber auf den klassischen Reisnudelsalat mit Tofu (10,90 Euro) verwiesen: sehr lecker, frisch und mit viel Salat und Koriander. Zum Abschluss gibt es noch einen vietnamesischen Kaffee, der unseren Besuch abrundet. Vietnamesisches Soulfood at its best! MV

AMBIENTE ●●●●○ SERVICE ●●●●●
KÜCHE ●●●●● PREIS-LEISTUNG ●●●○○

€ Weidenallee 27 (Eimsbüttel), Telefon 040 34809855, Mo-So 12–22 Uhr, EC-Karte, VISA, Mastercard, Amex; Sternschanze (Messe) S 21, 31; quan27-eimsbuettel.de

Saigon Café

Dabei hat sich der Koch was gedacht

Restaurant-Standort Barmbek, Fuhlsbüttler Straße. Der Nachteil: Sie ist viel befahren. Der Vorteil: Sie ist viel frequentiert. Selbst unter der Woche ist tagsüber jede Menge los, und der gröbste Lärm vor dem Saigon Café wird durch eine Parkzone abgemildert. So kann man schon bei den ersten Sonnenstrahlen draußen sitzen und auch mittags zwischen à la carte und Tagesangebot wählen. Der Salat aus Mangostreifen, roten Zwiebeln, Koriander und gerösteten Erdnüssen liegt lecker im raffinierten Dressing (4,80 Euro). Als ich mir beim gemüselastigen Hauptgang (9,60 Euro) eine Variante wünsche, bekomme ich schmallippig zu hören, dann könne man ja beliebig alles mit jedem …, und der Koch habe sich was dabei gedacht. Gut, dann halt nur eine Ergänzung: eine kleine Portion Süßkartoffelpommes (1 Euro) mit scharfer Mayonnaise. Die erwähne ich lobend beim Abräumen, um wieder gute Stimmung zu machen, kriege indes den Kommentar, es seien ganz normale deutsche! Kann nicht sein. Egal, wir wollen uns die Lust am Essen nicht verderben lassen und bestellen zum Nachtisch hausgemachtes Matcha-Eis (5,20 Euro) – und das ist sensationell. Achtung Toilettengang: Das Licht reagiert auf einen Bewegungsmelder und schaltet sich nach zehn Sekunden aus – es sei denn, man wedelt fortwährend mit einem Arm. DEF

AMBIENTE ●●●○○ SERVICE ●●○○○
KÜCHE ●●●●○ PREIS-LEISTUNG ●●●○○

€ Fuhlsbüttler Straße 128 (Barmbek), Telefon 040 69795446, Mo-Sa 11.30–21.30 Uhr, nur Barzahlung; Barmbek U3; saigoncafe.de

XeÔm Eatery

Laut, lecker, vietnamesisch

„Authentisch" ist ein Adjektiv, das Gastrokritiker:innen viel zu leicht über die Tastatur geht. Aber es ist nun mal so: Das vietnamesische Restaurant XeÔm Eatery kommt einem Garküchen-Erlebnis in einer Gasse von Hanoi ganz schön nahe. Ein paar Treppenstufen geht's hinab, hier, zwischen Karoviertel und Messehallen, dann steht man zwischen eng zusammengerückten Tischen unter herabhängenden Lampenkabeln. Die Lautstärke ist hoch, die Einrichtung mit Plastikhockern und Metalltischen wirkt unfertig, aber all das ist unverkennbar vietnamesisch. „XeÔm" heißen die Motorradtaxis, die zu Tausenden durch Vietnams Hauptstadt Hanoi wuseln – an der Tapete lassen sich einige der schönsten Exemplare bewundern. Der Signature Dish ist natürlich die Pho. Die traditionelle Nudelsuppe mit Rindfleisch und Koriander – im XeÔm immer zu empfehlen. Nach Sommerrollen vorweg wählen wir jedoch heute Bun Tron, lauwarmen Reisnudelsalat, gekonnt mit Gemüse, Erdnüssen und Röstzwiebeln verfeinert (9 Euro), und die Crossover-Kreation „Sweet & Beefy", mariniertes Rinderfilet mit Süßkartoffelpommes (10,90 Euro). Das könnte heißer sein, harmoniert aber gut mit Koriander und Chili-Dip. Der Ingwertee (happige 4,50 Euro) ist bemerkenswert süß – das nennt man wohl authentisch. JP

AMBIENTE ●●○○○ SERVICE ●●●●○
KÜCHE ●●●○○ PREIS-LEISTUNG ●●●○○

€ Karolinenstraße 25 (St. Pauli), Telefon 040 18138263, Mo-So 12–22 Uhr, nur Barzahlung; Messehallen U2

FOTO: MARC SILL

Xich Lo

Vietnamesisch-japanische Freundschaft

Von Weitem begrüßt uns das Xich Lo mit bunten Lichtern vor dem Eingang. Einmal eingetreten, ist es in dem vietnamesisch-japanischem Fusion-Restaurant in Winterhude trotz der großen Räumlichkeiten aber durchaus behaglich: fröhliche, satte Farben, ein paar dekorative landestypische Gegenstände hier und da, ohne allzu verspielt zu sein. Und so wie das Ambiente präsentiert sich auch die Vorspeise: Der gedämpfte Klebreis mit Garnelen, vietnamesischer Salami und Röstzwiebeln sieht unscheinbar aus, ist aromatisch aber ein tolles – und ungewohntes – Zusammenspiel aus Fisch und Fleisch (5,50 Euro). Die zwei gegrillten Jakobsmuscheln sind hingegen für 6,50 Euro so klein, dass ihre leckere Soße gar nicht genug Tragfläche bekommt. Auch wenn die veganen Hauptspeisen verlockend klingen, entscheiden wir uns als Hauptgang für die Kombi aus Garnelen und Rind (14,90 Euro). Ein äußerst gelungener Mix aus sweet und savoury, knackigem Gemüse sowie knusprigen Eiernudeln. Auch hier ist die Soße wieder extrem lecker und ein echtes Highlight. Der gegrillte Lachs in Kokos-Curry-Sauce (15,90 Euro) ist zwar zart, im Vergleich dazu aber fast unspannend. Spannend sind dafür die Cocktails. Die stellen sich als echte Bereicherung der Getränkekarte heraus. Optisch am meisten Eindruck macht der Blue Dragonfly (8,90 Euro) mit seinem leuchtend lila Farbverlauf. Ein Hingucker! Der Service ist eher unscheinbar und zurückhaltend, dafür freundlich und immer da, wenn man etwas möchte. Für uns genau richtig. Wir fühlen uns sehr wohl und werden bestimmt wiederkommen. ACM

AMBIENTE ●●●●○ SERVICE ●●●●○
KÜCHE ●●●●● PREIS-LEISTUNG ●●●●●

€€ Barmbeker Straße 165-167 (Winterhude), Telefon 040 20201741, Mo 12–22, Mi-So 12–22 Uhr, EC-Karte, VISA, Mastercard, Amex; Sierichstraße U3; xichlo.de

Her mit den leckeren Röllchen im Xich Lo

FOTO: XICH LO

漢陽

Han Yang

Authentische chinesische Küche für Feinschmecker

Di bis Sa 12 bis 14.30 Uhr und 18 bis 22 Uhr (Küche)
So und Feiertags 12 bis 21 Uhr (Küche)
Mo Ruhetag (außer an Feiertagen)

Zum Markt 1 | 22459 Hamburg
Telefon 040 - 552 37 15 | han-yang@email.de

Viele Wege führen nach Rom. Stimmt. Aber viele Wege führen auch nach Schenefeld, direkt ins Stadtzentrum Schenefeld. Und jeder Weg lohnt sich. Denn das Shopping-Center mit dem einzigartigen, grandiosen Glaskuppeldach ist nicht nur ein Magnet zum Shoppen - das Staddi ist auch bekannt und beliebt als Schlemmermeile. Ob knusprige Ente, ob Fleisch alla Mafia in Knoblauchsoße oder knackige Salate, gebackene Kartoffeln und dazu frisch gepreßte Säfte. Ob indisch oder türkisch, italienisch, vietnamesisch oder deutsch – die Köche*innen unserer Restaurants und Bistros verwöhnen Ihren Gaumen. Aber das ist noch längst nicht alles! Wer gern schlemmt, kann dabei sogar Geld sparen! Wie das geht? Ganz einfach! Mit der Staddi -App. Damit können Sie locker jede Rechnung scannen, und es regnet sofort STADDI-Punkte. Sind Sie auf Geschmack gekommen?

www.stadtzentrum-schenefeld.de

STADTZENTRUM SCHENEFELD

KURZ GEBRATEN

Bistro [ku'o:]

Treffen sich ein deutscher Fußballprofi und ein japanischer Übersetzer beim FC Bayern München und eröffnen ein japanisches Bistro in Hamburg. Kein Witz, sondern eine gute Idee! Ende Mai 2021 startete Profikicker Nils Petersen mit Geschäftspartner Kiyoshi Fujii in Eimsbüttel das Bistro [ku'o:] (jap.: Lass' essen!). Die Spezialität des kleinen Ladenlokals sind warme und kräftige Donburi-Reis-Schalen mit variierenden Beigaben und Toppings.

€ Osterstraße 91 (Eimsbüttel), Telefon 040 63604504, Di-Sa 11.30–14.30, 17–20 Uhr, EC-Karte, VISA, Mastercard; Osterstraße U2; bistro-kuo.de

Das Team des Herr He richtet gern mit Augenzwinkern an

Dim Sum Haus

Im 1964 eröffneten und somit ältesten chinesischen Restaurant der Stadt werden kantonesische Spezialitäten zubereitet. Hier gibt es die „kleinen Herzwärmer", Dim Sum, in allen Variationen: gefüllt mit Fleisch, Krabben, Garnelen oder in fleischloser Variante. Neben den Teigtaschen hält die Speisekarte im Dim Sum Haus tranchierte Pekingente, Nudeln und Suppen sowie allerlei Spezialitäten mit Seafood bereit.

€€€ Kirchenallee 37 (St. Georg), Telefon 040 2802312, Mo-Fr 12–15, 17.30–23, Sa-So 13–23 Uhr, EC-Karte; Hauptbahnhof alle Bahnlinien; restaurantchina.de

East Restaurant

Fünf-Sterne-Hotel, Lounge-Bar, hippe Partys und ein Restaurant mit euro-asiatischer Fusionsküche: Als das East 2004 eröffnete, war dieser Standard selten auf St. Pauli, und so wurde die umgebaute Eisengießerei schnell zum Szenetreffpunkt. Der Service ist zuvorkommend und fachkundig. Wer hier zu Gast ist, darf sich auf gehobene Küche freuen. Im Outfit sollte sich dies übrigens widerspiegeln – der Dresscode: casual elegant.

€€€€ Simon-von-Utrecht Straße 31 (St. Pauli), Telefon 040 309930, Mo-Fr 7–10.30, 14–22, Sa-So 7–12, 14–22 Uhr, EC-Karte, VISA, Mastercard, Amex; Reeperbahn S1, S2, S3; east-hamburg.de

Gao Kitchen

Die Gao Kitchen in St. Georg kann asiatisch. Das kleine Restaurant unter vietnamesischer Führung hat nach rechts und links über den Tellerrand hinausgeguckt und meistert Thai-Style, japanische Soßen und Tiger-Bier aus Singapur mit Leichtigkeit. Die Speisekarte hält, was sie verspricht: Tolle frische Gerichte aus Fisch oder Fleisch oder vegan mit viel Gemüse, Koriander und Zitronengras sowie hausgemachte Limonaden erzeugen ad hoc Fernweh nach sehr weit weg.

€€ Lange Reihe 81 (St. Georg), Telefon 040 30728029, Mo-So 11–23 Uhr, nur Barzahlung; Gurlittstraße Bus 6, Bus 17; gaokitchen.de

Hanmi

Unweit der Reeperbahn liegt dieses hallenartige Restaurant mit traditioneller koreanischer Küche, die auch von vielen Asiaten sehr geschätzt wird. Hanmi bedeutet „Schönheit Koreas". Das Restaurant ist bekannt für seine Grillgerichte, die man selbst am Tischgrill zubereitet. Aber auch die Spezialitäten direkt aus der Küche sind sehr zu empfehlen. Für den steigenden Spaßpegel gibt es hier eine große Auswahl koreanischer Alkoholika.

€€ Kleine Seilerstraße 1 (St. Pauli), Telefon 040 78010777, Di-So 11.30–15, 17.30–23 Uhr, EC-Karte, VISA, Mastercard; St. Pauli U3; hanmi.de

Herr He

Wer außen vor dem Restaurant Herr He steht, rechnet nicht damit, dass sich hinter dieser Fassade eine der besten chinesischen Küchen der Stadt verbirgt. Denn das Essen ist hier köstlich. So werden zum Beispiel die Dim Sums handwerklich hochwertig und präzise zubereitet. Das Restaurant ist minimalistisch, hell und freundlich. Unter den hohen Decken treffen Tische, die an Eiche rustikal erinnern, auf Bilder und verspielte Drucke aus China.

€€€ Ernst-Merck-Straße 10 (St. Georg), Telefon 040 243526, Mo, Mi-So 12–16, 17.30–22.30 Uhr, EC-Karte, VISA, Mastercard; Hauptbahnhof alle Bahnlinien

Ja Ăn

Das Ja Ăn ist kein Restaurant für Unentschlossene. Es gibt etliche Vorspeisen und diverse Rollen als Fingerfood, einige Tellergerichte aus Vietnam und Thailand sowie Sushi. Die Qualität des Essens entspricht dem Preisniveau: Es ist besser als im Imbiss, aber kulinarische Wunder sollte keiner erwarten.

€€ Klopstockplatz 3 (Ottensen), Telefon 040 52901973, Mo-Fr 11.30–22.30, Sa 12–23, So 12–22 Uhr, EC-Karte; Rathaus Altona Bus 2, Bus 12; jaan-hamburg.de

Kofookoo

Wer gern Speisen ausprobieren möchte, ist bei Kofookoo mit rund 130 verschiedenen japanischen und asiatischen Speisen gut aufgehoben. Am besten geht das bei dem „All you can eat à la carte". Dafür bekommen Gäste zwei Stunden Zeit mit jeweils 15 Minuten Pause zwischen den Gängen. Pro Runde dürfen fünf Speisen pro Person bestellt werden – abzugeben über ein iPad. Das Sushi ist qualitativ sehr hochwertig, und neben klassischen Maki und Inside-Out-Rolls sowie Sashimi gibt es auch besondere Variationen wie Furai Maki – frittiertes Sushi.

€€€ Neuer Kamp 31 (St. Pauli), Telefon 0151 20888866, Di-Fr 16.30–23, Sa-So 13.30–23 Uhr, EC-Karte, VISA, Mastercard; Messehallen U2; kofookoo.de

Kokomo Noodle Club

Robin Veithöfer, Moritz Buhmann und Fred Noel sind keine Typen, die Trends vorbeiziehen lassen. Erst haben die drei sich auf St. Pauli mit dem Burger-Laden Grilly Idol einen Namen gemacht, dann kam 2017 das Ramen-Restaurant Kokomo Noodle Club dazu. Die Brühen werden hier alle selbst gekocht und stehen zum Teil zwölf Stunden auf dem Herd. Vier verschiedene stehen zur Auswahl: Shio-Ramen auf Meersalzbasis, Miso-Ramen aus fermentierter Sojabohnenpaste, Shoyu-Ramen aus einem Sud basierend auf Sojasoße und Tonkotsu-Ramen aus Schweinebrühe.

€€ Clemens-Schultz-Straße 40 (St. Pauli), Telefon 040 52155970, Mo-Do 17.30–21, Fr 17.30–22, Sa 14–22, So 14–21 Uhr, EC-Karte; Reeperbahn S1, S3; kokomo-ramen.de

MÂU – Vietnamese Cuisine

Das MẬU in Eppendorf ist liebevoll im Stil der 80er-Jahre eingerichtet und versprüht Nostalgie. Im Sommer lassen sich aber auch draußen auf der schnuckeligen Terrasse die

FOTO: MARC SILL

QUAN36too

Vietnamesisches Restaurant

Stellen Sie Ihr kulinarisches Geschmackserlebnis aus unseren vielfältigen Tapas-Gerichten selbst zusammen. Nach unserem Glauben steht die Zahl 36 für Kreativität, Inspiration und Glück, deren Bedeutung perfekt in unseren authentischen Gerichten mit der kreativen Kombination von Gewürzen, Kräutern und frischen Zutaten widergespiegelt wird.

Kurze Mühren 6, 20095 Hamburg
Tel: 040 76 75 41 10
Öffnungszeiten: Mo - Sa : 11:30 - 22:00
So: 13:00 - 21:00
www.quan36toohamburg.de

3 x asiatisch vom Feinsten in Hamburg

CHAY-VEGAN

Veganes asiatisches Restaurant

"Chay" steht für körperliche Erleiterung und Seelenfrieden.
"Chay" ist Frieden für Menschen und alle Lebewesen.
"Chay" ist ein gesundes Leben für Körper, Geist und sogar Krankheitsheilung!

Lilienstraße 9, 20095 Hamburg, Tel: 040 847 093 56
Öffnungszeiten: Mo - Fr: 11:30 - 22:00 Sa: 13:00 - 22:00 So: geschlossen
chay-veganhamburg.de

CHINGU

Korea Food

Wähle dein koreanisches Lieblingsgericht bei uns und bestell es direkt nach Hause!

Kurze Mühren 13, 20095 Hamburg
Tel: 040 76 75 44 63
Öffnungszeiten: Mo - Sa : 12:00 - 21:00
So: geschlossen

KURZ GEBRATEN

amtlichen Portionen hervorragend verdrücken. Die Präsentation der Gerichte wie Gà Cà Ri (als Curry servierte marinierte Maishähnchenbrust) oder Mango-Kokos-Creme mit frischem Gemüse und Chili ist grandios.

€€ Martinistraße 14 (Eppendorf), Telefon 040 32860288, Mo-Do 12–23, Fr–Sa 12–24, So 12–22 Uhr, EC-Karte; Eppendorfer Marktplatz Bus 20; mau-restaurant.de

Momo Ramen

Kann es sein, dass ein paar junge „Langnasen" in Eimsbüttel Hamburgs beste Ramen-Nudelsuppen machen? Was Qualität und Bandbreite angeht, ist das freundliche Team von Momo Ramen ganz weit vorn. Und wer hier Authentizität mit Herkunft verwechselt, dürfte überrascht sein: Die Nudelsuppen sind chinesischen Ursprungs und wurden schon von japanischen Köchen lediglich adaptiert. Aus den tiefen Bowls, die sich hier mit Genuss auslöffeln lassen, spricht vor allem echte Begeisterung und Wertschätzung, ein tiefes Verständnis für die japanische Ramen-Kultur.

€€ Margaretenstraße 58 (Eimsbüttel), Telefon 040 46869185, Mo-So 12–22 Uhr, EC-Karte, VISA, Mastercard; Sternschanze S21, S31; momo-buns.de

Nakama

Was als Erstes im Nakama auffällt: die Wand voller winkender Glückskatzen, auf die man direkt zugeht, wenn man in dem stylishen Asia-Restaurant mit der großen Fensterfront in der Altstadt an seinen Platz geführt wird. Spätestens, wenn die ersten Drinks kommen, beginnt man ähnlich versonnen zu lächeln wie diese asiatischen Nippesfiguren. Die Fusionsküche besticht mit fancy Vorspeisen, Nudelsuppen und Hauptgerichten wie dem knusprig-gegrillten BBQ-Aal oder dem Sushi-Set Yasai.

€€€ Willy-Brandt-Straße 51 (Altstadt), Telefon 040 49205111, Mo-Do 11.30–15 und 17.30–22, Fr 11.30–15, 17–23, Sa 17–23 Uhr, EC-Karte; Meßberg U1, Stadthausbrücke S1, S3; nakama-hamburg.de

Nom

Hier überzeugt neben dem hübschen Ambiente auch das Preis-Leistungs-Verhältnis: sehr gute Qualität für wenig Geld. Die Gerichte sind angelehnt an die vietnamesische Streetfood-Küche. Es gibt Frühlings- und Sommerrollen, vietnamesische Eiernudeln und traditionelle Phos in verschiedenen Varianten.

€ Zeughausmarkt 17 (Neustadt), Telefon 040 50097120, Mo-Fr 11.30–22, Sa-So 12–22 Uhr, EC-Karte, VISA, Mastercard; Michaeliskirche Bus 16, Bus 17, Bus 37; nom-restaurant.de

Pho & Rice

Kurzurlaub gefällig? Das Pho & Rice kann vor allem bei all denen punkten, die den Vietnam-Urlaub vermissen. Nimmt man auf den bunten Metallstühlen Platz, fühlt man sich ein wenig wie an einem asiatischen Streetfood-Stand. Der Schwerpunkt der Speisekarte liegt hier auf vegetarischen und veganen Gerichten.

€ Kirchenallee 27 (St. Georg), Telefon 040 20966328, Mo-Fr 12–22, Sa-So 13–22 Uhr, nur Barzahlung; Hauptbahnhof alle Bahnlinien; phorice.de

Quan36

Im Quan36 wird die vietnamesische Küche gefeiert. Dabei spielen kleine Portionen eine besondere Rolle. Denn serviert werden hier Tapas. Häppchen also, wie sie in den Küchen im Südosten Asiens nur zu gern zubereitet werden. Und natürlich auf den Straßen, denn Streetfood ist in Vietnam aus der kulinarischen Kultur nicht wegzudenken. Ob gegrillter Tintenfisch, Grünschalen-Muscheln, Garnelen oder vegane Köstlichkeiten – im Quan36 kommt so ziemlich jeder Fan der asiatischen Küche zurecht. Wer keinen Platz findet: In der Innenstadt geht auf den zwei Ebenen des Quan36too sicher was.

€€ Schulterblatt 36 (Sternschanze), Telefon 040 60793963, Mo-Fr 11.30–22, Fr–Sa 11.30–22.30, So 12–22 Uhr, EC-Karte, VISA, Mastercard, Amex; Sternschanze U3, S11, S21, S31; quan36hamburg.de

Raw like Sushi & More

Im Fall dieses schicken asiatischen Restaurants in Eppendorf mit Schwerpunkt japanische Küche ist das „& More" nach „Raw Like Sushi" ein wertvoller Hinweis darauf, das hier auch jenseits von kaltem Rohfisch hochfeine Asia-Delikatessen angeboten werden. Nicht alles streng japanisch, dafür erstklassige Gaumenschmeichler.

€€ Martinistraße 5 (Eppendorf), Telefon 040 476731, Mo, Mi-So 18–23 Uhr, EC-Karte; Kellinghusenstraße U1; raw-like-sushi.de

Sala Thai

Sala – so bezeichnet man in Thailand einen offenen Pavillon, der als Treffpunkt und Rastplatz dient. Zum Treffen und Rasten lädt auch das Sala Thai am Kaiserkai ein: Wer einen Platz auf der Terrasse ergattert, speist mit Blick auf den Grasbrookhafen. Drinnen heißt es: Schuhe aus und ab auf den Boden! Denn neben normalen Tischen gibt es auch sogenannte Thai-Tables. Beim Würzen der Speisen wird laut Karte auf den deutschen Gaumen Rücksicht genommen.

€€€€ Am Kaiserkai 1 (HafenCity), Telefon 040 323909, Mo-So 12–23 Uhr, EC-Karte, VISA, Mastercard, Amex; Überseequartier U4; salathai.de

SuChi

Aus zwei mach' eins! In der lebhaften Wilhelmsburger Veringstraße teilen sich die Restaurants SuChi und WilliamsBurger die Küche und eine Fläche für die Gäste. Zwar ist die Speisekarte des WilliamsBurger wesentlich umfangreicher, soll dem SuChi jedoch nicht die Show stehlen. Besonders die Hauptspeisen sind empfehlenswert: Hot Duck Rolls oder Sushi-Platten mit den asiatischen Rollen in verschiedenen Variationen.

Es gibt Reis, Baby: Gericht aus dem Yoshi im Alsterhaus

FOTO: MARC SILL

Die Spezialitäten werden im SuChi-Style mit Chili-Popcorn garniert.

€€ Veringstraße 28 (Wilhelmsburg), Telefon 040 60859061, Mo-Do 17–22.30, Fr-Sa 14–23, So 14–22.30 Uhr, nur Barzahlung; Stübenplatz Bus 13; su-chi.de

Testsieger 2021: Geht's um den Garpunkt, macht dem Zipang keiner was vor

FOTO: JULIA SCHUMACHER

Tai Tan

Das Tai Tan liegt nur so mittelgut – zwar an der Elbe, aber genau an der gern von SUVs befahrenen Kopfsteinpflasterstraße zwischen „Hafenklang" und „Schellfischposten". Das Schöne aber ist: Durch den überaus warmen Service und die exzellenten Speisen vergisst man auch draußen sitzend den Lärm umgehend. Das Essen ist mindestens genauso appetitlich arrangiert, wie es schmeckt. Insgesamt ein empfehlenswertes Haus, in dem Thailand adäquat kulinarisch gewürdigt wird.

€€€ Große Elbstraße 100 (Altona-Altstadt), Telefon 040 41919594, Mo-Fr 12–15, 18–23, Sa 17–23 Uhr, EC-Karte, VISA, Mastercard; Königstraße S1, S3; taitan-restaurant.com

Tibet

Das Tibet gibt es schon viel länger als die Nachbarschaft gegenüber: die Mitte Altona. Es ist seit vielen Jahren eine Institution im Stadtteil. Hier bekommt man nicht nur tibetanisches Essen, sondern das volle Paket: Landeskunde, tibetanische Kultur und eine Prise Buddhismus.

€€ Harkortstieg 4 (Altona-Nord), Telefon 040 38611662, Di-Fr 17–22.30, Sa-So 12–15 und 17–22.30 Uhr, EC-Karte, VISA, Mastercard; Holstenstraße S21, S31; tibet-restaurant.de

Ume no Hana

Stilmix ist Programm, sowohl im Ambiente als auch auf der Speisekarte. Doch die Vielfalt an japanischen und vietnamesischen Köstlichkeiten sind hier ein charmantes Alleinstellungsmerkmal: Es geht vor allem um die Suppe, und zwar vietnamesische Pho und japanische Ramen. Beide Giganten können hier überzeugen – ein gelungener Spagat.

€ Thadenstraße 15 (St. Pauli), Telefon 040 43092979, Mo-So 12–22.30 Uhr, EC-Karte; Paulinenstraße Bus 17; umenohana.de

Vous

Seitdem das Vous 2018 in der belebten Gertigstraße eröffnet hat, ist es zum beliebten Treffpunkt vor allem beim jüngeren Publikum geworden. Das Geheimrezept: kreative asiatische Tapas zu coolen Drinks in entspannter Atmosphäre. Die Tapas sind immer frisch und schmecken sensationell.

€€€ Gertigstraße 7 (Winterhude), Telefon 040 36901488, Mo-Fr 12–15, 17.30–22.30, Sa-So 17.30–22.30 Uhr, nur Barzahlung; Gertigstraße Bus 6, Bus 17; vousrestaurant.com

Wat Dat Pho

Wer einen Ausflug nach Wilhelmsburg plant, sollte unbedingt im Wat Dat Phở einkehren. Die stundenlang köchelnde Brühe bildet die Basis der traditionellen vietnamesischen Suppe, die man hier unbedingt probieren sollte!

€€ Veringstraße 157 (Wilhelmsburg), Telefon 040 30761822, Di-Fr 11.30–15, 17–23, Sa 14–23, So 12–23 Uhr, EC-Karte, VISA, Mastercard, Amex; Krankenhaus Groß-Sand Bus 13; watdatpho.de

Yong korean

Bei der Einrichtung setzen die Betreiber des koreanischen Restaurant Yong auf die Mischung aus Jugendstilcharme, cooler indirekter Barbeleuchtung und von der Decke hängenden Sonnenschirmen. Statt den Tischgrill-Vorreitern KimChi oder Hanmi nachzueifern, gibt es exzellent zubereitete „einfache" Gerichte wie Bibimbap und Co.

€€ Schulterblatt 92 (Sternschanze), Telefon 040 4304458, Di-Sa 12–23, So 14–23 Uhr, EC-Karte, VISA, Mastercard, Amex; Sternschanze U3, S11, S21, S31; yong-korean.de

Yorisa

Liebhaber von Wein und Bier könnten enttäuscht sein: Hier im kompakt-minimalistischen Asia-Restaurant Yorisa in Winterhude gibt es nur alkoholfreie Getränke – dafür aber unfassbar leckeres Bibimbap.

€ Hudtwalckerstraße 28 (Winterhude), Telefon 0152 24866413, Di-Fr 12–15.30, 17–20.30, Sa 13.30–16, 17–20.30 Uhr, nur Barzahlung; Hudtwalckerstraße U1; yorisa.de

Yoshi im Alsterhaus

Frau Yoko Higashi ist Ikebana- und Sushi-Meisterin mit einem spannenden Lebensweg. Unter anderem war sie Tänzerin im Ensemble der legendären Choreografin und Ballettdirektorin Pina Bausch. Kaum irgendwo in Hamburg findet sich eine authentischere japanische Küche als hier in ihrem weitläufigen Kaiseki-Restaurant Yoshi im Alsterhaus in der Innenstadt: authentisches Sushi in Perfektion, aber auch Klassiker wie Nabe, ein Hot Pot mit viel Gemüse und Lachs, der tief würzig und gleichzeitig leicht ist.

HANSEPERLE 2021 €€€€ Jungfernstieg 16-20 (Neustadt), Telefon 040 360 99999, Mo-Sa 12–22 Uhr, EC-Karte, VISA, Mastercard; Jungfernstieg alle Bahnlinien; yoshi-hamburg.de

Zipang

Er gehört zu den stillen Stars und ist doch einer der besten japanischen Köche, die wir haben: Toshiharu Minami kombiniert den klassischen Kanon seiner Heimatküche mit kreativen Ideen und modernen Interpretationen. Japanisch-europäische Fusion – sein Stil ist einzigartig in Hamburg. Mittags gibt es hier günstige Lunch-Menüs, klassische Donburi-Reisschalen und Hausmannsgerichte von bester Qualität. Abends wandelt sich das elegant minimalistisch gestaltete Zipang in ein Fine-Dining-Restaurant.

TESTSIEGER 2021 €€€ Eppendorfer Weg 171 (Hoheluft), Telefon 040 43280032, Di-Sa 12–14, 18.30–22 Uhr, EC-Karte, VISA, Mastercard; Eppendorfer Weg Bus 5; zipang.de

Das syrische Nationalgericht Kibbeh mit Salat, Granatapfelkernen und Pistazien darf auf der Karte des Saliba nicht fehlen

Orient

Grandiose Gewürze, geniale Gerüche, angerichtet wie in Tausendundeiner Nacht: Das ist der Orient. Kulinarisch sind die libanesische, syrische oder afghanische Küche in Hamburg so richtig auf der Überholspur

Békaa

Feine libanesische Küche in gemütlicher Atmosphäre

Zwischen Fernsehturm und Grindelviertel befindet sich ein wenig versteckt eine Perle der libanesischen Küche Hamburgs. Das Békaa in Rotherbaum ist ein gemütliches Souterrainrestaurant, in dem man die Gerichte des Landes in kuscheliger Atmosphäre serviert bekommt. Wir entscheiden uns für eine Vorspeisenplatte mit sieben vegetarischen Schälchen (12,50 Euro), bei denen vor allem Hummus und Taboulé herausstechen. Bei den Hauptgängen gehen wir einmal Richtung Fleisch, einmal Richtung See: Mein Al Bascha (20 Euro), Lammfiletmedaillon auf Granatapfelsoße mit Gemüse und Safranreis, ist punktgenau zubereitet ein Genuss. So geht es auch meinem Gegenüber mit Kredes (19,50 Euro), zwei großen Tigergarnelen auf frischer Zitronen-Koriander-Soße mit Reis und Salat. Was uns überrascht: Wir hätten mehr Aromen, mehr Intensität erwartet. Eine Überraschung der positiven Art jedoch das Dessert: Katayef (8,50 Euro), gefüllte Teigtaschen mit süßem orientalischen Käse an Zimteis. Ein guter Abschluss eines ordentlichen, aber nicht überragenden Abends, der auch ein wenig unter der flapsigen Servicekraft litt. Der „Ich parliere kokett mit kichernden Rentnerinnen über 75"-Ton und Dreiviertel-freundliche Ansagen wie „Passen Sie auf, dass Sie nichts runterschmeißen" sind nicht jedermanns Geschmack – unserer war's nicht. MF

AMBIENTE ●●●●○ SERVICE ●●●○○
KÜCHE ●●●●○ PREIS-LEISTUNG ●●●●○

€€ Rentzelstraße 50 (Rotherbaum), Telefon 040 454975, Mo-Sa 18–23 Uhr, EC-Karte, VISA, Mastercard, Amex; Grindelhof Bus 4, Bus 5; bekaa.de

Beiti

Schawarma unter Sternen

Die Lobhudelei aus dem Freundes- und Bekanntenkreis klang verheißungsvoll. „Beiti? Großartig!" – „Supergemütlich!" – „Lieben wir!" Also hin zum angeblich „besten libanesischen Restaurant der Stadt". Tatsächlich ist das Beiti eine kleine gastronomische Wohlfühloase. Feine Fliesenmosaike zieren die Wände ebenso wie allerhand offene Holzregale, in denen der Rotwein schon bereitsteht, von der Decke leuchten riesige Lampen in Sternenform. Ein bisschen Beirut. Das verspricht auch die Speisekarte. Wir starten mit Mesa – sieben kalten Schälchen (13,50 Euro). Leider sind der Oliven- und der Auberginensalat, die Bohnen in Tomatensoße, das Sumakbrot, die Dips, nun ja, eigentlich alles: eher solide. Die Hauptgänge müssen mehr können. Und das können sie. Schawarma (15,50 Euro) mit Hähnchenfleisch, Salat, Thymiankartoffeln und Hummus ist nicht nur eine ordentliche Portion, sondern auch der „unvergessliche Augen- und Gaumenschmaus", den die Karte bereits bei den Schälchen versprochen hatte. Die Grillplatte (20,50 Euro) hat es ebenso in sich, wenn auch die Pute, das Hähnchen und das Lamm vom Rost besser sind als die hausgemachten Lammwürstchen, die es im Beiti auch als Gericht für sich gibt (Makanek). Als Dessert kommt Baklava mit gehackten Walnüssen und Zimteis. Das ist mittelspannend, wird aber in Form der Deckenbeleuchtung gereicht und erinnert daran, wie schön es hier ist – was vielleicht auch die Lobhudeler am meisten abgespeichert hatten. EBH/JT

AMBIENTE ●●●●○ SERVICE ●●●●●
KÜCHE ●●●○○ PREIS-LEISTUNG ●●●●○

€€ Alsterdorfer Straße 76 (Winterhude), Telefon 040 69459970, Mo-Sa 17–23 Uhr, EC-Karte; Lattenkamp U1; beiti-hamburg.de

Bistro L'Emir

Libanesisches Lädchen

Ein Bistro ist keine Kneipe. Auch kein Restaurant. Ein Bistro liegt dazwischen, auch größenmäßig. Nichts Neues, schon klar, aber im Fall vom Bistro L'Emir womöglich kein ganz unwichtiger Einstieg. Denn wer plant, den libanesischen Laden für eine ausgedehnte Familienfeier zu besuchen, sollte wissen: Er ist mini. Gut 15 Gäste haben Platz – und dann ist es schon kuschelig. Dafür ist das L'Emir eine Art Definition von „klein, aber fein". Die Wände und Decke in weiß und zartrosa gehalten, baumelt ein schlicht schicker Kronleuchter über dem Hingucker aller L'Emir-Möbel: einem langen grünen Samtsofa. Zum Essen: Unsere Vorspeise Mazza sind acht hübsch angerichtete Schälchen (15 Euro) mit Hülsenfrüchten, Gemüse, Kräutern, Nüssen und Gewürzen, die etwa aus einem Linsen-Radieschen-Mix richtig was rausholen. Hauptgericht Nummer eins: Lahme w Jibne (28,50 Euro). Das ist unaufgeregt gemachtes neuseeländisches Lammfilet mit Schafskäse-Soße, gerösteten Mandeln und Cashews, Gemüse und Basmatireis. Kein Geschmackshammer, aber gut. Hauptgericht Nummer zwei: Samak (19 Euro). Zart, zarter, am zartesten ist das Doradenfilet, das mit frischen Pankogarnelen, Tomaten-Oliven-Soße, Koriander, Gemüse und Basilikum-Kartoffelpüree kommt. Stark! Ebenso wie die trotz proppenvollem Mini-Lädchen tiefentspannte Bedienung. Aufs Haus geht am Ende noch ein bisschen Baklava mit Beeren. Auch da bleibt L'Emir sich treu: klein, aber fein. EBH/JT

AMBIENTE ●●●○○ SERVICE ●●●●○
KÜCHE ●●●●○ PREIS-LEISTUNG ●●●●○

€€€ Gertigstraße 23 (Winterhude), Telefon 040 18054740, Mo-Fr 12–22, Sa 17–22 Uhr, EC-Karte, VISA, Mastercard, Amex; Gertigstraße Bus 6, Bus 17; bistrolemir.de

FOTO: JULIA SCHUMACHER

Golden Kebab

Türkisches Streetfood

Anfang 2022 hat in Eimsbüttel eine weitere Filiale von Golden Kebab eröffnet. Ein Katzensprung von der Osterstraße entfernt trifft man in dem türkischen Restaurant bereits auf Stammgäste und die, die es wahrscheinlich noch werden. Als wir das Lokal betreten, herrscht dort ein wenig Imbiss-Atmosphäre. Eine Freundesgruppe hat sich zum Abendessen verabredet. Der Geschäftsführer ist auch mit seiner Familie anwesend. Im Laden selbst wird zunächst türkische Musik gespielt – eine Weile später tönen 80er-Hits aus den Boxen. Trotzdem ist es recht gemütlich. Das Lokal hat zwei große Fensterfronten, die nach Belieben auf- und zugeschoben werden können – das verspricht gerade in lauen Sommernächten ein echter Pluspunkt zu sein. Wir besuchen Golden Kebab zur Ramadan-Zeit und können von unserem Tisch aus beobachten, wie die Familie nach Sonnenuntergang ihr Abendessen genießt. Auch wir genießen: Uns schmeckt der Köfte-Teller (Izgara Köfte), der mit Reis, Bulgur und scharfer Soße serviert wird, sehr gut (16,50 Euro). Auch der umfangreiche gemischte Mezze-Teller (13,90 Euro) mit Tsatsiki, Baba Ganoush, scharfer Soße und Feta mit schwarzen Oliven und grüner Peperoni schmeckt hervorragend. Joghurtdip, scharfe Soße und Brot gibt es hier übrigens vorweg aufs Haus, ebenso den Tee zum Abschluss. Die köstlichen Baklava (drei Stück für 4,50 Euro) lassen wir uns als kleines Betthupferl auf der heimischen Couch schmecken. KS

AMBIENTE ●●●○○ SERVICE ●●●●●
KÜCHE ●●●●○ PREIS-LEISTUNG ●●●●○

NEU! €€ Stellinger Weg 10 (Eimsbüttel), Telefon 040 28234292, Mo-Sa 10–22, So 11–22 Uhr, EC-Karte; Osterstraße U2; golden-kebab.de

Hala

Schwelgen im Morgenland

Beeindruckend engagiert hat die Hala-Crew die Pandemie durchstanden. Pizza, Bowls, Sushi – wie geschaffen für Lieferungen. Aber Mezze, die köstlichen Tapas und liebevoll inszenierte Tellergerichte per Speisen-Taxi aus dem Morgenland auf den heimischen Esstisch? Mit Gästen haben wir's genussvoll erprobt und seitdem dank perfekter Logistik mehrfach wiederholt. Und doch freuen wir uns sehr auf die Rückkehr in die Heimstatt libanesischer Kulinarik am Bahnhof Othmarschen. Das Wiedersehen feiern wir mit der großen Starter-Vielfalt in der kalten Variante (26,50 Euro). Die Zwölfer-Auswahl wartet mit Veggie-Knallern wie marinierter Bete, Hummus, geräuchertem Auberginenmousse (Baba Ghanousch) und Champignons mit Harissa auf. Alle probieren alles – und schwelgen in intensiven Geschmackswelten. Stets harmonisch abgestimmt, nie zu scharf, nie zu speziell. Großzügig sind die Hauptgerichte portioniert. Die Entenbrust planscht mit Gemüse-Sauté und Thymiankartoffeln in einer Soße von Aprikosen, die gegrillte Aubergine begeistert mit Minzhack-Füllung (27 Euro) und Koriander-getunter Joghurtsoße (22 Euro). Seine Aufmerksamkeit verteilt der Service paritätisch auf die Tische. Nebenan knutschen verliebte Twens, zwei Freundinnen um die 60 feiern die Corona-Lockerungen, eine Vierergruppe wirkt mit dem Team sehr vertraut. Die respektable Weinauswahl beflügelt die gastfreundschaftliche Atmosphäre. Die Libanon-Importe lohnt es sich unbedingt zu probieren. Vom Hamburger Westen aus überzeugt die Hala-Family mittlerweile auch am Grindel und in der City mit ihren gastronomischen Wohltaten. MO

AMBIENTE ●●●●○ SERVICE ●●●●●
KÜCHE ●●●●● PREIS-LEISTUNG ●●●●●

€€€ Beselerplatz 11 (Groß Flottbek), Telefon 040 88167787, Mo-Fr 12.30–14.30, 17.30–23, Sa 17–23 Uhr, EC-Karte, VISA, Mastercard; Othmarschen S1; restaurant-hala.de

So schön: Augenschmaus im L'Amira in Farmsen

L'Amira

Hier wird Farmsen zum Orient

Farmsen-Berne war bisher für mich ein weißer Fleck auf der kulinarischen Landkarte Hamburgs. Das sollte sich an einem Samstagabend, als wir dem L'Amira einen Besuch abstatten, ändern. Bisher war mir die syrische Küche überwiegend durch Mazza bekannt, die weltberühmte syrische Vorspeise des Orients. Und damit beginnen wir auch den Abend im L'Amira. Beim Mazza (11,90 Euro in der Vorspeisenvariante) kommen acht kleine Schälchen mit Leckereien wie Hummus, Rote Bete und Baba Ghanoush (Püree aus Auberginen und Sesampaste) auf den Tisch. So viele unterschiedliche Gewürze und so viele verschiedene Geschmacksnuancen – absolut lecker! Zusammen mit dem dargereichten Fladenbrot sind wir schon vor dem Hauptgang gut gesättigt. Das Restaurant füllt sich Stück für Stück und schon bald ist jeder Tisch besetzt. Es herrscht eine angenehme Atmosphäre und die ganze Szenerie des Restaurants inklusive der Bedienung wirkt absolut authentisch. Als Hauptgericht lasse ich mir das gegrillte schwarze Perlhuhnfilet (16,90 Euro) auf Pflaumen-Orangen-Soße mit Gemüse und Rosmarinkartoffeln schmecken. Besonders die Soße hat es mir angetan. Sie stellt mit ihrem süßlichen Geschmack und einer feinen Säure einen tollen Kontrast her. Die syrische Küche ist auch für ihren aufwendigen Süßspeisen bekannt, aber auf die müssen wir aus Platzgründen im Bauch heute leider verzichten. Wem Farmsen zu weit vom Schuss ist, kann ein zweites L'Amira-Restaurant auch am Steindamm in St. Georg besuchen. MH

AMBIENTE ●●●●○ SERVICE ●●●●○
KÜCHE ●●●●● PREIS-LEISTUNG ●●●●●

€€€ Neusurenland 101 (Farmsen-Berne), Telefon 040 73088653, Mo-Do 11.30–23.30, Fr-Sa 11.30–24, So 10–23.30 Uhr, EC-Karte, VISA, Mastercard; Neusurenland Bus 27, Bus 368; lamira-farmsen.de

FOTO: MARC SILL

Voller Genuss!

Genießen Sie das Leben im L'Orient: Ob ein Mittagessen, auf kulinarischer Erlebnisreise beim Menü am Feierbend oder mit dem Mazza-Mosaik nach dem Kino - Sie werden verzaubert sein!

L'Orient
RESTAURANT LIBANAIS

Ottensen
Bahrenfelder Str. 172 · 22765 Hamburg
www.restaurant-lorient.de

Eimsbüttel
Osterstr. 146 · 20255 Hamburg
www.restaurant-lorient.de

Winterhude NEU
Jarrestr. 22 · 22303 Hamburg
www.lorient-winterhude.de

Orientalische Küche in Perfektion: Der Zimt-Pimentreis mit Auberginen und Nüssen auf Joghurt-Minz-Sauce ist im Saliba auf jeden Fall eine Sünde wert

Genuss GUIDE
DER SZENE HAMBURG
TESTSIEGER
2022/2023

Saliba

Alles richtig gemacht!

Das Saliba begeistert seit 1985 mit seiner syrischen Küche und genießt weit über die Grenzen der Stadt hinaus einen hervorragenden Ruf. Der lockt auch uns an diesem Abend mal wieder in die Hamburger Innenstadt, direkt in die traditionsreichen Alsterarkaden. Wir werden mit viel Charme und Höflichkeit willkommen geheißen. Über eine kleine Wendeltreppe gelangen wir in den Restaurantbereich, der eine orientalische und warme Atmosphäre ausstrahlt und das auf eine angenehm dezente und zurückhaltende Art und Weise. Das ist auch gut so, denn so leuchten die liebevoll angerichteten Speisen noch farbenfroher auf den Tellern vor uns. Zu Beginn genießen wir vegetarische Mazza (21 Euro), gereicht in acht kleinen Schälchen, jedes unfassbar lecker und fein abgestimmt. Wir sind begeistert. Unsere Hauptspeisen stehen diesem in nichts nach: Maakloube (22 Euro) ist ein Auberginen-Zimt-Pimentreis mit Datteln, Mandeln, Cashewkernen, Rosinen, Pinienkernen, Granatapfelkernen und verschiedenen Gemüsen in einer Joghurt-Minze-Soße, und hinter dem Gericht Schaourma (24 Euro) verbirgt sich eine perfekt marinierte Maispoularde. Eigentlich schon glücklich und fein gesättigt, lassen wir uns hinreißen und bestellen sündhaft leckere Blätterteigstückchen (8,80 Euro) zu einem arabischen Mokka mit Kardamom. Wir bereuen nichts. Hier stimmt einfach alles, vor allem auch der unglaublich sympathische und aufmerksame Service. Liebes Saliba, seit Jahren macht ihr alles richtig! FS

AMBIENTE ●●●●● SERVICE ●●●●●
KÜCHE ●●●●● PREIS-LEISTUNG ●●●●●

€€€ Neuer Wall 13 (Neustadt), Telefon 040 345021, Mo-So 11–22 Uhr, EC-Karte, VISA, Mastercard, Amex; Jungfernstieg alle Bahnlinien; saliba.de

FOTOS: JULIA SCHUMACHER

Wadie Saliba (v. l.), Hanna Saliba und Alexander Mudjadidi halten die Qualität im 1985 eröffneten Saliba hoch

L'Orient

Kurzurlaub im Morgenland

Mitten in der Woche treten wir unseren Kurzurlaub in den Libanon an. Mit leichtem Gepäck und ohne Badetuch, denn eigentlich befinden wir uns im Herzen Ottensens statt an der Mittelmeerküste. Das L'Orient liegt direkt am lebhaften Alma-Wartenberg-Platz, doch sobald wir durch die Tür des libanesischen Restaurants treten, ist der Trubel vergessen. In aller Ruhe studieren wir die übersichtliche Karte und schärfen unsere Sinne, denn die werden in der libanesischen Küche besonders angesprochen. Das Sechser-Ensemble bunter Mezze (12,90 Euro) lässt uns hörbar schwärmen: Falafel, fein abgeschmeckte Taboulèh und sogar ein vermeintlich reizloser Apfel zeigt durch Rosenwasser, Minze und Ingwer überraschend neue Facetten. Endgültig entzückt sind wir vom Lahmeh bel Looz: neuseeländisches Lammkarree unter Mandel-Kruste auf einer Schafskäse-Basilikum-Soße (28,90 Euro), zu dem uns der aufmerksame Kellner Rosmarinkartoffeln empfiehlt. Alle Komponenten sind ideal aufeinander abgestimmt, ohne den Eigengeschmack des butterweichen Lammfleischs zu übertünchen. Ähnlich verhält es sich mit unserer Begeisterung für die französische Maispoulardenbrust mit Dattel-Creme und Walnussfüllung (17,50 Euro), die auf einer fruchtig-herben Aprikosen-Orangensoße serviert wird. Abgerundet wird unser Besuch mit einem Gruß aus der Küche, sodass wir überraschend in den Genuss eines cremigen Mandeleis' mit einem kleinen Küchlein kommen und dann zufrieden den Heimweg antreten. KG

AMBIENTE ●●●●● SERVICE ●●●●○
KÜCHE ●●●●● PREIS-LEISTUNG ●●●●●

TESTSIEGER 2021 **€€€ Bahrenfelder Straße 172 (Ottensen), Telefon 040 60785747, Mo-So 12–23 Uhr, EC-Karte; Altona, S1, S3, S31; restaurant-lorient.de**

♿ 🪑 ☼

Mazza

Götter der Gewürze

Stylishe Kronleuchter, kräftige Wandfarben, viel dunkles Holz. Wow, schon das Ambiente des Mazza macht ordentlich was her. Das Restaurant ist in einem wunderschön sanierten Altbau beheimatet. Wer die steile Treppe geschafft hat, taucht für ein paar Stunden in eine orientalische Welt ein. An der Vorspeisenvariation für 16,50 Euro pro Person geht kein Weg vorbei. Also her mit den unzähligen Schälchen, die ohne lange Wartezeit in einer Art Zeremonie vor uns platziert werden. Zu jeder kleinen Köstlichkeit gibt's ein paar erklärende Worte. Und es wird hauchdünnes, noch warmes Brot gereicht. Wir feiern Petersilien-Salat, Couscous, Joghurt-Minz-Dip und dicke Bohnen. Und lassen uns ordentlich Zeit, hier gibt es keinen ungeduldig zum Tisch schielenden Kellner. Die als Hauptgericht georderten Lammwürstchen (18,50 Euro) kommen mit Sesamsoße und Tomatensalat und sind wunderbar würzig. Dazu gibt's Harissa-Kartoffeln, um die wir uns fast prügeln – weil einfach zu lecker! Auf dem Teller gegenüber geht's etwas leichter zu. Dort liegt die Perlhuhnbrust (22,50 Euro) auf einem Püree aus Linsen und Kartoffeln nebst Blattspinat und einem Hauch Granatapfel. Harmoniert alles prima. Vielleicht hätte das edle Huhn ein Minütchen weniger Hitze haben können. Aber das ist fraglos Jammern auf hohem Niveau, denn geschmacklich gibt es an diesem Abend im Mazza überhaupt nichts auszusetzen. Hier sind Götter der Gewürze am Werk. Bessere libanesische Küche ist in Hamburg ganz sicher schwer zu finden. Und von Ambiente bis Service stimmt eh alles. AND

AMBIENTE ●●●●○ SERVICE ●●●●●
KÜCHE ●●●●○ PREIS-LEISTUNG ●●●○○

€€€ Moorkamp 5 (Eimsbüttel), Telefon 040 2841917, Di–So 18-23 Uhr, EC-Karte, VISA, Mastercard; Schlump U2, U3; mazza-hamburg.com

🪑

Die Vorspeisenvariation im Mazza bietet ein Feuerwerk der Farben und Aromen

VIP TESTER

Michel Abdollahi
Journalist, Moderator und Künstler
Impresario Polittbüro
Getestet: Qasr, Salt & Silver Levante (Szene-Läden)

Lieblingsrestaurant Mich trifft man regelmäßig im The Greek. Ich liebe die Atmosphäre und einen echten Griechen ohne Berge an Fleisch und Pommes. Dazu noch diese sagenhaften Weine, die keiner hat, mehr geht nicht.

Lieblingsbar Seit Jahren das Irish Rover am Großneumarkt.

Besondere Anlässe feiere ich am liebsten ... Zu besonderen Anlässen wird selbst gekocht. Wo kämen wir denn da hin!

Essen gehen ist für mich ... tatsächlich nicht so wichtig. Die Gesellschaft zählt.

Ein Leben ohne Gastro wäre ... ein Grund, sich einer Marsmission anzuschließen. Was wollen wir dann hier noch?

Zum Frühstücken gehe ich gern ins ... Frühstück ist für kleine Kinder.

Ein Tipp für Kaffee, Kuchen, Cupcakes? Also, der Kuchen im Kraweel ist schon ziemlich geil!

Mitri Saliba

Versteckte Perle

Das syrische Restaurant Mitri Saliba liegt unscheinbar zwischen den Bürogebäuden der Hamburger Altstadt. Tagsüber ist hier unweit der Mönckebergstraße wahrscheinlich einiges los, als wir an einem Samstagabend in die Straße einbiegen, sind wir jedoch weit und breit die einzigen Menschen. Und die bleiben wir auch den Abend über im Restaurant. Was sich zunächst komisch anfühlt, wird von dem tiefenentspannten Kellner, der gleichzeitig unser Koch ist, kompensiert. Ein bisschen ist es so, als würden wir bei einem guten Freund in der Wohnung sitzen. Einem Freund,

FOTO: MARC SILL (U.) ASJA CASPARI (O.)

Im Mitri Saliba zeigt sich, wie farbenfroh die syrische Küche sein kann

der wirklich sehr, sehr gut kochen kann! Denn was uns da auf den Tisch gestellt wird, lässt das ein bisschen zusammengewürfelte Interieur und den Blick auf die grauen Gebäude gegenüber schnell vergessen: Die vegetarischen Mazza (13 Euro) überraschen als Vorspeise mit spannenden Gewürzen und Konsistenzen. Als Hauptgericht gibt es köstliche, fast auf der Gabel zerfallende gebratene Auberginen in Tomaten-Piment-Soße auf saftigem Mandelreis und gedünstetem Gemüse (13 Euro). Ein veganer Traum! Das Sesamhähnchen (13 Euro) ist wunderbar zart, köstlich gewürzt und kommt mit einem knackig-frischen Weißkohlsalat. Unser „Freund", der Koch, meint es anscheinend gut, die Gerichte sind groß, wir schaffen am Ende leider nicht alles. Die zwei Anisschnäpse, die wir aufs Haus bekommen, helfen jedoch beim Verdauen. Voll und glücklich, diese kleine Perle in der Innenstadt gefunden zu haben, stolpern wir aus dem immer noch leeren Laden. Aber irgendwas sagt uns, dass das wahrscheinlich eher die Ausnahme war … AM

AMBIENTE ●●●○○ SERVICE ●●●●●
KÜCHE ●●●●● PREIS-LEISTUNG ●●●●●

€€ Gertrudenstraße 2 (Altstadt), Telefon 040 76793759, Mo-Fr 11.30–23, Sa 15–22 Uhr, EC-Karte; Mönckebergstraße U3; mitri-saliba.de

Morgenland

Wo Essen Kunst ist

„Ein Gesamtkunstwerk", sagt der Kellner und grinst augenzwinkernd. Im Morgenland sieht selbst die Kumpir hübsch aus, die er an unseren kleinen Tisch in dem in einem Souterrain gelegenen schummrigen Hinterraum bringt. Die beliebte Imbisskartoffel thront in ihrer taubenblauen Porzellanschüssel, die knusprige Schale aufgebrochen, während aus ihrem dampfenden Inneren feuerrote Ezme-Soße quillt. Die Kumpir Agadir (7,90 Euro) ist gefüllt mit Kichererbsen, Halloumi-Brocken und ein bisschen Rucola und ist der gut gewürzte, sättigende Hauptgang. Dabei ist gar nicht mehr so viel Platz im Magen. Schließlich wurden uns im Hinterraum des kleinen Restaurants, das auf orientalisches Streetfood spezialisiert ist, zuvor gerade vier Sorten Mezze (9,90 Euro) serviert. Besonders die Paprika-Walnuss-Creme und die Mandel-Oliven-Creme wurden bis zum letzten würzigen Krümel mit dem duftenden, warmen Kräuterbrot aus den kleinen Schalen getunkt. Ich bin begeistert von der Freundlichkeit, dem Ort, der eine sanfte Gemütlichkeit ausstrahlt. Von dem zweiten Hauptgericht namens „Ibo Jan" (11,90 Euro), Hähnchenbrustfilet mit orientalischer Tomatensoße mit grünen Linsen zu Basmatireis mit Safran, haben wir hingegen mehr erwartet. Das Fleisch hat für unser Empfinden einen zu starken Eigengeschmack, und die Soße könnte würziger sein. Dafür gibt es zum Abschluss noch einmal eine Portion Glücksgefühle, dank eines liebevoll mit Vanillesoße-Spritzern und Pistazienkernen dekorierten Baklavas (2,50 Euro). MAN

AMBIENTE ●●●●○ SERVICE ●●●●●
KÜCHE ●●●●○ PREIS-LEISTUNG ●●●●●

€ Pestalozzistraße 19 (Barmbek), Telefon 040 64568340, Mo-Fr 12–21, Sa 14–21, So 16–21 Uhr, nur Barzahlung; Barmbek S1, S11; morgenland-restaurant.de

VIP-TESTER
Michel Abdollah

Qasr

So muss persische Küche schmecken

Es gibt kaum Schlimmeres als einen Iraner seine eigene Küche testen zu lassen. Wir sind nörglige Menschen, uns kann man es im Grunde nie recht machen. Nicht, wenn es um die eigene Küche geht. Das Qasr (persisch für Schloss) in Hohenfelde macht aber alles richtig. Es schmeckt, wie es schmecken soll. Iraner essen im Restaurant meistens das, was man zu Hause nicht selbst macht: Tschelo Kabab Soltani, Lammspieße mit gegrillter Tomate (echte Iraner wissen: Wir lieben die Haut fast schon schwarz) und Basmatireis mit Safran natürlich (20 Euro). Wow! Saftig, reichlich, lecker. Dazu eingelegte Oliven, wie es sie nur im Iran gibt, mariniert mit Walnüssen und Granatapfelsirup (4,90 Euro) sowie Mast O'Mussir (3,90 Euro), dicker Joghurt mit Schalotten. So gut, dass der letzte Rest mit dem Finger aus der Schale geleckt werden musste. Das obligatorische Brot mit Schafskäse, Kräutern und Zwiebeln gibt es gratis dazu. Und auch hier wird nicht gegeizt: Bester Käse und eine Kräutermischung aus Petersilie, Minze und Estragon zeigen, dass man sich wirklich Mühe gibt. Im Qasr schmeckt es wie zu Hause. Hier weiß man, wie persische Küche schmecken muss. Wenn der Laden näher an mir dran wäre, ich wäre öfter da. Deshalb habe ich auch noch eine Portion mitgenommen. Wer die Küche meiner Heimat kennenlernen möchte, der ist hier goldrichtig.

AMBIENTE ●●●●○ SERVICE ●●●●○
KÜCHE ●●●●○ PREIS-LEISTUNG ●●●●○

€€ Lübecker Straße 119 (Hohenfelde), Telefon 040 28460810, Mo-So 12–23 Uhr, EC-Karte, VISA, Mastercard, Amex; Wartenau U1; qasr-restaurant.de

Zaytuna Restaurant

Eine echte Bereicherung

Unweit des Wandsbeker Marktplatzes, umgeben von Ein-Euro-Shops und Dönerläden, befindet sich eine echte Perle für syrisch-libanesische Küche: das Zaytuna. „The Taste Of Home" steht an der Tür, vom Koch bis zur Bedienung stammen hier alle aus Syrien. Überhaupt stimmt in dem im Juli 2021 eröffneten Restaurant einfach alles. Das Ambiente ist toll, die orientalische Einrichtung geschmackvoll, der Service schnell und freundlich und das superhübsch angerichtete Essen schmeckt wirklich vorzüglich. Wir schlemmen uns durch krosse Falafel mit cremigem Hummus (7,50 Euro) und Sambusek Lahme – frittierte Teigtaschen mit Lammhack, Pinienkernen und Wallnusskernen (6,50 Euro). Wir lecken uns noch genüsslich die Lippen, da kommt schon Nachschlag: Unser Kapseh bil Dajaj (mit Hähnchenfleisch, Gemüse, Rosinen und Nüssen servierter Basmatireis, 13 Euro) ist schön würzig, das Lammkotelett vom Holzkohlegrill (18 Euro) perfekt gegart. Der Muhallabia, ein arabischer Mandel-Milch-Pudding (5 Euro), bringt die Erkenntnis: Wir müssen wiederkommen. Auf der Speisekarte stehen noch so viele Köstlichkeiten, von denen wir noch nie gehört haben – Freekeh bil Dajaj zum Beispiel oder Molokhia bil Lahme –, die wir aber unbedingt probieren müssen. Das Zaytuna ist eine Bereicherung für Hamburgs Gastroszene. NW

AMBIENTE ●●●●○ SERVICE ●●●●○
KÜCHE ●●●●● PREIS-LEISTUNG ●●●●●

€€ Wandsbeker Marktstraße 27 (Wandsbek), Telefon 040 68914101, Mo-So 11–23 Uhr, EC-Karte, VISA, Mastercard, Amex; Wandsbeker Chaussee S1;

FOTO: MITRI SALIBA

KURZ GEBRATEN

Baris

Wer bei türkischem Essen nicht weiter denkt als an Döner, wird hier durch Vielfalt eines Besseren belehrt: Anatolische Spezialitäten, die muslimischen Speisevorschriften entsprechen, sind ebenso auf der Karte zu finden wie eine Auswahl an vegetarischen und veganen Alternativen. Seit mehr als 40 Jahren heißt das Baris seine Gäste mit der Friedenstaube im Logo willkommen.

€€ Lerchenfeld 48 (Uhlenhorst), Telefon 040 2299055, Di-So 12–24 Uhr, EC-Karte, VISA, Mastercard; Mundsburg U3; restaurantbaris.metro.biz

Bona'me

In kurdischer Sprache bedeutet der Name des Restaurants „unser Haus". Und das öffnen die Betreiber samt einsehbarer Küche für ihre Gäste, die der Zubereitung ausgefallener Speisen mit allen Sinnen folgen können. Mezze werden hier nicht als Bestandteil der Karte, sondern als Lebensart verstanden, und auf orientalische Kräuter und Gewürze legt man besonderen Wert.

€ Burchardstraße17 (Altstadt), Telefon 040 32870170, Mo-Fr 9–23, Sa 9–24, So 9–23 Uhr, EC-Karte, VISA, Mastercard; Jakobikirchhof (Mö) Bus 6, Bus 17, Bus 37; bona-me.de

Diggi Smalls

Hier gibt es keinen Ost-West-Konflikt, stattdessen eine ausgewogene Balance aus orientalischem Streetfood und US-amerikanischen Gerichten – passend zum von Studenten bevölkerten Grindelviertel. Orientalische Standards werden in ungewöhnlichen Varianten wie etwa Datteln-Rosen-Hummus angeboten. Und die vertragen sich bestens mit Dip-Abwandlungen aus dem sonnigen Kalifornien.

Hanseperle 2021 €€ Grindelallee 148 (Rotherbaum), Telefon 040 46993474, Mo-So 12–22 Uhr, EC-Karte, VISA, Mastercard; Grindelhof Bus 5; diggismalls.de

Fardi

Im Fardi wird nicht nur zum Essen geladen, sondern ganz nebenbei auch die jahrtausendealte Kultur Syriens vermittelt. Traditionelle Rezepte auf hohem Niveau verbinden sich mit frischen Ideen zur Haute Cuisine. Und während Minze, Safran und Pistazien die Hauptgerichte verfeinern, lockt eine opulente Weinkarte mit erlesenen Sorten aus dem Libanon und von syrischen Weinbergen.

€€€€ Hofweg 72 (Uhlenhorst), Telefon 040 36027440, Di-Do 18–23, Fr-So 17–23 Uhr, EC-Karte; Zimmerstraße Bus 6, Bus 17; fardi-hamburg.de

Köz Urfa

Mehr mitten im Leben geht kaum: Der Standort am Altonaer Bahnhof verspricht einen niemals versiegenden Strom hungriger Passanten. Die fleischlastige Karte bietet anatolische Spezialitäten aus der türkischen Stadt Urfa: Kebab, türkische Pizza und Künefe, eine warme Süßspeise. Das Wort „Schnellrestaurant" über der Tür wirkt da wie ein Überbleibsel aus einer anderen Zeit.

€€ Paul-Nevermann-Platz 2 (Altona-Nord), Telefon 040 30035826, Mo-So 8–3 Uhr, EC-Karte, VISA, Mastercard; Altona S1, S3, S31; kozurfa.de

Lokmam

Dem unlängst reichlich erfahrenen „social distancing" setzt man hier ausdrücklich „social dining" entgegen: Das Gemeinschaftliche beim Essen spielt eine große Rolle. Meze und Pide aus dem Holzkohlengrill oder Baklava werden geteilt, während lautstark getratscht und gelacht werden darf. Ob türkisches Frühstück, Brunch oder Events mit Musik – immer kommen hausgemachte Spezialitäten auf den Tisch.

€€ Susannenstraße 16 (Sternschanze), Telefon 040 4322527, Mo-Fr 9–1, Fr–Sa 9–3, So 9–1 Uhr, EC-Karte, VISA, Mastercard; Bernstorffstraße Bus 3; lokmam.de

LunaSel

Schawarma in der Tajine gefällig? Dahinter verbirgt sich ein in zahlreiche Gewürze eingelegtes Fleischgericht, gegart in einem tönernen Schmorgefäß. Im LunaSel verbindet sich französische Küche im Bistro-Stil mit mediterraner-levantinischer Kochtradition zu einer originellen Fusion. Noch ein Beispiel? Kibbeh, das sind Bulgurkroketten mit einer Hack-Walnuss-Füllung.

€ Bahrenfelder Straße 86 (Ottensen), Telefon 040 38634061, Mo-Sa 12–24 Uhr, EC-Karte, VISA, Mastercard, Amex; Hamburg-Altona S1, S3, S31; lunasel.eatbu.com

Mansaaf

Benannt nach einem palästinensischen Nationalgericht mit Lammfleisch, bietet das Mansaaf kulinarische Raritäten aus dem Nahen Osten. Auf der Karte wechseln scharfe Harissa- und milde Tahina-Varianten, und die bekannten Bestseller Falafel und Couscous stehen in verschiedenen Varianten zur Wahl. Einzigartig: der palästinensische Honigschnaps und Wein aus dem Libanon.

€€€ Eppendorfer Weg 208 (Hoheluft-Ost), Telefon 040 88149816, Di-So 17–23 Uhr, EC-Karte, VISA, Mastercard, Amex; Christuskirche U2; mansaaf.de

Mirou

Wenn Menschen aus aller Welt zusammenkommen, zeigt sich das auch am Herd: Israelische Küche vereint jüdische Kochkunst mit internationalen Zutaten. Dennoch geht es in Mias und Rouvens (=MIROU) Restaurant so familiär zu wie in einem erweiterten Wohnzimmer. Und so wie zu Hause haben die beiden auch beim Angebot für ihre Gäste Nachhaltigkeit im Blick und verzichten auf geschmacksverstärkende Zusätze.

€€ Mühlenkamp 9 (Winterhude), Telefon 040 69454477, Di-Fr 12–23, Sa 16–23, So 16–22 Uhr, EC-Karte, Visa, Mastercard, Amex; Gertigstraße Bus 6, Bus 17, Bus 25; mirou-hamburg.de

Parissa's

Als SZENE-Testsieger in der Rubrik orientalische Küche haben die Betreiber des Parissa's – Mutter Pari

Im Salibaba darf es zum Dessert gern Gebäck aus Damaskus sein

FOTO: MARC SILL

und Sohn Mehrdad – schon eine gewisse Berühmtheit. Jenseits raffiniertester, auf traditionelle persische Art zubereiteter Gerichte schätzen die Gäste besonders Mehrdads ebenso charmant wie leidenschaftlich vorgetragene tagesaktuelle Empfehlungen – und landen im Auberginen-Safran-Granatapfel-Himmel.

€€€ Sierichstraße 94 (Winterhude), Telefon 040 63918515, Di-Sa 17–23, So 14–21 Uhr, EC-Karte; Maria-Louisen-Straße Bus 109; parissas.de

Riads

Die libanesische Küche hält eine für abendländische Genießer kaum zu überblickende Vielfalt an Vorspeisen bereit, die farbenfroh in appetitlichen Häppchen serviert werden. Davon zu viele zu bestellen, ist ein gängiger Fehler, denn auch die Hauptgerichte mit Lamm, Geflügel oder Fisch im Mittelpunkt gewinnen durch exotische Zutaten. Herzhaftes mit Mandeln und Rosinen zu bereichern – auch dafür lieben Europäer den Orient.

€€€ Johannes-Brahms-Platz 7 (Neustadt), Telefon 040 35716923, Mo-Fr 12–15, 18–24, Sa 16–24, So 13–24 Uhr, EC-Karte, VISA, Mastercard; Gänsemarkt U2, Bus 112; riads.de

Salibaba

Das Motto „Dein Wunsch geht in die Füllung“ ist wörtlich gemeint: Was ins frisch gebackene Pitabrot kommt, bestimmen die Gäste. Hamburgs erste Pitaria bietet sinnliche syrische Küche: Hier wird jedes Hackbällchen vor dem Servieren mit elf verschiedenen Gewürzen verwöhnt. Und danach? Die süße Sünde des Orients: Gebäck aus Damaskus. Oder frische Datteln und Sesam – von „(S) Alibaba“.

€€ Eppendorfer Weg 91 (Eimsbüttel), Telefon 040 63946681, Mo-Sa 11–21.30 Uhr, EC-Karte, VISA, Mastercard, Amex; Christuskirche U2; salibaba.de

Sepideh

Wie ein gelber Faden zieht sich Safran durch das Angebot des persischen Restaurants: Neben Safran-Eis gibt es eine Safran-Limonen-Soße, und fast jedes Gericht kommt in Begleitung von Basmatireis mit Safran. Auch zum Beizen eignet sich das sonnengelbe Gewürz. Das vegetarische Angebot ist überschaubar, aber mit gebratenem Auberginenpüree, Berberitzenbeeren und gerösteten Walnüssen außergewöhnlich.

€€ Hammer Straße 5 (Hamm), Telefon 040 42900376, Mo-So 12–22 Uhr, EC-Karte, VISA, Mastercard; Wandsbeker Chaussee S1; restaurant-sepideh.de

Teheran

Innen und außen Tradition: Persische Kochkunst, die auf 2500 Jahre Geschichte zurückschauen kann, kredenzt in einem 200 Jahre alten, denkmalgeschützten Hamburger Bauwerk. Wo Iraner speisen, was ihre Landsleute zubereiten, muss es authentisch sein. In den 25 Jahren seiner Existenz hat das Teheran eine beachtliche Fan-Gemeinde mit teils internationalen Stammgästen für sich begeistern können.

€€ Adenauerallee 70 (St. Georg), Telefon 040 28008992, Mo-So 12–23 Uhr, EC-Karte, VISA, Mastercard; Hauptbahnhof alle Bahnlinien; restaurant-teheran.de

The Sand

Das Restaurant The Sand bietet feinste Balkanspezialitäten im Zentrum Harburgs. So stehen Köftespieß und Cevapcici, aber auch Klassiker wie Burger und Pizza auf dem Programm. Das Restaurant ist modern und schlicht eingerichtet und der Service sehr höflich. Die Speisen sind lecker, gut gemacht und passend gewürzt – und sie strapazieren keinen Geldbeutel.

€ Sand 17 (Harburg), Telefon 040 76753733, Mo-Do 8–22, Fr–Sa 8–23, So 8–22 Uhr, nur Barzahlung; Harburg Rathaus S3, S31; the-sand.de

Leicht gewürzte Bällchen
aus Gemüse und Cashews
in einer Curry-Rahmsoße
vom Testsieger Ashoka

Indien

Gutes Curry kann nicht jeder. Für die indische Küche ist es ein Basic. Und zum Glück gibt's in Hamburg jede Menge Restaurants, in denen mit Gewürzen gezaubert wird, was das Zeug hält. Dazu Naan, Butterhuhn, Tikka oder gemüsige Pakoras – feine Sache(n)

Ashirwad

Locker lecker indisch essen

Die Bahrenfelder Chaussee ist den meisten Hamburgern vermutlich nur als Ausfallstraße bekannt – auf dem Weg vom Westen in die City und zurück. An einer ihrer windigen Ecken liegt das indische Restaurant Ashirwad. Vermutlich macht es den Großteil seines Umsatzes mit dem Lieferservice. Aber man kann auch vor Ort in dem kleinen, etwas nüchternen, aber nicht ungemütlichen Restaurant essen. Die umfangreiche Speisekarte studieren wir bei einem großen Carlsberg (4,90 Euro) an einem der Außentische. Wir entscheiden uns für den Ashirwad-Mix (12,90 Euro) als Vorspeise – pikante Bällchen aus Zwiebeln, Chili und Ingwer, Chicken Tikka, Gemüse-Pakoras und Paneer-Pakoras mit Joghurtsoße und Mangochutney, sehr lecker! Als Hauptspeise wird uns auf hübschem Geschirr einmal Chicken Kashmir (mit Mango, Paneer und Currysoße, 15,90 Euro) und einmal Tandoori-Lamm serviert, welches mit 24,90 Euro schon etwas teurer ist. Das Chicken ist, wie auf der Karte vermerkt, in einer milden Currysoße, die ich mir mit dem scharfen Essiggemüse etwas verschärfe. Das Tandoori Lamm ist zart, das Gemüse bissfest und das Naan-Brot herrlich soft. Der Service ist sehr freundlich und aufmerksam – und als Digestif gibt es einen Rum aufs Haus. Das Ashirwad ist kein schicker Inder, aber wenn man unkompliziert und authentisch essen möchte, ist man hier bestens aufgehoben. Manchmal lohnt es sich, an Orten auszusteigen, an denen man sonst immer nur vorbeifährt. KN

AMBIENTE ●●●○○ SERVICE ●●●●○
KÜCHE ●●●●○ PREIS-LEISTUNG ●●●●○

€€€ Bahrenfelder Chaussee 25 (Bahrenfeld), Telefon 040 88152990, Mo-Fr 11–22.30, Sa 13–22.30, So 13–22 Uhr, EC-Karte; Bornkampsweg Bus 3; ashirwad.de

VIP-TESTERIN
Pernille Behnke

AuthenTikka

Essen hui, Service pfui

Uns schlägt lautes Stimmengewirr entgegen, als wir das stylishe AuthenTikka an einem Samstagabend betreten. Wir werden an einen Zweiertisch platziert, an dem man kaum seine eigenen Gedanken hören kann, dafür aber um so besser die Gespräche der eng stehenden Nebentische. Wir arbeiten wir uns vorfreudig durch die große Karte des indischen Restaurants, die einige außergewöhnliche Streetstyle-Gerichte zu bieten hat. Zuerst wollen wir jedoch mit einem Aperitif starten, was sich als schwierig erweist. Es dauert über eine halbe Stunde, bis ich meinen Mango Spritzer (6,60 Euro) erhalte, der Dirty Mango Lassi (8,50 Euro) meiner Begleitung braucht weitere zehn Minuten und eine Nachfrage. Dafür begeistern die Getränke dann geschmacklich voll. Leider wird gleichzeitig der Wein serviert, den wir uns ausdrücklich zur Hauptspeise gewünscht hatten. Meine kulinarische Reise starte ich mit Gol Chana Shot (1,20 Euro), einem Tamarinde-Minz-Shot mit einer kleinen Miniwaffel aus Kichererbse und Kartoffel – eine spannende und wohlmundende Komposition – sowie einer riesigen Portion Kala Chana Chaat (5,50 Euro), einem Salat aus schwarzen Kichererbsen, Gurke und Zwiebeln, der ebenfalls den Gaumen erfreut. Die Mixed Vegetables Pakoras (6,50 Euro) meiner Begleitung sind keine Überraschung und schmecken gewohnt gut. Weiter geht es mit Palak Tofu (12,20 Euro), einem veganen cremigen, wundervoll gewürzten Spinat mit Tofu. Die Gunpowder Potato (3,50 Euro) entpuppt sich als leicht gestampfte, würzige Kartoffeln aus dem Tandoor, die herrlich schmecken. Meine Begleitung bestellt Vada Pav (8,50 Euro), doch die zwei „Burger" mit Pattys aus Kartoffelstampf sind ihr zu trocken und zu wenig intensiv im Geschmack. Der ebenfalls georderte Coleslaw-Salat wird vergessen. Für ein Restaurant, das angeblich Wert auf Nachhaltigkeit legt, befremden die Papierservietten als Untersetzer für die Weingläser. Fazit: Die Speisen haben größtenteils sehr überzeugt, der Service hat noch Luft nach oben, und uns war es zu eng, laut und chaotisch.

AMBIENTE ●●●○○ SERVICE ●●○○○
KÜCHE ●●●●○ PREIS-LEISTUNG ●●●●○

€ Schäferkampsallee 41 (Eimsbüttel), Telefon 040 44191222, Di-Do 12–14.30, 16.30–22, Fr 12–14.30, 16.30–23, Sa 12–23, So 11–14, 17–22 Uhr, EC-Karte, Mastercard; Christuskirche U2; authentikka.de

Ayu-Leela

Meditatives Speisen nach Osho

GENUSS GUIDE HANSEPERLE

Zwölf Jahre hat Swami Hari Bhakta, Besitzer und Chefkoch des Ayu-Leela, als Gärtner für den indischen Philosophen Osho gearbeitet. Kein Wunder also, dass Essen für ihn nicht bloß Nahrungsaufnahme, sondern eine Lebensphilosophie ist. Essen solle meditativ sein, hat Osho einst gesagt, mit einem Gebet im Herzen. Wir versuchen das zu beherzigen, als die erste Portion Chicken Ayu-Leela (15,90 Euro) in unseren Mund wandert. Kein Handy in der Hand. Nur das Essen und wir. Das Hähnchenfilet wurde in einer nussigen Tomatensoße gekocht, dazu gibt es frische Frucht, Mandeln und Cashews. Auch die Curry-Kokos-Soße vom Lamm Bangalor (14,90 Euro) unserer Begleitung mundet. Gekocht wird in dem ayurvedischen Restaurant nach alten Familienrezepten – immerhin war Bhaktas Großvater Koch des Königs von Rajasthan. Einziges Manko: Obwohl nur ein anderer Tisch besetzt ist, ist der Service etwas langsam. So kommen unser zur Hauptspeise dazu bestelltes, weiches Naan-Brot (2,20 Euro) und die in würzigem Kichererbsenteig ausgebackenen Chicken-Pakoras (6,40 Euro) erst ein paar Gabeln später. Aber wir sind ja heute die Ruhe

FOTO: JULIA SCHUMACHERE

VIP TESTERIN

Pernille Behnke
Coaching Excellence, Systemische Coachin und Therapeutin
Getestet: Ashoka, AuthenTikka

Lieblingsrestaurant Klinker. Da fühlt es sich an und schmeckt wie in meiner Heimat in Kopenhagen. Die Gerichte sind spannend und neu interpretiert und wunderschön in Sharing-Manier präsentiert. Dazu spannende Weine, auch Naturals, das macht immer Spaß!

Lieblingsbar Botanic District. Liegt in der Nachbarschaft und die Drinks sind super lecker und experimentell. Die Stimmung ist bunt und quirlig, toller Auftakt für einen Abend im Nightlife.

Essen ist für mich ... unglaublich wichtig! Schlechtes Essen macht mir schlechte Laune – mir liegen vor allem gute Produkte und ordentliches Handwerk am Herzen! Wenn ich gutes Essen bekomme, bin ich selig.

Ein Leben ohne Gastro wäre ... Entbehrung! Ich freue mich immer schon Tage im Voraus auf einen Restaurantbesuch. Ich liebe es, mich verwöhnen zu lassen und spannende neue Geschmäcker zu erleben.

Zum Frühstücken gehe ich gern ins Café ... Ændrè. Beste Hummus-Frühstücksbowl der Welt und feinste Golden Milk dazu. Besser kann der Tag nicht starten!

Ein Tipp für Kaffee, Kuchen, Cupcakes? Weidenkantine: Wenn es Schnecktakel gibt, bin ich dabei. Ansonsten gibt es immer auch vegane Kuchen und Torten, die himmlisch schmecken – wie früher bei Oma.

selbst. Dafür bekommt unser Kind von der überaus freundlichen Bedienung nicht nur ein großes Lächeln, sondern auch einen Saft aufs Haus. Zum Nachtisch gönnen wir uns noch in Ghee gebratene Banane mit Cashewnüssen, Rosinen und Kokosmilch (5,40 Euro). Meditieren kann so süß sein! NW

AMBIENTE ●●●○○ SERVICE ●●●○○
KÜCHE ●●●●○ PREIS-LEISTUNG ●●●●○

€€ Mundsburger Damm 41 (Uhlenhorst), Telefon 040 2298109, Di-Fr 12–14.30, 18–21, Sa 17–21, So 12–14, 17–21 Uhr, EC-Karte, VISA, Mastercard, Amex; Mundsburger Brücke Bus 6, Bus 17; ayuleela.de

Maharani

Namaste statt Moin!

Indische Atmosphäre in der Hallerstraße vermuten wir zunächst gar nicht, als wir vor einem der Grindelhochhäuser stehen. Von dem Speisesaal des Maharani werden wir jedoch nicht enttäuscht. Einen Schritt in das Restaurantlokal und wir tauchen ein in ein Stück Indien, mitten in Hamburg. Zu Beginn bestellen wir hausgemachte Holunder-Limetten- und Kirsch-Limetten-Limonade (je 3,50 Euro), die beide schön erfrischend schmecken. Zur Vorspeise entscheiden wir uns für einen großen gemischten Vorspeisenteller (12 Euro), der mit einer bunten und großen Auswahl aller Vorspeisen gedeckt ist, wie zum Beispiel mit Shahi-Samosas, die Teigtaschen, die mit Gemüse, Kartoffeln und Cashews gefüllt sind. Ebenfalls auf dem Teller befinden sich Paneer-Pakoras, ein hausgemachter Käse aus Biomilch in Kichererbsenteig frittiert, und die super leckeren Gemüsefrühlingsrollen. Außerdem erfreuen wir uns an Chicken-und-Prawn-Pakoras, gebackenen Hühnerbruststücken und Garnelen, die jeweils im würzigen Kichererbsenmantel frittiert sind. Alle Vorspeisen liegen auf einem Salatbett. Der Salat ist lecker gewürzt und seine Frische bildet einen hervorragenden geschmacklich Kontrast zu den hauptsächlich frittierten Vorspeisen. Als Hauptspeise wählen wir das Butter Chicken (14 Euro) in der mittelscharfen Version. Das Chicken ist zwar scharf, aber durch die Mango Lassis (je 3,60), die in den original kupfernen Lassibechern serviert werden, ist die Schärfe lecker angenehm. Zum Butter Chicken essen wir indisches Naan Brot mit Knoblauch (2,90 Euro) – sehr lecker! Nach einem Mango-Schnaps aufs Haus sind wir vollends zufrieden. Namaste! KS

AMBIENTE ●●●●○ SERVICE ●●●●●
KÜCHE ●●●●○ PREIS-LEISTUNG ●●●●○

€€ Hallerstraße 1 (Harvestehude), Telefon 040 42949691, Mo-So 12–24 Uhr, EC-Karte; Hallerstraße U1; maharani-hamburg.de

Panjaab

Chutneys aus dem Himmel

In der farbenfrohen, aber nicht knalligen Einrichtung des Panjaab in Rotherbaum lässt sich dank Gerichten aus dem indischen Lehmofen und zuvorkommendem Service ein sehr entspannter und kulinarisch zufriedenstellender Abend im Univiertel verleben. Den Grundstein dafür legt die Vorspeise, bestehend aus Samosas – zwei Teigtaschen gefüllt mit Kartoffeln und Erbsen (5,90 Euro) – sowie Veggie-Mix-Pakoras aus Blumenkohl, Spinat, Zwiebelstreifen und Kartoffeln (6 Euro). Veredelt werden diese frisch frittierten

Im Panjaab sind Einrichtung und Gerichte farbenfroh

FOTOS: GÖTZ WRAGE (O.), MARCELO HERNANDEZ (U.)

Köstlichkeiten von drei traumhaft komponierten Chutneys: Joghurt-Minze, Tomate-Chili und Tamarinde. Geschmacklich könnte der Abend mit diesem Höhepunkt enden. Aber ohne Lamm Curry (15,50 Euro) und Chili Lamm (15,90 Euro), flankiert vom beinahe obligatorischen Naan (2,30 Euro) und Garlic Naan (2,50 Euro), gehen wir hier nicht raus. Das Curry mit Knoblauch, Ingwer und Zwiebeln in ausbalancierter Tomatensoße überzeugt vollends; die Chili-Variante hält zwar noch erfreulich bissfestes Gemüse bereit, lässt es dafür aber leider etwas an Gewürzraffinesse vermissen. Dass das Naan, Aushängeschild eines jeden indischen Restaurants, nicht lange fluffig, sondern recht schnell pappig wird, ist schade. Aber der Kokos-Lassi (0,2 l 2,30 Euro) und der Mango-Lassi (0,4 l 4,20 Euro) machen diese kleine Enttäuschung mehr als wett. Eine schöne Geste ist der Grappa, der aufs Haus mit der Rechnung kommt. Aber der ist geschmacklich in italienischen Restaurants dann irgendwie doch besser aufgehoben. FD

AMBIENTE ●●●●○ SERVICE ●●●●●
KÜCHE ●●●●○ PREIS-LEISTUNG ●●●●●

€€ Grindelhof 39 (Rotherbaum), Telefon 040 41620995, Di-Sa 11.30–23, So 12–22.30 Uhr, EC-Karte; Grindelhof Bus 5; panjaab.de

Shalimar Gardens

Bollywood light

Wer die Hamburger Gastroszene schon länger verfolgt, kennt den indischen Kultwirt Mike Washington und sein einst legendäres Restaurant Shalimar. Nach einigen Aufs und Abs ist das Shalimar jetzt in der Johnsallee als Shalimar Gardens und neuer Leitung zurück. An diesem Abend ist das Restaurant im leicht pompösen Maharadscha-Stil jedoch nicht gerade von Gästen überrannt. Wir lassen uns nicht beirren und bestellen knusprige Papadams (je 1 Euro) mit vier schmackhaften Dips (je 1,50 Euro). Der gemischte Vorspeisenteller mit ziemlich einheitlich frittiertem Gemüse, Huhn und Fisch (16,90 Euro) hätte dagegen abwechslungsreicher sein können. Eine Panne dann bei den Hauptgerichten. Statt des Lamm Kashmiri (19,90 Euro) wird das gleiche Gericht mit Huhn gebracht. Der freundliche Kellner bittet um Entschuldigung und serviert kurz darauf das richtige Gericht. Die anderen beiden Hauptgerichte, das Lamm Panjabi Curry (15,90 Euro) und das Beef Bhuna (23,90 Euro), basieren auf der nahezu identischen Tomaten-Zwiebel-Grundsoße. Ein wenig mehr Pep bei der Schärfe und exotischere Zutaten wären hier wünschenswert gewesen. Ein indischer Old Monk Rum (3,50 Euro) als Absacker beendet unseren Ausflug in ein hanseatisches Bollywood mit leider etwas angezogener Handbremse. HK

AMBIENTE ●●●○○ SERVICE ●●●○○
KÜCHE ●●●○○ PREIS-LEISTUNG ●●●○○

€€€ Johnsallee 64 (Rotherbaum), Telefon 040 41497610, Mo-So 12–23 Uhr, EC-Karte, VISA, Mastercard, Amex; Hallerstraße U1; shalimar-gardens.de

Singh Indian Restaurant

Maximal mögliches Indien-Feeling

Den Steindamm muss man wollen. Nicht jeder fühlt sich wohl in der quirligsten Gegend der Stadt. Um gemütliches Ambiente geht es auch im Singh nicht, das große Restaurant im ersten Stock (Fahrstuhl: ja) hat da eher etwas von Halle oder Mensa. Hier geht es ums fachgerechte indische Essen. Also wenn der Ober mit Turban sagt „extrem scharf", dann kocht der Koch es auch extrem scharf. Eine ernst zu nehmende Warnung, wenn es um das Hähnchenbrustfilet mit gebackenen Kartoffeln (12,90 Euro) geht. Ist der Schaden erst geschehen, hilft das hausgemachte Mango Lassi (2,50 Euro) über die schlimmsten Minuten hinweg. Auf Nummer sicher gehen Sie in der riesigen Auswahl an Gerichten mit einem superzarten Hühnchen-

I ♥ EAST

Sushi und Sashimi in bester Qualität, umfangreiche Weinbestände und kreative Cocktails genehmigen Sie sich in der beeindruckenden Architekturkulisse des **EAST** Restaurants - und das mitten auf St. Pauli.

040 30 99 33 | www.east-hamburg.de

CLOUDS

Im **CLOUDS** erwartet Sie eine feine, auf hochwertiges Fleisch orientierte Speisekarte. Dazu genießen Sie erlesene Weine, kreative Cocktails und einen atemberaubenden Panoramablick über die Hansestadt.

040 30 99 32 80 | www.clouds-hamburg.de

fleisch in Tomatensoße (12,50 Euro), einem interessanten Auberginen-Püree-Curry mit Reis oder mit Vorspeisen zum Knabbern wie Hühnchen im knusprigen Kichererbsen-Teigmantel oder frittierten Gemüsehappen. Das Naan-Fladenbrot wird im Singh zu einer ungekannten Wissenschaft erhoben und ist in allen erdenklichen Variationen – süß, herzhaft, weich, luftig – zu haben. Versuchen Sie, einen Tisch am Fenster zu ergattern. Denn aus der sicheren Vogelperspektive fühlt sich auch der Steindamm richtig kurzweilig an. CO

AMBIENTE ●●●●● SERVICE ●●●●●
KÜCHE ●●●●● PREIS-LEISTUNG ●●●●●

€ Steindamm 35 (St. Georg), Telefon 040 25328268, Mo-Fr 16–23, Sa 12–23, So 16–23 Uhr, EC-Karte, VISA; Böckmannstraße Bus 16; singhhamburg.de

SVAAdish

Urbanes Streetfood

Im Restaurant SVAAdish in Winterhude gibt es traditionelles indisches Streetfood, ohne Kitsch und Plüsch. Das Ambiente ist lässig-schick mit urbanen indischen Elementen und alles wirkt noch neu. Kein Wunder, denn die zweite Hamburger Dependance wurde erst im Juli 2021 eröffnet. An diesem Samstagabend ist es rappelvoll (Reservierung ist empfehlenswert), die Gäste sind unterschiedlichen Alters, denn hier findet jeder seinen Platz: kleine Tische fürs Candle-Light-Dinner, lang gezogene Hochtische mit Hockern fürs Essen mit Freunden und in die Wand eingelassene Nischen mit viel Platz für Familien. Dieser Mix macht die Stimmung sehr entspannt. So liest sich auch die Karte: Currys, Tikka-Spezialitäten, unterschiedliche Pav-Varianten – eine gute und unaufgeregte Auswahl. Das Paneer Tikka (12,90 Euro) mit hausgemachtem indischem Frischkäse, Paprika, roten Zwiebeln und Minz-Koriander, schmeckt sehr lecker, würzig mit einer leichten Schärfe. Der milde Paneer ist herzhaft mariniert, was sich gut ergänzt. Klassisch ist der Minz-Koriander-Mix, den ich an der indischen Küche liebe. Als zweites Hauptgericht gibt es ein Mango-Curry mit Hähnchenbrust (14,40 Euro) – genau so, wie ein gutes Curry schmecken sollte und mit fruchtiger Mangosoße. Die Currys gibt es in unterschiedlichen Varianten und können mit zum Beispiel Hähnchen, Garnelen oder Paneer gepimpt werden. Anstatt eines Desserts gönnen wir uns noch eine Schale Maharaja Fries (3,90 Euro), Pommes mit indischer Würzung. Die sind ein absoluter Knaller und stellvertretend für den Abend ein passender Abschluss. HED

AMBIENTE ●●●●● SERVICE ●●●●●
KÜCHE ●●●●● PREIS-LEISTUNG ●●●●●

€€ Poßmoorweg 6 (Winterhude), Telefon 040 27164967, Mo-So 11–23 Uhr, EC-Karte, VISA, Mastercard; Goldbekplatz Bus 25, Bus 606; svaadish.de

KURZ GEBRATEN

Gandhi

Kurkuma, Koriander und Curry – lauter Sonnenfarben strahlen in der indischen Küche. Im Gandhi hütet der Chefkoch seine Rezepte wie einen Schatz; seine mehr als 75 selbst hergestellten Mischungen aus indischen und englischen Gewürzen sind sein großes Geheimnis. Ergänzt um frische Kräuter verleihen sie den Gerichten einen absolut unverwechselbaren Geschmack.

€€€ Eppendorfer Landstraße 6 (Eppendorf), Telefon 040 46007886, Mo-Fr 11.30–23, Sa-So 12–23 Uhr, EC-Karte, VISA, Mastercard, Amex; Eppendorfer Baum U3; gandhi-restaurant.de

Indian Temple

Linsen sind in der indischen Küche zum Glück unentbehrlich. Im Indian Temple kann man sie nicht nur als Beilage oder Mittelpunkt von Hauptgerichten, sondern auch als Basis eines hauchdünnen Fladenbrots kennenlernen. Ansonsten erinnert die Atmosphäre weniger an einen geheiligten Ort als vielmehr an einen lauten orientalischen Markt – aber auch das hat seinen Charme.

€€ Fuhlsbüttler Straße 159 (Barmbek), Telefon 040 87099447, Di-So 17–22 Uhr, EC-Karte; Hellbrookstraße Bus 7, Bus 17; indian-temple.de

King of India

Elefantengötter, Buddhas und barbusige Dienerinnen – allesamt aus Metall – schauen den Gästen beim Essen zu. Hier versteht man sich auf traditionelle nordindische Küche, und traditionell heißt in diesem Fall, dass die Wurzeln der ausgesprochen mild gewürzten Mughlai-Gerichte bis ins 16. Jahrhundert reichen. Der „indische König" richtet sein Augenmerk insbesondere auf Tandoori- und Grillspezialitäten.

€€ St. Georgs Kirchhof 1 (St. Georg), Telefon 040 41924495, Mo-So 12–24 Uhr, EC-Karte, VISA, Mastercard, Amex; Hauptbahnhof alle Bahnlinien; king-of-india-hamburg.com

Zala

Bollywood-Klänge im Ohr, indisches Kunsthandwerk im Rücken und duftende Currys in traditionellen Kupferschalen vor Augen. Im Zala – auf Deutsch: Empfehlung – laden tanzende Elefanten in ein exotisches Ambiente aus Rot und Gold. Mit Pakoras zu beginnen ist immer richtig: von Kichererbsenmehl umhüllte, gebackene Gemüsesorten, perfekt in Kombination mit einem Limonen-Minze-Chutney.

€ Rothenbaumchaussee 109 (Rotherbaum), Telefon 040 41338887, Mo-So 12–22.30 Uhr, EC-Karte, VISA, Mastercard, Amex; Hallerstraße U1; zala-restaurant.de

Das SVAAdish in Winterhude ist lässig-cool durchgestylt

FOTO: MARC SILL

WABE
INTERNATIONAL
SCHOOL
DO SCHOOL DIFFERENTLY
Do
School
Differently.
IB Diploma Programme
IB World School
Contact us!
info@isceducation.de
COLEGIO DEL MUNDO · WORLD SCHOOL · ÉCOLE DU MONDE
ib
Dein Zugang zu
den besten
Universitäten
der Welt.
IB Diploma Programme
Anmeldung bis Juli 2022
Wabe International School
Eggerstedter Weg 19
25421 Pinneberg
Tel: (04101) 80 503 00
info@wabeinternationalschool.de
www.wabeinternationalschool.de

Maria Manuela Santos Martins und Jaspal Singh haben sich den Testsieg erkocht

FOTOS: JULIA SCHUMACHER

Genuss GUIDE
DER SZENE HAMBURG
TESTSIEGER
2022/2023

VIP-TESTERIN
Pernille Behnke

Ashoka

Geschmacklicher Volltreffer

Schon vor der Eingangstür stoßen wir auf wartende Gäste, die sich darüber unterhalten, dass es sich bei dem Ashoka um das beste indische Restaurant Hamburgs handelt. Wir sind nun also doppelt gespannt und bestaunen als Erstes den großen, kunstvoll bemalten Keramik-Elefanten. Nach einer freundlichen Begrüßung bekommen wir einen Tisch im vorderen Bereich und starten unsere kulinarische Reise mit einer veganen Linsensuppe (5,60 Euro) mit einem Tandoori Roti (2,20 Euro), einem Vollkorn-Fladenbrot, sowie Onion Bhaji (5,70 Euro), ausgebackene Zwiebelbällchen, die wir uns geschmacklich intensiver vorgestellt hätten, und köstlichen vegetarischen Samosas (5,70 Euro), die mit Kartoffeln, Gemüse und pikanten Gewürzen gefüllt sind und unsere Gaumen entzückt schwelgen lassen. Weiter geht es mit Shahi Tofu (14,50 Euro), Soja-Würfel in einer würzig-cremigen Masala-Soße, ein geschmacklicher Volltreffer! Meine Begleitung ist auch sehr erfreut über das Navrattan Curry (14,50 Euro) mit Gemüse in einer Mandel-Curry-Rahmsoße. Beides kommt mit dem klassischen, aromatischen Reis. Dazu trinken wir einen veganen biodynamisch angebauten Grauburgunder vom Weingut Kesselring in der Pfalz (29 Euro), der mit seinem kräftigen Aroma wundervoll zu den pikanten Speisen passt. Obwohl wir schon sehr gesättigt sind, müssen wir auch unbedingt Gulab Jamun (4,50 Euro), fluffige Milch-Grieß-Bällchen, probieren sowie veganes Vanilleeis, das sich als Pistazieneis entpuppt, mit frischen Mangospalten (5,50 Euro). Ein herrlich fruchtiger Abschluss. Wir können uns der eingangs gehörten Unterhaltung anschließen und kommen auf jeden Fall bald wieder!

AMBIENTE ●●●●○ SERVICE ●●●●●
KÜCHE ●●●●● PREIS-LEISTUNG ●●●●●

€€ Budapester Str. 25 (St. Pauli), Telefon 040 312834, Mo 17–23, Mi-So 17–23 Uhr, EC-Karte, Mastercard; Paulinenstraße Bus 17; ashoka.de

Palak Gosht nennt sich dieses Gericht. Geschmorte Lammfleischwürfel harmonieren grandios mit fein gehacktem Spinat, Zwiebeln, Ingwer, Knoblauch, Chili und Kreuzkümmel

Der halbe Hummer wird im Henny's mit Tagliatelle in Butter-Parmesan-Soße und Trüffel im Parmesannest kredenzt

International

Kulinarische Weltreise gefällig? Dann ab aufs Rad oder in die U-Bahn! Denn den Flieger muss in Hamburg niemand für so einen leckeren Trip besteigen. Internationale Küche ist an Alster und Elbe längst angekommen – um zu bleiben

Am Kai

Modernes Seafood mit Hafenblick

Wer von Auswärtigen gefragt wird, wo in Hamburg Fisch zu essen sei, macht mit dem Hinweis auf die Große Elbstraße nichts falsch. Zahlreiche Restaurants liegen rund um den Altonaer Fischmarkt und bieten dort gehandelte Ware an. Wer es traditionell mag, landet irgendwann im Fischereihafen Restaurant. Ein paar Meter weiter geht es mit ebenso hoher Qualität trendiger zu. Im Am Kai, früher Au Quai, wird Hafenflair großgeschrieben. Zwischen als Containerfront gestalteter Wand auf der einen und großer Fensterfront Richtung Elbe auf der anderen Seite nehmen wir auf stylishen, aber äußerst bequemen Stühlen Platz. Serviert wird vor allem modernes Seafood, doch auch Landtier-zugeneigte Gäste kommen nicht zu kurz. Der lockere Service empfiehlt die gratinierten Jakobsmuscheln mit Koji-Miso-Butter, schwarzen Rettich, Sauerteig und mini Shrimps (22 Euro) – zu Recht. Und auch bei den Dashi & Chili Cheese Gyoza mit Shitake-Essenz (17 Euro, mit Perigord-Trüffel 5 Euro mehr) zeigt sich die abwechslungsreiche kosmopolitische Karte. Noch besser die Hauptspeisen: Beim auf den Punkt gegrillten Yellowfin Tuna Steak (32 Euro) und dem Skrei auf gegrilltem Fenchel, Beurre Blanc und einer Creme von gebackenem Sellerie im Salzteig zeigen Chefkoch Timo Müller und sein Team ihr Können. Während ein dicker Pott Richtung Überseequartier abbiegt, macht der Amarena Cherry Popsicle (10 Euro, unbedingt probieren) die Nachspeise perfekt. OMA

AMBIENTE ●●●●● SERVICE ●●●●●
KÜCHE ●●●●● PREIS-LEISTUNG ●●●●○

€€€€ Große Elbstraße 145b-d (Altona-Altstadt), Telefon 040 38037730, Di-Sa 17.30–1 Uhr, EC-Karte, VISA, Mastercard, Amex; Fischauktionshalle Bus 111; amkai.hamburg

Atelier F

Lässiger Chic

Unsere Magen knurren und wir sind neugierig, die interkontinentalen Speisen im Atelier F zu verschlingen – richtig, interkontinental. Denn im Atelier F wird amerikanisch-französische Küche serviert. Nachdem wir ein paar Mal falsch abgebogen und in der Galeria-Passage gelandet sind, finden wir das Restaurant am Bleichenfleet doch noch. Schicke Lage. Für einen Platz am Fleet genügt die Hamburger Sonne leider nicht, weshalb wir es uns in einem der Separees gemütlich machen und den Blick aufs Wasser dennoch genießen können. Wir sind angetan von der lässigen Atmosphäre, die wir aufgrund der benachbarten Yves-Saint-Laurent- und Prada-Stores nicht erwartet haben. Ebenso lässig wie der American Way of Life ist der Cheeseburger (9,50 Euro), der schnörkellos und geschmacksintensiv daherkommt. Hineinlegen könnten wir uns in das Steak Madame (19,70 Euro) – saftig, aromatisch und butterzart –, das durch die intensiven Trüffelpommes (5,50 Euro) gekrönt wird. Einzig das Avocado-Gurken-Tatar auf Rote-Bete-Carpaccio (8,90 Euro) kann unseren Erwartungen nicht standhalten, schmeckt etwas fad und hätte mehr Säure vertragen können. Die Enttäuschung hält jedoch nicht lange an, schmeckt doch der Apfel-Crumble (5,20 Euro) buttrig fruchtig wie von Oma höchstpersönlich gebacken. KG

AMBIENTE ●●●●● SERVICE ●●●●●
KÜCHE ●●●●○ PREIS-LEISTUNG ●●●●○

€€ Große Bleichen 31 (Neustadt), Telefon 040 35015215, Mo-Sa 12–21.30 Uhr, EC-Karte, VISA, Mastercard, Amex; Jungfernstieg alle Bahnlinien; atelierf.de

Elbe 27

Falsche Schnecken am richtigen Ort

Als wir an einem Mittwochabend ins Bistro Elbe 27 kommen, sind die rund 30 Plätze gut besetzt. Klar ist: Privatsphäre ist hier schwierig zu bekommen. Das macht aber nichts, schließlich sind wir zum Essen hier. Die Karte ist sehr übersichtlich, aber trotzdem ist für jeden etwas dabei. Als Vorspeise lachen uns die falschen Schnecken an (14,80 Euro), dazu bestellen wir Caesar Salad Chicken (17,50 Euro) und genießen erst einmal das selbst gebackene Brot mit Pesto. Die falschen Schnecken sind grandios. Und wir verraten auch, was sich dahinter verbirgt: Serviert werden zarte und mit Kräuterbutter gratinierte Rindfleischstreifen in einer Schneckenpfanne – mit dem geröstetem Ciabatta ist das schon mal ein äußerst gelungener Auftakt in diesen Abend. Der Salat mit dem Hühnchenfilet ist nicht nur sehr lecker, sondern auch sehr üppig. Er geht eigentlich schon als vollwertiges Hauptgericht durch. Also einmal durchatmen, denn jetzt kommen unsere bestellten Hauptgänge: Beef Wok (19,80 Euro), Roastbeef (23,50 Euro) und Wiener Schnitzel (24,50 Euro). Das Rindfleisch im Wok-Gericht ist zart mariniert und wird mit knackig frischem Gemüse und Basmatireis serviert – die Kokoscurry-Soße ist dabei ein perfektes Spiel mit der Schärfe. Das Roastbeef, zartrosa, mit hausgemachter Remoulade und Röstkartoffeln ist sehr zu empfehlen. Einziger Wermutstropfen: Das Schnitzel mit Gurken-Kartoffelsalat ist leider etwas trocken. Die gemütliche Atmosphäre und der aufmerksame Service machen das aber wieder wett. HE

AMBIENTE ●●●●○ SERVICE ●●●●○
KÜCHE ●●●○○ PREIS-LEISTUNG ●●○○○

€€€€ Blankeneser Landstraße 27 (Blankenese), Telefon 040 86628772, Mo-Sa 17–24 Uhr, EC-Karte, VISA, Mastercard, Amex; Blankenese S1; elbe27.de

FOTO: JULIA SCHUMACHER

Bodega Lima

Peruanische Herzlichkeit

Die Bodega Lima liegt etwas versteckt zwischen Feld- und Marktstraße in einem Souterrain auf St. Pauli und hat nach langem Umbau wieder eröffnet. Monica, die Besitzerin des peruanischen Restaurants, war schon bei der Reservierung ausgesprochen nett, was sich auch bei unserer Ankunft nicht ändert. Man sieht, dass hier einiges passiert ist: Die Wände sind frisch gestrichen, überall hängen südamerikanische Bilder und Dekoartikel. Wir fühlen uns willkommen. Der Blick auf die Karte wirft zunächst einmal Fragen auf. Spanische Namen und einzelne Zutaten lassen nur erahnen, was nachher auf dem Teller landet. Das macht zumindest schon mal neugierig. Wir bestellen Pisco Sour und Chilcano (je 9 Euro), Ceviche Nikkei (15 Euro) als Vorspeise, Sánguche Chicharrón (Schweinebauch, 13 Euro) und Seco Carne (Rindergulasch, 16 Euro). Leider kommen alle drei Gerichte gleichzeitig, aber irgendwie ist es auch egal. Es sieht alles lecker aus, und wir sind hungrig. Die Ceviche aus unterschiedlichen Pilzen und viel Gemüse liegt in einer herrlich würzigen Soße und ist definitv mein Highlight des Abends. Das Rinderfilet ist zwar butterzart, aber leider nur lauwarm und die Soße haut uns beide nicht vom Hocker. Der Schweinebauch dagegen begeistert meine Begleitung. Etwas irritierend ist das gewöhnliche Bäckerbrötchen, das das Fleisch wie eine Art Burger daherkommen lässt. Alles in allem sind die Gerichte gut, aber nicht umwerfend. Doch weil Monica und ihr Team so herzlich sind, kommen wir auf jeden Fall wieder. AVL

AMBIENTE ●●●●○ SERVICE ●●●●○
KÜCHE ●●●●○ PREIS-LEISTUNG ●●●○○

NEU! €€ Glashüttenstraße 3 (St. Pauli), Telefon 0176 22559540, Mi-Fr 17–22, Sa 13–22 Uhr, EC-Karte, VISA, Mastercard; Messehallen U2; bodegalima.de

Ethio

Anders als die anderen

Genuss Guide – Hanseperle

Äthiopien ist in vielerlei Hinsicht anders als alle anderen Länder in Subsahara-Afrika, von der Landschaft (Berge und Hochplateaus) über den Kalender (13 Monate) bis zur Musik (Mulatu Astatke, Hailu Mergia, Aster Aweke etc., alles großartig). Die Küche macht da keine Ausnahme, wie auch das äthiopische Restaurant Ethio in Ottensen zeigt. Grundnahrungsmittel ist Injera, ein aus dem äthiopischen Getreide Teff hergestelltes Fladenbrot, das eine leicht schwammartige Konsistenz hat und deswegen sehr gut Flüssigkeiten aufnimmt. Es ersetzt zudem das Besteck – die dazu servierten Soßen werden mit dem Brot aufgenommen. So wird es auch im Ethio gemacht, wo wir eine Gebeta (35 Euro für zwei Personen) bestellen, eine üppige gemischte Platte: Es gibt Linsen und Lamm, Kichererbsen und Rind, einiges ganz mild, anderes ziemlich scharf, aber vor allem: Jedes einzelne Gericht schmeckt ganz anders als die anderen. Auch das unterscheidet diese Küche von der hierzulande in der Regel servierten afrikanischen Kost, die oft schwer ist und geschmacklich recht grob: Hier geht es um feine Aromen und Vielfalt – nicht einmal das Brot liegt schwer im Magen. Und keine Angst: Auf Nachfrage gibt es auch Besteck. PL

Heureka! Im Heritage rockt grüner Spargel den Teller

AMBIENTE ●●●○○ SERVICE ●●●●●
KÜCHE ●●●●● PREIS-LEISTUNG ●●●●●

€€ Rothestraße 38 (Ottensen), Telefon 0151 17600647, Di-So 16–23 Uhr, EC-Karte; Altona S1, S3, S31; ethiorestaurant.de

Frischeparadies

Stilvoll schlemmen im Gourmetkaufhaus

Während die Kund:innen ihre Einkaufswagen mit wildem Brokkoli und Schwarzfederhuhn vollladen, sitzen wir an der geräumigen Theke des Feinschmeckerbistros im Frischeparadies an der Großen Elbstraße. Küchenchef Ivan Pagel bedient uns mit sicherer Fachkenntnis und angenehm unaufdringlichem Small Talk. Da bestellen wir doch gleich eine Flasche Reserva de la Familia Cava (0,75l 30 Euro). Drei nach Meeresbrise schmeckende Austern Ancelin (Stück 4 Euro) zum Auftakt munden ebenso gut wie die Rote-Bete-Meerrettich-Suppe (12,50 Euro), die von einem knackig-frischen Apfel-Petersilien-Salat mit Rauchforelle begleitet wird. Als nahezu hauptgerichttaugliche vegane Vorspeise erweist sich der orientalische Hummus mit grünem Spargel, Haselnussaroma und Tomate (14,50 Euro), der wie alles hier auf dunkeltonigem Steingut-Geschirr serviert wird. Die Bouillabaisse auf Tomatenbasis (23,50 Euro) ist perfekt abgeschmeckt. Die Einlage aus Kabeljau, Seeteufel, Garnele und Jakobsmuschel ist wie erwartet hochwertig. Dazu passend: eine kräftige Sauce Rouille und knuspriges Baguette. Das üppige Pastagericht mit Conchiglioni, Zweierlei vom Lamm, Flageolet-Bohnen, Orangenscheiben und Bergkäse (23,50 Euro) besticht durch eine besonders aromatische Zutat. Wie uns der Küchenchef verrät, handelt es sich dabei um grünen Pfeffer, den das Küchenteam selbst fermentiert. Um 16.30 Uhr ist hier leider Feierabend. Da bleibt keine Zeit mehr für ein Dessert, aber dafür für einen perfekten Espresso (2,50 Euro). So gestärkt, bummeln wir zur Elbe und freuen uns schon auf den nächsten Besuch. Da die Anzahl der Sitzplätze begrenzt ist, empfiehlt sich eine Reservierung über die Website. NB

AMBIENTE ●●●●○ SERVICE ●●●●●
KÜCHE ●●●●● PREIS-LEISTUNG ●●●●○

€€€€ Große Elbstraße 210 (Altona-Nord), Telefon 040 38908113, Mo-Sa 11–16.30 Uhr, EC-Karte, VISA, Mastercard; Fischauktionshalle Bus 111; frischeparadies.de

Hansekai

Preis-Leistungs-Gefälle in Industrie-Chic

Auf Laufkundschaft kann das Hansekai nicht unbedingt setzen. Dafür liegt das Restaurant zu abseitig – nämlich am Ende einer Sackgasse am Wilhelmsburger Jaffe-Davids-Kanal. In direkter Nachbarschaft befindet sich die Wildwuchs Bio-Brauerei, deren Biere auch auf der Karte stehen. Ansonsten darauf zu finden: Burger, Pasta, Vorspeisen- und Dessert-Klassiker von Bruschetta bis Tiramisu. Nicht gerade aufregend, aber auch Althergebrachtes will schließlich gut zubereitet

FOTO: MARC SILL

sein. Bei der Ankunft werden wir direkt auf eine Besonderheit aufmerksam gemacht: Man bestellt und zahlt hier per Quick Guide direkt übers Handy. Dadurch beschränkt sich die Interaktion mit dem Personal allerdings auf ein Minimum. Und wir erfahren leider nicht, dass die Antipasti aus der Vorspeise noch mal als Beilage beim beschwipsten Lachs auftauchen – ärgerlich. Der Lachs hat seinen Schwips übrigens vom Bad in Whiskey, der aber kaum herauszuschmecken ist. Für seine stattlichen 31 Euro war er am Ende leider viel zu trocken und fad. Gleiches gilt auch für die Mousse au Chocolat (6 Euro), ein lieblos angerichtetes braunes Häufchen. Überzeugender ist da schon der Burger mit kräftigem Blauschimmelkäse und Walnüssen an krossen Süßkartoffelpommes und Trüffelmayo (19,50 Euro). Als Eventlocation ist der Ort mit seinem maritimen Industriecharme durchaus beeindruckend. Die Speisen werden dem eigenen Anspruch der Besitzer aber leider nicht gerecht. KGR

AMBIENTE ●●●○○ SERVICE ●●●○○
KÜCHE ●●○○○ PREIS-LEISTUNG ●●○○○

€€€ Jaffestraße 12 (Wilhelmsburg), Telefon 040 33396262, Mo-Do 11.30–15, 17–22, Fr-Sa 17–23, So 10–22 Uhr, EC-Karte, VISA, Mastercard; Rotenhäuser Straße Bus 13, 152; hansekai.hamburg

Heritage

Verweile doch, Augen-Blick!

In diesem Satz haben wir einen Fehler versteckt: Je grandioser die Aussicht, umso teurer und schlechter die Küche. Bingo – der Gourmet-Glaspalast ganz oben im neunten Stock des Nobelhotels Le Méridien bietet nicht nur den besten aller Alsterblicke in St. Georg, auch das Essen im Heritage ist erste Sahne. Und ja, es hat natürlich seinen Preis, wenn ein Top-Koch wie Rasmus Schulte-Rahde aus Delikatessen wie Sashimi-Thunfisch, Glen-Douglas-Lachs, Perigord-Trüffel, Fines de Claire, Black-Tiger-Garnele, Hummer oder Dry Aged Holsteiner Schwarzbuntes Tellerkompositionen zaubert, die den hohen Anspruch des internationalen Publikums dieses Fünf-Sterne-Hotels erfüllen. Und tatsächlich, man weiß nicht, was überwältigender ist – der Weitblick über das Wasser, das liebenswürdige, junge Serviceteam unter der Leitung von Hamburgs charmanter Gastro-Legende Axel Herz, oder die wunderschön angerichteten und bis ins Detail perfekt zubereiteten Speisen. Beginnend mit der im High-End-Mixer PacoJet aufgeschäumten Salzbutter zu dreierlei Gaues-Brot über die cremige Brunnenkressesuppe mit Jakobsmuschel-Topping oder meine mit Ziegenkäse, Röstnüssen, saurem Yuzu-Gel und sauscharfem Pimentónpulver wild gefüllten Chicoree-Schiffchen (18,50/12/18 Euro). Der Catch of the Day ist ein so dickes wie saftiges Zanderfilet in einem intelligenten Low-Carb-Arrangement mit Dreierlei von schwarzen Bohnen, während ich das mit 180 Gramm kleinste „Lady"-Rinderfilet (42/39 Euro) bestelle, um möglichst viele Dips und Beilagen dazu kosten zu können: krosse Heritage-Fries mit Parmesan und göttlicher Trüffelmayo sowie zweierlei Spargel mit handgeschlagener Hollandaise (9/12 Euro) begleiten das im 800-Grad-Southbend-Ofen geknusperte, saftspritzende Fleisch – und selbst in der Nocke Café-de-Paris-Butter schmeckt der hierzulande selten verarbeitete original französische Estragon (Artemisia dracunculus) stilgerecht vor. Die Portionen sind stattlich. Leider passt kein Dessert mehr rein, sehr wohl aber zwei neckische Pralinees von der Patisserie des Heritage, aus dessen kulinarischen Höhen wir mit dem gläsernen Außenaufzug in die karge Alltagswelt hinunterschweben. PESI

AMBIENTE ●●●●● SERVICE ●●●●●
KÜCHE ●●●●○ PREIS-LEISTUNG ●●●●○

€€€€ An der Alster 52 (St. Georg), Telefon 040 21001070, Di-Sa 18–22 Uhr, EC-Karte, VISA, Mastercard, Amex; Gurlittstraße Bus 6, Bus 17; heritage-hamburg.com

Das Hygge definiert skandinavische Gemütlichkeit neu

Hygge Brasserie & Bar

Wuselige Gemütlichkeit

Vergangene Testsieger-Restaurants betritt man naturgemäß mit hohen Erwartungen. Spoiler: Sie werden erfüllt. Der herzliche Empfang in der Hygge Brasserie im Landhaus Flottbek führt uns durch die trendige Bar zum Platz. Holz und Leder bestimmen das Ambiente. Ein Feuer lodert im rundum einsehbaren Kamin. Übersetzt man das dänische Wort Hygge mit Gemütlichkeit, war es das zunächst mit dieser Stimmung. Ein Freudentanz der Kinder vom Nachbartisch, als gegen 20.30 Uhr das Licht gedimmt wird und dezente Bässe den Abend einläuten, überträgt sich über die Balken und lässt den Hund nebenan kurz kräftig aufbellen. Uns stört die wuselige Stimmung, die sich an wärmerem Tagen zudem auf den anliegenden Garten verteilt, überhaupt nicht. Stichwort Frühling: Die Küche bietet saisonal-regionale Gerichte. Der frische Spinatsalat mit French Dressing und Manchego wird mit zweierlei Spargel serviert (12 Euro) und stammt wie die köstlichen Salzzitrone-Erbsen unter der Burrata (18 Euro) aus der hauseigenen Farm. Die Veggie-Fraktion isst heute Fregola Sarda mit köstlichem, aber etwas aufdringlichem Chutney (als kleine Portion für 16 Euro, da hier alles recht üppig ausfällt). Fischessende sollten den Catch of the Day in Betracht ziehen. Der heutige Pulpo kommt auf Spinat-Risotto (28 Euro) und wird als „das beste Tintenfisch-Gericht außerhalb Portugals" betitelt. Als zum Ende der hervorragende Espresso Martini (12,50 Euro) auf zwei Gläser aufgeteilt wird, die Kinder lange schon schlafen und das Feuer weiter knistert, ist Gemütlichkeit wieder hergestellt. OMA

AMBIENTE ●●●●○ SERVICE ●●●●○
KÜCHE ●●●●● PREIS-LEISTUNG ●●●●●

TESTSIEGER & RESTAURANT DES JAHRES 2021

€€€€ Baron-Voght-Straße 179 (Nienstedten), Telefon 040 82274160, Mo-Do 17–1, Fr-Sa 17–1 Uhr, So 17–1 Uhr, EC-Karte, VISA, Mastercard; Flottbeker Kirche Bus 16, Bus 37; hygge-hamburg.de

Holy Taco

Tacos vom Kiez – me encantan!

Als Hamburgerin mache ich in der Regel einen Bogen um die Reeperbahn, aber für die Tacos und Drinks von Holy Taco würde ich jeden Tag auf den Kiez kommen. Das kleine, etwas unscheinbare Lokal an der Davidwache ist nicht besonders gemütlich, doch durch die herzliche Bedienung steigt unsere Vorfreude. Spätestens beim Blick auf die Karte wird klar: Dieser Mexikaner ist authentisch und aufregend! Neben einer kleinen Auswahl an mexikanischen Tapas liegt das Hauptaugenmerk auf den Tacos. Wir entscheiden uns für die Tacos Tinga de Pollo (4,50 Euro), Carnitas (4,70 Euro), Campechano (4,90 Euro) und Langostinos Endiablados (5,30 Euro). Letztere wurden zu unserem Favoriten. Die Black-Tiger-Garnelen, mariniert in einer hausgemachten Chipotle-Adobo Salsa mit weißen und roten Kohlstreifen und Chipotle-Mayonnaise, hauen uns vom Hocker. Die milde Schärfe der Chipotle-Adobo-Salsa stillen wir mit eiskaltem Corona Extra (4,50 Euro) und einem umwerfenden Margarita al Pastor (11,90 Euro), der mit einem Koriander-Salzrand serviert wird. Weil wir uns mit sechs Tacos noch nicht zu satt fühlen, probieren wir noch den Flan con Cajeta (4,90 Euro), ein Flan mit mexikanischer Karamellsoße, bevor wir uns auf den Heimweg begeben. Die gesamte Autofahrt schwelgen wir noch in Erinnerung an unser Abendessen und planen schon, welche unserer Freunde wir als Erstes dorthin entführen werden. NSS

AMBIENTE ●●●○○ SERVICE ●●●●●
KÜCHE ●●●●● PREIS-LEISTUNG ●●●●○

€€ Reeperbahn 77 (St. Pauli), Telefon 0151 72048406, Di-Mi 18–22, Do 18–22.30, Fr-Sa 17–23, So 17–21 Uhr, EC-Karte, VISA, Mastercard; Reeperbahn S1, S2, S3; holy-taco.de

Horizon

Bis zum Horizon(t)

Unweit des Flughafens stehen im Horizon in Langenhorn leckere Steak- und Fischgerichte auf der Karte. Hier ist Business angesagt, das vermitteln sowohl Ambiente als auch Preise. Dazu passen das Personal (professionell und hanseatisch) und das gediegen-moderne Interieur mit türkisen Akzenten. Zur Vorspeise gibt's Tatar vom dänischen Weiderind (13 Euro), das in Kombination mit der Horizon-Kräuterbutter wohlig auf der Zunge schmilzt. Neben saisonal wechselnden Specials bietet die Karte eine kleine, gut kuratierte Auswahl an Fleisch- und Fischgerichten ab 20 Euro. Vegetarier haben die Wahl: Curry oder Tagliatelle. Dafür, dass der Steak-Grillteller (32 Euro) vom Kellner als Klassiker angepriesen wird, ist das Rumpsteak darauf viel zu well done anstatt wie bestellt medium. Die Hähnchenbrust auf selbigem Teller ist dagegen schön saftig. Besser klappt's beim ofengegarten Honig-Rosmarin-Lachs (27,90 Euro), der seidenzart ist und durch das Wasabi-Kartoffelpüree angenehm auf der Zunge kitzelt. Der Loire Rosé (0,3 l 8,50 Euro) dazu begleitet Vor- und Hauptspeise zwar unaufgeregt, aber wirklich mundig. Die Weinkarte ist ähnlich international wie das Publikum im Horizon. Von überall her kommen Rot, Weiß, Rosé und Sparkling. Praktisch: Wer nach dem Restaurantbesuch auf Reisen geht, kann direkt vom Horizon aus einen kostenlosen Shuttleservice zum Flughafen nutzen. ABA

AMBIENTE ●●●○○ SERVICE ●●●○○
KÜCHE ●●●○○ PREIS-LEISTUNG ●●○○○

€€€€ Flughafenstraße 47 (Langenhorn), Telefon 040 53102357, Mo-So 17–23 Uhr, EC-Karte, VISA, Mastercard, Amex; Fuhlsbüttel Nord U1; restauranthorizon.de

Imara

Lieber in die Lounge

Auf den ersten Blick macht das Restaurant Imara Eindruck. Wir betreten es durch eine riesige, mit einem schweren Samtvorhang versehene Tür, der Gastraum pink bestrahlt von einem gewaltigen Kronleuchter. Die Speisekarte verspricht marokkanische und spanische Crossover-Küche. Spannend! Doch bald stellen wir leider fest, dass hier vieles interessanter klingt, als es schmeckt. Die „Marokkanischen Zigarren": Lamm- und Rinderhack im Knuspermantel (7,80 Euro) sind eine trockene Angelegenheit. Es fehlt auch an Würze, was auf die „leicht angeschmolzenen Auberginen mit Tomatenconfit, Schafskäse und Harissa" (5 Euro) ebenfalls zutrifft. Die Tomatenfalafel (7,50 Euro) hingegen haben zu viel Salz abbekommen. Nichts

FOTO: HYGGE

zu meckern gibt es bei den Riesengarnelen in Chili-Knoblauchöl (11,50 Euro) und dem gebackenen Ziegenkäse auf Rosmarinhonig mit Apfelchutney (7 Euro). Ähnlich verhält es sich mit dem Wein, einem kräftigen Tempranillo (7,80 Euro). Der Nachtisch hingegen, eine Überraschungs-Dessertvariation für zwei Personen, beglückt zumindest durch das Himbeersorbet und die Nougat-Kardamom-Mousse (13,50 Euro). Unterm Strich ein Restaurantbesuch, der nicht lange im Gedächtnis bleiben wird. Als wir später noch mal in die an den Gastraum grenzende Lounge spähen, kommt uns der Gedanke, dass hier alles vielleicht hätte anders verlaufen können: Die Gäste sitzen hier an langen niedrigen Tischen auf bunten Kissen, im Schein bunter Glaslampen. Sieht gemütlich aus, hier könnte man sich gut durch die große Auswahl an Cocktails auf der Karte probieren. MAN

AMBIENTE ●●●○○ SERVICE ●●●●○
KÜCHE ●●●○○ PREIS-LEISTUNG ●●●○○

€€ Eppendorfer Weg 186 (Hoheluft-West), Telefon 040 42918080, Di-Fr 18–23, Sa-So 17–23 Uhr, EC-Karte, VISA, Mastercard, Amex; Eppendorfer Weg (Ost) Bus 5; restaurant-imara.de

Kaalia

Der Zauber steckt im Detail

Kennengelernt habe ich das Kaalia am Vorabend des zweiten Lockdowns, als noch niemand ahnte, dass wir uns nicht nur für wenige Wochen verabschieden würden. Und so saßen wir in dem kleinen Raum zwischen Fernsehturm und Grindelviertel in einer Art eingeschworenen Gemeinschaft mit den Gastgebern und anderen Gästen beisammen und erzählten uns Geschichten wie alte Bekannte. Umso schöner ist es, nach dieser langen Pause wieder von den beiden Inhabern Ulf und Wiebke begrüßt zu werden. Die monatlich wechselnden Drei- bis Fünf-Gänge-Menüs (drei Gänge 49 Euro) variieren im Hauptgang zwischen Fisch, Fleisch und Vegetarischem und kombinieren durchweg regionale Ware mit indisch-asiatischen Gewürzen. An diesem übermäßig nassen Tag begrüßt uns die Küche passenderweise mit einem Filet der Bachforelle, und nach einem wunderbar komponierten ersten Gang mit Steckrübe, Frischkäse und Apfel lassen wir uns erst einmal ausgiebig bezüglich der Getränkewahl beraten – denn die Weinbegleitung ist hier essenzieller Bestandteil der Menüs, man sollte sich in jedem Fall von den Empfehlungen überraschen lassen! Der Orange Wine (0,2 l 8 Euro) ist unsere absolute Entdeckung und wird den Abend sowohl eröffnen als auch beschließen. Zum zarten Heilbutt prickelt ein mineralischer Weißer auf unseren Zungen, während der zum würzigen Schweinefilet (Zwischengang) empfohlene Rotwein fast einem Likör gleicht – und auch ohne das Filet ganz hervorragend mundet. So gleiten wir auf Wellen verschiedenster Aromen zur abendbeschließenden Käsekomposition, die wie auch die anderen Gänge zuvor noch mit kleinen, überraschenden Details aufwartet: in diesem Fall eine süßsauer eingelegte Zucchini. Was auf der Rechnung schließlich als „2x chaos" aufgeführt wird, erfährt nur, wer sich selbst auf diese experimentierfreudige Reise begibt. JFK

AMBIENTE ●●●●● SERVICE ●●●●●
KÜCHE ●●●●● PREIS-LEISTUNG ●●●●●

€€€€ Rentzelstraße 13 (Rotherbaum), Telefon 0157 33120817, Mi 20–22.30, Do-Fr 17.30–24, Sa 12–16 Uhr, EC-Karte, VISA, Mastercard; Grindelhof Bus 5; kaalia.de

VIP TESTER

Frehn Hawel

Head of Communications, Karsten Jahnke Konzertdirektion GmbH
Pressesprecher, Reeperbahn Festival

Getestet: La chance, Kinneloa, Santé!

Lieblingsrestaurant Für indische Küche ist und bleibt es das Restaurant Maharani, weil es dort gleichbleibend großartiges Essen gibt und für einen exklusiveren Abend das Santé!, da hier kulinarischer Einfallsreichtum höchster Güte auf tolles Ambiente trifft.

Lieblingsbar Das Hadley's am Schlump. Drinnen wie draußen immer herrlich.

Besondere Anlässe feiere ich am liebsten im ... Sante!, Nil oder Hygge.

Essen ist für mich ... Lebensfreude!

Ein Leben ohne Gastro wäre ... deutlich weniger genussvoll!

Zum Frühstücken gehe ich gern ins Café ... Salon Wechsel Dich am Grindelhof.

Ein Tipp für Kaffee, Kuchen, Cupcakes? Vermutlich ein offenes Geheimnis, aber Herr Max im Schulterblatt ist eine Spitzenadresse!

VIP-TESTER
Frehn Hawel

Kinneloa

Kalifornische Leichtigkeit

Frisch und gesund mit einem modernen Twist: Das gemeinsame Restaurant von Steffen Henssler und dem ehemaligen Fußballprofi Marcell Jansen im ersten Stock der Europa Passage verspricht im Ambiente und der leichten Street-Küche Kaliforniens eine entspannte Auszeit mit gesundem Anspruch. Die unprätentiösen, aber durchweg leckeren Eigenkreationen bieten eine frische Abwechslung vom restlichen kulinarischen Angebot der Einkaufsmeile. Die Teriyaki-Spieße (6,50 Euro) als Vorspeise sind köstlich, als Hauptgang wählen wir die individuell zusammenstellbaren California Shuffles. Die zart gegrillte Avocado kommt mit würzig mariniertem Lachs-Sashimi mit leichter Schärfe daher (13,90 Euro). Der Corn Frisbee (Maistortilla mit Süßkartoffel-Würfeln) ist leider leicht widerspenstig geraten, was das sehr gelungen abgestimmte California Lemon Chicken on top wieder wettmacht (11,90 Euro). Auch die kleinen Gäste bekommen eine Ahnung kalifornischer Leichtigkeit: Die Fish & Chips des Kindermenüs (6,90 Euro) bestehen aus kross ummanteltem zartrosa Lachsfilet auf Kartoffelspalten, als Dip gibt's dazu eine köstliche Teriyaki-Creme. Hervorzuheben sind die hausgemachten Limonaden, besonders die erfrischende Erdbeer-Yuzu-Limonade (3,60 Euro), die mit ihrer feinen Säure einen guten Ausgleich zum süßen California Cranberry Spritz darstellt. Zum Nachtisch zeigt die interessante Variante des Banana Maple Brownie mit Süßkartoffel und Avocado im Teig (3,90 Euro), dass die Californian Street Kitchen auch über gehaltvolle Optionen verfügt.

AMBIENTE ●●●○○ SERVICE ●●●●●
KÜCHE ●●●●○ PREIS-LEISTUNG ●●●○○

€€ Ballindamm 40 (Altstadt), Telefon 040 22659420, Mo-Sa 12–20 Uhr, EC-Karte, VISA, Mastercard; Gerhard-Hauptmann-Platz Bus 3, Bus 4, Bus 5, Bus 6, Bus 17, Bus 19; kinneloa.de

Kitchens

Kulinarische Weltreise

In 80 Töpfen um die Welt ist das Motto des Kitchens in der HafenCity. Wir betreten den Laden durch die Lobby des Pierdrei Hotels. Der Service betont, dass man sich jedoch als eigenständiges Restaurant versteht und glänzt bei der Beschreibung der Speisen mit Fachwissen. Die Weltoffenheit zeigt sich nicht nur auf der Speisekarte. Im modern gestalteten Gastraum mit seinen hohen Wänden durfte sich ein Innendesigner international austoben. Regale mit antikem Spielzeug, Lampenschirme die an Sombreros erinnern, eine Wand voller Bilder, die andere grün verkachelt, mit wohl beinahe 80 Töpfen aus allen Ecken der Erde. Das Menü führt etwa halbjährig einen neuen regionalen Fokus. Zum Testzeitpunkt: Kanada. Als Vorspeise kommt ein saftiges Red Cabbage mit Ahorn und Macadamia oder einfach: Coleslaw in Rot. Ajvar, aus dem vorherigen Schwerpunkt Istrien, hat es erneut auf die Karte geschafft. Die Komponenten werden hier in ihre Bestandteile zerlegt: Paprika, Olivenöl, Ziegenjoghurt, schwarzer Knoblauch – lecker (15 Euro). Der angebotene Zander ist heute ein Skrei (26 Euro) und führt uns mit Calamansi und Chili auf die Philippinen und „Fleuve Et Terre", Onglet, Saibling, Mais und Süßkartoffel wieder zurück nach Kanada (27 Euro). Da uns der Laden ein wenig zu hell zum Versacken ist, gehen wir nach dem Essen ein paar Stufen höher in die angeschlossene Three-Fingers-Bar und beenden den Abend mit zwei „Dillicious Drinks" (Gin, Gurke, Zitrone, Dillsirup, 11 Euro), die ihrem Namen alle Ehre machen.

OMA

AMBIENTE ●●●●○ SERVICE ●●●●○
KÜCHE ●●●●● PREIS-LEISTUNG ●●●●○

€€€€ Am Sandtorkai 46 (HafenCity), Telefon 040 5582293718, Di-Sa 18–22 Uhr, EC-Karte, VISA, Mastercard, Amex; Singapurstraße Bus 6; kitchens-hamburg.de

Im Kinneloa wird in modernem Ambiente gespeist

FOTOS: PHILIPP RATHMER (U.), NINA HAWEL (O.)

Knips

Dorf-Feeling in der Großstadt

Mag sein, dass Hamburg eine Großstadt ist, doch wer in die elegante Gemeinde Groß Flottbek kommt, hat schnell das Gefühl, er sei auf dem Dorf – vor allem im Knips. Kaum haben wir in dem gemütlichen Außenbereich des Restaurants Platz genommen, kommen wir mit einer Passantin über ihren Hund ins Gespräch. Danach wird mit den Damen am Nachbartisch geplaudert, und die Servicekraft liest uns sowieso jeden Wunsch von den Augen ab. Drinnen versprühen die Holzmöbel Kneipencharme, die Preise sind aber eher Fine Dining. Groß Flottbek halt. Die Auswahl an Vorspeisen ist klein, deshalb kommen wir direkt zur Sache, und zwar mit einem Premium Cheeseburger mit Süßkartoffelpommes (18,90 Euro) sowie Hamburger Pannfisch (Lachs, Dorade und Zander) mit Bratkartoffeln (22,90 Euro) – zwei Klassiker, mit denen man hier auf jeden Fall gut fährt. Als Dessert wählen wir eine Waffel mit flüssiger belgischer Schokolade (6,50 Euro). Zugegeben: Die Waffel war etwas lang im Eisen und statt flüssiger Schokolade gibt es Schoko-Drops. Aber weil bis hierhin wirklich alles super war, gehen wir trotzdem zufrieden zurück in die Großstadt. NW

AMBIENTE ●●●●○ SERVICE ●●●●●
KÜCHE ●●●○○ PREIS-LEISTUNG ●●●○○

€€€ Jürgensallee 51 (Nienstedten), Telefon 040 829144, Mo-So 10-24 Uhr, EC-Karte, VISA, Mastercard, Amex; Klein Flottbek S1, S11; knips-hamburg.de

VIP-TESTER
Frehn Hawel

La Chance

Französisch-orientalische Freundschaft

Das La Chance bietet mit seiner Fusion aus geschmacksintensiver Küche des Orients und französischer Esskultur eine sehr willkommene Abwechslung zwischen den zahlreichen Bierstuben und rustikalen Lokalen der Neustadt. Die Vorspeisenvielfalt orientalischer Mezze trifft hier auf gehobene Hauptgerichte und Flammkuchen. Dezent getönte Wände, illuminiert von großen Kronleuchtern, lassen die Besucher:innen ihren Alltag direkt beim Eintreten vergessen, und wer noch dazu das Glück hat, einen Tisch an einem der beiden großen Fenster zu ergattern, kann die Betriebsamkeit des belebten Viertels in dieser entspannten Atmosphäre genüsslich an sich vorüberziehen lassen. Von den 15 angebotenen Mezze wählen wir die mit Karotten, Erbsen und Kartoffeln gefüllten arabischen Teigtaschen mit Yoghurt Dip (7,20 Euro), die knackig-kross und von nuancierter Schärfe sind. Als Hauptspeise folgt das butterzarte Lammfilet auf fein abgeschmecktem gebratenem Spitzkohl und Wurzelgemüse mit getrüffeltem Kartoffelpüree (34,20 Euro) sowie das einen Hauch zu scharf angebratene Lachsfilet in Zitronenbutter-Soße auf Pastinakencreme (24,80 Euro). Dass der auf der Karte angekündigte grüne Spargel zum Lachs bei unserem Besuch leider nicht verfügbar ist, erweist sich als Glücksfall: Das stattdessen servierte orientalisch gewürzte Spinatbett ist derart überzeugend, dass meine Empfehlung wäre, diese Beilage ab sofort genau so beizubehalten. Das Aufnehmen unserer Nachspeisenwünsche erfolgt nahezu zeitgleich mit dem letzten Bissen des Hauptgangs, und der Abend findet schließlich mit Nuserabahs warmem Schokoladenkuchen mit Vanilleeis (9,90 Euro) und der flambierten Safran-Crème caramel (7,90 Euro) einen gehaltvollen, um nicht zu sagen mächtigen Abschluss. Ein charmantes Restaurant mit einfallsreicher Küche!

Die Gerichte im Kitchens nehmen mit auf kulinarische Weltreise

AMBIENTE ●●●●○ SERVICE ●●●●○
KÜCHE ●●●●○ PREIS-LEISTUNG ●●●○○

€€€€ Wexstraße 33 (Neustadt), Telefon 040 38637431, Mo-Fr 11-23, Sa 12-23, So 16-23 Uhr, EC-Karte, VISA, Mastercard; Stadthausbrücke S1, S3; lachance-restaurant.de

Macaibo

Kurztrip nach Venezuala

Hier soll das Macaibo sein? In der unscheinbaren Souterrain-Location direkt an der viel befahrenen Holstenstraße hätten wir eher einen ranzigen Imbiss mit schlecht gelauntem Personal erwartet als diesen kleinen Gute-Laune-Tempel. Es läuft venezolanische Musik. Die türkis-gelbe Deko ist mit Sorgfalt ausgewählt, und auch bei der knallig gelayouteten Karte hat das Team sich offenbar Mühe gegeben. Der charmante Kellner gibt uns das Gefühl, wirklich willkommen zu sein. Fast vergessen, dass draußen vor den abgehängten Fenstern nur trübes Hamburg wartet. Wir bestellen „hausgemachte Säfte" von Mango und Ananas – die sich eher als süße Nektare herausstellen. Wir verbuchen die kleine Enttäuschung unter Sprachbarriere und freuen uns auf die Arepas, Maismehlteigtaschen mit herzhafter Fleisch- oder Veggie-Füllung (7,10 bis 8,30 Euro). Und die überzeugen auf ganzer Linie. Wow, hier wird definitiv oberhalb von Imbissqualität gekocht. Allerdings wäre es eine gute Idee, zu diesem gehaltvollen Snack etwas Salat dazuzubestellen. Das Hauptgericht Pabellon kommt dann aber mit frischen Beilagen (Avocado mit Tomate und einem fantastisch frischen Dressing!). Das venezolanische Nationalgericht – ein Mix aus Kochbanane, schwarzen Bohnen, Gemüse und gezupftem Fleisch (17,50 Euro) – wird ganz zeitgeistig in der Bowl serviert und ist wieder sehr nuanciert gewürzt. Klar, müssen wir auch die frittierte Yucca (5,10 Euro) probieren, die mit drei würzigen Soßen serviert wird. Und noch mal Daumen hoch. Nach einer hausgemachten Crème caramel (4,20 Euro), die ganz traditionell mit viel Ei zubereitet wurde, fühlen wir uns wie am letzten Tag im Sommerurlaub: Irgendwie wären wir gerne länger geblieben. FT

AMBIENTE ●●●○○ SERVICE ●●●●○
KÜCHE ●●●●○ PREIS-LEISTUNG ●●●●○

€€ Holstenstraße 185 (Altona-Altstadt), Telefon 040 43190990, Mo-Fr 17-22, Sa 14-22, So 15-21 Uhr, EC-Karte, VISA, Mastercard; Holstenstraße S 21, S31; macaibo.com

Maihan

Stylish-afghanisch

Nachdem wir zuvor einige Male daran vorbeigelaufen sind, wollen wir es heute wissen: Ist die Küche im afghanischen Restaurant Maihan so gut, wie es dessen Optik verspricht? Das Restaurant am Eppendorfer Weg in Hoheluft-Ost ist geprägt von viel Glas, dunklen Wänden, Lichtspots über

FOTO: MARC SILL

den Tischen, elegantem Mobiliar und dezenten orientalischen Dekorationselementen. Die Karte verspricht traditionelle afghanische Küche und besteht bei genauerem Hinsehen aus eher wenigen, in mehreren Gerichten wiederkehrenden Elementen. Die gemischten Vorspeisen für 13,90 Euro sind eher solide als mitreißend. Der Minz-Joghurt-Dip und die Tomatensoße sind gut, die geschmorten Gemüse mit Paprika, Zucchini und Aubergine aber eher zurückhaltend abgeschmeckt. Die Fleischspieße für zwei Personen für 35 Euro mit Lamm, Huhn und Rinderhack überzeugen mit Garpunkt und Würzung. Der dazugehörige Rucola-Salat mit Granatapfelkernen, Walnüssen und Himbeeren hat ein gutes Dressing, mit Afghanistan aber vermutlich nur am Rande zu tun. Ashak, traditionelle Teigtaschen für 13,50 Euro, ähneln großen Ravioli, sind mit Lauch gefüllt und mit Tomatensoße bedeckt. Der Firni-Milchpudding (5,50 Euro) ist Safran-gelb, aber ohne Safran-Note. In Summe bleibt ein Abend in erstaunlich lauter Atmosphäre mit gutem Essen, das die Erwartungen, die die Einrichtung geweckt hat, jedoch nicht ganz einlöst. BC

AMBIENTE ●●●○○ SERVICE ●●●○○
KÜCHE ●●●○○ PREIS-LEISTUNG ●●●○○

€€ Eppendorfer Weg 240 (Hoheluft-Ost), Telefon 040 4202903, Mo-So 17–23 Uhr, EC-Karte, VISA, Mastercard; Eppendorfer Weg Bus 5, Bus X35; maihan.eatbu.com

VIP-TESTER
Thomas Kraupe

Mangold

Ein perfekter Abend

Was für ein perfekter Abend! Wir sind begeistert vom wunderbaren Ambiente und der großzügigen Atmosphäre dieses Lofts im Hotel Gastwerk – im ehemaligen Gaswerk. Hier fehlt nichts, und wir fühlen uns durch den herzlichen Empfang willkommen, werden an einen schönen Tisch geleitet und erleben einen Top-Service mit stets angenehmer Aufmerksamkeit und Zuwendung ohne Aufdringlichkeit. Punktlandung mit exzellent gekühltem Prosecco als Einstieg – ebenso bei den Vorspeisen: Der schwarze Frühlingstrüffel wird am Platz gehobelt und fällt in hauchdünnen, herrlich aromatischen Scheiben auf die Tagliatelle, die zuvor für uns sichtbar an einem gesonderten Vorbereitungstisch nahe der Küche im Parmesanleib geschwenkt wird. Als Vorspeise (16 Euro) ist dies ebenso überzeugend wie das Thunfisch-Tataki mit grüner Gurke, Grapefruit, Tomate und Koriandervinaigrette (14 Euro). Auch die Hauptgerichte sind himmlisch – das Lachsfilet mit geschmorter Petersilienwurzel, Zitrone, Pak Choi und Morchelrahm auf Kräuterreis (26 Euro) ebenso wie „Poulet Blanc", Brust und Keule mit Kokos, Sesam, Kohlrabi und gebackenen Kartoffeln (25 Euro). Die Speisen werden auf farblich zum Ambiente abgestimmten Tellern sehr dekorativ mit einer herrlichen Leichtigkeit angerichtet. Das steigert die fröhliche und unbeschwerte Stimmung des Abends zusätzlich. Und wir sind beeindruckt, wie kundig und emphatisch unsere Servicekraft uns die Empfehlungen des Hauses und mögliche Optionen nahebringt. Sie kennt jede Nuance – auch im Angebot passender Weine – vom argentinischen Malbec/Bonarda „Dada No.1" zu den Tagilatelle – bis zum weißen Merlot „eins zu eins" aus der Pfalz zum Hauptgericht. Was soll man mehr dazu sagen – das Mangold ist ein beglückendes kulinarisches Erlebnis. Wie schön, dass es dies in Hamburg gibt!

AMBIENTE ●●●●● SERVICE ●●●●●
KÜCHE ●●●●● PREIS-LEISTUNG ●●●●●

€€€€ Beim Alten Gaswerk 3 (Bahrenfeld), Telefon 040 89062461, Mo-Fr 6.30–11, 12–14.30, 17.30–23, Sa 7–13, 17.30–23, So 7–13 Uhr, EC-Karte, VISA, Mastercard; Bornkampsweg Bus 3; gastwerk.com

Warme Atmoshäre und Küchen-Könner gibt's im Mangold zu erleben

Mexiko Strasse Taqueria

Tacos, Tortillas und Mezcal

Die Mexiko Strasse Taqueria bedient sich der üblichen Atmosphäre eines modernen Streetfood-Restaurants: Used und shaby Look sorgen für ein nettes und zeitgemäßes Ambiente. Die Karte ist klein und bietet neben Tacos weitere Klassiker wie Tortillachips mit Guacamole und Queso Añejo (7,50 Euro). Wir bestellen einmal alle Tacos (2,90 bis 3,60 Euro) und bekommen acht verschiedene serviert. Das Pulled Pork und das geschmorte „Bürgermeisterstück" vom Rind sind zart, ebenso wie die Garnelen und die Hähnchenbrust. Die veganen Varianten, ob mit geröstetem Blumenkohl oder schwarzen Bohnen und Butternuss-Kürbis, sind solide, den vegetarischen Champignons im Teigmantel fehlt es an Geschmack. Wer satt werden will, sollte auf die Empfehlung des netten Servicepersonals über vier Tacos hören und die dann doch stolze Rechnung am Ende mit einem starken Mezcal Margarita verdauen. IR

AMBIENTE ●●●●○ SERVICE ●●●●○
KÜCHE ●●●○○ PREIS-LEISTUNG ●●●○○

€€ Detlev-Bremer-Straße 43 (St. Pauli), Telefon 0179 9327925, Mo-Sa 17.30–22, So 16.30–21 Uhr, EC-Karte, VISA, Mastercard; St. Pauli U3; mexikostrasse.com

Milo Sushi & Steak Club

Mehr Schein als Sein

Der Milo Sushi & Steak Club im Mittelweg ist von außen unscheinbar, auch wenn die verwelkten Blumen rechts und links vom Eingang alle Blicke auf sich ziehen. Dass wir für vier Personen reserviert hatten, war überflüssig: Wir sind die einzigen Gäste an diesem Dienstagabend. Unsere Bedienung: stets bemüht. Auf die Frage nach einer Weinempfehlung heißt es: „Ich frag mal nach" – ein Satz, den wir an diesem Abend noch häufiger hören werden. Zum Einstieg bekommen wir Krupuk, die sich als Fettchips entpuppen. Dennoch geben wir dem Abend eine Chance und freuen uns auf Edamame Spicy (8 Euro), Crispy Duck Salad (14 Euro) und eine Kokos Curry Chicken Suppe (9 Euro) als Vorspeise. Auch wenn ich beim Crispy Duck Salad das Dressing unter statt auf dem Salat finde, kann er punkten. Die Edamame sind scharf und bekömmlich. Die Suppe wird ihrem Namen allerdings nicht gerecht, denn für sie bräuchte ich eigentlich auch Messer und Gabel. Geschmacklich vollkommen in Ordnung, aber Gemüse und Hähnchen sind so groß geschnitten, dass es mir nicht möglich ist, diese zu essen, ohne jede Etikette zu vernachlässigen. Dennoch soll dies der Höhepunkt gewesen sein. Denn der Hauptgang – eine Sushiplatte (85 Euro) – wird zu einer totalen Enttäuschung. Den fehlenden Geschmack – ich habe schon in Supermärkten besseres Sushi bekommen – können leider auch Wasabi und Sojasoße nicht mehr wettmachen. Beides wird vergessen und erst auf wiederholtes Nachfragen von Nachbartischen zusammengetragen.

FOTO: HOTEL GASTWERK

Dining Room

HAMBURG INNENSTADT

CATERING BAR COCKTAILS RESTAURANT STEAK SEAFOOD LIFESTYLE

DR

Reservieren Sie jetzt unter www.TheDiningRoom.de Wir freuen uns auf Sie!

Man habe nicht genügend Behältnisse, erklärt der Service. Wie passend, dass nur wir an diesem Abend die Soßen brauchen – es ist ja sonst niemand da. Der Abend hallt nachhaltig nach: Unsere Kleidung stinkt nach altem Frittierfett, das sich sofort in unseren Autositzen verfängt und uns noch Tage später an das Erlebte erinnert. HE

AMBIENTE ●●●●○ SERVICE ●●●○○
KÜCHE ●●○○○ PREIS-LEISTUNG ●●○○○

NEU! €€€ Mittelweg 146 (Harvesthude), Telefon 0174 4040804, Mo-Do 12–22, Fr 12–22.30, Sa 15–23, So 17–21.30 Uhr, EC-Karte, VISA, Mastercard; Böttgerstraße Bus 19; milosushisteakclub.de

Odysseus

Küsschen und tolle Küche

Odysseus Chatzikonstantinides – was ein Name! Der Mann, der ihn trägt, ist ein Patron, wie er im Buche steht. Und Chef des Eimsbüttler Restaurants, das nach ihm benannt ist. Als wir die zwei Stufen zum Eingang hochsteigen, verschränkt er die Arme vor dem in schwarzes Tuch gehüllten Bauch. Und lächelt. Wir werden zu einem netten Tisch am Fenster geleitet, blicken auf die Apostelkirche und freuen uns über das freundliche und sehr helle Ambiente. Die in noch bruzzelndem Öl und Knoblauch servierten Gambas sind lecker. Bisschen mehr Würze könnte es vielleicht sein. Die gibt es später beim Preis. 13,80 Euro sind amtlich fürs kleine Pfännchen. Aber wir wollen nicht mosern, sondern feiern lieber den knackigen Salat und leckere Oliven. Die als Hauptspeise georderten handgemachten Tagliatelle mit frischen Trüffel-Hobeln aus dem Piemont (16,90 Euro) haben Biss und würden einem waschechten Italiener gut zu Gesicht stehen. Das Rumpsteak (20,50 Euro) auf dem anderen Teller kommt auf den Punkt gegrillt, gut gepfeffert und zart. Das angebratene Marktgemüse hat Pfiff. Dazu schlürfen wir einen offenen und sehr vernünftigen Cabernet, den halben Liter für 15 Euro. Und haben Spaß mit den Kleinkindern vom Nebentisch, die hier krabbeln dürfen, ohne dass die Eltern dafür angepampt werden. Der Patron begrüßt derweil Gäste mit Küsschen. Hier geht es zu wie bei Freunden. Auch darum hat Odysseus in Eimsbüttel längst seine Fangemeinde. Es ist ein schmaler Grad, mediterrane Küche zu versprechen. Kann leicht in Beliebigkeit abrutschen. Odysseus meistert die Aufgabe mit Bravour. Handwerklich tolle Gerichte, gepaart mit unaufdringlichem Ambiente und einer dicken Portion Herzlichkeit. Runder Abend. Jederzeit wieder. AND

AMBIENTE ●●●●○ SERVICE ●●●●●
KÜCHE ●●●●○ PREIS-LEISTUNG ●●●○○

€€€ Hellkamp 1 (Eimsbüttel), Telefon 040 40172599, Mo-So 17–24 Uhr, EC-Karte, VISA, Mastercard; Osterstraße U2; odysseus-hamburg.de

Ollita Peruana

Südamerikanische Hausmannskost

Mit dem Ollita Peruana hat sich die Inhaberin Cristina Quevedo ein Stück ihrer Heimat nach Hamburg geholt. Seit 2016 serviert sie in Barmbek-Süd peruanische Hausmannskost und greift dabei tief ins Gewürztöpfchen. An den europäischen Gaumen wird sich hier nicht angebiedert, und so durchzieht nahezu alle Speisen eine feine Schärfe und eine frische Säure. Das geschichtete und äußerst instagrammable Kartoffelpüree mit gezupfter Hähnchenbrust und Avocado (8,90 Euro) hat ebenso ausgiebig in Limettensaft gebadet wie das Seco a la Norteña (16,90 Euro) – ein für Nordperu typisches Rindergulasch mit Koriander-Bier-Soße. Wer ein peruanisches Restaurant bewerten will, kommt am Ceviche natürlich nicht vorbei. Im Ollita Peruana gibt's den rohen, marinierten Kabeljau gleich mit drei verschiedenen Beilagen. Frevel, mögen jetzt vielleicht die Puristen denken, aber in dem kleinen Restaurant legt man ohnehin keinen großen Wert auf Fine-Dining-Chichi. Die peruanische Folklore und der Deko-Tinnef mögen zwar ebenso Klischee sein wie die beschwingte Musik, die aus den Boxen schallt, aber genau diese Kombination ist vermutlich der Grund dafür, dass an allen Tischen – unseren eingeschlossen – eine äußerst entspannte und gelöste Stimmung herrscht. Und dass die peruanische Küche nicht nur sauer, sondern auch süß kann, zeigt sich am Ende des Abends mit der Torta tres Leches (4,50 Euro), einem unfassbar saftigen Schichtkuchen aus Milch, Kondensmilch und Sahne. Delicioso! KGR

AMBIENTE ●●●●○ SERVICE ●●●●○
KÜCHE ●●●●○ PREIS-LEISTUNG ●●●○○

€€ Humboldtstraße 142 (Barmbek), Telefon 040 22947878, Di-Fr 18–23, Sa 14–23, So 14–22 Uhr, EC-Karte, VISA, Mastercard; Herderstraße Bus 173; ollitaperuana.com

Salat mit Topping: Im Odysseus wird schon die Vorspeise zum Star

VIP-TESTER
Thomas Kraupe

Palü

Schweizer Gipfel und hanseatische Kühle

Hamburgisch kühl wirkt die Begrüßung durch die Chefin, die uns zum kleinen Tisch gegenüber der Bar begleitet. Am anderen Ende des Lokals lockt, wenn auch nur als eher unscheinbares Bild, der markante, dreigipfelige Piz Palü, und auch das Interieur mit rustikalen Holztischen, Sitzbänken mit Felldecken und Kissen sowie der Geruch eines frischen Käsefondues versetzen uns mitten hinein in die Alpenwelt. Das Käsefondue der großen Runde am Nachbartisch sieht wirklich lecker aus. Allerdings zieht dieser Tisch nicht nur unsere, sondern auch die gesamte Aufmerksamkeit des deutsch-schweizerischen Wirtspaares auf sich. Von ihnen hätten wir uns nach einiger Zeit im Lokal mehr Aufmerksamkeit gewünscht. Endlich kann die kulinarische Reise losgehen – mit der Bündner Gerstensuppe (7,50 Euro) und dem wunderbaren Carpaccio vom Bündnerfleisch mit eingelegten Steinpilzen, Rucola und Parmesanspäne (15,50 Euro). Natürlich lassen wir uns danach „Klassiker mit Rösti", wie die Hauptgerichte auf der Karte heißen, nicht entgehen: Der „Seemann" erweist sich dabei fast schon als „Alpinist", denn die jeweils zu einer Rolle geformten Scheiben von Räucherlachs und Graved Lachs werden zu dieser Schweizer Rösti hochkant stehend serviert (21 Euro) und überzeugen auch so ein echtes Nordlicht wie meine Begleitung. Ich wähle „Grischa" mit Bergkäse gratiniert und hauchdünn geschnittenem Bündnerfleisch (20,50 Euro). Als Fan des Oberengadins komme ich voll auf meine Kosten

FOTO: MARC SILL

VIP TESTER

Thomas W. Kraupe
Astrophysiker & Direktor Planetarium Hamburg
Getestet: Mangold, Palü, The Cube

Lieblingsrestaurant Ristorante Paolino Sardegna: gleichbleibend hohes Niveau italienischer Kochkunst von „la familia" zu fairen Preisen und in wunderbar gehobener, gastfreundlicher Atmosphäre.

Lieblingsbar Die Bar im Hotel Louis C. Jacob: einzigartige Atmosphäre in herrlicher Lage am Elbufer, exklusiv und sportlich-elegant.

Besondere Anlässe feiere ich am liebsten im ... Fischereihafen Restaurant, das als Familienunternehmen immer hervorragende Qualität bei bestem Service bietet.

Essen ist für mich ... Wohlbefinden und die direkte Verbindung mit dem Planeten Erde.

Ein Leben ohne Gastro wäre ... wie ein Himmel ohne Sterne.

Zum Frühstücken gehe ich gern ins Café ... Fabric in der Alsterdorfer Straße. Ob leckere Bagels, Muffins oder Müsli und Kaffee – hier trifft man sich mit „Street View".

Ein Tipp für Kaffee, Kuchen, Cupcakes? Schmidtchen im Planetarium oder Schmidtchen Bergedorf.

– das ist Graubünden in Hamburg. Ein paar kulinarische Gipfel des Engadins haben wir damit schon erobert, und wir sind wirklich glücklich – doch ohne Engadiner Nusstorte wäre jedes Gipfelerlebnis dort unvollkommen. Diese Spezialität wird hier vom Chef höchstpersönlich hergestellt. Bei ihrem Genuss blicke ich nach hinten, auf das kleine Bild des Piz Palü und fühle mich fast schon dort oben, dem Himmel so nah. So endet der Abend dann versöhnlich, und ich überlege, ob wir vielleicht doch wieder einmal den Aufstieg versuchen wollen, hier im Palü – vielleicht dann mit einem noch herzlicheren Grüezi und Hallo.

AMBIENTE ●●●○○ SERVICE ●●●○○
KÜCHE ●●●●○ PREIS-LEISTUNG ●●●○○

€€€€ Rothenbaumchaussee 63 (Rotherbaum), Telefon 040 30922010, Di-Do 12–15, 17–22, Fr 12–15, 17–23, Sa 17–22, So 17–21 Uhr, EC-Karte, VISA, Mastercard; Hallerstraße U1; palue.hamburg

Pani Smak

Wie bei Oma

Beim Betreten der kleinen Pierogi-Manufaktur Pani Smak in Winterhude fühlt man sich so, als ob man gerade in Omas etwas aus der Zeit gefallenen – aber weil es Oma ist – eben doch gemütlichen Wohnküche Platz nimmt. Und Oma selbst steht am Herd und kocht unser Lieblingsessen. In diesem Fall: polnische bodenständige Küche. Wir bestellen die vier vegetarischen Varianten der Pierogi (6 Stück für 9,50 Euro), klassische Kartoffelpuffer mit Schmand (2,50 Euro), und einen herzhaften polnischen Pfannkuchen mit Sauerkraut und Steinpilzen (3,90 Euro) sowie Salate mit Rote Bete und Weißkohl (je 1 Euro). Unser Tisch ist schnell voll mit vielen kleinen Tellern und Schälchen, und wir essen uns durch die deftigen Köstlichkeiten. Die hausgemachten Pierogi sind absolute Spitze! Serviert mit Zwiebeln und Schmand (wahlweise auch mit Speck) feiere ich die Spinat-Hirtenkäse-Füllung, mein Gegenüber wiederum schwelgt in den Pierogi mit Paprika-Quark und Gouda. Einziger Wermutstropfen: Die süßen Varianten sind an dem Abend leider aus. Wir hätten zu gerne Pierogi mit Milchreis und Apfel probiert. Doch es ist nicht so, als hätten wir noch Hunger. Vielleicht bestellen wir das nächste Mal auch einfach Pierogi zum Mitnehmen, wie die vielen anderen Menschen, die während unserer Besuchs ein- und ausgegangen sind (und weswegen die Atmosphäre vielleicht auch nicht ganz so gemütlich war wie bei Oma). Herzlich und richtig lecker war es jedoch allemal! ACM

AMBIENTE ●●○○○ SERVICE ●●●●○
KÜCHE ●●●●● PREIS-LEISTUNG ●●●●●

€ Hölderlinsallee 1 (Winterhude), Telefon 040 35706257, Mo-So 12–21 Uhr, EC-Karte; Jarrestraße (Kampnagel) Bus 17; panismak.de

FOTO: W. KÖHLER

Santé!
RESTAURANT

Öffnungszeiten:
Montag- Freitag Mittagstisch
von 11:30- 15 Uhr
Mittwoch – Samstag Abendkarte
ab 17 Uhr, Sonntag geschlossen

Restaurant Santé!
Moorkamp 6
20357 Hamburg
Tel: 040 228 621 300
service@restaurant-sante.net

RESTAURANT
STÜFFEL

Restaurant STÜFFEL
Isekai 1
20249 Hamburg
Tel.: 040 / 609 0205-0
www.restaurantstueffel.de

Genuss GUIDE DER SZENE HAMBURG
TESTSIEGER
2022/2023

Diese Röllchen können nun wirklich keine Sünde sein: Sushi und Sashimi at it's best

Henny's

Das Esszimmer für alle Fälle

Als 2015 der Großhansdorfer Gastronom Danilo del Favero die Küchenwerkstatt von Sternekoch Gerhard Zogbaum übernahm und das kulinarische Konzept des neuen Henny's mit „ehrliche deutsche Küche und einige internationale Akzente" beschrieb, ging ein Raunen um unter den Restaurant-verwöhnten Winterhudenr: Sushi und Sashimi auf der gleichen Karte wie Sauerfleisch und Rindsroulade für nur 16,50 Euro, dazu Käsekrainerwürste, Hummersüppchen, Senfeier auf Spinat, Steinpilzrisotto oder geschmorte Kalbsbäckchen. Was hat so ein Gemischtwarenladen am schnieken Alsterfleet zu suchen! Nun, in diesen sieben Jahren ist das Henny's nicht nur für uns ein sicherer Gaumenhafen für den großen wie kleinen Hunger geworden, in dem ohne Reservierung im heimelig-schicken Gastraum nur selten einer der leider recht schmalen Tische ergattert werden kann. Oder auf der Terrasse, diesem Sitzsteg der „gesehenwerdenwollenden" Eitelkeiten. Wo sonst kann die Dame ihr schieres Tuna-Sashimi in Sojasoße (24 Euro) tunken, während sich der Herr mit herrlich rosa Roastbeef und ultra- knusprigen Bratkartoffeln (16,80 Euro) den Bauch vollschlägt? Auch heute schleppt der flink-aufmerksame Service nichts als hervorragend zubereitetes Essen aus der Kellerküche zu uns oder bis ganz nach oben in die Festsäle für die Familien- oder Firmenfeier. Das noch pfannenwarme Riesengarnelen-Tempura in der reich verzierten Henny Roll meiner Co-Testerin ist perfekter California Style (13,80 Euro), meine kleine Portion Trüffeltagliatelle im Parmesannest strahlt durch die großzügige Behobelung mit teurem Alba-Trüffel (21,50 Euro) die großherzige italienische Gastfreundschaft des Hausherrn aus. Immer eine Bestellung wert sind die günstigen Speisen von der Mittagskarte wie unser nach Müllerinart gebratenes, reichlich portioniertes Heilbuttfilet mit feinem Kräuterrisotto und Trüffelschaum (13,90 Euro). Zu meinen lange nicht mehr probierten und ebenfalls technisch perfekt umgesetzten Königsberger Klopsen mit Kapernsoße und fluffigem Kartoffelpü (16,50 Euro) hätten wir abends sicher einen Tropfen aus der riesigen Weinkarte mit toller Glasauswahl getrunken, doch heute spülen wir mit dem letzten Schluck Rhabarberschorle eine andere Sünde hinunter – die grandiose, nicht ganz durchgelierte Rote Grütze mit Hausmacher-Vanilleeis (9,80 Euro). So ein tolles Esszimmer hat nicht jeder Stadtteil. PESI

AMBIENTE ●●●●○ SERVICE ●●●●○
KÜCHE ●●●●● PREIS-LEISTUNG ●●●●●

€€€ Hans-Henny-Jahnn-Weg 1 (Winterhude), Telefon 040 20769950, Mo-So 12–22 Uhr, EC-Karte, VISA, Mastercard; Hans-Henny-Jahnn-Weg Bus 6, Bus 17; hennys-hamburg.de

FOTOS: JULIA SCHUMACHER

Testsieger? Da steigt die Laune bei Küchenchef Dirk Brinkmann (l.) und Restaurantleiter Ercin Berisa

VIP-TESTER
Frehn Hawel

Santé!

Ein verstecktes Juwel

„Unaufdringliche Eleganz“ beschreibt das Gesamtkonzept des Restaurants Santé! am treffendsten. Angefangen von der etwas rückversetzten Lage des liebevoll restaurierten, denkmalgeschützten Pavillons am Moorkamp über den zugewandten und aufmerksamen Service bis hin zu den französisch-orientalischen Kreationen der Küche darf man guten Gewissens attestieren, dass hier wirklich jedes Detail stimmt. Dem großzügigen Speisesaal mit seiner hohen Decke gelingt nicht nur das Kunststück, moderne Eleganz mit Behaglichkeit zu verbinden, er bietet auch bei höherer Auslastung stets ausreichend Privatsphäre. Wir starten mit einem erfrischenden „Ingwer Sprizz Aperitif“ (7 Euro), als Vorspeisen überzeugen sowohl die Champignon-Cremesuppe mit Salbei, Bärlauch und Ziegenkäse (9,50 Euro) als auch die Blumenkohl-Kofta mit Hummus aus gepickelter Mango und marinierten Möhren (11 Euro). Von den vier angebotenen monatlich wechselnden Hauptgängen entscheiden wir uns für die Dorade mit lauwarmem Kartoffelsalat, Radieschen und Sumach (23,50 Euro) sowie das Maishähnchen Suprême mit mildem Gemüse-Curry und Wildreis (26 Euro). Die absolut gelungene Komposition beider Hauptgerichte lässt uns immer wieder kurz innehalten, um die jeweilige geschmackliche Raffinesse angemessen zu würdigen. Für beide Hauptspeisen erweist sich der Weißburgunder als passende Getränkebegleitung – die umfangreiche Weinkarte hält aber genügend weitere hochklassige Alternativen bereit. Zum Grand Finale verbindet die ganz hervorragende Tonkabohnen-Crème brûlée mit Rhabarberkompott (7 Euro) kongenial Süße mit feinherber Säure zu einer perfekten Einheit. Wir kommen sehr gern wieder!

AMBIENTE ●●●●● SERVICE ●●●●●
KÜCHE ●●●●● PREIS-LEISTUNG ●●●●●

HANSEPERLE 2021 €€€ Moorkamp 6 (Eimsbüttel), Telefon 040 228621300, Mo-Di 11.30–15, Mi-Sa 11.30–15, 17–23, So 11.30–15 Uhr, EC-Karte, VISA, Mastercard; Christuskirche U2; restaurant-sante.net

Siebens am Fischmarkt

Kulinarisches Fernweh

Nicaragua, Georgien, Australien … Reisen war lange nicht möglich, ebenso wie die kulinarische Weltreise im Siebens am Fischmarkt: Die „Tapas aus aller Welt“ können derzeit aus wirtschaftlichen Gründen nicht mehr angeboten werden, zu groß waren die Entbehrungen der letzten Monate, zu leer blieben abends die Tische. Geschmorter und gegrillter Spitzkohl mit Spinatpesto und Parmesan-Creme (Italien, 7,50 Euro), schwarzer Reis mit sautierten Schalotten, Koriander, Kabeljau und Matcha (China, 12,50 Euro) oder persisches geschmortes Lamm mit Boxhornklee und Kräutern (Iran, 10,50 Euro) – es wäre wohl die reinste Freude gewesen, sich durch die unterschiedlichen Spezialitäten zu probieren. Vorerst hat das Siebens nur für den Mittagstisch geöffnet, aber was könnte besser trösten als knusprige Fish & Chips mit Malzessig (9,50 Euro) oder eine wohlig-zarte Rinderroulade mit zimtigem Rotkohl und Kartoffelklößen (9,50 Euro) – und der optimistische Ausblick der herzlichen Betreiber darauf, dass die Tapas ihre Reise zurück ins Siebens und auf eine Sommerkarte finden werden! Die Fischbrötchen sind übrigens auch immer einen Besuch wert, den Ausblick auf den Fischmarkt gibt's gratis dazu. JFK

AMBIENTE ●●●●○ SERVICE ●●●●●
KÜCHE ●●●●○ PREIS-LEISTUNG ●●●●●

€€ Fischmarkt 5 (Altona-Altstadt), Telefon 040 75065830, Mo-Fr 12–15 Uhr, EC-Karte, VISA, Mastercard, Amex; Königsstraße S1, S3; siebensamfischmarkt.de

Teigtasche

Ran an die Taschen!

Im litauischen Restaurant Teigtasche auf St. Pauli offenbart sich viel Liebe zum Detail: rustikale Holztische, große Polsterstühle, verspielte Hängeleuchten und in Leder gebundene Speisekarten und Besteckbeutel. Ein Großteil der Einrichtung wurde sogar in Litauen in Handarbeit angefertigt. Wir entscheiden, die milden Temperaturen zu nutzen und nehmen auf der Terrasse vor dem schummrigen Lokal Platz. Ein Blick in die Speisekarte zeigt: Getreu dem Restaurantnamen spielen die litauischen Teigtaschen in dem Familienunternehmen die Hauptrolle. Es gibt sie in verschiedenen Ausführungen: gekocht oder frittiert, mit diversem Fleisch oder vegetarisch – die Entscheidung fällt nicht leicht. Unwissend, wie groß die Portionen der Teigtaschen werden, bestellen wir die Vorspeisen-Platte mit knackigen Brotchips, Zwiebelringen, Pflaumen-Schinken-Rollen und Käse (9,80 Euro). Ein gelungener Einstieg! Nach einer kurzen Verschnaufpause bringt die herzliche Servicekraft die Teigtaschen, die an Piroggen erinnern. Auf der Seite meiner Begleitung landet eine Mix-Platte in frittierter Variante (21,50 Euro), die durch die Sahnesoße ein wenig an einen Auflauf erinnert. Mächtig, aber super lecker. Die heißen Taschen sind außen knusprig und innen weich, das Fleisch herrlich zart. Vor mir offenbart sich ein riesiger Teller mit den gekochten Nudeln. Die vegetarische Variante mit Quarkfüllung (14,80 Euro) bekommt durch die Pilzsoße den letzten Kick. Auch wenn noch die Hälfte unserer Teller bedeckt sind, müssen wir kapitulieren und sind pappsatt, bekommen den Rest aber freundlicherweise sicher für zu Hause verpackt. Dort angekommen, entscheiden wir uns für eine zweite Runde und stellen fest: Die Teigtaschen schmecken auch kalt. Während wir essen, schwärmen wir noch immer von dem charmanten Lokal. JZ

AMBIENTE ●●●●● SERVICE ●●●●○
KÜCHE ●●●●○ PREIS-LEISTUNG ●●●●○

€€ Hein-Hoyer-Straße 10 (St. Pauli), Telefon 0152 53192733, Mo-Do 16–22, Fr-Sa 15–23, So 13–22 Uhr, nur Barzahlung; Reeperbahn S1, S2, S3; restaurant-teigtasche.de

Das feine Sößchen macht im Santé! manchmal den Unterschied

FOTO: MACR SILL

Kleine Köstlichkeiten gibt's im Siebens am Fischmarkt

FOTO: DAVID STRÜNING

Yaku

Kulinarische Entdeckungen

Unser Abend im peruanisch-mexikanischen Yaku im Grindelviertel beginnt knallig lila: Die Chicharra Morada (4 Euro) ist ein typisch peruanisches Getränk, dass aus purpurfarbenem Mais, Früchten und Zimt gekocht wird und mit Zitrone abgeschmeckt wird. Die intensive Zimtnote mit der feinen Säure und kräftiger Süße ist eine echte Entdeckung. Von den vier mexikanischen Tortillas (5 bis 6 Euro) begeistern uns der saftige Schweinebauch in Barbecue-Chipotle-Sauce und das knusprige Hähnchen mit Jalapeño-Soße und Guacamole. Die kräftig-süßliche Würzung mit Gewürzen wie Zimt und Chili kehrt auch bei der gebratenen Entenkeule mit Mole-Poblano-Soße (16 Euro) wieder. Die Keule ist butterzart geschmort, die Haut jedoch weich statt knusprig gebraten. Der gezupfte Lachs mit BBQ-Soße und Chipotle-Erbsenpüree mit Kaktusfeige und karamellisierten Mandeln (16 Euro) ist erneut recht süß, aber bietet eine schöne Abwechslung verschiedener Konsistenzen und eine kräftige Würze. Trotz aller Süße nehmen wir zum Abschluss noch den Esta Cabron (7 Euro), eine Art Mürbeteig mit Schokoladen-Mezcal-Soße, die zu unserer positiven Überraschung fast leicht, weniger süß und stattdessen angenehm herb schmeckt. Die Einrichtung ist einfach gehalten, die Gerichte dafür schön arrangiert und die Atmosphäre immer lebhafter. Denn dass man hier spannende kulinarische Entdeckungen machen kann, hat sich offenbar herumgesprochen. Im Laufe des Abends füllt sich das Yaku bis zum letzten Platz. BC

AMBIENTE ●●●○○ SERVICE ●●●●●
KÜCHE ●●●●○ PREIS-LEISTUNG ●●●●○

€€ Schlüterstraße 79 (Rotherbaum), Telefon 0176 23570402, Di-Do 18–23, Fr 18–23.30, Sa 17–23, So 17–22 Uhr, EC-Karte, VISA, Mastercard; Hallerstraße U1; yaku-restaurante.de

♿

„Die besten Feiern finden in der Küche statt."

ATLAS Restaurant und Kochsalon im Phönixhof

ATLAS
RESTAURANT · KOCHSALON

Phönixhof | Schützenstr. 9a | 22761 Hamburg | Reservieren Sie gerne unter 040 851 78 10 | www.atlas.at | atlas@atlas.at

Yanomami: Chile und Peru vereint

Yanomami

Südamerika für Durstige

Die Musik stimmt schon mal: Latinoklänge in Club-Lautstärke. Das Interiordesign wirkt weniger entschlossen, eher als hätte man übernommen, was der Vormieter hier stehen ließ und die Bilder eines Hobbykünstlers dazugehängt. Vernünftig also, dass das Licht entschieden gedimmt ist. Das südamerikanische Bier hängt – danke, Corona – noch auf dem Seeweg fest, also stoßen wir auf Empfehlung unseres sehr entspannten Kellners mit Pisco Sour (8,90 Euro) an. Der Drink schmeckt, ist aber keine Offenbarung. Doch anders als der Großteil der Gäste hier, sind wir ja eh vor allem zum Essen hier. Südamerikanische Küche liegt im Trend. Und im Yanomami gibt es gleich zwei Landesküchen in einem Lokal: chilenische und peruanische. Klingt wie ein guter Deal. So richtig kommen wir aber in keinem der Länder an. Die Ceviche (14,50 Euro) ist fad gewürzt und mutet auf einem ziemlich deutschen Blattsalat eher an wie ein Standard-Topping. Spannender sind da die gehaltvollen Tostones Machucados (8,70 Euro), frittierte Kochbananen mit Karotten-Weißkohlsalat und aromatischer Salsa Rosada. Mit der gleichen Kohlenhydratdichte und ähnlichen Gewürzen hebt sich der Pabellón Criollo (19,20 Euro), das venezolanische Nationalgericht, das wir als Hauptgang wählen, kaum von der Vorspeise ab – nur dass hier zusätzlich eine große Portion gezupftes Fleisch dazukommt. Leider auch das eher unspektakulär. Vielleicht braucht es doch ein paar mehr Pisco Sour, um mit diesem Comfort-Food comfortable zu werden. FT

AMBIENTE ●●●○○ SERVICE ●●●●○
KÜCHE ●●○○○ PREIS-LEISTUNG ●●●○○

NEU! €€ Kleiner Schäferkamp 36 (Eimsbüttel), Telefon 0176 32582299, Di-Sa 18–23, So 18–22 Uhr, EC-Karte; Sternschanze (Messe) S21, S31; yanomami-restaurant.com

FOTO: MARC SILL

TIPPS DER REDAKTION

Eis, Eis, Baby

Hand hoch, wer hat auf Instagram im April das Foto vom ersten Eis des Jahres gepostet? Wahrscheinlich fast jeder, denn sobald es warm wird, hängen fast alle an der Waffel. In Hamburg ist das nicht anders, deswegen kommen hier die zehn leckersten Eisdielen der Stadt

TEXT: FELIX WILLEKE

Eiskantine

Die Eiskantine in der Neustadt hat mehr zu bieten, als „nur" Eis: frischer Kaffee, Tartes, Quiches und Paninis stehen auf der Karte. Die Hauptattraktion ist und bleibt das Eis. Die ausgewählten Sorten kommen ohne Konservierungsstoffe aus. Wer neugierig ist und es gerne extravagant mag, wird hier fündig. Wie wäre es zum Beispiel mit Gurke-Zitrone oder Erdbeer-Basilikum-Eis? In der Eiskantine gibt es außerdem allerhand veganes Eis. Die fruchtigen Sorbet-Sorten, unter anderem Himbeere und Mango, sind übrigens alle vegan.

Eiskantine, Kohlhöfen 10 (Neustadt)

Eisprinzessinnen

Wenn die Schlange sich um Häuserecken windet, dann wartet man bei den Eisprinzessinnen auf das vielleicht beste Eis der Stadt. 2014 hat sich Katrin Kerkhoff ihren Job im Architekturbüro gegen das Eis getauscht. Im hauseigenen Eislabor werden klassische Eissorten und ungewöhnlichere Mischungen hergestellt – und das aus natürlichen Rohstoffen. 100 Sorten hat Katrin mittlerweile entwickelt – unter anderem Kreationen wie Apfel-Sellerie, Franzbrötchen oder auch Rose. Nicht nur für Kinder spannend: Durch eine große Glasscheibe kann bei der Eisherstellung zugeschaut werden.

Eisprinzessinnen, Am Rathenaupark 15 (Ottensen)

Luicella's

2014 war Markus Deibler noch Schwimmweltmeister und nach der Karriere im Wasser ging es für ihn ins Eis. Zusammen mit Luisa gründete er Luicella's. Hier kann man Eis nicht nur schmecken und bei der Herstellung zuschauen, Luicella's bietet auch regelmäßig Workshops an. Die Leckereien werden ausschließlich aus natürlichen Zutaten gezaubert.

Luicella's, mehrere Filialen in Hamburg

Im Luicella's wird kunstvoll drapiert

Milk Made Icecream

Die Schwarze Waffel ist schon fast ein Markenzeichen geworden. Bei Milk Made in Ottensen und Eppendorf gibt es das Eis in der mit Aktivkohle gefärbten Waffel. Der Inhalt ist fast schon zu gut. Neben den Standardsorten überrascht Milk Made immer wieder mit Neuem wie Espresso-Eierlikör oder Limette-Basilikum.

Milk Made Icecream in Ottensen und Eimsbüttel

Oehlers Eispatisserie

Nach Vorspeise und Hauptgang kommt immer der Nachtisch. Ein nicht nur komplizierter, sondern auch wichtiger Gang, denn er bleibt in Erinnerung. Nicht umsonst haben viele Spitzenküchen dafür extra eine:n Pâtissier:e angestellt. Dass diese Kunst auch beim Eis funktioniert, zeigt Marie Oehler. Seit 2020 führt sie Eimsbüttels erste Eispatisserie. Dabei setzt sie bei der eigenen Produktion neben Transparenz besonders auf viel Zeit und Liebe.

Oehlers Eispatisserie, Eppendorfer Weg 161 (Hoheluft-West)

WALLTER'S
WINE BEEF KONTOR

WINE & DINE AM ALTEN WALL

Genieße beispielsweise Deinen Aperitivo am Donnerstag & Freitag von 16.00 bis 18.00 bei einem Drink und eine kleine Köstlichkeit aufs Haus oder ein entspanntes Abendessen mit Freunden oder Familie auf unserer wunderschönen Terrasse am Fleet.

* Wöchentlich wechselnder Mittagstisch *

Find us on

WALLTER'S WINE BEEF KONTOR // ALTER WALL 12 // 20457 HAMBURG // TELEFON 040 380 378 31 // WWW.WALLTERS.DE

TIPPS DER REDAKTION

Auch draußen schmeckt's

Hamburg ist schön. Warum also drinnen speisen? An Alster und Elbe gibt es tolle Terrassen und grandiose Gärten – hier kommen unsere Tipps für die Außengastronomie

TEXTE: LAURA LÜCK

Am Kai

Hafenflair aufsaugen geht hier besonders gut – noch näher dran geht nämlich nicht. Und noch mehr Hamburg auch nicht: vorbeifahrende Schiffe, Elbblick auf Kräne und Dockland, Kreuzfahrt-Hupkonzerte und Möwengeschrei. Passend zur Szenerie gibt's Seafood vom Feinsten. Die viel gelobte Bouillabaisse wird hier im Le-Creuset-Bräter zum Teilen serviert. Die Spezialität des Hauses mit Kabeljau, Wildgarnele und Muscheln der Saison steht seit 20 Jahren auf der Karte und bleibt zu Recht ein Dauerbrenner. Neben weiteren Klassikern finden sich außerdem asiatische Einflüsse wie etwa Tuna-Tatar mit Teryaki, Limette und gebackenen Reischips.

€€€ Große Elbstraße 145b–d (Altona-Altstadt), Telefon 040 38037730, Di–Sa 17.30–1 Uhr, Mastercard, VISA, EC-Karte; Fischauktionhalle Bus 111; amkai.hamburg

Bootshaus Außenmühle

Wer mal so richtig abschalten und den Großstadtstress hinter sich lassen will, dem sei dieses idyllische Kleinod am Wasser ans Herz gelegt. Ein Schwan grüßt an der Eingangstür, und der Ausblick auf Harburger Stadtpark, den Außenmühlenteich, Tretboote und maritime Deko laden ein, die Seele baumeln zu lassen. Auch kulinarisch ist das Bootshaus ein echter Soulfood-Tipp. Serviert werden erstklassig zubereitete Flammkuchen, Salate, Burger und Fischbrötchen. Getränkeempfehlung: der Joto (Johannesbeere mit Tonic). Den empfiehlt es sich auf dem Wasser zu genießen; das Restaurant verleiht nämlich auch Tretboote.

€€ Gotthelfweg 2a (Harburg), Telefon 040 7642485, Mi–So 11.30–20 Uhr; Mastercard, VISA, EC-Karte; Hamburg Harburg S3, S31; bootshaus-harburg.de

Coco Rivera

Auf einem Alstersteg gegenüber dem Hotel Atlantic liegt Hamburgs Little Monaco: Das Coco Rivera ist als reine Außengastronomie konzipiert und lockt die hanseatische Schickeria mit Liegestühlen und Highclass-Wasserpanorama. Hier kann man prima Scampi essen und Schampus schlürfen. Wer sich nichts aus Status macht, bekommt aber auch richtig gute Pommes (wahlweise mit Trüffelmarinade) und ein kühles Bier serviert. Das Highlight ist hier ohnehin kostenlos: der unbezahlbar schöne Sonnenuntergang.

NEU! €€€ An der Alster 72 (Altstadt), Mo–Fr ab 12, Sa–So ab 10 Uhr, Mastercard, VISA, EC-Karte; Kunsthalle Bus 112; coco-riviera.com

Kärntner Hütte

So muss Kaiserschmarrn schmecken! Die österreichische Traditionsspeise wird in der Kärntner Hütte hausgemacht. Mit Rosinen und knusprig karamellisiert – eben wie in unserem schönen Nachbarland. Auf der Karte findet sich aber auch Herzhaftes, das Wiener Schnitzel zum Beispiel. Und die Atmosphäre? Berghüttenartig: urig, gemütlich mit Holzbänken und überdachter Terrasse. Da fehlen eigentlich nur noch die Berge. Die sind zwar nicht so beeindruckend wie in Österreich, aber so hoch wie es in Norddeutschland eben geht: Die Harburger Berge liegen direkt vor der Tür. So ist die Kärntner Hütte das perfekte Ziel für einen Wochenendausflug – erst wandern, dann stärken.

€€ Cuxhavener Straße 55 (Harburg), Telefon 040 7964622, Mi–Fr 14–20 Uhr, Mastercard, VISA, EC-Karte; Haake Bus 141; kaerntnerhuette.beepworld.de

Pan con Tomate

Inmitten der HafenCity mit Blick auf die Elbphilharmonie hat Sternekoch Matteo Ferrantino ein Restaurantkonzept geschaffen, das so simpel wie genial ist: Es gibt Brot mit Tomatensalsa. Wenn beides von bester Qualität ist, braucht es schließlich nicht viel mehr. Ein wenig Chorizo vielleicht oder Oliven und Kapern, etwas Manchego oder zwei, drei Anchovis – Toppings, mit denen Gäste ihr Tomatenbrot wahlweise pimpen können. Dazu empfiehlt sich ein Amalfi Lemon Spritz auf der Sommerterrasse.

NEU! €€€ Am Sandtorkai 50 (HafenCity), Telefon 040 369458, Di–Sa 17–24 Uhr, Mastercard, VISA, EC-Karte; Am Sandtorkai Bus 2, 6, 111; pancontomate.de

Spanische Treppe

Früher oder später zückt jeder Gast die Handykamera, denn die Spanische Treppe an den aufwendig umgebauten Kasematten der Mundsburger Brücke von 1870 liegt an einem der schönsten Alsterabschnitte der Stadt. Von hier kann man bis weit auf die andere Alsterseite blicken. Sind bereits alle Tische belegt, sitzt es sich auch ganz fabelhaft auf den Stufen, die mit gemütlichen Sitzkissen ausgelegt sind. Auf den Tisch – oder eben die Treppe – kommen ganz dem architektonischen Ambiente entsprechend Tapas und spanischer Wein.

€€ Armgartstraße 7 (Uhlenhorst), Telefon 040 18100757, Mo–So 10–22 Uhr, Mastercard, VISA, EC-Karte; Mundsburger Brücke Bus 6, 17; spanische-treppe.com

StrandPauli

Ein Drink in der Hand, Sand zwischen den Zehen und ein Ausblick über den Hafen: Wer nach einer langen Arbeitswoche dringend Urlaubsfeeling braucht, ist im StrandPauli immer gut aufgehoben. In Hamburgs schönstem Beachclub kann man problemlos den ganzen Tag verbringen: Vom Frühstück unter Palmen über den Burger-Lunch im Liegestuhl bis zur Cocktail-Hour an der Strandbar. Gekocht wird deftiges

Urlaubsfeeling mit Soulfood, Drinks und Hafenpanorama: StrandPauli

FOTO: STRANDPAULI

Soulfood wie Pizza, Currywurst und Burger, das in Bioqualität und mit überwiegend regionalen Zutaten zubereitet wird.

€€ Hafenstraße 89 (St. Pauli), Telefon 0163 7335832, Mo–Fr 12–23, Sa 10–23.30, So 10–21 Uhr, Mastercard, VISA, EC-Karte; Landungsbrücken U3, S1, S3; strandpauli.de

Stüffel

Ondrej Kovar weiß, wie gutes Essen geht. Nach vielen Stationen in Sterneküchen führte ihn sein Weg nach Hamburg – und zwar an ein ganz besonders schönes Fleckchen: Sein Restaurant Stüffel liegt direkt am Isebekkanal. Auf der großen Holzterrasse können Gäste regionale Premiumküche zu fairen Preisen wie auch den idyllischen Wasserblick genießen. Wer im Anschluss Lust auf eine Bootstour bekommt, nutzt den hauseigenen Bootsverleih – Stand-up-Paddles gibt es auch. Lieber Versacken bei einer Flasche Wein? Verständlich und unbedingt empfehlenswert bei dieser fein kuratierten Auswahl – bevor er das Stüffel eröffnete, war Kovar als Chefsommelier im Berliner Adlon tätig.

€€€ Isekai 1 (Eppendorf), Telefon 040 60902050, Mi–So 12–22 Uhr; Amex, Mastercard, VISA, EC-Karte; Eppendorfer Baum U3; restaurantstueffel.de

Ti Breizh

Das Personal trägt blau-weiße Querstreifen, bedient mit französischem Akzent und serviert den ultimativen bretonischen Klassiker: Crêpes und Galettes mit verschiedensten Toppings. Die Zutaten stammen zu großen Teilen aus Frankreich; unter anderem der Cidre, dessen Gesellschaft die traditionelle Galette erst vollständig macht. Der Ausblick von der schwimmenden Ponton-Terrasse kann vielleicht nicht mit der bretonischen Atlantikküste mithalten, aber Urlaubstimmung kommt hier am Nikolaifleet zwischen historischen Kontorhäusern auch ein wenig auf.

€€ Deichstraße 39 (Altstadt), Telefon 040 37517815, Mo–So 12–22 Uhr; Mastercard, VISA, EC-Karte; Baumwall U3; tibreizh.de

Witwenball

Wer liebt ihn nicht, den Weidenallee-Spirit? Die grüne Straße verbindet Schanze und Eimsbüttel und vereint das Beste aus beiden Vierteln. Die nachbarschaftliche Atmosphäre verwässert den Schanzentrubel und bringt Entschleunigung. Die lässt sich an der Ecke Agathenstraße im Witwenball besonders gut genießen. Bis zu 50 Gäste finden auf der großen Terrasse Platz. Die Weinauswahl zählt zu den besten der Stadt und macht den lauen Sommerabend perfekt. Zu Glas oder Flasche gibt's selbstredend auch feine Speisen. Ob Vier-Gänge-Menü mit Weinbegleitung oder bloß zum Dessert mit einem Gläschen Schaumwein – dieser Ort lohnt sich immer.

€€€ Weidenallee 20 (Eimsbüttel), Telefon 040 53630085, Mi–Fr 18–1, Sa 17.30–1, So 17–24 Uhr; Mastercard, VISA, EC-Karte; Christuskirche U2; witwenball.com

FRANKREICH MEETS NORDDEUTSCHLAND:
WILLKOMMEN IM CARLS

Kommen Sie in die französische Wohlfühlküche des Nordens: Starkoch Thomas Martin verzaubert mit einer Extraportion Kreativität und regionalen Zutaten im CARLS.

CARLS Hamburg
Am Kaiserkai 69 – 20457 Hamburg – carls-brasserie.de

CARLS Travemünde
Außenallee 10 – 23570 Lübeck – carls-travemuende.de

CARLS

+49 (0) 40 311 71 007 | restaurant@tims-restaurant.de

Tim's Restaurant GmbH & Co.KG
Große Elbstraße 27 | 22767 Hamburg

tims_hamburg

WWW.TIMS-RESTAURANT.DE

KURZ GEBRATEN

Bistro Engelke

Das Eppendorfer Nachbarschafts-Bistro ist die ideale Einkehr nach dem Wocheneinkauf auf dem Isemarkt. Die großzügige Terrasse punktet mit gemütlichen Sonnenplätzen, die zum Passantenbeobachten einladen. Dazu Pasta oder gemischte Antipasti und ein Aperol Spritz – was will man mehr!

€€ Eppendorfer Baum 20 (Eppendorf), Telefon 040 63945857, Mo-Sa 11–21 Uhr, EC-Karte, VISA, Mastercard; Eppendorfer Baum U3; engelke-hamburg.de

Del Favero

Ist die Speisekarte allzu ausladend, geht das oft auf Kosten der Qualität. Nicht so im Del Favero. Ob Sushi, Pasta, Meeresfrüchte oder Filetsteak – die Küche meistert die gesamte kulinarische Bandbreite. Danilo Del Faveros Sohn hat das Poppenbütteler Restaurant auf Hochglanz gebracht und schmeißt den Laden mit neuer Energie und Herzblut.

€€€ Heegbarg 28 (Poppenbüttel), Telefon 040 6061075, Mo-So 12–23 Uhr, EC-Karte; Poppenbüttel S1; delfavero.de

El Pikosito

Hamburg hat einige gute Taquerias. Möchte man richtig satt werden und mehr als drei kleine Tacos essen, kann dies jedoch schnell zum recht hochpreisigen Vergnügen werden. Das El Pikosito hingegen punktet nicht nur mit gutem Geschmack, sondern auch mit einem Top-Preis-Leistungs-Verhältnis. Und nicht zuletzt mit seiner Tequila- und Mezcal-Auswahl, die zum Verkosten und Versacken einlädt. Gäste können aus 80 Variationen wählen.

€€ Behnstraße 23 (Altona), Telefon 040 74397512, Di-So 17–23 Uhr, EC-Karte; Königstraße S1, S3; el-pikosito.de

Eppendorfer Insel

Das historische Gebäude der ehemaligen Zur alten Mühle wurde im ersten Lockdown kernsaniert, ohne dabei seinen alten Charme zu verlieren. Die charmanten alten Holzbalken durften bleiben, neu sind das moderne Interieur und die mediterrane Karte. Die Lage am Mühlenteich bietet den perfekten Spot für Spritz und Antipasti an lauen Sommerabenden.

€€€ Eppendorfer Landstraße 176 (Eppendorf), Telefon 040 50090840, Di-Fr 16–24, Sa-So 12–24 Uhr, EC-Karte, VISA, Mastercard, Amex; Lattenkamp U1; eppendorfer-insel.de

Helo

Wer den brasilianischen Familienbetrieb in den Colonnaden betritt, wird umsorgt, als gehörte er selbst zur Familie. Die traditionellen Speisen werden mit Liebe zubereitet – vor allem auf Fleischgerichte versteht sich die Küche bestens. Zwischen originalem Karneval-Kopfschmuck und Schwarz-Weiß-Fotografien aus Rio träumt es sich so ganz leicht nach Südamerika.

€€€ Colonnaden 104 (Neustadt), Telefon 040 43098788, Mo-Fr 11.30–23, Sa 12–23, So 13–22 Uhr, EC-Karte, VISA, Mastercard; Stephansplatz U1, Bus 112; helorestaurant.de

Hallo, Helo: Das Restaurant in den Colonnaden hat auf jeden Fall Stil

La Quesadilla

Der Name ist Programm: Quesadillas gibt's hier in allen Formen und Farben. Genau wie ihre Artverwandten – Burritos, Tacos und Enchiladas – bietet das Restaurant sie mit Fisch, Fleisch oder als vegetarische und vegane Optionen an. Wer's richtig dirty mag, bestellt Chimichangas. Das sind ebenfalls gefüllte Weizentortillas, die im Anschluss noch in der Fritteuse baden.

€€€ Falkenried 30 (Hoheluft-Ost), Telefon 040 89721372, Mo-So 17–22.30 Uhr, EC-Karte, VISA, Mastercard; Eppendorfer Weg (Ost) Bus 5; la-quesadilla-hamburg-1.de

Maa' Deyo

Gelangweilte Gaumen überrascht man am besten mit einem Besuch im Maa' Deyo. Die Karte schickt die Gäste auf eine geschmackliche Entdeckungsreise durch die südamerikanische und ostafrikanische Küche. Dabei begegnen sie außergewöhnlichen Leckerbissen wie Bananen-Gnocchi oder fermentierter Wassermelone. Genauso funky sind die Drinks, die zum Beispiel mit Jalapeños oder Tonka gemixt werden.

€€ Silbersacktwiete 6 (St. Pauli), Telefon 040 20918649, Di-Sa 18–24 Uhr, EC-Karte; Reeperbahn S1, S31; maadeyo.de

Maui Poke Guys

Das „Mini-Hawaii" im Karoviertel hat sechs Innen- und zehn Außensitzplätze. Die Maui Poke Guys brachten den Poké-Bowl-Trend 2017 nach Hamburg und sind hier vielleicht auch heute noch die besten auf ihrem Gebiet. Soßen und Marinaden sind hausgemacht und die Zutaten stets superfrisch. Wer rohen Fisch nicht mag, bestellt pulled Jackfruit – die vegane Variante.

€ Karolinenstraße 30 (St. Pauli), Telefon 040 30742687, Mo-Fr 11.30–19.30, Sa-So 13–19.30 Uhr, EC-Karte, VISA, Mastercard, Amex; Messehallen U2; maui-poke.dekaroviertel

Neumanns Bistro & Weinbar

Dieser Ort ist elegant, aber nicht steif. Bei Neumanns ist man zum Business Lunch genauso gut aufgehoben wie bei einem romantischen Abend zu zweit. Die Karte ist klein gehalten und doch sehr vielfältig: Es gibt frische Salate, deftige Hausmannskost oder bloß eine Dose Sardinen mit Zitrone und Brot zum Weinglas. Empfehlung: Sonntags kommt richtig gutes Wiener Schnitzel auf den Teller.

€€€ Grindelhof 77 (Rotherbaum), Telefon 040 38076567, Mo-Fr 12–24, Sa 17–24, So 17–23 Uhr, EC-Karte, VISA, Mastercard; Hallerstraße U1; neumanns-bistro.de

Pepironcino

Das Motto des Restaurants mit den bunten Wandbildern lautet: #EinDrinkWasSollPassieren. Zu leckeren Drinks wird ein Mix aus soliden portugiesischen und italienischen kleinen Gerichten gereicht. Es gibt Tortilla, Pimientos de Padrón und Antipasti-Platten mit Burrata.

€€ Wohlwillstraße 49 (St.Pauli), Telefon 0176 22748878, Di-Do 18–24, Fr-Sa 18–1 Uhr, EC-Karte, Visa, Mastercard, Amex; Feldstraße U3; pepironcino.de

Rialto

Der Name verspricht Venedig und – soweit Hamburg es zulässt – hält er's mit Toplage auf der Michaelisbrücke und bestem Blick über den Bleichenfleet auch ein. Wer mag, bestellt passend dazu ein paar Schneckenravioli.

€€€€ Michaelisbrücke 3 (Neustadt), Telefon 040 364342, Mo 12–15, Di-Sa 12–23 Uhr, EC-Karte, VISA, Mastercard, Amex; Stadthausbrücke S1, S3; restaurantrialto.de

RÖBBEK eatery

Eine echte Gastro-Perle in Groß Flottbek: Inmitten des idyllischen Micro-Townhouse-Areals The Röbbek befindet sich das zugehörige Restaurant. Aufgetischt wird moderne Küche von Jakobsmuscheln bis Udon-Nudeln – und das den ganzen Tag von Frühstück bis Dinner.

€€€ Röbbek 2 a (Groß Flottbek), Telefon 0172 3008888, Di-Sa 9–23, So 10–22 Uhr, EC-Karte, VISA, Mastercard; Groß Flottbeker Straße Bus 16, Bus 186; roebbek.hamburg

FOTO: MARC SILL

Mangold
RESTAURANT + BAR
Beim Alten Gaswerk 3 · 22761 Hamburg · +49 40 890 62 464 · mangold@gastwerk-hotel.de · www.gastwerk.com

An diesen Muscheln „Szechuan“ aus der XO Seafoodbar ist nun wirklich überhaupt nichts mies

Fisch

Grandiose Garnelen, saftiger Seeteufel oder einfach nur Backfisch im Rundstück – Hamburg ist Hochburg für Fischfans. Vor allem rund um die Elbe finden sich unzählige Kombüsen, in denen gekonnt filetiert, gebraten und geräuchert wird

Daniel Wischer

Der fast Hundertjährige

Bald 100 Jahre brät Daniel Wischer den Hamburgern Fisch. Vielmehr kocht er ihn auch, dünstet, frittiert und mariniert, was das Meer hergibt. Wir sitzen eines schönen Sonnennachmittags im Mai in der Filiale am Rathaus in der Altstadt. Solide und reichlich werden wir bewirtet. Die Bedienung ist prompt zur Stelle und serviert im Nu die Fischsuppe in der kleinen Fassung (8,50 Euro). Alles folgt einer Routine, die der Durchlauf Hunderter Gäste täglich mit sich bringt. Dabei könnte der Besuchermix heterogener kaum sein. Viele Rentner, die sich offenkundig schick gemacht haben für die Einkehr. Fortwährend schneien Touristen rein. Und fröhliche Freundinnen und shoppende Pärchen und rastende Handwerker. Letztgenannte lieben die beachtlichen Portionen offenkundig ganz besonders. Wir hingegen kapitulieren vor der enormen Menge Goldbarschfilet mit Bratkartoffeln für erstaunlich kleines Geld (15,90 Euro). Als verlässlich sättigend erweist sich auch der Klassiker schlechthin: Hamburger Pannfisch (17,50 Euro). Weil's gleich noch mal ins Büro geht, zischen wir dazu lediglich ein Jever Fun (3,80 Euro). Der Industrie-Chic in dem 2016 als Ersatz für den zwangsgeschlossenen Standort Spitalerstraße eröffnete Restaurant wirkt wie ein Bruch mit dem tradierten Angebot. Dieses Tête-à-Tête aus Neuem und Bewährtem ist das Erfolgsrezept im 98. Jahr des Bestehens dieser norddeutschen Gastro-Institution. MO

AMBIENTE ●●●●○ SERVICE ●●●●○
KÜCHE ●●●●○ PREIS-LEISTUNG ●●●●○

€€ Große Johannisstraße 3 (Altstadt), Telefon 040 36091988, Mo–Sa 11–22 Uhr, EC-Karte, Mastercard, Amex; Rathaus U3; danielwischer.de

Fischbeisl

Frischfisch ohne Firlefanz

Das Fischbeisl ist die wohl urigste Fischbude an der Großen Elbstraße in Altona. Dazu fraglos eine der besten. Das ist Volkmar Preis zu verdanken, dem gebürtigen Kärntener und alten Hasen der Hamburger Gastroszene. Etepetete zelebrierte er im Landhaus Dill an der Elbchaussee, Feste aller Art bewirtete er im Nienstedtener Marktplatz. Seinen Fischladen eröffnete Preis 2009. Das kongenial simple Konzept: Maximal frischen Fisch aus der Nordsee bekommen die Gäste in ganz und gar klassischer Zubereitung zu korrekten Preisen auf den Teller. Nix Chichi, keinerlei Firlefanz. Was zählt, ist der Geschmack des heimischen Meeres. Überhaupt nichts auszusetzen haben wir an den krossen Stinten (14,40 Euro), die leider kaum mehr aus der Elbe kommen. Schuld seien die vielen Eingriffe in die Natur, bedauert Preis, dessen Erscheinung an Jean Pütz denken lässt. Die dazu servierten Bratkartoffeln lässt der Haudegen seine internationale Crew mit Speck und Zwiebeln auftischen. Selbstredend. Richtig gut kommt auch der Lumb. Der WAS? Ein dorschartiger Weißfisch, lecker mit Rahmlinsen und Kartoffel-Olivenöl-Stampf kredenzt (19,50 Euro). Und weil wir so unsagbar klassisch unterwegs sind, probieren wir gleich noch den Pannfisch mit Senfsoße (11 Euro). Dass die Weinauswahl à la bonne heure ist, überrascht bei der Expertise des Inhabers nicht weiter. Unser Grüner Veltliner (0,2 l 5,40 Euro) ist 'ne Wucht. Wie der ganze Abend, den wir ganz bald wiederholen möchten. MO

AMBIENTE ●●●○○ SERVICE ●●●●○
KÜCHE ●●●●○ PREIS-LEISTUNG ●●●●●

€€ Große Elbstraße 131 (Altona-Altstadt), Telefon 040 3907275, Mo–So 11.30–23 Uhr, EC-Karte, VISA, Mastercard, Amex; Königstraße S1, S3; fischrestaurantfischbeisl.com

Fischclub Blankenese

Fisch in einzigartiger Kulisse

Es ist ein magischer Moment, wenn sich ein riesiges Kreuzfahrtschiff und ein noch größerer Container-Frachter in majestätischer Langsamkeit in gefühlt 50 Metern Entfernung gemächlich an deinem Weinglas vorbeischieben. Diesen Moment im Fischclub Blankenese am Fuße des Treppenviertels muss man erlebt haben. Das ist einzigartig und macht Gänsehaut. Wenn dabei auch noch die Sonne mit dramatischem Farbspiel untergeht, ist es kaum noch auszuhalten. Weniger gemächlich geht es im Restaurant zu. Kaum ist der Aperitif serviert, kommt auch schon die Vorspeise. Die Fischsuppe (10,90 Euro) ist okay, das Lachs-Tatar mit Avocado (16,80 Euro) könnte durchaus mehr Lachs vertragen. Schade, dass wir nicht nach einem weiteren Getränkewunsch gefragt werden. Das ändert sich auch nicht, als zügig der Hauptgang serviert wird. Der „Catch of the Day" – Steinbuttfilet vom Grill mit grünem Spargel, Rote-Bete-Creme und gebratenen Austernpilzen (39 Euro) – ist optisch und geschmacklich wirklich gut. Obwohl wir mit dem Service nicht ganz zufrieden sind und wir kaum kulinarische Höhenflüge erlebten, geben wir uns zum Ausklang des Abends bei dem endlich servierten Glas Grauburgunder satt und zufrieden dem leichten Schwanken des Pontons hin. Ein wohliges Gefühl setzt ein, und wir sind uns einig: Diese Location ist fast schon eine Hamburgensie. WIE

AMBIENTE ●●●●● SERVICE ●●○○○
KÜCHE ●●●○○ PREIS-LEISTUNG ●●●○○

€€€€ Strandweg 30a (Blankenese), Telefon 040 869962, Mo–So 12–22 Uhr, EC-Karte; Blankenese S1; restaurant-fischclub.de

FOTO: JULIA SCHUMACHER

VIP TESTER

Jens Wohlrab
Geschäftsführer HAK-foodeko GmbH
Getestet: Feuerschiff, Jellyfish (Sterneküche)

Lieblingsrestaurant Restaurante Español Picasso – ich liebe die spanische Küche und die spanische Lebensart. Beides ist dort in einer authentischen Art zu finden, wie es in Hamburg seinesgleichen sucht.

Lieblingsbar Meyer Lansky's.

Besondere Anlässe feiere ich am liebsten … im Restaurant Marseille.

Essen ist für mich … Lebensfreude, Lebensgefühl, Genuss, Spaß und selbstverständlich auch Ernährung.

Ein Leben ohne Gastro wäre … wie ein Leben ohne Sonne, Regen, die vier Jahreszeiten, Urlaub, Auto, Smartphone – also nicht vorstellbar in meiner Fantasie.

Zum Frühstücken gehe ich gern ins … Dritan Alsela Coffee in Düsseldorf – weltbestes Frühstückslokal. Sorry, Hamburg!

VIP-TESTER
Jens Wohlrab

Feuerschiff

Wackelig

Unzählige Male bin ich bereits am Feuerschiff vorbeigegangen oder -gefahren und habe mich immer gefragt, welche Art von Küche die Gäste wohl dort erwartet. Nun hatte ich den konkreten Auftrag, es herauszufinden, und habe mich richtig darüber gefreut. Als ich den Tisch für zwei reserviere, kann ich nicht ahnen, dass an diesem Tag Sturm und Hochwasser das beherrschende Thema in Hamburg sein wird – genau das Richtige für einen Besuch in einem schwimmenden Restaurant. Das schwankende und schaukelnde Schiff passt zu dem ersten Eindruck beim Betreten des Gastraumes: Der Mix aus Altem und den mit weißen Decken hochwertig eingedeckten Tischen ist einfach klasse. Die ausgesprochen freundliche und dennoch dezent zurückhaltende Bedienung bringt die Speisekart, und wir sind von der Auswahl recht angetan. Die Vorspeisen, gebackener Burrata (13,20 Euro) und Tatar vom argentinischen Weiderind (19,50 Euro) sind optisch und geschmacklich ein Gedicht, die Vorfreude auf den Hauptgang dadurch in die Höhe getrieben. Der Wein (29,50 Euro) aus der soliden Weinkarte ist optimal temperiert und wird am Tisch gekühlt gehalten. Schiff, Elbe und kappelige See, wir bestellen zum Hauptgang darum natürlich aus der Kategorie „Fluss und Meer". Erfahrungsgemäß macht man in guten Restaurants, wovon wir auch hier nach der hervorragenden Vorspeise durchaus ausgehen, mit Seeteufelmedaillons (34,50 Euro) nie etwas falsch. Es sei denn, man bekommt sie – wie in diesem Fall – mit einem übersäuerten Tomaten-Vanille-Ragout. In ihm finden neben der Vanille viele weitere nicht identifizierbare Gewürze ihre Anwendung – wir werden geschmacklich leider völlig erschlagen. Die verkochten, hellgrauen „schwarzen Tagliatelle" geben den irritierten Geschmacksnerven den Rest. Bei der Käptn's Fischplatte (38,50 Euro) gibt es leider ebenfalls einen Aussetzer der Küche: Die dreierlei Edelfische sowie die argentinischen Wildfanggarnelen sind so trocken gebraten, dass auch der Hummerschaum nichts mehr retten kann. Die Hamburger Rote Grütze (8,90 Euro) ist dann ein versöhnlicher Abschluss dieses wackeligen Abends auf dem Feuerschiff.

AMBIENTE ●●●●○ SERVICE ●●●●●
KÜCHE ●●○○○ PREIS-LEISTUNG ●●○○○

€€€€ City Sporthafen, Vorsetzen 0 (Neustadt), Telefon 040 362553, Mo–Fr 12–23, Sa–So 9–23 Uhr, EC-Karte, Mastercard; Baumwall U3; das-feuerschiff.de

Hummer Pedersen

Oase für Hummerleider

Genuss Guide HANSEPERLE

Trotz illustrer Gastronomie-Nachbarschaft muss sich das lässige Bistro von Hummer Pedersen mit seinen zwei Etagen – unten mit riesiger Frischfischtheke und der schönen Elbblick-Terrasse im Obergeschoss – zumindest kulinarisch nicht verstecken. Auch der flotte junge Service kann nichts dafür, dass die Betreiber deutlich mehr von den arg kleinen Quadrat-Tischchen in die Gasträume gequetscht hat, als es einem diskreten Gäste-Nebeneinander dienlich wäre. Weil man

Na klar, bei Hummer Pedersen ist der Name natürlich Programm

FOTO: HUMMER PEDERSEN

Hagenah
die fischwerker seit 1892

Wir haben die
LÄNGSTE
Fischtheke
DEUTSCHLANDS

Werksverkauf direkt aus der Produktion, frischer geht es nicht.

- Die Nummer 1 in Hamburg
  - für Fischgenuss
  - mit der größten Auswahl an Fischsorten
- Handfiletierung & Fischverarbeitung nach Ihren Wünschen vor Ihren Augen
- Nachhaltigkeit ist unser Kurs:
  - große Fischfilets
  - MSC-, ASC & Bio-zertifizierte Produkte
- Leckere Fischbrötchen und Fischplatten für jeden Anlass
- Salate & Marinaden aus traditionellen Rezepten seit 1892
- TK-Fischprodukte in riesiger Auswahl
- Front Cooking im Bistro mit dem frischesten, was das Meer hergibt
- Von Montag–Freitag täglich wechselnder Mittagstisch

...und für unsere Gastro-Partner und Großverbraucher:

- Mobiler Fischverkauf, Bestellung 24/7 sowie Lieferservice an 6 Tagen in der Woche
- Ernährungspartner für Kinder & Schulverpflegung in Hamburg und Umland

Sie finden uns in der Schnackenburgallee 8, A7 Ausfahrt HH-Volkspark

Folgen Sie uns!

hagenah.com

Souschefin Clara Hunger und Souschef Patrick Neureuther tischen lässig Top-Fischgerichte auf

Genuss GUIDE
DER SZENE HAMBURG
TESTSIEGER
2022/2023

Der Streifenbarsch nebst Molkeschaum und Himbeeren setzt geschmacklich wie vom Erscheinungsbild her Akzente

XO Seafoodbar

Hip und gut

Es gibt diese Abende, an denen man unbedingt das Haar in der Suppe finden möchte. Der Service ist etwas zu aufdringlich, die Musik zu laut und zu lästig, und die Tische stehen ganz schön nah beieinander – nach langen Beschränkungen immer noch ungewohnt. Doch dann kommt das Essen – und alles löst sich in Wohlgefallen auf. So ist es an diesem Abend mitten auf St. Pauli, in der XO Seafoodbar. Viele Pastelltöne, halb verputzte Wände – hier orientiert man sich an einem jungen Publikum. Das Prinzip der offenen Küche hat Chef Fabio Haebel von seinem schräg gegenüberliegenden, deutlich teureren Hæbel übernommen. Fischgeruch stellt sich da unvermeidlich ein. Haebel hat sich Nachhaltigkeit auf die Fahnen geschrieben und möchte so wenig wie möglich wegwerfen. Der Fisch kommt vorwiegend aus Elbe, Nord- und Ostsee, die kleine Karte wechselt ständig und führt an diesem Abend nur neun Gerichte. Der Algenkaviar auf vorzüglichem Sauerteigbrot ist ein guter Anfang, doch das Beste kommt noch: Skrei mit Korianderöl und kandierten Kürbiskernen sowie Garnelen aus niedersächsischer Aquakultur mit Ponzu-Sauce (26 Euro). Beide Gerichte kommen mit gepickeltem Gemüse: grandios, wie diese leicht saure Note mit dem Fisch harmoniert. Dazu trinken wir fruchtigen Mandarin Sour (12 Euro). Die Apfel-Tarte Tatin zum Dessert rundet ein exzellentes Essen ab. „XO" soll für „extraordinary" stehen – dieses Versprechen hat die XO Seafoodbar eingelöst. JP

AMBIENTE ●●●●○ SERVICE ●●●●○
KÜCHE ●●●●● PREIS-LEISTUNG ●●●●○

€€€€ Paul-Roosen-Straße 22 (St. Pauli), Telefon 0151 72423046, Di-So 14–22 Uhr, EC-Karte; Reeperbahn S1, S2, S3; thisisxo.de

VIP TESTER

Dirk Schumaier

Geschäftsführer Bäderland Hamburg GmbH

Getestet: Rive, Stock's (Fleisch)

Lieblingsrestaurant Ono by Steffen Henssler – Sushi in seiner leckersten Form.

Lieblingsbar Clouds – Heaven's Bar: Bei dem atemberaubenden Blick schmecken Cocktails noch besser!

Besondere Anlässe feiere ich am liebsten im ... Rive – da habe ich schon vor 26 Jahren Verlobung gefeiert.

Essen ist für mich ... ein Stück Kultur und Lebensqualität und unverzichtbar!

Ein Leben ohne Gastro wäre ... möglich, aber sinnlos.

Zum Frühstücken gehe ich gern ins Café ... Alsterpavillon – einfach toller Blick und großes Büfett (für jeden etwas dabei).

Ein Tipp für Kaffee, Kuchen, Cupcakes? MalinaStories Café in der Hellbrookstraße – alles frisch und hausgemacht und offen für besondere Wünsche. Und es gibt noch ein kleinen Shop mit vielen handgefertigten Deko-Artikeln.

hier aber andererseits noch immer exorbitant gut Fisch, Meeresfrüchte, Krustentiere, Kaviar (20 g Deutscher Ossetra Imperial 41,50 Euro) oder die knackfrischen Austern (französische 3,20, Sylter 4,50 Euro/Stück) mit einem Gläschen edlem Ferrari Rosé Spumante (8,50 Euro, große, bezahlbare Weinauswahl) herunterspülen kann, bietet sich das Bistro für ein fixes Business- oder Shopping-Dinner an. Oder – wie bei uns heute – für ein After-Work-Dinner, bei dem man nach zwei Gängen auch wegen der mauen Dessertauswahl gern nach Hause aufs Sofa verschwindet. Sehr zum Leidwesen meiner Co-Testerin steht der Hummersalat nicht mehr bei den Vorspeisen. Die Einkaufspreise seien selbst für einen Großabnehmer wie Pedersen derart durch die Decke gegangen, dass man 35 Euro für die Portion verlangen müsse, wie der Kellner uns verrät. Da teilen wir uns doch lieber für ein Zehnerl weniger die gewaltige dreistöckige Etagere mit Jakobsmuscheln, Garnelen, Graved Lachs, Pulpo (warm), dazu sehr feinen Graved Lachs und Räucherlachs, Algensalat und drei gelungene und super passende Soßen (Cocktail, Meerrettich, Senf-Dill). Besonders spannend der Lachstatar mit Trockentomaten-Brunoise, Kapern und Tobiko-Kaviar-Mayo. Ganz großes Meereskino auch der halbe kanadische Krustie meiner hummerleidenden Begleitung (26,50; der Ganze Helgoländer liegt bei 120 Euro/Kilo) und mein so wohlschmeckender wie bildgewaltig-instagramtauglicher Teller mit vier verschiedenen Pannfisch-Sorten in Begleitung krosser Babykartöffelchen, samtiger Senfsoße und super nordisch-süßlichem Dillgurkensalat (18,50). Keine Frage: Hier weiß man, wo zwischen Pütt und Pann der Hummer hängt. PESI

AMBIENTE ●●○○○ SERVICE ●●●●○
KÜCHE ●●●●○ PREIS-LEISTUNG ●●●○○

€€€ Große Elbstraße 152 (Altona-Altstadt), Telefon 040 522993926, Mo-Mi 12–18, Do-Sa 12–22 Uhr, EC-Karte, VISA, Mastercard, Amex; Königstraße S1, S3; hummer-hamburg.com

Pesce e Pesce

Modern, frisch und intensiv

Eins ist klar: Es ist ein ehrlicher Laden. Denn was kann man von einem Restaurant erwarten, das Pesce e Pesce heißt? Genau, Fisch. Und anderes, das aus dem Meer kommt, zum Beispiel Garnelen. Der Koch verschwendet nicht viel Zeit mit ihnen, wenn er fertig ist, sind es Gamberi aglio e olio. Garnelen, Knoblauch, Öl, mehr braucht es nicht. Das gilt auch für fast alle Hauptgerichte, wenige, dafür ausgesuchte Beilagen. Schlichtheit wird im Eppendorfer Pesce e Persce ohnehin großgeschrieben. Das Bier heißt „Bier", der Wein „Wein". Keine Fruchtnoten, kein Körper, keine Jahrgänge, nur weiß oder rot (0,2 l 4,50 Euro). Ein paar markante Ausreißer gibt es trotzdem. Die süßwürzige Spinat-Pflaumensoße zu den gegrillten Jakobsmuscheln (16,50 Euro), der Notenschlüssel aus Tintenfischtinte, die confierten Tomaten und das hausgemachte Pistazienmus zu den kürbisgefüllten Ravioli (16,50 Euro) – all das macht deutlich, dass die Schlichtheit nicht etwa dem Gemüt entspringt, sondern Konzept ist. Wenig, dafür intensiv und frisch. Deshalb gibt es an manchen Tagen auch nur zwei Fische auf der Karte. Sie wechselt aber regelmäßig, weshalb die Auswahl über die Wochentage verteilt doch überraschend groß ist: Rotbarsch, Adlerfisch, Wolfsbarsch, Seeteufel – oder eine rosa Dorade (24,90 Euro), die etwas feinere Variante. Das Pesce e Pesce ist eine Art moderne Trattoria. Eine Handvoll Tische, karierte Decken, familiär, bezahlbar. Ein Ort, an dem man Nachbarn trifft, Familien, Leute, die in der Nähe arbeiten, eine Gruppe Teenager, die erst mal den besten Hintergrund für einen Insta-Post sucht. Es ist vielleicht nicht das Restaurant, für das man sich vom anderen Ende der Stadt auf den Weg macht. Aber es ist gut, wenn man am richtigen Ende der Stadt wohnt: um die Ecke vom Pesce e Pesce. JFK

AMBIENTE ●●●○○ SERVICE ●●●●○
KÜCHE ●●●○○ PREIS-LEISTUNG ●●●●○

€€€ Eppendorfer Weg 221 (Hoheluft-West), Telefon 040 78050547, Mo-So 12–22 Uhr, EC-Karte, VISA, Mastercard, Amex; Eppendorfer Weg (Ost) Bus 5; pesce-e-pesce.de

Im Pesce e Pesce „schwimmt" der Fisch auch auf dem Teller noch oben

FOTOS: BÄDERLAND (O.), MARC SILL (U.)

Felix Dietz hat in Salzburg gelernt und jetzt in der Küche des Rive Fish & Faible das Sagen

VIP-TESTER
Dirk Schumaier

Rive Fish & Faible

Krustentier mit Elbblick

Eine freundliche persönliche Begrüßung ist der Start unseres kulinarischen Abends im Rive. Der offene, große Gastraum mit einem traumhaften Rundumblick auf Elbe und Hafenanlagen empfängt uns. Wir werden zum Tisch geführt. Uns gefällt die gehobene Einrichtung mit Liebe zum Detail wie die bunten Kissen auf dem Sitzmobiliar. Die Tische sind stilvoll dekoriert. Wohlfühlambiente. Ein freundlicher, aufmerksamer Service serviert sofort etwas Brot mit hausgemachtem Thunfischaufstrich und fragt nach unseren Getränkewünschen. Als Vorspeise wählen wir Sellerieschaumsuppe (14 Euro) und Krustentier-Ceviche (22 Euro). Beide Gerichte kommen nach kurzer Zeit stilvoll serviert, wenngleich aus der Sellerierschaumsuppe dann eine Bärlauschaumsuppe wurde. Höfliche Entschuldigung der Bedienung, ich winke ab und nehme auch gern die Bärlauchsuppe, die sehr schmackhaft mit frischer Thunfischtatar-Einlage ist. Das Krustentier-Ceviche ist ganz frisch und fein abgestimmt gewürzt. Der Clou sind die gerösteten, leicht kandierten Cashewnüsse. Als Hauptgerichte bestellen wir den schottischen Bio-Lachs in der Nuss-Gewürzkruste mit japanischem Risotto, Ponzu-Spargel und Misonage (32,50 Euro), und obwohl dem Rive der Ruf als eines der besten Fischrestaurants der Stadt vorauseilt, landet auf der anderen Tischseite das Rib Eye Wolowina mit Thymian-Parmesan-Kruste (34 Euro) und Süßkartoffelpommes. Fisch und Fleisch sind auf den Punkt zubereitet und die Krusten bei beiden Gerichten ein toller Akzent und geschmacklich ein absoluter Hochgenuss. Unser Fazit: ein rundum stimmiger Abend.

AMBIENTE ●●●●● SERVICE ●●●●○
KÜCHE ●●●●● PREIS-LEISTUNG ●●●●○

€€€€ Van-der-Smissen-Straße 1 (Altona), Telefon 040 3805919, Di-Fr 12–24, Sa-So 13–24 Uhr, EC-Karte, Mastercard, Amex; Königstraße S1, S3; rive.de

FOTO: DAVID STRÜNING

HHLA Fischmarkt

SCHICK IN SCHALE, ALTES HAUS

IMMOBILIEN. FISCHVERARBEITUNG. TIEFKÜHLLAGERUNG. FISCHHANDEL.
Hier kommt es nicht nur auf äußere Werte an: Attraktive Büro- und Gewerbeflächen, Delikatessen und ein Rundumservice für TK-Produkte – die Fischmarkt Hamburg-Altona GmbH ist Ihr kompetenter Dienstleister im Quartier an der Elbmeile.

Fischmarkt Hamburg-Altona GmbH
Große Elbstraße 137, 22767 Hamburg
Tel. +49 40 3088-7800, www.fischmarkt-hamburg.de

Wir bewerten Ihr Schmuckstück.

Unverbindliche Immobilienbewertung für Hamburg.

Sabine Lamping
Tel. 0151-58 45 11 00
lamping-immobilien.de

LAMPING
IMMOBILIEN HAMBURG

Underdocks

Kalorien gegen den Kater

#fischbrötcheninheftig ist der Hashtag des Underdocks. Dass das kein hohler Werbespruch ist, ahnen wir, als uns nach kaum nennenswerter Wartezeit das Essen auf einem Blechtablett serviert wird: Es wird fettig. Die „Streetfood-Variante einer Fischbude" schwebte den beiden Gründern Burhan Schawich und Samet Kaplan vor, als sie 2018 ihr Restaurant gegenüber der Rindermarkthalle St. Pauli eröffneten. Der Einrichtungsstil im Underdocks (mittlerweile gibt es eine zweite Filiale an den Landungsbrücken) ist maritim-amerikanisch. Es läuft Rap-Musik, große Industrielampen dominieren, eine Wand besteht komplett aus einer leicht zerbeulten Containerverkleidung – das hat Stil. Fischbrötchen heißen hier „Rolls" (je 9,90 Euro) und kommen in einem delikaten Burger Bun mit einer gelungenen Avocado-Salsa. Wem es nach Kalorien gelüstet, dem seien die Dirty Tiger Loaded Fries (10,90 Euro) nahegelegt: Pommes mit Garnelen, Schmorzwiebeln und Jalapenos, großzügig mit Cheddar-Mozzarella überbacken. Wer die Portion schafft, braucht einen Kümmel als Absacker. Die Fischqualität ist in Ordnung, Großes darf man hier jedoch nicht erwarten. Wirklich empfehlenswert: die veganen „Vischstäbchen" aus Weizenproteinen, knusprig und intensiv im Geschmack. Das Underdocks ist eher Imbiss als Restaurant – und bietet bestes Kateressen für einen Sonntag mit viel Hunger. JP

AMBIENTE ●●○○○ SERVICE ●●●○○
KÜCHE ●●●●○ PREIS-LEISTUNG ●●●○○

€ Neuer Kamp 13 (Sternschanze), Telefon 040 35708621, Di-Sa 12–22, So 12–21 Uhr, EC-Karte, VISA; Feldstraße U3; under-docks.de

Im Underdocks serviert Samet Kaplan auch cooles Blondes

Yin Seafood

Asiatische Spitzenküche

Im Yin Seafood am Altonaer Hafenrand bringt die Küche Spitzenklasse auf den Tisch. Gastronomen und Fischhändler schätzen den gleichnamigen Großhandel schon seit Jahrzehnten. 2019 eröffnete Meisterkoch Jiming Lin nebenan sein Spezialitätenrestaurant. Nach chinesischer Rezeptur serviert er frisches Meeresgetier aus aller Welt. TK-Ware ist tabu. Wir greifen zum Royal-Menü für zwei Personen (69 Euro) und löffeln Minuten später eine köstliche klare Suppe mit Fischbällchen, die mit würzigem Schweinehack gefüllt sind. Auch die Variante mit Garnelen in Teigtaschen legt stark vor. Nach kurzer Pause baut der zackige, fernöstliche Küchengeheimnisse bereitwillig lüftende Restaurantleiter eine mit Stövchen befeuerte Kupferplatte vor uns auf. Um einen in Körper und Scheren zerteilten Taschenkrebs versammeln sich Mies-, Herz-, Jakobs- und Meerscheidemuscheln, Austern und Garnelen sowie Tintenfisch auf einem Bett aus Pilzen, Glasnudeln, Frühlingswiebeln und Tofu. Für extra Schmackes sorgt eine wunderbare Brühe mit Aromen von Soja, Ingwer und Knoblauch. Die dazu gereichten Werkzeuge von Zangen über Pikser bis Stäbchen erwecken OP-Saal-Assoziationen. Der Genuss der Schalentiere verlangt eben etwas handwerkliche Geschicklichkeit. Die um uns herum angenehm separierten Tische bevölkern überwiegend asiatische Grüppchen. Klares Indiz für authentische Länderküche. Darauf ein Sago-Kokossüppchen als Menü-Finale. MO

Im Yin Seafood kommt in die Pfanne, was schon der Name des Restaurants am Altonaer Hafenrand

AMBIENTE ●●●○○ SERVICE ●●●●●
KÜCHE ●●●●● PREIS-LEISTUNG ●●●●○

€€€ Große Elbstraße 133 (Altona-Altstadt), Telefon 040 38109993, Mo-Fr 12–15, 17–23, Sa-So 12–23 Uhr, EC-Karte, VISA, Mastercard; Königstraße S1, S3; yinseafood-hamburg.de

Zum Alten Lotsenhaus

Fisch vom Feinsten

Wohin mit Mutti und den Schwiegereltern vom Land, die Hamburg besuchen? Ich entscheide mich für das Restaurant Zum Alten Lotsenhaus. Ein Klassiker. Bisschen dicke Pötte gucken und hoffentlich lecker Fisch essen. Als wir am 1560 errichteten Fachwerkhaus an der Elbe ankommen, ist dort schon ordentlich Alarm. Eine Hochzeitsgesellschaft feiert ausgelassen. Aber kein Problem,

FOTOS: YIN SEAFOOD (U.), DAVID STRÜNING (O.), ANDREAS DAEBELER (R.)

denn auf der großen Terrasse ist reichlich Platz. Bei bestem Blick auf einlaufende Tanker verzichten wir auf Vorspeisen und gehen gleich in die Vollen. Wenn der Koch hier was können muss, ist das Scholle (26 Euro). Die wollen wir weder à la „Övelgönne" mit Krabben noch als „Finkenwerder"-Version nebst ausgelassenem Speck. Nein, wir wollen gleich alles. Für die Küche ist der Extrawunsch kein Problem. Der kultige Plattfisch ist top gegart und lecker. Bisschen Salz fehlt vielleicht noch, einen Streuer finden wir auf dem Tisch leider nicht. Den Hinweis von Schwiegermutti, dass vergessen wurde, bei dem Fisch die bittere Galle zu entfernen, nimmt die sehr freundliche Kellnerin auf und entschuldigt sich später. Beim Pannfisch (25 Euro) auf dem anderen Teller bleibt kaum Luft nach oben. Lachs und Zander sind außen kross, innen glasig, top abgeschmeckt, und zum Glück ereilt uns kein Soßendesaster, sondern wir erleben angemessen sparsamen Einsatz. So bleiben auch die leckeren Bratkartoffeln noch am Leben. Und das Nussbutter-Püree ist ein Gedicht. Die Wertung für würziges Labskaus (18 Euro) und wunderbar bissfesten Seeteufel nebst Prosecco-Risotto (28 Euro)? Machen wir es kurz: glatte Eins. Als wir uns zurück in Richtung Museumshafen machen, sind wir alle satt und glücklich. Tschüss, Elbe. AND

AMBIENTE ●●●●○ SERVICE ●●●●●
KÜCHE ●●●●○ PREIS-LEISTUNG ●●●●○

€€€€ Övelgönne 13 (Othmarschen), Telefon 040 8800196, Mo-Do 13–22, Fr 13–23, Sa 12–23, So 12–22 Uhr, EC-Karte, VISA, Mastercard; Neumühlen/ Övelgönne (Fähre) Bus 112; zum-alten-lotsenhaus.de

Der Pannfisch im Alten Lotsenhaus rockt auch visuell den Teller

Das ist
Kutterfisch Hamburg

Fisch ist unsere Leidenschaft und das nun seit 44 Jahren!

Entdecken sie unsere Geschichte von den kleinen Anfängen bis zum heutigen Unternehmen.
Seit 44 Jahren bieten wir unseren Kunden stets frischen Fisch und frische Meerestiere von größter Qualität an, achten dabei auf nachhaltige und umweltschützende Fischerei und gehen rücksichts- und respektvoll mit unserer Ware um. Diese jahrelange Firmenphilosophie hat oberste Priorität und liegt uns sehr am Herzen, damit wir noch viele weitere Jahre mit dem Hamburger Fischmarkt verbunden bleiben.

Unsere Leidenschaft

Wir lieben den Fisch und achten deshalb sehr auf die Qualität. Unsere Fische werden täglich aus Dänemark fangfrisch geliefert. Hierbei sticht die herausragende Qualität durch den Langleinenfang hervor. Dies ist uns besonders wichtig, da das Fleisch des Fisches beim Fangen nicht gequetscht wird, denn nur so können wir die beste Qualität garantieren. Für uns ist die Nachhaltigkeit, der Umweltschutz, ein schonender und rücksichtsvoller Umgang mit den Fischen sowie das Preis-Leistung-Verhältnis sehr wichtig.

www.kutterfisch-hamburg.de

KURZ GEBRATEN

Die Veddeler Fischgaststätte ist Kult. Mehr Hafen-Atmosphäre geht

Blue Mare

Auch wenn die Anreise vom Hamburger Stadtzentrum zum Blue Mare nach Langenhorn etwas Zeit raubt: Der Weg in das Restaurant, das hochwertige Sushi- sowie Fisch- und Fleischgerichte anbietet, lohnt sich allemal. Das Lokal bietet eine große Terrasse, entspannte Musik, loungige Sessel und sehr freundliches Servicepersonal.

€€€ Tarpen 40 (Langenhorn), Telefon 040 500 919 03, Mo-Sa 11.30–23 Uhr, EC-Karte, VISA, Mastercard; Tarpen Bus 292; bluemare-hamburg.de

Catch of the Day

Rund um den Kaispeicher B in der HafenCity befinden sich gleich mehrere Möglichkeiten, einen guten Essensfang zu machen. So auch im Catch of the Day, das mit Hamburger Fischspezialitäten und regionaler Küche Gäste aus aller Welt empfängt. Es gibt eine Holzterrasse, die einen direkten Blick auf León-Brücke und Brooktorhafen gewährt.

€€€ Koreastraße 1 (HafenCity), Telefon 040 45060627, Mi-Fr 12–15, 17–22, Sa-So 11.30–22 Uhr, EC-Karte, VISA, Mastercard, Amex; Singapurstraße Bus 6; kaispeicher-b.hamburgfischrestaurant-in-hamburg

Dübelsbrücker Kajüt

Schlepper, Fähren und große Containerpötte dampfen an einem vorbei, Möwen kreischen im bögigen Westwind, während die Elbe gemächlich Richtung Nordsee fließt. Genau so muss das sein, hier in Klein Flottbek, am Anleger Teufelsbrück. Auf einem alten Hausboot mit urig-maritimem Charme kann man in der Dübelsbrücker Kajüt richtig gute norddeutsche Küche genießen.

€€ Elbchaussee 303 (Othmarschen), Telefon 040 828787, Mo-Fr 12–23, Sa-So 11–23 Uhr, EC-Karte, VISA, Mastercard; Marxsenweg Bus 112; duebelsbruecker-kajuet.de

Fabio's Fisch

Früher hieß das kleine Lokal noch Fischmarkt Bistro und warb mit Heavy Metal zum Backfisch, heute geht es ruhiger zu. Das Bistro ist neben den klassischen Fischbrötchen auf Fischburger spezialisiert. Hier werden amtliche Portionen frisch gegrillter Lachs, Rotbarsch, Thunfisch und mehr im langen Brötchen mit reichlich frischem Gemüse und leckerer hausgemachter Soße serviert.

€ Große Elbstraße 133 (Altona), Telefon 040 70298866, Mo 10–18, Mi-Fr 10–18, Sa-So 10–19 Uhr, EC-Karte; Königstraße S1, S3; fabiosfisch.de

Fischereihafen Restaurant

Die Vorfreude aufs Fischereihafen Restaurant ist bei vielen Besuchern groß. Schließlich gilt die Küche von Dirk Kowalke als Top-Adresse, wenn es um maritime Genüsse geht. Das Traditionshaus in der Nähe des Fischmarkts ist nicht nur für Stil und leckeren Fisch bekannt, sondern bietet auch eine einmalige Aussicht über den Hafen. Serviert werden als Vorspeisen etwa Tatar vom Matjes oder vom Thunfisch. Auch Austern Fines de Claire werden hier gern bestellt. Ganz zu schweigen von Steinbutt, Seezunge und Atlantik-Garnelen.

€€€€ Große Elbstraße 143 (Altona-Altstadt), Telefon 040 381816, Mo-So 12–23 Uhr, EC-Karte, VISA, Mastercard, Amex; Königstraße S1, S3; fischereihafenrestaurant.de

Ginkoi Seafood Bar

Das Ginkoi an der Bahrenfelder Straße im wuseligen Ottensen nennt sich selbst „Asian Fusion Restaurant". Ein Besuch ist eine gute Entscheidung, wenn man sich noch nicht sicher ist, ob es Sushi sein soll, ob vietnamesische Köstlichkeiten angesagt sind – oder ob man sogar genügend Hunger mitgebracht hat, um sich etwa an eine der Seafood-Platten zu wagen. Eine offene Küche vermittelt den Eindruck asiatischer Authentizität.

€€ Bahrenfelder Straße 67 (Ottensen), Telefon 040 88175475, Mo-Do 12–23, Fr-Sa 12–24, So 12–22 Uhr, EC-Karte; Dammtor S21, S31, Bus 109; ginkoi-hamburg.de

Goedekens Kombüse

Im alten Fischereihafen an der Großen Elbstraße ist das Traditionsunternehmen Wilhelm Goedeken, das 1926 die gleichnamige Feinkost-Manufaktur gründete, mit einem kleinen Imbiss vertreten, in dem man die Salate und natürlich Fisch in verschiedenen Variationen genießen kann. In dem gefliesten Fischgeschäft mit einer typischen Imbisstheke geben sich Kreative, Geschäftsleute und Touristen die Klinke in die Hand. Hier gibt's Fischbrötchen und etwa die „Kleine Hafenrundfahrt", einen Backfischteller mit Kartoffel- und Krautsalat und einem Klecks Remoulade.

€ Große Elbstraße 141b (Altona), Telefon 040 38037635, Mo-Fr 9–16, Sa 11–16 Uhr, nur Barzahlung; Königstraße S1, S3; goedeken.de

Liman

Im Winterhuder Fischrestaurant Liman erinnern die Gerichte an Stillleben aus dem Meer. Auf einem leuchtend blauen Teller kommen Leckereien wie orange-rosa Zitronengras-Krustentier-Schaum nebst wildem Steinbutt aus der Nordsee an den Tisch. Die Venusmuscheln auf der Kruste wirken hier so, als hätte sie das Meer selbst dort hingespült. Das pinke Licht, mit dem die Tische zum Teil beleuchtet werden, setzt die kunstvollen Teller zusätzlich in Szene.

€€€ Mühlenkamp 16 (Winterhude), Telefon 040 37085653, Mo-Do 12–24, Fr-Sa 12–1, So 12–23 Uhr, EC-Karte, VISA, Mastercard, Amex; Gertigstraße Bus 6, Bus 17; liman-fisch.com

ono by Steffen Henssler

Gelöste Stimmung ist im ono by Steffen Henssler an der Tagesordnung. Könnte an den Aperitifs wie dem Yuzu Negroni legen. Zu denen wird knackig-scharfes Wasabi-Popcorn gereicht. Die Bewirtung ist unglaublich freundlich, herzlich und flink. Die Sushi-Kreationen erfüllen die hohen Ansprüche an Steffen Hensslers Restaurant: von Klassikern über kreative Ideen, von simpel bis zu Kunstwerken aus unzähligen Zutaten.

€€€€ Lehmweg 17 (Hoheluft), Telefon 040 88171842, Di-Sa 12–15, 17.30–22.30 Uhr, EC-Karte, VISA, Mastercard, Amex; Hoheluftbrücke U3, Bus 5; onobysh.de

Veddeler Fischgaststätte

Im Sommergarten von Hamburgs ältester Fischbraterei fühlt man sich wie in einer Kleingartenparzelle mit Fernverkehrsblick. Die Einrichtung im Gastraum ist so authentisch 50er-Jahre, dass sie im Bundeswettbewerb „Stellen Sie Ihr Wirtshaus vor! Historische Wirtshäuser in Deutschland" einen Preis gewonnen hat. Der Backfisch ist zart, die Panade knuspert locker. Der Kartoffelsalat ist hier natürlich hausgemacht. Die Scholle schmeckt nach Scholle, nicht nach Panade. Zuletzt bangte die Gaststätte um ihren Standort.

HANSEPERLE 2021 € Tunnelstraße 70 (Veddel), Telefon 040 786389, Mo-Fr 11–17.45 Uhr, EC-Karte; Elbbrücken S3, S31, U4; veddeler-fischgaststaette.de

Zum Brandanfang

Beim Restaurant Zum Brandanfang atmet der Name Hamburger Stadthistorie. Denn das Haus ist geschichtsträchtig. An dieser Stelle griff der „Große Brand" von 1842, der in der Deichstraße 42 ausgebrochen war, auf die Innenstadt über und zerstörte weite Teile der Altstadt. Das Lokal gibt sich gutbürgerlich und gemütlich rustikal. Der Service hat ein fantastisches Auge, ist gut organisiert, geduldig und dabei absolut freundlich. Auf den Tisch kommt unter anderem ganz klassisch Pannfisch mit Bratkartoffeln.

€€ Deichstraße 25 (Altstadt), Telefon 040 365520, Mo 17–22, Do-Fr 17–22, Sa-So 12–22 Uhr, EC-Karte; Stadthausbrücke S1, S3; zumbrandanfang.foodpearl.com

FOTO: MARC SILL

Klassiker aus New York und Paris sowie
spannende vegetarische Spezialitäten

BURGER | STEAKS | SALATE

Große Sonnenterrasse zum Fleet

Große Bleichen 31, Kaufmannshaus, 20354 Hamburg
Online reservieren unter www.atelierf.eu
Tel. 040 35 01 52 15

@atelierf_hamburg

Ein Fest für Fleischesser:
Dry Aged Tomahawk
gehört in der (m)eatery
zum Verwöhnprogramm

Fleisch

Geht doch nichts über ein saftiges Steak, oder? Am liebsten vom Bauern um die Ecke, gern auch mal durch den Wolf gedreht und zwischen zwei Brötchenhälften geklemmt. Fleisch ist ja mittlerweile so eine Art Glaubensfrage. Nachvollziehbar. Gut muss es auf jeden Fall sein – daran glauben wir ganz fest

Steak-House Arizona

Beste Fleischqualität zu unglaublichen Preisen

Das Steak-House Arizona ist ein Klassiker unter den Fleischtempeln der Stadt. Verwundert reibt man sich die Augen beim Blick auf die Preise, die nicht nur für Winterhude unglaublich sind. Die Qualität ist aber wirklich gut, auch wenn man bei jedem Bissen durchrechnet, womit der Chef wohl sein Geld verdient. Wir haben ein ausgezeichnetes Puntas Delomo (11,50 Euro), also geschnetzteltes Rinderfleisch mit Roter Bete, Zwiebeln und Gurken. Mein Gegenüber darf sich an einem 200-Gramm-Filetsteak (14,90 Euro) erfreuen. Spätestens da ist klar, dass es die Restaurantbetreiber wirklich ernst meinen mit der guten Qualität und den niedrigen Preisen. „Preise wie in den 80er-Jahren" schießt mir durch den Kopf und das passt auch zu der Menü-Gestaltung. Modern ist die Speisekarte wahrlich nicht, jedoch ist das Restaurant bis auf den letzten Platz belegt und das gibt am Ende allen Recht: den Betreibern und den zufriedenen Gästen. Zum Dessert darf es noch das Arizona-Spezial-Dessert (7,90 Euro) sein: eine halbe Ananas mit Wunderkerze, Vanilleeis, Früchten und eigentlich einer Lambada-Show, doch die fällt wegen Personalmangel aus. Von der Portion wird locker eine Familie satt. Auch das Gegenüber-Dessert ist reichlich und günstig: Vanilleeis mit heißen Himbeeren (3,10 Euro). Für eine Preis-Zeitreise in die 80er lohnt sich das Steak-House allemal. Ich komme wieder, und dann gibt's hoffentlich auch die Lambada-Show. LM

AMBIENTE ●●●●○ SERVICE ●●●●○
KÜCHE ●●●●○ PREIS-LEISTUNG ●●●●●

€ Barmbeker Straße 150 (Winterhude), Telefon 040 484866, Mo-So 11.30–24 Uhr, EC-Karte, VISA, Mastercard, Amex; Hudtwalckerstraße U1; steak-house-arizona.de

Block House Pöseldorf

Wie nach Hause kommen

Es ist tatsächlich immer ein bisschen wie nach Hause zu kommen. Wer keine Überraschungen mag und auf Beständigkeit setzt, ist in den Steakrestaurants von Block House hervorragend aufgehoben. Hier weiß man, was einen neben dem familiären und herzlichen Willkommen erwartet! Die soliden Vorspeisen können sich sehen lassen: Tatar vom Weiderind (gibt's ja nicht überall), Zwiebelsuppe (der Klassiker) oder (ganz neu) ein Rote-Bete-Carpaccio. Nachfolgend werden ordentliche Steaks für jeden Appetit serviert und das Angebot reicht vom kleinen, 180 Gramm schweren „Mrs. Rumpsteak" (20 Euro) bis zum T-Bone-Steak, das mit seinen 1,1 lbs mühelos zwei Mäuler stopfen kann (35 Euro). Die verlässliche Qualität der Fleischgerichte setzt sich auch beim Fjordlachs (20 Euro) fort. Das Herausragende bleibt allerdings seit 1967 der sehr gute Service. Viele Mitarbeiter arbeiten hier schon so lange, wie die Zwiebelsuppe auf der Karte steht. Familie und Gastfreundschaft werden großgeschrieben: Unser Geburtstagskind wird mit Wunderkerzen, einem musikalischen Ständchen und Gratis-Sekt gefeiert. Dass die Kleinen einen nicht alkoholischen Drink genießen dürfen, gehört genauso zum Programm wie die Speisekarte zum Anmalen und Kindergerichte wie der „Westernteller" (6,20 Euro!). Wen stört bei dieser Herzlichkeit schon das in die Jahre gekommene Mobiliar? Unsere Kinder wollen wie andere wiederkommen, die selbst als Pubertierende noch mit kleinen Gastgeschenken nach Hause gehen dürfen. KL

AMBIENTE ●●●○○ SERVICE ●●●●●
KÜCHE ●●●●○ PREIS-LEISTUNG ●●●●○

€€€ Mittelweg 122 (Rotherbaum), Telefon 040 443130, Mo-Do 12–22, Fr-Sa 12–23, So 12–22 Uhr, EC-Karte, VISA, Mastercard, Amex; Hallerstraße U1; block-house.de

VIP-TESTER
Hubert Neubacher

Bootshaus Grill & Bar

Eine wunderbare Entdeckung

Wir betreten das Bootshaus über die Terrasse am Vasco-da-Gama-Platz mit Blick auf den Grasbrookhafen und stehen direkt in der Bar mit großer, beleuchteter Getränkewand. Ein freundlicher junger Mann begrüßt uns und führt uns nach nebenan ins Restaurant. Wir entscheiden uns zum Einstieg für einen süßlichen „Symphonie of a Dolphin" und einen etwas schärferen „Delicious Bootshaus" (je 14 Euro). Die Speisekarte ist übersichtlich. Als Vorspeisen entscheiden wir uns für Brokkoli-Tempura mit Curry-Linsen-Hummus und Feta (16 Euro) und für das pochierte Ei auf grünem Spargel mit getrüffeltem Kartoffelschaum (18 Euro) – beides sehr gelungen. Als Hauptgerichte nehmen wir obligatorisch Fleisch: das Duroc-Schweinekotelett (300 g 28 Euro) und das Rib -Eye-Steak „The Black" (300 g 45 Euro) mit den Beilagen grüne Bohnen, gebratene Pilze, gratinierter Rahmspinat und Kartoffelgratin (je 7 bis 8 Euro). Das Rib Eye kommt – wie bestellt – medium-rare, die Beilagen sind knackig und passend gewürzt. Das Schweinekotelett mit etwas Kruste schmeckt hervorragend. Zum Dessert reicht uns ein zarter Schokoladen-Brownie mit Eierlikör Espuma und Vanilleeis (12 Euro). Den ganzen Abend über fällt uns der freundlich-entspannte Service und dessen unkomplizierter Umgang mit Gästen und untereinander positiv auf. Für uns ist das Bootshaus eine wunderbare Neuentdeckung.

AMBIENTE ●●●●● SERVICE ●●●●●
KÜCHE ●●●●○ PREIS-LEISTUNG ●●●●○

€€€ Am Kaiserkai 19 (HafenCity), Telefon 040 33473744, Di-So 17.30–22 Uhr, EC-Karte, VISA, Mastercard, Amex; Überseequartier U4; bootshaus-hafencity.de

FOTO: JULIA SCHUMACHER

VIP TESTER

Hubert Neubacher
Inhaber Barkassen-Meyer
Getestet: Bootshaus Grill & Bar, Speisewirtschaft von Metzgers

Lieblingsrestaurant Das Il Buco bei Erika und Familie in St. Georg – seit Jahren immer beständig gute Qualität in einer stets freundlichen, gemütlichen Atmosphäre. Für besondere Anlässe aber auch immer wieder gern das Fischereihafen Restaurant – traditionell gut und zuverlässig. Mit beiden Restaurants macht man nie etwas falsch.

Lieblingsbar Zum Feierabendgetränk auf dem Nachhauseweg gern in die Bairro Bar im Portugiesenviertel. Ansonsten nach wie vor für leckere Cocktails ins Christiansens in Fischmarktnähe.

Besondere Anlässe feiere ich am liebsten – mit Verlaub – an Bord eines meiner Schiffe mit Speisen unseres „Haus- und Hof-Lieferanten", Meyer's Partyservice aus Rahlstedt.

Essen ist für mich ... mit die schönste Entspannung und vor allem Genuss für Körper und Geist!

Ein Leben ohne Gastro wäre ... möglich, aber definitiv sinnlos – frei nach Loriot. Die schwierigen Jahre 2020/'21 haben uns allen gezeigt, dass ein Leben ohne Gastro nicht funktioniert und keinen Spaß macht. Schön, dass wir das alles nun wieder haben.

Zum Frühstücken gehe ich gern ins ... Restaurant Watergate, meine „Nachbarn" an der Landungsbrücke 8. Die bieten eine schöne und leckere Auswahl. Ich mache aber auch gern regelmäßig morgens vor der Arbeit einen kurzen Zwischenstopp beim Alex auf der Terrasse/Promenade zwischen Baumwall und Landungsbrücken – egal, bei welchem Wetter. In beiden Lokalen stimmt die Bewirtung und besonders der tolle Hafenblick.

Ein Tipp für Kaffee, Kuchen, Cupcakes? Das Café May in Hamm, direkt am Hammer Park, oder Café Gnosa, Lange Reihe.

Brooklyn BBQ Bar

NY in HH

Ein Restaurant, das sich intensiv mit dem Thema BBQ befasst, findet man leider nicht so oft. Umso besser, dass die Brooklyn BBQ Bar in Ottensen diese Lücke schließt. Neben Sitzbänken und Tischen, deren Füße aus dem Gerüstbau kommen, kann auch der Rest der Einrichtung mit vielen raffinierten Accessoires als hipper, urbaner Stil bezeichnet werden, der das Slow-Food-BBQ-Konzept der Speisekarte sehr gut ergänzt. Wer allerdings eine gebundene Speisekarte erwartet, ist hier an der falschen Adresse. Ein Klemmbrett mit den einzelnen Seiten reicht vollkommen. Zur Auswahl steht auch die „Holy Trinity" des BBQ: Pulled Pork, Spareribs und Beef Brisket. Hier schlagen die Herzen der Hobby-Griller höher. Wir entscheiden uns für Pulled Pork (25,50 Euro) und Beef Brisket (25,50 Euro), jeweils als Menü. Die Basilikum-Zitronen-Limonade schafft es leider nicht bis zum Hauptgang, es muss schnell eine zweite her. Die Brooklyn BBQ Bar füllt sich zunehmend: eine Mischung aus Familien und denen, für die es der Start in den Abend und nicht die letzte Location an diesem Tag zu sein scheint. Der Hauptgang kommt, und der rote Faden findet seine Fortsetzung. Das Brisket liegt auf einem Holzbrett, die Sides entweder im roten Plastikkörbchen oder in Emailleschüsselchen. Stilecht und köstlich, die Klassiker vom Grill überzeugen. Trotzdem werden es beim nächsten Mal das Pastrami-Sandwich und die Spareribs, die wir auf dem Nachbartisch gesehen haben – BBQ ist auch Vielfalt. SVA

AMBIENTE ●●●●○ SERVICE ●●●●●
KÜCHE ●●●●○ PREIS-LEISTUNG ●●●●○

€€ Bahrenfelder Straße 221 (Ottensen), Telefon 040 60792430, Mi-So 17–23 Uhr, EC-Karte, VISA, Mastercard; Altona S1, S3, S31; brooklynbbqbar.de

Burger Village

Fast richtig gut

Als wir das Burger-Restaurant Burger Village an diesem Abend betreten, sind wir fast die einzigen Gäste. An dem Laden mag es nicht liegen. Draußen regnet es schon den ganzen Tag, und es ist kalt. So kann der Laden seinen Standortvorteil nicht ausspielen, er liegt nur 100 Meter vom Altonaer Balkon in Ottensen entfernt, direkt gegenüber vom Altonaer Rathaus. Bei Sonnenschein muss es hier so richtig brummen. Das szenig-rustikale Interieur wirkt einladend, und die Speisekarte macht neugierig. Wir bestellen bei der freundlichen Bedienung eine Schwarze Mamba mit Black Brioche, Parmesan-Mayo, hausgemachtem Rinder-Patty, Bacon, Cheddar, Kirschsoße und roten Zwiebeln (10,90) und einen Altonaer Duck Burger mit hausgemachter Parmesan-Mayo, Apfel, zarter Ente, Cheddar, Kirschsoße und roten Zwiebeln (12,50 Euro). Dazu die obligatorischen Pommes (3,90 Euro) und panierte Jalapeños mit Käse (4,50 Euro), die nur leicht scharf und schnell verputzt sind. Die interessanten Kreationen überzeugen uns, aber zwei Sachen bleiben anzumerken: Die Burger wurden in unserem Fall eher warm als heiß serviert, und die selbst gebackenen Buns scheinen in der Küche vor dem Servieren nicht aufbereitet worden zu sein. Warum? Sehr willkommen sind uns die niederländischen Trappistenbiere, Witte (4,20 Euro) und das zehnprozentige Quadrupel (5,90 Euro), das mit Noten von Dattel und Karamell bei Regen wie bei Sonnenschein schmeckt. BIE

AMBIENTE ●●●●○ SERVICE ●●●●○
KÜCHE ●●●○○ PREIS-LEISTUNG ●●●○○

€€ Max-Brauer-Allee 10 (Ottensen), Telefon 040 84602357, Mi-Fr 12–15, 17–21, Sa-So 15–21 Uhr, EC-Karte, VISA, Mastercard, Amex; Königstraße S1, S3; burger-village.de

Rustikal und trotzdem cool ist das Ambiente in der Brooklyn BBQ Bar

FOTOS: STEPHAN BESTMANN (O.), MARC SILL (U.)

Delta Bistro

Hier dreht sich alles um Fleisch

Delta Fleisch genießt seit Jahrzehnten einen sehr guten Ruf. Tagsüber kann man im Abholmarkt in der Lagerstraße Fleisch und andere Köstlichkeiten kaufen, ab dem frühen Abend öffnet das Bistro, das sich im gleichen Gebäude befindet. Ich überlege, ob ich mit den öffentlichen Verkehrsmitteln an einem Samstagabend zum Bistro in die Schanze fahren soll oder lieber mit dem Auto. Ich entscheide mich für Letzteres, und das ist gar nicht schlimm. Denn vor dem Delta-Gebäude direkt am Schlachthof gibt es genügend Parkplätze – ein echter Luxus! Der Empfang ist freundlich. An einem Zweiertisch in der hinteren Ecke des Lokals können wir das Treiben im Gastraum beobachten. Hier geht es gesellig zu, und die Lautstärke ist entsprechend hoch. Die Bedienung an diesem Abend – immer für einen guten Spruch zu haben, aber nie unangenehm – darf bei mir vorab das Beef-Tatar (18,90 Euro) mit Kapern und Cornichons notieren. Das nenne ich mal eine Portion! Und dazu schmeckt es noch fantastisch würzig und bringt als Kontrast eine leichte Säure mit. Als Hauptgang teile ich mir mit meiner Begleitung das Tomahawk-Steak zu 800 Gramm am Knochen (69 Euro). Das ist schön zart und reicht locker für uns beide. Ein echter Tipp sind auch die Beilagen, wie etwa getrüffeltes Kartoffelpüree, Speckbohnen oder Rahmspinat. Diese kosten alle 4 Euro und haben eine ordentliche Größe – bei uns hätten drei statt vier Beilagen sicherlich gereicht.

MH

AMBIENTE ●●●○○ SERVICE ●●●●●
KÜCHE ●●●●● PREIS-LEISTUNG ●●●●●

€€€€ Lagerstraße 11 (St. Pauli), Telefon 040 431610, Di-Sa 17–23 Uhr, EC-Karte, VISA, Mastercard, Amex; Sternschanze S21, S31; delta-hamburg.de

Saftig, zart und rosa kommt das Steak im Delta Bistro auf den Teller

Jahreszeiten Grill

Grande Cuisine

Wer die ehrwürdigen Räumlichkeiten des Finest-Dining-Restaurants Jahreszeiten Grill im – je nach Wettbewerb – besten Hotel Deutschlands oder des Nordens betritt, sieht, welche Schönheit durch Zerstörung entstehen kann: Nach dem Artilleriebeschuss im Zuge der Novemberrevolution 1918 rockte der dort einquartierte revolutionäre Oberste Marinerat das Gründerzeit-Baudenkmal in der Neustadt derart herunter, dass der Besitzer Friedrich Haerlin es danach im Stil der neuen Zeit, der Goldenen Zwanziger, wieder aufbauen musste – als Luxushotel gewordenes Art déco. Gediegener kann man mit Binnenalsterblick nicht lunchen (drei Gänge/35 Euro) oder dinieren. Und am Ende fragen wir uns vergeblich, wo wir in der Stadt jemals derart professionell und perfekt geschult und gleichzeitig so herzlich bedient wurden. Service und Küche sind dabei alles andere als gestrig: Die Speisekarte kommt als schlanker Tabletcomputer, und schon der ohne Berechnung servierte Brotkorb samt Dips zeigt die Vorteile eines Riesenhauses wie dem Fairmont Hotel Vier Jahreszeiten: Die vier Brotsorten werden in der zentralen Backstube hergestellt und aufbackwarm zu Salzbutter, Schnittlauchquark und einer schmackigen Currycreme gereicht. Kern der Karte ist der namensgebende „Grill"-Bereich, in das 800-Grad-Southbend-„Höllenfeuer" kommt nur nachhaltig erzeugtes Fleisch wie das Chateaubriand vom Black Angus (114 Euro), das friesische Dry Aged Entrecôte (50 Euro) oder die Maishähnchenbrust (32 Euro). Darüber hnaus regiert der globale Hochpreisprodukt-Kanon vom halben Hummer (39 Euro) über die 100-Gramm-Dose deutscher Malossol -Kaviar (250 Euro), stückweise berechnete Sylter Auster (7 Euro) bis hin zur Nordsee-Seezunge für stolze 73 Euro. Wir wundern uns deshalb nicht, dass schon die Flasche Pellegrino mit 13 Euro auf der Rechnung steht (eine der größten Weinkarten Hamburgs bis deutlich vierstellig). Teuer, aber unfassbar perfekt auch unsere von einer frischen Raspberry Lemonade (11 Euro) begleiteten Vorspeisen: Meine Co-Testerin sucht im Meeresfrüchtecocktail vergebens nach Mandarinen oder sonst üblichem Füllmaterial zwischen dem reichlichen Hummerfleisch (34 Euro), und meine stattliche „kleine" Tatar-Portion zum buttergetränkten Schwarzbrot gehört zum besten Schabfleisch meines nicht kurzen Tester-Lebens (28 Euro). Grande Cuisine sind auch mein hauchzartes Zürcher Geschnetzeltes mit Kalbsjuscreme und Knusperrösti (36 Euro) und das feist-dicke Angel-Wolfsbarschfilet mit Champagnerschaum, Safrankartoffeln und kräftigen Ratatouille-Nocken (42 Euro). Zum Dessert teilen wir uns den besten New York Cheesecake mit Blaubeerkompott östlich des Hudson River (26/16 Euro). PESI

AMBIENTE ●●●●● SERVICE ●●●●●
KÜCHE ●●●●○ PREIS-LEISTUNG ●●●○○

€€€€ Neuer Jungfernstieg 9-14 (Neustadt), Telefon 040 34940, Mo-So 12–14.30, 18–23 Uhr, EC-Karte, VISA, Mastercard, Amex; Jungfernstieg alle Bahnlinien; fairmont.com

Panthera Rodizio

... schneidet gut ab

Wir haben schon oft davon gehört, aber heute gehen wir einfach mal selbst ins brasilianische Restaurant Panthera Rodizio. Vor allem hungrige Fleischliebhaber kommen hier voll auf ihre Kosten – sie können sich für 29,50 Euro satt essen. Im Preis sind Vor-, Haupt- und Nachspeisen inklusive. Zu Beginn wählen wir, ob wir erst mal in Ruhe das Salat- und Vorspeisenbüfett erkunden oder direkt mit dem Rodizio beginnen wollen. Das eigentliche Rodizio besteht darin, dass sowohl warme Beilagen als auch frisch gegrillte Fleischspieße direkt an den Tisch gebracht werden. Beim Fleisch gibt es verschiedene Teilstücke vom Rind, Schwein, Chorizo, Lamm und Hähnchen, die uns direkt vom Spieß auf den Teller geschnitten werden. Anders als man vermuten könnte, leidet die Qualität des Fleisch absolut nicht darunter, und den Spieß mit dem Picanha (gegrillter Tafelspitz) lassen wir gleich mehrmals an unserem Tisch anhalten. Es ist alles lecker und saftig, aber das Picanha ist die Krönung. Die traditionell und einheitlich gekleideten Cortadores reichern die im Hintergrund laufenden südamerikanischen Klänge immer wieder mit ihrem Gesang und der gelebten Fröhlichkeit an. Schade, dass es für uns am

FOTO: DELTA BISTRO

VIP TESTERIN

Anke Harnack
a.ha. solutions by Anke Harnack | Moderatorin, Coach, Trainerin
Getestet: [m]eatery, Wallter's Wine Beef Kontor

Lieblingsrestaurant Das Fischereihafen Restaurant. Eine Liebe fürs Leben.

Lieblingsbar Ich fürchte, hier habe ich Nachholbedarf.

Besondere Anlässe feiere ich am liebsten im ... Überraschung – Fischereihafen Restaurant.

Essen ist für mich ... mehr als Nahrungsaufnahme. Weit mehr.

Ein Leben ohne Gastro wäre ... möglich, aber sehr trostlos.

Zum Frühstücken gehe ich gern ins Café ... Geschwisterliebe in Eppendorf. Das ist wie zu Hause – nur viel besser!

Ein Tipp für Kaffee, Kuchen, Cupcakes? Die Schmidtchen-Cafés sind immer eine gute Adresse: Mit einem „Leichten Mädchen" macht man nie etwas verkehrt.

Dessertbüfett beim Anschauen bleibt. Wir sind mehr als satt und uns absolut sicher, dass auch die Desserts das Erlebnis Rodizio noch weiter abrunden. Hier ist offensichtlich immer viel los, denn alle Tische sind belegt, obwohl wir eigentlich recht früh am Abend hier sind. Man sollte unbedingt vorab einen Tisch reservieren, um dem geselligen Treiben nicht nur von außen zusehen und wieder hungrig nach Hause gehen zu müssen. SVA

AMBIENTE ●●●●○ SERVICE ●●●●○
KÜCHE ●●●●○ PREIS-LEISTUNG ●●●●●

€€€ Dietmar-Koel-Straße 3 (Neustadt), Telefon 040 3786370, Mo-Do 17–24, Fr 16–24, Sa-So 12–24 Uhr, EC-Karte, VISA, Mastercard, Amex; Baumwall U3; panthera-rodizio.de

Peter Pane

Garant für einen glücklichen Familienabend

Peter Pane in Blankenese ist ein beliebter Treffpunkt der Elbvororte-Jugend, aber auch all derer, die auf unkompliziertes Essen und leckere Burger stehen. Trotz seiner Größe ist es durch viele Nischen sehr cosy und das Personal extrem freundlich. Ein Garant also für einen glücklichen Familienabend. Bei den Burgern muss man sich als Neueinsteiger erst einen Überblick verschaffen: Rind, Hähnchen oder Veggie in unzähligen Variationen bietet die Karte an. Brioche-Brötchen, Mehrkorn oder Sauerteig? Dazu Fritten, Süßkartoffel-Fritten oder Nacho-Chips begleitet von einer Soße nach Wahl. Die Fritten sollen übrigens alle palmölfrei frittiert sein. Unsere Jüngste entscheidet sich für ein Abendmenü (17,80 Euro) bestehend aus einem Classic-Burger im Brioche-Brötchen (7,90 Euro) mit Nacho-Chips und Cheese-Soße (1,60 Euro) – aber ohne Tomaten – und einem alkoholfreien Moskito. Der Burger kommt wie bestellt, hat genau die richtige Größe und schmeckt himmlisch. Die Chips sind recht stark gewürzt, das ist Geschmackssache. Auch Salat kann bei Peter Pane sehr glücklich machen: Waldblüte (vegan/12,90 Euro) ist ein gemischter Salat mit Blaubeeren, gerösteten Pinienkernen und veganen Hirtencremewürfeln, welcher der Esserin großes Vergnügen bereitet. In wahre Begeisterung versetzen uns die Süßkartoffepommes (halbes Pfund 6,60 Euro). Eine glatte 11 von 10! Perfekter Crunch trifft auf optimale Würze. Mein Veggie-Burger „Holde Maid" (9,90 Euro) – ein Süßkartoffel-Amaranth-Bratling mit würzigem Bernsteinkäse und cremiger Guacamaole – ist eine tolle Alternative zum Fleisch. Die Jugend schafft auch noch Desserts – einen Chocolate-Burger (5,90 Euro), eine Portion Peter's Frozen-Joghurt (4,60 Euro) und ein Schokoladen-Küchlein (5,90 Euro). Unklar bleibt, wie sie das noch aufessen konnten. War wohl so lecker wie es aussah! Fazit: Selten herrscht derartige Einigkeit über ein Essen wie an diesem Abend. KN

AMBIENTE ●●●●○ SERVICE ●●●●●
KÜCHE ●●●●● PREIS-LEISTUNG ●●●●○

€€ Witts Allee 1a (Blankenese), Telefon 040 87971030, Mo-Do 12–21.30, Fr-Sa 12–22, So 12–21.30 Uhr, EC-Karte, VISA, Mastercard, Amex; Blankenese S1; peterpane.de

Rio Grande

Solides Steakhouse

Das Restaurant Rio Grande liegt direkt an der Hauptstraße und hat nach hinten raus einen Wintergarten, der aber bei unserem Besuch aufgrund von Baumaßnahmen nicht geöffnet war. Zur Vorspeise bestellen wir eine Spargelcremesuppe (6,90 Euro) und einen Caesar Salad (Euro 13,90) mit Putenstreifen. Die Suppe ist frisch zubereitet und sehr gut abgeschmeckt; der Salat ist ebenfalls

Im Peter Pane darf's auch mal ein bisschen mehr Fleisch im Burger sein

FOTOS: PRIVAT (O.), GÖTZ WRAGE (U.)

frisch, die Putenstreifen leider etwas überwürzt und trocken. Als Hauptspeise gibt es ein Rinderfiletsteak mit Pommes (31,90 Euro), Mais (4,30 Euro) und Sauce hollandaise (3,80 Euro) sowie Garnelen auf Rucolasalat (19,90 Euro). Das Steak ist auf den Punkt gebraten und von guter Qualität. Auch an den Beilagen gibt es nichts zu beanstanden. Die Garnelen sind zwar auf den Punkt gebraten, aber leider fade, und das Dressing ist so süß, dass es den Salat für uns ungenießbar macht. Der Service ist freundlich und zuvorkommend. Alles in allem: solide. HE

AMBIENTE ●●●●● SERVICE ●●●●●
KÜCHE ●●●●● PREIS-LEISTUNG ●●●●●

€€€ Dockenhudener Straße 2 (Blankenese), Telefon 040 88941941, Mo-So 11.30–23.30 Uhr, EC-Karte, VISA, Mastercard; Mühlenberg Bus 22; blankenese.rio-grande.net

Schweinske

Schwein gehabt

Das Schweinske in Bahrenfeld liegt direkt an der lauten Hauptstraße. Auf das Draußensitzen können wir also gut verzichten. Und betreten den Laden, der zu einer 1983 in Barmbek gegründeten Restaurantkette gehört, die mittlerweile 33 Filialen in Hamburg, Schleswig-Holstein und Nordrhein-Westfalen am Start hat. Es ist Nachmittag, die Rushhour tobt heute nur draußen. Drinnen geht es eher ruhig zu. Wir bestellen uns einen Crispy-Chicken-Burger mit Kartoffelrösti (9,50 Euro), einen Puti (4,60 Euro) und ein Gericht namens Fritz Schwein für 11,60 Euro. Der Burger kommt mit frischem Salat und im Brioche. Handwerklich und geschmacklich ist alles in Ordnung. Der Puti auf dem anderen Teller ist im Grunde genommen auch eine Art Burger. In einem frischen Brötchen klemmt ein Stück Putenfilet nebst Soße. Salat gibt es dazu nicht. Puti ist etwas kleiner als ein Burger, aber sonst haben wir nichts auszusetzen. Hinter Fritz Schwein verbirgt sich ein Schweineschnitzel. Das ist der Klassiker bei Schweinske und kommt schön flach und gut paniert. Alles in Ordnung und eine absolut ausreichende Portion für ein Mittagessen. Die dazu gereichten Pommes sind lecker. Zum Nachtisch teilten wir uns Kaiserschmarrn mit heißen Kirschen (5,30 Euro). Sehr heiß – und sehr süß. Am Ende stehen inklusive Getränken weniger als 50 Euro auf der Rechnung – das passt. Der Service ist die ganze Zeit über okay, hat aber noch Luft nach oben. Wir haben solide gespeist. Für den schnellen Mittagstisch ist das Schweinske prima geeignet. HE

AMBIENTE ●●●●● SERVICE ●●●●●
KÜCHE ●●●●● PREIS-LEISTUNG ●●●●●

€ Silcherstraße 1 (Bahrenfeld), Telefon 040 85500607, Mo-Fr 11–21.30, Sa 10–22, So 9–21.30 Uhr, EC-Karte, VISA, Mastercard; schweinske.de

Im Shiso werden mit sichtlich viel Spaß asiatische Burger an den Start gebracht

Shiso Burger

Asiatische Burger

Über der Tür steht es geschrieben: „The best of two worlds". Shiso Burger ist eine kleine, aber weltweit agierende Kette, die den klassischen Burger mit asiatischem Touch verbindet. Das macht neugierig, und auch wenn in Hamburg-Mitte hinter der Mönckebergstraße abends nichts mehr los ist, ist der Laden trotzdem gerammelt voll. Wir machen es uns auf den Außenplätzen gemütlich, obwohl uns die nette Bedienung frei werdende Plätze im Innenraum gleich mehrfach anbietet. Der Shiso Burger mit mariniertem Thunfisch Patty, Shiso-Blatt, Feldsalat, roten Zwiebeln, Koriander, Chili Mayo und Teriyaki-Soße (9,70 Euro) und der Bulgogi-Burger mit marinierten Rinderscheiben, Feldsalat, frittierten Zwiebeln, koreanischer Chili-Paste, Chili-Mayo und Teriyaki-Soße (9,10 Euro) bieten fein differenzierte Aromen und ein richtig schönes Burgererlebnis – aber eben asiatisch. Die Sides, home-made Fries (3,90) und Sweet Potatoes (5,20 Euro), werden mit Schale frittiert serviert und gefallen uns ebenfalls. Hier wird nicht an den falschen Stellen gespart, Ketchup und Mayo werden in kleinen Päckchen gereicht, völlig okay. Auch das Dessert, Mochi-Sesam-Eiscreme (5,50 Euro), finden wir gut. Weniger gut ist die Größe der Burger, etwas mehr hätte es sein dürfen. Für 20 Euro inklusive Getränk darf man erwarten, satt zu werden. Wir würden ja noch einen zweiten nehmen, aber leider schließt die Küche eine Viertelstunde vor der angegebenen Zeit. Schade. BIE

AMBIENTE ●●●●● SERVICE ●●●●●
KÜCHE ●●●●● PREIS-LEISTUNG ●●●●●

€ Bugenhagenstraße 23 (Altstadt), Telefon 040 30927791, Mo-Do 12–21, Fr-Sa 12–21.30, So 16–20.30 Uhr, EC-Karte, VISA, Mastercard, Amex; Mönckebergstraße U3; shisoburger.de

FOTO: MARC SILL

Genuss GUIDE
DER SZENE HAMBURG
TESTSIEGER
2022/2023

VIP-TESTERIN
Anke Harnack

[m]eatery

Und wann feiern Sie Ihre erste Tatarty?

Tatarty? Ich sehe die Fragezeichen in Ihrem Blick. „Tatarty" ist meine Wortschöpfung, und dies ist ihre Geschichte: Ich verbringe mit Mann und Kind einen Abend in der [m]eatery. Der Vierjährige erfreut sich an Pommes und Burger (Eins-a-Kinderportion, 7 Euro). Der Gatte und ich machen Cuts vom Weiderind aus Niedersachsen (ab 49 Euro) zu den Objekten unserer Begierde. Das Restaurant im Side Hotel – um die Ecke von Gänsemarkt und Staatsoper – ist schließlich berühmt für seine Steaks. Dry Aged, sechs Wochen gereift, bei 800 Grad gegrillt. Meinem Mann entfährt ein leidenschaftliches: „Ohhh, dieses Fett!" Ich antworte – nicht minder elektrisiert: „Ohhh, dieses Karamell!" – und hoffe, dass man uns am Nachbartisch nicht hörte. In der Speisekarte steht, die Steaks seien „unvergleichliche Extraklasse". Das lassen wir ohne Widerrede so stehen. Mindestens genauso viel Eindruck macht auf uns allerdings die Tatar-Auswahl. 17 (!) Variationen können Sie probieren: Tatar von Rind, Kalb, Thunfisch oder Lachs – jeweils klassisch, mediterran, asiatisch oder orientalisch zubereitet. On top eine vegetarische Avocado-Version. Wir haben leider nur drei Bricks à 80 Gramm (30 Euro), und ich kann mich beim besten Willen für keinen Favoriten entscheiden. Deshalb also plane ich nun eine „Tatarty" – eine Tatar-Party, bei der wir ausschließlich Rohes bestellen werden, 17 mal 80 Gramm. Sorry, ihr unvergleichlich guten Steaks!

AMBIENTE ●●●●● SERVICE ●●●●●
KÜCHE ●●●●● PREIS-LEISTUNG ●●●●●

€€€€ Drehbahn 49 (Neustadt), Telefon 040 30999595, Mo-So 17–23 Uhr, EC-Karte, VISA, Mastercard; Stephansplatz U1; meatery.de

Das Dry Aged Filet im Sud kommt mit frischen Pfifferlingen in das Pfännchen

FOTOS: JULIA SCHUMACHER

So sieht ein Sieger aus: Hendrik Maas hat sich den Testsieg verdient, wenn es um Fleisch geht

VIP-TESTER
Hubert Neubacher

Speisewirtschaft von Metzgers

Gute Steakauswahl – wir kommen wieder

Das Metzgers am Poelchaukamp ist nicht zu übersehen. Neben der Speisewirtschaft befindet sich das Fachgeschäft, in dem große Fleischstücke in der Auslage hängen. Eine handgeschriebene Schiefertafel weist vor der Tür schon auf die aktuellen Tagesgerichte hin. Wir werden herzlich begrüßt und an unseren Tisch am Fenster geführt. Die Einrichtung ist jung-puristisch, und erst jetzt erkennen wir die Größe des Restaurants: schöne Einrichtung, elegantes Besteck und Gläser sowie auf jedem Tisch ein modernes, warmes Licht – insgesamt eine gemütliche Atmosphäre. Als Aperitif bestellen wir ein kühles Glas Crémant rosé (10 Euro) und Campari-Orange (12 Euro). Eine kleine saisonale Karte präsentiert uns neben den frischen Spargelgerichten auch die Vornamen der Köch:innen sowie den des Kellners – finden wir sympathisch. Die restliche Speisekarte inklusive Steak-Auswahl gibt es digital über einen QR-Code aufs Handy, und auf einer weiteren Tafel wird uns eine großzügige Auswahl von frischen „Cuts" des Tages gezeigt. Wir bestellen zum ersten Gang pochiertes Ei auf gegrilltem grünen Spargel mit Kartoffelstroh und Parmesan (16 Euro) und Burrata auf Rote-Bete-Carpaccio (14 Euro) – beides sehr gelungen und schmackhaft. Für das Hauptgericht lassen wir uns beraten. Der Kellner erklärt leidenschaftlich und in aller Ruhe die Auswahl. Ich entscheide mich tatsächlich für das kleinste Stück Miyazaki-Strip (45 Euro pro 100 g) – ein feines mit Fett durchzogenes Steak aus Japan. Dazu kommen die Beilagen: dünne Pommes mit Trüffel und Parmesan, Champignons, sautierter Mais und Keniabohnen (5/6/7 Euro). Alles auf den Punkt und ziemlich lecker. Mein Freund Norbert wählt Kalbsbäckchen mit Selleriepüree und Fenchelsalat (24 Euro) – ebenfalls gut und würzig zubereitet. Zum Dessert gibt es Limetten-Crème-brûlée (9 Euro) und eine Käseauswahl „Kuh & Ziege" (12 Euro). Fazit: kein günstiger Spaß, aber alles in allem ein gelungener Abend in ansprechender Atmosphäre und mit motiviertem Team.

AMBIENTE ●●●●○ **SERVICE** ●●●○○
KÜCHE ●●●●● **PREIS-LEISTUNG** ●●●●○

€€€€ Poelchaukamp 16-18 (Winterhude), Telefon 040 27805550 Di-Sa 12–23 Uhr, EC-Karte, VISA, Mastercard; speisewirtschaft.com

Stocks

Lauschig, stilvoll, lecker

Das ist vielversprechend: Der Eingang zum Stocks ist einladend, der Service sofort zur Stelle. Er führt uns gleich zu unserem Tisch. Wir schauen uns um: eine moderne und gemütliche Einrichtung, alles in gedeckten Braun- und Goldtönen, dazu setzen passende und gewöhnliche Accessoires einen stilvollen Akzent. Der Service ist nicht um den einen oder anderen humorvollen Spruch verlegen, ist aber stets zuvorkommend und professionell. Auch Nachfragen nach bestimmten Gerichten auf der Karte werden kompetent beantwortet. Als Vorspeise bestellen wir den Ziegenkäse mit Tempura-Garnele und Nussmarinade (15 Euro) sowie die gegrillte Avocado mit Lauch, Parmesan und Pesto (13 Euro). Beide Gerichte überzeugen. Die Avocado-Vorspeise ist eine schöne Komposition aus cremig, kalt, warm und knusprig. Alles mit fein abgestimmtem Aroma – ein Genuss. Der Ziegenkäse ist ebenfalls schön cremig mit einer feinen Süße der Nussmarinade. Die Garnelen sind sind frisch und lecker. Als Hauptgang wird uns das Chateaubriand 250 g (38 Euro) und Surf & Turf 200 g Rinderfilet mit Kräuterkruste und Riesengarnelen (38 Euro) serviert. Als Beilage kommen zu beiden Gerichten Rahmspitzkohl, Pilze, Pfeffersoße und dicken Pommes. Das Fleisch beider Gerichte ist butterzart, genau auf den Punkt medium gegart. Die Beilagen harmonieren sehr gut mit dem Fleisch, sind genau richtig portioniert und einfach lecker. Ein kulinarisch gelungener Abend in einem wirklichen Wohlfühlambiente. Da möchte man wiederkommen. Kleiner Kritikpunkt: Ein wenig lauschige Hintergrundmusik hätte die Stimmung im Gastraum noch besser abgerundet. DIRK SCHUMAIER

AMBIENTE ●●●●○ **SERVICE** ●●●●●
KÜCHE ●●●●● **PREIS-LEISTUNG** ●●●●○

€€€€ An der Alsterschleife 3 (Lemsahl-Mellingstedt), Telefon 040 6113620, Di-Fr 12–15 und 18–23, Sa-So 12–23 Uhr, EC-Karte, VISA, Mastercard, Amex; Maike-Harder-Weg Bus 276; stocks.de

The Bird

Null Vögel. Viel Beef

Von außen versprüht das The Bird den Charme eines Jugendzentrums. Innen auch. Wenn auch eines ziemlich coolen Jugendzentrums. Die Einrichtung wirkt wie aus verschiedenen Lokalen zusammengesammelt, Dekoration und Bilder sind mit einer gewissen Nachlässigkeit platziert, die der lässigen Location sehr gut steht. Punkrock und eine superfreundliche Bedienung mit Reibeisenstimme machen die St.-Pauli-Atmo perfekt. Die Karte hält Überraschungen bereit wie den „Ghetto Burger. Selbstverständlich mit nichts drauf" (11,50 Euro). Außer Premium Beef satt. Als luxuriösen Gegenentwurf gibt es das Filet Perfect Cut für 68 Euro. Wir entscheiden uns für Chicken Wings (6 Euro), die sich verdient „hot" nennen. Die Haut ist knusprig, das Fleisch saftig und löst sich wie von selbst vom Knochen. Der Filthy Harry mit Bacon und Cheddar (14 Euro) schmeckt alles andere als widerlich. Säuerlicher Cheddar harmoniert mit krossem Bacon, die scharfe Chipotle Mayo passt hier genauso dazu wie zu den Pommes. Die sind so hausgemacht, dass noch Schale dran ist. Schwer einzuschätzen, ob das gut oder schlecht ist, die Pommes sind auf alle Fälle top de luxe. Der Veggie-Burger Black Bean & Nopales Burger (12,50 Euro) versucht erst gar nicht, wie echtes Fleisch zu schmecken, und das ist ausgesprochen gut so. Bleibt nur die Frage, warum ein Premium-Beef-Restaurant The Bird heißt. Wir werden es beim zeitnahen nächsten Besuch abklären. MG

AMBIENTE ●●●●○ **SERVICE** ●●●●○
KÜCHE ●●●●● **PREIS-LEISTUNG** ●●●●○

€€ Trommelstraße 4 (St. Pauli), Telefon 040 75662333, Mi-Do 17–22, Fr-Sa 17–22.30, So 17–22 Uhr, EC-Karte, VISA, Mastercard; Reeperbahn S1, S2, S3; thebirdinhamburg.com

Bei Speisewirtschaft von Metzgers wird kreativ und modern angerichtet

FOTO: METZGERS

The Saloon Steakhouse

Qualität in Wohlfühlatmosphäre mit ausgesprochen netter Bedienung

Im The Saloon Steakhouse, direkt gegenüber vom Bahnhof Altona, dreht sich alles um Fleisch – und das in bester Qualität. Bereits am Eingang begegnen wir dem Hauptakteur unseres Abends: Im Glaskühlschrank können wir bewundern, was später auf unseren Tellern serviert wird. Doch Vegetarier und Fischliebhaber müssen keine Angst haben: Auch hier bietet die Karte eine kleine feine Auswahl. Wir werden freundlich empfangen und nehmen an einem eingedeckten Tisch Platz, den wir vorher über OpenTable reserviert haben. Es ist rustikal gemütlich, ein wenig Saloon, auf die feine, moderne Art. Die Beleuchtung können wir an unseren Tischlampen mit Touchmodul auf die gewünschte Atmosphäre selbst einstellen. Wir entscheiden uns für Tatar (15,50 Euro) und Carpaccio (12,90 Euro) als Vorspeise. Die Qualität des Fleisches ist zu schmecken. Die Portionen sind allerdings sehr groß, eine Vorspeise zum Teilen wäre durchaus ausreichend gewesen. Als Hauptgericht werden ein Dry-Aged-Rumpsteak (27,50 Euro) und ein Steak New York Cut (42 Euro) serviert. Beides ist ausgezeichnet im Geschmack und perfekt nach unseren Wünschen gebraten. Dazu gibt es knusprige Pommes mit Schale und genau richtig gewürzt. Nur das gewählte French Dressing zum Beilagensalat hat etwas zu viel Mayonnaise abbekommen. Leider zeigt sich beim New York Cut im zweiten Drittel eine innen durchlaufende Sehne. Als der hier äußerst freundliche Service sich nach unserer Zufriedenheit erkundigt, erwähnen wir dies – und sind ob des heute nicht selbstverständlichen Handlings überrascht: Es gibt sofort eine Entschuldigung und nach kurzer Zeit wird ein neues Steak mit allen Beilagen serviert. Das ist tadellos. Zum Steak gönnen wir uns trotz der guten Weinauswahl ein zünftiges Hövels-Bier vom Fass und schauen uns um. Auch an den Nachbartischen ist man zufrieden: Hier kommen hauptsächlich Burger auf den Tisch, auch in der vegetarischen Variante. Einen Nachtisch schaffen wir leider nicht mehr, aber die kleine Karte klingt verlockend. Alles in allem eine gute Adresse. NK

AMBIENTE ●●●●○ SERVICE ●●●●○
KÜCHE ●●●●○ PREIS-LEISTUNG ●●●○○

€€€ Max-Brauer-Allee 54 (Altona-Altstadt), Telefon 0175 6000524, Mo-So 12–24 Uhr, EC-Karte, VISA, Mastercard; Holstenstraße S21, S31; thesaloon-steakhouse.de

Theo's

Einfach perfekt

Das Theo's im Grand Elysée Hotel in Rotherbaum beindruckt bereits durch sein Interieur. Wir werden freundlich empfangen und zu unserem Tisch geleitet. Die Kellnerin stellt sich persönlich vor und fragt sofort, ob wir bereits etwas trinken

Moin moin, mein Mega-Steak! Das darf im Theo's gern geteilt werden

möchten. Obwohl das Restaurant ausgebucht ist, ist von Hektik nichts zu merken. Als Vorspeise bestellen wir Caesar Salad (12 Euro) und Tatar vom Rind (16 Euro). Auf Sonderwünsche wegen einer Allergie wird problemlos eingegangen, und man verspricht, eine Alternative zu finden. Der Salat wird am Tisch zubereitet und ist ein sehr schöner Showact. Geschmacklich geht es nicht besser. Das Rindertatar ist in Konsistenz und Geschmack einfach vortrefflich. Die Säure der Limone und das Salzige der Kapern werden abgerundet vom Meersalz und dem frischen Pfeffer, und all das überdeckt nicht den Geschmack des hervorragenden Schabefleisches. Als Hauptgang bestellen wir uns ein Porterhouse, Dry Aged, für zwei Personen (je 100 Gramm 14 Euro, in unserem Fall 121,80 Euro). Als Beilagen wählen wir Pommes, grünen Spargel und Blumenkohl sowie verschiedene hausgemachte Soßen. Das Fleisch vom jungen Black-Angus-Rind aus Nebraska kommt kross und „sizzling heiß" aus dem 800 Grad heißen Southbend-Grill und wird am Tisch beeindruckend zu Ende auf den Punkt zubereitet. Das in Butter geschwenkte Gemüse ist grandios abgeschmeckt, die Soßen perfekt abgestimmt. Ein Cheesecake (11 Euro) als Dessert rundet den Abend schließlich ab. Wir seufzen. Der beste Cheesecake, den ich in Deutschland gegessen habe. Und so lassen wir den Abend Revue passieren: eine perfekte Komposition aus handwerklichem Können, grandiosem Interieur und einer Crew, die weiß, wie man dafür sorgt, dass sich die Gäste wohlfühlen. HE

AMBIENTE ●●●●● SERVICE ●●●●●
KÜCHE ●●●●● PREIS-LEISTUNG ●●●●○

TESTSIEGER 2021 €€€€ Rothenbaumchaussee 10 (Rotherbaum), Telefon 040 41412855, Mo-So 18–23 Uhr, EC-Karte, VISA, Mastercard; Dammtor S21, S31; theos-hamburg.de

VIP-TESTER
Anke Harnack

Wallter's Wine Beef Kontor

Wo Hamburg wie London ist – nur besser

Old Town London. St. Paul's, Börse und Bank of America: Irgendwo hier aß ich einst einen Caesar Salad mit wachsweichen Eiern und dem pikantesten Dressing ever. Nie wieder ist mir ein simpler Salat so lange in Erinnerung geblieben. Wallter's Wine Beef Kontor am Alten Wall (Altstadt) hat ähnliches Potenzial und dürfte bei Gästen wie Einheimischen gleichermaßen punkten: Es liegt in direkter Nachbarschaft von Rathaus, Handelskammer und Bucerius Kunst Forum – unmittelbar am Fleet, die Alsterarkaden vis-à-vis. Lage, Lage, Lage: Check! Und auch die Küche überzeugt in jeder Hinsicht: Das vegetarische Tatar (Avocado, Walnüsse, Zucchini, Tomaten, Schafskäse; 13 Euro) hat das Zeug, ewig in bester Erinnerung zu bleiben – wie einst der Caesar Salad in London. Wallter's: Das ist feine Küche ohne Tüdel, Schnickschnack und Gedöns. Das zarte Filet (32 Euro) ist für mich der Star der Show. Begleitwerk wie Pommes oder Salat wird separat serviert, ist kross und heiß beziehungsweise knackig und frisch – aber eben Nebendarsteller. Die Wein-Auswahl: erlesen, ausgewogen und – thank god! – nicht ausufernd. Kurzum: eine ausgezeichnete Adresse für mittags (Menü 19 Euro) wie abends. Vom herausragenden Service, der bemerkenswerten Aufmerksamkeit und dem fröhlichen Ton des Personals im Wallter's kann sich London übrigens noch mächtig was abgucken!

AMBIENTE ●●●●● SERVICE ●●●●●
KÜCHE ●●●●○ PREIS-LEISTUNG ●●●●○

€€€€ Alter Wall 12 (Altstadt), Telefon 040 380 378 31, Di-Sa 12–23 Uhr, EC-Karte, VISA, Mastercard; Jungfernstieg alle Bahnlinien; wallters.de

Tatar gehört im Wallter's Wine Beef Kontor zu den Klassikern

FOTOS: JULIA SCHUMACHER (O.), MARC SILL (U.)

TIPPS DER REDAKTION

Hochstapler

Ein Burger geht immer. Mit Fleisch, Fisch oder vegan. Klassisch, wild oder asiatisch. Hier wird besonders kreativ hochgestapelt

TEXTE: ANDREAS DAEBELER

Bear Claw

Nichts gegen so einen klassischen Quarterpounder mit herrlich saftigem Rinderhack – aber es geht auch anders. Zum Beispiel in Langenhorn, wo Bearclaw seinen Ofen am Laufen hat. In dem wird Fleisch acht Stunden lang geschmort, bevor es mit der Bärenkralle, die dem Restaurant den Namen gibt, gezupft und anschließend mit hausgemachten Soßen verfeinert wird. Egal, ob Rind, Schwein oder Huhn – was im Bearclaw zwischen den Buns landet, ist nordish by nature, kommt also aus der Region.

€ Langenhorner Markt 18 (Langenhorn), Mo–Do 12–22.30, Fr 12–24, Sa 14–24, So 14–22 Uhr, EC-Karte, VISA, Mastercard, Amex; Langenhorn Markt U1; bearclaw.de

Burgerlich

Bock auf kreative Burger, die obendrein auch noch frisch hausgemacht sind? Im Burgerlich kommt neben dem Fleisch auch ein richtig guter Veggie-Burger auf den Tisch. Was im frisch gebackenen Burger-Bun landet, darf man sich auch selbst zusammenstellen. Und dann auch bei der Zubereitung zuschauen, denn die offene Küchenfront verheimlicht nichts. Das gute Essen runden die hausgemachten Limonaden ab.

€€ Gänsemarkt 43 (Neustadt), EC-Karte, VISA, Mastercard; Gänsemarkt U2; burgerlich.com

Brooklyn Burger Bar

Ihrem Namen wird die Brooklyn Burger Bar in der Altstadt fraglos gerecht: Der Laden ist sehr stylish eingerichtet, ein Mix aus Industrie- und New-York-Schick, inklusive der langen Bar-Theke. Gut komponierte Burger gibt's hier natürlich auch. Tipp: der Trüffel-Burger. Bei dem harmonieren die karamellisierten Zwiebeln mit den frischen Tomaten und dem Trüffel.

€€ Alter Fischmarkt 3 (Altstadt), Telefon 040 34994866, Di-So 17–23 Uhr, nur Barzahlung; Meßberg U1; brooklynburgerbar.de

FOTO: MARC SILL

Burger Village

Wenn der Salat frisch zwischen den Zähnen knackt, die Tomate nicht wässrig ist und das selbst gemachte Patty perfekt mit dem Bun harmoniert, dann isst man im Burger Village. Es ist nicht zu viel versprochen, wenn man behauptet: Es ist das Burger-Paradies. Es gibt Burger mit Pulled Pork, Ente und für die fleischlose Freude Beyond-Meat-Patty. Jevgenijs' Burger werden dazu noch mit baltischen Einflüssen garniert.

€ Max-Brauer-Allee 10 (Altona), EC-Karte; Rathaus Altona Bus 2, Bus 111, Bus 112, Bus 113; burger-village.de

Edelsatt

Es kommt direkt aus der Natur, ist fett- und purinarm und dafür sehr reich an Eiweißen und Mineralstoffen – Fleisch von wild lebenden Tieren ist also eine gute Wahl, wenn es um bewussten Genuss geht. Was bereits gut fürs Gewissen ist – die Tiere wachsen artgerecht auf, ein stressiger Transport zum Schlachter bleibt ihnen auch erspart –, schmeckt auch hervorragend. In Hamburg ist Edelsatt die beste Adresse für die wilden Klopse. Wer so verrückt ist und auf die leckeren Bio-Buns verzichten möchte, bekommt sein Fleisch auch im „California-Style", also ohne Teigware.

€€ Mühlenkamp 8 (Winterhude), EC-Karte, VISA, Mastercard, Amex; Gertigstraße Bus 6; edelsatt.de

Jim Block

Burger als Fast Food aus der Systemgastronomie hat keinen guten Ruf. Jim Block tut erfolgreich alles, damit sich das ändert. Der kleine Bruder des Block House tischt frische Burger in coolen Variationen auf. Hier gibt es aber nicht nur einen der besten Burger der Stadt und fröhliche Mitarbeiter, sondern auch eine korrekte Einstellung: Rassismus, Sexismus, Homophobie und sonstige Ausgrenzungen von Menschen haben bei Jimmy nix zu suchen, betont man dort nämlich. Das schmeckt uns! Mindestens genauso gut wie die Burger, für die das Prime Beef aus der hauseigenen-Block- House-Fleischerei stammt. Übrigens: Auch die Auswahl an veganen und vegetarischen Gerichten wächst.

€ Jungfernstieg 1–3 (Neustadt), EC-Karte, Visa, Mastercard, Amex; Jungfernstieg U1, U2, S1, S3; jim-block.de

Kohldampf

Das Kohldampf lockt nicht in lässige Szeneviertel, in denen sich die hippen Läden drängeln, sondern nach Barmbek. Der kleine Laden hat in Sachen Burger einiges zu bieten: Hier werde kalifornisches Streetfood mit Stil serviert, versprechen die Barmbeker Brüder Amir und Mehran. Das Fleisch: feinste deutsche Färse aus Mecklenburg-Vorpommern und saftiges Pulled Pork vom Schwäbisch Hallischem Landschwein. Das landet mit frischem Gemüse aus der Region und allerhand Nebendarstellern wie Jalapeños und Soßen im Burger-Bun – alles frisch zubereitet in der gläsernen Küche und echtes Soul Food.

€ Weidestraße 85 (Barmbek), EC-Karte, VISA, Mastercard; Dehnhaide U3; kohldampf-mampf.de

Otto's Burger

Beste Gourmet-Burger serviert Otto's Burger in den schick designten Läden in Hamburg. Das Fleisch ist saftig und kommt von Weidekühen aus der Lüneburger Heide, der Bacon von Susländer Schweinen und die Maishähnchen von Kikok, die eine garantiert antibiotikafreie und langsame Aufzucht versprechen. Die Soßen werden ohne Zusatzstoffe gekocht und die fluffigen Brioche-Brötchen selber gebacken. Fantastisch!

€ Grindelhof 33 (Rotherbaum), EC-Karte, VISA, Mastercard; Grindelhof Bus 4, Bus 5; ottosburger.com

Peter Pane

Kreativ belegte Burger, bei denen jeder Extrawunsch gerne berücksichtigt wird, werden durch verschiedene Dips und hausgemachte Limonaden abgerundet. Dazu kommt: Die Kellner fliegen fast so schnell durch das Restaurant wie der Namensvetter Peter Pan, lange Wartezeiten sind selten. Die Namen wie Dreikäsehoch oder Doppelter Peter versprechen Deftiges und halten dies auch. Dazu kommen auch Veggies und Veganer auf ihre Kosten.

€ Lange Reihe 107 (St. Georg), EC-Karte, VISA, Mastercard; AK St. Georg Bus 6, Bus 17; peterpane.de

Shiso Burger

Gehen wir heute asiatisch essen? Oder doch lieber ins Burger-Restaurant? Warum denn nicht einfach beides? Bei Shiso Burger treffen sich nämlich einfach beide Welten. Hier gibt's die asiatische Variante der Klopse. Die werden in Bambusdämpfern mit Shiso-Blättern serviert. Die Burger-Buns sind genauso selbst gemacht wie die Soßen, zwischen den Hälften landen Angus-Rind oder Wagyu-Beef, Tofu oder Portobello-Pilze.

€ Bugenhagenstraße 23 (Altstadt), EC-Karte, VISA, Mastercard; Mönckebergstraße U3; shisoburger.com

Im Burgerlich wird kreativ belegt

KURZ GEBRATEN

Viel cooler als in Tim Mälzers Bullerei geht Einrichtung nicht

Area 10

Manchmal muss es Fleisch sein. Das soll dann aber auch eine hervorragende Qualität haben und perfekt zubereitet werden. Im 2021 eröffneten Area 10 gibt es genau das – in einem wirklich toll gestylten Ambiente, das eine gewisse Lässigkeit mit einer Spur Goldstaub gut kombiniert. Das Filet Mignon vom Black Angus ist ein sicherer Tipp. Unbedingt probieren: die selbst gemachte Sauce béarnaise.

€€€€ Hohe Bleichen 10 (Neustadt), Telefon 0173 3445559, Di-Sa 12–23 Uhr, EC-Karte, VISA, Mastercard; Stadthausbrücke S3; restaurantarea10.com

Billy The Butcher

Die Fleischerei Beisser ist vielen ein Begriff. Seit mehr als 180 Jahren steht sie für allerfeinste Fleischwaren. Billy The Butcher ist eine angeschlossene Gastronomie in Ottensen. Namentlich eine Hommage an Benjamin „Billy" Ahlswede, der seinen Fleischerkollegen einst zu Mittag einen „Strammen Billy" zu servieren pflegte. Der heute unter dem gleichen Namen angebotene Burger ist einer der besten der Stadt.

€€€ Ottenser Hauptstraße 9 (Ottensen), Telefon 040 3902057, Di-Do 12–22, Fr-Sa 12–23 Uhr, EC-Karte, VISA, Mastercard, Amex; Hamburg-Altona S1, S3, S31; billythebutcher.de

Bullerei

Spontan ist schwierig in der Bullerei. Ein Tisch ist begehrt und selten noch für heute oder morgen zu ergattern. Einmal reserviert, fängt aber der Spaß an. Hauptsächlich deswegen, weil in dem erst 2020 aufwendig sanierten Restaurant der Service mit mega lässiger Professionalität immer wieder neu begeistert. Beim Essen gilt Reduktion: Nichts soll ablenken vom Hauptakteur. Und der bleibt – trotz vielversprechender Alternativen – das Fleisch: vom Filet Cut von der norddeutschen Färse bis zum Butcher's Secret Cut. Der Kartoffelstampf dazu ist legendär.

€€€€ Lagerstraße 34b (St. Pauli), Telefon 040 33442110, Mo-So 12–23 Uhr, EC-Karte, VISA, Mastercard, Amex; Sternschanze S21, S31; bullerei.com

Butcher's American Steakhouse

Nein, ein preiswertes Vergnügen ist der Besuch im Butcher's American Steakhouse ganz sicher nicht. Bei Inhaber Sascha Wieschendahl hat gutes Fleisch seinen Preis. Dafür kommen feinster Angus-Rücken und Rib-Eye von den Wiesen Nebraskas, wo Rinder mit bestem Mais gefüttert werden. Später reifen die Rinderhälften mindestens neun Wochen, um anschließend noch mal Luft zu bekommen. Die Steaks gehören zu den besten der Stadt. Ein Restaurant für Menschen, die selten Fleisch essen, dann aber richtig gutes.

€€€€ Milchstraße 19 (Rotherbaum), Telefon 040 446082, Mo-Sa 18–22 Uhr, EC-Karte, VISA, Mastercard, Amex; Hallerstraße U1; butchers-steakhouse.de

Edelsatt

Burger gibt es ja fast an jeder Ecke. Aber manchmal muss es eben etwas Besonderes sein. Dann lohnt ein Besuch des Edelsatt. Denn die Betreiber des Restaurants am Mühlenkamp in Winterhude haben sich aufs Fähnchen geschrieben, beim Stapeln kreativer zu sein als andere. Gelingt prima, etwa wenn Wildhack nebst Trüffel zwischen dem Bun landet. Für Veganer gibt es den Quinoa-Burger. Und Sonderwünsche sind hier kein Problem. Fazit: Im Edelsatt wird die Idee mit dem besonderen Burger konsequent und gut umgesetzt.

€€ Mühlenkamp 8 (Winterhude), Telefon 040 69644306, Mo-Fr 17–22.30, Sa 13–22.30, So 10–13.30, 14–21 Uhr, EC-Karte, VISA, Mastercard, Amex; Gertigstraße Bus 6, Bus 17; edelsatt.de

Jim Block

Jim Block am Jungfernstieg ist ein Klassiker, wenn es um Burger geht. Hier gibt es nicht nur einen der besten Burger der Stadt und fröhliche Mitarbeiter, sondern auch eine korrekte Einstellung: Rassismus, Sexismus, Homophobie und sonstige Ausgrenzungen von Menschen haben keine Chance, so wird betont. Das Prime Beef kommt aus der hauseigenen Block-House-Fleischerei, ist saftig und immer auf den Punkt gebraten. Alle Zutaten kommen von regionalen Lieferanten. Fleischlos ist bei Jim Block kein Problem mehr: Die Auswahl an veganen und vegetarischen Gerichten wächst.

€ Jungfernstieg 1-3 (Altstadt), Telefon 040 30382217, So, Mo-Do 11–22, Fr-Sa 11.30–23 Uhr, EC-Karte, VISA, Mastercard, Amex; Jungfernstieg alle Bahnlinien; jim-block.de

Jok's Landhaus

Das Jok's ist ein gemütlich eingerichtetes Steakhouse, unweit des Niendorfer Marktplatzes. In dem Landhaus, hinter dem unter Schirmen im Sommer auch draußen gespeist werden kann, gibt es gutes Essen zu sehr akzeptablen Preisen. Flaggschiff ist das 230 Gramm schwere Supersteak, ein echter Geheimtipp ist der super frische Tomatensalat. Und nach dem Hauptgang darf es gern das hausgemachte Tiramisu sein – ein süßes Gedicht!

€€€ Frohmestraße 11 (Niendorf), Telefon 040 5594459, Mo-So 11.30–22 Uhr, EC-Karte, VISA, Mastercard; Oldesloer Straße Bus 5, Bus 21, Bus 191; joks-hamburg.de

Kohldampf

In der Weidestraße, an der Grenze zwischen Barmbek und Winterhude, befindet sich ein echter Geheimtipp für richtig gutes Fast Food. Das Kohldampf wird seinem Namen wirklich gerecht. Der kleine Laden sieht von außen recht unspektakulär aus, aber im Inneren herrscht reges Treiben im offenen Küchenbereich. Es gibt sicherlich gemütlichere Plätze, aber darum geht es ja im Kohldampf auch nicht. Hier ist das Essen der Star. Auf der Karte stehen Burger, Sandwiches und Pommes in allen Variationen. Bei den Burgern gibt es drei verschiedene Brötchen.

€ Weidestraße 85 (Barmbek), Telefon 040 18073274, Mo-So 12–22 Uhr, EC-Karte, VISA, Mastercard; Dehnhaide U3; kohldampf-mampf.de

Mash

Lust auf gutes Fleisch und Style? Dann ab ins dänische Restaurant

FOTO: BULLEREI

MASH Modern American Steak House in Altona! Der Laden in der Großen Elbstraße erscheint schon mit Blick von außen modern und bietet eine kleinere Terrasse. Innen teilt sich das Restaurant in einen großen Barbereich und das Restaurant. Der loungige Charakter setzt sich hier fort. Beim Fleisch fällt die Wahl nicht leicht. Schließlich gibt es Rind aus Uruguay, Rib-Eye aus Dänemark, australisches Tomahawk bis hin zu japanischem Kobe-Wagyu.

€€€€ Große Elbstraße 148 (Altona-Altstadt), Telefon 040 809008111, 12–16, 17.30–22, Sa 14–22, So 12–22 Uhr, EC-Karte, VISA, Mastercard, Amex; Königstraße S1, S3; mashsteak.de

Otto's Burger

Wer zu Otto's Burger geht, muss Trubel mögen. Den gibt es sowohl auf der quirligen Langen Reihe als auch im Außenbereich des Restaurants. Dort herrscht oft Andrang – Burger sind gefragt. Den Service bringt das allerdings nicht aus der Ruhe: Die Bedienung ist schnell, lässig und freundlich. Die Auswahl jedoch ist nicht einfach. Schließlich gibt es elf verschiedene Burger, die alle auch in veganer Variante bestellt werden können. Tipp: unbedingt die kanadische Spezialität Poutine probieren. Und es gibt bei Otto's richtig gute Shakes.

€ Lange Reihe 40 (St. Georg), Telefon 040 23953382, Mo-Do 12–22.30, Fr-Sa 12–23, So 12–22 Uhr, EC-Karte, VISA, Mastercard; Gurlittstraße Bus 6; ottosburger.com

Schlachterbörse

In der Schlachterbörse in Hamburgs Schanzenviertel spürt man sofort die Tradition eines Familienbetriebes, der für seinen urigen Charme und das gute Fleisch in Hamburg sowie über die Grenzen der Stadt hinaus bekannt ist. Promi-Fotos, die im Gastraum hängen, erzählen Geschichten. Das Restaurant liegt am Ende der Kampstraße, wo einst Hamburgs Schlachthof begann. In der Sackgasse können Gäste gemütlich auf der Straße sitzen. Drinnen erwarten sie ein urig-gemütliches Ambiente, jede Menge Steaks, aber auch Kalbskoteletts und Lamm. Alles beste Qualität.

HANSEPERLE 2021 €€€€
Kampstraße 42 (Sternschanze), Telefon 040 436543, Mo-Sa 16–24 Uhr, EC-Karte, VISA, Mastercard; Sternschanze S21, S31; schlachterboerse.de

SoHo Chicken

Ein guter Tipp für alle, die gegrilltes Hähnchen lieben und wissen wollen, dass es nicht aus Massentierhaltung kommt. Das ist die Zielgruppe von Soho Chicken, das auf seiner Website ausführlich erklärt, wo die sogenannten Soho Ranger, eine restauranteigene Hühnerrasse, herkommen. Das macht schon mal einen guten ersten Eindruck. Der setzt sich im Restaurant fort: Der Service ist locker und freundlich, die Einrichtung rustikal. Die Karte konzentriert sich auf das Wesentliche – von Suppe über Tacos bis Burger alles mit Huhn. Tipp: das Family-Chicken, ein ganzes Huhn für zwei mit Beilagen.

€€ Eppendorfer Weg 204 (Hoheluft-Ost), Telefon 040 52103690, Mo-Fr 16–22, Sa-So 12–22 Uhr, EC-Karte; Eppendorfer Weg (Ost) Bus 5; soho-chicken.de

The Locks

Das Restaurant The Locks befindet sich in einem reetgedeckten ehemaligen Schleusenmeisterhaus direkt an der Poppenbütteler Schleuse im gleichnamigen Stadtteil. Die Außenterrasse ist sehr geräumig, und man befindet sich im Handumdrehen unmittelbar in der üppigen Natur. Im Locks treffen sich die Poppenbütteler mit Freunden oder gar der ganzen Familie und lassen es sich bei der Küche mit modernem Einschlag und regionalen sowie saisonalen Produkten gut gehen. Das Fleisch ist ausschließlich aus artgerechter Haltung mit Herkunftsgarantie.

€€€€ Marienhof 6 (Poppenbüttel), Telefon 040 6116600, Mo-So 12–24 Uhr, EC-Karte, VISA, Mastercard, Amex; Schulbergredder Bus 179; the-locks.de

BROOKLYN BBQ BAR
Hamburg Ottensen

Hamburgs einziges Real American Barbeque Restaurant

Fleischspezialitäten aus dem Smoker, hausgemachtes Soul Food, Burger & Sandwiches, große Craft-Bier-Auswahl & Cocktailbar. Biergarten im Hinterhof. Gleich bei der Fabrik - in Hamburg Ottensen/Altona

Auch bei uns in der BBQ: Take Out/Lieferando/Catering

Hier reservieren:
SCAN ME

Öffnungszeiten:
Mo/Di: geschlossen
Mi-So: 18-23h
(Wochenende Bar open end)
Küche bis 22h

www.brooklynbbqbar.de | fb/insta: #brooklynbbqbarhh

Das Piccolo Paradiso serviert Blumenkohl orientalisch mit geschmorten roten Zwiebeln, Thymian und Berglinsen – lecker!

Veggie & Vegan

Lasst gut sein mit Fleisch – wer es mit diesem Motto hält, kommt in Hamburg ganz prima zurecht. Immer mehr vegetarische und vegane Läden öffnen. Und zeigen, dass Burger, Gyros und Dumplings auch ohne Tiere funktionieren

Ændrè

Beste Bowls

Nachdem der Bowl-Hype selbst den Smoothie seines Glases beraubte, löffelte man in hippen Frühstückscafés fortan kalte Açaíbeerensuppe mit Kokosraspeln. Diese Smoothie-Bowls gibt's auch im veganen Eppendorfer Deli Ændrè – erfrischenderweise versprechen ihre Zutaten jedoch nicht die übliche Obst-Überdosis, sondern echte Abwechslung. Hinter „Warm and Cozy Carrot" etwa verbergen sich pürierte Süßkartoffel, Karotte, Zitronensaft, Pumpkin Spice, Kokosmilch, Banane und Hafer. Statt tropischen Toppings krönen Kurkuma-Birnenkompott, Nussbutter und Tahini-Granola den warmen Brei (12 Euro). Es schmeckt super und genau wie angeteasert warm und gemütlich. Kurzum: das ideale Winter-Frühstück. Das Lunch-Angebot (ab 12 Uhr, Tipp: um 11.45 kommen und das Beste aus beiden Karten teilen) funktioniert nach Bowl-Baukastenprinzip: Linsen, Blattsalat und Spinat bilden die Basis und werden mit drei bis sechs „Marktbeilagen" ergänzt. Die Küche hat jede mit Liebe gepickelt, mariniert, geröstet oder bissfest gegart. Die Marinade der Gelben Bete unterstreicht ihre natürliche Süße, eingelegter Rotkohl mit Nelkennote fügt sich samt Brokkoli mit Röst- und Zitronenaroma, lauwarmer Süßkartoffel, Hummus, Haselnüssen und Kräuteröl (11,50 Euro) zu einem nahrhaften Mittagessen ohne Schwere. Die meisten Zutaten bezieht das Ændrè regional. Saftiges Altländer Apfelbrot (4 Euro) ersetzt das obligatorische Banana Bread, und selbst die Keramik kommt aus Lüneburg statt Lissabon. Wer an dem großen Gemeinschaftstisch das Macbook aufklappt, wird freundlich gebeten, es zugunsten der Atmosphäre wieder zu schließen. Gearbeitet wird hier nicht. Nur gequatscht und genossen zwischen Holzmobiliar, großen Einmachgläsern und unverputzten Wänden in Erdtönen. Das Wort „ændre" kommt aus dem Dänischen und heißt übersetzt „verändern". Anders als der typische vegane Bowlfood-Laden ist das Ændrè in jedem Fall – auf die bestmögliche Art. LL

AMBIENTE ●●●●○ SERVICE ●●●●○
KÜCHE ●●●●● PREIS-LEISTUNG ●●●●○

€€ Lehmweg 31a (Hoheluft), Telefon 040 36941522, Mo-Fr 9–15, Sa-So 9–16 Uhr, EC-Karte, VISA, Mastercard; Klosterstern U1; aendre.de

AN Vegan House

Esst mehr Vleisch!

Interessant, wie sich der Blickwinkel verändert, wenn man eines seiner Lieblingsrestaurants mal aus beruflichen Gründen betritt. Erst jetzt, als Tester, kommen wir auf die Idee, den liebenswert-flinken Vietnamesen mit dem Bestellaufnahme-Tablet danach zu fragen, was das „AN" am Anfang des veganen Restaurants in Winterhude bedeutet. „Essen" grinst er. Wie recht er damit hat! Denn die anderen Reize jenseits der Teller und Schüsselchen, die so manches Restaurant zu einer Wohlfühloase machen, fehlen hier völlig: Dicht gedrängt sitzt man an und auf schlichtem nackten Holz, und die Downlights machen unsere Gesichter auch nicht gerade hübscher. Die unzähligen und für so einen neureichen Stadtteil ungewöhnlich jungen Gäste, die das Vegan House permanent rappelvoll machen, kommen – wie wir – wegen des sensationellen Preis-Genuss-Verhältnisses immer wieder. Auf der Karte gibt es nur zwei Preisklassen: je 4,50 Euro für 20 Tapas plus drei Desserts, während die opulenten „Big Five" (je 10,90 Euro) wie der Wan-Tan-Eintopf, die drei Bowls oder der riesige Nudeltopf auch den sehr großen Hunger stillen. Wir wählen für diesen Zweck den Plan B und bestellen zu den feinen Hausmacher-Limonaden (4,30 Euro) jeweils vier Tapas zum Teilen plus einen Bananen-Nachtisch, der erneut beweist, warum man in Asia-Lokalen kein Dessert ordern sollte. Doch der Rest ist mit Ausnahme der pappigen Sojastreifen „Shanghai Noon" absolutes Essen für die Seele. Hier vergisst selbst der eingefleischteste Karnivore, dass diese schier unglaubliche Vielfalt von Geschmacksnuancen zwischen umami, süß und sauer, die Texturen von seidig weich bis super kross und diese knackfrische Farbenfrohheit ganz ohne jegliches tierisches Produkt auskommt. Auch wenn wir die verwendeten Fleischalternativen wie Tempeh mit Wok-Gemüsen („Rao Xao"), rauchigem Seitan („Cha Mia"), texturiertem Soja im Schmortopf („Bruce Le") oder Crispy Tofu („Five Senses" anderswo schon weitaus kreativer und „fleischiger" gesehen haben – kommt alle ins AN, ihr Schweinebacken, und esst mehr „Vleisch"! PESI

AMBIENTE ●●○○○ SERVICE ●●●●○
KÜCHE ●●●●○ PREIS-LEISTUNG ●●●●●

€ Mühlenkamp 19 (Winterhude), Telefon 040 27883688, Mo-Mi 11.30–22.30, Do-Sa 11.30–23, So 11.30–22.30 Uhr, EC-Karte, VISA, Mastercard, Amex; Hans-Henny-Jahnn-Weg Bus 6, Bus 17, Bus 25, Bus 606; facebook.com/anveganhouse

Bao Bao

Vietnamesisch-vegane Bio-Küche

Das kleine asiatisch-vegane Restaurant Bao Bao in Eppendorf ist traditionell und gemütlich eingerichtet und erinnert an eine vietnamesische Streetfood-Bar. Wir fühlen uns wie im Urlaub. Die Speisekarte ist vielfältig, alle Gerichte gibt es in bio-zertifizierter Qualität und die meisten der Getränke auch. Wir entscheiden uns für „Tra gung", einen frischen Bio-Ingwertee (4,20 Euro) und „Autumn Lover" (5,30 Euro), einen Thai-Tee mit Orangen, Maracujasaft und Aloe Vera – beides ein geschmackliches Abenteuer. Bei uns steigt die Vorfreude auf das, was noch kommt. Wir beginnen mit „Sup wan than", eine Wan-Tan-Suppe mit Teigtaschen aus Sojapaste, dazu Glasnudeln,

FOTO: JULIA SCHUMACHER

Gemüse, Schnittlauch und Röstzwiebeln (4,90 Euro). Die Suppe ist perfekt fein abgeschmeckt und das Gemüse frisch und knackig. Die Teigtaschen lassen uns schwärmen und auch „Rau cu chien gion" (5,30 Euro) als Fingerfood ist schön angerichtet und mit Kräutern perfekt abgestimmt. Die Spannung steigt: knusprige Veggie-Ente und im Tontopf geschmorter Veggie-Fisch? Welch geniale Überraschung! Nicht nur, dass alles liebevoll und appetitlich angerichtet ist. Das Essen ist raffiniert gewürzt, das Bio-Gemüse frisch und knackig. Die Veggie-Ente (14,90 Euro) ist knusprig und kommt auf rotem Curry mit buntem Gemüse, Kokosmilch, Zitronengras, frischen Kräutern, gerösteten Erdnüssen und Röstzwiebeln. Der Veggie-Fisch wird mit Gemüse, gerösteten Erdnüssen, Röstzwiebeln serviert. Beide Gerichte sind liebevoll angerichtet und kommen mit Jasmin-Reis auf den Tisch. Fisch und Ente basieren auf Soja, das durch feine Gewürze, frische Kräuter und eine gelungene Zubereitung ein wahrer Hochgenuss ist. Wir sind neugierig und bestellen noch Nachtisch: Das Soja-Vanilleeis mit knusprig gebackener Banane wird abgerundet mit Agaven-Dicksaft (5,30 Euro), meine Begleitung lächelt verzückt beim Genuss eines Soja-Vanilleeises mit Matcha und Chiasamen. Der Abend ist rund! Und das Bao Bao nicht nur eine Perle für Veganer!

TWU

AMBIENTE ●●●●○ SERVICE ●●●●●
KÜCHE ●●●●● PREIS-LEISTUNG ●●●●●

€ Schrammsweg 10 (Eppendorf), Telefon 040 76486840, Di-Do 11.30–22, Fr 12–23, Sa 16–23, So 12–22 Uhr, nur Barzahlung; Kellinghusenstraße U1; baobao-hamburg.de

Bodhi

Reise durchs vegane Vietnam

Nicht weit vom U-Bahn-Eingang Borgweg entfernt verspricht das Bodhi authentisches asiatisches Essen auf veganer Basis. Das Eckrestaurant ist ein Hingucker: Durch die Fensterscheiben sieht man schon die etlichen Pflanzen, die den Laden dekorieren – es schaut nach einem Kurzurlaub für die Sinne aus. Ein Tee mit echten Rosenknospen und auch die Red Paradise Himbeerlimonade lassen den Tag abfallen, wir kommen runter und genießen. Wir starten mit drei vietnamesischen Tapas (je 4,50 Euro). Die veganen Shrimps mit einer sehr, sehr guten Avocadocreme, die Dumplings und auch das „Crispy Crisp Tofu" ummantelt von knackigen Green Rice Flakes, serviert mit einem Himbeer-Chili-Dip, sind rundum gelungen. Dicke Udon-Nudeln, gedämpft mit Tofu, Gemüse und Sojasoße (10,90 Euro) und Sushi (9,80 Euro) runden den Bauch ab. Dieser und auch der Laden haben sich sehr schnell gut gefüllt, weswegen eine Reservierung absolut zu empfehlen ist.

IR

AMBIENTE ●●●●○ SERVICE ●●●●○
KÜCHE ●●●●○ PREIS-LEISTUNG ●●●●●

€€ Borgweg 11 (Winterhude), Telefon 040 27880368, Mo-Do 11.30–23.30, Fr-Sa 11.30–23, So 11.30–23.30 Uhr, nur Barzahlung; Borgweg U3; bodhihamburg.de

Cai Kitchen

Feurige Pflanzenküche

Die spicy Asia-Küche macht vegane Kost zum feurigen Erlebnis. Eine überzeugende Kostprobe liefert die Cai Kitchen im Karoviertel ab. Als Glückspilz darf sich fühlen, wer einen der gerade mal fünf Tische im winzigen Gastraum abbekommt. Wir gehören nicht dazu. Bleibt die Variante to go. Angesichts der Mikroküche wirkt die einseitige Karte schon fast üppig mit Szechuan-Spezialitäten bestückt. In beeindruckender One-Man-Show rockt ein hipper Herr den fröhlich frequentierten Laden. Nach Order und Kasse bereitet er ratzfatz unsere Bestellung zu. Hot und super lecker gelingen die gemischten Gemüsedumplings aus angenehm softem Teig in Chili-Pfeffer-Soße (6,50 Euro). Das für einen Imbiss erstaunliche Qualitätsniveau hält die Nudelsuppe mit Gemüseeintopf und hausgemachten Mixed Pickles (9 Euro). Die hier obligatorische Schärfe ist nichts für Weicheier, für die das profane süßsaure Hühnchen schon einer Grenzerfahrung in vermeintlich fernöstlicher Kulinarik gleichkommt. Profis hingegen empfiehlt sich in dieser herrlich coolen „Kombüse" die Wahl der marinierten Udon-Nudeln mit Erdnusssoße (7,50 Euro). Fünf Chilischoten plus platzender Smiley symbolisieren, wie sehr die schmackhafte Speise einem einheizt. Völlig zu Recht.

MO

AMBIENTE ●●●○○ SERVICE ●●●●○
KÜCHE ●●●●○ PREIS-LEISTUNG ●●●●●

€ Glashüttenstraße 85a (St. Pauli), Telefon 040 30926661, Mo-Fr 12–15, 17–20, Sa 18–21 Uhr, EC-Karte; Messehallen U2; caikitchen.de

Chay Vegan

Regenbunte Friedensmission

„Chay" bedeute Frieden für alle Menschen und Lebewesen, verkündet die Website des Veganer-Restaurants in der Innenstadt die frohe Kunde. Na, dann nix wie rein da. Rückseitig der Spitalerstraße inmitten der City liegt diese einladende Heimstatt jener Art Pflanzenküche, die auch bei Fleischfreunden nicht in Verdacht steht, sie würden mit Beilagen abgespeist. Produktvielfalt, kräftige Aromen und clevere Rezepturen garantieren genussvolle Sättigung. Das lassen bereits die Starter (4,50 bis 5,50 Euro) erahnen. „Ocean Power" erweist sich als Salat vom Seetang mit Sesam und Rote-Bete-Chips, die Teigtaschen in der Wan Tan Soup sind mit Gemüse und Tofu gefüllt, in starker Brühe mit Koriander, Schnittlauch und Sesamöl abgeschmeckt. Im Hauptgang stehen fischfreies Sushi, Tellergerichte und Bowls zur Wahl. „Lemongras Rainbow" kommt regenbogenbunt auf den Tisch – vom gebratenen Tofu, Zuckerschoten, feuriger Peperoni hin zu grünem Spargel, einer angenehm säuerlich-scharfen Soße und Vollkornreis. Die Spicy Bowl (9,50 Euro) wird ihrem Namen gerecht: Reisnudeln mit einem Mix aus mariniertem Gemüse, betört von asiatischen Kräutern, crunchy Erdnüssen – und, auch hier wieder, weil der immer geht: Sesam. Die Refreshers sind selbst an kühlen Tagen ein herrlicher Durstlöscher. Die Ginger Goji Limo könnten wir literweise süffeln (0,4 l 4,20 Euro).

MO

AMBIENTE ●●●○○ SERVICE ●●●●○
KÜCHE ●●●●○ PREIS-LEISTUNG ●●●●○

€ Lilienstraße 9 (Altstadt), Telefon 040 84709356, Mo-Fr 11.30–22, Sa 13–23 Uhr, EC-Karte, VISA, Mastercard, Amex; Hauptbahnhof alle Bahnlinien; chay-veganhamburg.de

Citta Vegan House

Die Erleuchtung geht aufs Haus

„Wir schätzen die Schönheit der Erosion der Zeit." Sind wir hier im Proseminar „Ästhetik und Zerfall" der philosophischen Fakultät? Nicht ganz – wir sitzen in dem mit warmen Erdtönen, Schilf, Kupfer und Holz seelenschmeichelnd gestylten veganen Restaurant Citta Vegan House mit Panoramablick auf Eimsbüttels Osterstraße und lesen die buddhistisch geprägten Sätze zur Firmenphilosophie der vietnamesischen Restaurantgründer. Sogar die Bar ist aus Lehm gebaut, und die Servierschüsselchen könnten aus dem Volkshochschulkurs „Wege zum Ich durch rhythmisches Töpfern" stammen. Selbst wenn am Ende nicht alles, was das liebenswürdig aufmerksame Team darin serviert, anbetungswürdig ist, kommt herzwärmendes Tempel-Feeling auf. Auch weil der Pfad der kulinarischen Erleuchtung sonst deutlich höheren Gotteslohn kostet: Im Citta (steht für „Herz, Verstand & Gewissen") gibt es 20 kleine Bowls und ein Tagesdessert (heute: Kokos-

Sushi geht auch ohne Fisch ganz prima – wie hier im Chay Vegan

FOTO: CHAY VEGAN

VIP TESTERIN

Tina Ingwersen-Matthiesen

Geschäftsführende Gesellschafterin
Herbivore Hub GmbH

Getestet: Das weisse Haus, Piccolo Paradiso

Lieblingsrestaurant Ta Vegan House. Man kann dort eine Vielfalt authentisch vietnamesischer, kleiner, köstlicher Portionen bestellen und deshalb viel probieren und zu zweit teilen.

Lieblingsbar Nikkei Nine Bar: Das Bar-Team zaubert ganz besondere, kreative und hochwertige Drinks mit fantastischen Spirituosen und zum Teil sehr exklusiven und nicht herkömmlichen Zutaten.

Besondere Anlässe feiere ich am liebsten im ... Salt & Silver Lateinamerika. Das Restaurant bietet zwei Menüs an, eines davon ist immer ein „Veggie-Menü", welches vom Küchenteam auf Wunsch auch vegan zubereitet wird. Die Speisen auf den Tellern gleichen Kunstwerken und die Aromenvielfalt ist spektakulär.

Essen gehen ist für mich ... Leidenschaft, Freude, Hingabe, Erkundung, Belohnung, einfach das Schönste der Welt!

Ein Leben ohne Gastro wäre ... eine traurige Wüste. Gerade in der Gastronomie bekommt man kulinarische Inspirationen und erlebt die Geselligkeit beim Essen.

Zum Frühstücken gehe ich gern ins ... Good One Café in Eimsbüttel. Es bietet „All Day Breakfast" an mit leckeren süßen und deftigen Gerichten.

Ein Tipp für Kaffee, Kuchen, Cupcakes? Happenpappen. Dort gibt es die köstlichsten Sahnetorten, Käsetorten, Bananenkuchen, Carrot-Cakes ... und alles vegan. Besser können Kuchen nicht schmecken.

FOTO: ANRI SCHRAMM

BIO nach EG-Öko-Verordnung

Piccolo Paradiso
VEGETARISCHES BIO-RESTAURANT

Schauen Sie vorbei und genießen Sie unsere paradiesischen Köstlichkeiten:
Seit 19 Jahren verwöhnen wir unsere Gäste im kleinen Paradies mit vegetarischen und veganen Köstlichkeiten aus den Regionen rund ums Mittelmeer. Engelsgleiche Tapas und Mezze sowie 50 offene Weine aus ökologischem Anbau. Alle Speisen und Getränke sind bei uns in Bio Qualität.

Wir freuen uns auf Ihren Besuch:
Di-Sa ab 17 Uhr
(Küche schließt um 22:30 Uhr)
So und Mo Ruhetage
Brüderstraße 27
20355 Hamburg
Telefon 040 / 35 71 53 58
www.piccolo-paradiso.de

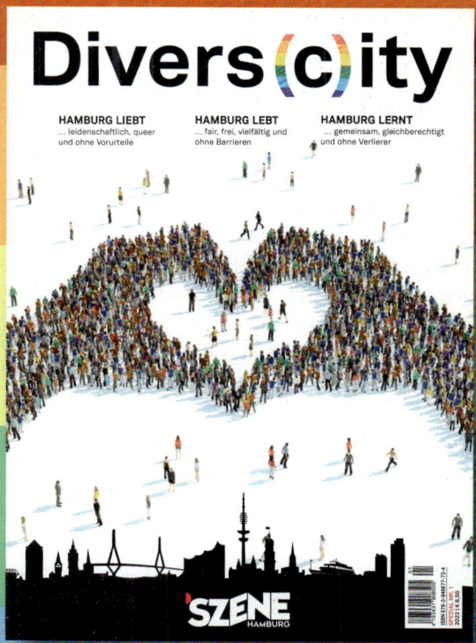

Jetzt NEU – im Handel
oder online über
shop.szene-hamburg.com
szene-hamburg.com

Pannacotta) für je 4,90 Euro, die großen Bowls – darunter auch Currys, Phos und Udon-Eintöpfe – liegen mit 11,90 bis 13,90 Euro ebenfalls im gnädigen Bereich. Zu den hocharomatischen Hausmacher-Limonaden mit Hibiskus („Red District") oder Lychee („Udumbare", je 4,90 Euro) stürzen wir uns auf ultrakrosse Wan Tan mit kräftiger Pilzfüllung („Sisu"), „Lagom" genannte, nicht minder knusprige Tofustreifen im Reispop-Mantel mit Himbeer-Chili-Soße und das umami Wok-Gemüse mit Tempeh-Fritters („Aita"). Unsere Favoriten sind die mit Seetang fischig aromatisierten Frühlingsrollen „Brus", deren fast flüssige Mais-Kartoffel-Füllung an spanische Bacalao-Kroketten erinnert, sowie die außerhalb Asiens nur selten servierten „An"-Röllchen mit Fünf-Gewürze-Jackfruit-Farce und einer Hülle aus hauchdünnem Yuba (Sojahaut). Einzig die „Deamflum"-Nudelsalat-Bowl mit allzu unmarinierter Rohkost zu den knackigen Frühlingsrollen findet keinen Einlass in unser Nachtgebet – ganz im Gegensatz zu dem aromatischen vietnamesischen Hot-Drip-Kaffee. Schließlich ist Vietnam zweitgrößter Kaffeeproduzent der Welt, wie wir erfahren. Wohlgenuss, Wissenszuwachs, eine kleine Erleuchtung – keine schlechte Ausbeute für einen veganen Restaurantabend. PESI

AMBIENTE ●●●●○ SERVICE ●●●●●
KÜCHE ●●●●○ PREIS-LEISTUNG ●●●●●

TESTSIEGER 2021 €€ Osterstraße 98 (Eimsbüttel), Telefon 040 25304462, Mo-Mi 12–22.30, Do-Sa 12–23, So 13–22.30 Uhr, EC-Karte, VISA, Mastercard, Amex; Osterstraße U2; instagram.comcitta_veganhouse

Im Citta Vegan House hat Küchenchef Thanh Khoi Vo Köstliches anzubieten

VIP-TESTERIN
Tina Ingwersen-Matthiesen

Das weisse Haus

Vegane Elb-Gourmandie

Restaurants mit veganen Optionen gibt es in Hamburg mittlerweile einige, aber ein Restaurant, das ein veganes Menü mit Weinbegleitung dauerhaft auf der Karte präsentiert, findet man deutlich leichter in Berlin als in unserer Hafenstadt. Umso glücklicher sind wir, die „Vegane Elb-Gourmandie" (vier Gänge 48,50 Euro, mit Weinbegleitung 68,50 Euro) im Gourmet-Restaurant Das weisse Haus in einem ehemaligen Lotsenhaus in der Nahe vom Museumshafen Oevelgönne erleben und genießen zu können. Natürlich wählen wir die Weinbegleitung dazu, da das Wine-Food-Pairing gerade in der veganen Küche besonders spannend ist und viel zu selten gelebt wird. Das vegane Menü ist immer saisonal geprägt und steht an diesem Tag unter dem Motto „Spargel". Nach warmen, hausgebackenen Bauernbrötchen mit Curry-Linsendip startet die „Spargel-Odyssee" mit einer Ceviche mit weißem Spargel, Tomatensalsa, Pinienkernen und Koriander. Wer Ceviche liebt, kommt bei dieser veganen Variante hundertprozentig auf seine Kosten. Das darauffolgende Spargelsüppchen ist durch die Mandelmilch herrlich cremig. Das dazu gereichte Erbsenmousse mit grünem Spargel und roter Zwiebel gibt dem Gaumen eine großartige Komposition verschiedener Aromen, Texturen und Temperaturen. Der Hauptgang mit gegrilltem, weißem Spargel, Zweierlei von der Süßkartoffel und Ananas-Chutney ist zwar übersichtlich, aber sehr lecker und schön angerichtet. Das Menü schließen wir mit Erdbeer-Rhabarber-Crumble mit Erdbeersorbet glücklich und zufrieden ab. Die Weinbegleitung und die Menügänge werden zeitlich sehr gut abgestimmt serviert und die hervorragenden, auf die Speisen abgestimmten Weine fachlich kompetent präsentiert. Ein wirklich erstklassiges Wine-Food-Pairing! Der Service ist durchweg ausgezeichnet. Wir gehen glücklich nach Hause und freuen uns auf die nächste vegane Elb-Gourmandie im charmanten Ambiente von Das weisse Haus.

AMBIENTE ●●●●○ SERVICE ●●●●●
KÜCHE ●●●●○ PREIS-LEISTUNG ●●●●○

€€€€ Neumühlen 50 (Ottensen), Telefon 40 3909016, Mo-Mi 17.30–23, Do-So 12–14.30, 17.30–23 Uhr, EC-Karte, VISA, Mastercard; Neumühlen/Övelgönne Fähre, Hohenzollernring Bus 112; das-weisse-haus.de

Green Leaf

Frischer Lunch

Kleiner Spoiler: Das Green Leaf in Altona ist perfekt zum Lunch mit Kollegen oder Freunden. Hier gibt es Kumpir, Bowls und diverse Smoothies. Meine Begleitung und ich sind zum ersten Mal zu Gast, als wir das Restaurant in Altona in den Abendstunden aufsuchen. Dass es hier zu dieser Zeit leer ist, stört nicht, die fehlende Musik jedoch ein wenig. Der moderne, minimalistische Stil passt zum Konzept: „simply natural food". Vor der Bestellung dürfen die Zutaten begutachtet werden: Neben Gemüse wie Mais, Gurken und Tomaten präsentieren sich Couscous, Käse und verschiedene Soßen in der gläsernen Vitrine. Erinnert ein wenig an die Döner-Bude um die Ecke, überzeugt aber durch große Auswahl. Unsere Blicke schweifen hoch zur Speisetafel an der Wand. Es gibt kalte und warme Bowls sowie die türkischen Backkartoffeln. Die Gerichte können mit einer Soße nach Wahl ergänzt werden, erklärt das freundliche Servicepersonal. Die Wahl fällt auf die Kumpir Green Leaf (6,70 Euro), die mit reichlich Quinoa, Champignons, Tomaten und weiteren frischen Zutaten gefüllt zwar kein Fest für das Auge, aber für den Gaumen ist. Das Gemüse ist knackig, die Kartoffel dampfend heiß, die Joghurtsoße mild, aber dennoch geschmackvoll. Auch mein Begleiter ist nach seiner Bowl „Indian Dream" (9,25 Euro) pappsatt und zufrieden. Die Dämmerung bricht herein, das Green Leaf in der Großen Bergstraße schließt demnächst seine Türen. Wir bringen unser leeres Geschirr auf dem Plastiktablett zurück zum Tresen und entschließen: Wir kommen wieder. Dann aber in der Mittagspause. JZ

AMBIENTE ●●●○○ SERVICE ●●●●○
KÜCHE ●●●○○ PREIS-LEISTUNG ●●●●●

€ Große Bergstraße 199a (Altona-Altstadt), Telefon 040 32871013, Mo-So 10–19 Uhr, EC-Karte, VISA, Mastercard, Amex; Königstraße S1, S3; greenleaf-altona.de

Innerluck

Überzeugend

Das Innerluck stand schon länger auf meiner Wunschliste. Mit dem Standort im Sportwerk Stellingen hat das vegane Restaurant eine außergewöhnliche Location, denn es befindet sich im gleichen Gebäude wie die Squash-Halle. Im Innerluck selbst werde ich von Pflanzen, hellen Farben und zwei netten Mitarbeiterinnen empfangen. Meine Begleitung lässt auf sich warten, also beobachte ich die Sportler:innen durch die Scheiben und bestelle schon mal eine hausgemachte Limo mit Basilikum, Ingwer und Zitrone (4,20 Euro). Sauer, aber lecker. Die Speisekarte ist übersichtlich. Wir entscheiden uns für Ciabatta (3,90 Euro) und Bruschetta (5,90 Euro) als Vorspeise. Das Brot ist frisch getoastet, der Parmesanersatz hat die perfekte Konsistenz, und die beiden Dips, die dazu

FOTO: MARC SILL

gereicht werden, kommen in großen Portionen. Der Schnittlauchdip ist ein Traum und zum Glück so viel, dass ich meine Hauptspeise, den Wrap mit Beyond Meat, Cheddar und frischem Salat (9,90 Euro) noch damit toppen kann. Fleisch und Käse schmecken so „unvegan", dass ich kurz stutze. Auch der Classic Cheese Burger mit Süßkartoffeln (15 Euro) würde jeden eingefleischten Karnivoren überzeugen. Das Innerluck ist ein Restaurant, in das man mit vegan-kritischen Begleitern gehen kann, um sie von der Vielfalt der tierproduktfreien Ernährung zu überzeugen. AVL

AMBIENTE ●●●●● SERVICE ●●●●●
KÜCHE ●●●●● PREIS-LEISTUNG ●●●●●

€ Hagenbeckstraße 124a (Stellingen), Telefon 040 52389377, Mo-Fr 16–22 Uhr, EC-Karte, VISA, Mastercard; Hagenbecks Tierpark U2; innerluck.de

LüttLiv

Primaballerina

Da steht ein Zirkuszelt! Eine schöne Idee, den Außenbereich auch an kälteren Tagen zu erhalten: Wir sitzen zwischen roten Samtvorhängen, unter einer Discokugel, neben einem Heizstrahler. Es wirkt alles etwas wild zusammengeschustert, so ganz anders als der Gastraum, der stylish und cool ist. Wir fühlen uns trotzdem wohl im Zelt, auch wenn wir uns wieder auf die schöne, helle Terrasse an wärmeren Tagen freuen. Unser zuvorkommender Kellner eröffnet die heutige Vorstellung und bringt die Speisekarten: Wir wählen zum Start die „Kleine Honigziege", in Honig sautierter Ziegenkäse an gemischtem Antipasti-Salat (6,90 Euro) – wahrlich lecker, ein super Start. Ebenso Eindruck hinterlässt der Auftritt von hauseigenem Sauerteigbrot mit dreierlei Dips (Hummus, Quark, Grillgemüse, 5,50 Euro). Ziemlich zufrieden und fast schon gesättigt fragen wir uns, wie das noch getoppt werden kann. Und dann kommt es schon aus der Küche, Manege frei für „Marktglück" (15,50 Euro) und „Ausflug in den Wald" (10,90 Euro). Ersteres ist nicht einfach nur ein gemischter Salat, jede Zutat ist ein Kunststück für sich: Das Gemüse, bunte Bete und Möhren, ist liebevoll zu kleinen Kunstwerken geschnitzt und tanzt auf dem Teller wie Primaballerinas, das Balsamico-Dressing schmeckt fabelhaft, das Bio-Hühnchen dazu genauso. Unser „Ausflug in den Wald" zeigt getrüffelte Fregula-Nudeln mit Pilzen und lässt uns ebenfalls staunend zurück. Die Portionen sind groß, wir stehen auf, applaudieren, der Kellner packt uns den Rest für zu Hause ein. Nächstes Mal lassen wir Platz für eine süße Zugabe. Bravo, bravo! MV

AMBIENTE ●●●●○ SERVICE ●●●●●
KÜCHE ●●●●● PREIS-LEISTUNG ●●●●●

€€ Maurienstraße 19 (Barmbek), Telefon 040 33422422, Mi-Do 15–23, Fr-Sa 12–23, So 12–18 Uhr, EC-Karte, VISA, Mastercard, Amex; Barmbek U3, S1; luettliv.de

FOTO: INNERLUCK

was wir wirklich LIEBEN.

- Frühstück, Mittagessen & Deli
- hauseigene Pâtisserie & hofeigene Produkte
- große Eventlocation & Catering

VIER STANDORTE IN HAMBURG:
Eppendorf | Eimsbüttel | St. Georg | Bahrenfeld

+49 (0) 40 64 22 66 09
kontakt@waswirwirklichlieben.de
Folgt uns **@WASWIRWIRKLICHLIEBEN**
www.waswirwirklichlieben.de

Rot gewinnt: Peter Kühn und Martina Neumann können den Testsieg mit einem guten Tinto feiern

Genuss GUIDE
DER SZENE HAMBURG
TESTSIEGER
2022/2023

VIP-TESTERIN
Tina Ingwersen-Matthiesen

Piccolo Paradiso

Fels in der Brandung

Eine kulinarische Reise im gemütlichen Altbauambiente: Bei den zahlreichen veganen Restaurants, die derzeit mit großer Dynamik aus dem Boden sprießen, gibt es hier einen Fels in der Brandung: das Piccolo Paradiso in der Neustadt, das bereits 2005 eröffnete als, „Veggie" noch gar nicht im Fokus stand. Die Köchin Martina Neumann und ihr Partner Peter Kühn zeigen, dass nicht das Fleisch oder der Fisch, sondern die verschiedenen Gewürze und Zubereitungstechniken der mediterranen und orientalischen Küche die Gäste verzaubern. Fleischliebhaber werden garantiert nichts vermissen. Alles, was vegan ist oder vegan zubereitet werden kann, ist auf der Karte deutlich gekennzeichnet. Alle Zutaten stammen aus ökologischem Anbau. Wir bestellen die kleine vegane Vorspeisenvariation mit verschiedenen Tapas wie Samosas, gegriller Aubergine, Paprika und Fenchel. Meine Begleitung wählt von der Tageskarte den gebackenen veganen Camembert, der von einem echten nicht zu unterscheiden ist – auf Feldsalat und einem köstlichen Chutney. Gerade für Veganer, die in der Vergangenheit Käse liebten, ein Traum. Das Blumenkohlsteak mit braunen Linsen und der „Gyros-Teller" mit Schneidebohnen, Röstkartoffeln und Weißkohl überzeugen uns. Alle Speisen sind sehr gut portioniert und gewürzt. Der Service ist sehr aufmerksam und freundlich. Zu allen Gerichten wählen wir einen dazu abgestimmten Wein aus der großen Karte von Bio-Weinen. Auch wenn wir von den Köstlichkeiten schon gut gesättigt sind, können wir beim Blick in die Dessertkarte nicht widerstehen. Der vegane Schokoladenkuchen mit Doublenut-Eis und Chilikirschen und der Affogato in der veganen Variante mit dem Doublenut-Eis bilden den krönenden Abschluss. Die Preise sind auf jeden Fall gerechtfertig, und wir werden ganz sicher ganz schnell wieder in dieses Veggie-Paradies eintauchen.

AMBIENTE ●●●●○ SERVICE ●●●●●
KÜCHE ●●●●○ PREIS-LEISTUNG ●●●●○

€€€ Brüderstraße 27 (Neustadt), Telefon 040 35715358, Di-Sa 17–23 Uhr, EC-Karte, VISA; Stadthausbrücke S1, S3, Rödingsmarkt U3; piccolo-paradiso.de

Was ein Auftakt: die Vorspeisenvariation mit gratinierten Süßkartoffeln, Samosa, Polenta, Frittata, Roter Bete und Auberginenröllchen macht schon mal klar, wo die wunderbare Reise hingeht

FOTOS: JULIA SCHUMACHER

Mahadosa

Indisch mal ganz anders

Okay, wir waren wirklich schon oft indisch essen. Doch was im Mahadosa auf den Teller kommt, ist uns völlig fremd. Hinter dem im Oktober 2020 eröffneten Restaurant stecken Kathrin Guthmann und Satish Mourya vom Maharaja und Maharani. Nur liegt der Fokus im Mahadosa nicht auf ayurvedischer Küche, sondern auf südindischen Spezialitäten. Es macht irre Spaß, sich durch die fremden Spezialitäten zu probieren: Hinter den Aloo Bonda verbergen sich mit Ingwer, Knoblauch und Gewürzen verfeinerte Kartoffelbällchen im Kichererbsenmantel (7,50 Euro), und Idlys sind gedämpfte Küchlein aus geschälten schwarzen Linsen und Reispaste (7,50 Euro). Unser Favorit: die knusprig frittierten Vadas aus geschälten schwarzen Linsen, die wie herzhafte Donuts schmecken (7 Euro). Dazu gibt es drei verschiedene Chutneys und Sambhar, ein suppenähnliches Linsengericht. War das Restaurant anfangs komplett vegetarisch, stehen inzwischen auch ein paar Fleischgerichte wie Chicken Korma auf der Karte. Doch wir entscheiden uns als Hauptgang natürlich für die namensgebenden Dosas: hauchdünne, Crêpes-artige Fladen aus Reis- und Linsenpaste, gefüllt mit gewürzten, gestampften Kartoffeln und traditionell serviert auf einem Bananenblatt (11 Euro). Die exotischen Speisen gepaart mit dem von der ersten bis zur letzten Sekunde herzlichen Service und der leicht schrulligen, aber wahnsinnig gemütlichen Inneneinrichtung machen den Besuch im Mahadosa zu einem echten Erlebnis. NW

AMBIENTE ●●●●● SERVICE ●●●●●
KÜCHE ●●●●● PREIS-LEISTUNG ●●●●●

€€ Hein-Hoyer-Straße 60 (St. Pauli), Telefon 040 57280324, Di-So 12–24 Uhr, EC-Karte, VISA, Mastercard, Amex; St. Pauli U3; mahadosa.com

Mamalicious

Die besten veganen Pancakes der Stadt

Das Mamalicious sieht von außen aus wie ein typisches Schanzencafé. Dieser Eindruck bestätigt sich, als wir das Restaurant, das ausschließlich vegane und vegetarische Gerichte serviert, betreten. Die Einrichtung ist lässig und die Bedienung ebenfalls sehr entspannt. Das Restaurant ist klein und gemütlich, und wir können von unserem Sitzplatz aus die Küche sehen, die sich etwas erhöht hinten im Restaurant befindet. Bei Mamalicious gibt es den ganzen Tag lang Frühstück und das alles in vegetarisch oder wahlweise auch vegan. Die Auswahl reicht von Brunch-Klassikern wie Rührei mit Toast und vegetarischem Bacon bis hin zu belegten Bagels oder Pancakes. Auch die Getränkekarte bietet eine außergewöhnlich große Auswahl an. Neben den Kaffeeklassikern gibt es auch Milchshakes oder speziell zu kalten Jahreszeiten Pumpkin Spice Latte. Wir starten zunächst mit einem Schoko-Milchshake (5 Euro) und dem Caramel macchiato mit Hafermilch (3,70 Euro + 0,30 Euro) – beides gelungen, aber auch sehr reichhaltig. Trotzdem passt noch mehr rein: Wir entscheiden uns für die Mac and Cheese (9,50 Euro) und die Scrambled Eggs (9,50 Euro). Obwohl das Café an dem Tag gut besucht ist, kommt das Essen relativ schnell. Die Mac and Cheese sind lecker und schön angerichtet, aber nichts Besonderes. Als Beilage gibt es Bratkartoffeln dazu, die fast schon besser als die Mac and Cheese selbst sind. Die klassischen Scrambled Eggs kommen mit Toast und ebenfalls Bratkartoffeln dazu. Da Mamalicious bekannt ist für die veganen Pancakes, lassen wir uns nicht lumpen und bestellen sie mit Chocolate Chips (6,90 Euro + 2,50 Euro). Weil der Koch mit den Bestellungen durcheinandergeraten ist, kommt er persönlich und entschuldigt sich vorab. Ob es in Ordnung sei, wenn unsere Bestellung mit Beeren kommt, da er diese bereits versehentlich über die Pancakes gegeben hatte. Natürlich ist dieses Upgrade für uns kein Problem, und wir werden auch nicht enttäuscht. Es kommen defintiv die fluffigsten veganen Pancakes, die wir je gegessen haben. Die Portion ist sogar so großzügig, dass wir uns den Rest einpacken lassen. Wer ausgiebig brunchen möchte, ist hier richtig. Und wer Pancakes liebt, sowieso! TWU

AMBIENTE ●●●●● SERVICE ●●●●●
KÜCHE ●●●●● PREIS-LEISTUNG ●●●●●

€ Max-Brauer-Allee 277 (Altona), Telefon 040 37026944, Mo 10–16, Mi-So 10–16 Uhr, EC-Karte, VISA, Mastercard; Schulterblatt Bus 15; mamaknows.de

Falafel? Im Romman eine fantastische Sache

Romman

Falafel im Wunderland

Die Tür des Romman zu öffnen gleicht einem Fall ins Kaninchenloch, denn das hier kann unmöglich Eppendorf sein. Das Wunderland hinter der Schwelle passt einfach nicht in das schnieke Viertel. Eine Gruppe junger kreativer Freunde hat hier einen Ort geschaffen, der nicht nur Restaurant, sondern auch Kunstgalerie und Konzertfläche ist. Drinnen brennen Kerzen, es läuft funky Jazz von Kokoroko und zwischen mehrfarbig gestrichenen Tischen und Bänken hängt jede Menge Kunst an den ebenfalls bunten Wänden. Wir nehmen unter einem Stillleben des syrischen Künstlers Abdulrazzak Shaballout Platz und stauen, als sich die vermeintliche Fotografie als Ölgemälde entpuppt. Uns gefällt nicht nur die Aussicht auf das atemberaubende Bild, auch das Essen sieht aus, als seien Künstler oder zumindest Foodstylisten am Werk gewesen. Der wohl schönste Falafelteller Hamburgs (14 Euro) schmeckt dazu noch extrem gut. Dazu teilen wir einen fantastischen Blumenkohlsalat (7 Euro), rauchiges Baba Ghanoush (7 Euro) und eine knusprige Mana'ish mit saftiger Käsefüllung (6 Euro). Das Dessert steht als wechselnde „süße Überraschung“ (5 Euro) in der Speisekarte. Heute verbergen sich dahinter krosse Teigtaschen mit einer leckeren Füllung, die nach Nuss, Zimt und Honig schmeckt. Die werden serviert, als jemand am Klavier Platz nimmt und den Genuss musikalisch perfekt begleitet. Auf die Frage, ob wir zahlen dürfen, antwortet der Service augenzwinkernd, dass wir dürfen, wenn wir denn möchten, aber nicht müssen. Solange wir eine gute Zeit gehabt hätten, sei man zufrieden. Nein, das kann wirklich nicht Eppendorf sein. Fürs Protokoll: Gezahlt haben wir natürlich, aber das Dessert gab's trotzdem aufs Haus. LL

AMBIENTE ●●●●● SERVICE ●●●●●
KÜCHE ●●●●● PREIS-LEISTUNG ●●●●●

HANSEPERLE 2021 €€ Eppendorfer Marktplatz 21 (Eppendorf), Telefon 040 46093997, Mo-Sa 17–22 Uhr, EC-Karte, VISA, Mastercard, Amex; Hudtwalckerstraße U1; romman-hamburg.eatbu.com

FOTO: MARC SILL

Bohlsener MÜHLE
KNUSPRIG GEBACKENE
CRUNCHYS
AUS BIO-GETREIDE VON HIER!
JETZT PROBIEREN!
VON MÜHLE BIS PRODUKTION
ALLES AUS EINER HAND
Mein CRUNCHY Himbeer-Zitrone Raspberry-Lemon
400g
100% CRUNCHY HAFER Oat
PURER GESCHMACK OHNE SCHNICK SCHNACK
100% CRUNCHY SCHOKO Chocolate
100% CRUNCHY DINKEL Spelt
Mein CRUNCHY Mandel-Nuss Almond-Nut
Mein CRUNCHY Schoko-Erdbeer Chocolate-Strawberry
Bioland
BIO AUS GUTEM GRUND
Mehr zu unserem ENGAGEMENT
nachhaltigkeit.bohlsener-muehle.de
www.bohlsener-muehle.de

Saravanaa Bhavan

Im Masala-Dosa-Himmel!

Als ich vor vielen Jahren in Indien war, ging ich jeden Mittag in ein Straßenrestaurant und bestellte Masala Dosa. Es wurde zu meinem Lieblingsgericht; in Südindien wird es traditionell zum Frühstück oder Mittag gegessen: ein dünner und knuspriger Linsenfladen gefüllt mit würzigem Kartoffelstampf. Dazu werden Soßen gereicht, meist Chutney und Sambar, und häufig eine kleine scharfe Linsensuppe. Zurück in Deutschland suchte ich meist vergebens auf den Speisekarten der indischen Restaurants nach Masala Dosa. Doch das Suchen hat ein Ende: Hier in der Kirchenallee, am Hamburger Hauptbahnhof, tummeln sich neben geschäftigen Kofferschiebern auch viele indische Restaurantbesucher und andere Kenner. Die Ecke ist nicht besonders schön, Lage Hauptbahnhof eben, doch der Restaurantbesuch ist es wert: Saravanaa Bhavan bietet authentische vegane und vegetarische Küche aus Süd- und Nordindien, und ist bestimmt keine Tourifalle. Hier gibt es Masala Dosa – und zwar in zahlreichen Variationen. Wir bestellen den Klassiker (8 Euro) und einen mit Palak Paneer (11,50 Euro), also Käse und Spinat. Ich bin im Glück, endlich Masala Dosa, dazu noch so ein gutes! Wir probieren auch den vegetarischen Uthappam: Wird aus dem gleichen Teig wie Masala Dosa gemacht, ist aber ein dickerer Fladen und erinnert an Eierkuchen mit Tomaten und Zwiebeln (7,70 Euro). Lecker! Gegen die Schärfe, an die ich mich erst wieder gewöhnen muss, hilft der Mango Lassi (3,30 Euro). Ich komme ganz bestimmt wieder, muss ja noch die ganzen anderen Dosas probieren. MV

AMBIENTE ●●●○○ SERVICE ●●●●●
KÜCHE ●●●●● PREIS-LEISTUNG ●●●●○

€€ Kirchenallee 55 (St. Georg), Telefon 040 88167155, Mo-So 11.30–22.30 Uhr, EC-Karte, VISA, Mastercard, Amex; Hamburg alle Bahnlinien; saravanaabhavan.de

Ta Vegan House

Neues Highlight in Altona

Eine Schönheit ist die Neue Große Bergstraße in Altona zweifelsfrei nicht. Das gesamte Ausmaß wird uns aber erst vollumfänglich bewusst, als wir auf der Terrasse des vor wenigen Tagen neu eröffneten Ta Vegan House Platz nehmen. Terrasse und Fassade sind so modern, dezent und clean gestaltet, dass man es allzu leicht übersehen könnte zwischen all den rot-gelb-blau brüllenden Schaufenstern. Das Ta Vegan House ist definitiv das Schönste, was dieser Straße seit Langem zuteil wurde. Das Interieur ist mit schlichter Eleganz und besonderen Details gestaltet. Kunstvoll gestaltetes Holz, warmes Licht und viele Pflanzen sorgen für eine angenehm ruhige Atmosphäre. Nicht nur das Team hat sich hier innerhalb kürzester Zeit eingespielt, auch Getränke und Speisen werden ruck, zuck vor uns platziert. Der von uns als Aperetivo angedachte Cocktail (Mui Ne Sunrise, 8,90 Euro) mit Himbeeren, Maracuja- und Limettensaft, Chili und Wodka erweist sich in seiner Konsistenz eher als Smoothie, passt aber herrlich erfrischend zu den vietnamesischen Tapas. Teilen versteht sich hier von selbst, und mit vier Superbowls (4,70 Euro pro Bowl) ist man zu zweit erst mal gut beraten. Die Reispapierrollen wählen wir einmal als frische Variante mit einem köstlichen Hoisin-Erdnussdip, ein weiteres Mal als goldgebackene Rollen mit einer süßlich-pikanten Chilisoße. Der Mangosalat mit gerösteten Erdnüssen erhält durch Lotus und Sesam eine besondere Note, unser Highlight aber sind die knusprig gebackenen Tofuspieße mit Saté-Erdnusssoße. Wer danach noch hungrig ist, probiert sich einfach weiter durch die Superbowls oder wählt eine der Big Five (12,50 Euro), zu denen Reisbandnudelsuppen oder eine Udon-Bowl mit Rice Flakes gehören. Wie alles im TA Vegan House ist auch die Weinkarte sorgfältig ausgewählt. Mit einem Glas Blanc de Noir (0,2 l, 7 Euro), der Abenddämmerung und der Freude über diese Neueröffnung wird auch der Blick auf die Neue Große Bergstraße zunehmend angenehmer. JFK

AMBIENTE ●●●●● SERVICE ●●●●●
KÜCHE ●●●●● PREIS-LEISTUNG ●●●●●

NEU! €€€ Neue Große Bergstraße 11 (Altona), Telefon 0152 23335273, Mo-So 11.30–22 Uhr, EC-Karte, VISA, Mastercard, Amex; Altona S1, S3, S31; taveganhouse.com

The Vegan Eagle

Von wegen alles nur Salat!

Was wir in Langenhorn nicht erwarten, ist das – zumindest für uns – wahrscheinlich beste vegane Restaurant Hamburgs. In dem Einfamilienhaus in einer kleinen Seitenstraße ist es am Samstagabend brechend voll. Wir fühlen uns sofort wohl. The Vegan Eagle ist nicht perfekt gestylt wie die vielen neuen veganen Asiaten in Winterhude oder Eimsbüttel. An den rustikalen Holztischen sitzen hier große Familien, Pärchen und Rentnergruppen. Keine Hipster in Sicht. Die Bedienung ist etwas unorganisiert, dabei aber freundlich und gut gelaunt. Als das Essen serviert wird, fragen wir uns, wieso wir hier nicht schon viel öfter essen waren. Wir teilen uns die Eagle Mezzedes als Vorspeise (9,80 Euro) mit Spinat-Nuss-Röllchen, Baba Ganoush und Paprika-Walnuss-Paste, besonders das „VEagle Pita Brot“ hat es uns angetan. Der „VEagle Chili Burger“ (18,20 Euro) ist mit zwei Händen nicht zu bezwingen, da müssen Gabel und Messer ran. Wir können verstehen, dass die Küche das Rezept der Burger-Soße geheim hält. Sie haut uns echt vom Hocker, genau wie der cremige Coleslaw. Der Akropolis-Teller (16,10 Euro) mit Austernpilzen im Gyros-Style, Tomatenreis und Bauernsalat kann mithalten. Das Pilz-Gyros ist kräftig gewürzt und passt gut zum Tsatsiki. Erstaunlich, dass das am Ende noch getoppt werden kann, oder? Das schafft tatsächlich der „Mighty Mighty Dark Chocolate Peanutbutter Brownie“ (7,20 Euro). Und den gibt es auch noch im Glas zum Mitnehmen für zu Hause. Was wollen wir mehr? LH

AMBIENTE ●●●●● SERVICE ●●●●○
KÜCHE ●●●●● PREIS-LEISTUNG ●●●●○

€€€ Wischhöfen 4 (Langenhorn), Telefon 040 28478767, Mi-So 17–21 Uhr, EC-Karte, VISA, Mastercard; Langenhorn Markt U1; theveganeagle.com

Weidenkantine

Wie zu Hause, nur besser

In der Eimsbütteler Weidenkantine herrscht eine gute Energie. Das Personal ist tiefenentspannt, strahlt Freude und Professionalität aus, und das bunte Farbkonzept hebt die Stimmung. Für unsere zwei Kinderwagen schafft der Service easy Platz in den verwinkelten Räumlichkeiten. Leider ist es für die Terrasse im Innenhof zu kühl. Dort wird uns die hausgemachte Ingwer-Zitronen-Minz-

Im The Vegan Eagle in Langenhorn ist gesund gleich lecker

FOTO: THE VEGAN EAGLE

Zora Klipp ist die Freude beim Auftischen in ihrer Weidenkantine anzusehen

Limo (3,50 Euro) an schönen Sommertagen sicher noch besser schmecken. Fernsehköchin und Kochbuchautorin Zora Klipp ist heute nicht vor Ort, aber ihre Schwester Ronja, mit der sie die Weidenkantine gemeinsam führt, hält die Stellung. Köchin Johanna lächelt freundlich vom Küchenpass an der Durchreiche rüber und zaubert uns zwei leckere Teller: Es gibt Kartoffel-Gemüsepfanne mit frischen Tomaten, Feta und Kräuterschmand (10,50 Euro) und Pasta mit Haselnuss-Limetten-Pesto (10,50 Euro). Die Gerichte hätten wir heute zu Hause wohl ähnlich zubereitet – aber eben nur so ähnlich; hier schmeckt's noch eine Prise besser. Daheim hätte es außerdem nicht die Latte-Art im Cappuccino (2,90 Euro) und erst recht keinen frisch gebackenen Mohn-Zitronenkuchen (2,70 Euro) und fluffige Hefeschnecken mit Blaubeere und Zimt (2,80 Euro) gegeben. Die müssen wir nachbacken! Das Rezept gibt's zum Glück in einem von Zoras Kochbüchern, die neben ein paar weiteren Kleinigkeiten in der Galerie im Durchgang zur Mitnahme bereitstehen. Vielleicht gelingt uns damit ja in Zukunft auch der Extra-Sparkle beim Kochen zu Hause. LL

AMBIENTE ●●●●● SERVICE ●●●●●
KÜCHE ●●●●● PREIS-LEISTUNG ●●●●○

€€ Weidenallee 61 (Eimsbüttel), Telefon 04071628805, Di-Fr 12–17, Sa-So 10–17 Uhr, EC-Karte; Christuskirche U2; weidenkantine.de

FOTOS: MARC SILL

KURZ GEBRATEN

Azeitona

Berühmt ist das Azeitona für seine Falafel-Sandwiches. Es lohnt sich allerdings unbedingt, auch alles andere auf der Karte zu probieren. Die im Vollkorn-Ei-Mantel frittierten Brokkoli-Rosen zum Beispiel. Oder die Okra-Tomatensuppe. Oder wie wär's mit Dattel-Mandel-Empanadas mit Zimt? Klingt gut? Ist verdammt gut!

€ Osterstraße 172 (Eimsbüttel), Telefon 040 53277020, So, Mo-Fr 12–23, Sa 12–24 Uhr, nur Barzahlung; Osterstraße U2; azeitona.de

Café Koppel

St. Georg liebt sein Café Koppel. Das gemütliche Hinterhoflokal serviert der Nachbarschaft selbst gebackenen Kuchen und vegetarische Gerichte auf zwei Ebenen – und das seit mehr als 30 Jahren. Das idyllische Fleckchen mit der Gartenterrasse ist aber nicht nur ein kulinarischer Treffpunkt, sondern auch soziokultureller Raum. In den anliegenden Werkstätten entsteht Kunst, es gibt Live-Konzerte, Lesungen oder das beliebte Jazz-Frühstück.

€ Lange Reihe 75 (St. Georg), Telefon 040 249235, Mo 12–18, Mi-Fr 12–18, Sa-So 10–18 Uhr, EC-Karte; Gurlittstraße Bus 6, Bus 17; cafekoppel.de

Froindlichst

Veganes Soulfood vom Feinsten: Ob Pizza, Burrito, Burger, Gyros oder Chicken-Nuggets – hier gibt's die veganen Ebenbilder aller Fast-Food-Lieblinge. Ab acht Personen heißt es: All you can eat! Gäste können die Karte rauf und runter bestellen, denn die Gerichte werden dann als kleine Happen serviert – bis keiner mehr kann.

€€ Barmbeker Straße 169 (Winterhude), Telefon 040 18135154, Mo-So 12–22 Uhr, EC-Karte, VISA, Mastercard; Sierichstraße U3; froindlichst.com

Happenpappen

Die Plant-based-Burger sind die Stars der Speisekarte. Wem das zu mächtig ist, der bestellt eines der wechselnden warmen Gerichte oder kommt auf ein Stück Kuchen rum, der nicht nur vegan, sondern häufig auch glutenfrei ist. Am Wochenende sind Langschläfer willkommen, denn Frühstück gibt es den ganzen Tag.

€ Feldstraße 36 (St. Pauli), Di-Fr 12–17, Sa-So 11–17 Uhr, EC-Karte, VISA, Mastercard; U Feldstraße Bus 3, Bus 17; happenpappen.de

Lily of the Valley

Das Lily of the Valley platzt aus allen Nähten, denn der Laden ist winzig – das Essen dafür ganz groß. Das hat sich das herumgesprochen, weshalb sich fast täglich eine Schlange vor dem kleinen Restaurant bildet. Das Warten lohnt sich aber. Für die „Italian Bolo", den einzigen festen Bestandteil der Karte, genauso wie für die drei wöchentlich wechselnden Gerichte.

€ Bahrenfelder Straße 212 (Ottensen), Telefon 040 30603060, Mo-Fr 12–16, Sa-So 10–16 Uhr, EC-Karte; Friedensallee Bus 2, Bus 16, Bus 37; lily-hamburg.de

Nasch

Im alternativen Gängeviertel in der Neustadt hebt sich dieser gemütliche Lunchspot durch Wärme und Charakter von den umliegenden Franchise-Ketten und Bowlfood-Bars ab. Das Publikum ist genauso bunt gemischt wie die hausgemachte Pflanzenküche. Unter der Woche gibt's wechselnde Tagesgerichte und am Wochenende entspanntes „Spätstück".

€ Caffamacherreihe 49 (Neustadt), Telefon 040 35581185, Mo-So 9.30–18 Uhr, EC-Karte, VISA; Gänsemarkt (Oper) U2; nasch.de

Tassajara

Die pflanzenbasierte Küche ist hier nicht Trend, sondern Tradition. Denn das Tassajara bekocht Eppendorf seit 45 Jahren mit vegetarischen und veganen Speisen. Die Karte bietet ausgefallenes Gourmetfood: Seitan in Rotweinsoße, Tofu in Sake oder hausgemachtes Honig-Eis in Yogi-Eistee lassen Veggie-Herzen höher schlagen.

€€ Eppendorfer Landstraße 4 (Eppendorf), Telefon 040 483801, Mo-Sa 11.30–22 Uhr, nur Barzahlung; Eppendorfer Baum U3; tassajara.de

Vistro

Pizza wie in Italien, aber vegan? Das geht! Im Vistro werden die Pizza Möchtegernsalami oder die Pizza Dreikäsehoch mit pflanzenbasiertem Cheddar und Nusscreme dünn und perfekt knusprig gebacken. Pasta gibt's auch – sogar glutenfrei. Wer noch mehr für den eigenen ökologischen Fußabdruck tun will, kommt unter der Woche zum Mittagstisch aus geretteten Lebensmitteln.

€ Bramfelder Chaussee 265 (Bramfeld), Telefon 040 64217030, Mi-So 17–22 Uhr, nur Barzahlung; Bramfelder Dorfplatz Bus 8, Bus 17, Bus 173; vistro-hamburg.de

Im Lily of the Valley gibt es leckere Bolo und regelmäßig wechselnde Gerichte

Süße Versuchung: In der Elma Speisekneipe grüßt der Matcha-Cake frische Erdbeeren, Estragon und Kaktusfeige

Szene-Läden

Nun aber ab in den Hipster-Himmel! Denn auch verdammt coole Leute haben mal Hunger und Durst. Da muss das Ambiente dann natürlich auch rocken, das versteht sich

Barefood Deli

Das war schon mal besser

Vermutlich haben wir nicht den besten Abend erwischt, um das helle, atmosphärisch eigentlich so angenehme Barefood Deli zu besuchen. Zwei größere Gruppen sorgen dafür, dass zum einen die überschaubare Anzahl an Servicekräften gebunden ist und zum anderen die Schwäche der Raumakustik offenbart wird: Es ist echt laut. Gern hätten wir die Speisekarte bei einem Aperitif studiert, aber bis zum Servieren der Getränke haben wir uns schon längst entschieden. Was uns überrascht, ist die geringe Anzahl vegetarischer Gerichte auf der Karte – irgendwie nicht zeitgemäß. Mit dem Leeren unserer Getränke – ein etwas Aperol-lastiger Aperol Spritz für 8 Euro, ein wirklich guter Barefood Negroni für 9 Euro und fruchtige Maracuja-Minze Limonade (0,45 l 5,50 Euro) sowie ein Liter Barewater (5,80 Euro) – erreichen die Vorspeisen den Tisch: eine leckere Pizza Margherita Classico (10,50 Euro) mit fluffigem, nicht zu dickem Teig, leider ein wenig matschig von etwas zu viel Soße. Und die „DIY Guacamole“: In einem Mörser finden sich Zwiebel- und Tomatenstücke, frischer Koriander sowie Avocadowürfel. Daneben etwas Crème fraîche sowie Salz und Gewürze. Die leckere Vorspeise steht und fällt mit dem Reifegrad der Frucht – unsere Avocadostücke könnten auch als Schrotkugeln verwendet werden. Für mehr Wumms versuchen wir, die Masse im Stehen zu zerkleinern und kapitulieren nach zehn Minuten. Cutting a long story short: Mit einer weichen Avocado wäre es prima, aber bitte die Zwiebelwürfel auch daneben servieren. Der nette Service nimmt das unreife Avocadogemisch mit und bringt uns ein neues Set – leider mit immer noch viel zu viel Zwiebelwürfeln. Der Classic Beef Burger (18,80 Euro) mit Skin-on-Fries und Sour Cream als Hauptgericht ist unaufregend lecker. Mein Tempura de pollo (19,50 Euro), welches feurig sein sollte, sind wenig feurige, leicht nach Curry schmeckende Hähnchenstreifen auf „grüner Explosion“ (einem Blattsalat mit Cocktailtomaten). Bei den Zucchini-Spaghetti al limone (16 Euro) hatten wir darum gebeten, Chili wegzulassen – keine gute Idee, das Gericht schmeckt dadurch nach gar nichts. Alles in allem fühlen wir uns leider nicht so wohl wie bei den letzten Besuchen, sondern eher wie in einem Wartesaal. Ja, der Service ist wirklich nett – wenn er denn am Tisch vorbeischaut. Für Pizza und Burger okay, aber mehr leider nicht. Wir bezahlen und haben das Gefühl, dass dieser Abend leider zu teuer war für das, was wir bekommen haben. Schade. KN

AMBIENTE ●●●●○ SERVICE ●●●○○
KÜCHE ●●●○○ PREIS-LEISTUNG ●●●○○

€€€ Lilienstraße 5-9 (Altstadt), Telefon 040 36930540, Di–Do 12–21.30, Fr–Sa 12–22.30 Uhr, EC-Karte, VISA, Mastercard, Amex; Hauptbahnhof alle Bahnlinien; barefooddeli.de

♿ 🪑 🐾

Berta Emil Richard Schneider

Frisch, fein und fancy

Das kann das Restaurant im Schanzenviertel auf den ersten Blick: Atmosphäre. Fancy Einrichtung, dunkle Wände, chillige Musik – und viel Kerzenlicht. Alles ein bisschen auf lässig getrimmt, wie die zusammengetackerte Speisekarte und die bauchigen Wassergläser für Wein – eben Schanzen-Style. Als Vorspeise gibt es Hack Joe (11 Euro), ein fein zubereitetes, zartes Tatar, hervorragend abgerundet durch die leichte Schärfe einer Senfsoße und den Geschmack von Meerrettich. Dazu wird fluffiges Sauerteigbrot gereicht. Geschmacklich vielseitig ist das Kampstraßen-Melanzani (9 Euro): ein Auberginen-Caponata mit Weinbeeren, Nüssen und Burrata. Die Mousse ist sehr gut gewürzt, wobei der Auberginen-Eigengeschmack hervorgehoben wird. Dazu passt die cremige Konsistenz des Burrata, der lecker ist, allerdings nicht, wie er sein sollte, innen flüssig. Die Kombination mit der teils starken Süße der Früchte trifft nicht unseren Geschmack. Weiter geht es mit einem Steaksandwich (22 Euro): Rinderrücken, Zwiebelmarmelade, Bergkäse, Grünzeug – einfache, aber hochwertige Zutaten, die sehr gut zubereitet sind. Das Steak ist saftig-zart und auf den Punkt medium. Mit den geschmorten, aber immer noch knackigen Zwiebeln und dem würzigen, perfekt zerlaufenen Käse ist das Sandwich eindeutig: Wow! Nicht ganz so eindeutig ist unsere Meinung zum gebratenen Skreifilet (24 Euro). Das Filet ist sehr zart, aber geschmacklich etwas langweilig. Dazu wird geschmorter Porree gereicht, der zwar einen kräftigen Eigengeschmack hat, aber als einzige Beilage dem Gericht keinen Schwung verleiht. Da helfen auch nicht die dekorativen Röstkartoffeln. Die Krustentiermayo ist leider mit dem Sud vermischt und die angekündigten Kapern nicht auffindbar. Dennoch: Die Qualität der Produkte ist schmeckbar hochwertig und jedes für sich fein zubereitet. Am Ende gibt's noch einen Haselnussschnaps aufs Haus. HED

AMBIENTE ●●●●○ SERVICE ●●●●○
KÜCHE ●●●●○ PREIS-LEISTUNG ●●●●○

€€€€ Kampstraße 25-27 (Sternschanze), Telefon 040 20956295, Di-Do 17–24, Fr 17–1, Sa 9–1, So 10–17 Uhr, EC-Karte, VISA, Mastercard; Feldstraße U3; berta-emil-richard-schneider.de

🪑 ☀

VIP-TESTERIN
Eliane Neubert

Bistrot Vienna

Bitte noch mal 40 Jahre!

Irgendwie war das Vienna schon immer da, so selbstverständlich gehen Gäste hier seit mehr als 40 Jahren ein und aus. Neu ist, dass man auch reservieren kann. So komme ich ganz ohne schweißnasse Hände und die Angst, keinen Platz zu ergattern, in der Schanze an. Wir dürfen sogar an

FOTO: JULIA SCHUMACHER

Das Cotidiano punktet mit dem Charme eines stylishen Lofts

meinen Lieblingstisch am Fenster direkt neben dem Tresen. Bei einem Crémant Rosé aus dem Hause Bouvet-Ladoubay (8 Euro) und einem kühlen Pinkus (3,5 Euro) werfen wir einen Blick in die „deutschfranzösteritalienische“ Karte. Der Laden füllt sich langsam. Vor dem Fenster flaniert das Leben durch den lauen Hamburger Frühsommerabend. Allora – wir starten in Italien: knuspriger Brotsalat, reife Tomaten und ganz pur gebratene zarte Calamaretti, flankiert von cremiger Avocado und scharfwürziger Rauke (12,5 Euro). Außerdem ein zartes Vitello tonnato mit würziger Thunfischcreme und frittierten Kapern (11,5 Euro). Im Zwischengang teilen uns eine provenzalische Fischsuppe im Zwischengang, die die Küche ganz selbstverständlich auf zwei Schüsseln verteilt. Merci dafür! Die Brühe ist dunkel, dicht und würzig, der Fisch darin zerfällt saftig im Mund. Die cremige Rouille hat ordentlich Bums mit Safran und Knoblauch (8,50 Euro). Der Hauptgang ist für mich, die sich nie entscheiden kann, die Rettung. Denn er ist quasi einmal alles: In einer seidigen Sahnesoße baden ein paar Tortellini, obenauf sitzt ein knusprig auf der Haut gebratenes Stück Forelle und knusprig ausgebackener weißer Spargel (21 Euro). Meine Begleitung isst Krautwickel mit extrem gut abgeschmeckter würziger Hackfüllung auf buttrigem Kartoffelstampf. Umgeben von klassischer Rahmsoße, in die man am liebsten eintauchen möchte, getoppt von krossen Röstzwiebeln (17,5 Euro). Die offenen Weine dazu sind so klassisch wie gut: Riesling und Grüner Veltliner (0,2 l 5,50 bzw. 5 Euro). Doch auch ein Blick in die Weinkarte lohnt. Auch, wenn ich mich kaum noch rühren kann, möchte ich nicht ohne Dessert gehen. Gut, dass wir uns für das Zitronensorbet entscheiden. Es lässt uns mit seiner eiskalten Säure und dem im Schnapsglas dazu servierten Wodka ruck, zuck wieder gerade sitzen (8,50 Euro). Hoffentlich gibt's das Vienna noch mal 40 Jahre!

AMBIENTE ●●●●● SERVICE ●●●●●
KÜCHE ●●●●○ PREIS-LEISTUNG ●●●●●

€€€ Fettstraße 2 (Eimsbüttel), Telefon 040 4399182, Di-So 17.30–2 Uhr, EC-Karte; Christuskirche U2, Sternschanze S11, S21; vienna-hamburg.de

Coco Riviera

Chillen mit der Schickeria

Gucci, Scampi, Veuve Clicquot: Logo, dass sich Pommes in solch mondäner Gesellschaft nicht ohne Trüffel auf den Tisch trauen. Die veredelten (super leckeren) Fritten sind noch das Bodenständigste, was das Coco Riviera zu bieten hat. Die reine Outdoor-Gastro auf dem Alstersteg gegenüber vom Hotel Atlantic hat das Zeug zu Hamburgs neuem City-Hotspot. Den Nachfolger vom Amora hat die Betreiber-Crew um Tim Becker (Thomas Read, Stadtpark-Biergarten) mit Kalkül auf flüssiges Publikum konzipiert. Der Billigheimer der Bistro-Karte ist die Currywurst (mit Luxus-Pommes) für 14,50 Euro. Surf and Turf gibt's für 42,50 Euro, Longdrinks ab 11 Euro, die Buddel Schampus für 95 Euro. Chillen und betütern lässt es sich auf Loungemöbeln mit Wasser-Panorama der Extraklasse. Ab und an macht ein Dampfer fest – der Laufsteg der Schickeria ist Haltestelle der Alster-Touristik. Fürs viele Geld bekommen die Gäste außer exklusivem Ambiente kulinarische Qualität weit über der in vielen Ausflugslokalen mäßigen Küchenleistung. Die Scampi-Pfanne (19,50 Euro) ist 'ne Wucht, die Weinauswahl (mit eigenen Abfüllungen) klasse. Der Milchreis und die belgischen Waffeln (9,50 Euro) sind für unsere Jungs ab sofort das Nonplusultra. Was fehlt, ist ein veganes Angebot. MO

AMBIENTE ●●●●○ SERVICE ●●●○○
KÜCHE ●●●●○ PREIS-LEISTUNG ●●●●○

NEU! €€€ An der Alster 72 (St. Georg), So-Do 12–21, Fr-Sa 12–24 Uhr, EC-Karte, VISA, Mastercard; Gurlittstraße Bus 6, Bus 17; coco-riviera.com

Cotidiano

Heute Abend Frühstück?

In direkter Rathausnähe findet sich in den massiven Gemäuern des Alten Wall der erste Ableger des Cotidiano in Hamburg. Beim Betreten des Restaurants fällt sofort der Bruch mit der historischen Innenstadtarchitektur auf: Loft-Charme trifft hier auf urbanes Interior-Design. Trotz gängiger Dinner-Zeit sind meine Begleitung und ich fast die einzigen Gäste. Die Besonderheit vom Cotidiano wird mit Blick in die Speisekarte deutlich: Frühstück und Brunch werden hier ganztägig angeboten. Wir entscheiden uns für das „Sharing Delight“, eine bunte Vorspeisenplatte mit Serrano-Schinken, Grana Padano, Grillgemüse, Oliven, Hummus, Baguette und Salat (9,90 Euro). Als Hauptspeise ordere ich den „Surf & Turf Burger“ mit Rinderstreifen, Garnelen, Bacon, verschiedenen Salat-Komponenten und Koriander-Sesam-Soße (13,90 Euro). Meine Begleitung bestellt den „Juicy Beef Burger“, ebenfalls mit Rinderstreifen, Bacon, Bratenjus und Salatgarnitur (12,90 Euro). Dazu gibt es jeweils Drillingskartoffeln mit einem Dip (3,90 Euro). Im Gegensatz zu der leckeren, liebevoll angerichteten Vorspeise fallen die Burger etwas ab. Sowohl den leicht trockenen Rinderstreifen als auch den Garnelen fehlt es an Geschmack. Doch die Soßen beider Burger sowie die knackigen Drillingskartoffeln und der geschmackvolle Beilagensalat punkten wieder richtig. Wir runden das Menü mit fruchtigem Grauburgunder (0,5 l 16,90 Euro) ab. Highlight des Abends ist für uns allerdings der „Pancake Tower“ mit hausgemachter Schokosoße, Obstsalat und einer Kugel Eis (16,90 Euro) als Nachspeise. HL

AMBIENTE ●●●○○ SERVICE ●●●○○
KÜCHE ●●●○○ PREIS-LEISTUNG ●●●●○

NEU! €€ Alter Wall 22 (Altstadt), Telefon 040 55007791, Mo-So 8–23 Uhr, EC-Karte, VISA, Mastercard, Amex; Rathaus U3; cotidiano.de

Filmhauskneipe

Einfach sympathisch

Simple, saisonale Kneipenküche unter einer vergoldeten Decke? Die Filmhauskneipe in Ottensen bekommt diesen Spagat charmant hin. Hier gibt es bereits seit mehr als 40 Jahren einfaches Essen in gemütlicher Atmosphäre. Wir probieren die lecker-würzige Fischsuppe mit Aioli (9,20 Euro) und einen unaufgeregten Burrata-Salat auf Rote-

FOTO: SOFIE LATOUR

VIP TESTERIN

Elli Neubert

Rezepte & Foodstyling, elliKOCHT

getestet: Bistrot Vienna, Elma Speisekneipe, Bistro Carmagnole (Frankreich), 100/200 Kitchen (Sterneküche), Poletto (Gourmet)

Lieblingsrestaurant Am liebsten essen wir bei Sebastian im Restaurant Wolfs Junge. Das ist bei uns ums Eck und hat nicht nur am Abend, sondern auch zum Lunch etwas zu bieten. Nirgends passiert es mir häufiger, dass ich mich mit dem ersten Bissen im Mund zurücklehne, die Augen schließe und vor Glück seufze. Sascha sucht uns zum Essen die besten Weine aus, und Macarena empfängt uns mit einem Lächeln, das sogar durch die Maske strahlt. Super wichtig für uns: Im Sommer kann man gut draußen sitzen.

Lieblingsbar Eine Lieblingsbar habe ich nicht. Meist nehme ich nach dem Essen einen Absacker im Restaurant. Den besten Drink habe ich letztens im Witwenball getrunken: eine klassische Margarita.

Besondere Anlässe feiere ich am liebsten ... zu Hause. Das ist privater, und unsere Tochter kann ins Bett fallen, wenn sie müde ist.

Essen gehen ist für mich ... eine Möglichkeit, den Stress des Alltags für einen Moment hinter mir zu lassen. Ich tauche komplett ein in eine andere Welt. Das ist wie ein Kurzurlaub. Gleichzeitig hole ich mir so Inspiration für neue Rezeptideen.

Ein Leben ohne Gastro wäre ... keins.

Zum Frühstücken gehe ich gern in ... Ich frühstücke nicht gern außer Haus, da es mir meist zu wuselig ist und die Backwaren oft nicht schmecken. Eine wohltuende Ausnahme ist das Neni im 25hours Hotel in der HafenCity mit dem für mich besten Frühstück der Stadt. Ein gekühlter Crémant steht dort übrigens auch immer am Büfett.

Ein Tipp für Kaffee, Kuchen, Cupcakes? Die besten Backwaren und richtig, richtig guten Kaffee gibt's bei Fabio Haebel in der baegeri. Im Cupcake-Keks-Torten-Himmel landet man bei Ilka im genascht.

Bete-Carpaccio (13,50 Euro). Laut Kellner sind das „eher Vorspeisen“ – die Portionen sind jedoch so üppig, dass wir bereits nach dem ersten Gang fast satt sind. Deshalb haben wir beim Hauptgericht zu kämpfen: Wir teilen uns Roastbeef mit Remoulade, Bratkartoffeln und Salat (19,50 Euro) sowie Penne mit Lachs und Spinat (15,90 Euro). Das Urteil: nicht herausragend, aber lecker. Das Essen spielt in der Filmhauskneipe sowieso eine Nebenrolle. Im Konferenzraum der ehemaligen Schiffsschraubenfabrik von Karl Theodor Zeise steht die familiäre Atmosphäre im Vordergrund. Jung und Alt kommen hier zusammen, um bei ein paar Bier (0,3 l ab 3,60 Euro) oder verschiedensten Weinen (0,1 l ab 2,60 Euro) entspannt zu schnacken. Für Gruppen hält der Hauptraum große Tische parat. Besonders schön: Im Sommer finden bis zu 80 Gäste auf der großen Terrasse im Hof zu den Zeisehallen zwischen Backsteinmauern und Industrieflair Platz. ABA

AMBIENTE ●●●●○ SERVICE ●●●○○
KÜCHE ●●○○○ PREIS-LEISTUNG ●●○○○

€€ Friedensallee 7 (Ottensen), Telefon 040 39908025, Mo-So 10-1 Uhr, EC-Karte; Bahrenfeld S1, S11; filmhauskneipe.de

Fritzis

Glücklich mit den Klassikern

Schon von außen ist das Fritzis auf St. Pauli ein Blickfang. Die Fassade mit den kleinen Kacheln, den großen Fenstern und dem beherzten Leuchtschild wirkt gleich einladend, hier, nur einen Steinwurf von der Reeperbahn entfernt. Drinnen empfangen uns lächelnde Gesichter, Indie-Pop plätschert aus den Lautsprechern, die gemütliche Beleuchtung tut ihr Übriges – wir fühlen uns wohl. Zwischen der bunten Theke und petrolfarbenen Wänden nehmen wir auf alten Stühlen vorweg hausgemachte Focaccia ein – fühlt sich an wie Brioche und kommt mit feiner Erbsen-Minz-Creme. Teilen ist im Fritzis ausdrücklich erwünscht, es gibt weder Vor- noch Hauptspeisen, sondern ordentlich portionierte Zwischengrößen. Also nehmen wir zu zweit drei Gerichte und fahren gut damit. Die zeitgemäße Interpretation von solchen Bistro-Klassikern wie Fischsuppe hat sich der französische Koch Clement auf die Fahnen geschrieben. Zum guten Grauburgunder gibt's für uns den Ratatouilleturm mit Kürbispesto (12,50 Euro) und gebeizten rohen Lachs mit knackigem Fenchelsalat (16,50 Euro). Der Kracher ist allerdings das herrlich cremige Schwarzkohlrisotto mit Shiitake-Pilzen und Parmesanschaum. Der Abend endet mit süß-sauren Crêpes Suzette (flambiert mit Orangenlikör). Unser Glück ist perfekt und sogar noch erweiterbar: wochentags auf den Mittagstisch und am Wochenende auf das Frühstück. JP

AMBIENTE ●●●●● SERVICE ●●●●●
KÜCHE ●●●●○ PREIS-LEISTUNG ●●●●●

€€€ Kleine Freiheit 1 (St. Pauli), Telefon 0159 06817094, Mo-Di 12-14.30, Mi-Fr 12-14.30, 18-24, Sa 18-24 Uhr, EC-Karte; Reeperbahn alle Bahnlinien; fritzishamburg.de

Gloria

Leger, lässig, lecker!

Sonntag ist Pizzatag! Zumindest in der Gloria Cafébar in Eimsbüttel. Dann gibt es hier jede Pizza für 8,90 Euro. Und die ist super lecker. Der dünne Teig ist kross und saftig zugleich, die Tomatensoße angenehm fruchtig und der Käse, an dem beim Belegen nicht gespart wurde, herrlich cremig und goldbraun gebacken. Ich bestelle die Pizza Funghi, und meine Begleitung entscheidet sich – aus Mangel an veganen Optionen – für die Pizza Lola mit Gouda, Spinat und Gorgonzola. Extrapunkte gibt es für den Pizzaschneider, der uns ohne Nachfrage zusätzlich zu Messer und Gabel angeboten wird. Während wir unsere Pizzen schneiden, betrachten wir das Ambiente: Der weiß-grüne Hamburger Fliesenspiegel ziert die große Wand des hinteren Raumes, runde Retro-Stofflampen hängen von der Decke und die integrierte Bar könnte glatt aus der Bauhaus-Zeit entsprungen sein. Apropos Bar: Im Gloria gibt es jede Menge Drinks. Gut gesättigt drücken wir unsere Rücken in die schwarze Polsterbank, lauschen der Musik und schauen der Sonne beim Untergehen zu. Im Außenbereich des Lokals spiegelt sich das Leuchten der bunten Lichterkette in den dunklen Holzbänken. JZ

AMBIENTE ●●●●○ SERVICE ●●●●●
KÜCHE ●●●●○ PREIS-LEISTUNG ●●●●●

€ Bellealliancestraße 31-33 (Eimsbüttel), Telefon 040 43290464, Mo 17-23, Di-Do 17-24, Fr-Sa 17-2, So 17-23 Uhr, EC-Karte; Christuskirche U2; gloriabar.de

Herzstück

Ins Herz getroffen

Wer auch immer sich diesen Namen ausgedacht hat – er muss einen Geistesblitz gehabt haben. Denn das Herzstück liegt tatsächlich mitten im Herzen von Eimsbüttel, ausgerechnet an der Kreuzung der beiden „Pulsadern“ Osterstraße und Eppendorfer Weg. Hinter den hellen Glasfronten, die viel Licht ins Innere lassen, sitzt man gemütlich und kann den Tag vom Frühstück über den Mittag bis zum Abend an sich vorbeiziehen lassen. Wir kommen zum Abendessen und wählen aus einer Karte, die überwiegend Klassiker bereit-

FOTO: ANDREA THODE

hält. Die gebackenen Linsenbällchen mit Rote-Bete-Hummus (11,50 Euro) sind herzhaft und knusprig, der cremige Ziegenkäse (13,50 Euro) doppelt sich leider mit einer zu großen Menge Crème fraîche, und der eingelegte Hokkaido-Kürbis ist für seinen rohen Zustand zu dick geschnitten. Viel besser sind das cremige Parmesanrisotto mit Schwarzwurzeln und einem Wolfsbarschfilet (26,50 Euro) sowie die Königsberger Klopse mit Rote-Bete-Kartoffelpüree und Kohlrabi (19,50 Euro). Auch zum Abschluss setzt die Küche auf echte Bestseller: warmes Apfel-Crumble (9,50 Euro) und Crème brûlée (10,50 Euro) von karamellisierter weißer Schokolade. Beide sind sehr gut und treffen den Geschmack der meisten Gäste ganz sicher – mitten ins Herz. BC

AMBIENTE ●●●●○ SERVICE ●●●●●
KÜCHE ●●●●○ PREIS-LEISTUNG ●●●●○

€€€ Osterstraße 10-13 (Eimsbüttel), Telefon 040 4917355, Mo 9–17, Di-Sa 9–23, So 9–17 Uhr, EC-Karte, VISA, Mastercard; Schulweg Bus 4; waswirwirklichlieben.de/herzstueck

Hidden Kitchen

Kein Geheimtipp mehr

Nur einmal ums Eck ist sie gezogen – jetzt findet man die Hidden Kitchen in gar nicht mehr so versteckter, sondern im Gegenteil recht prominenter Lage in den Räumen des einstigen Stankt Pauli Museums in der Davidstraße. Aber nicht mehr historische Fotografien und Hamburgensien werden hier nun ausgestellt, sondern großformatige Artworks, die Galerie-ähnlich regelmäßig wechseln sollen. Der große Gastraum bietet auf verschiedenen Ebenen kleinere und größere Tische, auch eine Art Separee für Gruppen ist vorhanden – am interessantesten sind aber natürlich die Plätze am Fenster, von denen aus das Treiben auf der mindestens drittbekanntesten Straße Hamburgs beobachtet werden kann. Von der ehemaligen Hidden Kitchen ist nicht nur der Name, sondern auch das Konzept geblieben, überwiegend vegetarische und vegane Gerichte anzubieten und dabei auf Saison und Regionalität zu achten. Leider kommt das vegane Tatar (10,90 Euro), bestehend aus Aubergine, Kichererbsen, Roter Bete und Kapern eiskalt und dadurch auch recht fad auf den Teller. Aber es gibt ja noch die „Kleinen Köstlichkeiten": Aus zwölf kleinen Gerichten lässt sich eine Vorspeisenvariation zusammenstellen (drei Stück 10,50 Euro, fünf Stück 16,50 Euro), allesamt mit illustren Namen wie „Ach du dickes Ei", „Bier und Bälle" oder „Noch ganz knusper". Am besten kommen hier die Filoteigröllchen mit Gemüsefüllung weg, aber auch die als „Bordsteinschwalbe" betitelten Hähnchenspießchen in Teriyaki-Marinade und die Ravioli mit Spinat-Feta-Füllung sind ein guter Start. Im Nachhinein hätten wir uns mehr davon gewünscht, denn die Hauptgänge können beide nicht so recht überzeugen. Der Pulled Beef Burger (8,90 Euro) hätte mehr Zuwendung vertragen, sowohl beim Würzen als auch beim Anrichten. Und die Füllung im „Orientalischen Blumenkohlstrudel" (12,90 Euro) schmeckt verdächtig nach Sauerkraut. Zum Schluss geht aber noch ein großes Lob an den Servicemenschen raus, der den Laden an diesem Abend allein trotz voll besetztem Haus und ungeduldiger Touristen überaus souverän geschmissen hat! JFK

AMBIENTE ●●●○○ SERVICE ●●●●○
KÜCHE ●●●○○ PREIS-LEISTUNG ●●●○○

€€€ Friedrichstraße 3 (St. Pauli), Telefon 040 30927512, Di-So 17–23 Uhr, EC-Karte, VISA, Mastercard, Amex; Reeperbahn S1, S3; hidden-kitchen-hamburg.de

Richtig muckelig geht es im Herzstück an der wuseligen Osterstraße zu

Klippkroog

Zum Versacken schön

Sein berühmtes Abendbrot serviert das Altonaer Klippkroog seit Corona nicht mehr. Deshalb kommen wir zum Lunch und freuen uns, als ein Hinweis in der Karte eine baldige Rückkehr der abendlichen Öffnungszeiten verspricht. Unter der Woche stehen zwischen 11 und 15 Uhr täglich drei bis vier wechselnde Gerichte auf der Menütafel. Serviert wird, was sich aus dem morgendlichen Markteinkauf gerade zaubern lässt. Heute: Pasta mit cremigem Hokkaido (9,20 Euro) und Erbsensuppe mit Minzschmand und Speck (7,20 Euro). Dazu teilen wir uns den bunten Blattsalat mit Ziegenkäse, Ofengemüse und Karamellnüssen (9,20 Euro). Der kommt mit einer im ganzen gebackenen Spitzpaprika und super lecker marinierter Zucchini. In dem toll abgeschmeckten Honig-Senf-Dressing möchten wir baden. Dafür fehlt es der Pasta etwas an Würze. Die meisten Gäste haben sich heute für die Erbsensuppe entschieden, die sich als sehr gute Wahl herausstellt. Zwei Tische weiter möchten zwei Kolleginnen nach dem Essen nicht zurück ins Büro. „Ich könnte jetzt noch zwei Stunden bleiben und mit dir über den Kuchen herfallen", sagt die eine zur anderen. Wir tun stellvertretend genau das und genehmigen uns zu unseren Cappuccinos (3,40 Euro) einen saftigen Nussbrownie (3,60 Euro) und herrlich klitschigen Apfelkuchen (3,80 Euro). Und weil wir danach immer noch nicht gehen möchten, bringt uns der freundliche Service noch einen Tee. Lemongrass-Ingwer und Verbene (je 3,80 Euro) schmecken sehr aromatisch und können ein paar Häuser weiter bei Claus Kröger nachgekauft werden. Sobald es wieder möglich ist, bleiben wir dann einfach bis zum Abendbrot. LL

AMBIENTE ●●●●○ SERVICE ●●●●●
KÜCHE ●●●●○ PREIS-LEISTUNG ●●●●●

€ Große Bergstraße 255 (Altona-Altstadt), Telefon 040 57244368, Mo-Fr 10–16, Sa-So 10–18 Uhr, Ec-Karte, Mastercard; Altona S1, S3, S31; klippkroog.de

Körri

Die etwas andere Currywurst

19.32 Uhr: Wir betreten das Restaurant Körri ohne Reservierung, aber mit Hunger und haben Glück – es ist noch ein Tisch für zwei Personen frei. Uns fallen direkt die bequemen Stühle des Szene-Ladens in der Altstadt auf: Hier lässt es sich gut ein paar Gänge aushalten. Auf der Karte stehen internationale Speisen wie Burger, Flammkuchen und Fish 'n' Chips, das Restaurant ist stylish eingerichtet und die Servicekraft freundlich. 20.18 Uhr: Die Vorspeisen kommen und begeistern. Das traumhafte Tomatencreme-Süppchen (6,50 Euro) wird begleitet von einer warmen Baguettekäsestange und der kleine „Hamam-Salat" mit Mango und Avocado (8,50 Euro) ist mit einem süß-säuerlichen Dressing angemacht. Fein-aromatisch schmeckt beides, und wir sind mehr als gespannt

FOTO: MARC SILL

Bei den Küchenfreunden wird mit Freude garniert

auf die Hauptspeisen. 21.06 Uhr: Körri Italia (18 Euro) und Beyond-Meat-Burger (19 Euro) werden serviert und können uns abermals überzeugen. Ersteres ist das Brät einer Currywurst aus der Fleischerei Röhrs im Alten Land – als Steak gebraten und mit Toppings wie Rucola, Pinienkernen und Büffelmozzarella versehen. Die Spezialität des Hauses ist mit den würzigen Pommes als Beilage überaus lecker. Auch der Burger schmeckt, vor allem die getrüffelten Käsespätzle sind eine Wucht. Das Franzbrötchen Tiramisu (8,90 Euro) als Dessert ist uns ein wenig zu zimtig, der Espresso Martini (10,50 Euro) überzeugt jedoch wieder auf ganzer Linie. 22.23 Uhr: kein günstiger Abend, aber so glücklich und satt, wie wir nach Hause gehen, definitiv ein lohnenswerter. BD

AMBIENTE ●●●●○ SERVICE ●●●●○
KÜCHE ●●●●○ PREIS-LEISTUNG ●●●●○

€€€ Springeltwiete 2 (Altstadt), Telefon 040 76755100, Mo-Mi 11.30–22.30, Do 11.30–0, Fr 11.30–1, Sa 10–1, So 10–14 Uhr, EC-Karte, VISA, Mastercard, Amex; Hauptbahnhof alle Bahnlinien; koerri-deutschland.de

Küchenfreunde

Lecker, nett und eppendorfig

„Leckeres Essen, nettes Team, aber ein bisschen eppendorfig." Die Wörtchen „aber" und „bisschen" streichen wir mal aus der Kurzkritik, mit der die Kollegin uns auf unseren Erstbesuch der Küchenfreunde am Lehmweg eingestimmt hatte. Wir hegen prinzipiell keine Vorbehalte gegen Mitmenschen. Doch der unaufdringlich designte Laden, der sich über zwei separierte Flächen erstreckt, ist im Viertel definitiv mehr als nur ein bisschen angesagt. Dennoch klappt die Buchung unserer Wunschzeit per Mail (OpenTable bot keinen freien Tisch mehr an) sofort. Der Service ist auf Zack, versäumt es lediglich, uns auf ein ausverkauftes Gericht hinzuweisen. Kein Ding, die Karte bietet Alternativen. Die Preise spiegeln die attraktive Lage, die Qualität hält mit. So ist der Pulpo auf Salat (17 Euro) saftig gegrillt, Pimien-

FOTO: MARC SILL

Cotidiano
ALTER WALL

Morgens, mittags, abends – ein Platz für euch

Ob morgens mit dem besten Kaffee und Frühstück, mittags mit großer Bowl-Auswahl und saisonalen Gerichten oder abends auf einen Drink mit saftigem Burger. Passend für jeden Ernährungsstil gibt es hier hausgemachtes healthy Food für Körper und Seele.

Wir freuen uns auf euch!

Euer Cotidiano Team

Alter Wall 22, 20457 Hamburg
Erfahre mehr über uns und unsere Philosophie unter **www.cotidiano.de**

Das Team der Elma Speisekneipe: die Geschäftsführer Nessy Rose (l.), Steffen Schönfeld (2. v. r.) und Thomas Naerger (r.) mit Souschef Florian Kleppel (2. v. l.)

Genuss Guide
DER SZENE HAMBURG
TESTSIEGER
2022/2023

Ein Gericht, bei dem Fisch-Fans wohl niederknien: gebeizter Lachs mit Rote-Bete-Saft, Rauchschaum, Schnittlauch und gepickelten Pimientos

VIP-TESTERIN
Eliane Neubert

Elma Speisekneipe

So viel mehr als eiskaltes Bier

Vorweg das für mich Allerallerbesonderste an der Elma Speisekneipe, mitten in der Woche in Altona um 15.30 Uhr: „Habt ihr noch Mittagstisch?" Klar! Bis in den frühen Abend. „Und was ist mit der Abendkarte?" Logo! Alles da. Wir starten ganz bodenständig mit einem eiskalten gut gezapften Bier und frischem Brot mit Butter. In der Küche herrscht geschäftiges Treiben, hinterm Tresen gute Laune. Kurze Zeit später kommen unsere Vorspeisen: knusprige Avocado (9,50 Euro). Geil, die ist bestimmt frittiert, dachte ich noch beim Bestellen. Besser: reife, wachsweiche Avocadoschiffchen in Nusscrunch gewendet und flankiert von dicken glänzenden Mangowürfeln mit würziger Koriandersaat und Korianderblättchen. Außerdem ein butterzart konfierter Zander (11,50 Euro). Dazu blitzsaures Apfel-Limetten-Gel, frischer Koriander, Chipscrunch und angebratene Schalotten. Es folgt das Simmentaler Fleckvieh (26,50 Euro). Außen von der heißesten Pfanne geküsst, innen bleu. Geschmacksintensiv und durchwachsen und dabei so unglaublich zart, dass jedes Filet nach Hause gehen kann. Begleitet wird das Fleisch von goldgelben, knusprigen, geräucherten Kartoffelwürfeln, gebratenen Pimientos, samtig-würziger Bärlauchcreme und süßen Erbsensprossen. Einzig die vegane Jus erschließt sich mir bei diesem Gericht nicht so ganz. Zum Ende wird es klassisch, heiß, schokoladig, einfach umarmend köstlich: das gute alte Schokomalheur (8,50 Euro), dazu Vanilleeis, Streusel und Kirschcreme. Wir sitzen ganz hinten, etwas abseits mit Blick auf die Bar. Mir fällt auf, dass man hier nicht nur essen kann, WANN man will, sondern auch mit WEM man will. Jahrestag mit dem Lieblingsmenschen, großes Familienessen, geschäftliches Meeting oder allein auf 'nen guten Feierabend-Drink am Tresen. Und als wär das nicht genug: Selbst die Kinderkarte lässt keine Wünsche offen – Kartoffelstampf, Gemüse, Pasta, Rösti, Hähnchen. Drehste durch! Als ich an der Küche vorbeigehe, um mich zu bedanken: strahlende Augen und echte Freude über meine Dankbarkeit. Dazu die Frage: „Warum haste nicht den kaputten Cheesecake genommen? Der ist NOCH geiler als das Schokomalheur." Ein Grund mehr wiederzukommen.

AMBIENTE ●●●●● SERVICE ●●●●●
KÜCHE ●●●●● PREIS-LEISTUNG ●●●●●

€€€ Harkortstraße 81 (Altona-Nord), Di-Sa 11.30–23 Uhr, EC-Karte; Bahnhof Altona, alle S-Bahnen; elma-speisekneipe.de

FOTOS: JULIA SCHUMACHER

tos und Bärlauch-Aioli passen hervorragend. Auch das Tatar vom Weiderind: superb. Weil die Küche Fleisch offenkundig kann, legen wir mit einem Filet vom Weidebullen (24 Euro plus Beilagen) nach – und werden weiter verwöhnt. Der Wolfsbarsch ist von geschulter Hand auf der Haut gebraten, ihre Zugabe liefern die Pimientos in Kombi mit geschmorter Paprika. Alles ist wunderbar stimmig komponiert und gut abgeschmeckt. Wer möchte, findet in der Weinkarte eine überwiegend namhafte Auswahl. Uns erfrischen der alkoholfreie Martini-Drink „Rotkäppchen" und ein frisch gezapftes Ratsherrn. MO

AMBIENTE ●●●●○ SERVICE ●●●●○
KÜCHE ●●●●● PREIS-LEISTUNG ●●●●○

€€€ Lehmweg 30 (Hoheluft-Ost), Telefon 040 49021965, Mo-Fr 12–15 und 17.30–24, Sa-So 17.30–24 Uhr, EC-Karte; Eppendorfer Baum U3; kuechenfreunde.net

Lieger Caesar

Lecker Steampunk

Gäbe es unter den Hamburger Restaurants einen Wettbewerb um die beste Location, hätte das Lieger Caesar gute Chancen auf den Sieg. Es befindet sich im Sandtorhafen, mitten in der HafenCity mit Blick auf die Elphi, in einer 1902 erbauten schwimmenden Werkstatt, wie sie im Hamburger Hafen bis zum Zweiten Weltkrieg normal war und bis zum Sieg des Containers in den 70ern zumindest noch existierte. Das rund 30 Meter lange Holzgebäude, das ab 2010 von einem Verein renoviert wurde, sieht fantastisch aus und hat mit seinem Stahlboden und den Holzbohlen eine Atmosphäre, die es zur perfekten Steampunk-Kulisse macht. Natürlich ist es damit auch ein potenzieller Touristenmagnet, doch keine Sorge: Statt der üblichen pseudohanseatischen Abfüllgerichte (Labskaus, Pannfisch) erfreut hier eine kleine Karte mit Versprechen, die auf dem Teller auch eingehalten werden. Wir bekommen ein leicht würziges Ziegenkäse-Mousse mit einem perfekten Ratatouille (12,90 Euro) sowie einen Parmesanknödel (10,90 Euro), der wunderbar von marinierten Römersalat und Spargel begleitet wird. Danach eine vielleicht etwas zu schüchterne Fischsuppe (23,90 Euro), die aber von einem wunderbaren Garnelenravioli, hauchzarten Kabeljau und gegrillten Pulpo verstärkt wird, sowie ein braun gebratenes Huhn (25,50 Euro), ebenfalls mit Spargel, und am Ende noch Topfenmousse mit Waldmeisterparfait (9,50 Euro). Alles richtig gut, netter Service, super Atmosphäre. Es gibt nur einen Haken: Lieger Caesar ist tagsüber zwar immer geöffnet (Lunch, Kaffee und Kuchen), aber nur an drei Abenden – wegen Personalmangels. Also geht hin, wenn es geht! PL

AMBIENTE ●●●●● SERVICE ●●●●●
KÜCHE ●●●●● PREIS-LEISTUNG ●●●●●

BESTES RESTAURANT & TESTSIEGER 2021

€€€ Sandtorhafen/Traditionsschiffhafen Am Sandtorkai 60 (HafenCity), Telefon 0157 31748270, Mo-Mi 11–17, Do-Sa 11–23, So 11–17 Uhr, EC-Karte; Baumwall U3; liegercaesar.de

Marta

Die Schönste im Norden

Meine wunderbare Marta, dies ist ein Liebesbrief. Schön bist du, als draußen der Orkan tobt und du uns in deinem heimeligen Zuhause am Ottensener Spritzenplatz empfängst. Viele haben sich hier schon versucht, du aber bist geblieben. Mit deinem Aperó (Marta Negroni, 9,50 Euro) und dem Amuse-Gueule, Sauerteigbrot mit fermentierter Bete und grüner Oliventapenade, hast du bereits unsere Aufmerksamkeit geweckt, in den folgenden Stunden wirst du uns gänzlich betören. Der erste Gang (Vier-Gänge-Menü, 60 Euro) in Rosarot, eine Komposition aus Bete, Wurzel und japanischen Bällchen, lässt uns begehren. Und dann der zweite, eine einzige Nudel nur, gefüllt mit Sellerie-Essenz und Ziegenkäse – unsere Herzen gehen auf, nicht allein wegen der Begleitung in Form eines salzig-würzigen Grünen Veltiners (Flasche 34 Euro). Zum Hauptgang bringst du uns fast um den Verstand. Denn wer soll sich schon entscheiden zwischen Skrei mit Schwarzwurzel, Verjus-Miesmuscheln und Kartoffelschnecke, dem zarten Haushuhn, gegrillt und zur Roulade geschnürt, mit Pfannenbrot, feinstem Spitzkohl, Dinkelreiskuchen und Pastinakengratin – oder gar der Pilzlasagne, gebettet auf Butternut-Kürbis, Topinambur, Lavendel und Portulak? Zuletzt dann, du Gute, hast du uns liebevoll gefangen, eingeschlagen in einen Buchweizencrepe, die glühenden Wangen gekühlt mit Limoneneis. Dein Service, dein Ambiente und deine Küche bilden ein hinreißend-nordisches Trio Amore – meine liebste Marta, wir sehen uns bald wieder. JFK

Schick, schick: Mit dem Paola's will Cornelia Poletto ihre Erfolgsstory in Eppendorf fortschreiben

AMBIENTE ●●●●● SERVICE ●●●●●
KÜCHE ●●●●● PREIS-LEISTUNG ●●●●●

€€€ Spritzenplatz 4 (Ottensen), Telefon 040 35621400, Mi-Sa 18–22 Uhr, EC-Karte, VISA, Mastercard, Amex; Altona S1, S3, S31; restaurant-marta.de

Paola's

Poletto-Town goes Currywurst

Mitten in Eppendorf in der Goernestraße liegt das Imperium von Starköchin Cornelia Poletto. Jetzt hat die aus vielen TV-Formaten und Kochbüchern bekannte Spitzenköchin zwischen ihrer Kochschule und ihrem Restaurant noch ein schickes Tages-Deli eröffnet. Ab 20 Uhr wird das nach ihrer Tochter benannte Paola's dann zur Bar. Wir nehmen an einem der wenigen kleinen Tische Platz und bestellen erst einmal einen Prosecco (0,1 l 9 Euro). An diesem Samstagnachmittag sind viele sehr junge Leute hier, die mit großer Selbstverständlichkeit eine Rolex am Handgelenk tragen und Rosé-Champagner und Austern bestellen. Wir hingegen probieren das recht manierliche Pastrami-Sandwich mit Weißkraut und Pommery-Senf (14,50 Euro), das allerdings längst nicht so üppig belegt ist, wie man es aus New Yorker Delis kennt. Großzügig bemessen sind dafür die gehobelten Sommertrüffel auf der Pinsa Tartufo (15,50 Euro), einer Pizzavariante aus diversen Mehlsorten und Sauerteig. Als überaus fair kalkulierte Pasta des Tages gibt es Penne in Tomatensoße mit Rucola und grünem Spargel (10,50 Euro). Ein grundsolider Klassiker. Weil man hier so schön sitzt, pausieren wir erst mal mit dem Essen, trinken ein Gläschen vom offenen Weißwein „Vigna di Paola" (0,15 l 9 Euro) und gönnen uns später noch eine spitzwinklig aufgeschnittene Bio-Currywurst mit einem Crunch aus Pankomehl, Paprika- und Currypulver (8,50 Euro). Dazu passen die knusprigen Süßkartoffelfritten Japanese Style mit Schmand (6,50 Euro). Unser Blick fällt

FOTO: DREYSSE.COM

FÜR MEHR VIELFALT

IN DEN FLASCHEN UND AUF DEN BAUERNHÖFEN

Die Bio-Limo aus dem Wendland. Erfrischend natürlich. Erfrischend bunt.

www.voelkeljuice.de | DE-ÖKO-007

auf die hufeisenförmige Theke, die Designerlampen und das Regal mit italienischen Lebensmitteln. Ein Mix aus Art-déco und Industrial Design. Schließlich haben wir noch Lust auf ein Dessert: Affogato mit Tahiti-Vanilleeis, Espresso und Crumble (6,50 Euro) ist köstlich. NB

AMBIENTE ●●●●○ SERVICE ●●●●○
KÜCHE ●●●●○ PREIS-LEISTUNG ●●●○○

NEU! €€ Goernestraße 1 (Eppendorf), Telefon 040 4802159, 12-20 Uhr Deli, 18-1 Uhr Bar, nur Barzahlung, Kellinghusenstraße U3; cornelia-poletto.de

Pony-Waldschänke

Neustart im Klövensteen

Erinnerungen an ein gediegenes Ausflugslokal verbindet mit der Pony-Waldschänke im Rissener Klövensteen, wer in Hamburgs Westen aufgewachsen ist. Inmitten der Pandemie haben die Köche Dennis Ulrich und Jorrit Hanke das Lokal übernommen und einem gastronomischen Reset unterzogen. Das Restaurant wurde anderthalb Jahre von Grund auf modernisiert. Der Muff früherer Jahre ist raus. Als wir testen, sind die ersten 100 Tage nach Neueröffnung noch nicht rum. Wir erleben einen (kinder-)freundlichen, zugewandten Service und eine solide Küche. Die Karte könnte in Sachen Innovation noch zulegen. Caprese, Burger, Steak, ein paar weitere Klassiker, veganes Angebot auf Wunsch. Wir greifen zum Rindergulasch (24,50 Euro). Eine Interpretation des Traditionsgerichts: Das zart gekochte Fleisch versteckt sich unter gebratenem Knödel, zu vielen Frühlingszwiebeln und getrockneten Tomaten. Optisch eine ernüchternde Überraschung, geschmacklich in Ordnung. Von der guten Soße fehlt es aber zum Eintunken der Kloßscheiben. Begeisterung lösen die Brunnenkressesuppe von der Tageskarte (7,50 Euro) und die Käsespätzle mit Salatteller (19 Euro) aus, die auf Nachfrage auch als kleine Portion serviert werden. Filius adelt die Pfannkuchen als „besser als zu Hause". An der „Pony-Tränke" können sich Waldwanderer mit Drinks und Imbiss stärken, Kinder nebenan eine Runde reiten oder den hauseigenen Spielplatz erproben. Für donnerstags laden die neuen Chefs den Sommer über zu Konzerten. Der Fokus ist zudem auf private Feiern gerichtet. MO

AMBIENTE ●●●●○ SERVICE ●●●●○
KÜCHE ●●●○○ PREIS-LEISTUNG ●●●○○

NEU! €€€ Babenwischenweg 28 (Rissen), Telefon 0172 4695933, Mo-So 12-23 Uhr, EC-Karte, VISA, Mastercard; Rissen S1; Jorrit-Hanke.de

Salt & Silver – Levante

Von der Levante inspiriert

Reservieren! Sonst hat man im Salt & Silver keine Chance. Und Obacht: Es gibt zwei. Im Levante: Mezze neu interpretiert. Die Produkte teilweise selbst angebaut, Fisch und Fleisch nachhaltig, die Getränkekarte eine Offenbarung an Cocktails, die es einem schwer machen, sich für Wein zu entscheiden. So wie es heute nun mal ist und anscheinend auch sein muss, wenn man auf St. Pauli die Levante interpretiert. Der Laden brechend voll, die Musik laut und schön. Ich hatte Hummus mit gepufftem Blumenkohl, Pickels und Zaatar (9,50 Euro) darauf ein Olivenöl, in das man sich reinlegen will, dazu den Catch of the Day, heute ein hervorragendes Sashimi vom Hamachi (18,50 Euro) in Amba (so etwas hat bei uns Seltenheitswert, einfach googeln), später geschmorten Lauch mit altem Gouda und Harissa (17,50 Euro), äußerst lecker mit feiner Schärfe und einer ebenfalls ausgezeichneten Lachsforelle in Labneh und Schwarzkümmel (19,50 Euro). Hohe Kulinarik, tolle Produkte, fein komponiert, Fusion-Küche von Leuten, die Fusion auch verstehen. Die Anrichtung ein Augenschmaus, der Service weiß, was er da tut. Nur eines muss ich, als jemand, der aus dieser Region kommt, bemängeln: Mit Beirut und Tel Aviv hat es nicht wirklich was zu tun. Dafür ist es zu sehr Happening denn Essen. Hummus ist Hummus, das braucht niemand zu erklären. Ist ja aber auch nur von der Levante inspiriert. Das aber absolut spitze. MICHEL ABDOLLAHI

Genuss-Michel-Gewinner Salt & Silver: Das lateinamerikanische Schwesterrestaurant des Levante wurde 2020 als Bestes Restaurant ausgezeichnet

AMBIENTE ●●●●● SERVICE ●●●●●
KÜCHE ●●●●● PREIS-LEISTUNG ●●●●●

€€€ St. Pauli Hafenstraße 136-140 (St. Pauli), Mi-So 18-23, Mi-So 18-23 Uhr; Reeperbahn S1, S2, S3; saltandsilver.net

Slim Jims

Pizza, die hält, was sie verspricht

Pizzaläden gibt es auf St. Pauli einige. Einer der sich bereits seit 2009 hält, ist das Slim Jims. Vor dem Laden stehen kleine Bierzeltgarnituren, und man sieht Kids mit ihren Eltern, Pärchen und Freund:innengruppen beseelt in die heißen Stücke beißen. Da es uns ein bisschen zu frisch ist, gehen wir rein und werden von dem Mitarbeiter freundlich begrüßt. Wir dürfen uns einen der rustikalen Holztische aussuchen. Betonwände, laute Musik und der Duft von frischer Pizza – eine Kombination, die gefällt. An der Wand stehen die Zutaten geschrieben, mit denen man die Pizza belegen kann. Die Kleine kostet 6,50 Euro, die Große 8,50 Euro. Entscheidet man sich für Büffelmozzarella, muss man noch zwei Euro drauflegen. Die Zutaten liegen bei 1,20 bis 2,50 Euro. Normalerweise gibt es zwei Special-Pizzen, heute aber leider nicht, also nehmen wir Büffelmozzarella und Artischocke (12,40 Euro) auf der einen, Olive und getrocknete Tomate (12,90) auf der anderen Pizza. Und weil der Hunger groß ist, bestellen wir noch Cheesy Garlic Stripes (6,50 Euro) mit zwei Dips dazu. Kurze Zeit später werden uns die heißen Pizzen auf den Tisch gestellt. Der Teig ist dünn, der Rand kross und die Zutaten frisch. Nicht zu fettig, aber herrlich käsig. Das mag auch an dem Parmesan liegen, den die Pizzabäcker:innen zum Schluss noch über die heiße Pizza streuen. Am Ende sitzen wir da, nippen an unseren Rhababerschorlen und beobachten die hungrigen Gäste, die ins Slim Jims strömen, um Pizza zu bestellen. Verständlich, dass sich der Laden schon so lange hält. AVL

AMBIENTE ●●●●○ SERVICE ●●●●○
KÜCHE ●●●●● PREIS-LEISTUNG ●●●●●

€ Bei der Schilleroper 1-3 (St. Pauli), Telefon 0151 65997830, Mi-Fr 12-22, Sa-So 13-22 Uhr, EC-Karte, VISA, Mastercard; Sternschanze S1, S3; instagram.com/slimjims_pizza

FOTO: SALT & SILVER

StrandPauli

Fondue mit großen Pötten

Mit Pötten sind hier natürlich nicht die Kochtöpfe aus der Küche gemeint. Echte Hamburger wissen, dass das die großen Schiffe sind, die vor unsere Nase vorbeiziehen. Nirgends sonst in Hamburg kann man mit den Füßen im Sand und bei chilliger Musik diesen Anblick so sehr genießen wie im StrandPauli. Im Sommer gehört der große Strandbereich zu den schönsten Plätzen der Stadt, aber auch im Winter ist es richtig gemütlich. An diesem schmuddeligen Frühlingsabend sitzen wir vor einem anderen Pott: Wir haben Fondue bestellt (39 Euro pro Person). Mit unserem Fleisch (alles aus der Region) kommen fünf hausgemachte Salate und fünf verschiedene Dips. Schnell stillen wir den ersten Hunger mit unseren Favoriten Rotkohlsalat mit Sesamöl, Kartoffelsalat und zartem Fleisch. Die kleinen Schälchen werden immer wieder nachgefüllt. Das Fleisch-Fondue wird hier übrigens mit Brühe zelebriert. Das Fondue ist auch als Fisch- oder Käse-Fondue erhältlich, auf Vorbestellung oder mit viel Glück auch spontan ab zwei Personen. Wir können uns einfach nicht von dieser Location trennen. Ein Glück, dass es im StrandPauli einen chilligen Lounge-Bereich gibt, in dem uns an diesem Abend der wohl beste Glühwein der Stadt wärmt. TWU

AMBIENTE ●●●●● SERVICE ●●●●●
KÜCHE ●●●●● PREIS-LEISTUNG ●●●●●

€€ Hafenstraße 89 (St. Pauli), Telefon 0163 7335832, Mo-Do 12–23, Fr 12–24, Sa 10–24, So 10–21 Uhr, EC-Karte, VISA, Mastercard; Landungsbrücken U3, S1, S3; strandpauli.de

[Stamm]Tisch

Wie es euch gefällt

Wer beim Namen des Restaurants am Mühlenkamp an eine Neuauflage des bürgerlichen Stammtisches denkt, dürfte enttäuscht sein. Designer-Sessel, gedeckte Farben und zartes Glas sind eher Hinweise auf klassisches Fine Dining, der Rahmen gediegen. Das modisch-lässige Sharing-Konzept soll wohl den Namen einlösen und wird vom Service erklärt: Alle mögen sich das Bestellte (in zwei Größen gelistet) teilen, es wird aufgetischt, „was fertig ist". Unserer Bitte nach der Menü-Form wird direkt entsprochen, wie man überhaupt sichtlich bemüht ist, alle abzuholen. Die Karte listet Crowd-Pleaser aus aller Welt, vom Thunfisch-Tataki über Austern, Pulpo, Dry-Aged-Rumpsteak bis hin zum gelungenen Tatar vom Heiderind (18/25,50 Euro). Die geschmacklich unauffällige Spargelsuppe (11,50/19,50 Euro) ist klassisch mit Aal und Schinken kombiniert. Auch zum Nachtisch gibt's gelernte Geschmäcker, Schokomousse mit Erdbeeren (12 Euro), ein „Cheesecake"-Passionsfruchttörtchen mit Minze (9,50 Euro). Das alles ist handwerklich ordentlich, nur wenig originell. Dazu passt die Weinkarte, die neben klingenden Namen und großen Gewächsen keine Überraschungen bereithält. Und dann zeigen sich doch noch Ansätze einer eigenen Linie, annonciert als „Wundertüte für Erwachsene": Der im Bratschlauch geräucherte Saibling in Dashi (17,50/22 Euro) ist butterzart und von unaufdringlicher, aber komplexer Würze. Die Blumenkohl-Carbonara (11,50/18,50) ist ein schlotziges Vergnügen mit Selleriecreme, Bröseln und – Sojasoße! Hier zeigt sich, was die Küche abseits klassischer Kombis kann. Etwas mehr Mut zum eigenen Profil dürfte diese Neueröffnung bald zur Empfehlung machen. Das solide Konzept kommt am Standort jetzt schon an –, volles Haus, auch mitten in der Woche. STEVAN PAUL

AMBIENTE ●●●●○ SERVICE ●●●○○
KÜCHE ●●●●○ PREIS-LEISTUNG ●●●●○

NEU! €€€ Mühlenkamp 54 (Winterhude), Telefon 040 30953030, Di-Sa 12–14.30, 18–22 Uhr, EC-Karte, VISA, Mastercard; Goldbekplatz Bus 6, Bus 17; stammtisch-restaurant.de

Ein Teller aus dem Tigre, einem Ort für Fans von südamerikanischen Tapas

Tigre

Südamerikanische Tapas

Die Spannung vor dem Besuch ist groß, denn das Tigre in Altona ist in Hamburg aktuell absolut angesagt. Die unter der Decke gespannten Lichterketten sorgen für stimmungsvolles Licht, und das Ambiente ist schon einmal so lässig wie sein Ruf. Also kein Wunder, dass das lateinamerikanische Restaurant an diesem Dienstagabend proppenvoll ist. Wir haben reserviert und bekommen einen kleinen Tisch im hinteren Teil des Lokals. Am Nebentisch sitzt die Konkurrenz, ein Hamburger Gastronom – ein gutes Zeichen? Bedingt. Beim Crispy Rice (12 Euro) with Tuna Tartare ist der frittierte Sushi-Reis etwas zäh und hart, der Thunfisch aber sehr zart und in guter Qualität. Eindeutig lecker ist das Chauf Tschancho (13 Euro) mit Garlic Fried Rice, Pork Belly, Ajitsuke Tamago, Nori, Koriander. Obwohl es einen Hauch zu fettig ist, schmeckt es herrlich würzig und macht selig. Ein Extralob gibt es für das eingelegte Ei, das perfekt gegart und würzig ist. Eindeutig langweilig dagegen ist das Chickpeas-Tomato-Coriander Stew (11 Euro). Im Grunde ist es eine Bowl mit Kichererbsen in Tomatensoße, durchmischt mit ein paar Crispy-Erbsen. Natürlich schmeckt es, wenn auch etwas zu scharf, aber es wirkt uninspiriert und weckt keine Emotionen. Diese ruft allerdings die Scheurebe hervor, die meine Begleitung bestellt. Denn er ist großer Fan von Naturweinen und findet es wichtig, dass diese auch im Restaurant angeboten werden. Ich finde: Es ist eine Erfahrung. Was es auf jeden Fall ist, ein Abend der Gegensätze. Natürlich nur kulinarisch. HED

AMBIENTE ●●●●○ SERVICE ●●●●●
KÜCHE ●●●●○ PREIS-LEISTUNG ●●●●○

€€€ Nernstweg 32-34 (Ottensen), Telefon 0163 3126491, Di-Do 17–22, Fr-Sa 17–23 Uhr, EC-Karte, VISA, Mastercard; Altona S1, S3, S31; tigre-hamburg.com

Traumkuh

Einfach cool

Die Grindelallee nahe den Grindelhochhäusern ist nicht gerade als hippe Gegend bekannt, und so kann das Betreten des Szenerestaurants Traumkuh erst einmal Irritation hervorrufen: Die Einrichtung, gekrönt von einer Containerwand, erinnert an asiatische Streetfood-Buden, das weitgehend männliche Publikum wirkt, als käme es gerade aus dem Übungsraum (Hip-Hop), und die beiden Jungs hinter der Theke fahren zum Feiern ganz sicher eher zum Steindamm als nach Eppendorf. Die Stimmung ist entsprechend gechillt, der Service gut gelaunt und die Karte sogar ein klein wenig weird: Neben Burgern in allerlei Varianten gibt es Poutine (7,90 Euro), Pommes mit Käse und Bratensoße – eine kanadische Erfindung. Die Pommes bleiben unter der Soße natürlich nicht kross, außerdem ist das Zeug ganz schön fettig – aber als geile Schweinerei, die locker für zwei reicht, geht es bei uns durch. Dazu nehmen wir einen „Juarez 187 Burger“ (2 x Patty, 2 x Cheddar, Guacamole, Nachos, Jalapeños etc.; 10,90 Euro) und einen „M. Bison Sein Vater Burger“ (2 x Patty, 2 x Cheddar, US-Döner, Sauergurken etc.). Beide sind sehr würzig, gutes Fleisch, schön schlonzig. Klar, mir würden bessere Burger einfallen, aber nicht in der Gegend, und die entsprechenden Läden punkten auch nicht mit so vielen Sekundärtugenden. Beim Rausgehen haben wir gute Laune – was wollen wir mehr? PL

AMBIENTE ●●●●○ SERVICE ●●●●○
KÜCHE ●●●●○ PREIS-LEISTUNG ●●●●○

€ Grindelallee 146 (Rotherbaum), Telefon 0176 43277392, Mo-Sa 12–22, So 13–22 Uhr, EC-Karte; Grindelhof Bus 4, Bus 5; traumkuh-burger.de

Whiskyplaza

Rindertatar mit Whisky

Das Whiskyplaza in der historischen Deichstraße im Viertel Neustadt ist ein Ort für alles: Lunch, Dinner und gepflegte Feierabend-Getränke. Denn abends und bei Hamburger Schmuddelwetter taucht man in dem Alt Hamburger Aalspeicher zwischen warmen, schweren Farben und edlem Interieur einer Whisky-Bar ab, tagsüber und bei Sonnenschein isst – und trinkt – man auch auf Terrasse oder Balkon auf der Rückseite gen Fleet zu Mittag. Das Rindertatar solle eines der besten im Umkreis sein, so der zuvorkommende Service, der regelmäßig nachfragt, ob alles in Ordnung sei. Könnte stimmen, denn das Filet vom Weiderind mit Eigelb, eingelegter Senfsaat, Radieschen, Zuckerschoten auf geräuchertem Schmand schmeckt frisch zu geröstetem Brot und sättigt als Hauptgericht am Mittag (22 Euro). Es lässt aber noch Platz für das Dessert „Sticky Toffee Pudding“, ein braunes Küchlein mit Salzkaramell-Eis und Beerenragout (9 Euro). Der späte Abend hält bis 23 Uhr das „Night Time Menü“ bereit. Da empfiehlt sich das Onglet vom Weiderind mit eingelegtem und gebratenem Blumenkohl, Steinpilzen und Buchweizenrisotto (29 Euro) – und einer Jus aus Jura-Whisky. Denn der spielt hier – logisch – die Hauptrolle: Immerhin gibt es mehr als 1000 Whiskysorten. Spätestens jetzt passt eine Zigarre oder Zigarette im lang gezogenen Durchgang zum Fleet, ausgebaut als gemütlicher Wintergarten, leicht versteckt hinter dicken Vorhängen mit weiteren Plätzen, Leuchten und Kerzenschein. LG

AMBIENTE ●●●●○ SERVICE ●●●●●
KÜCHE ●●●●○ PREIS-LEISTUNG ●●●○○

NEU! €€€ Deichstraße 43 (Altstadt), Telefon 040 362990, Di-Do 12–1, Fr-Sa 12–3, So 12–1 Uhr, EC-Karte; Stadthausbrücke S1, S3; whiskyplaza.de

FOTO: TIGRE

KURZ GEBRATEN

Astra St. Pauli Brauerei

Hamburgs Kult-Brauerei ist im Herzen der Stadt auf St. Pauli verankert: mit jeder Menge Astra-Biersorten wie „Keller Kalle", einem untergärigen, unfiltrierten Kellerbier, und einem „Inkasso IPA", einem obergärigen Session-IPA. Und dazu gibt es Hausmannskost. Eine optimale Grundlage für einen Kiezbummel.

€€€ Nobistor 16 (St. Pauli), Telefon 040 22861948, Di-Do 17–23, Fr 15–23, Sa 12–23 Uhr, EC-Karte; Reeperbahn S1, S2, S3; astra-brauerei.de

Berliner Bahnhof

Das Café in den Deichtorhallen ist eine sehr schicke Bistro-Bar mit urbaner Außenterrasse. Auf der Karte stehen belegte Brote, kleine Gerichte und Bar-Klassiker. Das Konzept hier: jeweils einen Drink und ein Gericht bestellen und im Anschluss entscheiden, ob es weitergehen soll. Ein solider Start ist ein Watermelon-Negroni und dazu Dinkelbrot mit Eiersalat und Puy-Linsen – optisch eine Augenweide und lecker. Danach passt ein Sunset Sour und Haselnussbrot mit Kalbstatar, Pilzen und Röstzwiebeln.

€€ Deichtorstraße 2 (Altstadt), Telefon 040 20982392, Di-Do 11–0.30, Fr-Sa 11–1.30, So 11–18 Uhr, EC-Karte, VISA, Mastercard; Steinstraße U1; berlinerbahnhof.com

Curry Pirates

Allein schon der Ketchup! So intensiv und umami und tief, so tomatig… Hier gibt es Wurst auf hohem Niveau. Seit 2009 kreiert Koch Michael Weißenbruch jede Woche eine neue, geile Wurst. Und er macht alles selbst: die Würste, den Ketchup. Beste Currywurst der Stadt? Check! Immer beste Würstchen? Check! Publikum ist bunt und gut gelaunt wie in der Stammkneipe? Check! Leute, wenn ihr in diesem Leben nur noch eine Wurst esst – tut es in Barmbek!

€ Mozartstraße 23 (Barmbek), Di-Fr 12–14.45 und 17–19.45, Sa 12–17 Uhr, nur Barzahlung; Mozartstraße Bus 172, Bus 173; curry-pirates.de

eisundsalzig

Ein szeniger Laden im gutbürgerlichen Langenhorn gefällig? Kein Problem. Das eisundsalzig könnte auch gut auf der Schanze beheimatet sein, so cool ist das Interieur. Das Frühstück lässt keine Wünsche offen, da geht so ziemlich alles vom hausgebackenen Sauerteig-Bagel bis hin zu Shakshuka. Abends kommen bei Chefin Sophia Behr regionale Leckereien wie Tatar vom Heiderind, Tafelspitz und frische Fischgerichte auf den Tisch. Gern auch mit Weinbegleitung. Ach ja, eine eigene Eiswerkstatt hat das eisundsalzig natürlich auch. Und täglich bis 18 Uhr leckere belgische Waffeln.

€€ Holitzberg 145a (Langenhorn), Telefon 040 66894793, Di-Mi 8.30–20, Do-Fr 8.30–23, Sa-So 9-18 Uhr, EC-Karte, VISA, Mastercard; Klinikum Nord (Heidberg) Bus 192; eisundsalzig.de

Klinker

Die Speisekarte vom Klinker sagt: „Nimm alles!" Kein Problem, die Portionen sind klassische Zwischengänge, man kann gut ein paar mehr nehmen. Aber Vorsicht! Es kann sein, dass nicht mehr alles da ist. Ist halt so, wenn die elf Hauptgerichte frisch, regional und saisonal gekocht werden.

€€ Schlankreye 73 (Harvestehude), Telefon 040 35701435, Di-Fr 18–24 Uhr, EC-Karte, VISA, Mastercard; Hoheluftbrücke U3; restaurant-klinker.de

Krug

Das charmant mit Efeu berankte Krug in der Paul-Roosen-Straße auf St. Pauli ist der Typ von Restaurant, in das viele gehen, wenn sie es unkompliziert, gesellig und lecker haben wollen. Auf der kleinen Karte stehen drei Vorspeisen, zwei Hauptgänge, ein Dessert und Käse. Weniger ist immer mehr – zumindest, wenn das Küchenhandwerk gut ist.

€€ Paul-Roosen-Straße 35 (St. Pauli), Telefon 01511 4075934, Mo-So 18–23 Uhr, EC-Karte, VISA, Mastercard; Reeperbahn S1, S2, S3; krughamburg.de

Madame Hu

Unweit des Neuen Pferdemarkts liegt das Restaurant Madame Hu. Auf der mit bunten Schirmen überdachten Terrasse ist es richtig lauschig. Das gemütlich-unprätentiöse Flair des Restaurants mit französisch-asiatischer Cross-over-Küche wird durch die sehr freundliche und entspannte Bedienung unterstrichen. Die Portionen sind nicht besonders groß, die Auswahl dafür aber schon.

€€€ Bei der Schilleroper 6 (St. Pauli), Telefon 040 4308273, Mi 12–15 und 18–23, Do-Sa 18–23 Uhr, EC-Karte; Neuer Pferdemarkt Bus 6; madame-hu.de

Das eisundsalzig zeigt, dass Langenhorn auch szenig kann

Neni

Tolles Ambiente in der HafenCity, bunt, laut und herzlich, drinnen wie draußen, mittags wie abends. Immer eine gute Wahl: Klassiker wie Baba Ganoush und Hummus mit frischem Pitabrot oder Sabich, Streetfood pur aus Aubergine, Tahine, Hummus, Ei und sagenhafter Tomatensalsa. Wer dann nicht glücklich ist, dem ist auch nicht mehr zu helfen.

€€€ Osakaallee 12 (HafenCity), Telefon 040 555575442, Mo-So 12–23 Uhr, EC-Karte, VISA, Mastercard, Amex; Überseequartier U4; nenihamburg.de

Standard

Das Standard hat es geschafft, die Aperitivo-Kultur von Italien nach Hamburg zu transportieren. Grandiose Drinks wie der Standard Spritz mit frisch-würzigem Basilikumsirup stehen auf den hohen Tischen. Speisekarte? Fehlanzeige! Stattdessen bringt das Team immer wieder Kleinigkeiten zu den grandiosen Drinks: Tramezzini, Artischocken, Oliven, getrocknete Tomaten und mehr.

HANSEPERLE 2021 €€ Große Freiheit 90 (St. Pauli), Telefon 040 36946633, Di-Fr 17–22, Sa 16–22 Uhr, EC-Karte, VISA, Mastercard; Reeperbahn S1, S2, S3; standard.hamburg

Witwenball

Im Witwenball sorgen Profis für kulinarische Highlights. Die Drinks sind perfekt gemixt, 30 offene und mehr als 300 Flaschenweine stehen zur Auswahl. Dazu gibt's im Menü oder à la carte zum Beispiel Austern, Thunfisch-Steak oder Pulpo.

€€€ Weidenallee 20 (Eimsbüttel), Telefon 040 53630085, Mi-Fr 18–1, Sa 17.30–1, So 17–24 Uhr, EC-Karte, VISA, Mastercard; Christuskirche U2; witwenball.com

Wäscherei Restaurant

Wenn es um Möbelhaus-Restaurants geht, denkt man an Plastiktabletts, Warmhaltegeräte und Köttbullar. Dass es auch anders geht, beweist das hippe Design-Möbelhaus Die Wäscherei. Während der Innenbereich im coolen Lounge-Look an New York erinnert, ist die Dachterrasse eine grüne Oase. Auf der Karte stehen zum Beispiel Burger, Curry, Paninis, Kuchen und Eis.

€ Mexikoring 27-29 (Winterhude), Telefon 040 271507135, Mo-Fr 11–19, Sa 10–20 Uhr, EC-Karte, VISA, Mastercard, Amex; Sengelmannstraße (City Nord) U1; die-waescherei.de

Wohlers

Ivo Ruczinski (ehemals Elbe 76) hat das Wohlers neu eröffnet. Mit ihm und Küchenchef Matthias (ehemals Nil), Frank aus der Normandie, Alonso aus Costa Rica an der Bar sowie Restaurantleiter Max aus Berlin ist nicht nur eine internationale, sondern vor allem hoch professionelle Truppe am Werk. Und die serviert künftig französische und regionale Küche. Ein Mix aus Bistro und gehobener Gastronomie:

€€€ Thadenstraße 148 (Altona-Altstadt), Telefon 040 81989991, Mo-Mi 8–1, Do-Fr 8–2, Sa 9–2, So 9–1, EC-Karte, VISA, Mastercard, Amex; Bernstorffstraße Bus 3; restaurant-wohlers.de

FOTO: BD/HH

Forelle und Rettich – im Buddels vereint zu einem Gericht, das eher als Gedicht durchgeht

Heimatküche

Klingt ja irgendwie spießig, oder? Nö! Denn Heimatküche in Hamburg kann so viel mehr sein. Überraschend, inspirierend und herrlich down to earth nämlich. Ja, Koch-Artisten können bodenständig

Altes Mädchen

Rappelvolle Bude

Das Braugasthaus in den Schanzenhöfen ist eines der genialsten Hamburger Gastrokonzepte der vergangenen zehn Jahre. Fast so lange gibt's das an die Ratsherrn Brauerei gekoppelte Alte Mädchen schon. Kein Tag, an dem's nicht rappelt in der angesagten Bude. Im Sommer ist der Biergarten im Innenhof allwettertauglich, im Winter empfiehlt sich für den hallenartigen Gastraum im Industrial-Holz-Schick eine zeitige Reservierung. Die Nähe zu Schanze und Tim Mälzers Bullerei zieht primär junges, hippes Publikum von nah und fern an, viele Touris inbegriffen. Für Gruppen ist der Laden beste Adresse. Wir testen am Wochenende nachmittags, die Kinder an Bord. Der Service versteht sein Handwerk, die erprobte Logistik lässt die Starterrunde nicht lange auf sich warten. Von den 60 Sorten aus aller Craft-Beer-Welt zischen wir aus den Kesseln von nebenan alkoholfreies Organic Ale, den hopfigen Matrosenschluck und das süffige Hamburg Hell (3,50 Euro). Perlende Grundlage für die Karten-Klassiker Königsberger Klopse (18,90 Euro) mit Kapernsoße und Fish 'n' Chips (18,50 Euro). Zum panierten Seelachs wie zum Burger (18,90 Euro) schmecken Pommes („Ackergold") mit kreativen Dips inklusive Biernote. Volle Punktzahl fährt das Dry Aged Entrecôte (29,50 Euro) vom Rügener LandWert-Hof mit Pü und Rotbierrahm ein. Die Dessertvariation (12,50 Euro) lässt trotz wiederholten Nachfassens leider viel zu lange auf sich warten. MO

AMBIENTE ●●●●○ SERVICE ●●●●○
KÜCHE ●●●●○ PREIS-LEISTUNG ●●●●○

€€€ Lagerstraße 28b (St. Pauli), Telefon 040 800077750, Mo-Do 12–24, Fr-Sa 12–1, So 12–23 Uhr, EC-Karte, VISA, Mastercard; Sternschanze U3, S21, S31; altes-maedchen.com

Am Leuchtturm

Der Koch und sein Juwel

Am Strandweg in Blankenese gab einst ein Leuchtturm dicken Pötten für ihre Hafeneinfahrt Flankenschutz. Das Restaurant Am Leuchtturm erinnert daran. Koch Jörg Eckelmann verwirklichte sich 2020 seinen Traum vom eigenen Lokal. 13-Zimmer-Hotel inklusive. Zunächst verhagelt Covid im Team unseren Testbesuch, beim nächsten Versuch müssen wir wegen einer Privatfeier passen. Die Reservierung klappt erst im dritten Anlauf. Wir werden maximal entschädigt. In dem von Holz und Sichtbeton geprägten Ambiente fühlen wir uns sofort wohl, die Speisenauswahl ist schnell erfasst. Ganz ausgezeichnet schmeckt die geschäumte Spargelsuppe (9,50 Euro), auch die Jakobsmuscheln mit geschmortem Kräuterlauch (10,50 Euro) sind vorzüglich. Der Chef versteht sein Handwerk. Das bestätigt der Zander auf Blumenkohl mit Champagnerschaum (16,50 Euro). Auch mega gut: die getrüffelte Kalbsbratwurst vom Blankeneser Metzger Meinert auf fruchtigem Curry-Gelee mit Steinpilzrisotto (18,50 Euro). Für unsere beiden Boys variiert der Hausherr die Wurst mit knusprigen Pommes und improvisiert Spaghetti in Buttersoße. Sein Juwel ist der mexikanische Restaurantleiter. Super freundlich, kompetent und ehrlich obendrein. Vom gewählten Rosé rät er ab, empfiehlt eine perfekte Alternative. Die etwas längere Wartezeit auf den üppigen Käseteller für zwei (14,50 Euro) wird mit Freibier entschädigt. Toll. MO

AMBIENTE ●●●●○ SERVICE ●●●●●
KÜCHE ●●●●● PREIS-LEISTUNG ●●●●●

€€€ Strandweg 69 (Blankenese), Telefon 040 4457965, Mi-Fr 17–23, Sa-So 12–23 Uhr, EC-Karte, VISA, Mastercard; Krumdal Bus 488; am-leuchtturm-hamburg.de

Blaue Blume

Bitte bald mit Burger

Ein für Hamburg typischer Rotklinkerbau. Es duftet. Nach Bratkartoffeln. Wir stehen vor der Blauen Blume. Einem der ältesten Lokale Hamburgs, das seit Frühjahr 2020 in der denkmalgeschützten Kleiderkasse beheimatet ist. Den Platz auf der Terrasse gönnen wir uns nur fürs erste Stiegl. Nach dem süffigen Bier aus Österreich geht's die paar Stufen hoch in den rustikal gestalteten Gastraum. Der Service ist freundlich, aber im Stress. Es fehlt an Personal, und die Hütte ist voll. Die Gambas stehen trotzdem zügig auf dem Tisch. Ganz lecker, aber für die paar Tierchen sind die aufgerufenen elf Euro eine echte Ansage. Nun gut, weiter im Text. Allerdings erst eine gute Stunde später, denn so lange warten wir auf die Hauptgerichte. Wir sind schon bei der Ankunft vorgewarnt worden, dass etwas Geduld gefragt sein würde – und der beliebte Burger aus ist. Als der stattdessen georderte Pannfisch (18,90 Euro) mit den angeblich besten Bratkartoffeln der Stadt vor uns steht, kann ich meine Enttäuschung nicht verbergen. Zander und Kabeljau sind totgebraten. Lediglich der Lachs glänzt noch glasig. Schade. Die bei der mit Pfeffersoße servierten und schmackhaften Pute gegenüber zunächst fehlenden, aber schnell nachgelieferten Bratkartoffeln sind in Ordnung – wenn man sie ordentlich sabschig statt knusprig mag. Wir legen eine Runde Augustiner vom Fass drauf und erfreuen uns am stimmigen Ambiente. Vielleicht gibt's ja nächstes Mal den berühmten Burger. Ansonsten bleibt's beim Bier. AND

AMBIENTE ●●●●○ SERVICE ●●○○○
KÜCHE ●●○○○ PREIS-LEISTUNG ●●○○○

€€ Harkortstraße 95 (Altona), Telefon 040 385869, Mo-Mi 17–24, Do-Fr 12–24, Sa 16–24, So 15–24 Uhr, EC-Karte, VISA, Mastercard; Holstenstraße S 21, 31 Bus 3; blaue-blume-hamburg.de

FOTO: JULIA SCHUMACHER

VIP TESTER

Mathias Rüsch
Inhaber mattrs | Markenagentur
Getestet: Brüdigams, Blick

Lieblingsrestaurant Südhang. Da wird Gastro gelebt, seit ich als Student nach Hamburg gezogen bin. 10 Prozent Show – 90 Prozent Business – 100 Prozent authentisch.

Lieblingsbar 439. Willkommen bei denen, die anders sind.

Besondere Anlässe feiere ich am liebsten in … der Cucina d'Elisa. Support your local Tiramisu-Dealer!

Essen ist für mich … ein nicht immer freudvoller Moment, in dem der Anspruch und das Können des Kochs direkten Einfluss auf meine Sinne und meinen Körper nimmt.

Ein Leben ohne Gastro wäre … ein Leben, in dem ich selbst deutlich mehr Zeit in der Küche verbringen würde. So weit kein schlimmer Gedanke. Es würden aber viele kulinarische Überraschungsmomente und Inspirationen fehlen und die Freude, Gast zu sein, weil jemand anderes ein guter Gastgeber ist.

Zum Frühstücken gehe ich gern in … die Pastelaria Transmontana. Da will man morgens nichts von mir und das Reality-TV gibt's gratis.

Ein Tipp für Kaffee, Kuchen, Cupcakes? Irgendwo aufm Land, zum Beispiel in Appelbeck am See. Da reicht mir dann auch ein Kännchen Kaffee mit frisch gebackenem Butterkuchen.

VIP-TESTER
Mathias Rüsch

Blick | Fang & Feld

Soiree mit Atzenmucke

Beim Namen Fang & Feld weht einem ja gefühlt schon der frische norddeutsche Wind um die Nase. Dieser Eindruck bestätigt sich dann auch, wenn man auf der zugigen Plaza der Elbphilharmonie steht. Doch wie schon online bleiben wir auch vor Ort erfolglos. Kein Platz im Fang & Feld, vielmehr noch: überhaupt kein Fang & Feld. Dieses ist bis auf Weiteres Corona-bedingt geschlossen, was als Vermerk auf der Website oder bei „OpenTable" hilfreich gewesen wäre. Eigentlich nur als kurzer Aufenthalt zur Neuorientierung gedacht besuchen wir stattdessen das Blick, die Hotelbar des Westin, zu dem auch das Fang & Feld gehört. Eine dynamisch freundliche Empfangsdame bringt uns zu einem kleinen Tisch mit zwei Sesseln, von denen aus wir einen wunderschönen Blick über den Hamburger Hafen gen Osten haben. Daher also der Name. Der Blick fällt aber auch in die Karte, die dann nicht nur eine neugierig machende Kompilation aus klassischen Drinks und Signature Drinks enthält, sondern auch eine für eine Bar ungewöhnlich umfängliche Speisekarte. Noch in der Annahme, dass das Blick nur ein Stopover sein würde, bestellen wir je ein Glas Rosé-Champagner und dreierlei Brioche, die die Küche als gehobene Variante des Fischbrötchens kreiert. Diese weiß dann auch zu überzeugen, und insbesondere die Krabbenbrötcheninterpretation ringt uns ein zufriedenes Raunen ab. In Anbetracht der Tatsache, dass die Touristen, die außerhalb der großen bodentiefen Fenster auf der Elphi-Ballustrade entlangflanieren, waagerecht zur Seite stehende Frisuren haben, entschließen wir uns zu bleiben, und somit steht fest: Das Blick ist das neue Fang & Feld für diesen Abend. Nach zwei leckeren „Elphi Spritz" bestellen wir ein Carpaccio vom Rind und glasierte Rote-Bete-Gnocchi, die im gegebenen Rahmen das absolute Highlight sind. Eine Sinfonie der … UNZ UNZ UNZ UNZ UNZ … was ist das denn!? Tatsächlich hätten wir vom Ambiente über die kompetente und freundliche Bedienung bis hin zu den individuellen Speisen und Getränken nichts auszusetzen. Aber den Abend mit Atzenmucke von einem Spotify-Account zu untermalen, der nicht mal werbefrei ist, dreht ja wohl den Karajan im Grabe um.

AMBIENTE ●●●●○ SERVICE ●●●●●
KÜCHE ●●●●○ PREIS-LEISTUNG ●●●○○

€€€€ Platz d. Deutschen Einheit 2 (HafenCity), Telefon 040 8000103117, Mo-Do 11–24, Fr-So 12–24 Uhr, EC-Karte, VISA, Mastercard, Amex; Baumwall U3; fangundfeld.de/blick-bar

Mit dem Brüdigams hat gehobene Küche einen Anker in Eimsbüttel geworfen

FOTOS: PRIVAT (O.), MARC SILL (U.)

Brodersen

Man muss nicht jeden Trend mitmachen

Hach, sage ich zu mir selbst, als ich an einem nicht so gemütlichen Hamburger Abend das Brodersen in Rotherbaum betrete. Denn das altehrwürdige Restaurant liegt im Souterrain einer gut gepflegten Jugendstilvilla und bietet Hamburger Spezialitäten und Bodenständiges aus der Region an. Das Restaurant wirkt wie einer dieser Orte, die irgendwann einfach aufgehört haben, sich weiterzuentwickeln oder den nächsten Trend mitzumachen. Ich meine das durchaus positiv und voller Liebe für diesen Ort der soliden Gastlichkeit. Und viele andere scheinen das auch so zu sehen, denn das Restaurant ist gut besucht. Der Service ist aufmerksam und von spezieller Geschwindigkeit, denn heute Abend sind nur zwei Servicekräfte vor Ort, die ihren Job aber mehr als beherrschen und dabei immer sehr freundlich sind. Ich genieße die Kalbsleber mit Zwiebelringen, Apfelkompott und Kartoffelstampf (21,50 Euro). Das Gericht ist so lecker wie bodenständig – eben so wie das Brodersen in seiner Gesamtheit. Die Leber ist ganz leicht mit Mehl angestäubt und dann auf den Punkt gebraten, die Zwiebelringe nicht zu gering bemessen und der Kartoffelstampf mit viel Liebe und einer großen Portion Butter zubereitet. Zum Abschluss gibt es dann noch einen großen und leckeren Eierpfannkuchen mit einer Kugel Vanilleeis (7,50 Euro). Da kommen direkt wunderbare Kindheitserinnerungen auf. MH

AMBIENTE ●●●○○ SERVICE ●●●●○
KÜCHE ●●●●○ PREIS-LEISTUNG ●●●●○

€€€ Rothenbaumchaussee 46 (Rotherbaum), Telefon 040 458119, Mo-Fr 12–21, Sa 17–21, So 12–21 Uhr, EC-Karte, VISA, Mastercard; Hallerstraße U1, Dammtor S21, S31; restaurant-brodersen.de

VIP-TESTER
Mathias Rüsch

Brüdigams

Steckt da mehr drin, als man denkt?

Wenn man vorm Brüdigams im Eppendorfer Weg steht, wird man sich wohl denken, dass man es vielleicht erst mal ein paar Meter weiter in den von außen einladenderen Restaurants probiert. Doch steht man nicht ohne Grund vorm Brüdigams, denn entweder hat die Fernsehsendung „Mein Lokal, Dein Lokal“ oder der gute Ruf der gehobenen Bistro-Küche das Interesse geweckt. Und betritt man den Innenraum des Brüdigams, wird der Außeneindruck ordentlich konterkariert. Bei Google liest es sich so: „ein mit Kunst und farbigen Akzenten gestaltetes Lokal“. Und da sich über Kunst nun mal nicht streiten lässt, fälle ich kein Urteil, sondern vermerke nur, dass ich eine riesige ausgestopfte „Edelantilope“ an der Wand nicht zeitgemäß finde. Das tut der insgesamt gemütlichen und angenehm lebendigen Atmosphäre aber keinen Abbruch. Nach lockerem und fachkundigem Austausch mit der sehr freundlichen Bedienung entscheiden wir uns für ein Drei-Gänge-Menü, das man frei zusammenstellen kann. Das geht für einen geringen Aufpreis auch mit vier Gängen. Und überhaupt: „zweiundvierzigeurofünfzig“ ist für das, was uns erwartet, ein unschlagbarer Preis. Aber Vorsicht! Eine Rechnung lässt sich auch nach oben trinken. Das haben wir in Form von Crémant, Demeter Riesling, Rioja, Tawny Port, Espresso, Whiskey Sour und einem „Framboise“ getan. Man könnte fast sagen, dass dazu auch Essen gereicht wird, und zwar auf sehr ansehnliche Art und Weise. Das Gedeck und die Speisen sind optisch und haptisch absolute Spitzenklasse. Beim Geschmack sehen wir bei den Vorspeisen, einer Wildschweinpraline und einer kalt marinierten Dorade sowie bei den Hauptgängen, gebratenem Lachsforellenfilet mit Spargelrisotto, wildem Brokkoli und Trüffelmayonnaise sowie geschmortem Kalbstafelspitz von Peter's Farm mit buntem Mangold, Kartoffel-Spargelgratin und Rhabarberchutney Luft nach oben. Da man im Brüdigams aber so viel von Kulinarik

GASSENHAUR
RESTAURANT & BEISL

SERVUS, DIGGA!

Beste Schnitzel auf St. Pauli

gassenhaur.de

und Kreativität versteht, gehen wir hier mal von Tagesform aus. Das warme Schokoküchlein zum Dessert entzückt dann ohnehin alle Sinne.

AMBIENTE ●●●●○ SERVICE ●●●●●
KÜCHE ●●●●○ PREIS-LEISTUNG ●●●●○

€€€ Eppendorfer Weg 98 (Eimsbüttel), Telefon 0178 2107840, Di-Sa 17.30–23 Uhr, EC-Karte, VISA, Mastercard; Christuskirche U2; bruedigams.de

Cantine Papa Lisbeth

Die schickste „Kneipe" der Welt

Die Cantine Papa Lisbeth befindet sich in der Hamburger Altstadt, und es fällt schwer, sie in eine Schublade zu pressen. Kneipe, Bistro oder doch ein Restaurant? Die historische Deichstraße, nur einen Steinwurf von der Speicherstadt gelegen, verleiht der Location erst einmal einen speziellen Touch, der sich in der Inneneinrichtung wiederfindet. Grüne Fliesen mischen sich mit eher rustikalen Holzmöbeln, und dieser Stilbruch findet auf der Karte seine Fortsetzung. Die Makrele „Escabeche" (15 Euro) ist als Vorspeise ein Highlight und zeigt, dass der Küchenchef – dessen Großmutter Lisbeth für den Namen des Ladens verantwortlich ist – sein Handwerk versteht. Bei den Hauptgängen wird die Bandbreite der Ausrichtung dann deutlich: Der Kabeljau mit Tobiko-Kaviar (27 Euro) schwimmt auf hohem Niveau, während die Kalbsbulette mit hausgemachten Pickles (10,50 Euro) die gehobene Kneipen-Attitüde widerspiegelt und für kleinere Geldbeutel geeignet ist. Insgesamt ist die Kombination verschiedener Konzepte sehr spannend und das Essen im Großen und Ganzen hervorragend. Uns fehlt ein wenig die Wohlfühlatmosphäre, was in diesem Fall daran liegen mag, dass Vorspeise und Sylter Brot mit Olivenöl (5 Euro) erst auf Nachfrage kommen. Kneipe, Bistro oder Restaurant? Die Cantine Papa Lisbeth vereint sie alle, und auch wenn es kleinere Kritikpunkte gibt, spricht gar nichts dagegen, der selbst ernannten schicksten „Kneipe" der Welt einen Besuch abzustatten. GB

AMBIENTE ●●●○○ SERVICE ●●●○○
KÜCHE ●●●●○ PREIS-LEISTUNG ●●●○○

€€€ Deichstraße 32 (Altstadt), Telefon 040 36096767, Mo 12–15, Di-Fr 12–15, 18–21, Sa 17–21 Uhr, EC-Karte, VISA, Mastercard, Amex; Stadthausbrücke S1, S3; cantinepapalisbeth.de

Das Dorf

Authentisch, norddeutsch, Kult

„Can we buy this?" Der asiatische Tourist am Nebentisch hebt begeistert seinen Bierkrug in die Höhe. Erstaunlicherweise hat der Kellner sofort einen Preis parat – und sogar Packpapier. So was scheint hier häufiger zu passieren. Das Dorf in der Langen Reihe gilt schon so lange als Kultlokal, dass es längst in internationalen Reiseführern steht. An jedem zweiten Tisch des verwinkelten Souterrainrestaurants wird englisch gesprochen – und sich über ein authentisch norddeutsches Erlebnis gefreut. Dazu gehört frisch gezapftes Bier genauso wie ordentliche Portionen hochkalorischer Hausmannskost. Die Vorspeisen-Maultaschen (17,90 Euro) wären locker als Hauptgericht durchgegangen, und das Schnitzel mit Gurkensalat und Bratkartoffeln hätte notfalls auch für zwei gereicht (23,90 Euro). Doch während man den gut geklopften Wiener Klassiker jederzeit begeistert weiterempfehlen könnte, hinterlassen andere Gerichte leichte Enttäuschung: Das Lachstatar (12,90 Euro) etwa, bei dem der nicht mehr ganz frische Fisch trotz farbenfroher Salatbeilage eine traurige Figur abgibt. Leichte Küche ist hier vielleicht einfach nicht das Kerngebiet. Wobei viel Fett und Zucker nicht immer das Rezept für viel Genuss ist. Die Dessertvariationen (21,90 Euro) hätten jedenfalls von allem etwas weniger vertragen können. Aber das ist der Eindruck gesundheitsbewusster Hamburger. Der Tourist am Nebentisch bedankt sich überschwänglich für den „amazing" Abend und posiert noch schnell für ein Selfie. FT

AMBIENTE ●●●●○ SERVICE ●●●●○
KÜCHE ●●●○○ PREIS-LEISTUNG ●●●○○

€€€€ Lange Reihe 39 (St. Georg), Telefon 040 245614, Mo-Do, So 18–23, Fr-Sa 18–23.30 Uhr, EC-Karte, VISA, Mastercard; Hauptbahnhof alle Bahnlinien; restaurant-dorf.de

Edenhall

Das Edenhall im Wandel der Zeit

Ich kenne das Edenhall noch aus einer anderen Epoche und bin umso überraschter, wie sich diese Institution in Winterhude transformiert hat. Regionale Küche, viele Specials – zum Beispiel eine monatlich wechselnde Sonderkarte mit einem bestimmten Motto – und lokales Bier von Kehrwieder und Wildwuchs. Letzteres spricht mich als passionierter Biertrinker besonders an. Eine wirklich tolle Vielfalt an Speisen und Getränken erwartet mich an einem Donnerstagabend. Im Inneren ist diese Gaststätte immer noch so rustikal und authentisch wie schon vor 30 Jahren. Das Personal ist aufmerksam und ebenso kompetent wie nett. Ich lasse mir das Kalbsschnitzel (25,50 Euro) mit einer leicht scharfen Wasabi-Panade schmecken. Dazu wird ein leckeres Kartoffelpüree serviert, und richtig Schärfe bringt der Guinness-Senf ins Essen. Genau mein Ding! Ich nehme mir jetzt schon vor, beim nächsten Besuch auf jeden Fall einmal die „Dreierlei Käseauswahl" (10,50 Euro) zu probieren, denn die scheint etwas ganz Besonderes zu sein. Das Edenhall bezieht, wie viele Sterneköche, seinen Käse ausschließlich von der „Fromagerie Antony", ansässig in Vieux-Ferrette im Elsass. Außerdem gibt es im Onlineshop vom Edenhall viele leckere Sachen, die selbst eingeweckt werden, und alle Speisen sind auch in Mehrwegverpackungen für zu Hause erhältlich. Hier hat sich jemand wirklich viele Gedanken über ein gastronomisches Rundum-Erlebnis gemacht. MH

AMBIENTE ●●●●○ SERVICE ●●●●●
KÜCHE ●●●●● PREIS-LEISTUNG ●●●●○

€€€ Barmbeker Straße 47 (Winterhude), Telefon 040 73435550, Di-So 17–23 Uhr, EC-Karte, VISA, Mastercard, Amex; Hans-Henny-Jahnn-Weg Bus 6, Bus 17; edenhall-hamburg.de

In der Cantine Papa Lisbeth werden gern mal die Messer gewetzt

FOTO: MARC SILL

Darf es eine farbenfrohe und frische Bowl sein? Dann ab ins Eimsdock

Eimsdock

So geht Stadtteilbar

Das Team der Q-Bar hat 2021 eine zweite Bar eröffnet. Das erklärt die umfangreiche Cocktailkarte. Das Eimsdock setzt aber eigene Akzente: Hier soll sich der Stadtteil zu Häppchen und Feierabendbier treffen. Das Ambiente ist reduziert-aufgeräumt und gleichzeitig gemütlich. Eine durchgehende Bank und bequeme Stühle sorgen für eine entspannte Atmosphäre. Im Außenbereich sitzt man an einer stark befahrenen Straße, aber die kleine Abgrenzung und der breite Gehweg sorgen für ein Minimum an Distanz zu Abgasen und Fahrzeuglärm. Die einzige Servicekraft ist freundlich und kompetent. Es wird geplaudert, aber nie aufdringlich. Das Glas Zweigelt (0,2 l 4,90 Euro) kann nicht ganz überzeugen. Die Flasche ist schon seit einiger Zeit geöffnet, und es fehlt an Fruchtigkeit und Frische. Allerdings muss man an einem Donnerstagabend damit rechnen. Das perfekt gezapfte große Pilsner Urquell (5,20 Euro) und die Maracuja-Saftschorle (3,90 Euro) entschädigen umgehend. Auf der Karte stehen neben Salaten und Desserts „feine Happen" und „Hamburger Originale". Die Mengen sind überschaubar, und alles kommt gleichzeitig an den Tisch. Das hausgebackene Brot mit Aioli (3,90 Euro) entpuppt sich als einige dünne, geröstete Baguette-Scheiben mit einem leichten Dip. Das bekommt man anderswo umsonst. Die Falafelbällchen in Tomaten-Basilikum-Soße (5,90 Euro) sind knusprig-fein. Das Rundstück mit Matjesfilet, karamellisiertem Apfel und roten Zwiebelringen (7,50 Euro) setzt einen kreativen Akzent, wobei die Remoulade wie auch beim Labskaus besser extra gereicht werden sollte. Das Labskaus mit Glückstädter Matjesfilet (13,80 Euro) ist tadellos gelungen, aber die Portion für den Preis zu klein. Allerdings hat Regionalität und Bio-Qualität eben ihren Preis, und so verabschieden wir uns zufrieden mit einem finalen Aquavit (3 Euro) in den Abend. DS

AMBIENTE ●●●●○ **SERVICE** ●●●●●
KÜCHE ●●●●○ **PREIS-LEISTUNG** ●●●○○

€€ Lappenbergsallee (Eimsbüttel), Telefon 040 20911742, Di-Do 17–24, Fr-Sa 17–1 Uhr, nur Barzahlung; Osterstraße U2; eimsdock.de

FOTO: MARC SILL

Flickenschildt

Kneipe mit Hausmannskost

Wie eine Schankwirtschaft aus einer längst vergessenen Zeit mutet das Flickenschildt am Mundsburger Damm in Uhlenhorst an. Mehr Kneipe als Restaurant, ich nenne es einfach mal Gaststätte. Der Empfang ist warmherzig, und der reservierte Tisch wird uns direkt zugewiesen. Etwas düster ist es im Flickenschildt, das sich übrigens direkt gegenüber vom Ernst Deutsch Theater befindet und vermutlich schon Tausende Besucher, aber auch jede Menge Schauspieler bewirtet hat. Die Speisekarte zählt an die 15 Gerichte, und alle kann man getrost der gutbürgerlichen Küche zuordnen. Die Bratkartoffeln eilen ihrem Ruf voraus und eine passende Vorspeise kann ich ohnehin nicht für mich entdecken, daher entscheide ich mich direkt für das Roastbeef (21,80 Euro) mit ebenjener Beilage. Die Bratkartoffeln sind knusprig, und das Fleisch hat einen guten Gargrad und sieht dementsprechend rosa aus. Abzüge gibt's für den Salat, der sicherlich nicht frisch angerichtet ist und vielmehr einer Plastiktüte entstammt und mit Analogkäse garniert ist. Dieser Käse findet sich auch zusammen mit grüner Paprika auf dem Roastbeef wieder – sehr seltsam, und so muss ich das Fleisch erst einmal davon befreien. Als Absacker wird für die Begleitung und mich von der wirklich sehr netten Bedienung ein Aquavit serviert, und das ist hier im Flickenschildt sicherlich nicht das unüblichste Getränk. MH

AMBIENTE ●●●○○ SERVICE ●●●●●
KÜCHE ●●○○○ PREIS-LEISTUNG ●●●○○

€€ Mundsburger Damm 63 (Uhlenhorst), Telefon 040 2205152, Mo-So 17–22 Uhr, EC-Karte, VISA, Mastercard; Mundsburg U3; flickenschildt.com

Freudenhaus St. Pauli

Kann denn Labskaus Sünde sein?

Im Herzen von St. Pauli betreten wir das Freudenhaus – dessen Name nicht zu viel verspricht. Von den Wänden werfen uns leicht bekleidete Damen frivole Blicke zu, von der Decke blickt ein goldener Amor zu uns herab. Wir nehmen Platz auf den in roten Samt gehüllten Sitzmöbeln. Während dampfende Teller an uns vorbei getragen werden – das Schnitzel sieht hier richtig lecker aus –, schauen wir in die Speisekarte, die uns direkt zum Schmunzeln bringt. Neben „Sündigem Fleisch" und „Dicken Möpsen" finden wir den „Vorfreudenschmaus", der – richtig – unsere Vorspeise wird. Der Schmaus ist in diesem Fall Labskaus mit Gabelrollmops und gebratenen Wachteleiern (13,50 Euro). „Aber nicht beschweren, wenn euer Essen kalt wird", scherzt unsere herzliche Bedienung, während wir die hübsch angerichteten Teller fotografisch festhalten. Weiter zu den Hauptgerichten. Zum einen wählen wir den „Olivia Jones" Spanferkelbraten auf Weißbiersoße, Sauerkraut und Serviettenknödeln (22,50 Euro). Der könnte weitaus saftiger sein. Immerhin: Das mit Senf angemachte Sauerkraut begeistert uns. Zum anderen gibt es das Kalbsschnitzel „Kalle" mit Bratkartoffeln und Salat (17,50 Euro). Hätten wir uns mal für die große, statt die kleine Portion entschieden, denn „Kalle" schmeckt einfach nur großartig. Übrigens: Für die typisch deutsche Küche im Freudenhaus werden Produkte von regionalen Bauernhöfen verarbeitet, was uns den Besuch noch mehr genießen lässt. Zum Schluss gönnen wir uns selbst gemachte Hamburger Rote Grütze mit Vanilleeis (7 Euro). Die großen, saftigen Beeren und Kirschen zerplatzen wunderbar im Mund – perfekter Abschluss dieses sündigen Abends. FH/JT

AMBIENTE ●●●●○ SERVICE ●●●●●
KÜCHE ●●●○○ PREIS-LEISTUNG ●●●●○

€€€ Hein-Hoyer-Straße 7-9 (St. Pauli), Telefon 040 314642, , EC-Karte, VISA, Mastercard, Amex; Davidstraße Bus 16; stpauli-freudenhaus.de

Gassenhaur

Wiener Schnitzel ohne Wiener Schmäh

Es geht rustikal zu im Gassenhaur auf St. Pauli. Bei österreichischer Hausmannskost im Hüttenambiente fühlen wir uns wie in den Bergen. Mit der Standardbegrüßung „Mein Kleiner", „Ihr Lieben" oder „Hallöchen" bringt das resolute Personal mit Kiez-Charme uns schnell auf den Boden der Reeperbahn zurück. Das Gassenhaur öffnet um 17 Uhr und ist ideal, um vor dem Theater essen zu gehen. „Passt schon." Nur leider heute nicht an unserem Tisch. Während an den Nachbartischen, die zeitgleich bestellen, schon die Hauptspeise abgeräumt wird, kommen nach 45 Minuten unsere Vorspeisen. Was hier so lange gedauert hat? An der komplizierten Würzung des Kalbstatars (15,50 Euro) jedenfalls kann es nicht gelegen haben. Dieses ist eher blass und fad. Die Kasnudeln (12,50 Euro) hingegen schmecken ausgezeichnet, liegen warm und schlotzig in einem klaren Tomatensud mit Bärlauch-Dip und frischen Kräutern. Das Wiener Kalbsschnitzel (26 Euro) mit zwei Beilagen nach Wahl könnte knuspriger sein. Die gesottenen Scheiben vom Bio-Galloway-Rind mit Meerrettichsoße (25,50 Euro) kommen zart und aromatisch daher. Die bunten Rüben sind als Beilage optisch und geschmacklich perfekt. Gern hätten wir noch den Kaiserschmarrn verkostet. Aber dazu reicht die Zeit nicht. Das Theater ruft. Schade, hatte der Service doch für das erste Seating von 17 bis 19 Uhr mit forschem Druck bei der Bestellung Tempo gemacht. So verlassen wir ohne Dessert und Kaffee etwas gehetzt das Gassenhaur. Trotzdem: Schee war's. WIE

AMBIENTE ●●●●○ SERVICE ●●●○○
KÜCHE ●●●●○ PREIS-LEISTUNG ●●●○○

€€€ Kastanienallee 32 (St. Pauli), Telefon 040 311231, Mi-So 17–23 Uhr, EC-Karte; Reeperbahn S1, S2, S3; gassenhaur.de

Goldbach

Nobel für jedermann

Wow, wow, wow! Was Gastronom Dieter Kasischke aus der ehemaligen Haspa-Filiale gemacht hat, beeindruckt: Der großzügige Raum am Rathausmarkt beherbergt jetzt eine elegante Brasserie im Art-déco-Stil. Samtige Bänke, viel Gold, nobles Dunkelgrün und Ölbilder, die an die goldenen Zwanziger erinnern. Oder wie Kasischke, der auch die Daniel-Wischer-Restaurants betreibt, es selbst beschreibt: „Ich wollte etwas Nobles schaffen, aber es soll trotzdem ein Restaurant für jedermann sein." Tatsächlich werden hier Touristenfamilien

Das Flickenschildt macht auf Schankwirtschaft

FOTO: MARC SILL

BLICK
EIN ORCHESTER FÜR DIE SINNE.
Folgendes Szenario:
Sie gönnen sich ein Glas Champagner und beißen in eine bodenständige Krabben-Brioche im The Westin Hamburg in der Elbphilharmonie. Sie lassen den Blick schweifen. Sie schauen über die Dächer der puristischen Hafencity-Gebäude und beobachten faszinierende Schiffe auf der Elbe. Sie haben Gänsehaut, schließen die Augen und sind stolz, Hamburger zu sein.
Ein facettenreiches Menü, von der Elbphilharmonie inspirierte Cocktails und eine kosmopolitische Atmosphäre - hier entdecken Sie Hamburg neu.
BLICK
The Westin Hamburg
BLICK, 8. Etage
Platz der Deutschen Einheit 2
20457 Hamburg
IG: @blick_hamburg
W: www.blick-hamburg.de

Optisch stimmt's im Heimatjuwel, es gibt aber kulinarisch noch Luft nach oben

in Funktionsjacken mit der gleichen Herzlichkeit begrüßt wie Geschäftsleute im Anzug. Beim Essen spürt man das Versprechen des „für jedermann" dann allerdings auf weniger angenehme Weise. Das Rote-Bete-Carpaccio mit lauwarmem Halloumi (12,50 Euro) schmeckt bestenfalls gewöhnlich. Der Lachs vom Grill (19,50 Euro), den mein Begleiter als Hauptgang bestellt, ist ordentliche Mittelklasse, der gegrillte Thunfisch (23 Euro) mit knuspriger Sesamkruste sowie Zucchininudeln nur vorsichtig spannender. Erstaunlich auch, dass es kein einziges vegetarisches Hauptgericht gibt. „Aber die Karte wird bald überarbeitet", erklärt unsere entwaffnend charmante Kellnerin schuldbewusst. Kurz darauf errötet ihre Kollegin vor Begeisterung, als sie ein Nougatdessert beschreibt, das nicht auf der Karte steht. Klar wollen wir das! Leider war auch hier die Erwartung größer als das, was am Ende am Tisch ankam (eine Art Mousse au Chocolat mit leichter Haselnussnote). Aber für jedermann dürfte es gereicht haben. FT

AMBIENTE ●●●●● SERVICE ●●●●●
KÜCHE ●●●○○ PREIS-LEISTUNG ●●●○○

NEU! €€€ Rathausmarkt 17 (Altststadt), Telefon 040 3750391, Mo-Sa 12–22 Uhr, EC-Karte, VISA, Mastercard; Rathaus U3, Bus 117; goldbach-restaurant.de

Heimatjuwel

Kraut & Rüben mit Natursekt

Solch prickelnde Angebote kommen bei einer neuen Beziehung meist nicht schon in den ersten fünf Minuten: „Wie wär's mit einem Gläschen Natursekt zum Aperitif?", fragt uns die flink-freundliche Kellnerin. Derartige sinnliche Vorlieben hätten wir nicht beim primär vegetarisch-nachhaltig-regionalen Fine Dining im Heimatjuwel in Eimsbüttel, sondern eher in einem Etablissement an der Herbertstraße erwartet. Nun, pervers sind immer die, die darüber lachen. Verdrängen wir also lieber tiefergehende Gedanken und staunen über die Quitten- und Äppelwoi-Aromen des trüb, aber ganz von selbst perlenden Pétillant Naturel-Sekts, jenem von Kennern „Pet Net" abgekürzten neuen heißen Scheiß der Ökowinzer-Szene und von Marcel Görke für 11 Euro das Glas ausgeschenkt. Heimatjuwel ist der Traum vom eigenen Restaurant, den sich Görke nach vielen Jahren als Sous- und Küchenchef diverser Sternelokale 2016 erfüllt hat. Seine lange Koch-Reise weg vom Luxusprodukt hin zu nachhaltigen Lebensmitteln gipfelt nun darin, dass nur noch einer der fünf oder sechs Gänge seines Menüs (79/89 Euro, kein à la carte) Fleisch enthält – das butterzart geschmorte Kalbsbäckchen auf Sellerie-Chutney mit großartiger Jus, Schlehencreme und einem winzigen Kartoffelklecks. Generell ist Görke noch voll im Sternemodus: außer dem Kohl-Sauerteig-Brot zum Einstieg keinerlei Sättigungsbeilagen; übersichtlich dekorierte Teller; teilweise aufwendige Bearbeitung der Grundprodukte. Nach den etwas belanglosen Petit Fours sind wir satt und lassen nochmals die Highlights am geistigen Auge vorbeiziehen: die auf der Zunge prickelnden Steckrüben-Macarons zum Topinambur-Cappuccino-Shot, der Buttermilch-Espuma zum pochierten Eigelb, die Spitzkohl-Gyozas im tiefwürzigen Zwiebelfond und ein perfekter Molekularküchen-Gaumen-Traum mit mildem, schnittfestem Ziegenkäse-Espesante, Balsamico-Kaviar, Cerealien-Chip, Sauerrahm-Nocke und sauerfrischem Sanddorn-Relish. Eine Schöpfungshöhe, die von den anderen Gängen leider nirgendwo erreicht wird. Schon gar nicht von dem nur optisch ansprechenden Teller „Karotte | Pfeffer | Vadouvan", eine in unanständig viel Fett schwimmende Möhre, die Görke erst dehydrierte und dann rehydriert schmorte. Nach solch tagelanger Prozedur muss die Wurzel deutlich intensiver schmecken. Tut sie aber nicht, und auch sonst stellen wir am Ende eines von Kaltlicht-Spotstrahlern ausgeleuchteten Abends im schmucklosen Souterrain mit Pobackenschmerzen von harten, wackligen Bistro-Folterstühlen fest: Görkes Weg hat das richtige Ziel, er wird aber noch ein weiter sein. PESI

AMBIENTE ●●○○○ SERVICE ●●●●○
KÜCHE ●●●●○ PREIS-LEISTUNG ●●●●○

€€€€ Stellinger Weg 47 (Eimsbüttel), Telefon 040 42106989, Mi 18–23, Do-Sa 17.30–23.30 Uhr, EC-Karte, VISA, Mastercard; Lutterothstraße U2; heimatjuwel.de

Hobenköök

Chapeau!

Zwischen rustikalem Marktgemenge und offener Küche nehmen wir in einer großen Halle am Oberhafen an einem schönen Holztisch Platz. Eine hausgemachte Limo mit Beeren und Minze und ein hausgemachter Zitroneneistee (je 4,90 Euro) sind der fruchtige Anfang eines schönen Abends. Rindertatar mit grüner Kräutertunke, Buttermilch-Apfel-Schwarzbrot und Gemüsepickles (14,90 Euro) und gebackene Seitlinge mit Olivenkraut, Steinchampignoncreme mit Sojasoße und Käsebrocken (12,90 Euro) bilden die unfassbar leckeren Vorspeisen. Zum Hauptgang hat uns der gut geschulte Service zwei Weißweine empfohlen, die den Geschmack vom gerösteten Wirsingkohl mit Hirtenkäse, Kürbis und Roggensauerteig-Knusper (18,90 Euro) und auch den des Kabeljau mit Süßkartoffel (26,90 Euro) wunderbar begleiten. Die nordische Käseauswahl mit Apfel-Birnen-Chutney, Käsestangen und hausgebackenem Früchtebrot (14,90 Euro) sind dann ein gelungener Abschluss. In der Hobenköök stimmt alles, das lässig-lockere Ambiente paart sich toll mit dem hohen Anspruch an regionale und saisonale Kulinarik. Geschmacklich sind allerdings besonders die verschiedenen Brotvariationen der Vor-, Haupt- und auch Nachspeise hervorzuheben. Auch Brot muss man können, daher: Chapeau, Hobenbrood! IR

AMBIENTE ●●●●● SERVICE ●●●●○
KÜCHE ●●●●● PREIS-LEISTUNG ●●●●○

€€€€ Stockmeyerstraße 43 (HafenCity), Telefon 040 22865538, Mo-Sa 9–23 Uhr, EC-Karte, VISA, Mastercard, Amex; HafenCity Universität U4; hobenkoeoek.de

Kleinhuis Hotel Mellingburger Schleuse

Gediegen speisen am Alsterlauf

Bei Alsterkilometer 33,9 in Sasel steht das mit Reet gedeckte Schleusenmeisterhaus der Mellingburger Schleuse. 1717 als Gasthaus für Treidelschiffer erbaut, zählt es heute, zusammen mit der Schleuse, zu den Kulturdenkmälern Hamburgs. Gemeinsam mit anderen Gebäuden bildet es das Kleinhuis Hotel Mellingburger Schleuse. Wer jetzt an ein einfaches Speiselokal denkt, dem sei Folgendes

FOTO: MARC SILL

Aber bitte mit Spiegelei: Im Kleinhuis geht's gern mal deftig zu

gesagt: Bei schönem Wetter hat man von der angebauten Terrasse einen wunderbaren Blick über den Alsterlauf, aber so zu speisen wie im Hotelrestaurant hätte sich ein einfacher Treidelschiffer nie zu träumen gewagt. Der Rotkohlsuppe mit saurer Sahne und geräucherter Forelle (9,50 Euro) attestiert die weit gereiste Mittesterin, sie sei die „vielleicht beste Suppe, die ich je gegessen habe". Das Carpaccio vom geräucherten Thunfisch (12,50 Euro) ist hauchzart aufgeschnitten, und die Iberico- Schweinebäckchen in zünftiger Madeirasoße (26,50 Euro) zerschmelzen regelrecht auf der Zunge. Das Flanksteak (32,50 Euro) ist ebenfalls sehr gut, wird aber ungebeten medium gebraten serviert und die Sauce béarnaise auf dem grünen Spargel hätten wir gern in einer Sauciere gehabt. Das Trüffelaroma beim Kartoffel-Trüffelpüree vermögen wir kaum wahrzunehmen. Diese wenigen Anmerkungen scheinen uns angemessen, angesichts des gehobenen Preisniveaus. Die Weinkarte ist umfassend, und die Bedienung weiß eine treffsichere Empfehlung auszusprechen. BIE

AMBIENTE ●●●●○ SERVICE ●●●●○
KÜCHE ●●●●○ PREIS-LEISTUNG ●●●○○

€€€€ Mellingburgredder 1 (Sasel), Telefon 040 61139150, Mo-Fr 17–21, Sa-So 12–21 Uhr, EC-Karte, VISA, Mastercard, Amex; Hamburg-Poppenbüttel S1; mellingburgerschleuse.de

FOTO: KLEINHUIS

60 JAHRE
GROSSMARKT HAMBURG

Wolfs Junge, das Biorestaurant Hamburgs

Genießen Sie unsere konsequent nachhaltige Kochkunst. 100 Prozent Bioqualität von ausgewählten Höfen aus dem Norden. Alles aus eigener Herstellung und mit Liebe zum Handwerk zubereitet. Ihr Besuch ist immer ein Erlebnis nachhaltiger Genusskultur.

BIO

Wolfs Junge

Zimmerstrasse 30 | 22085 Hamburg-Uhlenhorst
Tel.: 040/209 651 57 | restaurant@wolfs-junge.de
www.wolfs-junge.de

Krameramtsstuben

Zeitreise ins 17. Jahrhundert

Labskaus direkt am Michel – das klingt erst mal nach einer Touristenfalle. Aber wir können Entwarnung geben! Ein Besuch im Restaurant Krameramtsstuben fühlt sich vielmehr an wie eine Reise in Hamburgs Vergangenheit. In der historischen Gasse Krayenkamp, an deren Ende sich das Restaurant befindet, lebten einst die Witwen vom Krameramt. Die Fachwerkhäuser bilden heute die letzte geschlossene Hofbebauung des 17. Jahrhunderts in Hamburg und stehen unter Denkmalschutz. Die Atmosphäre ist hier wirklich unbezahlbar – egal, ob man einen der Außenplätze ergattert oder in den stilvoll, mit antiken Möbeln und Bildern dekorierten Gasträumen Platz nimmt. Und das Essen kann mithalten. Neben Hamburger Klassikern wie eben Labskaus, Aalsuppe, Matjesfilet oder Pannfisch gibt es Gerichte, die von der modernen deutschen Küche inspiriert sind, und von denen wollen wir heute kosten. Die mit cremigem Spitzkohl und gekräutertem Kartoffelstampf servierte Maishähnchenbrust (20,90 Euro) ist saftig und zart, und auch an dem gebratenen Zanderfilet auf buntem Gemüsebett mit Weißweinsoße und Erbsen-Reis (21,90 Euro) stimmt einfach alles. Zum Nachtisch gibt es einen „Schokotraum", der seinem Namen alle Ehre macht: ein warmer Schokoladenkuchen mit Vanilleeis und Cassissauce (9,50 Euro). Der aufmerksame und kompetente Service machen unsere kleine Zeitreise perfekt. NW

AMBIENTE ●●●●● SERVICE ●●●●○
KÜCHE ●●●●○ PREIS-LEISTUNG ●●●●○

€€€ Krayenkamp 10 (Neustadt), Telefon 040 365800, Mo-So 12-24 Uhr, EC-Karte, VISA, Mastercard, Amex; Stadthausbrücke S1,S3, Rödingsmarkt U3; krameramtsstuben.de

Lemsahler

Neu und doch etwas in die Jahre gekommen

Das Steigenberger Hotel Treudelberg wurde fast ein Jahr mit großem Aufwand saniert und Anfang März 2020, kurz vor Ausbruch der Corona-Pandemie, neu eröffnet. Neben den Zimmern und Suiten wurde auch das hoteleigene Restaurant Lemsahler komplett neu gestaltet. Nun gab es im Frühjahr 2022 also noch einmal eine Art Neueröffnung. Im Inneren des Restaurants hat man einen tollen Blick auf den angrenzenden Golfplatz und einen künstlich angelegten Teich. Das Interior ist gediegen, fast schon bieder. Die Bedienung ist aufmerksam, aber ich bemerke eine konstante Unbeholfenheit und Unsicherheit. Diese äußert sich besonders stark beim Tranchieren des Tomahawk-Steaks für zwei Personen (54 Euro pro Person). Der Vorgang dauert fast fünf Minuten, und ich sehe die Kerntemperatur des Fleisches dahinschwinden. Die Beilagen sind üppig bemessen, so kommen sogleich Sauce béarnaise, Trüffeljus, Sour Cream, gebratener grüner Spargel, buntes Pfannengemüse, Ofen- und Rosmarinkartoffeln auf den Tisch. Bei dieser umfangreichen Auswahl hätte ich mir durchaus die Vorspeise, ein Jakobsmuschel-Carpaccio (15,50 Euro) mit Gartenkräutersalat, sparen können. Das war raffiniert angerichtet, hatte aber auch einen kleinen Wermutstropfen, denn im Salat knirschte stets etwas Sand mit. Bei einem so feinen Essen ein No-Go. MH

AMBIENTE ●●●○○ SERVICE ●●●○○
KÜCHE ●●●○○ PREIS-LEISTUNG ●●●○○

€€€€ Lemsahler Landstraße 45 (Lemsahl-Mellingstedt), Telefon 040 608228712, Di-Sa 18-22 Uhr, EC-Karte, VISA, Mastercard, Amex; Ödenweg Bus 176, Bus 276; steigenberger.com

Lenz

Himmel und Erde im Norden

Für die bodenständige, regionale und kreative deutsche Küche des Restaurant Lenz nehmen wir die lange Anfahrt vom Osten Hamburgs nach Duvenstedt in Kauf. Schließlich ist unser Ziel der Testsieger vom letzten Jahr, und sein guter Ruf eilt ihm voraus. Schon beim Betreten fühlen wir uns sofort wohl. Wir werden freundlich empfangen und zum vorbestellten Tisch geführt. Kein übermäßiger Schnickschnack, sondern eine klare, klassisch moderne Einrichtung und sehr freundliches, aber nicht aufdringliches Personal sorgen für eine angenehme Atmosphäre. Nach einem Glas Prosecco bestellen wir ein leckeres Carpaccio vom Rind mit Parmesan, Rucola und reichlich Trüffel (18,50 Euro) und eine Buchweizensuppe mit Bärlauch und Wachtelei (11,50 Euro). Eingestimmt auf die regionale Küche gibt es als Hauptgang Grützwurst mit Rosinen, Apfelkompott und Kartoffelstampf (16,50 Euro). „Himmel und Erde", wie es zu unserer Kinderzeit hieß. Sehr lecker! Die geschmorten Kalbsbäckchen mit Kräutersaitlingen und Röstzwiebelstampf (29,50 Euro) zerfallen auf der Zunge – die Portion hätte glatt ein klein wenig größer ausfallen dürfen. Eine Crème brûlée mit Mango (12,50 Euro) und eine Kugel Lenz-Brownie-Eis lassen diesen entspannten Abend ausklingen und uns mit einem wohligen Gefühl die Heimfahrt antreten. AS

AMBIENTE ●●●●○ SERVICE ●●●●●
KÜCHE ●●●●○ PREIS-LEISTUNG ●●●●○

TESTSIEGER 2021 €€€ Poppenbütteler Chaussee 3 (Duvenstedt), Telefon 040 60558887, Mo 12-14.45, 17.30-23, Do-Sa 12-14.45, 17.30-23, So 12-23 Uhr, EC-Karte, VISA, Mastercard, Amex; Lohe Bus 176; restaurant-lenz.de

Literaturhauscafé

Prachtvolles Ambiente und gehobene Hausmannskost

Schon die Außenansicht des Literaturhauscafés ist beeindruckend, besonders sticht der Wintergarten hervor, der – von Büchern umgeben – jedes Bücherliebhaber-Herz höher schlagen lässt. Wir sind aber nicht wegen der Bücher, sondern für das Essen hier. Daher bahnen wir uns den Weg zu dem prunkvollen Saal. Hohe Decken, große Fenster, Kristallkrohnleuchter von der Decke hängend. Ein weiterer Blick hoch zur Decke lohnt sich, denn die wird von einem riesigen Engels-Deckengemälde verziert. Sicher betritt Sissi gleich den Saal ... Tischdeko und Menükarten sind leider weniger pompös – über die weißen Tischtücher sind weiße Papierdecken gelegt, die Karte ist auf einem dünnen DIN-A4-Blatt ausgedruckt. Wir entscheiden uns für die Currywurst, die mit Pommes und Trüffelmayonnaise serviert wird (14,50 Euro) und einen Backhändl-Feldsalat (20,90 Euro) und sind sofort versöhnt. Dessert ist aus, weil es keine Mascarpone mehr gibt. Ein Stück Kuchen,

FOTO: PHILIPP SCHMIDT

Lässige Bar-Atmosphäre herrscht im Markt Koenig, nicht weit von der Feldstraße entfernt

der in der Auslage sehr gut aussieht, wäre mir nach dem Mittagessen allerdings zu mächtig gewesen. Deswegen schwingen wir uns nach einem Cappuccino (3,60 Euro) auf unsere Räder und fahren einmal um die Alster. KS

AMBIENTE ●●●●○ SERVICE ●●●○○
KÜCHE ●●●○○ PREIS-LEISTUNG ●●○○○

€€€ Schwanenwik 38 (Uhlenhorst), Telefon 040 2201300, Mi-So 9.30–18 Uhr, EC-Karte; Averhoffstraße Bus 6, Bus 17; literaturhauscafe.de

Markt Koenig

Entspannt und lässig

Geradezu sonderbar, dass sich das Markt Koenig so gemütlich anfühlt, ist es doch laut und voll, mit hohen Betondecken im alten Industrie-Style – die Hamburger Rindermarkthalle eben. Aber schön. Das Markt Koenig ist ein Garant, risikofrei jeden kulinarisch zufriedenzustellen, ohne dabei arm zu werden. Der Service ist unkompliziert und freundlich, die Atmosphäre zwanglos, die Speisekarte macht glücklich – Veganer (Kichererbsen Buddha Bowl für 13,90 Euro) ebenso wie knallharte Fleischverfechter (etwa mit der Megaportion Spareribs für 19,50 Euro). Für die gemäßigte Mitte gibt es eine tolle Auswahl an Burgern (der große Chicken Burger 10,90 Euro) mit hausgemachten Pommes (5 Euro). Elegant und für den kleinen Hunger gibt es den in Johannisbeersaft und Gin gebeizten Lachs auf Spinat für gute und günstige 10,90 Euro. Auch für Familien ist das Markt König – zum Beispiel nach dem Dom-Besuch – eine gute Idee, weil die (etwas größeren) Kids draußen auf dem Vorplatz tollen können. Für die Kleinen gibt es drinnen Malsachen, und falls einem Zwerg doch mal so richtig die Geduld ausgehen sollte, stört das hier niemanden. Entspannt halt. CO

AMBIENTE ●●●●● SERVICE ●●●●●
KÜCHE ●●●●● PREIS-LEISTUNG ●●●●●

€€ Neuer Kamp 31 (St. Pauli), Telefon 040 43096135, Mo-Do 10–23, Fr-Sa 10–24, So 10–23 Uhr, EC-Karte, VISA, Mastercard; Feldstraße U3; markt-koenig.de

Marktplatz

Tafelspitz meets Martinsgans

Wer sich fragt, wo die Zeit geblieben ist, sollte mal im Restaurant Marktplatz nachsehen. In jenem hübschen Fachwerkhaus, Nienstedten Downtown, scheint sie stehen geblieben. Kontinuität hat was Verlässliches – das schätzen viele, andere mögen Wandel. Davon könnte die Karte tatsächlich eine Spur mehr vertragen. Im Frühjahr ist die Martinsgans noch gelistet, die Vierländer Ente hat hier ganzjährig Tradition, der gute alte Tafelspitz kann als Brühe oder klassisch geordert werden. Und die süße Krönung? Rote Grütze, na logisch. Die Küche beherrscht solche Hausmannskost, keine Frage. So schmeckt die Lammkeule mit Bohnen und Kartoffelgratin (25,50 Euro) ebenso wie die Ente mit Rotkohl und Knödel (26,50 Euro). Auch das Interieur (weiß gelacktes Gebälk, rote Fliesen, schlichte Holzmöbel) bleibt resistent gegen zeitgenössische Ticks und Trends. Dem Ruf des Hauses für familiäre Festivitäten tut dies keinen Abbruch. Der Service ist gut, der einzige Fauxpas geht aufs Konto der Chefin: Sie lässt ihrer fleißigen Mitarbeiterin die außer unserem Sohn auch der mäßig hungrigen Mama zugestandene Kinderportion Wiener Kalbsschnitzel nicht durchgehen. Erwachsene dürften nur zwischen „normaler" und „kleiner" Variante wählen. Die Arme muss uns die strenge Direktive versuchen beizubringen. Da lässt sich Mama das Schnitzelchen längst munden. Sechs Euro Aufpreis bitte, dafür werde Gurkensalat nachgereicht. Der ist klasse. Souverän geht aber anders. MO

FOTO: MARKT KOENIG

RESTAURANT
STÜFFEL

Restaurant STÜFFEL
Isekai 1
20249 Hamburg
Tel.: 040 / 609 0205-0
www.restaurantstueffel.de

Jetzt NEU

Im Handel
oder online über
shop.szene-hamburg.com

AMBIENTE ●●●○○ **SERVICE** ●●●○○
KÜCHE ●●●●○ **PREIS-LEISTUNG** ●●●○○

€€€ Nienstedtener Marktplatz 21 (Nienstedten), Telefon 040 829848, Mi-Sa 18–22, So 12.30–21 Uhr, EC-Karte, VISA, Mastercard, Amex; Nienstedtener Marktplatz Bus 392; marktplatzrestaurant.de

Nagel

Das „Nagel" trifft nicht auf den Kopf

Gegründet 1848, könnte die Inneneinrichtung der Bodega Nagel tatsächlich in Teilen noch aus dieser Zeit stammen: holzvertäfelte Wände, Kitsch und Kunst aus vielen Jahrzehnten. Der erste Blick in die Speisekarte lässt auf traditionsgerechte, norddeutsche Küche hoffen: Labskaus (11,90 Euro), Pannfisch (14,20 Euro), Bauernfrühstück (9,50 Euro) und Sauerfleisch (11,90 Euro). Allerdings stehen da auch bayerischer Leberkäse (8,90 Euro) und Nürnberger Bratwürstl (8,90 Euro), die die Hoffnung auf echte Hamburger Küche schnell wieder dämpfen. Wer hier allerdings „Muddi" hinterm Herd erwartet, wird enttäuscht. Angeboten wird Tradition, geliefert wird Convenience-Food: Es braucht keinen Kenner, um festzustellen, dass hier nicht frisch gekocht wird. Bratkartoffeln, Schnitzel, Pannfisch-Soße – alles aus der Tüte. Schade! Aber, na gut – die Preise bewegen sich ja auch auf Imbissniveau. Es verwundert nicht, dass sich hier mehr Nicht-Hamburger als Einheimische einen schnellen Sattmacher gönnen. Das ganz große Plus des Nagel ist das sehr aufmerksame und freundliche Servicepersonal. Darüber hinaus bietet die Terrasse mit Blick auf den Hauptbahnhof die perfekte Tribüne zum „Leute gucken". Hier sehen wir: Junkies, Theaterpublikum, Reisende aus nah und fern, Schöne und Schönere und Menschen wie du und ich. KL

AMBIENTE ●●○○○ **SERVICE** ●●●●●
KÜCHE ●○○○○ **PREIS-LEISTUNG** ●●●○○

€ Kirchenallee 57 (St. Georg), Telefon 040 247121, Mo-Do 10–1, Fr 10–2, Sa 9–2, So 9–1 Uhr, EC-Karte, VISA, Mastercard; Hauptbahnhof alle Bahnlinien; bodega-nagel.de

Oberhafenkantine

Ganz schön schräg

Die Oberhafenkantine liegt ganz versteckt am Rande der HafenCity, hinter den Deichtorhallen, dort, wo das neue Kreativzentrum „Hammerbrooklyn" entsteht. Direkt an der Oberbaumbrücke, einen Steinwurf entfernt von der Hobenköök, bietet dieses urgemütliche, kleine Gasthaus eine verdammt leckere Heimatküche. Über die Jahrzehnte ist das Gasthaus auf einer Seite immer weiter abgesackt und steht nun sehr schräg direkt am Hafenkanal unterhalb von Bahngleisen. Es wirkt alles wie an einem aus der Zeit gefallenen Ort. Wenn man aber die Tür zum Restaurant öffnet, empfängt einen buntes, fröhliches Leben. Auch in Corona-Zeiten ist es nicht einfach, einen Platz zu bekommen. Wir treffen hier extrem viele junge Leute an. Keine Frage: Der Stadtteil ist im Wandel. Die Oberhafenkantine ist beliebt für ihre deftige Küche – ganz zu Recht, wie auch wir finden. Vorweg bestellen wir eine Probierportion Labskaus (7 Euro) und Oberhafen-Knusperfladen mit Pflaumenmarmelade und Ziegenkäse (10,50 Euro). Würden wir beim nächsten Mal direkt wieder so bestellen. Danach freuen wir uns auf eine großartige Frikadelle mit frischen Kräuterseitlingen und einem wunderbaren Lauch-Kartoffelpüree (14 Euro). Gespannt sind wir auf den Grünkohl mit geräuchertem Seitan (15,50 Euro). Zum Niederknien – meine Begleitung ist so begeistert, dass sie den Koch kommen lässt, um sich persönlich zu bedanken. Der Seitan wird sehr aufwendig und mit so viel Liebe zum Detail zubereitet, dass man sagen muss: Ja, dieser norddeutsche Klassiker funktioniert auch vegan. Großes Kino für den Gaumen. Das Dessert bereitet einen perfekten Abschluss. Wir kommen wieder, keine Frage, denn auch der Service ist freundlich und zuvorkommend und das Ambiente im besten Sinne liebevoll und alles ein wenig schräg. FS

Die Oberhafenkantine ist Hamburger Kult und nicht nur bei Dunkelheit ein sicherer Insta-Spot

AMBIENTE ●●●●● **SERVICE** ●●●●●
KÜCHE ●●●●● **PREIS-LEISTUNG** ●●●●●

€€ Stockmeyerstraße 39 (HafenCity), Telefon 040 32527414, Mo-Di auf Anfrage, Mi 17–22, Do-Sa 12–22, So 12–17 Uhr, EC-Karte, VISA, Mastercard, Amex; Hauptbahnhof Nord U2; oberhafenkantine-hamburg.de

Pappenheimer Wirtschaft

Wirtschafts-Wunder

Als ein in den Norden emigrierter Exil-Franke gab es für mich kaum eine freudigere Gastro-Nachricht als die Eröffnung dieser gutbürgerlichen Wirtschaft vor ein paar Jahren in Uhlenhorst. Nirgendwo sonst in der Stadt stehen Franko-Originale wie Saure Zipfel, Obadzder, Roter Pressack und vor allem Schäufele auf der Karte. Saure was? Wer nicht gerne unbekannte Sachen bestellt, muss nicht verzagen. Denn der super liebe zweisprachige Service (Deutsch/Fränkisch) erklärt geduldig, was er auf die blanken Holztische in diesem original nordbayrisch möblierten und abends immer rappelvollen Wirtschafts-Wunder stellt. Saure Zipfel zum Beispiel sind so etwas wie Forelle blau, nur mit ungebrühten Bratwürstchen im Essig-Zwiebel-Sud (11,50 Euro). Vom Obadzden teilen wir uns die kleine Portion (8,50/11,50 Euro) zu zweit als Vorspeise und schlemmen den mit Butter, Paprikapulver und einem Schuss Bier angematschten („angepatzten") Camembert mit frischem Landbrot. Der Pressack, eine Art Schwartenmagen, ist Teil der großen Brotzeitplatte, wir wollen aber lieber Landbratwürste und Schäufele essen (16,90/12,90/24,90 Euro). Und ein Seidla (0,5 l 5,60 Euro) Meister-Bräu vom Fass aus Unterzaunsbach trinken (etwas hopfiger das gezapfte Krug Pilsner, viele fränkische Kleinstbrauerbiere in Flaschen). Die kleinen „Nürnberger" Würstchen gibt es hier auch. Um Galaxien besser aber sind die größeren Fränkischen im echten Bändeldarm, das Paar davon auf heute leider ein bisschen zu lange gekochtem Sauerkraut mit Brot, Senf und Kren (Meerrettich) serviert. Highlight für alle Freunde der gehobenen Schweinekochkunst ist der am Schulter-Schaufelknochen langsam geschmorte Braten mit himmlisch krosser Kruste und mürbsaftigem Fleisch. Dazu gibt es neben Kartoffelkloß und perfekter Schmorsoße

FOTO: MARC SILL

einen riesigen gemischten Salat. Den Topfenpalatschinken mit heißen Zwetschgen am Ende schaffen wir nur zur Hälfte. Der Quark wird hier mit Mascarpone angefettet. Soll ja keiner seinen Bier-Rausch hungrig ausschlafen. PESI

AMBIENTE ●●●○○ SERVICE ●●●●○
KÜCHE ●●●●○ PREIS-LEISTUNG ●●●○○

€€ Papenhuder Straße 26 (Uhlenhorst), Telefon 040 38633162, Mo-So 12–23 Uhr, EC-Karte, VISA, Mastercard; Mundsburger Brücke Bus 6, Bus 17; pappenheimer-wirtschaft.de

Reep

Ausflug mit Opa

Das Auge isst bekanntlich mit, und so beginnt der Genuss im Restaurant Reep bereits auf dem Weg in den Gastraum: Die elegant geschwungene Treppe, die vom Foyer des Schmidt Theaters in das lichte Lokal führt, stimmt perfekt auf das Interieur ein, das mit Stühlen im knalligen Diner-Look und schlichten resopalähnlichen Tischen die Atmosphäre eines Lokals aus den 50ern verströmt. Auf der Karte geht es auch gleich so weiter: Norddeutsche Küche ist angesagt, weil „Opa sowieso am besten wusste, wie man satt und glücklich wird". Ja, hier wird Retro noch ernst genommen. Was sich allerdings nicht durchgehend beweisen wird: Wir beginnen mit exzellenten Birnen, Bohnen und Speck (11,50 Euro), bei dem sich knackige Birnen mit ebenso knackigen Bohnen und knusprigem Speck in einer kräftigen, äußerst leckeren Speckstippe treffen. Auch der frittierte Rhabarber, begleitet von Blumenkohl aus dem Ofen und grünen Salat, kann mithalten. Die Roulade im Hauptgang (24,90 Euro) ist Eins-a-Hausmannskost, kräftig-deftig und wie für Opa gemacht, der immer zu viel salzt, weil er sonst nichts schmeckt. Den Pannfisch (26,90 Euro) dagegen würde er wohl nicht anrühren: Der weitgehend unauffällige Fisch wird von lascher Soße bedeckt und dicken gerösteten Kartoffelscheiben begleitet, die mit Bratkartoffeln nichts zu tun haben. Ein überkultivierter Klassiker, wie gemacht für Gäste der Hansestadt, die die Tanzenden Türme für den Michel halten. Da ist das Reep dann doch sehr modern. PL

AMBIENTE ●●●●● SERVICE ●●●○○
KÜCHE ●●●○○ PREIS-LEISTUNG ●●●○○

€€€ Spielbudenplatz 24-25 (St. Pauli), Telefon 040 31778884, Mi-Do 17–22, Fr-Sa 17–23 Uhr, EC-Karte; St. Pauli U3; reep.de

Speisewirtschaft Opitz

Hamburger Küche wie bei Muddern

Im Straßendreieck Mundsburger Damm, Armgartstraße und Schwanenwik, unweit der Alster, befindet sich im Souterrain die Speisewirtschaft Opitz. An einem regnerischen Dienstagabend betreten wir das urige Lokal und freuen uns sogleich über den warmherzigen Empfang und die gemütliche Atmosphäre. An jeder Stelle der Speisewirtschaft sehe ich Hamburgensien und spüre sofort die Tradition an diesem Ort. Serviert wird regionale Küche mit einem hohen Fleisch- und Fisch-Anteil. Die Karte klingt so verlockend, dass ich am liebsten alles bestellen würde. Meine Wahl ist urhamburgisch, und ich entscheide mich für den Hamburger Pannfisch (19,50 Euro). Serviert werden fünf ordentliche Stücke gebratene Rotbarsch- und Seelachsfilets mit Dijon-Senfsoße und Bratkartoffeln. Mit Speck und Zwiebeln sind sie der Star an diesem Abend. Ich vermute, dass sie in einer gusseisernen Pfanne gekonnt gebraten wurden. Bekommt man so heute nur noch selten – wunderbar! Eigentlich bin ich satt, habe aber den Impuls, noch mal bei den Desserts zu luschern. Der Eierpfannkuchen (6,50 Euro) mit Zimt und Zucker soll's sein. Als der serviert wird, bekomme ich kurzfristig einen Schrecken. Den kann man nämlich locker zu dritt essen. Dazu kommt es aber

Nachhaltig, familiär und fair

Kleinhuis' Hotels und Restaurants verbinden Hamburger Historie, moderne Eleganz und Nachhaltigkeit mit feinen kulinarischen Angeboten. „Nordisch by Nature" steht für Zutaten aus der Region, hausgemachte Spezialitäten, herzlichen Service und einen mit dem Green Globe Award zertifizierten Betrieb. Mit fairen Preisen, einer familiären Atmosphäre und professioneller Gastlichkeit sind wir gern für Sie da!

www.kleinhuis-gastronomien.de oder telefonisch unter 040-35906703

Buddels

Gasthaus-Ambiente mit Sterne-Flair

Als Gasthaus & Weinbar wird das in der Speicherstadt gelegene Buddels geführt. Während die Weinkarte auch nahezu enzyklopädische Ausmaße hat und für jeden Gaumen den passenden Tropfen bereithält, überrascht die Speisekarte. Die Speisen sind saisonal gefärbt und erinnern eher an eine gut sortierte Auswahl einer Sterneküche – was sich im Preis zeigt, aber auf dem Gaumen widerspiegelt. Die mit altem Deichkäse gefüllten Ravioli (14 Euro) liegen auf einem Bett aus frischem Rotkohl und werden umhüllt von Rotkohlschaum. Dazu gibt es Karottenkaviar. Hört sich nicht nach einem typischen Gasthaus an, oder? Leider kann beim Hauptgang der Seeigel nicht serviert werden; der sehr freundliche Kellner erklärt, für die Taucher sei es einfach noch zu kalt – schade. Auch die Holsteiner Zitronencreme verweigert sich uns als Dessert – hier fehlte es dem beigereichten Waldfrucht-Eis im Gegensatz zum Seeigel an kalter Witterung. Als Alternative versuchen wir das Mürbeteigtörtchen mit Marone, Baiser und Sauerrahm (12 Euro). Dummerweise findet das letzte verfügbare Törtchen versehentlich den Weg zu einem anderen Tisch. Immerhin bekommen wir die Nachspeise mit einer Alternative aus Blätterteig – sowie einen Schnaps als kleine Entschuldigung. Komplett rundgelaufen ist der Abend nicht. Allerdings hatte sich die Karte an diesem Tag geändert, wie wir erfahren, und einige Malheurs können durchaus darauf zurückgeführt werden. Zudem passten die empfohlenen Weine – wie der Ried Gmirk Grüner Veltliner (7 Euro) – ganz ausgezeichnet, und der Stör mit Bärlauch, Bete, Graupen und am Tisch angegossener Molke (32 Euro) ließ keine Wünsche übrig. Das Buddels hat Charme und es passte zum Gesamtbild des Gasthauses, dass nicht alles klinisch perfekt war – abgesehen vom Essen und dem Service.

GB

AMBIENTE ●●●●● SERVICE ●●●●●
KÜCHE ●●●●● PREIS-LEISTUNG ●●●●●

€€€€ Deichstraße 37 (Altstadt), Telefon 040 31171222, Di–Do 11.30–15, 17–23, Fr 11.30–15, 17–24, Sa 17–24 Uhr, EC-Karte, VISA, Mastercard, Amex; Baumwall U3; buddels.de

Genuss GUIDE
DER SZENE HAMBURG
TESTSIEGER
2022/2023

Das Tatar vom Holsteiner Kalb kommt im Buddels mit brauner Butter, Kohlrabi und Radieschen

FOTOS: JULIA SCHUMACHER

Christine Heitmann und Michael Maaß haben mit dem Buddels einen Wohlfühlort geschaffen

nicht, denn der in Butter gebratene Pfannkuchen ist derartig lecker, dass ich ihn bis zum letzten Happen genieße. MH

AMBIENTE ●●●●● SERVICE ●●●●●
KÜCHE ●●●●● PREIS-LEISTUNG ●●●●●

€€ Mundsburger Damm 17 (Hohenfelde), Telefon 040 2290222, Mo-Fr 17–22, Sa-So 12–22 Uhr, EC-Karte, VISA, Mastercard; Graumannsweg Bus 6, Bus 17; speisewirtschaft-opitz.de

Stricker's Kehr Wieder Spitze

Eine tolle Aussicht

Im westlichsten Zipfel der HafenCity ragt das Heimatküchen-Restaurant Stricker's Kehr Wieder Spitze in die Elbe hinein. Das Alleinstellungsmerkmal des Strickers ist der Ausblick: Auf der einen Seite türmt sich die Elbphilharmonie in die Höhe, auf der anderen Seite sieht man den Michel. Rundherum Elbe, Elbe, Elbe. Wenn dann noch ein Feuerwehrschiff direkt vor den bodentiefen Fensterfronten anlegt, hat man das Gefühl, das Restaurant liegt selbst nur eine kurze Zeit hier vor Anker, bevor es den Fluss Richtung Sonnenuntergang hinabschippert. Während sich im ersten Stock ein klassischer Gastraum befindet, ist im Erdgeschoss ein Bistro mit Hochtischen eingerichtet. Im Sommer bietet eine große Terrasse ausreichend Platz. Wir finden an diesem frühen Montagabend im voll besetzten Restaurant einen Platz im Bistro. Meine Begleitung entscheidet sich für eine Jakobsmuschel-Terrine mit mariniertem grünem Spargel auf Kräuterspiegel als Vorspeise (16,90 Euro) und gebratenen Heilbutt an Vanille-Spitzkohl, Kartoffelwürfel und Hummerbutter (30,90 Euro) als Hauptspeise. Beides schmeckt nicht schlecht, uns fehlen allerdings Finesse und Frische. Ich wähle das Vier-Gang-Elphi-Wein-Menü (46 Euro ohne, 64 Euro mit Weinen) mit gegrilltem Zander mit Heide-Spargel, Dillkartoffeln und Sauce hollandaise im Hauptgang. Am Menü gefällt der knusprige Fisch, die übrigen Gänge und die Beilagen können leider nicht wirklich begeistern. Zum Glück ist unsere Bedienung flott, aufmerksam und einnehmend freundlich. JD

AMBIENTE ●●●●● SERVICE ●●●●●
KÜCHE ●●●●● PREIS-LEISTUNG ●●●●●

€€€€ Am Sandtorkai 77 (HafenCity), Telefon 040 51903061, Mo-So 12–23 Uhr, EC-Karte, VISA, Mastercard, Amex; Baumwall U3; kehr-wieder-spitze.de

Tafelspitz

Speziell – ein Österreicher in Winterhude

An einem Mittwochabend zieht es mich in die Himmelstraße nach Winterhude, die unmittelbar am Stadtpark liegt. Dort wird im Tafelspitz auf einer übersichtlichen Karte österreichische Küche serviert. Ich betrete den Gastraum über den Biergarten. Im Inneren scheint es auf den ersten Blick gemütlich, es bleibt jedoch den ganzen Abend über kühl, und die Begleitung fröstelt. Es gibt an fast jedem Tisch ein Sofa, und der gesamte Raum ist mit allerlei österreichischem Schnickschnack dekoriert, ohne dass ich hier einen roten Faden erkennen kann. Die Begrüßung durch den Wirt ist etwas grantig., und auf die gesetzlich angeordnete Ausweisung zu Pandemiezeiten wird, auch auf Nachfrage, gänzlich verzichtet. Ich erhalte zügig das georderte Gulasch mit Spätzle (16,50 Euro). Das Gulasch hat für mich etwas zu viel Säure, ist ansonsten aber befriedigend. Die Spätzle leider weniger, denn die sind zu trocken und haben an mancher Stelle zu viel Hitze in der Pfanne erhalten. Richtig kurios wird's beim Nachtisch. Der etwas klebrige Kaiserschmarrn mit Apfelkompott (12,50 Euro) ist gar nicht bestellt, steht aber bereits wenige Minuten nach Beendigung des Hauptgangs unaufgefordert auf dem Tisch. Diesen hätte ich ohnehin bestellt, aber merkwürdig ist diese Handhabung schon. Dass es beim Begleichen der Rechnung keinen Bewirtungsbeleg gibt und die Bestellung eilig handschriftlich auf einen Zettel gekrakelt wird, passt da nur zu gut ins Bild. MH

AMBIENTE ●●●●● SERVICE ●●●●●
KÜCHE ●●●●● PREIS-LEISTUNG ●●●●●

€€€ Himmelstraße 5 (Winterhude), Telefon 040 4802573, Di-So 17–23 Uhr, EC-Karte; Hudtwalckerstraße U1; tafelspitz-hamburg.de

Trude

Jubel, Trubel, Heiterkeit

Bis in die 1930er-Jahre wurden in den Räumlichkeiten des heutigen Restaurants T.R.U.D.E in Barmbek Hart- und Weichgummi-Produkte aller Art von der New-York Hamburger Gummi-Waaren Compagnie hergestellt. Heute ist die alte Fabrik neben dem Museum der Arbeit am Barmbeker Bahnhof für seine Flammkuchen und Cocktails bekannt ist – wir bekommen zum Glück auch nichts, das wie Gummi schmeckt. Die Begrüßung ist freundlich und professionell. Der zuvor reservierte Tisch ist schnell gefunden, und der angekündigte Hund hat Platz, um es sich unter dem Tisch bequem zu machen. Auf was man in der T.R.U.D.E vorbereitet sein muss: einen erhöhten Geräuschpegel und ganze Tische voller Familien mit Kindern jeglichen Alters, die gern die geräumige Location für Spielereien aller Art nutzen. Die Bedienung ist an diesem Samstagabend sehr aufmerksam, und die bestellten Getränke und Speisen sind schnell gebracht. Ich bestelle die geschmorte Lammkeule aus Weidehaltung (18 Euro), die auf Rosmarinjus mit frischem Kartoffelpüree und Speckbohnen serviert wird. Geschmacklich und von der Verarbeitung her solide und eine Portion zum Sattwerden. Doch weil es uns an diesem Abend einfach zu laut ist, verzichten wir auf den Nachtisch. Wer Geselligkeit mag, wird in der T.R.U.D.E. auf jeden Fall nicht enttäuscht. MH

AMBIENTE ●●●●● SERVICE ●●●●●
KÜCHE ●●●●● PREIS-LEISTUNG ●●●●●

€€ Maurienstraße 13-15 (Barmbek), Telefon 040 20006931, Mo-Fr 12–22, Sa-So 10–22 Uhr, EC-Karte, VISA, Mastercard; Barmbek S1, S11; trude-hh.de

Feinherbes Gebäck nebst Zwiebeln: So geht Österreich im Tafelspitz

FOTO: MARC SILL

Heilig's Blechle, geht das im Zum Spätzle heimelig zu

FOTO: ZUM SPÄTZLE

Zum Spätzle

Baden in Käs' und Soß'

Ein Gastrokonzept, das selten schiefgeht: Konzentriere dich auf eine Spezialität, und koch sie richtig gut. Das kleine Restaurant Zum Spätzle in der Neustädter Wexstraße hat sich auf seinen schwäbischen Namensgeber spezialisiert: original Allgäuer Spätzle, auch Knöpfle genannt. Inhaberin Elisabeth Wehrle ist selbst Oberschwäbin, weiß genau, was sie tut und verwendet dabei beste Biozutaten. Ihre Spätzle gibt's mit Soß' und Käs', Hackbraten, Räuchertofu, Linsen und Wienerle oder Sauerkraut und Speck. Die Entscheidung fällt schwer. Vielleicht doch Parmesanspätzle? Oder die Pestospätzle mit getrockneten Tomaten und Pinienkernen? Wir bleiben beim Klassiker: Käsespätzle mit Allgäuer Emmentaler, Tiroler Bergkäse und karamellisierten Zwiebeln (13,90 Euro). Dazu serviert der freundliche Service hausgemachte Bratensoße in der Sauciere. Die Küche macht alles von Hand – auch die Maultaschen, Elisabeths zweite schwäbische Spezialität. Die gibt's traditionell mit Spinat-Hack-Füllung oder vegetarisch mit Schafskäse und Spinat. Letztere bestellen wir in Vorspeisengröße mit kleinem Salat (6,90 Euro). Beim Probieren realisieren wir, dass dies wohl die ersten handgemachten Maultaschen unseres Lebens sind – bisher hatten wir höchstens mal im Kühlregal zugegriffen oder anderswo vermutlich ebensolche serviert bekommen. Nie wieder! Ab sofort nur noch hier. Auch die Hauptspeise ist ein Volltreffer. Herrliche Käsefäden und eine anständige Bratensoße mit Rotwein – wir sind selig. Das große Allgäuer Büble (3,90 Euro) gibt die perfekte Erfrischung zur schweren Käse-Kost. Und gemütlich ist es hier: Im Regal stehen Omas Zuckerdosen neben geblümtem Geschirr, Vintage-Lampen sorgen für Schummerlicht und bestickte Kissen auf Holzbänken für noch mehr Gemütlichkeit. Ein Ort wie eine Umarmung mit Essen für die Seele! LL

AMBIENTE ●●●●● SERVICE ●●●●○
KÜCHE ●●●●● PREIS-LEISTUNG ●●●●○

€€ Wexstraße 31 (Neustadt), Telefon 040 35739516, Mo-Do 12–15, 17–22, Fr 16–22, Sa 12–22, So 16–22 Uhr, EC-Karte, VISA, Mastercard; Stadthausbrücke S1, S2, S3; zumspaetzle.de

KURZ GEBRATEN

Ahrberg

Von der Lage des Restaurants Ahrberg träumen viele Gastronomen. Hier in Blankenese schweift der Blick über die Elbe und einlaufende Containerriesen. Hier wird schon seit mehr als 100 Jahren aufgetischt. Die dort angebotene Scholle Finkenwerder Art sucht in Hamburg ihresgleichen. Hier gibt's gute Heimatküche, die Fischgerichte sind sogar exzellent.

€€ Strandweg 33 (Blankenese), Telefon 040 860438, Mo-Mi 10–22.30, Do geschlossen, Fr-So 10–22.30 Uhr, EC-Karte, VISA; Charitas-Bischoff-Treppe Bus 488; restaurant-ahrberg.de

Brücke

An der Waterkant gibt es diese Orte, an denen man sich auf wohlige Art weltläufig fühlt – die Hochbahntrasse an der Isestraße gehört dazu. Das Restaurant Brücke an der Ecke Innocentiastraße ist definitiv einen Besuch wert. Die handgeschriebene Karte deutet darauf hin: Hier wechselt die mediterrane Küche häufig. Ausgefeilte Fleisch- und Fischgerichte beherrschen die Karte.

€€€€ Innocentiastraße 82 (Eppendorf), Telefon 040 4225525, Mo-So 12–2 Uhr, EC-Karte; Hoheluftbrücke U3; instagram.combrueckehamburg

Das Granat

Das Granat in Ottensen steht für frische und qualitativ hochwertige Küche, in der regionale sowie saisonale Produkte im Vordergrund stehen. Wer eine eher intime Kulisse bevorzugt, sollte aufgrund der Lage an der Ottenser Hauptstraße einen Platz im stylish eingerichteten Innenraum reservieren. Sowohl außen als auch innen kommt man allerdings auf seine kulinarischen Kosten.

€€€€ Ottenser Hauptstraße 32 (Ottensen), Telefon 040 39908038, Mo-Do 17.30–1, Fr 17.30–2, Sa 15–2 Uhr, EC-Karte, VISA, Mastercard; Altona S1, S2, S3, S11, S21, S31; dasgranat.de

Das Wattkorn

Das Wattkorn in Langenhorn ist eine echte Institution, die als Gasthaus erstmalig 1877 erwähnt wurde. Heute wird das reetgedeckte Fachwerkhaus bereits seit mehr als 15 Jahren vom ehemaligen Sternekoch Michael Wollenberg geführt und hält eine große Auswahl norddeutscher Hausmannskost und Sushi–Varianten bereit. Bei sommerlichen Temperaturen bietet der mit vielen Pflanzen angelegte Außenbereich Platz.

€€€ Tangstedter Landstraße 230 (Langenhorn), Telefon 040 5203797, Mo-So 12–22 Uhr, EC-Karte, VISA, Mastercard, Amex; Langenhorn Nord U1; wattkorn.de

Deichgraf

Bunt bemalte Glückssteine und duftende Blumen säumen den Weg die Treppe hinauf ins Deichgraf. Nicht weit von der Elbphilharmonie entfernt liegt das Traditionsrestaurant in der verkehrsberuhigten Deichstraße. Küchenchef Thies Conle bietet ein kulinarisches Verwöhnprogramm in Form von Spanferkelrücken mit Pfifferlingen oder Couscous-Salat mit Zitronenjoghurt und Merguez-Würstchen.

HANSEPERLE 2021 €€€ Deichstraße 23 (Altstadt), Telefon 040 364208, Di-Sa 12–15, 17.30–21 Uhr, EC-Karte, VISA, Mastercard; Rödingsmarkt U3; deichgraf-hamburg.de

Dorfkrug Volksdorf

Der Dorfkrug Volksdorf ist eine Institution in Hamburgs Norden und das gängige Motto „Sylt in Hamburg" keine Übertreibung. Das Restaurant vereint rustikale bürgerliche Küche mit sehr hohem Anspruch und einem Hauch Weltläufigkeit.

€€€€ Im Alten Dorfe 44 (Volksdorf), Telefon 040 6039294, Mi-Do 17–22, Fr-Sa 17–23, So 12–15, 17–21 Uhr, EC-Karte, VISA, Mastercard, Amex; Volksdorf U1; dorfkrug-volksdorf.com

Haebel ★

Manchmal braucht man ein bisschen Mut. Doch wer sich auf die Küche von Inhaber Fabio Haebel und Küchenchef Kevin Bürmann einlässt, wird belohnt. Serviert wird ein französisch-nordisches Carte-blanche-Menü (auch vegetarisch), das trotz gehobenen Fine-Dining-Anspruchs mit viel Lässigkeit überzeugt – und mit außergewöhnlicher kreativität jeden Gast überrascht. So bringt Essen gehen Spaß!.

€€€€ Paul-Roosen-Straße 31 (St. Pauli), Telefon 01517 2423046, Mi-Sa 17–22 Uhr, EC-Karte, VISA, Mastercard; Reeperbahn S1, S2, S3; haebel.hamburg

Hatari Pfälzer Stube

Mit süddeutschen Spezialitäten den hohen Norden für sich gewinnen – das klappt bei Hatari Pfälzer Stube so gut, dass es gleich vier Läden gibt: in der Sternschanze, in Ottensen und zweimal in Eimsbüttel. Als Klassiker gelten in der Pfälzer Stube Maultaschensalat und Käsespätzle.

€€ Eidelstedter Weg 1 (Eimsbüttel), Telefon 040 43216059, Mo-Do 18–23, Fr-So 17–23 Uhr, EC-Karte, VISA, Mastercard, Amex; Osterstraße U2; hataripfaelzerstube.com

Heemann

„Ehrgeizig und unkompliziert" – diesen Spagat hat sich das Heemann in Eimsbüttel vorgenommen und beherrscht die anspruchsvolle Form tatsächlich sehr gut. Auf saisonale regionale Zutaten spezialisiert, mit Einflüssen aus aller Welt, werden ausgewählte Gerichte in zwei Größen angeboten: als Hauptgerichte oder in Tapas-Schälchen zum Teilen.

€€€ Eppendorfer Weg 159 (Hoheluft-West), Telefon 040 88357097, Mo-So 12–2 Uhr, EC-Karte, VISA, Mastercard; Christuskirche U2; heemann.hamburg

Heimat

Das Restaurant Heimat befindet sich im Hotel 25hours in der HafenCity, ist aber für jedermann mit Appetit auf deftige Küche in neuer Interpretation zugänglich. Philosophie des Hauses ist es, frische, regionale Gerichte zu servieren und Altbewährtes neu zu inszenieren. Auf den Tellern landen modern interpretierte deutsche Gerichte, die perfekt in Szene gesetzt werden.

€€€ Überseeallee 5 (HafenCity), Telefon 040 257777840, Mo-Sa 18–22.30 Uhr, EC-Karte, VISA, Mastercard; Überseequartier U4, Singapurstraße Bus 2, Bus 6; heimatrestaurant.com

Kleine Brunnenstrasse 1

Im schicken Altbau mit der Hausnummer 1 gibt es das Restaurant Kleine Brunnenstrasse, das für gehobene Küche bekannt ist. Die Karte beinhaltet kreative und ausgefallene

Im Restaurant Deichgraf werden die Gäste mit herrlicher Heimatküche verwöhnt

FOTO: MARC SILL

Kompositionen. Hier werden auch mal Pfirsich mit Tomate und Lachs mit Erdnuss-Crunch gekreuzt. Alles ist sehr auf saisonale Speisen ausgerichtet und begeistert gänzlich.

€€€ Kleine Brunnenstraße 1 (Ottensen), Telefon 040 39907772, Mo-Sa 17.20–22 Uhr, EC-Karte, VISA, Mastercard; Altona S1, S3, S11, S31; kleine-brunnenstrasse.de

Lehmitz Weinstuben

In der Weinstube an der Faberstraße hat sich gefühlt seit 50 Jahren nichts verändert. Alles wirkt wie aus der Zeit gefallen, an der Grenze zur Spießigkeit. Im zauberhaften und überdachten Hinterhof stehen Tische, die aus Fässern und Paletten gebaut sind. Auf die Teller kommen hier nur ausgewählte Produkte: gegrilltes Fleisch von freilaufenden Rindern aus Iowa oder das Neuenburger Käsefondue aus Schweizer Rohmilchkäse. Ansonsten ist in der Weinstube der Name Programm: Hier gibt es eine große Auswahl aus aller Welt.

€€€€ Faberstraße 21 (Eimsbüttel), Telefon 0151 23492905, Di-Sa 18–23 Uhr, EC-Karte, VISA, Mastercard; Apostelkirche Bus 4; lehmitz-weinstuben.de

Leibgericht

Seit Oktober 2018 wird im ehemaligen Bistro Elbwein klassische deutsche Hausmannskost angeboten. Das Angebot reicht von Sauerfleisch nach Omas Rezept über Medaillons vom Schwein bis hin zur Scholle Finkenwerder Art. Das Leibgericht ist ein prima Ort zum Sehen und Gesehenwerden.

€€ Eppendorfer Weg 161 (Hoheluft-West), Telefon 040 65040550, Di-Fr 12–22, Sa 17–22, So 12–21 Uhr, EC-Karte, VISA, Mastercard; Goebenstraße Bus 25; leibgericht.hamburg

Marend

Urlaubsfeeling gefällig? Wenn's nicht unbedingt nach Hawaii oder auf die Malediven gehen muss, sondern es auch eine Tiroler Berghütte tut, bieten sich zwei Sehnsuchtsstiller in Hamburg an: das Marend in Eimsbüttel und auf St. Pauli. Mit viel rustikalem Holz und gemütlichem Flair fühlt man sich hier in die österreichischen Berge versetzt. Die Speisekarte wartet mit einer kleinen, aber vollauf genügenden Auswahl bergbäuerlicher Spezereien auf.

Von-der-Tann-Straße 5 (Eimsbüttel), Telefon 040 53307870, Mo-Fr 17.30–23, Sa 18–23 Uhr, EC-Karte, VISA, Mastercard; Fruchtallee Bus 20, 25; marend.net

Marinehof

Hier auf der Fleetinsel, zwischen Rödingsmarkt und Michel, serviert das freundliche Team vom Marinehof seit 1990 international angehauchte Küche mit regionalen und saisonalen Zutaten. In puncto Auswahl ist das Restaurant ein absoluter Allrounder: Hier gibt es zum Beispiel indisches Dal, ein Linsengericht mit Joghurtdip, gerösteten Mandeln, frischem Koriander und Basmatireis, aber auch holländischen Matjes mit Hausfrauensoße und Bratkartoffeln.

€ Admiralitätstraße 77 (Altstadt), Telefon 040 367 655, Mo-Sa 11.30–22 Uhr, EC-Karte, VISA, Mastercard; Stadthausbrücke S1, S3; marinehof.de

Palastküche

In Billstedt hält das Restaurant Palastküche jede Menge Speisen aus der gutbürgerlichen Küche bereit. Im lichtdurchfluteten Ambiente gibt es beim wechselnden Mittagstisch Gerichte wie Gnocchi, asiatische Bratnudeln oder Gemüsebratlinge. Wer in den Abendstunden kommt, bekommt ebenso eine Auswahl verschiedener Spezialitäten, die stetig wechseln; oder Kompositionen aus der vegetarischen Küche.

€€ Öjendorfer Weg 30a (Billstedt), Telefon 040 28407777, Mo-Mi 12–18, Do-Fr 12–22, Sa 16–22 Uhr, EC-Karte, VISA, Mastercard, Amex; Billstedt U2; palastkueche.de

Pulvermühle

In einem historischen Fabrikgebäude, das Ende des 19. Jahrhunderts gebaut und 125 Jahre später aufwendig saniert und zu einem Restaurant umgebaut wurde, kreiert seit 2017 die Pulvermühle im Stadtteildreieck Lokstedt, Groß Borstel und Eppendorf ein feines gastronomisches Angebot. Es gibt Pizza, Pasta, Fischspezialitäten und Steaks.

€€€ Bei der Pulvermühle 1 (Groß Borstel), Telefon 040 22864948, Mo-Sa 17–23, So 12–23 Uhr, EC-Karte, VISA, Mastercard, Amex; Nedderfeld Bus 5; pulvermuehle.eu

Schoppenhauer

„Kooplüd, Koggen und Janmooten sünd de richtigen Hanseooten" („Kaufleute, Koggen und Matrosen

Unsere Spezialitäten

Bio-Eier aus der Region, Eierlikör, Label Rouge Freilandgeflügel, Ringelswin Duroc Delikatess, Gänse, Freiland Enten, Kikok Maishähnchen, eigene Feinkostmanufaktur und Mittagstisch

Unsere Wochenmärkte

www.schoenecke.de/standorte
sowie täglich im Mercado

gefluegelhofschoenecke

gefluegelhof_schoenecke

Schönecke
– seit 1914 –

KURZ GEBRATEN

sind die richtigen Hanseaten") steht über dem Eingang des Schoppenhauer. Im Fachwerkhaus von 1633 gibt es klassische Küche, die vom jungen Küchenchef Jan Blümel modern interpretiert und von seiner Mutter mit sympathischem Hamburger Schnack serviert wird.

€€€ Reimerstwiete 20-21 (Altstadt), Telefon 040 36905333, Mo, Mi-Sa 17–22, So 18–22 Uhr, EC-Karte, VISA, Mastercard; Auf dem Sande Bus 6; restaurant-schoppenhauer.de

Seit über 20 Jahren führt Arthur Richelmann die Williamine

Schuback am Park

Unter diesem Birnbaum sitzt es sich lauschig – erst recht, weil alles, was auf dem Tisch landet, das Gefühl von Heimat noch verstärkt. „Essen wie bei Oma" lautet das Motto des Restaurants Schuback am Park. An lauschigen Sommerabenden sind die romantischen Außenplätze besonders gefragt, aber auch drinnen besticht das Restaurant mit Stil und Gemütlichkeit. Jens Manzel und Désirée Hänssler betreiben zusammen das Ecklokal und beweisen sich nicht nur als Dream-Team mit gutem Händchen für regionale Speisen, sondern auch als besonders herzliche Gastgeber.

€€€€ Eppendorfer Landstraße 165 (Eppendorf), Telefon 040 476670, Mi-Sa 18–23, So 17–22 Uhr, EC-Karte, VISA, Mastercard; Schubackstraße Bus 114, Bus 392; schuback-restaurant.de

Servus bei Lippl's

Restaurants mit Außenplätzen sind begehrt. Das österreichische Restaurant Servus bei Lippl's glänzt mit 150 Stück und vielen regensicheren Tischen. Auf diese werden österreichische Klassiker wie Käsespätzle, Kaiserschmarrn und Wiener Schnitzel serviert. Im hinteren Bereich des großen Gartens liegt eine nahezu malerische Lichtung, auf der sich neben einem kleinen Spielplatz auch ein pittoresker Holzstapel befindet.

€€€ Osdorfer Landstraße 239 (Osdorf), Telefon 040 87878980, Mi-Fr 18–21, Sa 17–21, So 12–20 Uhr, EC-Karte; Langelohstraße (Nord) Bus 21; servusaustria.de

Stüffel

Geht's um Heimatküche, ist Ondrej Kovar prima am Start. Der Chef des Restaurants Stüffel hat am Isebekkanal ein kulinarisches Kleinod geschaffen. Die Atmosphäre ist modern und stylish, aber nicht zu hip. Den Köchen kann bei der Arbeit über die Schultern geschaut werden. Auf den Tisch kommen kreativ komponierte Klassiker wie Lammrücken, Seeteufel und Beef Tatar. Die Terrasse am Fluss ist im Sommer ein Traum.

€€€€ Isekai 1 (Eppendorf), Telefon 040 60902050, Mi-So 12–22 Uhr, EC-Karte, VISA, Mastercard; Kellinghusenstraße U1; restaurantstueffel.de

Ufer

Hier spielt der Wein die Hauptrolle: 14 offene und 30 Flaschenweine stehen im Restaurant Ufer am Isebekkanal zur Wahl. Darunter sind eigene Stadtteil-Weine, zum einen das Eimsbütteler Gold und zum anderen die Eimsbütteler Nacht. Der Hunger lässt sich mit Klassikern wie Flammkuchen und Spätzle oder modernen Allroundern stillen.

€€€ Bismarckstraße 151 (Eimsbüttel), Telefon 040 55891343, Mo-Do 17–24, Fr 17–0.30, Sa 10–0.30, So 10–23 Uhr, nur Barzahlung; Hoheluftbrücke U3; ufer-hamburg.de

VLET Kitchen & Bar

In modernem Lounge-Design bietet die Schwester des Speicherstadt-Restaurants international-hanseatische Gerichte. Unter den Gästen sind vor allem in der Innenstadt Arbeitende und Touristen, die vom Ponton einen hervorragenden Blick aufs Rathaus werfen können.

€€€ Jungfernstieg 7 (Neustadt), Telefon 040 35018990, Di-Fr 11–24, Sa-So 9–24 Uhr, EC-Karte, VISA, Mastercard, Amex; Jungfernstieg alle Bahnlinien; vlet-kitchen.de

Wilhelms im Wälderhaus

Eine weite Lichtung im dichten Wald, eine karierte Decke, ein Picknickkorb – herrlich romantische Theorie. Ein Abend im Wilhelms kommt so einem Picknick aber überraschend nah. Zwar fehlt der echte Wald, der Blick ins Quartier am Inselpark aber ist mit dem Erbe von Gartenschau und Bauausstellung noch immer unique.

€€€ Am Inselpark 19 (Wilhelmsburg), Telefon 040 302156600, Mo-Di 6–23, Mi 6–23, Do-Fr 6–23, Sa 7–23, So 7–18 Uhr, EC-Karte, VISA, Mastercard, Amex; Dratelnstraße Bus 13; waelderhaus.de

Williamine

Es ist eines der kleinsten Restaurants in Hamburg: Das Williamine in Eimsbüttel hat lediglich sechs Tische, und man fühlt sich eher wie in einem Wohnzimmer als wie in einem Restaurant. Geführt wird die Williamine von dem ehemaligen Schauspieler Arthur Richelmann, einst Küchenchef der berühmten Paris Bar in Berlin. Er legt hier eine echte One-Man-Show hin. Neben Service und seiner Passion Kochen erzählt er noch Schwanks aus seinem bewegten Leben. Es gibt nur zwei Menüs – Fisch oder Fleisch, wahlweise ein bis vier Gänge.

€€€€ Kleiner Schäferkamp 16 (Eimsbüttel), Telefon 040 444497, Di-Sa 18–1 Uhr, EC-Karte; Sternschanze S11, S21, S31; williamine.de

Zollenspieker Fährhaus

Am südlichsten Punkt Hamburgs liegt das Zollenspieker Fährhaus. Hier kann man förmlich den Mantel der Geschichte wehen sehen. Kein Wunder, das Fährhaus existiert seit 1252 und steht unter Denkmalschutz. Man genießt den herrlichen Blick auf die Elbe, wenn man diesen historischen Ort betritt. Serviert werden Fischgerichte wie Räucherfischtopf oder Zander, aber auch Fleisch wie das gegrillte Salzwiesenlamm.

€€€€ Zollenspieker-Hauptdeich 141 (Kirchwerder), Telefon 040 7931330, Mo-So 12–14, 18–20.30 Uhr, EC-Karte, VISA, Mastercard, Amex; Zollenspieker (Fähre) Bus 120, Bus 124; zollenspieker-faehrhaus.de

FOTO: MARC SILL

Das Planetarium im Hamburger Stadtpark

Eine kulinarische Sternenreise

Im Planetarium gibt's klare Sicht auf die Sterne, den Kosmos und die Welt. Wem nach einer Vorführung der Magen knurrt, sollte diese Restaurants ansteuern

Unsere Welt: Wolfs Junge

Im Planetarium werden die Themen Nachhaltigkeit und Biodiversität bei den Vorführungen zu „Unsere Welt" genau betrachtet. Wer sich so eine Vorführung anschaut, sollte anschließend einen Besuch im Bio-Restaurant Wolfs Junge im benachbarten Stadtteil Uhlenhorst einplanen. Hier wird Nachhaltigkeit bis in den kleinen Zeh gelebt: Die Speisekarte ist saisonal, Gemüse stammt zum Teil aus eigenem Anbau und tierische Produkte erfüllen Demeter- oder Bioland-Standards. Das vorbildliche Handeln wurde unter anderem mit einem grünen Michelin-Stern und dem Nachhaltigkeitspreis des Genuss-Guide Hamburg ausgezeichnet. Zum guten Gewissen gibt es jede Menge Geschmack obendrauf.

Zimmerstraße 30 (Uhlenhorst)

Unsere Stars: Tafelspitz

Auf allen Wolken fühlt man sich nach einer Vorstellung der Kategorie „Unsere Stars". Hier präsentiert das Planetarium Konzerte, Lesungen, Kunst und Kultur im Zusammenspiel mit Projektions-, Licht- und Lasertechnik. Das österreichische Restaurant Tafelspitz liegt nur wenige Gehminuten vom Planetarium entfernt in der Himmelstraße. Wenn man sich nach der Vorstellung im Innenhof des Restaurants einen Kaiserschmarrn schmecken lässt und dabei die Sterne über dem Winterhuder Nachthimmel funkeln, kann man das besondere Erlebnis perfekt Revue passieren lassen.

Himmelstraße 5 (Winterhude)

Unser Kosmos: Zeik

Die Reihe „Unser Kosmos" nimmt die Zuschauenden mit zu fernen Sternen und Galaxien – ganz bequem von den Liegesesseln des Planetariums aus. Nach einer Vorstellung spaziert man in einer guten Viertelstunde von dem einen Haus der Sterne in ein anderes. Das Restaurant Zeik in der Sierichstraße hat in diesem Jahr den ersten Michelin-Stern und den ersten grünen Michelin-Stern für nachhaltige Gastronomie erhalten. Koch Maurizio Oster zaubert in seinem 2018 eröffneten Restaurant regionale Kreationen, die kulinarisch nicht von dieser Welt sind. Der Norddeutsche holt das Maximum an Aromen aus jeder Zutat seiner Gerichte heraus und kombiniert diese in Perfektion.

Sierichstraße 112 (Winterhude)

FOTO: FOTOGRAFENWERK HAMBURG

LENZ
RESTAURANT

Poppenbütteler Chaussee 3 | 22397 Hamburg | Tel.: 040 605 588 87 | eMail: info@restaurant-lenz.de | www.restaurant-lenz.de
Öffnungszeiten: Mo/Do/Fr/Sa 12-14.45 Uhr und ab 17:30 Uhr | Sonntags ab 12 Uhr durchgehend | Dienstag/Mittwoch Ruhetag

Das Haco liefert lässige Nordic Cuisine, wie hier mit einer Kreation von jungem Kohlrabi, Buttermilch und Dill

Gourmet

Gut, Feinschmecker gehen gern essen. Aber natürlich mit Anspruch. Kein Ding. Denn zum Glück gibt es jede Menge Restaurants, in denen kulinarische Kenner in Hamburg auf ihre Kosten kommen

Brechtmanns Bistro

Ente gut, alles gut

Für Erstbesucher ist die Speisekarte des Eppendorfer Fine-Dining-Bistros Brechtmann mit seinen nach hinten verzweigten Gasträumen verwirrend in ihrer Zweigleisigkeit: Bürgerliche Hochküche wie Rindertatar als Vor- oder Hauptgericht (17/30 Euro) oder Cordon bleu vom Kalb mit kalt gerührten Preiselbeeren (30 Euro) stehen neben Asiatica wie Edamame, Hühner-Satay, Tom Kha Gai oder Papaya-Thaisalat (7,50/12/10/14 Euro). Für den Küchenchef und Namensgeber Sven Brechtmann und seine den Service mit großem Charme leitende Frau Ann-Kathrin war das noch nie ein Widerspruch. Schon vor vielen Jahren lockten sie mit diesem Kochstil zahlreiche Hamburger in ihr Lokal nach Scharbeutz. Und noch immer steht das Ausflugslokal von Brechtmanns Vater in Schürsdorf für die besten Entenbraten weit und breit. All dies im Kopf, genießen wir zu gezapftem Tafelwasser (Flatrate für 3,90 Euro), Crémant und einem Spritz mit selbst gemachtem Zitronengras-Sirup (8,50/7,50 Euro) großartiges, Marzipan-zartes Tuna-Sashimi auf einem klug abgeschmeckten Salat mit Pomelo, Tamarinde, Schalotte, Tomate und Knoblauch, während ich meine samtweiche, mit edlem Fond gekochte Erbsensuppe aus dem Kännchen über die Einlage mit knackig fermentierten Mini-Radieschen schütte (18/10 Euro). Zum Hauptgang lassen wir Chenin Blanc und Schneider Ursprung (10,50/5 Euro; große, spannende Weinkarte) in Kleinkaraffen mit 0,1 und 0,2 l Inhalt kommen. Meine Co-Testerin bereut rasch die 12 Euro Aufpreis für das tadellose, aber mengenmäßig überflüssige Hoisin-Barschfilet zu ihrem üppigen und mit selten geschmeckter Gewürztiefe gekochten veganen Thai-Curry (19 Euro), und auch ich erschrecke erst einmal über die in sechs Schüsseln servierten Beilagen zu meiner tatsächlich außen super krossen und innen vollsaftigen halben Ente (Keule und Brust-Supreme, 42 Euro). Doch sieh an, das isst sich alles, denn Rot- und Spitzkohl, Preiselbeersüppchen, Mini-Knödel, heißes Apfel-Rosinen-Kompott und die dunkle Bratjus sind alle für sich eine Sünde wert. Beim nächsten Mal probieren wir dann die feinen Desserts, heute sind die Testermägen wegen Überfüllung geschlossen.

PESI

AMBIENTE ●●●○○ SERVICE ●●●●○
KÜCHE ○○○○○ PREIS-LEISTUNG ●●●○○

€€€€ Erikastraße 43 (Eppendorf), Telefon 040 41305888, Mi-Sa 17–23 Uhr, EC-Karte, VISA, Mastercard; Eppendorfer Marktplatz Bus 20; brechtmann-bistro.de

Cox

Entspannte Brasserie

Das alteingesessene Gourmetrestaurant Cox mitten in St. Georg wirkt von außen eher unscheinbar. Durchschreitet man allerdings den roten Samtvorhang, findet man sich in einem wohligen, großen Gastraum wieder, der genau die richtige Mischung aus Grandezza und Patina aufweist. Hohe Decken harmonieren mit Holz- und Terrazzoböden sowie Wänden und Ledersofas in Erdfarben. Die aufgeweckte und sehr gut informierte Dame, die uns an unserem Platz bedient, empfiehlt uns als Hausaperitif einen Sekt mit Rhababersirup (7,50 Euro). Der Empfehlung folgen wir gern und werden nicht enttäuscht. Bei den Vorspeisen finden sich viele Klassiker. Wir entscheiden uns für Thunfischtatar mit Miso, Koriander und mariniertem Fenchel mit Passionsfrucht (13 Euro) sowie Rinder-Carpaccio mit Trüffelcreme, Artischocken-Bohnen-Salat und Parmesan (13,50 Euro). Im Hauptgang essen wir Holsteiner Bauernente in Honigjus mit Mairübchen, Rhabarber und Sesamplätzchen (26,50 Euro) und gebratenes Steinbuttkotelett mit Safran-Aioli, sizilianischem Spinat und Olivenöl-Kartoffelpüree (31,50 Euro). Alle Gerichte sind solide gekocht und schmecken uns gut. Bei den Weinen testen wir uns durch je zwei offene Rosé- und Rotweine (7,50 bis 9 Euro), die uns schmecken, aber auch nicht vom Hocker hauen. Das Cox ist eine Empfehlung für einen Abend zu zweit in entspannter Atmosphäre mit fantastischem Service und leckerer Brasserie-Küche im Herzen von St. Georg. JD

AMBIENTE ●●●●○ SERVICE ●●●●●
KÜCHE ●●●●○ PREIS-LEISTUNG ●●●●○

€€€€ Lange Reihe 68 (St. Georg), Telefon 040 249422, Di-Sa 12–14.30, 18–22 Uhr, EC-Karte; Gurlittstraße Bus 6, Bus 17; restaurant-cox.de

Cornelia Poletto

Italien auf dem Teller

Es ist erstaunlich warm, ganz Eppendorf sitzt draußen. Wir fragen im Poletto, ob wir zum Aperitif draußen Platz nehmen dürfen. Mit filmreifem, französischem Akzent sagt der Service: „Isch an Ihrer Stellö würdö genau das tun!“ Als wir reingehen, sind wir zu fünft und nehmen dankbar den Vorschlag an, zum Start in den Abend einfach ausreichend Antipasti für alle in die Mitte zustellen. Vorher nehmen wir eine Rutsche knackfrische Gillardeau Austern mit Schalottenvinaigrette (5 Euro pro Stück). Der Gruß aus der Küche ist leider mit einem Happs verschwunden – davon hätte ich nämlich gern mehr: kühle geräucherte Crème fraîche und Forellentatar. Knaller-Kombi! Während wir auf die Antipasti warten, suchen wir einen frischen Luganer aus, der mit seiner ausgeprägten Frucht gut zum Wetter passt (0,7 l 39 Euro). Es folgen fast schon klischeehaft-italienische Antipasti: herrlich knusprige Fritto misto, ein zartwürziges Vitello tonnato, reife Tomaten mit samtigem Burrata und kühles Basilikumsorbet und auf den Punkt gebratene Garnelen mit einer fein abgeschmeckten Limetten-Aioli. Wenn auch insgesamt wenig überraschend, gibt es hier nix zu

FOTO: JULIA SCHUMACHER

VIP TESTER

Stevan Paul
vielfach kulinarisch, Foodjournalist und Kochbuchautor

Getestet: Haco, Jin Gui, Nil, Piment (Sterneküche), Zeik (Sterneküche)

Lieblingsrestaurant Ich verliebe mich öfter neu. Mich begeistert diese Mischung aus niveauvoller, dabei unaufgeregter Entspanntheit, die die Hamburger Gastronomie prägt.

Lieblingsbar Lion: relaxt und dennoch stilvoll.

Besondere Anlässe feiere ich am liebsten im Restaurant ... Zur Erholung in Uetersen. Wohl umsorgt ist man auch raus aus dem Alltag, der Geschäftigkeit der Stadt.

Essen ist für mich ... eine tägliche Freude, die mit der Freude am Kochen beginnt.

Ein Leben ohne Gastro wäre ... mein persönlicher Roland-Emmerich-Weltuntergangs-Blockbuster.

Zum Frühstücken gehe ich gern ins Café ... Ich frühstücke nie, ich spare mir den Appetit für die interessanteren Mahlzeiten des Tages.

Ein Tipp für Kaffee, Kuchen, Cupcakes? Die Pâtisserie in Ottensen: Pierre Ouvrard ist ein Meister der französischen Konditorei-Kunst.

meckern – bis auf die Soße zum Fritto misto, die mir zu Ketchup-lastig ist. Dafür lässt das Küchenteam es im Zwischengang ordentlich krachen: Geflämmter Lachs zergeht süßlich im Mund, während der rote Kaviar am Gaumen platzt und seine Salzigkeit preisgibt, die Vinaigrette bringt eine herrliche Säure (24 Euro). Heimlich lecke ich den Teller ab. Das Publikum ist insgesamt eher gediegen, wir senken den Altersdurchschnitt und erhöhen den Lärmpegel. Im Hauptgang wird es bei mir außergewöhnlich: zwölf Stunden gekochter Beeftea. Darin baden feine Gemüsestreifen und Enoki-Pilze, die in zartestes Rindfleisch gewickelt sind. Dazu wird Knochenmark aus dem Ofen serviert. Es ist für meinen Geschmack etwas zu dunkel geworden und so kräftig gewürzt, dass es den zarten Beeftea etwas überrumpelt (38 Euro). Rechts neben mir ist es derweil, als hätte die rustikal-italienische Mamma mit ihrer aus dem Sternerestaurant angereisten Cousine gekocht: Es sind die besten Ricotta-Spinat-Ravioli, die ich bisher essen durfte. Der Teig ist so zart, dass man beinahe durchguckt, dazu würzige Parmesansplitter, fettglänzender gereifter Belotta-Schinken und knuspriger Salbei (26 Euro). La Mamma hat noch un poco di Nussbutter reingeschummelt. Hätte ich doch gleich auf den Service gehört, der nicht nur besonders aufmerksam und herzlich ist, sondern mit allen Empfehlungen recht behielt. „Ich würd' die Tortellini nehmen, die sind einfach sensationell." Drei Flaschen Luganer später ... Das zart kühlende Kalamansi-Birnen-Sorbet passt gerade noch so zwischen die Köstlichkeiten des Abends (14 Euro). Highlight zum Schluss: Der Birnengeist mit einem „Pfffft" vom Service übers Sorbet gesprüht lässt uns Tränen lachen. Grazie, Signora Poletto. ELIANE NEUBERT

AMBIENTE ●●●●○ SERVICE ●●●●●
KÜCHE ●●●●○ PREIS-LEISTUNG ●●●●○

TESTSIEGER 2021 €€€ Eppendorfer Landstraße 80 (Eppendorf), Telefon 040 4802159, Di-Sa 12-15, 18-23 Uhr, EC-Karte, VISA, Mastercard; Kellinghusenstraße U1; cornelia-poletto.de

Engel

360-Grad-Panorama

Der Elbblick erinnert an Hafenrundfahrt. Wir sind zwar auf dem Wasser, schippern aber nicht drüber. Und sitzen weitaus gemütlicher. Im Engel von NDR-Koch Tarik Rose auf dem Fähranleger Teufelsbrück am Fuße des Jenischparks im schnieken Nienstedten lässt es sich wunderbar speisen. Der Gastraum bietet 360-Grad-Panorama. Die Küche komponiert ihr Angebot exquisit. Norddeutscher Einschlag mit internationalen Akzenten. Die Auswahl ist limitiert, bietet dennoch geschmackliche Vielfalt. Bemerkenswert, weil immer noch nicht überall Usus: Freunde der Pflanzenküche werden hier nicht halbherzig abgespeist. Doch Lage, Müh und Qualität haben ihren Preis. Wer knausern will, sollte lieber eine Etage tiefer an der hauseigenen Bude zu spitzenmäßigen Fischbrötchen oder Currywurst greifen. Publikum aus den Elbvororten dominiert, dazu gesel-

Wer Poletto besucht, bekommt Poletto – und das bedeutet: Augenschmaus

FOTO: JULIA SCHUMACHER

KULINARISCHE REISE

★ ★ ★ ★ ★

Das Grand Elysée Hamburg bietet kulinarische Genüsse der Spitzenklasse. Erleben Sie romantisches Pariser Flair in unserer Brasserie Flum, la Dolce Vita in unserer Piazza Romana oder New Yorker Prime Beef-Genuss in unserem THEO'S.

Wir freuen uns auf Sie!

GRAND ELYSEE
HAMBURG

Elysée Hotel AG Hamburg | Rothenbaumchaussee 10 | 20148 Hamburg
T 040 41 41 2 - 0 | F 040 41 41 2 - 733 | info@grand-elysee.com | www.grand-elysee.com

Küchenchef Philipp Stapel und Inhaber Christian Frank (r.) haben mit ihrem Kitsch schnell Fuß gefasst in der Gourmet-Szene

len sich Ausflügler, die sich mal was gönnen wollen. Wir probieren säuerlich eingelegte Zwiebeln mit Steinchampignons und einer sagenhaften Topinambur-Mousse (17 Euro). Die stattliche Scholle (27 Euro) kommt adrett zurechtgemacht nach Finkenwerder Art daher, der Plattfisch in Speck gebraten, flankiert von einem lauwarmen Kartoffelsalat, dazu ein Schüsselchen knackiger Salat. Top. Richtig, richtig lecker schmeckt der auf würzigem Linsencurry gebettete Skrei, geadelt mit einem Schlag Krustentierschaum (34 Euro). Dazu passt der offene Merlot Réserve Spéciale aus dem Languedoc (0,2 l 8,50 Euro) – Empfehlung der routinierten, stets präsenten und gut gelaunten Bedienung. MO

AMBIENTE ●●●●● SERVICE ●●●●●
KÜCHE ●●●●● PREIS-LEISTUNG ●●●●○

€€€€ Fähranleger Teufelsbrück (Nienstedten), Telefon 040 824187, Mi-Fr 15–23, Sa-So 13–23 Uhr, EC-Karte, VISA, Mastercard; Teufelsbrück (Fähre) Bus 36, Bus 286, Bus 392; restaurant-engel.de

Heldenplatz

Wo bleibt der Stern?

Etwas versteckt zwischen Schreibwarenladen und Edel-Schneiderei liegt in der Nähe der Speicherstadt das Casual-Fine-Dining-Restaurant Heldenplatz. Wer es gefunden hat, betritt einen eher schlicht, aber schick eingerichteten Raum. Wir starten mit der Empfehlung der Chefin: Ein Eymann Rosé Sekt (11,50 Euro). Danach fällt unsere Wahl auf das Fünf-Gang-Menü mit begleitenden Weinen (89 und 45 Euro). Von Anfang bis Ende sind alle Weine herausragend und unglaublich gut auf das Menü abgestimmt. Die Vorspeise sticht besonders heraus: gebeizte Dorade mit Avocado, Mairübchen und Rucola und dem begleitenden, speziell für den Heldenplatz abgefüllten trockenen Rivaner „Mosel meets Elbe". Foodpairing perfekt! Genauso begeistert uns der Hauptgang, Taube mit Topinambur, Sauerkirsche und Haselnuss gepaart mit einem Rotweincuvée „domaine Dambrun" von Laurence et Patrick Chêne. Unsere letzten Ausflüge in die gehobene Gastronomie waren eher vom Schein als vom Sein geprägt. Im Heldenplatz ist das Gegenteil der Fall! Der Abend ist so entspannt und auf einem kulinarisch hohen Niveau wie lange nicht. Die Weinkarte im Heldenplatz hat eine Besonderheit: Fast alle Weine sind auch als Glas zu bekommen. Um den berufstätigen Helden entgegenzukommen, hat darüber hinaus die Küche bis 24 Uhr geöffnet. Unser Fazit: Hingehen! JD

AMBIENTE ●●●○○ SERVICE ●●●●●
KÜCHE ●●●●● PREIS-LEISTUNG ●●●●●

€€€€ Brandstwiete 46 (Altstadt), Telefon 040 30372250, Mi-So 18–24 Uhr, EC-Karte, VISA, Mastercard, Amex; Meßberg U1; heldenplatz-restaurant.de

VIP-TESTER
Stevan Paul

Jin Gui

Nichts für Puristen

Im Innenhof des Tortue-Hotel findet sich das Jin Gui, ein asiatisches Restaurant mit japanisch geprägter Grundstilistik. Die Räumlichkeiten sind einladend, mit viel warmem Holz und Kupfer, Herzstück ist die offene Küche. Man sitzt ein bisschen wie tiefergelegt, aber gemütlich am schmalen Tisch, auf den kaum alle Vorspeisen und Gläser passen wollen. Die hohen Erwartungen, die wir von einem zurückliegenden Besuch mitbringen, werden zunächst gedämpft: Dem eher schon cremigen Lachs-Tatar im Hard Shell-Taco (8 Euro) lässt die süße Teriyaki-Soße keine Chance. Wenig inspirierend: die gebratenen Jakobsmuscheln mit frittierten Panko-Garnelen – Mango-Chutney und Tamarindensoße fehlt es an pointierter Nuance (24 Euro). Die Enten-Karaage (20 Euro) enttäuscht, wenn knusprig saftige Knusperstücke erwartet werden. Die klebrig scharfe Soße beschwert das frittierte Entenfleisch, gerade auch im Zusammenspiel mit der ansonsten unauffälligen Limettenmayonnaise. Doch der Service ist herzlich und der Wein grandios. Der Grüner Veltliner Nussberg 2020 von Fritz Wieninger (49 Euro), aus der besten Lage der Wiener Weinberge, begleitet die asiatischen Aromen erfrischend genial. Zu den fein gearbeiteten und kreativ komponierten Uramaki-Sushi-Rolls begeistert uns der Sojasoßen-Hausblend auf feinrauchiger Dashi-Basis. Die Roll mit rarem Aal Unagi (23 Euro) wird zum Highlight des Abends. Da können die geflämmten und ausdekorierten Aburi Nigiri nicht mithalten: Paprika und Zwiebel zum Wolfsbarsch (2 Stück 8 Euro) wirken im Kontext eher fremd, der gute Thunfisch (13 Euro) wird als Nigiri ohne Reis auf Flusskrebs-Salat serviert. Das ist nichts für Puristen. Die Bemühungen, japanische und asiatische Küche in einen modernen Crossover-Kontext zu holen, sind als Alleinstellungsmerkmal eine bereichernde Idee – mit einem geschärften Blick für kleine Details kann das auch formidabel gelingen.

AMBIENTE ●●●●○ SERVICE ●●●●●
KÜCHE ●●●●○ PREIS-LEISTUNG ●●●○○

€€€€ Stadthausbrücke 10 (Neustadt), Telefon 040 334414024, Mo-Sa 12–23, So 17–23 Uhr, EC-Karte, VISA, Mastercard; Stadthausbrücke S1, S3; tortue.de

Kitsch

Fine Dining in lässig

An einem Sonntagabend sind wir verabredet zum Fine Dining in Hoheluft-Ost. Das Restaurant Kitsch hat erst im Juli 2021 in den Räumen des ehemaligen Pavoni eröffnet und wurde schon kurz darauf für den Hamburger Gastropreis, unseren Genuss-Michel, als Newcomer des Jahres nominiert. Wir sind voller Vorfreude. Beim Betreten des Restaurants werden wir von der Servicekraft freundlich begrüßt, unsere Mäntel werden uns abgenommen. Diese Aufmerksamkeit, ohne aufdringlich zu wirken, zieht sich durch den gesamten Abend. Hier bedeutet hereinkommen gleich ankommen – in dem gemütlichen und zugleich stylishen Ambiente, das sich durch viel Holz und gedeckte Farben auszeichnet, unterbrochen von einem grasgrünen „Wandbild". Eine Botschaft, die vermittelt: gehoben, aber nicht abgehoben, Details sind wichtig, und auch Einfaches hat seine Wirkung. Das findet sich auch in den Gerichten wieder. Wir nehmen das Vier-Gänge-Menü (61 Euro) ohne Weinbegleitung (31 Euro). Sehr flexibel: Wir können einzelne Gänge austauschen mit einem des vegetarischen Menüs oder dem Tagesgericht. Was sich durch jeden Gang zieht, ist

FOTO: JULIA SCHUMACHER

das Spiel der Gegensätze. Die Langoustine (Zwischengang) ist perfekt gegart, kombiniert mit einem Zwiebel-Oliven-Parfait, etwas zu ölig, und einer Lauch-Creme. Das Landuro Pork (Hauptgang) ist zart, umwickelt mit einem Hauch Wirsing. Der zarte Speck wird als Topping drapiert. Dazu, so lecker, die Sellerie-Creme – sahnig-süßlich kombiniert mit Selleriegeschmack. Der Hauptgang ist einfach, aber durchdacht. Hier behält jedes Produkt seinen Eigengeschmack, der herausgekitzelt wird durch andere Geschmäcker. Unsere Erwartung wird nicht enttäuscht. HED

AMBIENTE ●●●●● SERVICE ●●●●●
KÜCHE ●●●●● PREIS-LEISTUNG ●●●●●

€€€€ Löwenstraße 12 (Hoheluft-Ost), Telefon 040 1724765372, Mi-So 17–23 Uhr, EC-Karte, VISA, Mastercard, Amex; Hamburg Dammtor S21, S31; kitsch.hamburg.de

Kleiner Speisesaal

Große Teller im kleinen Saal

Im ewigen Yin und Yang des Lebens tauchen ein paar Fragen immer wieder auf. Wohin zum Retoxen nach der Detox-Woche? Wir hätten da einen heißen Tipp: Seit einem guten Dutzend Jahren ist das Gourmet-Bistro Kleiner Speisesaal ein sicherer Hafen für alle, die sich mit feinen Speisen mal wieder so richtig den Bauch vollschlagen wollen – und sich dabei sogar von der argwöhnischen Nachbarschaft erwischen lassen können. Das liegt zum einen an dem heimelig beleuchteten und wirklich recht kleinen „Saal“ im Souterrain mit seinen weiß beleinten Tischen, in dem keine überflüssige Dekoration von den – zum Zweiten – so opulent wie waghalsig und zugleich kochkundig gefüllten Tellern der Chefmütze Dennis Rosenbrook ablenkt. Der kombiniert mutig Parmesan, Schinken und Kirsche zu einer Suppe, Rinderfilet mit Senflinsen oder als Dessert Joghurt mit Amarena und Granola (14,90/32,90/7,90 Euro). Die super nette Kellnerin braucht ordentlich Muckis in den Armen, um die Speisen-Schwergewichte zu den Gästen zu bringen, die dank der in die Tische integrierten Heizungen sogar ganzjährig auch auf den beiden Terrassen sitzen können. Wir beginnen zum prickelnden Lillet Wild Berry mit zwei riesigen Tuna-Tataki-Brocken. Die liegen auf dem gleichen knackfrischen Mischsalat wie mein cremiger, mit Hausmacher-Balsamico mürbsüß getränkter Ziegenfrischkäse (7,90/14,90/17,90 Euro). Uff, gehen jetzt wirklich noch das dreiteilige saftige Backhähnchen mit Bratkartoffelsalat und die wörtlich zu nehmende „große Portion“ Jakobsmuscheln mit Kartoffelpüree, Bratensoße und unfassbar vielen dicken Trüffelscheiben (17,90/26,90 Euro) rein? Nein, kurz vor dem Zieleinlauf streiken selbst unsere gestählten Tester-Mägen, die wir später trotzdem noch mit je einer Kugel Eis (Eierlikör, Piña Colada, je 3 Euro) runterkühlen. Wie im echten Leben: Unterschätzt nie die Kleinen! PESI

AMBIENTE ●●●○○ SERVICE ●●●●●
KÜCHE ●●●●○ PREIS-LEISTUNG ●●●●○

€€€ Dorotheenstraße 33 (Winterhude), Telefon 040 30330331, Mi-So 17–22 Uhr, EC-Karte, VISA, Mastercard, Amex; Gertigstraße Bus 6, Bus 17; kleinerspeisesaal.de

Memory

Ambitionierte Küche in Retro-Ambiente

Die Sülldorfer Landstraße Richtung Rissen ist keine idyllische Lage. Seit 17 Jahren befindet sich dort in einem kleinen Häuschen das inhabergeführte Restaurant Memory. Am Interieur hat sich in dieser Zeit kaum etwas geändert – die apricot-terrakottafarbenen Wände wecken Erinnerungen an ein Hotel garni am Gardasee. Der zugewandte, freundliche Service der Inhaberin lenkt davon ab. Insgesamt vier Tische sind an diesem Abend belegt. Qualität vor Quantität – die Speisekarte ist mit neun Positionen sehr übersichtlich, Vegetarier hätten es allerdings heute schwer. Zwei Gänge gibt es für 39 Euro, drei für 55 und jeder weitere Gang schlägt mit 10 Euro zu Buche. Wir entscheiden uns für vier Gänge. Die Küche grüßt mit einer kleinen Portion Vitello tonnato und einem sehr leckeren Selleriesüppchen. Mein Mann bekommt danach gratinierten Hummer mit Portwein auf Gemüse, solide. Meine Hummersuppe ist schmackhaft, jedoch einen Tick zu salzig. Die folgenden Jakobsmuscheln mit Chili-Honig und Zitrone haben etwas viel Zitrone abbekommen. Das mediterrane Risotto ist sehr intensiv und von guter Konsistenz. Begleitet werden die Vorspeisen von einem Glas Grauburgunder (Oberbergener Baßgeige von Franz Keller, 0,2 l 8 Euro). Alle Weine der kleinen, aber sehr ansprechenden Weinkarte, werden auch offen serviert – ein klarer Pluspunkt. Zur Hauptspeise wird uns ein 2018er Zweigelt „Alte Reben“ angeboten (0,2 l 8 Euro) – eine sehr gute Empfehlung! Mein Kalbsrückensteak mit Hummus ist sehr gut gebraten, die Soße der leider nicht so zart schmelzenden Ochsenbäckchen überzeugend. Wir freuen uns, dass wir noch die Dessertvariationen genommen haben, denn sowohl Vielfalt als auch Geschmack der sechs kleinen Portiönchen versüßen den Abend. Alles in allem haben wir gut gegessen, hadern jedoch sehr mit dem Ambiente. Auch hatten wir uns das Quentchen „mehr“ erhofft, etwas, das die Küche handwerklich auf jeden Fall mitbringt. Dennoch würden wir das Memory in den gastronomisch dünn besiedelten Elbvororten für ein qualitativ hochwertiges Essen empfehlen. KN

AMBIENTE ●●○○○ SERVICE ●●●●○
KÜCHE ●●●●○ PREIS-LEISTUNG ●●●○○

€€€€ Sülldorfer Landstraße 222 (Blankenese), Telefon 040 86626938, Di-Sa 18–21.30 Uhr, EC-Karte, VISA, Mastercard, Amex; Sülldorf S1; memory-hamburg.de

Nikkei Nine

Kulinarische Groß-Fusion

Wenn Gerne-Esser wie wir sich überlegen müssen, wann sie zuletzt so gut gegessen haben wie hier im Nikkei Nine im Souterrain des feinsten Hotels der Neustadt – dann hat das Restaurant alles richtig gemacht. Die Nikkei-Küche schätzen wir schon seit jeher, ist doch diese Fusion aus gewürzintensiver Latino-Küche und den aromatisch streng durchkomponierten Speisen Japans der schlüssigste aller Cross-over-Kochstile. Den treibt der japanische Chef Song R. Lee im super stylishen Fine-Dining-Basement des Fairmont Hotel Vier Jahreszeiten an der Alster auf die Spitze. Für Japan-Neulinge gibt es auf der spannenden Karte ein Glossar, ansonsten hilft der locker-ambitionierte Restaurantleiter Matthias Förster auch bei der Sake-Auswahl. Während der flinke Service mit witzigen Porzellan-Skateboards voller knackfrischer Sushi und Sashimi in der Hand an uns vorbeifliegt, nippen wir an zwei genialen Magen-

Im Kleinen Speisesaal gibt es manch leckeres Malheur

FOTO: MARC SILL

VIP TESTERIN

Inka Schneider
NDR DAS! | TV-Moderatorin und Journalistin

Getestet: Philipps, Wolfs Junge, La Vita (Italien)

Lieblingsrestaurant Brücke – fühlt sich an wie zu Hause.

Lieblingsbar Bar Lion – weil man klingeln muss, bevor man reingelassen wird.

Besondere Anlässe feiere ich am liebsten … in der kleinen Bodega neben dem Restaurant Brücke.

Essen ist für mich … eine große Freude.

Ein Leben ohne Gastro wäre … sehr fade.

Zum Frühstücken gehe ich gern ins Café … Favorita – italienischer als in Italien.

Ein Tipp für Kaffee, Kuchen, Cupcakes? Favorita – der beste Cappuccino der Stadt!

öffner-Longdrinks – ein herrlich saurer Yuzu Sancho mit Eischaumhaube und für die Dame eine Hibiskus Margarita mit pikantem Hibiskussalz am Glasrand (je 16 Euro). Auch ohne Essen sitzt es sich in diesem lässig-eleganten Ambiente wie in einem Hype-Schuppen in New York oder Shenzhen. Das vergleichsweise mild gepreiste Omakase-Überraschungsmenü (85 Euro) ist uns mit seinen fünf Gängen heute zu opulent, wir teilen uns lieber drei Starter: Der galizische Balfegó-Thunfisch ist zarter, als wir ihn jemals in Spanien essen konnten und schwimmt in umami-reicher, mit peruanischer Tiradito-Tradition flirtender Wafu-Sauce. Ein Signature Dish, das das nicht minder großartige Riesengarnelen-Tempura mit peruanischer Causa-Creme oder die göttlichen Gyozas mit Rind, Takuan-Rettich und neckisch geschärfter Dashi-Brühe (24/21/18 Euro) fast in den Schatten stellt. Echte kulinarische Lichtgestalten sind auch die im Dry Ager nachgereifte Entenbrust mit Chili-Möhrenpüree und das Kabeljaufilet „Koji Cod", das ein paar Tage mit dem Miso-Pilz zu marzipaniger Textur fermentiert wird (38/46 Euro). Leichte Kost, es passt noch ein „Nikkei Heaven" (14 Euro) rein, mit Tigermilch-Sorbet und Bohnenpüree im Baisermantel eine weitere perfekte Fusion. Wenn wir mal reich sind, fusionieren auch wir mit dem Nikkei Nine. PESI

AMBIENTE ●●●●● SERVICE ●●●●●
KÜCHE ●●●●● PREIS-LEISTUNG ●●●●●

€€€€ Neuer Jungfernstieg 9-14 (Neustadt), Telefon 040 34943399, Mo-So 18–24 Uhr, EC-Karte, VISA, Mastercard, Amex; Jungfernstieg S1, S3; nikkei-nine.de/de

VIP-TESTER
Stevan Paul

Nil

Eine sichere Bank

Das Nil am Neuen Pferdemarkt als Tester zu besuchen ist eigentlich ein eher überflüssiges Unterfangen. Schließlich schätzt ein nicht kleiner Teil der Hamburger das Restaurant seit Jahrzehnten als sichere Bank für entspanntes Fine Dining – seit 33 Jahren, um genau zu sein. Huch, 'ne Schnapszahl, wir gratulieren, nehmen aber den Testauftrag ernst – vielleicht vergeigen sie es ja heute! Schon zur Vorspeise lassen wir alle „Hoffnung" fahren. Zart zergeht der roh marinierte Lachs, gerahmt von Kürbiscreme und Quittenjoghurt mit Nori und japanischer Ponzu (16 Euro). Ein Kunstwerk aus frittiertem norddeutschem Rosenkohl, Rote-Bete-Hummus, Zwiebelkonfitüre und Kürbiskrokant erinnert an die Küche der Levante. Weltoffene Regionalität, am Puls der Zeit,

Nil-Chefin Elisabeth Füngers bürgt seit Jahren für große Kochkunst

FOTO: MARC SILL

LANDHAUS SCHERRER

DAS AUGE ISST MIT.

- Norddeutsche Hochküche
- Nachhaltiger Genuss
- à la carte im Online-Shop

Elbchaussee 130
22763 Hamburg
040 - 88 30 700 30
info@landhausscherrer.de

ohne jede modische Anbiederung, so geht das hier. Das ist aber überhaupt der Kritikpunkt: Nie kommt man zum Menü (fünf Gänge/49 Euro), weil man immer erst alle Vorspeisen probieren will. Der Service ist von jener Freundlichkeit, die den Gast glauben lässt, er säße bei Freunden, und den Weinempfehlungen von Sommelière Elisabeth Füngers ist sowieso immer Folge zu leisten. Der Naturel Grauburgunder 2020 von Bernhart (48 Euro) aus der Pfalz begleitet an diesem Abend galant so ziemlich alles, insbesondere den blättrig-cremigen Kürbis-Strudel mit karamellisierten Perlzwiebeln (19 Euro). So geht „plant based" Küche! Das Lammkarree mit geschmolzener Aubergine ist aber auch eine auf den Punkt gegarte Freude (26,50 Euro). Das Dessert ist ein echter Crowdpleaser: fluffiger Apfel-Pekannuss-Kuchen mit Thymian und Salzkaramelleis. Tadellos. Wieder mal. Also. Auf die nächsten 33 Jahre. Dann bin ich … Ach, lassen wir das.

AMBIENTE ●●●●● SERVICE ●●●●●
KÜCHE ●●●●○ PREIS-LEISTUNG ●●●●●

€€€€ Neuer Pferdemarkt 5 (St. Pauli), Telefon 040 4397823, Mo-So 17–24 Uhr, EC-Karte, VISA, Mastercard; Feldstraße (Heiligengeistfeld) U3; restaurant-nil.de

Oechsle

Nichts wie hin!

GENUSS GUIDE HANSEPERLE

Manchmal hat man das seltene Glück, dass einfach alles passt. Bei Betreten des Eckrestaurants Oechsle sind wir augenblicklich vom Ambiente begeistert und werden vom freundlichen Service an einen schönen Tisch am Fenster gebracht. Während wir bei leckerem Brot mit frischer Butter und einem Glast Bouvet Ladubay Crémant Tresor Rosé (0,1 l 7,50 Euro) die kleine, aber feine Karte studieren, fühlen wir uns rundum wohl. Sowohl die Tomaten-Gin-Suppe (8,50 Euro) als auch der lauwarme geräucherte Lachs mit perfekt bissfestem grünen Spargel munden vorzüglich. Das Zürcher Geschnetzelte mit Rösti (22,50 Euro) ist ein Gedicht – das Fleisch perfekt auf den Punkt gegart und butterzart, die Soße so, dass der Dessertlöffel zum Einsatz kommt und die Rösti kross. Ebenso begeistert ist mein Mann vom Spargel mit Wiener Schnitzel. Die Hollandaise ist leicht mit zarter Zitronennote den feinen Geschmack des Spargels unterstreichend und nicht, wie so oft, ihn unter sich begrabend. Schön, dass es auch einige gute Weine offen gibt – wir haben uns für den Grünen Veltliner des Weinguts Bründelmayer entschieden (0,2 l 9,50 Euro), säurearm und eine ideale Begleitung für beide Hauptgerichte. Als Dessert genießen wir eine fluffige Crème brûlée (8,50 Euro), eine äußerst leicht schmeckende Vertreterin ihrer Art mit zarter Zuckerkruste und exzellenten Beeren. Hervorheben muss man das Gefühl, dass man unaufdringlich und höchst aufmerksam perfekt umsorgt wird. Der Service hat ein großartiges Gespür fürs richtige Timing – weder haben wir das Gefühl, zu lange zu warten, noch, dass die Gänge zu schnell serviert werden. Von uns gibt es daher die klare Empfehlung: Nichts wie hin! KN

AMBIENTE ●●●●● SERVICE ●●●●●
KÜCHE ●●●●● PREIS-LEISTUNG ●●●●●

€€€€ Bundesstraße 15 (Rotherbaum), Telefon 040 4107585, Mi-Sa 17–23, So 12–23 Uhr, EC-Karte; Grindelhof Bus 4, Bus 5; oechsle-restaurant.de

Feine Kompositionen: Oechsle

VIP-TESTERIN
Inka Schneider

Philipps Restaurant

Kreative Gastro-Perle

Das Karoviertel ist nicht für seine feinen Adressen bekannt, hier wohnt und arbeitet die Kreativ- und Alternativszene. Und so kommt man am Philipps auch nicht zufällig vorbei, man muss die Gastro-Perle im Souterrain schon gezielt finden wollen. Und das tun Hamburger wie Touristen, denn das Philipps hat bei allen Portalen Bestnoten. Bei Tripadvisor ist es Traveller's Choice. Und der Guide Michelin zeichnet das verwinkelte Restaurant von Koch und Inhaber Philipp Johann seit Jahren mit dem Bib Gourmand aus. Gelobt werden Geschmack, Service, Atmosphäre und Preis-Leistungs-Verhältnis. Unsere Erwartungshaltung ist also hoch. Der erste Eindruck: warmes Licht, dunkle Wände, Tische aus dicken Holzbohlen und selbst genähte Leinenservietten aus alten Küchenhandtüchern. Es gibt rund 40 Plätze, die sich auf einen größeren Raum und mehrere kleine Nischen verteilen. Das Licht ist gemütlich warm. Perfekt, wenn man sich auf das Essen und sein Gegenüber konzentrieren will. Die Karte ist überschaubar mit Klassikern wie Tatar und Wiener Schnitzel. Aber es gibt auch Exotisches, heute die fantasievoll angerichtete Kokos-Zitronengras-Suppe und den knusprigen Bauch vom Iberico-Schwein mit Thymian-Zwiebelmarmelade. Für Vegetarier ist das Angebot mau, außer einem Endiviensalat und Ziegenkäse wird ihnen im Philipps nichts geboten. Das Drei-Gänge-Menü kostet 45,50 Euro, die Hauptgänge je um die 30 Euro. Wir entscheiden uns für à la carte und bekommen zum offenen Weißwein aus Südafrika für 8,50 Euro das 0,15 l-Glas einen schönen rustikalen Brotkorb mit hausgemachter Algenbutter. Die freundliche Bedienung lässt mit einem heißen Pastinakensüppchen aus der Küche grüßen. Ein guter Start. Zur Vorspeise gibt's das Ceviche vom Skrei (17,50 Euro). Es hat für meinen Geschmack zu viel Säure, dafür ist die Schaumsuppe vom kanadischen Hummer (11,50 Euro) perfekt. Zum Hauptgericht wählen wir das gebratene Filet von der Makrele und das Roastbeef vom Black Angus Rind von der Tageskarte. Fleisch und Fisch sind auf den Punkt, köstlich das Rhabarberdessert mit karamellisiertem weißen Schokoladeneis (12,50 Euro). Fazit: Es war gut und lecker, feine Speisen zum fairen Preis. Ich werde wiederkommen und dann vielleicht die geschmorten Ochsenbacken probieren, von denen die Fangemeinde ausnahmslos schwärmt. Aber dazu muss es Sommer sein, denn dann möchte ich auf der Terrasse im idyllischen Hinterhof sitzen.

AMBIENTE ●●●●○ SERVICE ●●●●○
KÜCHE ●●●●○ PREIS-LEISTUNG ●●●●○

€€€ Turnerstraße 9 (St. Pauli), Telefon 040 63735108, Di-Sa 17–22 Uhr, EC-Karte, VISA, Mastercard; Feldstraße (Heiligengeistfeld) U3; philipps-restaurant.de

FOTO: GÖTZ WRAGE

ehemals
JUWELIER
HANSEN

Große Bleichen 8 • 20354 Hamburg | Tel.: 040 / 357 132 20 | www.hansen-juwelier.de

Bitte vereinbaren Sie einen Termin unter
termin@stichnoth.de oder telefonisch unter 040 / 357 132 20.

Wer in der Kategorie Gourmet abräumt, darf so zufrieden dreinblicken wie Haco-Inhaber Björn Juhnke (l.) und Küchenchef David Danek

GENUSS GUIDE DER SZENE HAMBURG
TESTSIEGER 2022/2023

Spannend: grüner Spargel grüßt im Haco Karamell und Kresse

VIP-TESTER
Stevan Paul

Haco ★

Nordische Weltreise

Wer beim Stichwort nordische Küche an dekonstruiertes Wurzelmalheur mit Meeresalgen denkt, der wird im Haco auf St. Pauli eines Besseren belehrt. Zwischen Herdblock und Holzfeuer gelingt dem Team um Chef Björn Juhnke der Entwurf einer Nordic Cuisine von lässiger Weltläufigkeit und süffigem Understatement. Der etwas andere Fine-Dining-Abend darf hier gerne auch mit kühlem Störtebeker-Bierchen (3 Euro) beginnen, dazu werden knusprige Röllchen mit Forellen-Mayonnaise gereicht und feuergeröstete Bete mit Fenchelpollen. Loslassen und genießen ist hier Programm: Zehn gesetzte Gänge gibt es (119 Euro, wahlweise auch vegetarisch), saisonal, tagesfrisch und für alle. Wir buchen die Weinreise dazu (60 Euro) und müssen nur noch: genießen! Der rauchige Spargel zum Onsen-Ei unter luftigem Spargelschaum ist so überraschend wie das warme „Brot" aus fermentierten Kartoffeln mit Bärlauch, Senfkohlsalat und Sauercreme. Immer wieder blitzt klassisch Frankophiles auf wie bei der cremig-warmen Lauch-Vichyssoise oder der Bouillabaisse-Sauce zur handgetauchten Jakobsmuschel. Basis der Sauce sind die Gräten des Hamachi-Fischs, der einen Gang zuvor, als Sashimi gereicht, in einer tiefwürzigen Einkorn-Shoyu mit Rapsöl-Emulsion schwimmen durfte. Das ist wundervoll japanisch, obwohl wir rätseln, wo denn da das nordische Konzept bleibt. Der Chef freut sich über die Nachfrage: Die Gelbschwanzmakrele kommt aus dem Skagerrak, die Sojasoße stammt aus dem Barrique-Fass einer Berliner Manufaktur. Die passgenau kuratierte Weinbegleitung ist ein ganz eigenes Vergnügen, mit vielen naturbelassenen Low-Intervention-Weinen aus Europa, neben alten und neuen Klassikern wie der Oberbergen Bassgeige oder dem 2016 Nobile Di Montepulicano Salcheto Riserva, der den saftigen Rippchen aus dem Holzfeuerrauch beinahe die Show stiehlt: Den ganzen Abend durfte das zarte Fleisch hoch über dem Feuer bei milder Hitze langsam garen. Möhrensoße, Jus und Lauchöl ergeben dazu eine Melange, die an fruchtige Currysoße erinnert – genial! Erfrischend kühler Cidre zum Dessert, es gibt Rhabarber-Mess und dreierlei von der Schokolade als Eis, Creme und Crunch – zum Reinlegen gut! Auch die wohltemperierte nordische Käseauswahl unterstreicht final den Anspruch des Haco-Teams: seine Gäste ohne jede Gespreiztheit, mit besten Qualitäten und auf höchstem handwerklichem Niveau einfach zu beglücken.

AMBIENTE ●●●●● SERVICE ●●●●●
KÜCHE ●●●●● PREIS-LEISTUNG ●●●●●

€€€€ Clemens-Schultz-Straße 18 (St. Pauli), Telefon 040 74203939, Di-Sa 18–24 Uhr, EC-Karte, VISA, Mastercard; St. Pauli U3; restaurant-haco.com

FOTOS: JULIA SCHUMACHER

Stadt Restaurant

Tradition trifft Moderne

Dieser Ort atmet Geschichte. Im Jahr 1910 wurde das Hotel Reichshof direkt am Hauptbahnhof im Art-déco-Stil errichtet. Seit 2017 wird auch das alteingesessene Stadt Restaurant nach behutsamer Renovierung wieder betrieben. Norddeutsche Küche mit biologischen Produkten trifft hier auf internationale Counterparts. Im fensterlosen Speisesaal fühlt man sich fast wie auf einem alten Ozeandampfer. Original Holzvertäfelungen aus der Gründungszeit und imposante Marmorsäulen sorgen für ein großbürgerliches Ambiente. Das Amuse-Bouche mit Lachs, Kimchi und Wakame macht Lust auf mehr. Ein als „Schaumbad" bezeichnetes, feines Selleriesüppchen mit krossem Brotchip (8 Euro) überzeugt ebenso wie die exotisch gewürzte Pulled Gans im Taco (10,50 Euro). Mecklenburg meets Mexiko. Der Norweger-Skrei von der Karte wird an diesem Abend durch Heilbutt ersetzt (24 Euro). Er wird auf würzigem Sauerkraut mit Serviettenknödeln serviert. Ebenso gefällt das saftige Cordon bleu mit Schwarzwurzelchips, Birnenwürfeln und Kartoffelpüree in guter Konsistenz (25 Euro). Als Weinbegleitung wählen wir einen kräftigen Tempranillo Limitada (0,2 l 12,50 Euro) und einen fruchtigen Sauvignon Blanc Dreisatz (0,2 l 7 Euro). Ein Lavakuchen aus weißer Schokolade mit Früchten, stilvoll auf historischem Originalgeschirr mit abblätterndem Goldrand serviert, beschließt den Abend (13 Euro). Schade nur, dass dieser besondere Speisesaal zurzeit nur an drei Abenden geöffnet hat. Ansonsten eine gute Adresse für stilbewusste Gourmets. HK

AMBIENTE ●●●●● SERVICE ●●●●●
KÜCHE ●●●●● PREIS-LEISTUNG ●●●●●

€€€€ Kirchenallee 34-36 (St. Georg), Telefon 040 370259453, Do-Sa 18-22 Uhr, EC-Karte, VISA, Mastercard, Amex; Hauptbahnhof alle Bahnlinien; stadtrestaurant-hamburg.de

Surf 'n Turf Kitchen

Wer wagt, gewinnt

Die Kombination der beiden teuersten Posten der Speisekarte – Filetsteak und Hummer – auf einem Teller galt im Amerika der 1960er-Jahre als die Inkarnation des neuen Wohlstandes nach dem Krieg. Also genau das, was den in Sachen Protzfaktor zurückhaltenden Hanseaten am fernsten liegt. Ein Fine-Dining-Restaurant mit diesem Namen zu eröffnen, noch dazu im tiefsten Corona-Dezember und im altreichen Winterhude, dazu gehört schon eine Extraportion Mut. Der liebenswürdig die Gäste umschwirrende Gastro-Held heißt Vasile Diaconu (Ex-Restaurantleiter in Michael Wollenbergs Marlin). Im Surf 'n Turf Kitchen liegt sein kulinarischer Fokus auf der Experimentierfreude, mit der das Land-und-Meer-Motto von seinem aus Ecuador stammenden Küchenchef Erik Marcelo Rivera de Kolschen dekliniert wird. Wie bei meiner Vorspeise „Meer und Erde", zu der wir unser Glas Alfred Gratien Brut rosé Champagner (11,90 Euro) leeren: Zwei große mit lila Kartoffeln überbackene Garnelen thronen auf einem schön säuerlichen, stückigen Sud aus Brombeeren, Orangen und Grapefruit und sind bestäubt mit „Erde" aus Schwarzbrot und Speck (11,50 Euro). Wow – solche Experimente glücken sonst eher bei Dreistern-Avantgardisten in Nordspanien. Auch der Salat meiner Co-Testerin (7,50 Euro) entpuppt sich als flott aromatisierte Mischung aus erdigen (Walnuss, Chicorée) und luftigen (Granatapfel und Mandarine) Aromen. Tief beeindruckt freuen wir uns bei einem Glas Weißburgunder und Koonunga von Penfolds (je 8,50 Euro, fair gepreiste Weinkarte) auf die Hauptgerichte. Der Steinbeißer kommt als feistes Doppelfilet mit einer spannenden Garnitur aus Wirsing, Betewürfeln und Tomatenessenz (21,50 Euro), während ich wieder mal über Sinn und Unsinn der Verbindung von 250 Gramm Rinderfilet und einem halben Hummer grüble, die man wegen der explodierten Einkaufspreise kaum für weniger als die verlangten 54 Euro anbieten kann. Ehrlich gesagt reißen das Gericht neben der Fleischqualität vor allem die krossen Trüffelpommes und die reichlich nachgeschenkte Rinder-Jus heraus. Gourmet-Himmel statt Erde dagegen beim innovativen Bratapfel-Tiramisu (8,90 Euro) – zum Teilen eigentlich viel zu gut. Sobald die Abende warm sind, werden wir auf der wunderschönen Surf 'n Turf-Terrasse die nächsten Gaumen-Geniestreiche (die Karte wechselt alle paar Monate) vernaschen – bei Vasile Diaconus wohltuender Abwechslung zum Winterhuder Edelitaliener-Allerlei. PESI

AMBIENTE ●●●●● SERVICE ●●●●●
KÜCHE ●●●●● PREIS-LEISTUNG ●●●●●

NEU! €€€ Dorotheenstraße 54 (Winterhude), Telefon 040 63608072, Di-Fr 12-22, Sa 17-22, So 12-22 Uhr, EC-Karte, VISA, Mastercard; Gertigstraße Bus 6, Bus 17; surf-n-turf-kitchen.de

Hingabe pur: Im Philipps Restaurant wird auf jedes Detail geachtet

The Dining Room

Außergewöhnlicher Abend

The Dining Room nennt sich das Restaurant im Hotel Fraser Suites. Als wir eintreten, stellt sich sofort der Aha-Effekt ein. Der ovale Raum mit Tresen in der Mitte ist eine Augenweide. Wir bestaunen den Stuck und die Glasvitrinen. Wir fühlen uns ein bisschen wie im Waldorf Astoria der 30er-Jahre. Es ist gut was los, aber zum Glück haben wir reserviert. Wir werden zu unserem Tisch geführt. Die Karte offenbart die internationale Ausrichtung der Küche. Also ran an die hawaiianischen Coconut Prawns (22 Euro). Vor der Vorspeise kommt erst noch ein Gruß aus der Küche: glasierter Pulpo auf einem Mango-Chutney nebst pikant gewürztem Karottenpüree. Formidabel. Die Süße des Chutney und die Würze des Püree in Kombination mit dem zarten Tintenfisch – das ist Kochkunst in Perfektion. Die Prawns kommen auf den Punkt gegart auf einem pikanten Rotkohlbett mit geröstetem Sesam. Der panierte Blumenkohl (24 Euro), den die Amerikaner Cauliflower nennen, wird mit Salaten serviert. Fast schon zu mächtig für eine Vorspeise. Aber äußerst schmackhaft. Die als Zwischengang bestellten Jakobsmuscheln (22 Euro) auf Kartoffelpüree und mit Himbeervinaigrette verfeinert, halten das Niveau hoch. Während wir genießen, haben wir das Gefühl, dass der große Gatsby jederzeit durch die Tür kommen könnten. Als Hauptgang landet auf dem einen Teller Rinderfilet vom Angus (39 Euro) mit wildem Brokkoli (9 Euro) in einer Sojasoße und auf unseren Wunsch mit Crunchy Pommes (6 Euro). Die andere Seite wählt Upper East Escalope (29,50 Euro) nebst grünem Spargel (8 Euro). Wir sind glücklich. Hier trifft tolle Qualität auf makellose Zubereitung. Der Service ist aufmerksam und zuvorkommend. Extrawünsche sind kein Problem. Unser Tipp für den passenden Drink ist der Signatur-Cocktail namens Charly Chaplin. Zum Schluss erleben wir, wie eine Champagner-Flasche geköpft wird, um das Wochenende einzuläuten. Ein außergewöhnlicher Abend. HE

FOTO: MARC SILL

AMBIENTE ●●●●● SERVICE ●●●●●
KÜCHE ●●●●● PREIS-LEISTUNG ●●●●●

€€€ Rödingsmarkt 2 (Altstadt), Telefon 040 3808636401, Mo-So 12–23 Uhr, EC-Karte, VISA, Mastercard, Amex; Rödingsmarkt U3, Meßberg U1; thediningroom.de

Witthüs

Saisonale Klassiker unter Reet

Im idyllischen Hirschpark in Blankenese liegt das reetgedeckte, vor fast 300 Jahren erbaute Witthüs. Der Dichter Hans Henny Jahnn wohnte hier bis zu seinem Tod 1959. Heute ist das traditionsreiche Lokal für seine traumhafte Lage und seine ausgesuchten Speisen und Getränke bekannt. Statt à la carte zu essen, wählen wir zwei gästefreundlich kalkulierte Menüs: das Frühlingsgenussmenü mit vier Gängen (45 Euro) und das Vitalmenü mit drei Gängen (38 Euro). Schon die Vorspeisen überzeugen. Die außen schön gebräunten, aber innen noch zart-glasigen Jakobsmuscheln mit Kichererbsenpüree, Granatapfelkernen und Petersilientapenade sind geradezu perfekt. Ebenso mundet die Thai-Curry-Suppe mit Garneleneinlage. Der Zwischengang, ein Bärlauchrisotto mit Pinienkernen, ist so schlotzig wie von jedem Küchenchef gefordert. Eine kleine Panne dann leider beim Fleisch. Das Filet Mignon vom Schwein ist komplett durchgebraten und daher recht faserig. Die Beilagen versöhnen dann wieder: Wilder Brokkoli, grüner Spargel, Zuckerschoten und ein Weiße-Bohnen-Püree mit gebratenen Koriandersamen sorgen für Abwechslung. Zum Lammrücken mit schmackhafter Kräuterkruste und fruchtiger Feigensoße passen die bissfeste Ratatouille und das in Turmform servierte Kartoffelgratin. Die Desserts, eine schöne Crème brûlée mit Kirschsorbet und eine Mousse au Chocolat mit Orangenlikör-Tarte, können wiederum überzeugen. Die Weinempfehlung „Buitenverwachting Meifort", eine tanninreiche Rotwein-Cuvée aus Südafrika (32 Euro), harmoniert bestens mit den Speisen. Die nette Kellnerin bringt uns wegen des übergarten Schweinefilets noch Espresso und Zwetschgenschnaps aufs Haus. Wir sind versöhnt.

HK

AMBIENTE ●●●●○ SERVICE ●●●●○
KÜCHE ●●●●○ PREIS-LEISTUNG ●●●●●

€€€€ Elbchaussee 499a (Nienstedten), Telefon 040 860173, Mo-Fr 18–21, Sa-So 12–15, 18–21 Uhr, EC-Karte, VISA, Mastercard; Mühlenberg Bus 1, Bus 286; witthues.com

VIP-TESTERIN
Inka Schneider

Wolfs Junge ★

Erdig ehrlich

Um es gleich vorweg zu sagen: Wolfs Junge greift nicht nach den Sternen. Das hervorragende Restaurant auf der Uhlenhorst hat einen. Und zwar den modernen grünen. Diese begehrte Auszeichnung des Guide Michelin gibt es erst seit zwei Jahren. Und Sebastian Wolf war unter den ersten, die vom Guide dafür honoriert wurden, ein kulinarisches Erlebnis auf höchstem Niveau mit Umweltbewusstsein zu kombinieren. Sein Anspruch: frische Zutaten aus der Region kreativ zubereitet. Und so verrät schon ein großes Schild draußen vor dem Restaurant, was drinnen auf den Teller kommt: 100 Prozent Bio. 100 Prozent handgemacht. Fast alle Produkte kommen von Höfen aus dem Hamburger Umland. Das Küchenteam salzt, pökelt, beizt, säuert, weckt ein, erntet vom eigenen Acker und Kräuterbeet. Wir sind an einem Samstagabend hier. Das gemütliche Restaurant ist sehr gut besucht, auch jüngere Leute fühlen sich offensichtlich von dem nachhaltigen Konzept angezogen. Bevor es richtig losgeht, stimmt uns die unaufdringliche, professionelle Bedienung mit einem köstlichen selbst gebackenen Sauerteigbrot auf die Reise ein. Zwei Menüs stehen auf der Kar-

Unser Stern leuchtet für Sie auch am Sommerhimmel
Fine Dining im Lakeside mit spektakulärem Alsterpanorama. Vom Guide Michelin mit einem Stern ausgezeichnet.
Wann dürfen wir Sie verwöhnen?
Lakeside
RESTAURANT
im Hotel The Fontenay | Tel: +49 (0)40 605 6 605-740 | lakeside@thefontenay.com | www.thefontenay.com

Im Wolfs Junge kommt fast alles Leckere von Höfen aus der Region

te, ein vegetarisches und eines mit Fisch und Fleisch. Beide kosten je 99 Euro. Der zu allen fünf Gängen empfohlene Weißwein kostet 55 Euro die Flasche. Wir entscheiden uns neugierig für beide Menüs und gegen eine „No Happs Policy" (Die mein Mann eingeführt hat und die besagt: Wenn er sich etwas bestellt, ich aber nichts möchte und dann trotzdem abbeißen will, muss er mir nichts abgeben, ohne dass daraus ein Trennungsgrund wird). Mit anderen Worten: Es darf vom jeweils anderen Teller genascht werden, was wir auch begeistert tun an diesem kulinarisch aufregenden Abend, zu dem mich die Küche mit einer wilden Auster empfängt und meinen Mann mit einer nicht minder delikaten algengebeizten Karotte. In rustikaler handgemachter Keramik werden wir im Laufe des Abends noch mit Deichkäseravioli mit fermentierter Quitte, Hotdog aus geräuchertem hausgemachten Seitan, Kabeljau mit Muschelragout, Kartoffelkrapfen mit gehacktem Rote-Bete-Solei, einem zarten Stück vom lang geschmorten Mangalitzer Hausschwein und zum Dessert einem perfekt cremigen Joghurteis mit Birne an weißer Luftschokolade verwöhnt. Die Portionen waren nicht üppig, aber wir sind angenehm satt geworden. Und unterhalten uns noch lange über das, was wir da gerade gegessen haben. Jeder Gang schön fürs Auge und ein Genuss für den Gaumen. Und auf eine besondere Weise ehrlich erdig. Oder wie Foodjournalist Stevan Paul beim VIP-Test vor zwei Jahren schrieb: durchdacht, aber nicht verkopft. So haben wir es bei unserer Premiere hier im Wolfs Junge auch empfunden und würden uns nicht wundern, wenn das Restaurant wieder Testsieger wird. Verdient wäre es.

AMBIENTE ●●●●○ SERVICE ●●●●○
KÜCHE ●●●●● PREIS-LEISTUNG ●●●●○

NACHHALTIGKEITSPREIS 2021 €€€€ Zimmerstraße 30 (Uhlenhorst), Telefon 040 20965157, Mi-Sa 12–14.30, 18–23 Uhr, EC-Karte, VISA, Mastercard; Zimmerstraße Bus 6, Bus 17; wolfs-junge.de

KURZ GEBRATEN

Atlas

Eine großzügige sonnige Terrasse im Phoenixhof: Die Tische sind mit gemischtem Publikum besetzt, das Personal ist sehr flink und zuvorkommend. Es gibt unter anderem aromatische Meeresfrüchte-Ravioli, Braten vom Holsteiner Wildschwein an Rahmkolrabi oder Gemüsestrudel mit Maissalat. Das Atlas ist eine schöne, stilvolle Oase in Altona.

€€€ Schützenstraße 9a (Altona), Telefon 040 8517810, Mo 11.30–15, Di-Fr 11.30–15 und 18–23, Sa 18–23 Uhr, EC-Karte, VISA, Mastercard, Amex; Schützenstraße (Mitte) Bus 3, Bus X3; atlas.at

Bistro La Fée

Das inhabergeführte Bistro La Fée punktet mit einem unaufdringlichen, aber überaus aufmerksamen Service und gemütlicher Atmosphäre. Die Karte: außergewöhnlich, kreativ und raffiniert. Die Menüs wechseln je nach Jahreszeit.

€€€€ Hofweg 50 (Uhlenhorst), Telefon 040 18983166, Di-So 17–23 Uhr, EC-Karte; Averhoffstraße Bus 6, Bus 17; bistro-lafee.de

Braband Bistro & Wein

Mitten im Grünen und mit Blick auf den Alsterlauf ist das Braband Bistro & Wein das ideale Ausflugsziel. Das historische Häuschen der ehemaligen Transformatoren-Station lädt auf zwei Ebenen zu gediegenem Aufenthalt mit modernem Flair ein. Eine umfangreiche Weinkarte und vielfältige Gerichte mit mediterranem Schwerpunkt stehen zur Auswahl.

€€€ Alsterdorfer Damm 18 (Alsterdorf), Telefon 040 38677161, Mi-So 12–22 Uhr, EC-Karte, VISA, Mastercard; Alsterdorf U1; Braband-bistro.de

Brook

Lars Schablinski führt das Restaurant mit seiner Frau Berit seit 20 Jahren und bringt eine Mischung aus Top-Präzision und entspannter Pacific-Kitchen an die mit weißem Leinen, Stoffservietten und Edelgeschirr gedeckten Tische. Täglich wechselnd gibt es immer ein Drei-Gänge-Mittagsmenü und eine Plat du Jour sowie das Abendmenü mit vier oder fünf Gängen.

€€€€ Bei den Mühren 91 (Altstadt), Telefon 040 37503128, Di-Sa 12–15, 18–22.30 Uhr, EC-Karte, Amex; Stadthausbrücke S1, S3; restaurant-brook.de

Central

Nicht weit von der Alster liegt in der Langen Reihe das kleine Restaurant Central. Die schlicht gehaltene Einrichtung bietet einen angenehmen Kontrast zum trubeligen Viertel. Auf der Speisekarte: modern interpretierte mediterrane Gerichte, bei denen es auch für Vegetarier eine gute Auswahl gibt.

€€€ Lange Reihe 50 (St. Georg), Telefon 040 28053704, Di-Do 17.30–22.30, Fr-Sa 17.30–23 Uhr, EC-Karte, VISA, Mastercard; Gurlittstraße Bus 6, Bus 17; central-hamburg.de

Clouds

Am oberen Ende der vielleicht hamburgischsten aller Hamburg-Adressen – Reeperbahn 1 – trifft sich im Clouds alles, was auf St. Pauli ein bisschen sündigen will, ohne gleich die Hose runterzulassen. Die Preise sind zwar gewaltig, die Portionen und der Geschmack von Artischockenblume, Scholle und Entrecôte aber auch. Und mit dem Blick auf die untergehende Sonne vergisst man den leeren Geldbeutel ganz schnell.

€€€€ Reeperbahn 1 (St. Pauli), Telefon 040 30993280, Mo-Fr 17–24, Sa-So 16–24 Uhr, EC-Karte, VISA, Mastercard; Reeperbahn S1, S2, S3; clouds-hamburg.de

Henriks

Eine stilvolle, gehobene Inneneinrichtung prägt die Räume des Henriks in Rotherbaum. Die Speisekarte offenbart eine moderne Küche. Dabei wird auf Regionales mit Gemüse vom Isemarkt genauso Wert gelegt wie auf hochwertige Fleisch- und Fischprodukte.

€€€€ Tesdorpfstraße 8 (Rotherbaum), Telefon 040 288084280, Mo-So 12–23 Uhr, EC-Karte, VISA, Mastercard, Amex; Hamburger Dammtor S21, S31; henriks.cc

Jacobs Restaurant

Kurz vor der Pandemie bekam Chefkoch Thomas Martin zwei Michelin-Sterne aberkannt, doch gekocht wird immer noch auf höchstem Niveau. Samtsuppe von Frühlingskräutern, gebratenes Steinbuttfilet an Kartoffelschnee oder Kalbsschulter mit Safranrisotto lassen keine Wünsche offen. Teller von tiefster Schönheit zeigen höchstes Küchenniveau.

€€€€ Elbchaussee 401-403 (Nienstedten), Telefon 040 822550, Di-Sa 18–21.30 Uhr, EC-Karte, VISA, Mastercard, Amex; Sieberlingstraße Bus 286, Bus 392; hotel-jacob.de

FOTO: PHILIPP SCHMIDT

Zwischen herrlichen Kacheln lässt es sich im Rexrodt gut speisen

Kinfelts Kitchen & Wine

Kirill Kinfelts Motto ist: Essen soll Spaß machen, ganz ohne Zwänge. Das ist ihm mit Kinfelts Kitchen & Wine gelungen. Hier kann man easy lunchen oder abends schön ausgehen. Und wer sich einfach nur durch 150 Weine probieren möchte, ist hier genauso richtig.

€€€€ Am Kaiserkai 56 (HafenCity), Telefon 040 30068369, Mo 17–23, Mi-Sa 17–23, So 13–23 Uhr, EC-Karte, VISA, Mastercard, Amex; Baumwall U3; kinfelts.de

Port Grill & Bar

Das Restaurant Port Grill & Bar im Hotel Hafen Hamburg empfängt seine Gäste mit vielen maritimen Schaustücken. Im großzügigen Gastraum trennt eine Glasvitrinenwand mit Schiffsmodellen den Barbereich mit Nischen ab. Aus großen Fenstern hat man einen tollen Blick auf die Landungsbrücken und den Hafen.

€€€€ Seewartenstraße 9 (St. Pauli), Telefon 040 3111370400, Mo-So 12–24 Uhr, EC-Karte, Mastercard; Landungsbrücken S1, S3; hotel-hafen-hamburg.de

Rexrodt

Einzigartig sind die beeindruckenden jugendstilgekachelten Räume des Restaurant Rexrodt mit international-französischer Küche. Niels-Ove Nielsen und sein Team schaffen hier mit aufmerksamem und zugleich nonchalantem Service eine lockere Atmosphäre. Es gibt unter anderem Gazpacho, Oktopus und grünen Pesto-Spargel mit Strudelteig. Merci. Encore une fois!

Hanseperle 2021 €€€ Papenhuder Straße 35 (Uhlenhorst), Telefon 040 2297198, Di-Fr 12–15, 18.30–24, Sa 18.30–24 Uhr, EC-Karte, VISA, Mastercard, Amex; Mundsburger Brücke Bus 6, Bus 17; restaurant-rexrodt.de

Röperhof

Im Othmarscher Traditionslokal Röperhof erinnert einiges an „damals“. In dem gut 260 Jahre alten Bauernhaus hängen die Decken tief, und die Einrichtung ist schlicht-elegant. Die Karte hält Klassiker wie Wiener Schnitzel parat, aber auch gebratene Jakobsmuscheln mit Pfifferlingen finden ihren Weg darauf. Der Garten ist perfekt für Sommerabende.

€€€€ Agathe-Lasch-Weg 2 (Othmarschen), Telefon 040 8811200, Mi-Sa 12–23, So 10-15, 18–23 Uhr, nur Barzahlung; Agathe-Lasch-Weg Bus 15; roeperhof-restaurant.de

Strauchs Falco

Fine-Dining-Restaurants wie das Strauchs Falco gehören zu den Gastronomiebetrieben der ersten HafenCity-Stunde. Am Wasser des Magdeburger Hafens liegt die Küchenperle des Feinstkoch-Urgesteins Tobias Strauch. Der verbindet seit Jahren mit lässiger Eleganz Gaumen-Hamburgensien mit Mittelmeer-Genüssen.

€€€€ Koreastraße 2 (HafenCity), Telefon 040 226161511, Mo-Fr 12–24, Sa-So 12.30–24 Uhr, EC-Karte, VISA, Mastercard, Amex; Überseequartier U4; falco-hamburg.de

FOTO: MARC SILL

Die Teller im Zeik spielen
mit der Fantasie des Gasts.
Fast zu schön, um die Gabel in
die Hand zu nehmen

Sterneküche

Ob Top-Star Kevin Fehling in der HafenCity, Christoph Rüffer an der Alster oder Thomas Imbusch am Brandshofer Deich – diese Hamburger Küchen-Künstler kochen die Sterne vom Himmel

100/200 Kitchen ★★★

Eine unfassbare Reise in drei Akten

Mir schwindelt noch Tage später bei der Erinnerung an das, was im Sternerestaurant 100/200 an den Elbbrücken über unsere Zungen gewandert ist. Ich versuche jetzt, das Wichtigste in Worte zu fassen. Wer in Gänze verstehen will, was Thomas und Sophie hier geschaffen haben, muss selbst hin. Isso. „Feld & Flur" heißt das aktuelle Mahl (Preise: Menü pro Person 200 Euro inkl. Wasser, Weinbegleitung 85 Euro). Mit unserem Aperitif stehen wir an der Schaubar und lassen uns zeigen, was uns gleich auf den Tellern erwartet. Dazu ein erstes Appetithäppchen mit Rind, Kimchi und Kaviar. Wieder an unseren Plätzen mit Blick in die offene Küche angekommen, folgen fünf weitere Leckereien – quasi zum Lockermachen der Zunge: süß, sauer, salzig, bitter und umami. Um den mir hier zur Verfügung stehenden Rahmen nicht direkt zu sprengen, nur ein paar Stichpunkte: geräucherte Zwiebel, Rhabarber, Spitzkohl, Olive, Kakao und das alles mit einer Liebe zum Detail, dass ich schon jetzt beginne, womit ich im Laufe des Abends nicht aufhören kann: Lächeln wie frisch verliebt. So einfach und so unendlich gut ist das, was jetzt folgt. Saftig-knuspriges, feucht-warmes Brot und die wohl beste Butter, die es gibt: Quarkbutter. Schneeweiß, luftig aufgeschlagen umrahmt von Schnittlauchöl und Chili. Ich schwebe bereits leicht über meinem Stuhl, als ich begreife, dass das Mahl erst jetzt beginnt. Das i-Tüpfelchen des Abends ist die durchgehend affengeile Musik – Ella Grace, Elton John, Arctic Monkeys, Courtney John, Beatles, Max Herre. Bei Spotify gibt's Sophies Playlist „Feld & Flur 2022". Ich lehne mich zurück und genieße den Rausch des ersten Aktes. Wenn ich richtig gezählt habe, kommen nun 14 Geschmacksexplosionen. Nach zarten Trieben, eingelegten Wurzeln, unendlich zartem Schinken vom Pata Negra, Flusskrebs, Kristallbrot und hauchfein gehobeltem Ziegenkäse vom Gut Backensholz kommt eines meiner Highlights. Der Liebesknochen: luftig-leichter Brandteig, üppig-dichtes dekadentes Knochenmark und obenauf glänzend schwarzer Kaviar, der mit seiner kühlen Salzigkeit alles perfekt ausbalanciert. Dazu trinke ich ein Glas Champagner. Das Getränk meiner Begleitung toppt das locker: kühler georgischer Schwarztee mit Milch und Zucker. Er zerschneidet die Salzigkeit am Gaumen und setzt dem Ganzen die Krone auf. Meine Begleitung hat sich nämlich für die alkoholfreie Getränkebegleitung (65 Euro) entschieden, welche für mich die Überraschung des Abends ist. Sechs unfassbar komplexe und ungewöhnliche Geschmackserlebnisse, die auf ungeahnte Weise die Gänge geschmacklich tragen. Und zwar besser, als ein Wein das je könnte. Weiterer Pluspunkt: Ohne Alkohol hat man alle Sinne beisammen, die man wirklich braucht für diesen Abend. Und wer mag, kann dazu auch Gläser mit Umdrehungen ordern. Im zweiten Akt spielen Schnecken eine große Rolle, deren pure Erdigkeit geschickt kombiniert wird mit feiner Vinaigrette und würzigen Weinbergkräutern oder mit Champignons, Schnittlauch und fermentiertem Pfeffer. Wunderbar auch die mit dichter Kraftbrühe gegüllte Teigtasche in einem dichten grüncremigen Kressesud. Es folgt vom Rind ein dunkles würziges Lungen-Ragout unter samtiger Bordeaux-Zabaglione, zart geschmorte Zunge mit frischem Rhabarber und roher zart durchwachsener Nacken getoppt mit Haselnuss und Kaffee. Die Hafenkräne sind mittlerweile in Nachtblau getunkt, als der dritte Akt beginnt: Der warme buttrig-knusprige Toast mit Deichkäsecreme, schmetterlingsflügelzart gehobelten Pilzen und einem Tropfen gereiftem Essig ist der Knaller! Und nach süßen Speck-Macarons und Eis aus 50 Jahre gereiftem Rum kommt noch eine kleine Hommage an das Hamburger Franzbrötchen. Etwas feiner, knuspriger, fettiger, zimtiger und einfach etwas besser als alle Franzbrötchen, die man vorher hatte. Zum Glück gibt's zum Abschied die ganze Menüfolge gedruckt zum Mitnehmen. Dazu eine Box mit Macarons. Taxi? Danke, brauch ich nicht. Ich fliege selbst …

ELIANE NEUBERT

AMBIENTE ●●●●● SERVICE ●●●●●
KÜCHE ●●●●● PREIS-LEISTUNG ●●●●●

€€€€ Brandshofer Deich 68 (Rothenburgsort), Telefon 040 30925191, Mo-Fr 18–23 Uhr, EC-Karte, VISA, Mastercard, Amex; Elbbrücken S3, S31; 100200.kitchen

Bianc ★★

Miniaturwunderland der Aromen

Treffen sich zwei Hamburger Millionäre beim Golfen. „Was grinst du so?" – „War gestern beim Italiener essen. Sehr fein – beim Matteo!" Genauer gesagt: Bei Matteo Ferrantino, dem einzigen italienischen Koch, der es in Deutschland mit betont mediterraner Küche geschafft hat, für sein Bianc in der HafenCity gleich zwei Michelin-Sterne zu ergattern. Und trotzdem ganz nah bei seinen Bekochten bleibt. Denn Ferrantino defiliert im Gegensatz zu Kollegen dieser Schaffenshöhe nicht nur am Ende des Abends von Tisch zu Tisch, sondern begrüßt jeden Gast gleich zu Beginn persönlich – und hilft seinem perfekt choreografierten, ganz in Schwarz gekleideten freundlichen Service dabei, die unfassbar reichhaltigen Amuse-Gueules auf die dezent beleuchteten runden Hellholztische zu wuchten. Der 43-jährige Tellerzauberer mit vergleichsweise wenigen hochkarätigen Stationen vor der Eröffnung des Bianc 2017 (Hangar Salzburg, Villa Joya Portugal) ist in der norddeutschen Gourmetszene eine polarisierende Figur. Die einen mäkeln an den manchmal etwas operettenhaften Auftritten des Chefs und an den oft auf Kante gewürzten Speisen herum. Andere lassen sich von der Lässigkeit des kompletten Matteo-Teams vor und hinter der wandhohen Raumtrennerglasscheibe zwischen der Hightech-Küche und dem so stylishen wie anheimelnden Gastraum anstecken – und verbeugen sich am Ende eines Abends voller kleiner Gaumen-Kracher vor der noblen Aroma- und Textur-Sicherheit und der fast schon Bambini-haften Würzwut dieses Aus-

FOTO: SARAH PORSACK

Lecker mit Wölkchen: Im Bianc wird der Himmel auf dem Teller wahr

nahmekochs. Nach mitgezählten 26 kleinen bis ganz kleinen Speisen von der Bergamotte-frischen Austernperle zum glasweise ausgeschenkten Perrier Jouet Rosé (21 Euro, gute Weinauswahl ab 50 Euro pro Flasche) bis zur gefrorenen Crema Catalana zum erwähnenswert guten Espresso (3,50 Euro) schließen wir uns vollumfänglich der zweiten Fraktion an. Von den deutlich über 100 Komponenten, die wir bei unserer Reise durch Ferrantinos „Miniaturwunderland der Aromen" mit ihren perfekt balancierten Portionen zwischen die Zähne bekommen, sind bis auf zwei allzu bitterfrech vorschmeckende, angekokelte Holzkohlegrill-Ausrutscher (bei der Jakobsmuschel und einem Brotstück unter den weltbesten Mariposa-Anchovies) alles absolute Spitzenklasse. Und natürlich ist es kein Wunder, dass man im Bianc unter 190 Euro nichts zu essen bekommt (Preis für das Menü „Emotion" wie auch die Veggie-Version „Garten"), wenn allein diese als Side Dish zu einer raffinierten „Caprese"-Variation mit Oliven- und Tomaten-Kaviar servierten kantabrischen Sardellen schon im Einkauf 70 Euro für die kleine Dose kosten. Dennoch protzt die Bianc-Küche nicht mit dem üblichen Teuerstprodukt-Kanon der Mehrsterner, sondern gibt sich voll auf der Höhe der Zeit in Sachen modernster Kochtechnologien sowie mit Flora und Fauna in absoluter Gleichberechtigung. Außer einer Rindertatar-Praline als Teil der neun gleichzeitig servierten Amuses, wenigen Gramm vom feinsten, mit Oregano bestäubten Lardo um den Grissini beim Brotgang und einer Mini-Tranche megazartem Limousin Lamm beim „Hauptgang" muss man Fleischliches im Bianc mit der Lupe suchen. Ein Hauch Entenleber mit Mango und Lakritz hier, ein bisschen Chicken in einem Marshmallow. Ansonsten alles aus dem Garten und vor allem aus dem Meer – als rohes Langustinen-Tatar in milder Ajoblanco, als mit rauchig-pikantem Pimenton de la vera angeschärften Baby-Oktopus Gallega oder als super saftig pochierter Bacalhau mit Erbsen und Perigord-Trüffel. So leichtfüßig im Gemüt und zugleich höchst konzentriert in der Umsetzung haben wir die von Ferrantino interpretierten Klassiker der cross-europäischen mediterranen Küche weder in Spanien noch in Italien oder Frankreich jemals gegessen. Hamburg sollte sich bedanken bei dem Bianc-Besitzer Dr. Endre Vari, dem Norderstedter Kieferchirurgen, der damals neben Matteo noch die halbe Küchenmannschaft seines Portugalurlaub-Stammrestaurants Villa Joya mit dem Versprechen abgeworben hatte, ihnen in der HafenCity ein eigenes Spitzenrestaurant zu ermöglichen. Und das ist bis heute zum Glück weit mehr als nur der Stammitaliener der Elbhang-Pfeffersäcke. PESI

AMBIENTE ●●●●● SERVICE ●●●●●
KÜCHE ●●●●● PREIS-LEISTUNG ●●●●○

€€€€ Am Sandtorkai 50 (HafenCity), Telefon 040 18119797, Di-Sa 18.30–24 Uhr, EC-Karte, VISA, Mastercard; Am Sandtorkai Bus 2; bianc.de

Haerlin ★★

Ganz großes Kino

Seit Jahren zählt Christoph Rüffer zu den Spitzenköchen der Hansestadt. Sein mit frischen Farben freundlich eingerichtetes Zwei-Sterne-Restaurant Haerlin im Hotel Vier Jahreszeiten bietet einen Blick direkt auf die Binnenalster. Wir wollen an diesem Abend prüfen, ob die kulinarische Leistung wirklich dem entspricht, was Jahr für Jahr durch die Gourmetführer verkündet wird. Am Ende werden wir nicht nur überzeugt, sondern auch begeistert sein! Tiefgreifende Aromen in den Gerichten, Foodpairing mit Spitzenweinen, durchweg charmanter und aufmerksamer Service, das Ambiente des Restaurants – einfach alles ist auf dem überall hochgelobten Niveau. So gehen zwei Sterne! Noch lange werden wir uns an den Steinbutt aus Noirmoutier mit Kohlrabi, Kapuzinerkresse und Wacholder-Nussbutterschaum (aus dem Sechs-Gang-Menü, 215 Euro) und den Chat Sauvage Chardonnay, Clos de Schulz (aus der Weinbegleitung Premier Cru 120 Euro) erinnern. Unglaublich entzückt hat uns auch das warme Quarksoufflé zum confierten Rhabarber mit weißer Schokolade und Weizengras zum Ende des Menüs. Wir kehren nicht häufig in Sternegastronomie ein und sind meist nach Verlassen des Restaurants nicht zu 100 Prozent zufrieden. Wie anders doch dieser Besuch im Haerlin! Wir kommen auf jeden Fall wieder. JD

AMBIENTE ●●●●● SERVICE ●●●●●
KÜCHE ●●●●● PREIS-LEISTUNG ●●●●●

€€€€ Neuer Jungfernstieg 9-14 (Neustadt), Telefon 040 34943302, Di-Sa 18.30–24 Uhr, EC-Karte, VISA, Mastercard, Amex; Jungfernstieg alle Bahnlinien; restaurant-haerlin.de

Jellyfish ★

Lässigkeit mit Stern

Ich war zuletzt im Jellyfish, als es den Stern noch nicht zurückerobert hatte. Das ist ein paar Monate her, und schon damals war ich begeistert, was ich dort auf den Tellern im wahrsten Sinne des Wortes „erleben" durfte – es war ein vierstündiges Gourmet-Event. Umso mehr bin ich gespannt, als ich kurzfristig für einen Sonntag einen Tisch für zwei ergattern kann. Bei der Auswahl zwischen vier, sechs und acht Gängen entscheiden wir uns für die Mitte (149 Euro) mit Weinbegleitung (90 Euro). Erfreut stelle ich fest, dass sich auch mit Stern nichts am Ambiente geändert hat. Die Einrichtung ist lässig und gemütlich, die Atmosphäre entspannt. Nachdem uns der äußerst profes-

FOTO: MARC SILL

sionelle und freundliche Service platziert hat, beginnen auch schon die Festspiele mit dem ersten von zwei Grüßen aus der Küche, die ein Versprechen auf das Kommende abgeben. Die einzelnen Gänge vom Beelitzer Spargel-Tatar über Kingfish-Sashimi, Bäckchen vom Seeteufel sautiert, Wolfsbarsch-Curry, Cheddar-Toast Hawaii bis hin zur Zitrone-Stracciatella zu beschreiben sprengt den Rahmen, und meine Beschreibung würde der Magie auf den Tellern auch nicht gerecht werden. Zum Toast Hawaii muss ich jedoch etwas sagen, denn so hatte ich ihn noch nie und werde ich ihn vermutlich auch nie wieder serviert bekommen: Er wird in einem scheinbar übergroßen Sektkelch serviert, der aussieht wie ein reich verzierter Eisbecher. Feinste Zutaten sind darin übereinandergeschichtet. Der Service weist uns an, den Löffel von ganz unten langsam hochzuziehen, um von allen Schichten etwas abzugreifen: So geht Toast Hawaii in Vollendung. Trüffel und Pralinen kommen als Abschiedsgruß aus der Küche, und wir sind fast traurig, dass dieses Gourmet-Event auch schon wieder vorbei ist. JENS WOHLRAB

AMBIENTE ●●●●● SERVICE ●●●●●
KÜCHE ●●●●● PREIS-LEISTUNG ●●●●●

€€€€ Weidenallee 12 (Eimsbüttel), Telefon 040 4105414, Mi-Do 18–23, Fr-So 12–14, 18–21 Uhr, EC-Karte, Mastercard; Christuskirche U2, Sternschanze S21, S31; jellyfish-restaurant.de

Lakeside ★

Fast schon im zweiten Sternehimmel

Was isst ein in die Jahre gekommenes Milliardärs-Pärchen, wenn es nach 21 Uhr noch Hunger hat? Nein, verraten dürfen wir das nicht, und es ist ja vielleicht auch gar nicht Deutschlands fünftreichster Mann, der mit Gattin so spät am letzten noch freien Tisch Platz nimmt und ein leichtes Süppchen schlürft. Oder doch? Immerhin gehört ihm das schmucke Hotel The Fontenay in Rotherbaum, dessen Penthouse das Sternerestaurant Lakeside beherbergt. Wohlwollend registrieren wir, dass selbst die Eheleute Kühne nicht freundlicher begrüßt werden als die Tester-Eheleute. Aber noch mehr Herzlichkeit, als jeder Gast hier vom perfekt agierenden Team um Restaurantleiter Michael Buder und Master-Sommelière Stefanie Hehn abbekommt, geht ohnehin nicht. Die Speisekarte ist übersichtlich, zur Wahl steht nur die Zahl der Gänge (4/5/6 für 169/179/189 Euro). Dabei wäre es natürlich Quatsch, wegen einem Zwanni Unterschied auf höchst feine Köstlichkeiten wie den glasig-jodigen Kaisergranat im aromastarken Tom Kha Gai-Sud oder gar die orientalisch parfümierte vollsaftige Wachtel-Doppelbrust im marzipanigen Pistazien-Crunch zu verzichten. Schon die drei ersten Amuse-Miniaturen lenken den atemberaubenden Blick über die Alster zurück auf den Teller: Die Gurkensphere platzt am Gaumen und überschüttet ihn mit konzentrierten Grüntönen, die das Foie-Röllchen mit cremiger Eleganz ergänzt, während das saure Yuzu-Baiser die Sinne wieder öffnet für den zweiten Gruß: Tiradito-Lachsforelle mit einer Creme, die am Tisch im Flüssigstickstoff-Bad zu einer Art Cyro-Churro versteift wird. Zum ofenheißen Sauerteigbrot kosten wir den empfohlenen, schmackig auf der Haut rosa mazerierten Pinot Grigio von Foradori (79 Euro; eine der individuellsten Weinkarten Norddeutschlands) und grüßen Küchenchef Julian Stowasser zurück. Der hat hier längst zu einer leichtfüßigen, aromastarken und würzmutigen Linie gefunden, die der Internationalität und Sterneanhäufung seiner Stationen entspricht. Selten hatten wir so unschwere Makrelenfilets auf der Zunge, wie hier im Ceviche-Bad mit Mandel- und Jalapeño-Noten – ein Fischgedicht, dessen zweite Strophe als Angel-Wolfsbarsch im mediterranen Umfeld mit Tomaten-Gel, Paella-Safran-Creme und Basilikum-Crunch kommt. Allein mit dem Zweierlei von der Artischocke auf diesem Teller kratzt Stowasser hart am zweiten Stern: als brutal bitterer Granité-Schnee sowie als Herzminiatur mit frittiertem „Heu". Hier wird das Unessbare zur Superdelikatesse. Letzteres will auch die sündteure Schnitte vom japanischen Wagyu sein, gebettet in erdig-zwiebeliges Arrangement mit fast schon etwas zu dunkelbitterer Kalbsjus. Doch leider stammt das legendär marmorierte Fettfleisch aus den Massentierställen in Japans Südprovinz Kagoshima – da wäre Weide-Wagyu deutscher Herkunft zeitgemäßer. Im kleinen Pre-Dessert putzt rasser Rhabarber als Sorbet und Kompott den Gaumen frei für die geniale Apfelspielerei von Chef-Patissier Marco D'Andrea. Doch von seinen Petit Fours zum Café passt nur noch die Schwarzwälder Kirschtorte rein. Ein Däumling, im Mund, aber so groß wie das klare Ziel dieses Gourmetraumschiffes: ganz hoch in den zweiten Sternenhimmel. PESI

AMBIENTE ●●●●● SERVICE ●●●●●
KÜCHE ●●●●● PREIS-LEISTUNG ●●●●○

€€€€ Fontenay 10 (Rotherbaum), Telefon 040 6056605740, Di-Sa 18.30–21 Uhr, EC-Karte, VISA, Mastercard, Amex; Fontanay Bus 109; thefontenay.com

FOTO: CHRISTINE KRINGS

VIP TESTER

Michael Otremba
Geschäftsführer Hamburg Marketing GmbH
Getestet: Petit Amour, Cantinetta (Italien)

Lieblingsrestaurant Das Jellyfish. Eine tolle Kombination aus überragender Qualität und entspanntem Ambiente.

Lieblingsbar Die Bar im Vierjahreszeiten – Patina und Seele.

Meinen Geburtstag feiere ich am liebsten ... mit Freunden bei einem Frühstück im Wilkenshoff von Sebastian Junge. Tolle Qualität. Sehr nachhaltig.

Essen ist für mich ... Genuss. Qualität und Nachhaltigkeit sind ein Muss.

Ein Leben ohne Gastro wäre ... wie Hamburg ohne St. Pauli.

Zum Frühstücken gehe ich gern ins Café ... Caffè 57 ½ im Eppendorfer Weg.

Ein Tipp für Kaffee, Kuchen, Cupcakes? Confiserie Niko im Lehmweg.

Piment ★

Verzaubert

Bevor wir ins Piment gingen, schimpfte ich den ganzen Tag über Sterneküche. Wie mir diese Sterneteller auf die Nerven gingen! Überarrangiert! Überästhetisch! Überkomplex! Ich brauche das alles nicht! Was ist gegen eine schlichte Karotte zu sagen? Und ich glaubte das auch – bis wir abends auf der Terrasse des Piments in Hoheluft sitzen und den Gruß aus der Küche bekommen: Holunderschaum, Erbseneis, hauchdünne Champignons, ein wenig Crunch und viel Leichtigkeit erzeugen einen leicht verwirbelten Aromentrichter, als ob Schneekristalle abends unter einer Laterne tanzen. Seitdem sehe ich Sterne anders. Das Piment ist die stille, sichere Bank unter Hamburgs Sternelokalen. Seit 20 Jahren kocht Wahabi Nouri am Lehmweg, und fast genauso lange hat er dafür einen Michelin-Stern. Er gilt als bescheiden und freundlich, seine marokkanisch-französische Küche als fantasievoll und leicht. Zugleich hat sich das Lokal im wohlhabenden Eppendorfer Umfeld eine gewisse Alltäglichkeit bewahrt – bei unserem Besuch wirken einige Gäste, als wären sie nur da, weil gerade nichts im Kühlschrank ist. Wir bestellen beide Menüs (jeweils 145 Euro; das eine um die Foie gras erleichtert, die ich nicht mehr verantworten will) und erleben, was gemeinhin als Aromenexplosion bezeichnet wird, obwohl das hier geradezu schmerzhaft in die Irre führt – meist sind es eher zarte Verführungen. Mit einer Ausnahme: Das Gemüse-Couscous mit Safran und Orangenblüte ist in seiner enormen Fülle und seinem Reichtum wie ein Überschütten mit kulinarischem Gold. Weitere Höhepunkte sind eine zarte Blumenkohlpraline, die zu einem fein milden Hamachi serviert wird, und eine winzige Sauerkrautbombe zum Hauptgang. Ausgerechnet der Hauptgang, der Fleischgang, erinnert mich ein wenig an meine Tiraden. Huhn in Varianten mit ausgefuchsten Beilagen – das ist einer dieser Sterneteller. Und das ist oft so in Sternerestaurants: Beim Fleischgang macht die Fantasie Pause, denn der Gast will eben ungestörtes Fleisch. Doch das bleibt die Ausnahme. Alles andere erinnert mich ausnahmslos daran, worum es in dieser Küche geht: nicht um Essen – um Verzauberung. Und Wahabi Nouri ist ein leiser Zauberer.

PL

Anm. d. Red.: Weil die Tischreservierung unseres Autoren eine Woche vor Redaktionsschluss wegen Wasserschadens kurzfristig gecancelt werden musste, besprechen wir hier das Menü aus Oktober 2021.

AMBIENTE ●●●●○ SERVICE ●●●●●
KÜCHE ●●●●● PREIS-LEISTUNG ●●●●●

€€€€ Lehmweg 29 (Hoheluft-Ost), Telefon 040 42937788, Mo-Di 19 Uhr – open end, Do-Sa 19 Uhr – open end, EC-Karte, VISA, Mastercard; Klosterstern U1, Eppendorfer Baum U3; restaurant-piment.de

Petit Amour: Wo das Karöttchen zum Teil eines Gemäldes wird

Landhaus Scherrer ★★

Perfekte Gastlichkeit aus der guten Zeit

Wer perfekte Gastlichkeit und vorzügliches Essen in Hamburg sucht, wird im Landhaus Scherrer an der Elbchaussee garantiert fündig. Das Sternerestaurant kombiniert Handwerk und Begeisterung für den Gast in ausgesprochen selten gewordener Form. Der Service ist unaufdringlich und erfasst schnell die Stimmung des Gastes. Bei uns geht es etwas lockerer zu, an den beiden Nebentischen darf es etwas hanseatischer sein. An diesem Abend ist das Restaurant, das für seine krosse Vierländer Ente berühmt ist, gut besucht, bemessen an dem Niveau, das geliefert wird, allerdings zu leer. Vielleicht ist das Restaurant mit seinen Qualitäten und dem Ambiente etwas aus der Zeit gefallen. Die Wahl zwischen Klassikern wie Königsberger Klopsen, Kalbsleber „Berliner Art“ oder Hamburger Pannfisch (27,50 Euro) fällt an unserem Tisch auf Backfisch mit Kartoffelsalat in Essig/Öl (21,50 Euro) sowie auf en Wiener Schnitzel mit Bratkartoffeln (29,50 Euro). Vorweg gibt es Hummersuppe (18,50 Euro) und die erste Spargelsuppe (16,50 Euro) des Jahres. Ein wunderbarer Eintritt in die Genusswelt von Meisterkoch Heinz Wehmann. Alles so, wie es sein soll. Die Suppen vollmundig, der Fisch und Schnitzel fein ausgebacken und die Beilagen gut gewürzt abgestimmt. Zwischendurch immer wieder der bemerkenswert gute Service mit Infos und Unterhaltung. Natürlich darf bei so viel Wohlfühlen auch ein Dessert sein. Wo in Hamburg gibt es noch eine am Tisch angerichtete Crêpe Suzette (23,50 Euro)? Herrlich! Genau wie das Schokoladenmousse (17,50 Euro), das woanders eher einem Pudding gleicht, hier hingegen formvollendet auf der Zunge zergeht. Alles in allem ein Restaurantbesuch der besonderen Art, nichts für Alltag, aber für die besonderen Tage ein ganz sicherer guter Tipp. Wir haben den Abend vollends genossen, auch wenn wir uns auch in einer anderen Welt und Zeit gefühlt haben. Oder gerade deswegen?

LM

AMBIENTE ●●●●● SERVICE ●●●●●
KÜCHE ●●●●● PREIS-LEISTUNG ●●●●●

€€€€ Elbchaussee 130 (Othmarschen), Telefon 040 883070030, Mo-Sa 12–14.30, 18–21 Uhr, EC-Karte, VISA, Mastercard; Neumühlen/Övelgönne (Fähre) Bus 112; landhausscherrer.de

VIP-TESTER
Michael Otremba

Petit Amour ★

Es ist eher eine große Liebe

Es mag Gründe geben, warum das kleine und kuschelige Petit Amour am Spritzenplatz in Ottensen einen Stern hat. Ich kann es nicht nachvollziehen – es müssten zwei sein. John Strelecky setzt sich in seinem Buch „Big Five for Life“ mit der Frage auseinander, wie man die wirklich wichtigen Dinge im Leben richtig priorisiert. Und er stellt die Frage, was im Museum deines Lebens einmal ausgestellt sein wird. Welche Momente und Erinnerungen werden dort zu sehen sein? Welche Erlebnisse sind es, die wirklich Relevanz haben? Ein Besuch im Petit Amour mit dem Menschen, den man liebt, könnte auf jeden Fall dazu gehören. Das „Menu Fin D'Hiver“ besteht aus fünf wundervollen Gängen, jedoch sind der faszinierende Apéro, das unvergessliche Amouse-Bouche, der Käse-Gang, ein Pre-Dessert sowie der abschließende Café Gourmand mit Petit four nicht weniger beeindruckend als der Ora King Lachs, den Mitinhaber und Küchenchef Boris Kasprik als „Wagyu Rind der Meere“ betitelt. Jeder Gang ist gleichsam ein kulinarisches Erlebnis und ein optisches Kunstwerk. Die Qualität jeder einzelnen Zutat ist einfach nur außergewöhnlich. Der jederzeit aufmerksame und sehr freundliche Service inszeniert und erläutert die Köstlichkeiten und trägt maßgeblich dazu bei, dass man sich wohl und willkommen fühlt. Die exquisite Mischung der Aromen, Geschmäcker, Düfte und Texturen lässt uns staunen. Was gegen einen zweiten Stern spricht? Ich weiß es nicht! Die Erfahrung im Petit Amour bekommt einen festen Platz im Museum meines Lebens.

AMBIENTE ●●●●● SERVICE ●●●●●
KÜCHE ●●●●● PREIS-LEISTUNG ●●●●●

€€€€ Spritzenplatz 11 (Ottensen), Telefon 040 30746556, Mi-Sa 18–23 Uhr, EC-Karte, VISA, Mastercard; Altona S1, S3, S31; petitamour-hh.com

FOTO: HIROSHI TOYODA

The Table ★★★

Stargate III – Das Tor zur Welt

Neben dem Hafen gibt es nur einen Ort, an dem Hamburg zur echten Weltstadt wird: Kevin Fehlings The Table. Nur 20 Genießer passen gleichzeitig an den geschwungenen Kirschholztisch in diesem Lagerhallen-hohen Dreisterne-Gourmet-Tempel in der HafenCity, und wer daran Platz nehmen will, braucht viel Geduld. Das hauseigene Reservierungssystem geht nur drei Monate im Voraus und ist immer ausgebucht. Tipp: Für Geburts- oder Hochzeitstage sechs Monate vorher anrufen und versuchen, den kongenialen Restaurantleiter und entdeckungsfreudigen Sommelier David Eitel von der Wichtigkeit des Anliegens zu überzeugen. „Das Tor zur Welt“, Fehlings aktuelles Menü mit sechs Gängen plus acht Grüßen am Anfang und Ende (250 Euro; Weinbegleitung 130 Euro; eigenwillig-großartig kuratierte Weinkarte ohne Mondpreise), ist beidseitig begehbar: Feinschmecker aus aller Welt pilgern zu dieser Küche, die ihrerseits den Hamburgern zeigt, wie Europa, Asien, die Levante oder Südamerika schmecken könnten, wenn sie von Fehlings schlüssiger, moderner und genialer Cross-over-Zauberkunst und Produktauswahl-Treffsicherheit zu Speisen allerhöchster Präzision und Qualität veredelt werden. Gelbflossenmakrele, Langostino, Muschelfleisch und Krabben finden in der Vorspeise „Die Nordsee 2.0“ mit nur wenig Hilfe von Dillperlen, Heringskaviar und Queller zurück zu ihren Wesenskernen, während allein das winzige gepickelte rote Zwiebelstückchen im kalten Ceviche-Teil des Kabeljau-Duetts (warm auf zweitem Teller mit AVA-Kaviarhaube auf Champagnerschaum) alle Geschichten konzentriert, die jemals über kleine, gepickelte Zwiebelchen erzählt wurden. Seit seinen Anfängen als Alleinchef 2005 in Travemünde gibt es kein Fehling-Menü ohne ungestopfte, in immer wieder neue Silikonformen gepresste Gänseleber mit Fruchtbegleitung. Aktuell in Erdnussform, gepaart mit Thai-Aromen wie Currycreme und Tom Kha Gai-Essenz, wobei der Maestro auch hier augenzwinkert: Die mittlere „Nuss“ besteht nicht aus Foie, sondern aus Erdnusscreme. Dieses freie Spiel mit Klassikern war schon immer Fehlings Steckenpferd. Heute reitet er es mit einer Carbonara im Keramik-Ei, einer japanisch parfümierten Schwarzwälder Kirsch-Praline, einem etwas zu mundtrockenen Bao Bun mit Pulled Rind-Füllung, einer falschen „Zimtstange“ mit Kalamansi und Kardamom als Dessert und zwei Macarons – als Labskaus-Miniatur und am Ende als Malaga-Aromafazit. Gern dekorieren der Chef und sein emsig-freundliches Team aus Köchen und Kellnern in der offenen Anrichtküche direkt neben dem Gast auch kulinarische Verbeugungen vor Frankreichs Grand Cuisine wie die lange nicht mehr gesehene Wachtel-Crépinette (mit Mohnkuchen und mega-intensiver Estragon-Jus) oder das butterzarte „Rossini“-Filet mit Trüffeljus und Béarnaise-Espuma direkt aus dem siebten Genießerhimmel. Aus dem fallen wir nach vier unvergesslichen Stunden rüde aus Fehlings Tor – zurück in die zugige Welt der HafenCity.

PESI

AMBIENTE ●●●●○ SERVICE ●●●●●
KÜCHE ●●●●● PREIS-LEISTUNG ●●●●●

€€€€ Shanghaiallee 15 (HafenCity), Telefon 040 22867422, Di-Sa 19 und 20 Uhr, EC-Karte, VISA, Mastercard, Amex; HafenCity Universität U4; thetable-hamburg.de

♿

Zeik ★★

Die neue S-Klasse (Ahnma!)

Konnten wir ja nicht ahnen. Nein, anders, wir haben es geahnt, als wir an diesem Abend im Zeik in Winterhude ein Wunderwerk an Präzision, pointierter Aromatik und nordisch-saisonaler Küche auf Top-Niveau genießen. Schon der Auftakt mit viererlei kunstvoller Miniaturen von der Roten Bete begeistert, sattt dumpfem Wurzelmumpf gibt's ein Konzert von Umami, Säure, Süße, Schärfe, Knusper und Cremigkeit. Wir sind wach, und das ist das erste Mal an diesem Abend, dass ich sage: „Das ist doch ein Stern.“ Maurizo Oster, der Mann mit dem italienisch klingenden Namen und den norddeutschen Wurzeln, hat sich 2018 mit dem Zeik selbstständig gemacht und seitdem kontinuierlich an seiner Version einer regionalen Spitzenküche gearbeitet. Im Februar bedeutet das vor allem auch Rosenkohl, Grünkohl und Schwarzwurzeln im Menü „Zeik Mahl“ (99 Euro, auch vegetarisch). Oster schafft aus diesen Zutaten ein federleicht konzentriertes Fine-Dining-Erlebnis, etwa wenn der Rosenkohl mit Meerretticheis in einer Apfelnage badet oder die Schwarzwurzel als Gemälde in Kreisen von unterschiedlichen Texturen und Geschmackstiefen den kommenden Spargel einen Langweiler nennt. Ein zarter Streifen saftige Forelle aus dem Rauch wird mit Grünkohl, Senfkaviar und Forellenkaviar im dichten dunklen Dashi-Sud noch mal schwimmen geschickt. Man darf sich von der Inszenierung nicht täuschen lassen: Nichts davon ist Effekt oder Chichi, jedes sorgfältig bemessene Detail arbeitet auch formal am Geschmacksgesamterlebnis mit. Das ist hier oft genug ein süffiges Vergnügen, wie bei Osters Signature Dish, einem dunkelwürzigen Ragout von Odefey-Huhn im tiefen Teller mit Hühnerlebereis (!) angerichtet, mit Kartoffelschaum und knusprigen Kartoffelwürfeln getoppt (die lohnende Menüerweiterung für 17 Euro). Sommelier und Restaurantleiter Tobias Greve überrascht dazu in der Weinbegleitung (69 Euro), gewohnt stilsicher, mit einem 2011er Tokaji Szamorodni – der ungarische Süßwein ist, wohltemperiert, wie für dieses Gericht geschaffen. „Das ist doch ein Stern“, murmele ich dann mal wieder, über das Dessert gebeugt: Aus Petersilien(-wurzel), weißer Schokolade und Kresse schafft Oster ein erfrischend herb-würziges, subtil süßes Gesamtkunstwerk. Wir ahnen was … Und es ist mir eine Freude, kurz nach unserem Besuch diesen Beitrag noch mal ergänzend umzuschreiben: Herzlichen Glückwunsch zum verdienten Michelin-Stern ans Zeik-Team!

STEVAN PAUL

AMBIENTE ●●●●● SERVICE ●●●●●
KÜCHE ●●●●● PREIS-LEISTUNG ●●●●●

€€€€ Sierichstraße 112 (Winterhude), Telefon 040 46653531, Di-Sa 18–24 Uhr, EC-Karte, VISA, Mastercard; Sierichstraße U3; zeik.de

♿ ☼ ᯤ

Wer in Kevin Fehlings The Table speist, darf grandiose Gestaltung erwarten

FOTO: RENÉ RIIS

Auf ins Umland

Manch einer spricht vom Speckgürtel Hamburgs. Andere vom Muskelring. Wir nennen Hamburgs Umland Leckerland, denn von Pinnebergs Bio-Höfen, von Stormarns Weiden und aus den Flüssen bei Stade und Lüneburg kommen regionale Produkte, die die Teller rocken. Einsteigen zum Genießen!

ILLUSTRATION: THOMAS ESCHER

BAD SEGEBERG
STORMARN
HERZOGTUM
LAUENBURG
HAMBURG
HARBURG
LÜNEBURG

Das Köhlerfilet mit
Orangenbutter und Mangold
thront im Zur Erholung auf
köstlichem Kartoffelstampf

Ab in den Norden

Wo Hamburg im Norden ausfranst, beginnt das Land der Schafe, Rinder und Felder. Schleswig-Holstein ist kulinarisch immer einen Ausflug wert – es gibt manch Perle vom Lande zu entdecken

Aal-Kate

Aales gut

Die Aal-Kate liegt auf dem Deich der Pinnau mit großer Terrasse und Aussicht auf die Pinneberger Elbmarsch. Unterhalb des reetgedeckten Lokals lassen es sich auch die Schafe schmecken, wenn auch keinen Aal, sondern saftiges Gras. Die Betreiber Marianne und Knuth Behr haben die traditionelle Aal-Räucherei 1994 übernommen. Der Aal wird auch heute noch von Hand geräuchert, wer aber jetzt an eine kleine Räucherei mit „Aal to go" denkt, irrt gewaltig. Das großzügige Restaurant serviert hochwertige Fischgerichte und heimische Produkte aus Schleswig-Holstein. Die Einrichtung ist maritimer Nobelnippes, es dominieren dunkle Holz- und Goldtöne. Die Lampen hängen an Schiffstauen, ein Tiefseetaucherhelm wartet noch auf seinen Einsatz in der Pinnau. Die Variationen vom Aal mit lecker Brotauswahl und Butter (15 Euro) überzeugen in jeder Zubereitungsart mit intensiven Aromen, seine Konsistenz bleibt für mich ungeachtet des sehr guten Geschmacks allerdings gewöhnungsbedürftig. Der Krabbencocktail (16 Euro) ist bei aller Reichhaltigkeit leicht und erfrischend. Der Thunfisch vom Grill mit Ofenkartoffel (32 Euro) ist auf den Punkt durchgegrillt, der Aal grün in Dillsoße ist (30,50 Euro) im Rahmen seiner Möglichkeiten zart gedünstet und schön dillfrisch. Beim Gehen sehen wir ein schickes, offensichtlich italophiles Pärchen auf der Terrasse beim Aperol Spritz, das sich sehr wohlzufühlen scheint. Und ja, beim weiten Blick über die Elbmarsch würden olle Zypressenhaine auch nur stören. MG

AMBIENTE ●●●●○ SERVICE ●●●●○
KÜCHE ●●●●○ PREIS-LEISTUNG ●●●●○

€€€€ Kuhlworth 21 (Neuendeich), Telefon 04122 2264, Mi-Fr 12–15.30, 17.30–22, Sa-So 12–22 Uhr, EC-Karte, VISA, Mastercard, Amex; Klevendeich Bus 589; aal-kate.de

Coppers Bar & Kitchen

Der Weg lohnt sich!

„Das haben wir gar nicht erwartet!", entfährt es unseren Freunden, die sich aus Hamburg auf unseren Vorschlag hin getraut haben, das kulinarische Umland zu erkunden, und soeben mit uns das Coppers Bar & Kitchen in Schenefeld betreten haben. Ähnliches haben wir auch vor drei Jahren gedacht, als die selbst ernannte Resto-Bar in den ehemaligen Räumlichkeiten der Volksbank an der viel befahrenen Fünf-Finger-Kreuzung eröffnete. Der Inhaber, der seit vielen Jahren das griechische Restaurant Pegasus nur 100 Meter Luftlinie entfernt betreibt, hatte offenbar das richtige Gespür und hat mit dem Coppers eine Lücke im doch eher spärlichen gastronomischen Angebot in der Umgebung geschlossen. Trotz der uncharmanten Lage schaffen es die moderne und geschmackvolle Einrichtung im Zusammenspiel mit der sehr stimmungsvollen Beleuchtung sowie den unterschiedlichen Sitzbereichen (Bar, Lounge und Restaurant), den Gast aus dem Vorstadtmilieu zu entführen. Das Coppers erfreut sich großer Beliebtheit: Hier trifft man sich auf einen Cocktail an der Bar, zu zweit für ein lauschiges Abendessen oder auch mit der Familie oder Freunden in größerer Runde. Warum also in die Ferne, wenn das Gute so nah ist? Die Karte hält einen bunten Mix an Speisen von klassischem Bar-Food über Steaks, Burger, aber auch Thai-Curry und Pannfisch bereit. Hier kann jeder fündig werden. Wir entscheiden uns für die Spaghetti Trüffel Hähnchen (13,50 Euro), einen Crispy Chicken Burger (10,90 Euro) mit Knoblauch-Parmesan-Pommes (5,90 Euro) und eine Vegan Bowl (10,90 Euro). Während die Spaghetti ein wenig den Trüffelgeschmack vermissen lassen, überzeugen der Burger, die knusprigen Pommes und die Vegan Bowl dagegen vollends. Beides wird sehr ansprechend auf farbigem Steingut-Geschirr serviert und besticht durch frische und gut aufeinander abgestimmte Zutaten. Besonders das fruchtige, hausgemachte Himbeerdressing findet bei uns großen Anklang und passt hervorragend zu dem knackigem bunten Gemüse-Quinoa-Mix der Bowl. Dazu teilen wir uns eine Flasche des spritzigen Rosé St. Antony aus Rheinhessen (17 Euro, Demeter-Qualität), der bald durch eine weitere Flasche ersetzt werden muss. Da die Portionen gut bemessen sind, entscheiden wir uns, den köstlichen Lava-Cake mit Eis und Beeren als Dessert zu teilen. Nachdem uns die sehr zuvorkommende und unglaublich charmante Bedienung eine „letzte Runde" anbietet, verlassen wir nach einem geselligen Abend rundum satt und zufrieden das Restaurant. Und unsere Freunde verabschieden sich mit den Worten „Der Weg hat sich gelohnt!". KSM

AMBIENTE ●●●●● SERVICE ●●●●●
KÜCHE ●●●●○ PREIS-LEISTUNG ●●●●●

€€ Friedrich-Ebert-Allee 1 (Schenefeld), Telefon 040 71673770, So-Do 12–22 Uhr, Fr-Sa 12–24 Uhr, EC-Karte; Schenefeld, Lindenallee Bus 184; coppers-restobar.de

Fährhaus Spiekerhörn

Deftig am Deich

Ein richtig schöner Landgasthof soll es diesmal sein. So wie das Fährhaus Spiekerhörn im kleinen Dorf Raa-Besenbek, gleich hinter Elmshorn, Richtung Glückstadt. Im Sommer ist das Gasthaus am Krückaudeich ein Touristenmagnet, nur 500 Meter weiter schippert die kleine historische Fähre Kronsnest Wanderer und Radfahrer über den Fluss. Besonderer Clou: Wer mit dem Kanu auf der Krückau unterwegs ist und Hunger verspürt, kann den eigenen Fährhausanleger nutzen. Doch dafür ist es noch zu kühl, wir reisen lieber mit dem Auto an. Nach freundlichem Empfang und erster Getränke-Order erfüllt der Blick in die Speisekarte alle Erwartungen: rustikale deutsche Küche von Putensteak bis Pannfisch, von Roastbeef bis

FOTO: JULIA SCHUMACHER

Im Goldschätzchen kommen auch Insta-Fans auf ihre Kosten

Räucherfisch. Vorweg gibt's knusprig gebratene Garnelen auf (gern etwas mehr) Salat (7,50 Euro). Äußerst lecker dann das auf den Punkt gebratene Zanderfilet mit Apfel-Mandel-Gemüse (19,50 Euro). Dazu knusprige Bratkartoffeln, ein Gedicht! Zum Dessert reicht eine große Portion Vanilleeis mit sehr schmackhaften Zimtpflaumen plus Sahne (6 Euro) locker für zwei, der Espresso rundet den Schmaus ab. Fazit: empfehlenswerte deutsche Traditionsküche – wenn's draußen warm wird, gern auf der großen Terrasse. Und: Reservieren nicht vergessen! AUG

AMBIENTE ●●●●○ **SERVICE** ●●●●●
KÜCHE ●●●●○ **PREIS-LEISTUNG** ●●●●○

€€ Spiekerhörn 13 (Raa-Besenbek), Telefon 04121 3990, Do-Fr 17–21, Sa 11–21, So 11–15 Uhr, EC-Karte; Neuendorf, Bauerweg Bus 6530; faehrhaus-spiekerhoern.de

VIP-TESTER
Brian Couch

Goldschätzchen

Für Country-Hipster

Wolltest du immer schon mal wissen, welche Art von Innendesign auf den Millenial-Instagram-Streams auftaucht? Dann bist du im Goldschätzchen in Prisdorf genau richtig. Mit seinem Schwerpunkt auf saisonaler und lokaler Küche schmückt dieses Restaurant auf dem Lande das Gelände eines Golfclubs mit einem instagramablen Interieur und einem weitläufigen Sommerbiergarten, der idyllisch in der Natur liegt. In der Küche scheinen Experimentierfreude und Persönlichkeit eher bei den Vorspeisen und Desserts als bei den eher traditionellen Hauptgerichten durchzuscheinen. Gönne deinem Tisch „Von allem ein bisschen" (21 Euro), bevor du den Hauptgang bestellst – es ist nicht nur ein Foto wert, sondern zeigt auch Vielfalt und Können der Küche. Für alle, die nach ein paar Löchern Golf Lust auf etwas Süßes haben, ist der Käsekuchen (10 Euro) köstlicher als dein letzter Birdie Putt. Familien werden sich wahrscheinlich draußen wohler fühlen als in den Speisesälen, aber die Kinderkarte sorgt für ein Lächeln, wenn sie dem Kellner sagen dürfen, dass sie „Is' mir egal" (Chicken Nuggets, 8 Euro) essen möchten. Die Kommunikation als internationale Gäste war nicht ganz einfach und führte zu einigen Verwirrungen, aber das wird uns nicht davon abhalten, wiederzukommen. Wahnsinnig beliebt im Sommer wegen seines Biergartens, ist das Goldschätzchen das perfekte Wochenendziel für einen sonnigen Tag.

AMBIENTE ●●●●● **SERVICE** ●●●●○
KÜCHE ●●●●○ **PREIS-LEISTUNG** ●●●○○

€€€€ Peiner Hof 7 (Prisdorf), Telefon 04101 6010921, Di-So 12–22 Uhr, EC-Karte, VISA, Mastercard; Prisdorf RB 61, RB 71; goldschaetzchen.com

Heinsen's

Aber bitte mit Nachtisch

Der Wind bläst. Ganz schön kühl für Ende April. Schade, wir haben uns auf den lauschigen Garten vorm Heinsen's in Ellerbek gefreut. Na gut, dann eben rein in die gute Stube. Vollgepackt mit allerlei Gedöns, das übrigens hier auch verkauft wird. Muss man mögen, die vielen Spiegel, Figürchen und Stoffschäfchen. Wir sind etwas unschlüssig – und überlassen es der Küche, uns vollends zu überzeugen. Der erste Versuch gehört dem Caesar Salad (16 Euro), der mit frischem Parmesan und drei gegrillten Gambas auf dem hölzernen Tisch landet. Knackig, würzig, prima angemacht. Nichts zu meckern, aber preislich ganz schön happig für ein paar Blätter und Tierchen. Als Hauptgang soll es bei mir der Burger des Hauses in der Version mit Käse (18 Euro) sein. Ärgerlich, dass das Fleisch komplett durchgebraten ist. Saftig geht anders. Die statt der Pommes mit Trüffel-Mayo bestellten Bratkartoffeln lassen hingegen keine Wünsche offen. Punktsieg für die Beilage. Die in Bärlauchsoße geschwenkte Pasta auf dem anderen Teller wird von zarten Rinderfilet-Streifen getoppt (23 Euro). Unspektakulär, aber das Gericht funktioniert und schmeckt. Und zum Abschluss wird es sogar noch grandios: Das warme Schokoküchlein nebst Mango-Sorbet und Mascarpone (10 Euro) lässt uns grinsen. Wir sind so glücklich, dass wir es uns ersparen, den zwei alten weißen Männern am Nebentisch die Leviten zu lesen, die uns zwei Stunden mit laut in den Raum geworfenen rassistischen und homophonen Parolen genervt haben. Kann ja die Küche nichts für. AND

AMBIENTE ●●●○○ **SERVICE** ●●●●○
KÜCHE ●●●○○ **PREIS-LEISTUNG** ●●●○○

€€€ Hauptstraße 1 (Ellerbek), Telefon 04101 37770, Mo 17–20, Fr-Sa 17–20, So 13–19 Uhr, EC-Karte, VISA, Mastercard, Amex; Ellerbek, Dubenhorst Bus 295; heinsens.de

Hof Immenhorst

Girls Day – frisch und kreativ!

Als wir im Vorfeld zu Hause andeuten, dass sich das Restaurant Hof Immenhorst in Norderstedt direkt neben einer Reithalle befindet, steigt die Spannung beim Nachwuchs. Das Restaurant ist in verschiedene Räume unterteilt, die sich auch in der Einrichtung ein wenig voneinander abgrenzen. Unser Platz im Wintergarten ist stilvoll, hell und offen eingerichtet. Auf der Speisekarte finden wir eine breit gefächerte Auswahl an Gerichten, die alle in sich stimmig, spannend und kreativ klingen. Bereits beim ersten Kontakt mit dem aufmerksamen, aber unaufdringlichen Service entsteht eine positive Atmosphäre. Eingeleitet wird das Essen mit einem kleinen Gruß aus der Küche. Wir entscheiden uns dazu, die dreierlei Bruschetta (14 Euro) und den Burrata auf gebratenem grünen Spargel (15 Euro) zu teilen. Tatsächlich steigt die Vorfreude auf die Hauptgänge durch die frischen Vorspeisenarrangements. Das gebratene Meeräschenfilet mit Fegola Tostata (28 Euro) glänzt nicht nur qualitativ, sondern ist auch eine stattliche Portion. Die geschmorte Schulter vom Galloway-Rind (26 Euro) ist butterzart und passt ganz wunderbar zum Kartoffelstrudel und der Soße. Aber wieso sind wir eigentlich zwischenzeitlich nur noch zu zweit am Tisch? Unsere Tochter erkundet die Räumlichkeiten und wir erfahren vom Servicepersonal, dass wir sie dann im Hauptgastraum abholen können, wenn es nach Hause gehen soll. Na, das wird noch ein Spaß, denn der Hauptgastraum hat mehrere Fenster mit freiem Blick in eine riesige Reithalle – Happy End for Girls. SVA

AMBIENTE ●●●●○ **SERVICE** ●●●●●
KÜCHE ●●●●● **PREIS-LEISTUNG** ●●●●●

€€€€ Immenhorst 22 (Norderstedt), Telefon 040 52983167, Mi-Fr 12–15 und 17.30–23, Sa-So 12–23 Uhr, EC-Karte, VISA, Mastercard; Harksheide Bus 178, Bus 278; restaurant-immenhorst.de

FOTO: GOLDSCHÄTZCHEN

Die Meinsbur: ein besonderer Ort zum Feiern

Das Meinsbur Boutique Hotel in Bendestorf in der Lüneburger Heide lädt geradezu zum Feiern ein: Das idyllische Landhaus mit langer Historie bietet nicht nur viel Platz, sondern auch ein kulinarisches Angebot, das seinesgleichen sucht. Für Niels Battenfeld, Inhaber und Gründer der Lieblingsplatz-Hotels, zu denen auch die Meinsbur gehört, ist es das Wichtigste, dass sich die Gäste zu Hause fühlen. „Wir sehen den Gast als einen Freund in unserem Haus, dem wir unsere ganze Aufmerksamkeit schenken" so Battenfeld. Das Team vor Ort plant mit Begeisterung und Detailverliebtheit jedes Fest individuell nach dem ganz persönlichen Anlass und den Wünschen der jeweiligen Gastgeber.

„Bei unseren Events setzen wir auf regionale Zutaten, Nachhaltigkeit sowie Fleisch und Fisch aus artgerechter Haltung." Nicht ohne Grund darf sich die Meinsbur zu den „Green Chefs" Partnern zählen, die für Fairness und Verantwortung in der Gastronomie eintreten.

Bis zu 85 Personen finden in der reetgedeckten Location an festlich gedeckten Tafeln Platz. Der weitläufige idyllische Außenbereich mit geschützter Terrasse -und auf Wunsch mit Zelt- lädt bei gutem Wetter zum ausgiebigen Feiern ein – die ideale Location für private Events, aber auch für besondere Firmenveranstaltungen. Das wunderschöne Landhaus beherbergt außerdem 14 individuell gestaltete Zimmer unterschiedlicher Größe.

Villa B – Exklusiv buchbar

Neben den Räumen im alten Landhaus steht auch die Villa B für Workshops und kleine Feiern zur Verfügung. Nach liebevoller und aufwändiger Renovierung bietet sie im unteren Bereich Platz für bis zu 25 Personen. Im Obergeschoss liegen die beiden Studios mit komfortablen Übernachtungsmöglichkeiten, die das Team der Meinsbur auf Wunsch auch als Kreativräume herrichtet.

Anfragen für private und berufliche Feiern an:

Meinsbur Boutique Hotel
gastgeber@meinsbur.de
Telefon: 04183-7799 0
www.lieblingsplatz-hotels.de

MEINSBUR
BOUTIQUE HOTEL

Jagdhaus Waldfrieden

Licht und Schatten im Grünen

Jagdhaus Waldfrieden – klingt gediegen. Hoffentlich eine gute Adresse für unser Ostermenü. Toll gelegen ist das Restaurant schon mal, so mitten im Grünen bei Quickborn. Wir bekommen einen Platz im gläsernen Anbau und bestaunen den stilvoll eingedeckten Tisch, über dem Pflanzen ranken. Der Blick in die Karte offenbart eingeschränkte Auswahl. Es gibt drei Menüs für 43 bis 48 Euro mit jeweils drei Gängen, die aber auch untereinander ausgetauscht werden können, wie uns erklärt wird. Machen wir genau so. Der Salat, der kurz darauf vor mir steht, ist der Hammer. Knackfrisch, saftiger Büffelmozzarella, leichtes Dressing schlau untergehoben, damit nicht gleich alles in sich zusammenfällt. Die Spargelsuppe gegenüber ist zu dünn. „Krieg ich besser hin", sagt meine Mutter, die als Hauptgang eine eben nicht – wie eigentlich versprochen – rosa Entenbrust aufgetischt bekommt. Das Tier ist eher durchgebraten, das dazu gereichte Kartoffelgratin aber lecker. Meine Lammschulter kann geschmacklich überzeugen, ist aber leider etwas zäh. Die leckere Soße punktet. Als wir noch ein Bier bestellen wollen, dauert es, bis der vor dem Essen noch so aufmerksame Kellner meine Verrenkungen sieht. Der Laden brummt jetzt. Das Publikum ist an diesem Tag eher gesetzten Alters. Manch einer schaut aus, als käme er direkt vom Golfplatz. Wir lassen uns das angenehm frische und nicht zu süße Dessert, eine Creme von Beeren und Skyr, schmecken. Und wundern uns auf der Toilette noch kurz über die detaillierte Anweisung zum Händewaschen mit fünf Piktogrammen. Das können wir eigentlich seit dem Kindergarten. Dann verlassen wir den Wald. Kulinarisch ein Ostern mit Licht und Schatten. AND

AMBIENTE ●●●●○ SERVICE ●●●●○
KÜCHE ●●●○○ PREIS-LEISTUNG ●●○○○

€€€€ Kieler Straße 1 (Bilsen), Telefon 04106 61020, Mi-So 12.30–14 und 18–21 Uhr, EC-Karte, VISA, Mastercard; Billsen, Waldfrieden Bus 294; waldfrieden.com

Im Jagdhaus Waldfrieden wird stilvoll angerichtet

Kronos

Viel Luft nach oben

Heute mal nach Pinneberg. Gibt's ja fiese Witze drüber. Aber da machen wir nicht mit. Und setzen auf die Gastronomie der Stadt vor den Toren Hamburgs. Taverna Kronos heißt das Restaurant, das mitten im Wohngebiet Quellental liegt und auf angeblich ausschließlich von Gästen bespielten Bewertungsportalen als bester Grieche der Stadt angepriesen wird. Das Entrée kommt aber schon mal eher unscheinbar daher. Wir durchschreiten den modernen, aber einfach eingerichteten Gastraum und sichern uns einen Tisch im lauschigen Wintergarten. Noch leicht warmes Brot und vergleichsweise milder Knoblauchquark (4,40 Euro) stehen blitzschnell auf dem Tisch. Das Team ist auf Zack. Also ran an den obligatorischen Krabben-Check und her mit dem als Vorspeise gelisteten Garnelen-Spieß (8,90 Euro). Sind allerdings nur ein paar winzige Kräbbchen, die da aufgespießt auf dem großen Rund liegen. Geschmacklich ganz in Ordnung. Beim Sattwerden setze ich auf den Hellas-Teller (16,70 Euro). Statt der Pommes bekomme ich die gewünschte Ofenkartoffel, muss dafür allerdings extra zahlen. Der Filetstreifen vom Lamm ist top gegrillt und prima gewürzt, der riesige Berg Gyros nicht zu fettig, das Kotelett vom Lamm hingegen zäh und ungenießbar. Aber ich bin noch gut bedient, denn die lieblos in einer Auflaufform servierten Baby-Calamares (17,40 Euro) auf der anderen Tischseite erinnern an Gummi und sind geschmacklich, nun ja, neutral. An diesem Abend bietet die Taverna Kronos mit viel gutem Willen durchschnittliche griechische Küche mit Luft nach oben. AND

AMBIENTE ●●○○○ SERVICE ●●●●○
KÜCHE ●●○○○ PREIS-LEISTUNG ●●○○○

€€ Oeltingsallee 37 (Pinneberg), Telefon 04101 691955, Mo 12–21 Uhr, Di–Fr 17–22 Uhr, Sa 16–22 Uhr, So 12–22 Uhr, EC-Karte, VISA, Mastercard; Pinneberg S3, RB61; taverna-kronos-pinneberg.de

Meusel's Landdrostei

Sushi und mehr im Stadtpalais

Im Herzen Pinnebergs steht eines der wahrscheinlich schönsten Barockgebäude im Nordosten Hamburgs. Erbaut 1765–1767 vom damaligen Stararchitekten Ernst Georg Sonnin, beherbergt das Wahrzeichen Pinnebergs heute im Souterrain Meusel's Landdrostei. Aggi und Mario Meusel legen hier auch auf vegane Küche Wert. Als Starter sehr originell: die hausgemachten und ungewöhnlichen Sushi-Inside-out-Rollen (7,20–7,50 Euro) mit Spargel und Biermayonnaise oder Tempura Rinderfilet mit Trüffelmayonnaise. Nur die Einwegstäbchen passen leider gar nicht zum tollen Niveau des Sushis. Verlockend präsentieren sich das Fisch- (39 Euro) und das Fleischmenü (42 Euro) mit jeweils drei Gängen, bei dem uns vorab eine weiße, ganz köstliche Tomatensuppe mit Wildschweinschinken serviert wird. Im Fischmenü folgt dann ein Hamburger Pannfisch auf ganz exquisite Art, zwei sehr schön gebratene Stücke Fisch und separat eine Senfsoße, sodass der Fisch nicht gleich ertränkt wird – prima Idee! Die begleitenden Bratkartoffeln runden das positive Gesamtbild ab. Besonders gespannt sind wir auf das Rib-Eye-Steak von der Holsteiner Färse (29,90 Euro) aus dem 800 Grad heißen Beefer. Optisch ist es sehr appetitlich arrangiert und von ordentlicher Qualität. Textur und Biss erinnern eher an ein Rumpsteak, was dem Genuss aber nicht abträglich ist. Meusel's Landdrostei passt wunderbar zum imposanten Gebäude, das sie beherbergt. Einen Besuch ist es wert! KL

AMBIENTE ●●●●○ SERVICE ●●●●○
KÜCHE ●●●●● PREIS-LEISTUNG ●●●●○

€€€€ Dingstätte 23 (Pinneberg), Telefon 04101 8527777, Mo-So 11.30–22 Uhr, EC-Karte, VISA, Mastercard; Pinneberg S3, RB61; meusels-landdrostei.de

Okyaku

Es muss nicht immer Sushi sein

Halstenbek beheimatet eine japanische Schule – naheliegend, dass es hier auch ein asiatisch-japanisches Restaurant gibt. Die freundliche Bedienung nimmt unsere umfangreiche Bestellung entgegen. Die vegetarischen Frühlingsrollen (4,50 Euro) und die Satay-Spieße (7 Euro) sind ebenso lecker wie die Gyoza (6,50 Euro). Die Sommerrollen mit Garnelen (6,50 Euro) erinnern an den Verzehr einer Rohkostplatte, kleinere Rollen wären hier eindeutig besser. Sehr köstlich und üppig ist die Tom Kha Gai (6 Euro) sowie der knackigfrische Mangosalat (8 Euro), der locker für zwei Personen reicht, allerdings trotz seiner Kennzeichnung als „scharf" sehr mild ist. Bei den Hauptspeisen überzeugen sowohl die gebratenen Nudeln mit Huhn (13,50 Euro) als auch der rote Ko-

FOTO: JAGDHAUS WALDFRIEDEN

Testsieger: Inhaber Bernd Ratjen serviert den Fisch in Uetersen mit einem Lächeln

Die Spinatravioli kommen mit Kräuterseitlingen und Birnenschaum

Zur Erholung

Wandel ins Glück

Reden wir nicht um den heißen Brei herum: Zur Erholung macht glücklich! Wer Uetersen in den 90ern kennenlernte, erinnert die Gaststätte als Tatort bierseliger Dorffeste. Dessen Spuren haben die Geschwister Bernd und Anne Ratjen beseitigt. In sechster Generation führen sie nun Regie. Wir betreten ein modern durchgestyltes Restaurant voller Reminiszenzen an seine 160-jährige Geschichte. Raumstruktur, Interieur, Farben, Deko – alles stimmt. Die zum schicken Bistro gepimpte Kneipe beherbergt den werktäglichen Normalbetrieb. Ein großzügiges Restaurant mit hohen Decken, Discokugel und rustikalen Tischen im früheren Tanzsaal lädt zum Wochenend-Dinner zu zweit, mit Familie oder Freunden. Der Sommer lässt sich im Garten („Bernies Backyard") genießen. Anne empfängt herzlich und charmant ohne Gewese. Ihre Karte erzählt vom zertifizierten Bioland-Betrieb, hat Snacks im Angebot, preist zwei Menüs als Veggie- oder Fisch-/Fleisch-Version mit bis zu fünf Gängen (43–94 Euro) an. Die perfekten Teller kreiert Bruder Bernd mit geschulter Hand. Seiner Interpretation des Klassikers Spargel/Katenschinken und wunderbarem Spargelsüppchen folgen auf der einen Seite des Tisches Lamm aus der nahen Elbmarsch mit grünem Spargel und Couscous. Auf der anderen Seite begeistert ein Filet vom Köhler unter Bärlauchkruste auf Rhabarber und Mangold. Annes Weintipps treffen den Nerv, wir fahren auf einen Weißburgunder von der Nahe und die rote Demeter-Cuvée „Groove" ab. Das hauseigene Lädchen bietet die Gewächse zum Mitnehmen zu super fairen Preisen an. Als hätte es noch eines Arguments zur baldigen Rückkehr bedurft.

MO

AMBIENTE ●●●●● SERVICE ●●●●●
KÜCHE ●●●●● PREIS-LEISTUNG ●●●●●

€€€ Mühlenstraße 56 (Uetersen), Telefon 04122 2592, Di-Sa 17.30–23 Uhr, EC-Karte, Mastercard; Mühlenstraße Bus 489; zur-erholung-uetersen.de

FOTOS: JULIA SCHUMACHER

VIP TESTER

Brian Couch

Geschäftsführer WABE International School

Getestet: Goldschätzchen, Rolin im Cap Polonio

Lieblingsrestaurant Basil & Mars! (*weint am Grab der von Corona ermordeten Restaurants*). Das war so ein lustiger, energiegeladener und kreativer Ort – was für ein geiler Vibe. Wir sind immer noch auf der Suche nach einem Ersatz in unserem kulinarischen Leben.

Lieblingsbar The Chug Club. Wir bringen jeden dorthin, den wir können. Ständig wechselnde Menüs, immer am Rande der Experimentierfreudigkeit — ein irrer Spaß.

Zu besonderen Anlässen ... gehen wir auf Michelin-Sterne-Jagd. Lass die Kinder zu Hause und „treat yo' self!"

Essen ist für mich ... eine Sprache, vor allem die der Liebe. Sowohl wenn ich es selbst zubereite, als auch wenn wir ausgehen: Es ist ein Weg, meine Liebe Familie und Freunden zu vermitteln.

Ein Leben ohne Gastro wäre ... ein Leben ohne Kunst und Genuss. Es schaudert mich, wenn ich nur daran denke!

Zum Frühstücken gehe ich gern in ... ins Kaffeemuseum Burg in der Speicherstadt.

Ein Tipp für Kaffee, Kuchen, Cupcakes? Ich schummele hier ein bisschen – aber als Amerikaner mit Verbindungen zu New York City mag ich Bagels. Jeder sollte die neue NY Bagel Bar testen.

Frische, regionale Zutaten sind in der Küche von Meusel's das Geheimnis feiner Kreationen

kos-Curry Gäng Gai mit Hühnchen, Paprika, Peperoni, Bambussprossen, Auberginen und Basilikum (16,50 Euro) – das Gemüse ist angenehm knackig und frisch. Dass an diesem Abend nicht ein Japaner im Restaurant anwesend ist, ist uns schon zu Beginn aufgefallen – ob das Zufall ist oder mit der Qualität des Sushis zu tun hat, vermögen wir nicht zu sagen. Uns zumindest überzeugt das Sushi leider nicht. Die Sushi-Platte für eine Person, Okyaku Mix (22 Euro), lässt uns eher ratlos zurück – das Sashimi ist viel zu dick geschnitten, der Reis geschmacklich und sensorisch kein Treffer. Die zusätzlich bestellte Handrolle Thunfisch (8 Euro) weckt eher die Assoziation an eine Faustrolle – riesengroß und mit gefühlt 50 Gramm Thunfisch gefüllt. Das finden wir leider weder ästhetisch noch geschmacklich ansprechend. Die Sweet Memory Roll mit Tempura Tuna, Gurke, Avocado und Teriyaki-Soße (15,90 Euro) vermag leider auch nicht zu überzeugen. Aber es muss ja auch nicht immer Sushi sein. Für einen Streifzug durch asiatische Vorspeisen, Currys und gebratene Nudeln kommen wir gerne wieder. Das Interieur freundlich, das Geschirr wunderschön und das Preis-Leistungs-Verhältnis stimmt auch. Gebackene Ananas mit Kokoseis – teilen empfohlen! – stimmt uns versöhnlich. KN

AMBIENTE ●●●●○ SERVICE ●●●○○
KÜCHE ●●●○○ PREIS-LEISTUNG ●●●●○

€€€ Schulstraße 12 (Halstenbek), Telefon 04101 8051440, Di-Fr 12–15, 17–22, Sa-So 14–22 Uhr, EC-Karte, VISA, Mastercard; Halstenbek S3; okyaku.de

Opposti

Ein Ort für alle in Pinneberg

Im Opposti, Nachfolger der Scheune in Pinneberg, erwartet uns statt der damaligen rustikalen Holzeinrichtung ein überraschend modernes Ambiente mit einem lauschigen Bar- und einem großzügigen Restaurantbereich. Die Karte bietet neben saisonalen Tagesempfehlungen überwiegend Klassiker aus den Bereichen Pizza, Pasta und Burger. Wir sind mutig und nehmen als Vorspeise die Avocado vom Grill mit Oliventapenade, Tiroler Speck und Salatbouquet (8,90 Euro). Die Zutaten sind mit viel Liebe auf dem Teller angerichtet, und wir sind positiv überrascht, wie alles miteinander harmoniert. Nach einer angemessenen Pause wird uns die ebenso kreativ klingende Hauptspeise serviert: Taglioni di barbabietole (13,90 Euro). Wir bekommen eine reichhaltige Portion rotgefärbter Nudeln, eingebettet in Rote-Bete-Ragout (beides schön al dente) mit schwarzen Oliven und Hirtenkäse. Diese Kreation bleibt allerdings hinter unseren Erwartungen zurück. Von der Minze und dem Basilikum, die auf der Karte stehen, sehen und schmecken wir leider nichts. Der saftige, vegetarische Burger mit Chiasamen-Süßkartoffel-Patty (10,90 Euro) sowie die knusprigen Pommes mit Trüffelmayo (5 Euro) überzeugen dagegen sehr. Zum Abschluss teilen wir uns ein Schokoladenmalheur (6,20 Euro) und werden nicht enttäuscht. KSM

AMBIENTE ●●●○○ SERVICE ●●●●●
KÜCHE ●●●●○ PREIS-LEISTUNG ●●●●○

€€ Bismarckstraße 8a (Pinneberg), Telefon 04101 378865, Mo-So 11–23 Uhr, EC-Karte, VISA, Mastercard, Amex; Pinneberg RB61; pinnberg.opposti.de

VIP-TESTER
Brian Couch

Rolin – Cap Polonio

Klasse und Charme der alten Welt

Wer in der Region Pinneberg einen Abend lang „Downton Abbey" erleben möchte, wird vom Gourmetrestaurant Rolin im Hotel Cap Polonio nicht enttäuscht. Die Einrichtung und das Ambiente sind eine angemessene Mischung aus gehobenem Herrenhaus-Essen und Weihnachtsessen bei Großmutti. Das Fehlen jeglicher Hintergrundmusik ist gewöhnungsbedürftig, aber die Familie Crawley hatte wahrscheinlich auch keine Musik beim Abendessen in „Downton Abbey", oder? Der Service ist mit seiner Aufmerksamkeit, seiner Sorgfalt und seinen trainierten Abläufen wirklich auf Michelin-Niveau (Mr. Carson, Mrs. Hughes, sind Sie das?). Die Küche serviert wunderschön angerichtete Gourmetgerichte, die aus der Region stammen. An diesem Abend gibt es

FOTO: MEUSEL'S LANDDROSTEI (O.R.)

sowohl Stärken (ein perfekt gegarter irischer Rinderrücken mit frischer Minze, Kartoffeln und Sauce hollandaise, 36 Euro) als auch Schwächen (ein wohlschmeckender Schweinebauch auf der Suche nach einem Geschmacksprofil, 24 Euro). Sowohl die Vorspeisen als auch der Nachtisch erfüllen die Erwartungen. Es ist wirklich erstaunlich, dass das Durchschnittsalter der Gäste an diesem Abend im Rentenalter liegt – dies ist eindeutig ein Geheimtipp, der sowohl für Millennials als auch für Boomer kulinarisch und vom Ambiente her sehr attraktiv sein dürfte.

AMBIENTE ●●●●○ SERVICE ●●●●●
KÜCHE ●●●●○ PREIS-LEISTUNG ●●●○○

€€€€ Fahltskamp 48 (Pinneberg), Telefon 04101 5330, Do-Sa 18–21, So 12–14 Uhr, EC-Karte, VISA, Mastercard; S3, RB61; cap-polonio.de

Schönes Leben auf dem Lande

Entschleunigung mit Genuss

Schon bei der Anfahrt Richtung Neuendeich überkommt einen ein beruhigendes Gefühl. Man spürt förmlich, wie die Handbremse des sonst viel zu schnellen Lebens gezogen wird. Fernab vom Alltag befindet sich das historische Bauernhaus mit Reetdach direkt an der Pinnau. Schönes Leben auf dem Lande beginnt hier schon deutlich vor der Eingangstüre. Das Haus ist umgeben von einem Garten und verschiedenen Terrassenbereichen. Drinnen kann man in nahezu jedem Winkel des Hauses auf allen drei Etagen sitzen und sich von der regionalen und saisonalen Küche verwöhnen lassen. Neben einem großen, stilvoll eingerichteten Raum mit mehreren Tischen, gibt es viele kleinere Räume und Ecken, aus denen man sich seinen Platz wählen kann. Unser Platz gibt uns Einblick in das Treiben in der Küche. Aufgrund der Vielfalt an unterschiedlichen Einrichtungen und der liebevoll platzierten Wohnaccessoires fühlt es sich an wie zu Hause. Ein Zuhause mit teils raffinierten und teils klassisch norddeutschen Gerichten. Die geschmackliche Intensität der kleinen Bouillabaisse (10,50 Euro) ist enorm. Beseelt von der dezenten Hintergrundmusik bleiben auch beim Pannfisch (25,50 Euro) und den Nudelsäckchen mit Rinderfiletspitzen (24,90 Euro) keine Wünsche offen. Neugierig schauen wir uns vor dem abschließenden Dessert mit dem Apfelcrumble (8,50 Euro) und der Mousse au Chocolat (8,90 Euro) noch die weiteren Räume und Etagen an. Neben den Wohn- und Wellnessprodukten im angeschlossenen Shop kann man fast alles, was man im Schönes Leben auf dem Lande sieht, ebenfalls kaufen. Leuchten, Gewürze, Tee, Gläser, Regale, Porzellan, einfach alles. Begeistert von der Kombination aus hochwertigen Speisen und dem ganz besonderen Flair behalten wir den Abend in wunderbarer Erinnerung. SVA

AMBIENTE ●●●●● SERVICE ●●●●●
KÜCHE ●●●●● PREIS-LEISTUNG ●●●●●

€€€ Oberrecht 31 (Neuendeich), Telefon 04122 98 18197, Do-Sa 12–23, So 10–22 Uhr, EC-Karte, VISA, Mastercard, Amex; Neuendeich, Oberrecht (Mitte) Bus 6671; schoenes-leben.com

Sette Feinbistro

Klein und sehr fein

Erlesene Spezialitäten und Weine in den Regalen, wunderbarer Duft von Schinken, Käse, mediterranen Köstlichkeiten. Allerdings nur ein kleiner Tisch mit Barhockern – sind wir hier richtig? Der Chef des Feinkostladens schmunzelt. Das kennt er schon von Neulingen, die im „Sette Feinbistro" reserviert haben. Zum Restaurant bitte außenrum. Der kleine Raum strahlt gediegene Atmosphäre aus, die Tische sind fein eingedeckt. Nach freundlicher Begrüßung liegt schnell die Speisekarte auf dem Tisch. Zum Auftakt gleich ein High-

GESUND^{X} – DIE EXTRAPORTION GESUNDHEIT

Einfach Danke sagen!

Wertvolle Gesundheitsleistungen für Ihre Mitarbeitenden – mit der betrieblichen Krankenversicherung (bKV) der Allianz!

Eine lohnende Investition – auch für Sie:
- Positionierung als attraktiver und sozialer Arbeitgeber
- Flexible Wahlmöglichkeiten – individuell für Ihr Unternehmen
- Steuerliche Vorteile im Rahmen des Sachbezugs
- Persönliche Beratung – Ralph Wirth berät Sie gerne!

light: Kalt geräucherte Thunfischscheiben, kühl und frisch auf lauwarmer Aubergine, dazu Mangovinaigrette und Portulak (14 Euro) – eine perfekt abgestimmte Kombination. Geht's noch besser? Zumindest in der gleichen Liga folgt die schön angerichtete butterzarte Lammkeule auf grünem Kartoffelstampf mit scharf angebratenen Lauchstückchen (28 Euro). Ein Dessert zum Teilen geht noch, wir wählen Valrhona Tulakulum (13 Euro). Das Törtchen mit einer Kreation aus dunkler Schokolade und Creme an gegarter Birne mit Eis ist der krönende Abschluss. Wer Lust auf kreative Kochkunst hat, ist hier genau richtig. AUG

AMBIENTE ●●●●● SERVICE ●●●●●
KÜCHE ●●●●● PREIS-LEISTUNG ●●●●●

€€€ Marktstraße 7 (Elmshorn), Telefon 04121 262939, Di-Fr 10–17, Sa 8.30–13 Uhr, EC-Karte; Bahnhof RE7, RE 70; RB61; sette-feinbistro.de

Zur Wulfsmühle

Luft nach oben

„Tut mir leid, wir sind nicht mehr der aktuelle Betreiber des Restaurants", erklärt uns eine freundliche Stimme am Telefon, als wir einen Tisch im Restaurant Zur Wulfsmühle in Tangstedt reservieren wollen. Hinter der Website „wulfsmühle.de" verbirgt sich nämlich das Restaurant „Gut Wulfsmühle" im gegenüberliegenden Golfclub. Ein Pächter habe das Hotel und Restaurant vom Betreiber des Golfclub-Restaurants übernommen. Wir sind verwirrt. Und auch sonst läuft es noch nicht so rund. Wir werden nicht auf einen für uns reservierten Platz, sondern an den nächstbesten freien Tisch gegenüber der Theke verwiesen – begleitet mit dem Hinweis, dass heute keine Kartenzahlung möglich ist. Ein freundlicher Kellner überreicht uns die Speisekarte mit den Worten „Wir haben heute keinen Spargel und auch keine Scholle" – und das mitten in der Spargelsaison. Wir bestellen zunächst ein klassisches Vitello tonnato (15 Euro), bei dem wir ein wenig den Thunfischgeschmack vermissen, die beiden Hauptgerichte – Lachsfilet auf Grillgemüse mit Salzkartoffeln (24 Euro) und geschmorte Ochsenbäckchen auf Selleriepüree (26 Euro) – schmecken dagegen ausgesprochen gut. Zum Dessert entscheiden wir uns für eine Crème brulée mit Johannisbeersorbet (8 Euro). „Ich weiß nicht, ob wir das haben", entgegnet die junge Kellnerin. Sie fragt ihren Kollegen und auch dieser muss erst mal in der Küche nachfragen. Puh! Zum Glück bekommen wir einige Zeit später den gewünschten Nachtisch: mit knackiger Karamellschicht und lauwarmer Vanillecreme – herrlich! Später lassen wir unseren Besuch noch mal Revue passieren. Hoffentlich waren das alles nur Anfangsschwierigkeiten, denn die Lage mit Außenterrasse ist traumhaft. KSM

AMBIENTE ●●●●● SERVICE ●●●●●
KÜCHE ●●●●● PREIS-LEISTUNG ●●●●●

€€€ Mühlenstraße 95 (Tangstedt), Telefon 04101 8054860, Mi–So 11–21 Uhr, EC-Karte

KURZ GEBRATEN

Bock auf Burger? Frau Miller am Pinneberger Marktplatz bürgt für Stapelkunst

Binnen un Buten

Das Binnen un Buten macht seinem plattdeutschen Namen sofort alle Ehre. Es bietet drinnen („binnen") Schutz vorm Regenguss draußen („buten"). Unter Reet gibt's schönen Landhausstil. Chefkoch und Inhaber Detlef Berg tischt bodenständige Klassiker auf, denen es nicht an Raffinesse fehlt. So kommen etwa Rinderroulade mit Apfelrotkohl und Kartoffelstampf auf den Tisch. Auch das Roastbeef darf auf der Karte nicht fehlen. Tipp: Unbedingt den extrem fluffigen Kaiserschmarrn mit Apfelkompott und Vanilleeis probieren.

€€€ Ulzburger Straße 476a (Norderstedt), Telefon 040 5223134, Mi-Fr 17–23, Sa-So 10–23 Uhr, EC-Karte, VISA, Mastercard; Quickborner Straße A2; restaurant-binnen-un-buten.de

Elbe 1

Die Location am Strandbad in Wedel punktet mit tollem Blick auf die Elbe. Die Einrichtung ist chillig, gemütlich und trotzdem modern. Es gibt eine Terrasse mit wunderschönem Hafenpanorama. Auf der Karte finden sich Fleischgerichte, natürlich auch Fisch und mehrere Optionen für Veggies. Im Elbe 1 kann aber auch bei einem Drink einfach nur prima der Sonnenuntergang genossen werden.

€€€ Strandbaddamm 18 (Wedel), Telefon 04103 7035157, Mi-Sa 12–22, So 12–21 Uhr, EC-Karte, VISA, Mastercard; Wedel S1, Bei der Doppeleiche Bus 189; elbe1.com

Frau Miller

Der Gast hat die Hauptrolle, das Restaurant spielt die Nebenrolle – so ist Frau Miller in Pinneberg konzipiert. Das Restaurant gibt sich als deutsches („Frau") und amerikanisches („Miller") Restaurant, das beide Küchen anbietet. Die Atmosphäre ist festlich und einladend. Der Garten ist eine eine üppige Oase mitten in Pinneberg. Auf den Tisch kommen deutsche Klassiker wie Matjes und Schnitzel Wiener Art, die amerikanische Küche wir durch Burger vertreten. Sonntags gibt's Frühstück.

€€ Friedrich-Ebert-Straße 52 (Pinneberg), Telefon 04101 7877100, Di-Do 17–22, Fr-Sa 17–23, So 10–22 Uhr, EC-Karte, VISA, Mastercard; Bahnhof Pinneberg RB 61; fraumiller.de

FOTO: FRAU MILLER

Garduong

Die Reisnudelsuppe Pho ist eine der glorreichsten Errungenschaften der vietnamesischen Küche und bei den hippen Asiaten in Hamburgs City seit Jahren der Mittagstrend. Gleich sieben Pho-Varianten hat auch der Vietnamese Garduong an der Stirnseite einer kleinen Wedeler Passage im Angebot. Aber auch gegrillte Jakobsmuscheln, gebratener Tintenfisch mit Gemüse und knusprige Pommes aus Süßkartoffeln sind am Start. Ohne Tadel ist der Service. Das Interieur ist funktional, es gibt viel dunkle Holzoptik und Deko im modernen Fernost-Style. Kein Ort fürs Candle-Light-Dinner, aber ein Ort zum Essen.

€€ Bahnhofstraße 31 (Wedel), Telefon 04103 9050362, Mo-Sa 11.30–21.30, So 12–21 Uhr, EC-Karte; Wedel S1; garduong-restaurant.de

KDW – Karsten Döhring's Wald-Gasthaus

Das KDW ist ein Restaurant in Wedel. Was in Berlin die Abkürzung für das legendäre Kaufhaus des Westens ist, steht hier für „Karsten Döhring's Wald-Gasthaus". Serviert wird am Klövensteen schon lange deutsch-mediterrane Küche. Der Service ist freundlich und kompetent. Wer sich im Sommer zu dem Restaurant aufmacht, kann prima draußen sitzen – auf einer toll gelegenen Terrasse des Gasthauses.

€€ Egenbüttelweg 123 (Wedel), Telefon 04103 9052080, Mo-Mi 18–22, Fr 18–22, Sa 12–22, So 12–21 Uhr, EC-Karte, VISA, Mastercard; Rissen S1; restaurant-kdw.de

La Famiglia

Das La Famiglia ist in einem unscheinbaren Rotklinkerbau in einer kleinen Seitenstraße beheimatet. Es ist ein bodenständiges italienisches Restaurant in Quickborn, das für authentische sizilianische Küche bekannt ist. Der Service ist familiär und herzlich, das Interieur erinnert mit rot-weißen Tischdecken und pinken Stuhllehnen an die frühere Zeiten. Wer sich auf die Küche einlässt, der sollte keine Abneigung gegen Sahne und Käse haben. Vor allem die handgemachten Nudeln können punkten. Im La Famiglia fühlt man sich tatsächlich wie ein Teil der Familie, so herzlich geht es zu.

€€€ An der Retloh 1 (Quickborn), Telefon 04106 6221877, Di-So 17–23.30 Uhr, EC-Karte; Quickborn, Kirche Bus 594; la-famiglia-quickborn.de

Trattoria Italia

Holm ist eine kleine Gemeinde, nicht weit entfernt von Wedel. Und dort gibt es gute und vor allem authentische italienische Küche. Schon von außen erweckt die Trattoria Italia einen gemütlichen Eindruck. Es gibt eine Terrasse, auch drinnen stimmt das Ambiente. Kulinarisch bietet die Küche alles, was bei einem Italiener zu erwarten ist. Tipp: unbedingt ein Dessert ordern. Die Mousse au Chocolat, das Cassata-Eis und die gemischten Beeren mit Mascarpone sorgen für Glücksmomente.

€€€ Uetersener Straße 12 (Holm), Telefon 04103 9038593, So-Mo 12–21, Mi-Sa 12-21 Uhr, EC-Karte, VISA, Mastercard, Amex; Wedel S1, Hörnstraße Bus 489; trattoriaitaliaholm.de

Volare

Wenn es in Henstedt-Ulzburg italienische Küche sein soll, lohnt ein Besuch des Ristorante Volare. Schon beim Blick durch die Fenster sind liebevoll eingedeckte Tische mit weißen Stofftischdecken und frischen Blümchen zu erkennen. Das Team gibt sich herzlich. Auf Wunsch ist es auch möglich, die Pizzen und alle Pasta-Gerichte als Kinderportion zu bekommen. Überhaupt ist der Umgang mit Kindern hier außerordentlich herzlich. Im Volare wird auch noch italienische Feinkost für zu Hause angeboten.

€€ Kirchweg 119 (Henstedt-Ulzburg), Di-Fr 12–14.30, 18–21, Sa 18–21 Uhr, EC-Karte, VISA, Mastercard, Amex; Henstedt-Ulzburg, Gutenbergstraße Bus 293; volare.de

Ein gemütliches Abendessen mit norwegischem Lachs? Einfach ein pures Vergnügen für LINIE Aquavit. Als Starter, bevor es ins Lieblingsrestaurant geht? Da lädt sich LINIE Ginger auch schonmal einfach selbst ein. Ob pur oder gemixt, LINIE Aquavit passt zu Essen & Trinken.

Mit seinen Noten von Vanille, Eiche, Anis, Lakritz und Zitrusfrüchten wird LINIE Aquavit traditionell als Aperitif oder Digestif vor oder nach einem leckeren Essen serviert. In Norwegen, im Gegensatz zu Deutschland, immer bei Zimmertemperatur, denn so kommen die feinen Nuancen aus der 16-monatigen Fassreifung, vier davon auf See, viel besser zur Geltung. Aber auch gekühlt ein Genuss. Entweder pur oder gemixt in einem nordisch angehauchten Cocktail wie dem LINIE Ginger.

Dieser kombiniert würzigen LINIE Aquavit mit spritzig-würzigem Ginger Ale und dem besonderen Zitrusgeschmack von Limette und rundet alles mit der Süße von Heidelbeeren und der Frische von Gurke ab. Nicht nur das: Für den LINIE Ginger muss niemand studiert haben. Einfach ein Longdrinkglas mit Eiswürfeln befüllen, 4 cl LINIE Aquavit und 2 cl Limettensaft ins Glas geben sowie ein paar Heidelbeeren und Gurkenscheiben. Zum Schluss das Glas mit Schweppes American Ginger Ale auffüllen und servieren.

www.linie.com

Die Küche in der Alten Rader Schule kann nicht nur bodenständige Landhausküche, sondern auch Bowls mit Avocado und Süßkartoffel

Ab in den Osten

Wo die Bille fließt und Rehe durch den Sachsenwald streifen, geht auch kulinarisch einiges. Hamburgs Osten bietet Restaurant-Perlen, die häufig mit zauberhafter Lage im Grünen punkten

VIP-TESTER
Thorsten Bartels

Alsterschleuse

Gemütlich drinnen und draußen

Der Name „Ristorante Alsterschleuse" in Tangstedt lässt einen Blick auf Fluss mit Schleuse vermuten, und das Ristorante im Namen italienisches Essen. Mediterranes bekommt man wirklich serviert – drinnen und draußen. Klassische Rezepte finden sich auf der Stammkarte, und die bestellen wir. Vorweg Antipasto Misto (12,50 Euro) und ein Carpaccio di manzo (11,50 Euro). Die Küche meint es gut – es wird das größte Carpaccio, das wir bisher gesehen haben. Das marinierte Gemüse als Vorspeise wird mit Vitello tonnato gereicht. Lecker. Die Weinkarte sei in Arbeit, sodass wir einen DIN-A4-Zettel gereicht bekommen, auf dem sich handschriftlich eine uswahl von rund 15 Flaschen aus ganz Italien findet. Allesamt fair kalkuliert. Gute Restaurants erkennt man an ihrer hausgemachten Bolognese. Also ordern wir eine Portion und als zweites Hauptgericht Saltimbocca romana (19,50 Euro). Kurz darauf steht der freundliche Kellner wieder am Tisch. Beste Grüße vom Koch, aber die Bolognese sei frisch aufgesetzt und bräuchte noch zwei Stunden. Lieber so als halbfertig. Wir schwenken auf Spaghetti Carbonara (11,50 Euro) um. Die Hauptgänge sind solide, lecker, gut portioniert. Ein Dessert hätte keinen Platz mehr gefunden. Nächstes Mal wagen wir uns an die abwechslungsreiche saisonale Tageskarte auf der Kreidetafel.

AMBIENTE ●●●●○ SERVICE ●●●●○
KÜCHE ●●●●○ PREIS-LEISTUNG ●●●●○

€€€ Ehlersberg 26 (Tangstedt), Telefon 04109 2134080, Di-Do 17–22, Fr 17–23, Sa 16–23, So 12–22 Uhr, EC-Karte, VISA, Mastercard; Ehlersberg Rader Weg Bus 8140, Kayhude Haidkrug Bus 7550; ristorante-alsterschleuse.eatbu.com

Alter Dorfkrug

Vielfalt am See

Schön, gemütlich und urig sieht er von außen aus, der Alte Dorfkrug in Großensee. Wir gehen durch den kleinen Biergarten und entscheiden uns aufgrund der Außentemperatur für einen Platz im Inneren. Hier blicken wir in mehrere rustikale Bereiche mit Holzmöbeln, die mal mit Kupferlampen und mal mit moderneren Leuchten ausgestattet sind. Die Getränke sind schnell bestellt, wesentlich schneller, als das Essen ausgewählt ist. Auf der sehr umfangreichen Karte gibt es fast nichts, was es nicht gibt. Neben einer separaten Pizza- und Burgerkarte finden wir auf der Hauptspeisenkarte auch so manchen Küchenklassiker. Bereits beim Eintreffen der Bruschetta (5,90 Euro) ahnen wir dann, was uns beim Hauptgang erwarten könnte. Die Portion reicht problemlos für zwei Personen. Auch wenn das Brot gern etwas krosser sein darf, ist die Vorspeise geschmacklich sehr gelungen. Das zarte Rib-Eye-Steak (19,50 Euro) ist wie gewünscht gebraten und das Sauerfleisch (13,90 Euro) mit den kross gebratenen Bratkartoffeln ebenfalls eine sehr gute Wahl. Eigentlich sind wir spätestens nach dem Hauptgang schon satt, eigentlich. Der Bauch sagt Nein, der Kopf sagt Ja. Der Kopf gewinnt, auf zum Dessert. Das Tiramisu (4,80 Euro) und der Lava-Cake mit Eis (5,90 Euro) bilden den süßen Abschluss des Tages. Abgerundet wird unser Besuch durch den stets aufmerksamen und überdurchschnittlich freundlichen Service. SVA

AMBIENTE ●●●○○ SERVICE ●●●●●
KÜCHE ●●●●○ PREIS-LEISTUNG ●●●●○

€€ Fritz-Berodt-Straße 1 (Großensee), Telefon 04154 6640, Mo-Fr 17–22, Sa-So 12–22 Uhr, EC-Karte; Großensee, Hamburger Straße Bus 264, Bus 364; alterdorfkrug-grossensee.de

VIP-TESTER
Thorsten Bartels

Alte Schule Siek

Auf dem Weg zum Stern?

Die Menüs Fleisch, Fisch oder vegetarisch sind in der Alten Schule in Siek wie im Baukasten-System: Man kann aus allen Angeboten seine Gänge individuell zusammenstellen. Die Auswahl aus regionaler, saisonaler und mediterraner Küche macht es einem nicht leicht. Willkommen geheißen werden wir mit einem Gruß vom Koch: Raviolo mit Kalbfleisch und Kürbis-Chutney. Danach entscheiden wir uns für ein Drei-Gänge-Menü (55 Euro) und starten mit Bärlauch-Steinpilzsüppchen mit geräuchertem Ei (12,90 Euro À-la-carte-Preis) und dem Carpaccio vom Gelbflossenthunfisch mit Jakobsmuschelcroûton (17,90 Euro). Die Namen der Gerichte lassen den Anspruch der Küche erkennen. Auch wenn die Alte Schule keinen Stern hat – wäre sie auf einem guten Weg. Das zeigt schon die Qualität der Suppe, denn neben der Bärlauchfarbe schmeckt man die Steinpilze gut heraus. Beim Carpaccio bliebe zu überlegen, ob man einer edlen Jakobsmuschel einen Gefallen tut, wenn man sie zum Croûton verarbeitet. Beim Hauptgang sind wir sowohl klassisch unterwegs, mit Rehrücken, Wildschwein-Bratwurst und Steinpilzkartoffelstampf (36 Euro), wie auch neugierig, mit einer veganen Currywurst mit Falafel und Hummus (34 Euro). Wir genießen beides und erfreuen uns zudem am Angebot offener Weine (0,1 l 3,60 bis 4,70 Euro). Die ganze Weinkarte überrascht mit einer guten Auswahl und fairen Preisen. Beim Dessert bleiben keine Wünsche offen: Schneeball von weißer Schokolade, Rote Grütze, Waffel, Sorbet-Duo und ein großer Teller Dessertvariationen (je 12,90 Euro). Ein gelungener Abend neigt sich dem Ende entgegen und wir verabschieden uns vom Service, der genauso familiär und aufmerksam war, wie es die Familientradition des Hauses verspricht.

FOTO: JULIA SCHUMACHER

AMBIENTE ●●●●● SERVICE ●●●●●
KÜCHE ●●●●● PREIS-LEISTUNG ●●●●○

€€€€ Hauptstraße 44 (Siek), Telefon 04107 877310, Di-Sa 17.30–23 Uhr, EC-Karte, VISA, Mastercard, Amex; Siek, Kirche Bus 376, 537, 776, 869; alte-schule-siek.de

Fischerklause am Lütjensee

Paradiesisch

Der Lütjensee funkelt, die Sonne scheint auf die Terrasse, und auch von den Plätzen im Inneren der Fischerklause hat man einen herrlichen Blick auf dieses paradiesische Fleckchen Erde. Wanderer und Radfahrer schätzen tagsüber den Kuchen oder ein Fischbrötchen im Bootshaus. Das Restaurant im historischen, reetgedeckten Haus ist modern-zurückhaltend eingerichtet. Spezialität des Hauses ist natürlich Fisch, direkt aus dem See. Es dauert einige Zeit, bis wir zum Platz geführt werden. Unsere Servicekraft spricht schnell, lässt uns aber immer wieder zu lange warten. Das ist aber der einzige Wermutstropfen, denn nun übernimmt die Küche, und dort versteht der österreichische Küchenchef sein Geschäft. Die Fischsuppe mit Holsteiner Flusskrebsen und Zanderravioli entpuppt sich als köstliche, nordische Bouillabaisse (14,50 Euro). Das Kalbsrahmgulasch mit Pilzen ist sehr konzentriert, die Spätzle duften nach frischem Bärlauch (24,50 Euro). Die Forelle blau (25 Euro) steht und fällt mit dem Sud, in dem sie ziehen durfte, und der ist fast perfekt. Vielleicht etwas weniger Salz? Geschmackssache. Die Marillenknödel (13,50 Euro) und die Erdbeer-Rhabarber-Grütze (10,50 Euro) lassen uns jubeln. Die Weinauswahl in der Fischerklause bewegt sich auf höchstem Niveau. Die einfachen, offenen Weine gehören zu den besten ihrer Art (Riesling vom roten Schiefer 9,90 Euro und Montepulciano, 0,2 l 9,40 Euro). Bei den Flaschenweinen schnalzt der Kenner erneut mit der Zunge. Die Anfahrt zu diesem abgelegenem Refugium werden die meisten per Auto bewältigen. Da bieten sich die zwölf hochwertigen Zimmer im hauseigenen Hotel zum Übernachten an. DS

AMBIENTE ●●●●● SERVICE ●●●○○
KÜCHE ●●●●● PREIS-LEISTUNG ●●●●○

€€€€ Am See 1 (Lütjensee), Telefon 04154 792200, Mi 17–21, Do-Sa 12–14.30, 17–21, So 12–15.30, 17–20.30 Uhr, EC-Karte, VISA, Mastercard, Amex; Lütjensee, Am See Bus 364; fischerklause-luetjensee.de

In Aller Munde

Hoheitliches Ambiente

Durch den Schlosspark erreichen wir zu Fuß das lichttechnisch eindrucksvoll in Szene gesetzte Bergedorfer Schloss und stellen fest: Auf eine Gastro-Location wie diese hat der Hamburger Osten lange gewartet! Über eine Holzbrücke und den Innenhof des Schlosses erreichen wir das In Aller Munde, Hamburgs einziges Schlossrestaurant. Es besticht durch hohe, stilvoll eingerichtete Räume, die eines Schlosses absolut würdig sind. Der Spagat zwischen Tradition und Moderne gelingt. Ein Blick nach rechts in die mit Liebe zum Detail eingerichtete, zugehörige Bar lässt uns schnell die Entscheidung treffen, dort nach dem Essen noch einen Digestif zu nehmen. Wir werden sehr freundlich empfangen und fühlen uns willkommen. Das Studium der Speisekarte ist schnell erledigt, weil sie in erster Linie zwei Fünf-Gänge Menüs bietet: das „animalische“ (80 Euro) und das „plant based“ (75 Euro), beide individuell konfigurier- und kombinierbar. Jedes Gericht aus den verschiedenen Menüs kann auch separat bestellt werden. So etwa die Schwarzwurzelsuppe mit Nordseekrabben (13,90 Euro) oder das Carpaccio von Bunter Bete (14,90 Euro – an diesem Abend leider nur mit Crème fraîche und Grapefruit und ohne die avisierten Walnüsse, Kresse und Croûtons). Das unumstrittene Highlight beider Menüs ist die „Franzbrötchen brûlée“ mit Vanilleeis und Apfelragout (8,90 Euro) – wirklich etwas ganz Besonderes! Ergänzt werden die Menüs durch einen überschaubaren À-la-carte-Teil, der insgesamt sieben Gerichte enthält, davon drei Salate (6,90–19,90 Euro), zwei Flammkuchen (12,90 und 15,90 Euro), ein Carpaccio vom Rind (21,90 Euro) und Spaghetti mit Garnelen in Hummerschaum (19,90 Euro). Das Ambiente, der sehr gute Service, der Wein und vor allem die Bar sind für uns gute Gründe, einmal wiederzukommen. In der Küche gibt es in dem hohen Schloss allerdings noch Luft nach oben! KL

AMBIENTE ●●●●● SERVICE ●●●●●
KÜCHE ●●○○○ PREIS-LEISTUNG ●●●○○

€€€€ Bergedorfer Schloßstr. 4 (Bergedorf), Telefon 040 21993077, Mi-Sa 17–22 Uhr, EC-Karte; Bergedorf S21; inallermunde.hamburg

VIP TESTER

Thorsten Bartels

NDR Fernsehen | Redaktion Kulinarisch

Getestet: Alte Schule Siek, Restaurant Alsterschleuse, O Farol (Portugal), A Casa do Benfica (Portugal)

Lieblingsrestaurant Terzetto – weil ich den Wirt Antonio schon lange kenne, er versucht, jeden Gerichte-Wunsch zu erfüllen, gute Qualität bietet und immer gut gelaunt ist.

Lieblingsbar Sands Bar (Dammtor) – am besten zum Start in der Happy Hour.

Besondere Anlässe feiere ich am liebsten im ... Restaurant Engel (Teufelsbrück) – mit Blick auf die Elbe. Man ist noch nicht betrunken, auch wenn man wankt.

Essen ist für mich ... Geselligkeit und purer Genuss.

Ein Leben ohne Gastro wäre ... wie im Lockdown – fürchterlich!

Zum Frühstücken gehe ich gern ins Café ... Café David (Grindelhof). Toast, Eier, Orangensaft und Galao – ein perfekter Start in den Tag.

Ein Tipp für Kaffee, Kuchen, Cupcakes? Laya Café pâtisserie (Rothenbaumchaussee) – allein die Auslage ist ein Erlebnis und eine Augenweide.

Die Räume in der Alten Schule Siek wurden mit viel Liebe zum Detail und Stil gestaltet

FOTOS: PRIVAT (O.), ALTE SCHULE SIEK (U.)

Gutsküche Wulksfelde ★

Wo Fleisch zur Beilage wird

Matthias und Rebecca Gfrörer bespielen das Gut Wulksfelde mit spannender Gastro-Idee

FOTO: SVEN SCHOMBURG

Was ist der erste Schritt auf dem Weg zu einer pflanzlich dominierten Ernährung? Ganz einfach: Fisch, Fleisch und Wurst aus dem Sichtfeld verbannen, ohne sie zu verbieten. Kaum ein Gastronom im Großraum Hamburg setzt dieses Konzept so konsequent um wie Matthias Gfrörer mit seiner nachhaltigen und radikal regionalen Top-Cuisine in der zum Gastraum offenen Gutsküche. Das Gebäude gehört zum schmucken Gut Wulksfelde – mit Landwirtschaft, artgerechter Tierhaltung, Hofladen, Bio-Bringdienst und Großbäckerei ein Vorreiter für ökologisch und ethisch wertvolle Lebensmittelerzeugung im Norden. Gfrörer und seine das Restaurant leitende Frau Rebecca stellten kurz vor der Pandemie das Speisenangebot radikal um: Fleisch und Fisch tauchen nur noch in der am Tisch ausgehändigten „Beilagenkarte“ als Ergänzung zu den Veggie-Gerichten auf. Diese sind samt und sonders in zwei Größen bestellbar. Angesichts der gewaltigen Portionen an den Nachbartischen ordern wir unsere Vor- und Hauptspeisen in der kleinen Größe. Ziemlich ratlos aber fragen wir uns (und den liebenswerten Service), welche „Beilage“ denn nun zu meinem großartigen Petersilienwurzel-Teller (mit Wildbrokkoli, Orangenfilets und Sauce maltaise; 16/26 Euro), dem knackigen Salat a la Cesare (10/18; Euro), der Spinatlasagne (19/29 Euro) oder dem fruchtigen Kokos-Curry meiner Co-Testerin (12/24 Euro) passen könnte. Denn einfach ein Schnitzel, Lachsschnitte oder Rindersteak dazubestellen geht nicht. Außer diversen Schinkenplatten, einem Forellenfilet, einer Poulardenbrust und hervorragenden Rinder-Wienerle (8 Euro)

ALTE RADER SCHULE

RESTAURANT
VERANSTALTUNGEN
KULTUR
BIERGARTEN

Rader Weg 209, 22889 Tangstedt
T: 040 607 11 68 | moin@raderschule.de
www.raderschule.de

Folke Kaempfe
Direktorin

À la Carte

Hausgemachte
GAUMEN
FREUDEN
&
Frisches aus der
Landhausküche

Öffnungszeiten:
Dienstag - Sonntag ab 12.00 Uhr

Feiern
IM RADER WÄLDCHEN

Wir richten aus:
Geburtstage
Hochzeiten
Weihnachtsfeiern
Konfirmationen
Firmenveranstaltungen
FAMILIENFEIERN

feiern@raderschule.de

Kultur
IM KLASSENZIMMER

EVENTS
Konzerte
COMEDY
Lesungen
LIVE-MUSIK

www.raderschule.de/events

Chefin Folke Kaempfe im lauschigen Garten der Schule

Genuss GUIDE
DER SZENE HAMBURG
TESTSIEGER
2022/2023

Alte Rader Schule

Ganz hohe Schule!

Wenn es um Klassiker wie Cordon bleu geht, setzt die Küche auf eine regionale Biofleischerei

Volles Haus an Sommer-Wochenenden können viele. Wir aber buchen für einen Donnerstag, Anfang April. Und es ist eiskalt. Jedenfalls draußen. Als wir die Alte Rader Schule betreten, hat unser Frösteln sofort ein Ende. Herrlich behaglich ist es hier. Stimmig eingerichtet. Und warm – wie der Empfang. Unsere Namen müssen wir nicht nennen, wir werden bereits erwartet. Aus den Boxen näselt „Satchmo", als wir uns ans Fenster setzen. Erst mal das Schälchen Omas Gurkensalat als Einstieg – ein süßsauer angemachtes Gedicht! Und dann ran an das Wiener Schnitzel in der größeren Variante (29 Euro). Auf meinem Teller landet ein gewaltiges Stück Kalb in knuspriger Panade. Das Fleisch ist wunderbar zart. Da hat sich jemand die nötige Zeit genommen, gut geklopptund schonend gegart. Die mit Speck und Zwiebeln zubereiteten Bratkartoffeln kommen in einem Extraschälchen, das am Schluss leider nicht ganz geleert wird. Wegen pappsatt. Gegenüber erfreut sich meine Mutti an frischem Spargel (22 Euro), der auf den Punkt ist. Die Hollandaise ist schlicht sensationell, das dazu georderte 160 Gramm schwere Rumpsteak (20 Euro) bringt tolle Grillaromen und auch sonst alles mit. Alternativ hätten wir zu den Stangen auch Katenschinken, Schnitzel oder Lachs bestellen können. Aber wir sind so, wie es ist, einfach nur zufrieden. Für den Espresso wagen wir uns dann doch noch auf die Terrasse hinterm Haus. Und ahnen, wie toll es sein muss, hier an einem lauen Sommerabend zu sitzen. Fazit: In der Alten Rader Schule stimmt Performance. Und zwar nicht nur in der Hochsaison. Chapeau, das ist wirklich die ganz hohe Schule. AND

AMBIENTE ●●●●○ SERVICE ●●●●●
KÜCHE ●●●●● PREIS-LEISTUNG ●●●●○

€€€ Rader Weg 209 (Tangstedt), Telefon 040 6071168, Di-So 12–23 Uhr, EC-Karte, VISA, Mastercard; Rade (OD), Schule Bus 478; raderschule.de

FOTOS: JULIA SCHUMACHER

sind die „Beilagen“ eher Komplettgerichte ohne Sättigungsbeilage wie die zum Salat bestellten edlen Jakobs- und Riesen-Miesmuscheln (16 Euro). Macht nichts, denn die meisten fleischfreien Gfrörer-Teller weisen eine derartige Schöpfungshöhe auf, dass wir bedenkenlos auch eine lange Anfahrt zu dieser Könner-Küche (begleitet von einer grandiosen Weinkarte) empfehlen können. PESI

AMBIENTE ●●●●○ SERVICE ●●●●●
KÜCHE ●●●●○ PREIS-LEISTUNG ●●●●○

€€€€ Wulksfelder Damm 15-17 (Wulksfelde), Telefon 040 64419441, Di-So 12–21 Uhr, EC-Karte, VISA, Mastercard; Lohe Bus 276; gutskueche.de

Stellauer Steak- & Fischhaus

In 80 Speisen um die Welt

Man könnte im Stellauer Steak- & Fischhaus etwas kulinarisches Lokalkolorit vermuten – die Speisekarte katapultiert einen jedoch in die weite Welt: Bruschetta (4,90 Euro) und Carpaccio (10,90 Euro) aus Italien, Gambas al ajillo (sehr lecker für 15,90 Euro) aus Spanien, Chicken Tikka (6,90 Euro) aus Indien. Unser Blick streift auf der Suche nach etwas Lokalem hoffnungsvoll die Rubrik „Stellauer Spezialitäten“. Neben zwei indischen Gerichten (15,90 und 16,90 Euro) und Roastbeef (19,90 Euro) weisen die restlichen Gerichte dieser Rubrik lediglich den Zusatz „Stellauer Art“ auf, was sie bei Weitem noch nicht zu lokalen Spezialitäten macht. Die 18 Varianten von Steaks (Herkunft unklar) – sechs verschiedene Cuts in jeweils drei Gewichtsklassen (Huftsteak, 200 g 17,90 Euro, bis zum Filetsteak, 500 g 55,50 Euro) – werden solide gegrillt und kommen heiß und mit dem gewünschten Gargrad auf den Tisch. Die Gerichte werden mit den in aller Welt erwartbaren Beilagen, nämlich Kartoffeln oder Pommes Frites und Knoblauchbrot serviert. Um dem im Namen befindlichen Zusatz „Fischhaus“ gerecht zu werden, werden drei Fischgerichte (19,90 bis 25,50 Euro) angeboten. Dabei wirkt das anpreisende Adjektiv „frisch“ bei zwei der Gerichte etwas irritierend, da wir „frische Fische“ doch grundsätzlich nicht nur in Stellau, sondern rund um den Globus erwarten. Nicht ganz so frisch und auch nicht kosmopolitisch ist die Einrichtung, die eher zweckmäßig als inspiriert daherkommt. Fazit: Für alle, die in Stellau und Umgebung zu Hause sind, ein guter Ort, um schnell den Appetit auf ein ordentlich gegrilltes Steak zu stillen. Eine Reise um die Welt muss man dafür aber nicht antreten. KL

AMBIENTE ●●○○○ SERVICE ●●●○○
KÜCHE ●●●○○ PREIS-LEISTUNG ●●●●○

€€€ Stellauer Hauptstraße 22 (Barsbüttel), Telefon 040 6753757, Mo-So 11.30–22 Uhr, EC-Karte, VISA, Mastercard; Stellau, Am Dorfplatz Bus 263, 337, 776; stellauer-steakhaus.de

Mit SZENE HAMBURG durch das ganze Jahr

Das Hamburg-ABO

12 x SZENE HAMBURG sowie
1 x KAUFT EIN und 1 x ESSEN+TRINKEN
für nur 59,– Euro

14 Hefte

Gratis nach Hause

18,30 Euro sparen!

Keine Ausgabe verpassen

Portofrei bestellen unter:
abo@szene-hamburg.com
shop.szene-hamburg.com

Trattoria Olivo

Typisch toskanisch

Ausgerechnet im beschaulichen Bergedorf im Osten Hamburgs, der bekanntlich als kulinarische Wüste gilt, ist das italienische Restaurant Olivo und damit die unverwechselbare Küche der Toskana zu Hause. Die Trattoria Olivo überrascht immer wieder mit Gerichten, die sonst bei kaum einem italienischen Restaurant in Hamburg zu bekommen sind: Dieses Mal serviert uns Katharina ein Gran Peppato Fiorentino (19 Euro), ein toskanisches, pfeffriges Gulasch aus butterzartem Rindfleisch – unfassbar köstlich! Aber halt! Weil die Tagestafel fast jeden Tag marktabhängig neu geschrieben wird, kann es natürlich sein, dass das Gran Peppato bei eurem Besuch einer anderen toskanischen Köstlichkeit Platz machen muss. Ob nun vorweg ein Stück getrüffelter Pecorino vom Grill (16,90 Euro) oder zwischendurch Tagliatelle mit Scampi und Steinpilzen (17,50 Euro) oder als fischiger Höhepunkt ein Heilbuttfilet mit rosa Pfeffer (19,50 Euro) – das fleischige Highlight könnte auch das halbe Bio-Hähnchen mit Zitronensoße (17,90 Euro) sein – allen Gerichten ist eines gemeinsam: Man merkt Domenico die Liebe und Leidenschaft zum Kochen an! Und Kinder liebt man hier auch, denn die bekommen eine großartige Pizza. Den Weinempfehlungen des Hauses folgen wir vertrauensvoll und werden nicht enttäuscht: Weiß- und Rotweine liegen zwischen 20 und 30 Euro – sehr fair! Aber auch Liebhaber italienischer Edelgewächse werden fündig: Tignanello für 139 Euro zum Beispiel. Wie immer gehen wir auf das Angenehmste gesättigt und glücklich nach Hause und freuen uns schon auf das nächste Mal – weiter so, Olivo! KL

AMBIENTE ●●●●○ SERVICE ●●●●●
KÜCHE ●●●●● PREIS-LEISTUNG ●●●●●

€€€€ Am Brink 10 (Bergedorf), Telefon 040 72106745, Mo-Fr 12–14.30, 17.30–22.30, Sa 17.30–22.30, So 12.30–21 Uhr, EC-Karte; Kirchhofsweg Bus 228, Bus 8890; trattoria-olivo.com

Gut gegrillt ist auch in der Trattoria Olivo halb gewonnen

KURZ GEBRATEN

Forsthaus Friedrichsruh

Die Stimmung passt außen wie innen. Das am Rande des Sachsenwalds gelegene Forsthaus Friedrichsruh hat eine große Terrasse. Drinnen sticht die farblich mutige und sehr originelle Einrichtung hervor. Liebevolle Geschichtsdetails lassen sich im ganzen Haus finden und entdecken. Auch kulinarisch steht ein Thema im Vordergrund: die Liebe zum Wald. Angeboten werden verschiedene Wild-Leckereien von Förstern direkt aus der Gegend.

€€€€ Ödendorfer Weg 5 (Friedrichsruh), Telefon 04104 6992899, Do-Fr 17–21, Sa-So 12–21 Uhr, EC-Karte, VISA, Mastercard, Amex; Aumühle S21; forsthausfriedrichsruh.de

Fürst Bismarck Mühle

Wer nach einem Ausflug in den Sachsenwald hungrig in Aumühle ankommt, findet in der Fürst Bismarck Mühle einen großen Garten mit wundervollem Ausblick in die Natur. Auf der Speisekarte stehen regionale Köstlichkeiten. In dieser traditionell gehaltenen Kulinarik lassen sich aber auch moderne Twists entdecken. Das spiegelt die zeitgenössische Einrichtung wider, die aber auch klassische Züge hat.

€€€€ Mühlenweg 3 (Aumühle), Telefon 04104 2028, Mo-Mi 15–21, Fr-So 12–21 Uhr, EC-Karte, VISA, Mastercard; Aumühle S21; bismarck-muehle.com

Glantz & Gloria

Erdbeerfans werden hier fündig: Die leckeren roten Beeren von Glantz kennt in Hamburg fast jedes Kind. In Delingsdorf betreibt die Glantz-Familie ein eigenes Restaurant: das Glantz & Gloria. Die klassische deutsche Küche wird hier von der Erdbeere geküsst. Auch Spargel und Himbeeren kommen direkt vom Feld. All das ist in dem 1885 gebauten Bauernhaus bei einem gemütlich-historischen Ambiente zu genießen.

€€€ Hamburger Straße 2B (Delingsdorf), Telefon 04532 280559, Mo-So 11.30–22 Uhr, EC-Karte, VISA, Mastercard; Delingsdorf, Dorfstraße Bus 8110; glantzundgloria.glantz.de

Heimatliebe

Bei dem Restaurant Heimatliebe handelt es sich um ein klassisches, gutbürgerliches Restaurant, welches an das Hotel Alt Lohbrügger Hof angegliedert ist. Geboten wird deftige deutsche Küche, aber auch Veganer werden hier fündig. Besonders bei den Zutaten wird „Heimatliebe“ großgeschrieben, denn diese kommen von regionalen Partnern und ohne künstliche Zusatzstoffe. All das lässt sich in einem klassischen Ambiente genießen.

€€€ Leuschnerstraße 76 (Lohbrügge), Telefon 040 7396000, Mo-Do 17–23, Fr-Sa 12–23, So 12–21 Uhr, EC-Karte, VISA, Mastercard, Amex; Lohbrügger Weg Bus 234; altlohbrueggerhof.de

Il Caminetto

Das Setting stimmt schon mal: An der Bille gelegen lockt das Restaurant von Familie Santoiemma nahe dem kleinen Dörfchen Grande mit seinem Charme. Ein windschiefes Fachwerkhaus direkt am Fluss, mit jahrhundertealten Türen, schnuckeligen Nischen und dem Geruch von Holz. Auf der Speisekarte sind allerlei italienische Klassiker zu finden, etwa Vitello tonnato oder die altbekannte Lasagne.

€€€ Lauenburger Straße 1 (Kuddewörde), Telefon 04154 9995120, Mi-Fr 17–22, Sa-So 12–21 Uhr, EC-Karte, VISA, Mastercard; Kuddewörde, Mühlenredder Bus 433; il-caminetto.net

Il Grappolo

Nur drei Fußminuten von der U-Bahn-Station Kiekut (U1) entfernt liegt in Großhansdorf der Italiener Il Grappolo. Die angrenzende Terrasse begeistert mit einem süditalienischen Flair. Geboten werden traditionelle italienische Köstlichkeiten. Die dabei verwendete Pasta entstammt aus eigener Herstellung und wird täglich frisch produziert.

€€ Barkholt 65 (Großhansdorf), Telefon 04102 691140, Di-So 12–23 Uhr, EC-Karte; Kiekut U1; ilgrappolo.com

Klassenzimmer

Nein, keine Sorge, hier muss keiner mehr die Schulbank drücken. Im Restaurant Klassenzimmer in der alten Dorfschule von Hammoor werden Köstlichkeiten wie getrüffelte Schaumsüppchen von Steinpilzen mit Falafelbällchen und Hanf-Karamell-Sprinkel gereicht. Die Speisekarte ist humorvoll an das Schulthema angelegt. So heißt es zum Beispiel „Hauptfächer“ anstatt „Hauptmenü“. Der Service ist

FOTO: MARC SILL

Das Forsthaus Friedrichsruh ist farblich mutig und originell eingerichtet

FOTO: FORSTHAUS FRIEDRICHSRUH

gleichermaßen freundlich, humorvoll wie authentisch.

€€€ Hauptstraße 14 (Hammoor), Telefon 04532 278641, Di-Sa 17–22 Uhr, EC-Karte; Hammoor, Hauptstraße Bus 8730; restaurant-klassenzimmer.de

Remise

Das Restaurant Remise in Glinde präsentiert sich als klassisches rustikales Steakhouse – hier dreht sich alles um kleine und große Rump-, Hüft-, T-Bone- und Filetsteaks. Das Mottos ist: argentinisches Fleisch mit heimatlichem Gemüse. Aber auch Nicht-Steakliebhaber werden bei Burger, Fisch und veganen Köstlichkeiten fündig. Der Service ist aufmerksam und herzlich. Verschiedene Cocktails, auch alkoholfreie, lassen sich ebenfalls auf der Karte finden.

€€€ Möllner Landstraße 55 (Glinde), Telefon 040 89708292, Mo-Sa 12–23, So 12–22 Uhr, EC-Karte; Glinde, Markt Bus 133, Bus 333; remise.de

Waldesruh am See

Mitten im Sachsenwald vor den Toren Hamburgs befindet sich das Restaurant Waldesruh am See. Auf der Speisekarte lassen sich Fleisch- sowie Fischköstlichkeiten finden. Auch Vegetarier kommen hier auf ihre Kosten. Die Produkte stammen aus der Region, die Kräuter aus dem eigenen Garten. Die Inneneinrichtung sticht mit einer rot-weißen Wand heraus. Neben dem Festsaal gibt es eine große Terrasse und viele weitere Räume.

€€€€ Am Mühlenteich 2 (Aumühle), Telefon 04104 69530, Do-Fr 17–22, Sa 12–22, So 12–21 Uhr, EC-Karte, VISA, Mastercard; Aumühle S21; waldesruh-am-see.de

Waldhaus Reinbek

Das Traditionshaus in Reinbek wirbt mit seinem Ambiente: Hier lässt sich der Koch über die Schulter schauen. Der Service ist freundlich und zuvorkommend. Die Speisekarte bietet bewährte Klassiker, regionale Köstlichkeiten sowie internationale Spezialitäten. Die Portionen sind sogar relativ groß. Anschließend kann der Abend an der American Bar oder auf der Terrasse mit einem Cocktail ausklingen – auch alkoholfrei.

€€€€ Lodenallee 2 (Reinbek), Telefon 040 727520, Mo 17–21, Di-Mi 12–15, 17–21, Do-Sa 12–21 Uhr, EC-Karte, Visa, Mastercard; Sachsenwald, EKZ Bus 136; waldhaus.de

GUTSDELI
Täglich ofenfrische Bio-Snacks, Elbgoldkaffee und Softdrinks für Groß & Klein

GUTSKÜCHE
Nachhaltige & saisonale Landhausküche mit viel Liebe zum Detail

GUTSGARTEN
Ein wunderschönes Ausflugsziel mit frischen Waffeln & hausgemachtem Bio-Eis

Gutsküche Wulksfelde GmbH
Wulksfelder Damm 15 - 17
22889 Tangstedt

040 / 64 41 94 41
info@gutskueche.de, www.gutskueche.de

ÖFFNUNGSZEITEN
Gutsdeli:
Dienstag - Sonntag von 10 - 18 Uhr

Gutsküche:
Dienstag - Sonntag 12 - 21 Uhr

Gutsgarten:
Bei gutem Wetter 12 - 18 Uhr

Das Team vom Lieblingsplatz bittet zu fangfrischem Saibling aus dem Ofen, gefüllt mit Kräutern nebst feiner Zitronen-Buttersoße

Ab in den Süden

Die Elbe ist kein Weißwurstäquator, dahinter droht nicht gleich der kulinarische Kulturschock. Vielmehr gibt's südlich von Hamburg viel leckere regionale Küche und auch den einen oder anderen internationalen Spot

Acht Linden

Die gute alte Gaststube

Das Restaurant im Hotel Acht Linden in Egestorf bietet regionale, saisonale Küche und sagt von sich selbst, von „bodenständiger Küche begeistert" zu sein. Wer also einen Landgasthof mit den üblichen Verdächtigen auf der Karte für sich sucht, ist im Acht Linden richtig aufgehoben. Das Ambiente ist gemütlich-traditionell, es gibt den guten alten Holztresen und den runden Stammtisch gleich daneben. Auf der ersten Seite der Speisekarte listet der Gasthof nur bescheiden in kleiner Schriftgröße auf, was eigentlich seine wahren Verdienste sind: die Lieferanten der Region. Endlich mal Fleisch, von dem man weiß, wo es herkommt – und dies zu fairen Preisen (Heidschnuckenbraten für 22,90 Euro oder Rinderroulade 20,50 Euro). Der Salat kommt mit Dressing, wie es Oma früher immer gemacht hat, und Vegetariern sind die Rote-Bete-Schnitzel (10,80 Euro) sehr zu empfehlen. Es gibt eine solide Dessertkarte, der Schokoladenkuchen (8,50 Euro) gilt als Schlemmerkrönung. Das Acht Linden eignet sich als schönes Ziel für einen kleinen Ausflug in die Lüneburger Heide. CO

AMBIENTE ●●●○○ SERVICE ●●●○○
KÜCHE ●●●○○ PREIS-LEISTUNG ●●●○○

€€€ Alte Dorfstraße 1 (Egestorf), Telefon 04175 84333, Mo-So 11.30–14, 17.30–21 Uhr, EC-Karte, VISA, Mastercard; Egesdorf, Kirche Bus 4207, Bus 4406, Bus 4611, Bus 4615, Bus 4631; hotel-acht-linden.de

Al Porto

Vor Anker in Stade

Im italienischen Ristorante Al Porto in Stade fühlen wir uns sofort zu Hause. Das Restaurant mit Bootshaus-Flair wurde im Sommer 2020 mit viel Liebe zum Detail modernisiert. Große Fensterfronten geben den Blick auf den Burggraben frei. Stuhl-Hussen in mediterranen Farben und opulente Blumensträuße auf weiß gedeckten Tischen sorgen für eine Wohlfühlatmosphäre, die wir bei Aperol Spritz und knusprigem sardischem Brot mit Rucola, Parmesan und Olivenöl genießen. Wir starten den Abend mit einem Lachs – Chef's Cut – mit frischen Feigen, zwei Austern und Avocado (24 Euro). Eine gelungene Komposition, leider fehlen die Feigen, dafür gibt es eine Auster mehr. Die hausgemachten Mezzelune (halbmondförmige Nudelteigtaschen mit Ricotta-Rucola-Füllung) mit Langostinos und aromenreich abgeschmeckter Fischsuppe (25 Euro) begeistern. Der Oktopus mit Riesengarnelen und Gemüse vom Grill (35 Euro) ist einmalig butterzart. Eine überraschend frische und leichte Zitronen-Mayonnaise rundet diesen Gang geschmacklich perfekt ab. Die Preise sind sicherlich gehoben, die Qualität der Speisen und das Ambiente aber bescheren einen äußerst genussvollen Abend. Patricia und Sandro Zonca erleben wir als sympathische Gastgeber mit Stolz auf ihre sardische Herkunft und Küche und eine fast 20-jährige Tradition in Stade. Eintauchen in die „echte" italienische – Pardon, sardische – Küche, einen Abend vor Anker gehen, um die Welt da draußen zu vergessen, das funktioniert im Al Porto. WIE

AMBIENTE ●●●●● SERVICE ●●●●●
KÜCHE ●●●●● PREIS-LEISTUNG ●●●●○

€€€€ Neubourgstraße 11 (Stade), Telefon 04141 778992, Mi-Sa 18–23 Uhr, EC-Karte, VISA, Mastercard, Amex; Stade RE5, S3; al-porto.de

Aroma Bistro

Showtime per la Pasta

Die schlechte Nachricht zuerst: Einen Platz im Aroma in Hittfeld zu ergattern ist nicht einfach. Falls Sie sich trauen, hier einen Abend ohne Vorabreservierung zu planen, stellen Sie sicher, zu Hause eine Notreserve zu haben. Das Aroma hat 26 Plätze auf gefühlt 25 Quadratmetern. Ein wunderbares nettes kleines Bistro mit einer kleinen, aber feinen Speisekarte. Eben das, was die einzige junge Köchin vorn in ihrer winzigen Küche zu zaubern vermag. Und ja, zaubern darf man sagen. Das Essen ist hervorragend. Highlight im Aroma ist die hausgemachte Pasta aus dem Parmesanlaib – mit Trüffel bühnenreif am Tisch zubereitet (für stolze 27,90 Euro). Ebenfalls überzeugend ist die prall mit Kräutern gefüllte Dorade aus dem Ofen (21,90 Euro), und zum Reinlegen ist das Vitello tonnato (13,80 Euro). Auch die Pizza kann sich sehen lassen, in weißer oder Tomatensoßen-Variante mit kreativeren Beläge, als man sie sonst so bekommt (zum Beispiel unsere Salamino pikant mit Radicchio 13,90 Euro). Wenn Sie sich dann später am Abend dem einzigen Dessertangebot zuwenden (Mascarponecreme mit Früchten 6,90 Euro), nimmt es der Gastwirt so langsam mit den Glas- und Tellerbergen auf, die sich in den letzten Stunden gestapelt haben. Alles auf Kante, kein Stück Platz und Zeit wird verschenkt in diesem kleinen Hittfelder Schlemmertempel, wo „aroma" eigentlich kleingeschrieben wird, aber ganz groß rauskommt. CO

AMBIENTE ●●●●● SERVICE ●●●●○
KÜCHE ●●●●● PREIS-LEISTUNG ●●●●●

€€€ Am Tennisplatz 2 (Seevetal), Telefon 04105 7708855, Di-Fr 17–22 Uhr, EC-Karte, VISA, Mastercard; Hittfeld, Haus Huckfeld Bus 4148; aromabistro.de

Cantinella

Großes Kino italienischer Küche

Im Cantinella traut man sich, Hauptgerichte für rund 40 Euro auf die Karte zu setzen und wartet auf zahlungskräftige Kundschaft. Und die kommt. Das toll eingerichtete Lokal – etwas schwer

FOTO: JULIA SCHUMACHER

Im Da Bruno e Daniele flirten Krustentiere mit frischem Basilikum und einem feinen Schäumchen

Beschreibares zwischen rustikal und hochmodern – ist rappelvoll. Es ist lebhaft, und der Kellner, der die Empore im ersten Stock zu bedienen hat, schafft es laut Smartwatch auf 88 Stockwerke pro Abend. Die Speisen im Cantinella sind tadellos wie alles andere hier. Es gibt hervorragende Pizza, bei der man auf keinen Fall den Rand liegen lassen darf (zum Beispiel pikante Diavolo für 13,40 Euro), ein Babyspinat-Salat-Erlebnis mit Grantapfelkernen (faire 9,80 Euro) oder eine außergewöhnliche Vorspeise, geröstete Aubergine mit Joghurt und Chili (12,50 Euro). Zum Hauptgang: die Seezunge mit getrüffeltem Püree (39,50 Euro). Dass das Lokal unter sardischer Leitung des sympathischen Gianpaolo Contu steht, bemerkt der Sardinienkenner nur an Details wie Bottarga zu den Spaghetti alle Vongole (17,90 Euro), Ichnusa-Bier oder der Weinauswahl. Geht es um italienische Küche, darf man das Cantinella getrost zu den besten Restaurants der Region zählen. CO

AMBIENTE ●●●●● SERVICE ●●●●●
KÜCHE ●●●●● PREIS-LEISTUNG ●●●●●

€€€ Poststraße 10 (Buchholz), Telefon 04181 1374800, Mi-So 17–22 Uhr, EC-Karte, VISA, Mastercard; Buchholz RB 38, RB 41, RE 4; cantinella.it

Da Bruno e Daniele

Ein echter Italiener

Als wir das Ristorante da Bruno e Daniele in Meckelfeld betreten, werden wir von einem der zwei sehr sympathischen Chefs persönlich begrüßt. Das Restaurant ist gut besucht, aber der große Raum bietet viel Platz, ohne ungemütlich zu wirken. Die Menü- und Pizzakarten sind handgeschrieben auf großen Staffeleien angebracht. Wir beginnen mit einem Aperitif, der namentlich an das frühere Restaurant der beiden Besitzer Bruno und Daniele erinnert: Bixio. Rosé-Sekt, Martini, Gin und Campari. Tolle Mischung! Die Antipasti-Variation (12,50 Euro) ist sehr gekonnt angerichtet und jedes kleine Gericht ein Volltreffer. Auch die toskanische Tomatensuppe (7,90 Euro) ist sehr gelungen und versetzt uns wie die frisch zubereiteten mit Walnuss-Feige gefüllten Ravioli mit Gorgonzola-Feigensenf-Sauce (15,50 Euro) direkt nach Italien. Bei den Pizzen hat es uns die Funghi (12,50 Euro) angetan. Die lecker marinierten Pilze sind im Ganzen auf dem knusprigen und dünnen Boden verteilt. Auf der Tageskarte gibt es auch immer eine gewagtere Kreation. Der sehr freundliche Kellner serviert uns das Dessert, welches in kürzester Zeit verspeist ist. Hier schmecken besonders die italienischen Klassiker wie Pannacotta und Tiramisu (je 7,50 Euro). Schön ist auch, dass sich auf der Weinkarte ausschließlich italienische Weine befinden. Und würde man beim Rausgehen nicht wieder in Hamburgs Nieselregen stehen, könnte man auf der schön angelegten Terrasse denken, man hätte sich auf einem Kurzurlaub in Italien befunden. ALM

AMBIENTE ●●●●● SERVICE ●●●●●
KÜCHE ●●●●● PREIS-LEISTUNG ●●●●●

€€€ An den Höfen 3 (Seevetal-Meckelfeld), Telefon 040 7688005, Di-Fr 12–14.30, 17.30–22, Sa 17.30–22 Uhr, EC-Karte; Meckelfeld, Rönneburger Straße Bus 141, Bus 447, Bus 647; dabrunoedaniele.de

Da Luigi

Geschmack statt Ambiente

Das in die Jahre gekommene Äußere des Ristorante da Luigi in Harburg animiert wenig zu einem Besuch, dafür aber die nette Begrüßung beim Eintritt. Die Speisekarte beschränkt sich auf gängige Vorspeisen, Pizza und Pasta. Fleisch- und Fischgerichte gibt es nicht, wohl aber Muscheln (13 Euro). Wir bestellen einen Aperol Spritz und wählen Bruschetta (3,90 Euro) und Carpaccio (9,80 Euro) als Vorspeise. Die Reihenfolge, in der serviert wird, gerät etwas durcheinander. Eine der Vorspeisen kommt bereits vor den Getränken und dem Brot mit Aioli, was aber von der Bedienung selbst bemerkt und freundlich entschuldigt wird. Insgesamt ist alles sehr stimmig, dennoch fehlt es an Atmosphäre: Die Beleuchtung ist grell, die Italienfotos an den Wänden im Rahmen verrutscht und vergilbt, der Fliesenfußboden sorgt für Hall. Gemütlichkeit sieht anders aus. Dafür überzeugen die Vorspeisen geschmacklich absolut. Als wir unser Essen mit Pizza tonno e cipolla (9,80 Euro) und Muscheln in Tomatensud fortsetzen, sind wir auch hier mit Geschmack und Qualität zufrieden. Die Muscheln kommen als üppige Portion in einem duftenden Tomatensud mit knackigem Gemüse. Die Pizza ist ein wenig dick im Teig, dafür saftig und lecker. Als Dessert teilen wir uns ein Tiramisu – zum Glück, denn die riesige Portion (5,90 Euro) ist unmöglich alleine zu vertilgen. Qualität der Speisen und günstige Preise erklären, warum sich Da Luigi seit Jahren hält. KV

AMBIENTE ●○○○○ SERVICE ●●●●○
KÜCHE ●●●●○ PREIS-LEISTUNG ●●●●●

€€ Neue Straße 29 (Harburg), Telefon 040 7659603, Mo-Sa 16–23, So 12–21 Uhr, EC-Karte, VISA, Mastercard, Amex; Harburg Rathaus S3, S31; da-luigi-harburg.de

Di candele

Überraschung pur

Wir stehen vor einer sehr kleinen Front in der Lämmertwiete in Harburgs bester Ausgehecke und sind unschlüssig. Von außen sieht es nicht so richtig einladend aus. Beim Eintreten bleibt unser Eindruck. Etwas veraltete Bodenfliesen in Braun, dazu ein roter Tresen und eine neonerleuchtete offene Küche. Papiertischsets und Papierservietten. Und dann die obligatorische Speisekarte in Plastikfolie. Alles wenig vielversprechend. Also wagen wir uns zum Start an Bruschetta (6,90 Euro) und Carpaccio di manzo (12,90 Euro), als Hauptgang entscheiden wir uns für die französische Maispoulardenbrust Rustica (18,90 Euro) und den italienischen Klassiker Saltimbocca alla romana (21,90 Euro). Dazu gönnen wir uns ein Glas Primitivo (5,90 Euro) und ein Glas Montepulciano (4,40 Euro). Wir erwarten nicht viel. Und dann geht die Reise los. Der unglaublich freundliche Besitzer entschuldigt sich, dass das Brot dauert, weil es noch im Ofen ist. Der Wein kommt und ist erstaunlich gut. Wir tauen langsam auf. Die

FOTO: DA BRUNO E DANIELE

Bruschetta und das Carpaccio sind zwar kein Augenschmaus, aber ordentlich gemacht. Und dann kommt der Hauptgang. Die Maispoularde wird auf einer Pilz-Sahnesoße mit herrlich kross in Butter gebratenen Gnocchi serviert. Grandios lecker! Ich stibitze meinem Mittester mehrere Gnocchi und werde später glücklich sein, die Reste der Poularde mit der krossen und gepfefferten Haut in der fantastischen Soße aufessen zu dürfen! Meine Saltimbocca ist exakt so, wie sie sein soll. Die Weißweinsoße ist perfekt gewürzt, das Kalbsfleisch wunderbar zart und mit dem Salbei und dem Schinken exzellent aufeinander abgestimmt. Das Tiramisu (5,90 Euro) zum Dessert ist erstaunlich leicht, cremig und mit bestem Kakao. Das, was wir essen durften, gehört definitiv zu den Speisen, die man auf dem Teller haben möchte, wenn man essen geht. Und wenn man satt und glücklich ist, dann fühlt man sich in jedem Ambiente wohl. Di candele – es gibt zwei neue Stammgäste!

JAS

AMBIENTE ●●○○○ SERVICE ●●●●●
KÜCHE ●●●●● PREIS-LEISTUNG ●●●●●

€€ Kleine Gasse 6 (Harburg), Telefon 040 69647790, Di-Sa 17–23, So 17–21 Uhr, EC-Karte; Harburg Rathaus S3, S31; dicandele.eatbu.com

FOTO: DIE MÜHLE JORK

In der Mühle Jork geht es fraglos urgemütlich zu

Die Mühle Jork

Feine Küche in historischem Ambiente

Unter alten dunklen Mühlenbalken und hinter dicken Wänden sitzt man in der historischen Mühle von 1856 in Jork im Alten Land wie in Abrahams Schoß – gemütlich vor roten Klinkerwänden an rustikalen Holztischen und auf bequemen Ledersesseln. Gemütlich, aber nicht angestaubt, sondern modern, frisch und zeitgemäß. Ebenso präsentiert sich das Fine-Dining-Konzept von Danny Riewoldt. Schon der Gruß aus der Küche – geflämmter Lachs, kross ausgebratene Haut, Sepia-Sauce – lässt die Erwartungen steigen. Die Vorspeise – Makrele, Algen-Eis, Bete, Himbeeressig (17,20 Euro) – kommt an einem kühlen Vorfrühlingstag ausdrucksstark frisch und leicht daher, das Kalbsbries mit Puntarella, Sellerie und Brioche (17,90 Euro) dagegen herrlich warm und

Genuss TOUREN DER SZENE HAMBURG

powered by LOTTO Hamburg Guter Tipp.

SMUTJES LANDGANG, 69 €

ISEMARKT-TOUR

Wir gehen mit euch über den berühmten Isemarkt. Wir klönen, schnacken und verkosten ein paar der Produkte. Zusätzlich zu den Verkostungen servieren wir euch Hamburger Küche in Form von 7 kleinen Gerichten.

UNSERE SPECIALS mit Profi-Koch Thomas Sampl

SMUTJES LANDGANG, 125 €

MARKTHALLEN-TOUR

Bevor die Kochschürze umgebunden wird, stürzt ihr euch gemeinsam in das bunte Hamburger Markt-Treiben. Mit unserem Guide umgeht ihr die ausgetretenen Pfade, um dann in der Kochschule die regional eingekauften Zutaten zu einem traditionellen Hamburger Gericht zu verarbeiten.

Entdeckt und erschmeckt Hamburg!

www.genusstouren-hamburg.de

EIN PRODUKT DER SZENE HAMBURG

Frische Zutaten aus der Region gehören in Hoddows Gastwerk zum guten Ton

winterlich. Das Zweierlei vom Reh mit Sous-vide gegarten Schwarzwurzeln, Hefecreme und Beten (32,50 Euro) ist köstlich, der Skrei mit Kürbis und Krabben (29,70 Euro) provokant. Die Krabben sind mit Schale frittiert, schmecken intensiv nach Meer – das dürfte manchen Gaumen überfordern. Dank der Pralinés kommt unser Abend zu einem feinen, süßen Abschluss, auch ganz ohne Dessert. Das Corona-Hygienekonzept der Mühle wirkt auf uns bedauerlicherweise ein wenig überambitioniert, wodurch die Gastlichkeit leidet. Dennoch: Die Mühle in Jork ist ganzjährig einen Ausflug wert, im Sommer dann auch auf der schönen Außenterrasse. BW

AMBIENTE ●●●●○ SERVICE ●●●●○
KÜCHE ●●●●● PREIS-LEISTUNG ●●●●○

€€€€ Am Elbdeich 1 (Jork-Borstel), Telefon 04162 6395, Mi-Fr 18–20.30, Sa-So 12–17, 18–20.30 Uhr, EC-Karte; Borstel, Am Elbdeich (Mühle) Bus 2040; diemuehlejork.de

Gasthaus zum Kiekeberg

Burger, Sauerfleisch und Hamburg-Skyline

Das Restaurant Kiekeberg liegt wunderschön auf einem Hügel gelegen zwischen Museumsdorf und dem Wildpark Schwarze Berge – mit grandiosem Blick auf Hamburgs Skyline, drinnen wie draußen. Leider hat es von außen die Anmutung eines gealterten Gasthofes, sodass man es leider doch manchmal einfach links liegen lässt. Beim Blick in die Karte entdecke ich erstaunt ein Bier, von dem ich bislang nichts gehört habe: Heinrich's Hamburg Bräu (3,60 Euro). Leckeres Kellerbier. Und es soll nicht das einzige Erstaunen bleiben. Wir entdecken neben den Gasthof-Klassikern Bauernfrühstück (10,80 Euro) oder Pannfisch (17,90 Euro) auch eine Bowl (vegetarisch oder vegan, 12,90 Euro) und Burger. Ich entschließe mich dennoch für einen Klassiker. Die Kiekebergplatte (18,50 Euro) mit Schnitzel Wiener Art, darauf ein Spiegelei, selbst gemachtes Sauerfleisch und Roastbeef. Meine beiden Mittester nehmen Burger –vegetarisch mit Halloumi-Käse und Pilzen (13,90 Euro) sowie vegan mit Knusperschnitzel (13,90 Euro). Die Burger sehen sehr gut aus und kommen an. Davon zeugt das genüssliche Schweigen auf der anderen Tischseite. Die Standard-Wedges als Beilage sind kross zubereitet, und die vegane Sour Cream ist herrlich frisch und unaufdringlich – Respekt. Meine Bratkartoffeln sind sehr kross und gut gewürzt, während mein Schnitzel enttäuscht. Es ist zu dick, die Panade nicht gelungen und der Geschmack neutral. Das Sauerfleisch hingegen sieht zwar sehr blass aus, ist aber geschmacklich auf den Punkt. Nicht zu salzig und herrlich zart. Sehr zart und ohne jegliche Beanstandung ist auch das Roastbeef. Zum Nachtisch entscheiden wir uns für ein Schokoladenparfait mit Himbeersoße und Roter Grütze. Leider ist weder Rote Grütze noch Himbeersoße da und die Küche leider auch schon im Feierabend (ab 20 Uhr). Man sagt uns, dass das nach der Corona-bedingten Schließung einiges noch holpert. Nun gut. Wir haben gutes und bezahlbares Essen bei toller Aussicht genossen. Kinder sind sehr willkommen – die Gerichte stehen sogar gleich auf Seite eins der Speisekarte. JAS

AMBIENTE ●●○○○ SERVICE ●●●●●
KÜCHE ●●●●○ PREIS-LEISTUNG ●●●●○

€€ Am Kiekeberg 5 (Rosengarten-Ehestorf), Telefon 040 7905021, Mi-Fr 11–21, Sa-So 9–21 Uhr, EC-Karte; Museum Kiekeberg Bus 340; kiekeberg.de

Hoddows Gastwerk

Genuss am Fleth

Der reservierte Zweiertisch in Hoddows Gastwerk unweit des schönen Fleths in der Altstadt von Buxtehude steht in einer gemütlichen Ecke des mehrgeschossigen Fachwerkhauses. Zur Eröffnung gibt es den Blattsalat mit lauter Leckereien wie grünem Spargel, Avocado, Cherrytomaten, Mangostreifen und mildem Schafskäse (10,90 Euro). Er ist frisch, sehenswert arrangiert, schmackhaft angemacht und gut geeignet zum Teilen. Ein starker Start! Mit ein wenig Verzögerung kommt dann auch der alkoholfreie Martini von der nicht vorhandenen Getränkekarte. Den genießen wir dann eben als nachträglichen Aperitif. Viel Zeit vergeht nicht, bis die zwei Hauptgerichte auf dem Tisch stehen: Pasta mit grünem Pesto, Ratatouille und Riesengarnelen (17,90 Euro) sowie rosa Roastbeef, Remoulade, Bratkartoffeln und Blattsalat (18,90 Euro). Beides überzeugt in Qualität und Menge auf ganzer Linie – frisch, treffend zusammengestellt und optisch ansprechend. Nur vielleicht hat die Pasta ein bisschen zu wenig Wumms abbekommen und die Bratkartoffeln dafür ein bisschen zu viel Salz. Aber das ist ja Geschmackssache. Ein Nachtisch wäre jetzt eine gelungene Abrundung. Allerdings heißt es auf Nachfrage, die Eismaschine sei kaputt, und die Desserts enthielten nun mal alle Eis im Rezept. Gut, dann eben nur ein Espresso (2,40 Euro) und Vorfreude auf einen Besuch im Sommer, wenn wir in der Gasse draußen sitzen und uns wie in einem südeuropäischen Straßen-Bistro fühlen können. FD

AMBIENTE ●●●●○ SERVICE ●●●○○
KÜCHE ●●●●● PREIS-LEISTUNG ●●●●○

€€€ Westfleth 35 (Buxtehude), Telefon 04161 503901, Mi-So 12–14, 17.30–21 Uhr, EC-Karte; Buxtehude, Cityhaus Bus 2038, Bus 2102; hoddows-gastwerk.de

Kärntner Hütte

Norddeutsche Tiefebene alpin

Das Schönste in den Bergen bleibt die Einkehr. Das gilt auch in Hamburgs Hausgebirge, den Schwarzen Bergen. Hier lädt die Kärntner Hütte zu österreichischen Gerichten in Skihütten-Atmo ein: Ein Pfeil weist in Richtung „Skigebiet Reiherberg". Tatsächlich gab es bis 1977 einen Lift, der einen auf den 79 (!) Meter hohen Reiherberg transportierte, aber heute ist Schlittengebiet treffender. In der Hütte geht es skurril zu: Es blüht der Nippes. Aus aufgeklappten Nordseereiseführern sprießen Kunstblumen. Neben dem Tisch wächst eine Buche durchs Dach. Über allem thront ein ausgestopfter Bernhardiner im Bollerwagen. Wir werden herzlich empfangen. Auf meine Frage, ob wir den großen Tisch benutzen dürfen, meint der gut gelaunte Kellner, dass es hier nur große Tische gäbe. Unsere Frittatensuppe mit echter Rinderbrühe (4,80 Euro) ist erkennbar nicht aus Österreich, die Pfannkuchenstreifen hängen etwas lustlos rum, dafür schmeckt die Brühe gut. Das

FOTO: HODDOWS-GASTWERK

Gastgeber auf dem Lande: Adolf und Christina Behrens mit Küchenchef Markus Schubert

Genuss GUIDE
DER SZENE HAMBURG
TESTSIEGER
2022/2023

VIP-TESTERIN
Antonia Marmon

Lieblingsplatz

Fine Dining auf dem Lande

Auf diese Lieblingsplatz-Pizza kommen gegrilltes Rumpsteak aus Südamerika, Chimichurri, Rucola und Chili

Als wir im Restaurant Lieblingsplatz ankommen, fällt direkt der Großstadtstress von uns ab. Ein riesiger, glitzernder Forellenteich grenzt an das Restaurant. Ein sehr seriöser Service begleitet uns zum Tisch direkt am Kamin. Die Einrichtung ist modern und in dunklen Blautönen gehalten. Weiße, kuschelige Lammfelle auf den Stühlen und goldene Kerzenhalter setzen Akzente. Die Weinkarte ist vielfältig und die Beratung durch das freundliche Personal fachkundig. Ein Gruß aus der Küche, Linsensalat, erfreut uns noch vor den Vorspeisen. Die Vorspeisen sind ausgefallen: gebackene Asia-Gemüseröllchen (13 Euro), italienisches knuspriges Tomaten-Brot (7 Euro) und norwegischer Lachs mit Senf-Dill-Dip auf Zwiebelrösti (13 Euro) führen einmal um die Welt. Der Service ist schnell, und der Hauptgang schließt nahtlos an die Vorspeisen an. Es geht weiter mit französischen Ochsenbäckchen in Burgunderwein geschmort mit Zwiebeln, Champignons und Brezel-Knödel (23 Euro). Die Portion ist so mächtig, dass leider nicht alles zu schaffen ist. Das Uruguay-Rumpsteak ist perfekt wie gewünscht gegrillt (35 Euro) und das Kartoffelgratin mit Nussbutter ein fein abgeschmecktes Highlight. Tipp: Zum Abschluss unbedingt das hausgemachte Eis probieren, das ist nicht nur hübsch angerichtet, sondern herrlich erfrischend. Unser Fazit: ein wunderschönes Restaurant mit freundlichem Service und umfangreicher Küche. Eine Reservierung ist zu empfehlen, allerdings geht dies nur per E-Mail, da telefonisch nur ein Band läuft. Für spontane Änderungen oder Fragen ist es nicht möglich, jemanden zu erreichen. Das ist aber wirklich der einzige Kritikpunkt.

AMBIENTE ●●●●○ SERVICE ●●●●●
KÜCHE ●●●●● PREIS-LEISTUNG ●●●●○

€€€€ Moorstraße 41 (Seevetal), Telefon 04105 6766966, Do-So 12–22 Uhr, EC-Karte, VISA, Mastercard; Helmstorf, Moorstraße Bus 4148; restaurant-lieblingsplatz.de

FOTOS: JULIA SCHUMACHER

VIP TESTERIN

Antonia Marmon
Geschäftsführerin Harburg Marketing e.V.
Getestet: Lieblingsplatz, Stoof Mudders Kroog

Lieblingsrestaurant Silo 16. Der herrliche Blick auf den Binnenhafen von Harburg, verbunden mit italienischer Küche der Extraklasse und einem durchweg freundlichen Team macht das Silo 16 jedes Mal aufs Neue zu einem Highlight.

Lieblingsbar The Rabbithole Bar: Die Cocktails sind unglaublich kreativ und außergewöhnlich. Da ich absolut detailverliebt bin, freue ich mich jedes Mal über den kleinen Hasen, der aus Orangen- oder Zitronenzesten geschnitzt den Drink garniert.

Besondere Anlässe feiere ich am liebsten im ... Vezos in Wandsbek. Seit mehr als 20 Jahren ist dies der Stammgrieche meiner Familie. Hier geht es durch und durch herzlich zu. Wirt und Personal begrüßen mit Umarmung, es wird sich nach der Oma erkundigt, und alles auf der Karte ist köstlich.

Essen ist für mich ... pure Freude und jedes Mal eine Erinnerung daran, wie gut es mir geht.

Ein Leben ohne Gastro wäre ... weniger bunt.

Zum Frühstücken gehe ich gern in ... die Trinkhalle im Stadtpark. Eine idyllische Oase im Grünen, in einem Gebäude, das von Fritz Schumacher entworfen wurde und das denkmalgeschützt wunderschön wieder hergerichtet wurde. Das Team ist sehr freundlich und das Etageren-Frühstück lecker.

Ein Tipp für Kaffee, Kuchen, Cupcakes? Zuckermonarchie. Selbst wer kein Instagram nutzt, möchte hier Fotos machen. Die Köstlichkeiten ähneln eher Kunstwerken, eigentlich zu schade zum Vernaschen, aber dann doch zu lecker, um verschont zu bleiben.

Schnitzel Wiener Art (14,30 Euro) ist lecker und sättigend. Die Panade ist ausbaufähig, die Pommes sind gut. Der Chefinsalat mit Käse, Wurststreifen und Ei (10,80 Euro) ist nicht nur gegendert, sondern auch liebevoll und reichhaltig angerichtet. Insgesamt ein gelungener Tag in den Bergen, der sicher nicht der letzte war. MG

AMBIENTE ●●●●○ SERVICE ●●●●○
KÜCHE ●●●○○ PREIS-LEISTUNG ●●●○○

€€ Cuxhavener Straße 55c (Heimfeld), Telefon 040 7964622, Mi-Sa 11–21, So 11–19 Uhr, EC-Karte, VISA; Haake Bus 141; kaerntnerhuette.beepworld.de

Leuchtturm

Kulinarisches Signalfeuer

Wunderschön abgelegen am Außenmühlenteich in Harburg versteckt sich das Restaurant Leuchtturm. Eine Terrasse umzingelt von großen, alten Bäumen zeichnet den Blick aus dem Gastraum in Richtung grüne Oase. Ein gediegener, aber gemütlicher Saal lässt einen gut an- und runterkommen. Der Blick in die Karte zeigt: Das auf Fisch spezialisierte Restaurant hat auch eine tolle Auswahl für Fleischliebhaber und Veganer. Aus der offenen Showküche duftet es herrlich. Zur Vorspeise bestellen wir eine Bouillabaisse mit üppigen Fischstücken, Muscheln, Garnelen im Safran-Würz-Sud mit Kräutern und Sauce Rouille (11,50 Euro) und gebratene Jakobsmuscheln mit Limone an Angus-Beeftatar, Spiegelei, Forellenkaviar und Vongole als Ceviche (18 Euro). Beide Gerichte sind vorzüglich. Wir kommen mit dem Service ins Gespräch und hören, dass im Kellergewölbe eine Weingrotte sei, die wir uns noch vor dem Hauptgang anschauen dürften. Zum Hauptgang überzeugen das Seeteufel-Filetsteak „smoki&curry" auf Angus-Beeftatar mit Steinpilz-Risotto, Schmor-Tomaten, gebackenen Kartoffeln und Bärlauch-Rouille (34,50 Euro) und der Hirschrücken mit Tomaten-Lauch-Rosmarin-Tapenade auf grünem Ofenspargel, Buchenpilzen, Kichererbsenpüree und Jus (39,50 Euro). Auch dieser Gang schmeckt von Tellerrand zu Tellerrand grandios, und wir verlassen sehr satt und glücklich das Hamburger Umland. IR

AMBIENTE ●●●●○ SERVICE ●●●●○
KÜCHE ●●●●● PREIS-LEISTUNG ●●●●○

€€€€ Außenmühlendamm 2 (Harburg), Telefon 040 70299777, Mo–So 12–21 Uhr, EC-Karte, VISA, Mastercard; Reeseberg Bus 141, Bus 241, Bus 443; leuchtturm-harburg.de

Mangia Bene

Hält, was es verspricht

„Mangia bene" heißt so etwas wie „gut essen" oder „Iss gut" und das Lokal hält, was es verspricht. Am Herd steht der Küchenchef Antonio aus Apulien, und es gibt sogar einen Pizzaiolo vor dem Pizzaofen. So etwas ist hohes italienisches Küchenniveau für solch ein kleines, eher abgelegenes Ristorantino hinter Neugraben. Das Ambiente ist einfach, das Licht grell, die untereinander zankenden Servicekräfte schrill, aber freundlich. Die Speisen sind gut und dabei günstig. Hier gibt es noch das Glas Wein für 4 Euro, ordentlich gekühlt und lecker. Das Dreierlei vom Fisch (Tris di pesce 18,50 Euro) ist super, Fettucine con Gamberi, wie sie sein müssen (13,50 Euro), und es gibt eine sehr gute Pizza eben so wie sie in Bella Italia aus dem Ofen komme würde (um die 10 bis 14 Euro). Als der Küchenchef uns nach einem Plausch über die Heimat auf einen Espresso einlädt, verstehen ihn die Kellner nicht und setzen den Kaffee auf die Rechnung. Macht aber nichts, bezahlen wir ger-

Der Außenbereich des Restaurant Leuchtturm am Außenmühlenteich ist im Sommer ein prima Platz zum Genießen

FOTO: LEUCHTTURM

ne. Wir haben schließlich so gut gegessen im Mangia Bene, nur darum geht es. CO

AMBIENTE ●●●○○ SERVICE ●●●○○
KÜCHE ●●●●○ PREIS-LEISTUNG ●●●○○

€€ Hauptstraße 75 (Neu Wulmstorf), Telefon 040 70385685, Di-Do 17–21, Fr-So 17–22 Uhr, EC-Karte; Neu Wulmstorf, Querweg Bus 540

Max Tu

Einer für alle

„Wenn ich später mal Kinder habe, werde ich mit denen immer nur hier herkommen", sagt mein Sohn über das Max Tu in Seevetal. Eine eher kreative, aber dabei Top-Kritik aus Kindermund für ein in der Tat richtig gutes asiatisches Lokal mit exzellentem Preis-Leistungs-Verhältnis. Etwas, das sich südlich der Elbe so einfach nicht finden lässt. Das Max Tu kocht mit frischen guten Zutaten. Toll ist der Steinbutt mit Mango von der Tageskarte (nur 21,50 Euro), aber auch die altbekannten Nudeln mit Huhn und Gemüse sind wirklich wunderbar (16,50 Euro). Auch das Sushi kann sich sehen lassen und wird ab zwei Portionen auf einem Schiff serviert (22,50 p.P.). Unschlagbar in Preis und Geschmack ist das „Dreierlei Tatar" vom Lachs, Thunfisch und Butterfisch (15,50 Euro). Als Nachtisch richtig lecker ist der süße Wildreis mit Kokossoße. Die Kombi aus tollem Essen und bestem Service macht das Max Tu zu einer echten Empfehlung. CO

AMBIENTE ●●●●○ SERVICE ●●●●○
KÜCHE ●●●●● PREIS-LEISTUNG ●●●●○

€€ Poststraße 4 (Seevetal), Telefon 04105 6646818, Mo-Sa 12–15, 18–23, So 13–23 Uhr, EC-Karte, VISA, Mastercard; Hittfeld, Kirche Bus 148, Bus 4148; maxtu.de

VIP-TESTERIN
Antonia Marmon

Meson Galicia

Ja, sind wir denn in Spanien?

Schon bei Betreten des Meson Galicia fühlt man sich dank einer sehr freundlichen Begrüßung direkt wohl. Die urige Einrichtung und Kerzenschein an schön eingedeckten Tischen geben dem Restaurant eine gemütliche Atmosphäre. Zum Start darf die hausgemachte Sangria, neben Wein aus verschiedenen Likören und Brandy bestehend, nicht fehlen. Die Tapasplatte für zwei (29,50 Euro p.P.) ist umfangreich. Warme Datteln im Speckmantel, feurige Chorizo, Muscheln, Bohnen, Champignons – es wird eine köstliche Vielfalt aus der Küche gezaubert. Der cremige Ziegenkäse mit Feigen ist besonders hervorzuheben. Auf der Karte findet sich eine gute Auswahl ausgefallener Fisch-Hauptgänge. Der Thunfisch im Tontopf (21,50 Euro) ist fein gewürzt und passt in Verbindung mit einer fruchtigen Tomatensoße bestens zu den kleinen Schrumpelkartoffeln ebenso wie die cremige helle Sauce des saftigen Wolfsbarschfilets an Flusskrebsen (21,50 Euro). Der Service ist aufmerksam und zurückhaltend. Nach den Hauptgängen bleibt Zeit, den trockenen Hauswein bei original spanischer Hintergrundmusik zu genießen. Die Dessertkarte ist ebenso authentisch wie die Einrichtung, die Tapas und die Hauptgänge. Die hausgemachte Crema catalana (6 Euro) besticht mit einer knackigen karamellisierten Zuckerschicht und einer leichten Zitrusnote.

AMBIENTE ●●●●○ SERVICE ●●●●○
KÜCHE ●●●●● PREIS-LEISTUNG ●●●●○

€€€ Maretstraße 60 (Harburg), Telefon 040 7666315, Mo–Sa 17.30–22.30 Uhr, EC-Karte, VISA; Reeseberg Bus 141, Bus 241, Bus 443; meson-galicia.de

Rittmeyers Restaurant No4

Früher war mehr Kaisergranat

Unser Weg führt uns zu Jens Rittmeyer, als „Saucengott" bekannt, in sein Restaurant No4, sozusagen in die Höhen des Saucen-Olymps. Zu Beginn der Reise steht eine Buchung bei Eventim. Angeboten wird ein Sechs-Gänge-Überraschungsmenü inklusive Getränkebegleitung (195 Euro + 7,82 Euro VVK-Gebühr). Das Ambiente im Casino einer Buxtehuder Reederei ist kühl und businessmäßig: drei schwere Tische, schwere Stühle, Tisch-Sets, ein Tresen. Geräusche dringen aus der Küche in den Gastraum, es piept unablässig. Die gedimmte Beleuchtung wird immer wieder von Neonlicht aus dem Vorraum unterbrochen, das Ganze ist wenig atmosphärisch oder gemütlich. Fünf Amuse-Gueules stimmen angenehm auf den Abend ein, der erste Gang begeistert: express gebeizter Elbzander von Fisch Baier aus Börnsen, mit eingelegten Beten, Dillcreme und Kerbel-Sorbet. Sowohl die Optik als auch der feine Geschmack nähren die Vorfreude auf die kommenden Gänge. Rittmeyers „Signature Dish" ist provokant, besteht aus drei verschiedene Saucen und einer Scheibe Brot. Der Chef, der sich den Titel „Saucengott" auf die Schürze sticken ließ, dazu: „Als Koch käme man ja nie auf die Idee, einen Gang ausschließlich mit drei Saucen zu schicken, aber die Gäste wünschen es sich so." Die Saucen sind exzellent, funktionieren in unserer Wahrnehmung aber besser im Rahmen einer Speisenkombination, sozusagen als Umarmung von Fisch, Fleisch, Gemüse und Co. und nicht als Hauptdarsteller. Der Hauptgang, eine Tranche von der Odefey-Hühnerbrust auf Pastinaken-Petersilie-Püree mit einer gerösteten Pastinake auf Thymian-Sauce ist enttäuschend. Es fehlt der Twist, die Pastinake ist nicht top frisch, kann sie zu dieser Jahreszeit auch nicht sein. Der Teller wirkt wie das Dessert etwas schlaff und uninspiriert. Leider bleibt der Abend weit hinter unseren Erwartungen zurück, und der Eindruck entsteht, dass auch Rittmeyer an diesem Abend unter seinen Möglichkeiten arbeitet. Es scheint, als habe der Schritt in die Selbstständigkeit ohne großzügigen Geldgeber Rittmeyers Kreativität Schranken gesetzt.

Wir jedenfalls vermissen die filigrane Leichtigkeit der Teller, das Anmutige, die Optik, die Raffinesse vergangener Tage und – gemessen am Preis – die Exklusivität einzelner Produkte. So schließen wir uns dem Resümee am Nachbartisch an: „Früher war mehr Kaisergranat.“ WIE

AMBIENTE ●●○○○ SERVICE ●●○○○
KÜCHE ●●●○○ PREIS-LEISTUNG ●●○○○

€€€€ Harburger Straße 47-51 (Buxtehude), Telefon 04161 7488936, Fr-Sa 18.30–22.30 Uhr, EC-Karte; Buxtehude ZOB Bus 2038, Bus 2102; jens-rittmeyer.de

Im Seabreeze darf es an interessant angerichtetem Fisch nicht fehlen

VIP-TESTERIN
Antonia Marmon

Stoof Mudders Kroog

Norddeutsche Küche, Hamburger Schnack und historisches Flair

Das Restaurant Stoof Mudders Kroog ist Teil des Kiekeberg-Museums in Rosengarten. Ein großer Parkplatz und eine Bushaltestelle direkt vor der Tür machen die Anreise sehr angenehm. Das historische Reetdachhaus lässt schon von außen die Gemütlichkeit im Inneren erahnen. Ein alter Ofen, dunkle Echtholzmöbel und kleine Fenster versetzen einen in frühere Zeiten. Der Gastgeber begrüßt mit Handschlag und hält direkt einen kurzen Schnack über „Dit und Dat“. Die Speisekarte ist auf Plattdeutsch, wird aber übersetzt und umfasst fast ausschließlich regionale Produkte. Selbst der Wodka kommt aus Hamburg (Bazic). Zur Vorspeise gibt es einen bunten Salatteller mit fein säuerlichem Dressing (4,80 Euro). Liebhaber norddeutscher Küche stehen vor der schier unmöglichen Herausforderung, sich auf einen Hauptgang festzulegen. Bratkartoffeln in sämtlicher Ausführung, mit Sauerfleisch (16,80 Euro), Spiegelei (13,50 Euro), Remoulade (7,80 Euro) oder Matjes (16,50 Euro)? Oder doch lieber Pannfisch (19,50 Euro) oder Grützwurst (15,50 Euro) mit Bratkartoffeln? Fest steht: Die Bratkartoffeln sind köstlich. Kross gebraten, saftig mit Speck und Zwiebeln (hier ist man aber auch so flexibel, dass auf Wunsch ohne diese Zutaten gekocht wird.) Es schmeckt: wie bei Muddern. Deftig, gut gewürzt und in so ausreichender Portion, dass gerade eben noch ein Dessert passt. Auch hier finden sich die norddeutschen Klassiker. Der hausgemachte Apfelkuchen ist leider etwas trocken, der Käsekuchen aber ein Highlight – saftig und cremig. Das Personal ist aufmerksam, sehr freundlich und kommunikativ. Ein gelungener Aufenthalt.

AMBIENTE ●●●●○ SERVICE ●●●●●
KÜCHE ●●●●● PREIS-LEISTUNG ●●●●○

€€ Am Kiekeberg 1A (Rosengarten), Telefon 040 79144498, Di-Do 12–18, Fr-Sa 12–20, So 12–18 Uhr, EC-Karte, VISA; Museum Kiekeberg Bus 340, Bus 4210; stoof-mudders-kroog.de

Seabreeze

Laues Lüftchen statt steifer Brise

Gespannt sind wir auf den Vorjahres-Testsieger, das Seabreeze in Buxtehude, unter neuer Leitung von Küchenchef Thomas Kupfer. Wir werden freundlich, wenn auch ein wenig unbeholfen von zwei jungen Servicekräften in Empfang genommen und tauchen ein in das Ambiente des Rotklinker-Gewölbekellers – eine bezaubernde Location. Schade, dass wir an diesem Donnerstagabend außer einem einzelnen Hotelgast die einzigen Gäste sind. Die kleine Karte der Internetseite wird uns in noch weiter reduzierter Form auf einer Kreidetafel präsentiert. Der Service ist bemüht, leider wird aber keiner der Gänge anmoderiert. Der Graved Lachs auf Avocadocreme (12,50 Euro) überzeugt uns nicht. Der Yellow Fin Tuna im Gremolatamantel mit Anchovi-Mayonnaise (16,50 Euro) dagegen ist ausgezeichnet. Süßsäuerlich fermentierte Beten bieten optisch und geschmacklich einen knackigen Kontrast zum samtig-nussigen Thunfisch. Es ist der ausbalancierteste Gang des Abends. Im Hauptgang wählen wir die Bouillabaisse Royale (52,50 Euro) und erwarten Großes. Zwar vereinen sich gebratene Riesengarnele, Seezungenröllchen, Fischfilet, Jakobs- und Miesmuscheln in guter Qualität auf dem Teller, der angegossene Fond erfüllt allerdings die majestätischen Erwartungen an Aromendichte und Konsistenz nicht. Insgesamt fehlen uns an diesem Abend nicht nur die Gastgeber-Qualitäten, sondern vor allem die Finesse der Küche. Die Verteidigung des Titels dürfte schwer werden für das Team vom Seabreeze. WIE

AMBIENTE ●●●●○ SERVICE ●●●○○
KÜCHE ●●●○○ PREIS-LEISTUNG ●●●○○

TESTSIEGER 2021 €€€€ Harburger Straße 4 (Buxtehude), Telefon 04161 7490340, Mo-So 17.30–21 Uhr, EC-Karte, VISA, Mastercard; Buxtehude, Hafenbrücke Bus 2040; hotel-navigare.com

Zum Lindenhof

Moderne, kreative Landgastronomie

Vor den südlichen Toren Hamburgs, im Dorf Marxen am Rande der Lüneburger Heide, besuchen wir das Landhaus Zum Lindenhof. Anders als der gediegen klingende Name des Restaurants vermuten lässt, verbringen wir hier einen stilvollen Abend in einem modern-gemütlichen Ambiente. Die alten Räumlichkeiten sind mit viel Liebe zum Detail modernisiert. Die recht überschaubare Speisekarte bietet eine Auswahl an klassischen Wild- und Fleischgerichten, vegetarischen Gerichten sowie kreativen Vorspeisen und Desserts. Nach einem edlen Crémant starten wir mit einer Süßkartoffelcremesuppe (7 Euro), mit einem Spieß aus Kartoffelchips dekoriert, und einem gratinierten Ziegenkäse auf Rucolasalat mit hausgemachtem Quitten-Chutney (10,50 Euro). Anschließend probieren wir den Beefburger vom Marxener Aue-Rind mit Süßkartoffelpommes und hausgemachter BBQ-Soße und einen Salatteller mit zarten Rinderstreifen (je 18 Euro). Alle Speisen überzeugen in Geschmack und Qualität und haben einen gewissen kreativen Pfiff. Zum Glück ist die Größe der Portionen nicht riesig, denn so schaffen wir es, uns auch noch durch die Dessertauswahl zu probieren und schließen ab mit einem köstlichen Quarkmousse mit Beerengrütze (6,50 Euro) und dem Lindenhof-Brownie mit zweierlei Schokoladeneis (6 Euro). Der nette, aufmerksame Service, die umfangreiche Auswahl an guten Weinen und die angenehme Atmosphäre lassen uns gewiss zu „Wiederholungstätern“ werden – gerne auch an schönen Sommerabenden, um im herrlich angelegten Garten zu sitzen. KV

AMBIENTE ●●●●● SERVICE ●●●●●
KÜCHE ●●●●○ PREIS-LEISTUNG ●●●●○

€€€ Hauptstraße 18 (Marxen), Telefon 04185 4182, Mi-Fr 17.30–21.30, Sa-So 11.30–14 , 17.30–21.30 Uhr, EC-Karte, VISA, Mastercard, Amex; Marxen, Kamp Bus 4611; landhaus-zum-lindenhof.de

FOTO: JULIA SCHUMACHER

Ankommen, leben und genießen – in Ihrem neuen *Zuhause!*

Sie möchten den Trubel in Ihren vier Wänden hinter sich lassen, aber trotzdem keine kulinarischen Kompromisse machen? Sie möchten sich nicht zwischen Natur, Kleinstadtflair und Metropole entscheiden?

Willkommen in Ihrem neuen Zuhause!

Wohnen in Buchholz
meravis.de/
nordheidequartier

Wohnen in Ahrensburg
meravis.de/
uptownliving

KURZ GEBRATEN

Abthaus Buxtehude

Mitten in der Altstadt von Buxtehude steht das Abthaus und zählt zu den ältesten Fachwerkgebäuden der Estestadt. In der urgemütlichen Kaffee- und Biergartenatmosphäre lassen sich Omas traditionelle Rezepte kreativ raffiniert schmecken. Spezialität des Hauses ist die Auswahl an Kalbsschnitzeln – sie kommen auf Wiener Art, mediterrane Art, Vierländer Art oder Abthaus-Art. Das gehobene gutbürgerliche Restaurant lockt mit gutem Service in historischem Ambiente.

€€€ Abtstraße 6 (Buxtehude), Telefon 04161 554077, Mi-Sa 17–22 Uhr, EC-Karte; Buxtehude S3; abthaus.de

Al Limone

Bereits seit 1997 werden hier mediterrane Gerichte angeboten. Pizza- und Pasta-Fans kommen auf jeden Fall auf ihre Kosten. In dem Restaurant in der schönen Harburger Lämmertwiete mit Blick auf die historischen Fachwerkhäuser werden auch Fisch-, Fleisch- und Garnelenköstlichkeiten gereicht. Der Service ist freundlich und zuvorkommend. Die Gerichte können vor dem Restaurant oder im großen Wintergarten genossen werden.

€€ Lämmertwiete 12 (Harburg), Telefon 040 7679032, Mo-So 12–23 Uhr, EC-Karte, VISA, Mastercard, Amex; S Harburg Rathaus (Hölertwiete) S3, Bus 141, Bus 241; allimone-harburg.de

BARrica

Die in einem historischen Fachwerkhaus gelegene BARrica deutet von außen nicht unbedingt auf eine Tapas- und Cocktailbar hin. Von innen ist die BARrica aber sehr gemütlich – rustikal eingerichtet und ein echter Hingucker. Hinter dem großen Angebot der Speisekarte verstecken sich viele kleine Tapas, die Bedienung ist sehr nett und das Ambiente angenehm.

€€ Schillerplatz 1 (Seevetal), Telefon 04105 7706651, Di-Do 17–24, Fr-Sa 17–2, So 17–22 Uhr, EC-Karte, VISA, Mastercard; Hittfeld, Kirche Bus 4148; facebook.com/Barrica.Hittfeld

Der Primus

Der Primus liegt versteckt in einer der kleinen Gassen der Buxtehuder Innenstadt. Die Speisekarte bietet viele Köstlichkeiten wie Rumpsteak oder Flammkuchen. Auch verschiedene Sorbetsorten und Crêpes sind dort zu finden. Das Drei-Gänge-Menü kann man sich hier übrigens selbst zusammenstellen. Das Restaurant trägt den Untertitel „Buxtehuder Weinwirtschaft" und wirbt daher mit einer bunten Auswahl an Weinen und Longdrinks.

€€€ Abtstraße 8 (Buxtehude), Telefon 04161 558281, Mo-Do 17–23, Fr-Sa 18–23 Uhr, EC-Karte; Buxtehude ZOB Bus 2038, Bus 2102; der-primus.de

Der Schafstall

Mitten in der Lüneburger Heide, im idyllischen Büsenbachtal, liegt das Restaurant Der Schafstall. Hier gibt es eine ganz besondere Spezialität: Heidschnuckenbratwurst. Der geringe Salzgehalt und die verhalten-mediterrane Würzung des Signature-Gerichts gibt dem Fleischgeschmack viel Raum, sich zu entfalten. Aber nicht nur als Bratwurst, sondern auch als Grützwurst und Burger kann man sich die Heidschnucke schmecken lassen. Und das in einem lieblichen Reetdachhäuschen mit ländlichem Ambiente.

€€€ Am Büsenbach 35 (Handeloh), Telefon 04187 1072, Di-Do 12–22, Fr-So 11–22 Uhr, EC-Karte, VISA; Büsenbachtal Bus 4631; cafeschafstall.de

Erhorns

Der altehrwürdige Landgasthof mit angeschlossenem Schützenhaus bietet nicht nur Fischspezialitäten mit Twist, sondern auch Wild und rustikale Klassiker. Dazu werden das normale Standard-Pils und ausgefallenere Biersorten gereicht. Die helle und moderne Einrichtung des Gasthofes bringt ein modernes Feeling in die ländliche Atmosphäre. Das auch die Portionen – die sind nämlich schön groß.

€€€ Harburger Straße 18 (Rosengarten/Vahrendorf), Telefon 04108 6236, Do 17–20.30, Fr-Sa 17–22, So 11.30–14.30, 17–21 Uhr, EC-Karte, VISA, Mastercard; Vahrendorf, Harburger Straße Bus 4210; erhorns.de

Lila's Bistro

Lila's Bistro liegt in der malerischen Stader Altstadt, schräg gegenüber von jahrhundertealten Fachwerkhäusern. Die Terrasse, die einem Bootssteg ähnelt, bietet hinter dem Haus einen schönen Platz zum Schlemmen. Auf der Speisekarte stehen vorrangig verschiedene Burger- und Schnitzelarten, aber auch Fisch und andere Köstlichkeiten werden hier gereicht. Im Biergarten kann der Abend dann gemütlich zu Ende gehen. Der perfekte Ort zur Entschleunigung.

€€€ Fischmarkt 7 (Stade), Telefon 04141 6609900, Mo 11.30–22.30, Mi-So 11.30–22.30 Uhr, EC-Karte; Bahnhof/ZOB Stade S3; lilas-stade.de

Lilium im Hotel Lindtner

Im Heimfelder Privathotel Lindtner befindet sich das Restaurant Lilium. Auf der Speisekarte stehen zwei verschiedene Menüs, mit denen man nichts falsch machen kann. Die Weinauswahl ist ebenfalls ausgezeichnet. Die Innenausstattung ist von warmen Farben und viel Kunst geprägt. Draußen verbindet die Terrasse das Restaurant mit der Hotelbar. Tipp: Der

Das Restaurant Lilium im Hotel Lindtner hat vieles im Angebot, was auf den Äckern der Region im Süden von Hamburg wächst

FOTOS: WOLFS JUNGE (O.), PRIVATHOTEL LINDTNER (U.)

Sebastian Junge verfolgt im Wilkenshoff ein nachhaltiges Konzept

Kuchen aus der hauseigenen Konditorei ist der Kracher!

€€€ Heimfelder Straße 123 (Heimfeld), Telefon 040 790090, Mo-So 18–22.30 Uhr, EC-Karte, VISA, Mastercard, Amex; Heimfelder Straße (Lindtner) Bus 543; lindtner.com

Momento di ...

Im alten Hafenspeicher mit hohen Decken und historischen Fotografien gibt es aus der offenen Showküche Italienisches mit asiatischem Touch. So werden die typischen Spaghetti entweder mit Garnelen oder Wok-Gemüse gereicht. Die bodentiefen Fenster und die Terrasse des gehobenen Restaurants bieten dabei einen wunderbaren Blick auf das besondere Panorama des Harburger Binnenhafens.

€€€€ Veritaskai 3 (Harburg), Telefon 040 76755594, Di-Fr 12–22, Sa 17–22 Uhr, EC-Karte, VISA, Mastercard; Harburg Rathaus S3, S31; momentodi.com

Scharf

Wer sich mit einem guten Essen und sehr zugewandtem Service in familiärer Atmosphäre verwöhnen lassen möchte, ist hier genau richtig. Das kleine Restaurant liegt in der Schloßstraße am Eingang zum Harburger Binnenhafen und bietet eine kleine ausgewählte Karte mit saisonalen und regionalen kulinarischen Köstlichkeiten. Verwendet werden vornehmlich regionale Produkte für eine nach Saison wechselnden Speisenauswahl.

Harburger Schloßstraße 2 (Harburg), Telefon 040 774422, Di-Sa 17–22 Uhr, EC-Karte, Mastercard; Harburg Rathaus S3, S31; restaurant-scharf.de

FOTO: PHILIPP SCHMIDT

Silo 16

Das ehemalige Silo verfügt über eine überdachte Außenterrasse direkt über dem Binnenhafen-Kanal und über eine modern eingerichtete Speisehalle. Es werden neu interpretierte kulinarische italienische Köstlichkeiten angeboten. Der Küchenchef zaubert hier selbst gemachte Leckereien wie Pizzen, Ravioli, Dolci und Eis. Eine große Weinauswahl mit mehr als 80 Tropfen kommt noch hinzu. Der Service ist überaus freundlich und zuvorkommend.

€€€ Schellerdamm 16 (Harburg), Telefon 040 41541494, Mo-So 17–22 Uhr, EC-Karte, VISA, Mastercard, Amex; Harburg Rathaus S3, S31; silo16.com

The Sand

Das Restaurant The Sand bietet feinste Balkanspezialitäten im Zentrum Harburgs. So stehen Köftespieß und Cevapcici, aber auch Klassiker wie Burger und Pizza auf dem Programm. Das Restaurant ist modern und schlicht eingerichtet und der Service sehr höflich. Die Speisen sind lecker, gut gemacht und passend gewürzt – und sie strapazieren keinen Geldbeutel.

€ Sand 17 (Harburg), Telefon 040 76753733, Mo-Do 8–22, Fr-Sa 8–23, So 8–22 Uhr, nur Barzahlung; Harburg Rathaus S3, S31; the-sand.de

Viebrocks Gasthaus

Kurz hinter dem Alten Land, zwischen Buxtehude und Harsefeld, liegt das kleine Örtchen Bliedersdorf, wo Viebrocks Gasthaus zu finden ist. Das Gasthaus wird bereits in der dritten Generation von der Familie Cohrs geführt und bietet auch einen Hofladen mit frischem Obst sowie Wohn- und Gartenaccessoires. Die Speisekarte präsentiert sich bodenständig und modern und bietet Fischgerichte sowie Speisen vom Schwäbisch-Hällischen Landschwein. Auch vegetarische und vegane Speisen werden angeboten.

€€€ Rutenbeck 1 (Bliedersdorf), Telefon 04164 2284, Do-Mo 9–21 Uhr, EC-Karte, VISA, Mastercard; Bliedersdorf, Rutenbeck Bus 2713; viebrocksgasthaus.de

Wilkenshoff

Spitzenkoch Sebastian Junge betreibt auf dem hübschen Hof im niedersächsischen Hollenstedt ein kleines Café und Bistro. Und wie auch in seinem Hamburger Restaurant Wolfs Junge wird hier ein ganzheitlich nachhaltiges Konzept verfolgt: Die Zutaten für das reichhaltige Frühstück, den täglich wechselnden Mittagstisch sowie die hausgemachten Torten und Kuchen in Bio-Qualität stammen größtenteils vom Hof selbst. Im Hofladen warten hofeigene Produkte wie Gemüse, Eingewecktes und Fleisch.

Kampweg 2 (Hollenstedt Ochtmannsbruch), Telefon 04165 2186325, Fr-So 9–17 Uhr, EC-Karte; Ochtmannsbruch, Dohrener Weg Bus 4644; wilkenshoff.de

Zum Dorfkrug

Die Marke „Zum Dorfkrug" ist bekannt für ihr Sylter Dressing. Auch in ihrem Restaurant in Neu Wulmstorf wird es vielseitig eingesetzt. Vom Gruß aus der Küche als aufgeschäumte Variante zum Brot bis zur Soße der Kartoffelgnocchi mit Pilzen (17,90 Euro) findet sie sich inzwischen auch in vielen Gerichten jenseits des Salats. Ansonsten werden diverse Fischgerichte und Fleischklassiker angeboten. Auch Vegetarier und Veganer kommen hier auf ihre Kosten.

€€€ Grenzweg 1 (Neu Wulmstorf), Telefon 040 3006990, Fr-Sa 17.30–21, So 12–14 und 17.30–21 Uhr, EC-Karte, VISA; Neu Wulmstorf (Niederelbe) Schifferstraße Bus 440, 4682; zum-dorfkrug.de

Das Restaurant Zum Dorfkrug ist bekannt für Dressings und Soßen, auf den Tellern landen sowohl Fleisch- als auch Fischgerichte

Im Wyndberg wird die
Fasanenbrust von Sellerie,
Bundkarotten und
schwarzen Nüssen begleitet

Lüneburg

Moin, Heide! Lüneburg ist längst mehr als ein Geheimtipp, wenn es um gute Küche geht. Und wer einmal in dem zauberhaften Städtchen mit dem schnuckeligen Kern Station gemacht hat, will womöglich gar nicht wieder weg

Was bequem mit dem Metronom und fußläufig vom Bahnhof Lüneburg erreichbar ist, haben wir gekennzeichnet metronom

VIP-TESTERIN
Melanie-Gitte Lansmann

Altes Brauhaus

Tradition mit frischem Touch

Mitten in der Fußgängerzone erstrahlt die weiße Fassade des Alten Brauhauses in der Grapengießerstraße. Der urige Gastraum des 500 Jahre alten Brauhauses erstreckt sich über zwei Ebenen. Unser Tisch befindet sich im modern eingerichteten, gemütlichen Separee im Nebenraum. Hinter einem Scheunentor verbirgt sich im großzügigen Hinterhof ein wunderbarer Biergarten, in dem man von Frühjahr bis Herbst herrliche Stunden verbringen kann. Auf der Karte des altehrwürdigen Restaurants spiegelt sich der Mix wider. Die Küche bietet eine Mischung aus traditionellen, gutbürgerlichen Gerichten mit einem modernen gehobenen Twist. So werden Wiener Schnitzel und Spargelcremesuppe neben modernem Bio-Saibling, Tomahawk vom Duroc und vegetarischem Spargel-Bärlauch-Risotto auf der Karte präsentiert. Wir wählen ein besonders geschmackvolles, schaumiges Spargelcremesüppchen (9 Euro) und das Rote-Bete-Carpaccio mit Picandou-Ziegenkäse, Beeren und karamellisierten Walnüssen (14 Euro). Am Nachbartisch sieht auch der gegrillte Oktopus mit weißer Bohnencreme und Chorizo (19 Euro) verführerisch aus. Als Hauptgang nehme ich ein traditionell geschmortes Ochsenbäckchen in kräftigem Rotweinjus mit Kartoffelstampf, Frühlingsgemüse und Shiitakepilzen mit leichter Lakritz-Note (29 Euro). Meiner Begleitung schmeckt das zart gebratene, saftige Bio-Saiblingfilet mit Mandelbutter, Kräuterkartoffeln und frischen Blattsalaten mit süßlich-frischem Joghurtdressing (29 Euro). Dazu harmoniert der Grauburgunder perfekt. Die Portionen sind reichlich, ein Dessert passt eigentlich nicht mehr. Doch der Crème brûlée mit hausgemachtem Himbeereis und Zuckerstäbchen-Puschel können wir nicht widerstehen. Insbesondere das Eis aus eigener Herstellung krönt den genussvollen Abend. Die traditionelle Brauhaus-Atmosphäre mit modernem Touch, freundlichem Personal und hervorragendem kulinarischem Angebot hat uns sehr überzeugt.

AMBIENTE ●●●●● SERVICE ●●●●●
KÜCHE ●●●●● PREIS-LEISTUNG ●●●●●

€€€€ Grapengießerstraße 11, Telefon 04131 721277, Di-Fr 12–14.30, 17.30–23, Sa 12–15, 17–23 Uhr, EC-Karte, VISA; Lüneburg RE3, RE 31; brauhaus-lueneburg.de

metronom

Anders

Ganz anders als erwartet

Im Restaurant Anders in Lüneburg ist vieles anders, zum Beispiel die Lage: Mitten in einem Gewerbegebiet am Rande der Hansestadt, abseits von Fachwerk- und Altstadt-Idyll, erwarten wir ein solches Hotel mit Restaurant nicht. Die Karte: klein mit vielen Klassikern. Die Optionen: Einige Speisen können als kleine oder große Portion oder als separates „Upgrade" gewählt werden – je nach Appetit. Entgegen der Umgebung punktet das Restaurant mit modernem Interieur, riesigen Sofas, gemütlichen Sesseln und großen Fensterfronten. Zum Einstieg wählen wir Caesar Salad mit reichlich Croûtons, Walnuss und Parmesan (klein: 6,30 Euro), dazu als Extra gebratene Garnelen (6,50 Euro). Der Salat ist knackig, das Dressing köstlich und als kleine Portion mit sieben Garnelen üppig bemessen. Im Hauptgang gibt es Pannfisch mit Senfsoße, Kartoffel-Zwiebel-Püree und Salat (13,80 Euro). Die Menge des Pürees überfordert, geschmacklich überzeugt aber auch dieser Gang locker, auch durch den frischen Blattsalat mit Radieschen-Sprossen. Der Rinderrücken mit Zwiebelkruste (27,80 Euro) aus der wechselnden Abendkarte zergeht auf der Zunge, der Jus allerdings hätte etwas weniger Salz gutgetan. Der Rotwein Malbec VdP Tarani (6 Euro) wird als „so samtig, dass man sich hineinkuscheln möchte" beschrieben. Köstlich, wenn doch die Heimreise nicht wäre. Ganz anders als in dieser Lage erwartet verbringen wir einen angenehmen Abend in einem gut besuchten Restaurant mit top Speisen. Selten haben wir für „kleines Geld" so gut gegessen. WIE

AMBIENTE ●●●●● SERVICE ●●●●●
KÜCHE ●●●●● PREIS-LEISTUNG ●●●●●

€€ Friedrich-Penseler-Straße 9b, Telefon 04131 4004240, Mo-Fr 8–22, Sa 17–22 Uhr, EC-Karte; Lüneburg, Stadtkoppel Bus 5010; anders-lueneburg.de

Einzigartig

Bestanden mit Sternchen

Kurz vor Ankunft im Lüneburger Wasserviertel kommt die frohe Nachricht: Uniabschluss mit toller Note bestanden. Anlass zum Feiern! Wie passend, nun einen einzigartigen Moment im Restaurant Einzigartig zu zelebrieren. Und das modern konzipierte Lokal im Altstadtgemäuer stellt sich als idealer Ort hierfür heraus. Wir stoßen an mit einer Kreation des Hauses: Nordic Spritz (9,50 Euro; eine Kombination aus Olive-Limetten-Limo, Korn aus der Region und Granatapfelsaft). Die Gastgeber vom Service transportieren die gute Stimmung und fallen im weiteren Verlauf des Abends mit Kompetenz auf. Wir genießen als außerordentlich leckere Vorspeisen Parmesansuppe (8,50 Euro), Gemüse-Crème-brûlée (9 Euro) und veganen Kichererbsen-Crêpe auf Petersilien-Rote-Bete-Bett (10 Euro). Genau richtig getimt rollt der stattliche 400-Euro-Parmesanlaib auf dem Servierwagen heran, der die Tagliatelle (24 Euro) zum Käsefestmahl mit vor unseren Augen großzügig geriebenem Trüffel macht. Ebenso

FOTO: JULIA SCHUMACHER

VIP TESTERIN

Melanie-Gitte Lansmann

Geschäftsführung Lüneburg Marketing GmbH

Getestet: Altes Brauhaus, Röhms Deli, Wyndberg

Lieblingsrestaurant Ich freue mich über die große kulinarische Vielfalt in Lüneburg, die ich leider noch nicht allumfassend kennen lernen konnte. Darum habe ich hier noch keines.

Lieblingsbar Havn Bar

Besondere Anlässe feiere ich am liebsten ... im Wyndberg, am liebsten auf der Terrasse mit Blick auf die westliche Altstadt.

Essen gehen ist für mich ... Leben und Genuss.

Ein Leben ohne Gastro wäre ... undenkbar.

Zum Frühstücken gehe ich gern ins ... Lüneburger Café Zeitgeist.

Ein Tipp für Kaffee, Kuchen, Cupcakes? Bell & Beans und Café im Glockenhof – beides in Lüneburg.

glücklich machen die frischen Bio-Miesmuscheln in Weißweinsud und Knoblauchbutter, an knackigem Mönchsbart und geschmorten Kirschtomaten (22,50 Euro); dazu eine top Weißburgunder-Empfehlung (0,217 Euro). Zum Schluss nippen wir beseelt am Liquid Tiramisu (11,50 Euro) und geben die tolle Note gerne weiter. LMN

AMBIENTE ●●●●○ SERVICE ●●●●●
KÜCHE ●●●●○ PREIS-LEISTUNG ●●●●○

€€€ Lünertorstraße 2, Telefon 04131 40060026, Mo-Di 8–12, Mi-So 8–12, 17.30–23 Uhr, EC-Karte, VISA, Mastercard, Amex; Lüneburg RE3, RE 31; restauranteinzigartig.de

Osteria

Italienisches Doppelhaus

Die Osteria ist die elegante Seite des Doppel-Italieners in Häcklingen. Nebenan eine solide Pizzeria und hier unter demselben Dach vom selben Inhaber ein schönes Ristorante mit einer äußerst gehobenen und regelmäßig wechselnden Tageskarte. Das Ambiente ist wunderschön, der Service sehr freundlich und präsent. Was die Speisen betrifft, fehlt es es ein Stück an „Geilizität“ auf dem Teller, wie man sie bei diesem Preisniveau erwarten dürfte. Das Wolfsbarschfilet mit Scampi für 32,40 Euro ist in Ordnung, aber kein Schlemmerereignis, und die Pasta mit Trüffeln (und Sahne, die da nicht reingehört) enttäuscht ein bisschen für stolze 27,50 Euro. Geschmacklich sehr gut ist eine zarte Rinderschulter mit leckerem Gemüse und Kartoffelpüree (28,50 Euro) und hervorragend der Nachtisch, Schokoküchlein oder Pannacotta liebevoll angerichtet mit viel frischen Früchten (8,50 Euro). Sicherlich eine der ersten Adressen für einen feinen Abend in und um Lüneburg, wenn's ein bisschen mehr kosten darf. CO

AMBIENTE ●●●●○ SERVICE ●●●●●
KÜCHE ●●●●○ PREIS-LEISTUNG ●●●○○

€€€€ Hauptstraße 2, Telefon 04131 789228, Mi-Sa 18–22, So 12–14, 18–22 Uhr, EC-Karte, VISA, Mastercard; Lüneburg, Am Wischfeld Bus 5011; osteria-lueneburg.de

Quán Ăn Ngon

Echt vietnamesisch – vermutlich

Ich war noch nie in Vietnam. Ich kann daher nur vermuten, dass das Quán Ăn Ngon der traditionellen vietnamesischen Küche jedoch sehr nahekommt. Und dies auf leckerste Art und Weise mit vielen frischen Zutaten und tollen Soßen. Das Lokal liegt im Zentrum des Ausgehviertels Lüneburg: prima mittendrin, schöne Außenplätze und innen nett gemacht mit viel Holz und urigen Hockern über zwei Etagen. Das Servicepersonal hingegen ist so ungnädig und lustlos, dass es schon wieder Spaß macht, ihm bei der Arbeit zuzuschauen. Ihnen wird ein Tisch zugewiesen, den Sie nicht haben wollen, während neben Ihnen alles frei ist. Umsetzen: Bloß nicht! Man wird Sie zurückplatzieren. Aber das nehmen Sie alles auf sich, wenn Sie die Show der Viet-Straßenküche erleben wollen. Das große Hightlight ist Láu, der Feuertopf

Frische und regionale Küche am schönsten Fleckchen Lüneburgs: das Einzigartig

FOTOS: YELDA YILMAZ (U.), STUDIOLINE (O.)

(24,90 Euro pro Person): Auf einem Gaskocher kommt ein Topf mit feiner Brühe, in dem Sie sich selbst Fleisch, Fisch oder Gemüse am Tisch garen können. Richtig lecker ist auch der gemischte Vorspeisenteller mit Sommer- und Frühlingsrollen und Dips (13,90 Euro). Streng genommen ist man danach auch schon satt. Wer weiteressen möchte, dem sind die Bratnudeln Mì xào hài sàn zu empfehlen, mit Ei, Fleisch und Gemüse, in der auch frittierte Haut des Hühnchens zu finden ist. Dazu gibt es im Quán Ăn Ngon eine schöne Nachtischliste, selbst gemachte Limonaden und ein Fokus auf vietnamesischen Kaffee, dessen kunstvolle Röstung in der Speisekarte auf einer ganzen Seite erklärt wird. Ein lohnenswerter Besuch – auf geht's. Oder frei nach dem Google-Translator: Đi náo! CO

AMBIENTE ●●●●○ SERVICE ●●○○○
KÜCHE ●●●●● PREIS-LEISTUNG ●●●●●

€€ Obere Schrangenstraße 1, Telefon 04131 3035438, Mo-Do 11.30–15 und 17–21, Fr-So 12–21.30 Uhr, EC-Karte, VISA; Lüneburg RE3, RE 31; quananngon-lueneburg.de

Geht es um Törtchen, macht der Küche von Röhms Deli niemand was vor

VIP-TESTERIN
Melanie-Gitte Lansmann

Röhms Deli

Diese Törtchen!

Die kulinarische Auswahl in der mehr als 1000 Jahre alten Hansestadt ist wahrlich groß, doch wer viel Genuss erleben will, geht am besten gleich in die Heiligengeiststraße 30. Röhms Deli eilt sein guter Ruf voraus, es wurde 2021 Testsieger in Lüneburg. Schon beim Gruß aus der Küche werden die Geschmacksnerven aktiviert: Das Trüffel-Crème-fraîche ist der perfekte Einstieg. Ein schaumiges Spargelcreme-Süppchen mit Lachstatar

Mit ECHT Gastro Partner auf Erfolgskurs

Mit dem Restaurant [Stamm]Tisch haben sich Leon Blume und Clemens Maiwald einen Traum erfüllt. Um gut zu starten, haben sie sich Unterstützung von ECHT Gastro Partner geholt

Clemens Maiwald (l.) und Leon Blume

FOTO: JULIA SCHUMACHER

Clemens und Leon, ihr seid als selbstständige Gründer vergleichsweise junge Newcomer in der Hamburger Gastrobranche und seid schon auf Erfolgskurs. Was habt ihr möglicherweise anders gemacht als eure bisherigen Chefs/Arbeitgeber?

Clemens: Auch wenn die ersten Ideen für unsere Selbstständigkeit tatsächlich noch vor der Pandemie lagen, war uns von Anfang an klar, dass die Herausforderungen wie Personalmangel, Lieferschwierigkeiten, Finanzierungsthematiken vergleichsweise heftig sind. Somit haben wir uns um eine professionelle Unterstützung gekümmert und Katherina von „Gastfreunde Hamburg" kennengelernt.

Leon: Dank ihrer Hilfe reichte dann eine Hand die andere: Sie vermittelte uns den Kontakt zu Mariann von der Ratsherrn Brauerei, die wiederum ECHT Gastro Partner ins Spiel brachte. ECHT, eine ursprünglich als Einkaufsgemeinschaft gegründete Verbundgruppe, ist darauf spezialisiert, die Gastrobranche zu digitalisieren. Ein weiterer Baustein in deren Portfolio ist jedoch auch die Vermittlung von Finanzierungen. Auch wenn der Prozess aufgrund des kurzen Timings für alle Beteiligten herausfordernd war, hatten wir schlussendlich mit Hilfe der Cronbank in wenigen Tagen unsere sechsstellige Kreditsumme auf dem Konto und konnten am 1. Mai 2022 im [Stamm]Tisch loslegen.

Würdet ihr ECHT an Gastrokollegen weiterempfehlen?

Leon: Auf jeden Fall. Die gesamte Regulierung läuft über ECHT. Der adminstrative Aufwand ist super gering. Das hält uns den Rücken frei, um uns auf die Gäste zu konzentrieren. Außerdem launcht ECHT gerade ein All-in-one-Dashboard, das quasi tagesaktuell einen Einblick in alle betriebswirtschaftlichen Daten gibt und zudem eine hundertprozentige Transparenz über Preisentwicklungen gibt. Hierdurch können wir dann tagesaktuell Gerichte (um)planen. Sogar Wetterdaten werden hier verarbeitet.

echt-gastropartner.de

Das urige Backsteingewölbe, in dem das Sa Bacca beheimatet ist, macht ordentlich was her

(9,50 Euro) ist mit köstlich säuerlicher Note fein abgeschmeckt, während die gebratenen Kräutersaitlinge mit krossen Grüne-Spargel-Tempura (12,80 Euro) erst durch den scharfen Sesam-Dip an Geschmack gewinnen. Passend dazu sind die krossen grünen Spargelstangen arrangiert. Als Hauptspeise überzeugen die Riesengarnelen mit Kichererbsen in Curry und Wild-Broccoli (28,90 Euro). Auf der anderen Tischseite begeistert der Lachs (26 Euro), der – außen knusprig mit Sesam-Pfefferkruste angebraten – durch die Teriyaki-Soße besonders saftig ist. Dazu werden Süßkartoffelmuß mit Pak Choi, kleinen Buchenpilzen und frischem Koriander gereicht. Mit den beiden Fischgerichten harmoniert der leicht säurehaltige Grauburgunder von Weingut Stefan Meyer (0,2 l 8 Euro) besonders gut. Die Portionen sind großzügig, lassen gerade noch Platz für eines der wunderbaren Törtchen, die täglich in der hauseigenen Konditorei gezaubert werden. Eine wahre Geschmacksexplosion ist das Eierlikör-Valrhona: Schokoladenmousse mit leicht krokanter Füllung auf knusprigem Boden mit Eierlikör-Topping. Die anderen Sorten würden wir uns am liebsten noch mitnehmen, entscheiden uns aber, einfach wiederzukommen. Dann lassen wir auf jeden Fall mehr Platz für die Kuchenkompositionen. Fazit: ein genussvoller Abend mit Wohlfühlambiente für Liebhaber der guten Küche, die jedoch schon frühzeitig ihre Türen schließt.

AMBIENTE ●●●●○ SERVICE ●●●●○
KÜCHE ●●●●● PREIS-LEISTUNG ●●●●●

€€ Heiligengeiststraße 30, Telefon 04131 24160, Di-Sa 12–21 Uhr, EC-Karte, VISA, Mastercard; Lüneburg RE3, RB 31; roehmsdeli.de

Sa Bacca Feierabendkultur

Tapas und Cocktails im kuscheligen Keller

Von Lüneburgs Marktplatz steigt man zum Sa Bacca in einen Backsteingewölbekeller herab. Dort ist alles durchdesignt bis in die Waschräume: schummriges Kerzenlicht, Rosen in Bierflaschen, zusammengewürfelte Flohmarktstühle und geblümtes Geschirr, dazu lateinamerikanische Gitarrenmusik. Gesamteindruck: betont kitschig, modern und gemütlich. Wir bekommen einen Tisch an einer Nische, die durch Kissen zu einem Sitzplatz hergerichtet ist – ein zu empfehlender Platz, nach dem man bei einer Reservierung für zwei fragen sollte. Der Raum füllt sich schnell, und fast alle Gäste bestellen die Tapas-Variation für zwei – mal mit, mal ohne Fleisch (je 34,50 Euro für zwei Personen). Wir folgen dem Beispiel und sind überwältigt, als uns fast alle Gerichte auf der Tapas-Karte auf einem Holzbrett serviert werden: von Datteln im Speckmantel über Pimientos zu verschiedenen Käse- und Wurstsorten, Kartoffeln und Antipasti an Salat. Das Preis-Leistungs-Verhältnis stimmt bei der Menge, allerdings ist alles recht ölig und wenig gewürzt, wodurch das gewisse Etwas fehlt. Die Tapas bieten allerdings eine perfekte Grundlage für die gut gemixten und freundlich servierten Cocktails oder ein Glas Wein. Ob für ein Date oder einen Drink mit Kollegen nach Feierabend ist das Sa Bacca daher ein guter Anlaufpunkt – vor allem, wenn man dabei einen kleinen digitalen Entzug machen möchte, denn es gibt weder Empfang noch Wi-Fi. KF

AMBIENTE ●●●●○ SERVICE ●●●●●
KÜCHE ●●●○○ PREIS-LEISTUNG ●●●●●

€€ Am Markt 4, Telefon 04131 390405, Mi-Do 18–23, Fr-Sa 18–0 Uhr, EC-Karte, VISA, Mastercard; Markt Bus 5002; sabacca.com

FOTO: SA BACCA

VIP-TESTERIN
Melanie-Gitte Lansmann

Wyndberg

Erbsenmousse auf Schokoerde

In wunderbarer Atmosphäre zwischen Liebesgrund und Altstadt befindet sich in Lüneburg auf einer kleinen Anhöhe das Hotel und Restaurant Wyndberg. Das Gebäude aus dem Jahr 1438 kombiniert historisches Ambiente mit modernem Stil. Bequeme Ledersessel machen den Genuss im Bar-Raum mit Destille dazu auch noch gemütlich. Der Service trägt seinen Teil dazu bei, dass man sich sehr willkommen fühlt,und bei wärmenden Sonnenstrahlen genießen wir unseren Aperitif draußen auf der Terrasse. Die Karte bietet für jeden Geschmack eine Besonderheit: nicht zu groß in der Auswahl, dafür dezent und besonders ausgewählt. Brot und köstliche schwarze Oliven erleichtern das Warten auf die Vorspeisen und den Hauptgang. Ein kleiner Gruß aus der Küche, Erbsenmousse auf Schokoerde, kitzelt den Gaumen. Danach kommen als Vorspeisen ein fruchtiges Rote-Bete-Süppchen mit leichter Lakritznote (9,50 Euro) und ein fein abgeschmecktes Tatar vom Taschenkrebs mit Avocado-Eis (16 Euro) auf den Tisch. Der Kabeljau, kross auf der Haut gebraten, gut gewürzt mit Minzschaum und Kräuterpesto mit Lauchpüree (24 Euro), zergeht nicht nur auf der Zunge, sondern ist auch fürs Auge eine Freude. Dazu ist der Grauburgunder vom Weingut Beck aus Rheinhessen eine perfekte Wahl. Die Tranchen vom Bürgermeisterstück mit Acquerello-Risotto und Trüffel (26 Euro) sollten nicht nur als Tagesempfehlung auf der Karte stehen. Das zerschmelzende Fleisch mit leicht körnigem, fruchtigem Risotto und Trüffel macht meine Begleitung glücklich. Der Cheesecake Wyndberg (11 Euro) überrascht als Kuchen ohne Boden, dafür mit Bröseln und geeister Mandarine – ein absoluter Dessert-Hochgenuss. Es ist ein krönender Abschluss des Gourmet-Erlebnisses in wunderbarer Atmosphäre mitten in einer Destille mit Blick auf eine gut sortierte Bar, während am Nachbartisch ein Gin-Tasting zelebriert wird. Am besten gleich einen Tisch reservieren!

AMBIENTE ●●●●● SERVICE ●●●●●
KÜCHE ●●●●● PREIS-LEISTUNG ●●●●●

€€€€ Egersdorffstraße 1a, Telefon 04131 7993355, Mo-Sa 17.30–24 Uhr, EC-Karte; Lüneburg RE3, RB31; wyndberg.de

Genuss GUIDE DER SZENE HAMBURG
TESTSIEGER 2022/2023

Marc Blancke (l.) und Christopher Weckler haben in Lüneburgs Altstadt einen Genusstempel geschaffen

Hohe Kunst: herrlich angerichtete Jakobsmuscheln nebst Rhabarber und feinem Schäumchen

FOTOS: JULIA SCHUMACHER

Sen Vegan Living

Schnell, solide, vegan

Dass vegane Restaurants enormen Zulauf haben, merkt man nicht nur in der Studentenstadt Lüneburg. Aber genau hierhin hat es uns verschlagen. Selbst keine Veganer, aber zunehmend fleischlos essend, werden wir mehr und mehr Liebhaber der pflanzlichen und eben auch veganen Küche. Das Sen Vegan Living liegt zwischen zwei „Bier- und Fleischtempeln" fast trotzig und zeigt schon im Ambiente zu seinen Nachbarn, wie moderne Küche aussehen kann. Wir werden sehr freundlich begrüßt und zu unserem kleinen Tisch im Wintergarten geleitet. Ein Hauch von Gewächshaus, aber herrlich gemütlich. Das Publikum ist erstaunlich gemischt. Die Karte bietet vegane Tapas oder Bowls. Wir entscheiden uns für sieben verschiedene Kleinigkeiten, die rasant serviert werden. Dazu trinken wir unfassbar leckere selbst gemachte Säfte: ein etwas martialisch klingendes „Red Sword" mit Chili, Limetten, Himbeer und ein „Green Paradise" (je 4,70 Euro) mit Apfel, Ingwer, Avocado und Minze. Unsere Tapas (je 4,50 Euro) sind hingegen durchwachsen. „Hanoi in Autumn" – ummanteltes in Fett gebackenes Tofu ist allein etwas langweilig und gewinnt erst mit dem Himbeer-Chili-Dip. Das „Aromen Karussell" ist ein kalter Salat aus Mango und Lotusstängel, etwas Sesam und einem Chili-Limetten-Dressing. Sehr lecker und angenehm im Kontrast zu den etwas fettig frittierten Tapas – nur die Erdnüsse habe ich nicht im Salat gefunden. Die „Lucky Pockets" begeistern mit ihrer Tofu-Pilz-Füllung und der Chili-Soße. Die frittierten Avocados sind solide gut, die Curry-Suppe wirklich großartig in Schärfe und Geschmack. Der „Half Moon", ein (frittierter) sehr knuspriger vietnamesischer Crêpe mit BBQ-Sojafleisch, Sojasprossen und Frühlingszwiebeln, ist ebenfalls empfehlenswert, wohingegen das „Nem Ran" – gebackene (frittierte) Rollen aus Reispapier, gefüllt mit Tofu, Karotten, Glasnudeln und Morcheln, die Gemüter spalten: Sie entlocken meiner Begleitung ein Juchzen, mir eher ein „okay". Fazit: geschmacklich solide mit Trend zu einem Gut. Für ein schnelles und günstiges veganes Essen ist das Sen Vegan auf jeden Fall zu empfehlen. JAS

AMBIENTE ●●●●● SERVICE ●●●●●
KÜCHE ●●●●● PREIS-LEISTUNG ●●●●●

€ Heiligengeiststraße 42, Telefon 04131 8845194, Di-So 11.30–21.30 Uhr, EC-Karte, VISA, Mastercard; Lüneburg RE3, RE 31; sen-vegan.de

KURZ GEBRATEN

Im Viscvle versteht die Küche sich auf saftige Steaks

Die Kutscherstuben

Das im Herzen Lüneburgs gelegene Restaurant punktet mit seinem Charme, altertümlichen Fenstern und vielen Bildern und Büchern. Auf der Speisekarte werden deutsche und italienische Küche kombiniert. So finden sich das Lüneburger Sauerfleisch oder verschiedene Pasta-Gerichte im Angebot. Dazu kommen gleich vier verschiedene Biersorten, und auch die deutsch-italienische Weinauswahl kann sich sehen lassen.

€€€ Heiligengeiststraße 44, Telefon 04131 760833, Mo-Sa 11.30–14.30 und 18–22 Uhr, EC-Karte; Lüneburger Wallstraße/Theater Bus 5700, Bus 5020, Bus 5600; restaurant-kutscherstube-lueneburg.de

FRIEDAs am Wasserturm

Das Lüneburger FRIEDAs am Wasserturm bietet etwas für Augen und Ohren. Schick eingerichtet und fast voll verglast, offeriert es im gemütlichen Inneren einen Blick auf die offene Küche, draußen auf einen kleinen Biergarten und eine geräumige Terrasse. Die Speisekarte bietet alles, was das Herz begehrt – vom klassischen Wiener Schnitzel über ein gebratenes Fischfilet bis hin zu gegrilltem Rinderfilet. Auch für Veganer und Vegetarier wird etwas angeboten.

€€€€ Am Wasserturm 15, Telefon 041318555930, Di-Sa 12–23, So 17–23 Uhr, EC-Karte, VISA, Mastercard; Lüneburg RE3, RB 31; faw-lg.net

La Taverna

Der Italiener mitten in der Altstadt Lüneburgs hat eine imposante Speisekarte vorzuweisen – acht Vorspeisen, acht Desserts, 92 Hauptgerichte! Unter diesen sind diverse Pizza- und Pasta-Spezialitäten sowie Fleisch- und Fischgerichte. Auch viele vegane Variationen befinden sich darunter, wie zum Beispiel drei Arten von Flammkuchen. Durch die offene Küche lässt sich der Küchenchef beim Zaubern dieser Köstlichkeiten sogar zusehen.

€€€ Am Stintmarkt 12, Telefon 040 434410, Mo-So 11–23 Uhr, EC-Karte, VISA, Mastercard; Lüneburg RE3, RB31; lataverna-lg.de

Mama Luu

Das Mama Luu liegt etwas ungewöhnlich mitten in einem Wohngebiet in Lüneburg. Wüsste man nicht, wonach man sucht, würde man niemals ein so buntes Restaurant im alten Kasernengebiet vermuten. Da die Hansestadt nur wenige gute asiatische Restaurants zu bieten hat, ist es bei Mama Luu häufig rappelvoll. Die Karte ist überschaubar und enthält eine Mischung aus vietnamesischen und thailändischen Gerichten. Fleischesser oder Veganer, hier ist für jeden etwas dabei. Besonders empfehlenswert sind Mama Luus Vorspeisen.

€ Helmholtzstraße 2, Telefon 04131 9974721, Mo, Mi–So 11.30–15, 17.30–22 Uhr, nur Barzahlung; Lüneburg RE3, RE 31; mama-luu.de

Mama Rosa

Das Mama Rosa ist wegen seiner wunderschönen Lage am Fluss ein Ziel für City-Shopper, die eine gehobene kulinarische Pause einlegen wollen. Mitten in Lüneburg gibt's leckere Pizza und für Fleisch-Liebhaber ein gigantisches Filetsteak, das exzellent zubereitet auf dem Tisch landet. Bei eingefleischten Lüneburgern werden Erinnerungen wach, war der Laden in den 90ern doch eines der ersten Delikatessengeschäfte mit Köstlichkeiten aus Italien.

€€€ Bei der Abtsmühle 1, Telefon 040 43282977, Mo–So 11–21 Uhr, EC-Karte, VISA, Mastercard; Lüneburg RE3, RE 31; mamarosa-hamburg.de

Ochi's Barcelona

Ochi's Barcelona ist eine kleine urige und gemütliche Tapas-Bar im Herzen Lüneburgs. Es stehen – logisch – überwiegend Tapas auf der Speisekarte, aber auch ein

FOTO: VISCVLE KITCHEN & BAR

paar Pasta-Gerichte sind dort zu finden. Die große und kleine Tapas-Platte gibt es jeweils auch in einer vegetarischen Ausführung. Gastgeber Ochi zaubert hier jeden Tag frisch seine Köstlichkeiten und ist auch für einen Schnack immer gern zu haben.

€€ Lüner Straße 6-7, Telefon 04131 2847597, Mi-Sa 17.30–23 Uhr, nur Barzahlung; Bahnhof Lüneburg RB 3, RB 31; ochis-barcelona.de

Pizzeria Häcklingen

Die Pizzeria Häcklingen liegt nicht im Zentrum Lüneburgs, sondern etwas außerhalb in einem Wohnviertel. Aber die Pizza-Liebe ist hier definitiv zu spüren, denn es werden nicht nur die gewohnten Klassiker angeboten, sondern auch neu interpretierte. Auf Wunsch können diese auch glutenfrei oder als Vollkorn-Pizza serviert werden. Die Pizzeria Häcklingen ist ein bodenständiges Restaurant mit freundlichem Personal.

€€ Hauptstraße 2, Telefon 04131 7072056, Mi-Fr 17–22, Sa-So 12–14 und 17–22 Uhr, EC-Karte; Lüneburg RE3, RE31; pizzeria-haecklingen.de

Steakhaus zur Alten Schmiede

In der Alten Schmiede erwartet den Gast ein sehr schönes und gemüt-liches Ambiente eines beeindruckenden, uralten Gebäudes. Der Service ist freundlich und flott, und neben dem reichhaltigen Fleischangebot gibt es ein gut geführtes Salatbuffet für Selbstbediener. Klassiker ist die Schmiede-Grillplatte mit Hüftsteak, Schweinerücken, Putenbrust und Hacksteak. Mehr geht nicht. Die Rindersteaks kommen auf den Punkt zubereitet je nach Wunsch englisch, medium oder well done – für Fleischliebhaber ein Paradies.

€€€ Bardowicker Straße 25, Telefon 04131 38156, Mo-So 11.30–23 Uhr, EC-Karte, VISA, Mastercard; Lüneburg RE3, RE 31; steakhaus-zuraltenschmiede.de

To Huus

Das To Huus eignet sich wunderbar für Grüppchen, Studierende und für alle anderen, sei es zum ausgedehnten Essen oder nur auf einen Drink. Denn in dem stylish eingerichteten Restaurant gibt es ein Highlight – Bier von verschiedenen handverlesenen Brauereien und dem Angebot, fünf Sorten zum oberfairen Preis (7 Euro) aus kleinen Gläschen zu verkosten. Das Essen: heimatverbunden, fast rustikal, für jeden etwas dabei. So auch die beachtliche Auswahl an Burgern.

€€ Schröderstraße 5a/b, Telefon 04131 4081283, Mo-Sa 11.30–23, So 15–23 Uhr, EC-Karte; VISA, Mastercard; Lüneburg RE3, RB31; tohuus-lueneburg.de

Trattoria De Flaviis

Das Restaurant am Lüneburger Stint hat den besten Platz direkt am Wasser. Das historische Gebäude brannte 2013 komplett ab und wurde originalgetreu wieder-aufgebaut. Auf der Speisekarte treffen sich italienische Klassiker und moderne Küche. Highlight sind auf jeden Fall die mehr als 20 Pizza-Variationen. Aber auch die verschiedenen Pasta- und Fisch- sowie Fleischköstlichkeiten können sich sehen lassen. Die beiden Vorspeisen „Antipasti della Casa" und das Bruschetta sind auch vegan zu haben.

Am Stintmarkt 2, Telefon 04131 709888, Mo-Sa 12–14.30 und 18–22 Uhr, EC-Karte; Lüneburg RE3, RE 31;trattoria-lueneburg.de

Viscvle Kitchen & Bar

Direkt vorm Viscvle in Lüneburg fließt die Ilmenau. Drinnen geht es rustikal zu. Es gibt viel Backstein, eine offene Küche und ein Obergeschoss, von dem der Gastraum prima überblickt werden kann. Gekocht wird cross-over und international. Es gibt Burger vom Wild, französische Fischsuppe und geschmortes Rindfleisch. Und nicht zuletzt 180 verschiedene Gins. Zuletzt musste das Viscvle allerdings für einige Zeit schließen, weil es einen Wasserschaden gab.

€€€ Salzstraße Am Wasser, Telefon 04131 2840395, Mo, Mi–So 17–24 Uhr, EC-Karte, VISA; Lüneburg RE3, RB 31; viscvle.de

Fahrgastschiff LÜNEBURGER HEIDE

Das gepflegte Ausflugsschiff mit Herz für Fahrplanfahrten von Lauenburg in das Biosphärenreservat Elbtalaue nach Hitzacker, in den Hamburger Hafen, in die Eulenspiegelstadt Mölln sowie zum Schiffshebewerk Scharnebeck..

Eine Platzreservierung für alle unsere gebuchten Gäste, fundierte Erläuterungen zur Strecke sowie ein aufmerksamer Service sind bei uns selbstverständlich.

Für geschlossene Gesellschaften kann die LÜNEBURGER HEIDE ebenfalls gebucht werden; Abfahrten sind ab allen Anlegern zwischen Hamburg und Hitzacker möglich.

Personenschifffahrt J. Wilcke
Fahrgastschiff LÜNEBURGER HEIDE
Buchenweg 14, 21380 Artlenburg, Tel. 04139 – 62 85
www.personenschifffahrt-wilcke.de

Personenschifffahrt J. Wilcke
FGS LÜNEBURGER HEIDE

Prächtiges Farbenspiel
ist Teil des Genusses
im The George

BARS IM TEST

Geschüttelt oder gerührt?

Bierchen? Da geht mehr! Hamburgs Bars bieten alles – vom Highball über Margarita bis zum abgefahrenen Mix-Feuerwerk. Geht's ums Ambiente, ist von der Kiez-Kaschemme bis zur stylishen Rooftop-Location alles am Start. Zum Wohle!

FOTO: THE GEORGE HOTEL HAMBURG

Das Granat bietet seit 2021 Gelegenheit, Drinks in lässigem Ambiente zu genießen

Das Granat

Gute Drinks in lässiger Atmosphäre

Ein neuer Hotspot mitten in Ottensen. Das Granat öffnete im Jahre 2021 seine Türen und vereint unter einem Dach: Bar und Restaurant. Die Betreiber Torsten van der Linden und Tim Vetter bieten hier gehobene Küche und Drinks in einem lässig-schicken Ambiente. Dunkle Wände, gedimmtes Licht und ruhiger House im Hintergrund (am Wochenende wird es zu späterer Stunde etwas lauter) bestimmen den Look der Bar, die vom Restaurant räumlich getrennt ist. So wie es in einer Bar sein sollte, lässt es sich in schummrig-gemütlicher Atmosphäre gut quatschen – denn auch wenn es voll ist, hockt man nicht auf dem Schoß vom Nachbarn. Dazu einen feinen Drink aus der vielfältigen Wein- oder Cocktail-Auswahl. Es stehen Klassiker – mit der Info, wo und wann diese entstanden sind – sowie neue Kreationen auf der Karte, gemixt mit selbst gemachten Likören und Sirupsorten. HED

Rauchen nein // **Musik** ruhiger House // **Herzstück** Cocktail-Klassiker // **Signature Drinks** alle, durch hausgemachte Liköre // **Perfekt** für ein Date // **Das Besondere** mittendrin, dennoch entspannt

Ottenser Hauptstraße 32 (Ottensen), Telefon 040 39908038, Mo-Do 16–1, Fr–Sa 16–2 Uhr, EC-Karte, VISA, Mastercard; Altona S1, S2, S3, S11, S21, S31; dasgranat.de

Gut gemixt ist halb gewonnen – wie hier in der Bar du Nord

Bar du Nord Winterhude

Mit Partygarantie

Die Bar du Nord ist eine echte Institution im Herzen von Winterhude und befindet sich in der Dorotheenstraße. An einem Freitagabend um 20 Uhr bin ich einer der ersten Gäste. Die Bar füllt sich schnell, und schon nach zwei Stunden ist der Laden brechend voll. Hier wird getrunken, getanzt, und man kommt zügig mit anderen Gästen ins Gespräch. Der Hauptteil der Gäste dürfte so zwischen 25 und 45 Jahre sein – auffällig ist der hohe Frauenanteil. Herausragend ist der Service, der stets proaktiv mit den Gästen Kontakt aufnimmt. Die Getränkekarte ist sehr umfangreich – mit zwei Seiten für Getränke zu Special-Preisen bis 21 Uhr. MH

Rauchen ja // **Musik** Club-Musik // **Herzstück** Gehobene Cocktail-Kultur// **Signature Drink** Ed von Schleck (Kurzer) // **Perfekt** für ein Date mit den drei besten Freundinnen // **Das Besondere** Mischung aus Bar und Club – es wird getanzt

Dorotheenstraße 33 (Winterhude), Telefon 0174 5635655, Mo-Do 20–3, Fr-Sa 20–5 Uhr, EC-Karte, VISA, Mastercard; Gertigstraße Bus 6,17; bardunord.de

FOTOS: STERLING3000 (O.), LOUIS HANSEL (U.)

NEU
NENN ES NICHT RADLER.
ALSTER
HOPFEN, MALZ UND HAMBURG
RATSHERRN
ALSTER HELL
2,9%
NATURTRÜB
0,33l
RATSHERRN ALSTER HELL

Drinks à la Puzzle Bar: fast zu schön, um einfach nur zu trinken

Puzzle Bar

Spektakulär und hip

Hier kann man seine Sinne in höchsten Höhen berauschen. Schon der Empfang am Fuße eines HafenCity-Hochhauses ist ein exklusives Erlebnis: Ein Liftboy entführt im Aufzug gen einzigartigen Ausblick über die Stadt. Hinter den geschmacklichen Höhenflügen stecken die The-Table-Genies Kevin Fehling und Dennis Ilies. Wie zu erwarten ist, bekommt man also quasi Sterneküche in die Gläser. Nicht nur inhaltlich, sondern auch optisch schick ist etwa der Champagner-Cocktail „Yuzu Pornstar", on top mit einer Kekshippe aus feinsten Zutaten und zur Vanilleschotenform gegossen. „Oskar" bietet ein mehrteiliges Spektakel für den Geruchssinn – mehr sei nicht verraten, sondern angeraten, ihn selbst zu probieren. LVM

Rauchen nein // **Musik** Ambient House, Indie-Pop, Jazziges // **Herzstück** Gourmetdrinks // **Signature Drinks** Puzzletini (Gin, Holunderblüte, Cacaolikör, Amaretto, Oliven- und Estragonöl) //**Perfekt** für einen Abend gegen Monotonie // **Das Besondere** das geschmacklich Experimentelle auf hohem Niveau

Versmannstraße 2 (HafenCity), Telefon 040 32082838, Di-Sa 18–1 Uhr, EC-Karte, VISA, Mastercard, Amex; HafenCity Universität U4; puzzle-bar.de

Central Congress

Wacholder und Wermut gegen Wehmut

Nahe dem Hauptbahnhof findet man hier den Charme eines Konferenzsaals zur DDR-Zeit, allerdings als äußerst lässige Barvariante. Statt alten, männlichen Entscheidungsträgern sitzen hier nun übernächtigte Agenturleute und wieder wache Kunststudis. Statt Zigarren- hängt Zigarettennebel in der Luft. Für Bitter-Sauer-Lover ist dies das Paradies. Die Signature-Zutaten sind Doppelwacholder (hausgemacht), Wermut, Rye-Whiskey, Kräuterbrände und Schaumwein – nahezu jeder Aperitif, Cocktail oder Longdrink hat mindestens eines davon in sich. Auf den dunklen Ledersitzmöbeln lässt es sich aber auch gut bei Stauder-Bier oder Apfelwein versacken. LVM

Rauchen ja // **Musik** ruhiger House // **Herzstück** Bittersüßsaures // **Signature Drinks** Congress Cup oder Congress Kir // **Perfekt** für den Feierabend oder die ganz späte Stunde, allein, zu zweit, zu dritt // **Das Besondere** Der hausgemachte Doppelwacholder und die Atmosphäre

Steinstraße 5 bis 7 (Altstadt), Mi-Sa 17–23 Uhr, EC-Karte, VISA, Mastercard, Amex; Steinstraße U1; centralcongress.de

Hiert tagt nicht das Politbüro, im Central Congress wird getrunken

FOTOS: PUZZLE BAR (O.), CENTRAL CONGRESS (U.)

ALTES MÄDCHEN BRAUGASTHAUS

DAS LOKAL RATSHERRN

RATSHERRN BAR

#1 - ALTES MÄDCHEN

BRAUGASTHAUS | EVENTLOCATION

Im Herzen der Schanzenhöfe – direkt neben unserer Ratsherrn Brauerei – wartet einer der schönsten Biergärten Hamburgs, der sich vom Geheimtipp zum Touristen- & Insider-Magneten entwickelt hat. Unser „Altes Mädchen Braugasthaus" steht für gutes Bier, hausgebackenes Brot und dazu passende Köstlichkeiten. Neben knapp 30 verschiedenen Fassbieren verwöhnen wir euch hier mit unserer eigenen Bäckerei und Bio-Fleisch von unserem LandWertHof.

Lagerstraße 28b
20357 Hamburg

040 80 00 777 50
info@altes-maedchen.com

#2 - DAS LOKAL

RESTAURANT | STAMMTISCH | EVENTLOCATION

Optisch angelehnt an die Wirtshaus-Kultur der 20er-Jahre, verwöhnt euch „Das Lokal" durch und durch mit Nachhaltigkeit und Frische. Die Getränke-Auswahl ist regionalen Ursprungs, die Speisen sind saisonal & herrlich nordisch. Dank des neuartigen Tankbier-Verfahrens kommen einzelne Sorten noch frischer aus unserer Brauerei in den Gastronomietank, aus dem das eiskalte Bier direkt ins Glas gezapft wird. Ein einzigartiges Frische-Erlebnis mitten in Eimsbüttel.

Bismarckstraße 60
20259 Hamburg

040 431 799 44
info@ratsherrnlokal.de

#3 - RATSHERRN BAR

BAR | TAPAS | EVENTLOCATION

Im Winterhuder Szene-Zentrum laden wir in unserer stylischen „Ratsherrn Bar" zu zahlreichen Fassbiersorten und köstlichen, auf's Bier abgestimmten, Tapas-Variationen ein. Das atmosphärische Ambiente am Wasser sorgt dabei für besonders stimmungsvolle Genussmomente. Hier könnt ihr echte Hambuger Fleet-Abende verbringen und in ein immer ordentlich gefülltes Glas kieken. Also dann: Prost.

Mühlenkamp 2
22303 Hamburg

040 2780 66 86
muehlenkamp@ratsherrn-bar.de

WWW.RATSHERRN.DE

Die Cantinetta setzt auf gute Drinks und einen Hauch Seefahrer-romantik

Cantinetta

Bester Rum in der Speicherstadt

Warum nicht mal einen Abend in einer Hotel-Bar in der eigenen Stadt ausklingen lassen? Gesagt, getan. Wir haben uns für die Cantinetta Bar im einzigen Hotel der Speicherstadt entschieden und damit eine super Wahl getroffen. Neben den bekannten Klassikern findet man auf der Bar-Karte spannende Signature-Drinks, an denen auch wir nicht vorbeikommen. Vor allem Rum-Liebhaber finden hier definitiv ein Zuhause. Rum-Neulinge werden zudem so ausführlich beraten, dass sie schnell zu Fans werden. Das Ambiente ist in den Abendstunden sehr gemütlich, bei schönem Wetter lässt sich mit ein bisschen Glück auch ein Sitzplatz auf der Terrasse ergattern. Wir kommen bestimmt bald wieder – vielleicht auch in Verbindung mit einer Übernachtung im Hotel in der eigenen Stadt. Dann geht auch ein Gläschen Rum mehr. AG

Rauchen nein // **Musik** Loungemusik // **Herzstück** italienische Interpretation von Cocktail-Klassiker und moderner Bar-Kultur // **Signature Drinks** unter anderem Orient Express (Mistral Gin, hausgemachter Tonka-Sirup, Three Cents Cherry Soda) // **Perfekt** für einen gemütlichen Abend zu zweit // **Das Besondere** Beratung und Auswahl an Rum-Spezialitäten

Pickhuben 3 (HafenCity), Telefon 040 638589900, Mo-So 17–1 Uhr, EC-Karte, VISA, Mastercard, Amex; Bei St. Annen Bus 6; ristorante-cantinetta.de

Hygge

Auf einen Scotch am Kamin

Gemütlicher lässt sich ein gepflegter Cocktail kaum genießen – erst recht nicht, wenn (mal wieder) echtes Hamburger Schmuddelwetter angesagt ist. Dann empfiehlt sich ein Besuch im Landhaus Flottbek. Während mitten in dem ehemaligen Pferdestall ein Kaminfeuer knistert, sichern wir uns in dem hyggeligen Ambiente einen der Ledersessel und bestellen erst mal die Karte. Die ist umfangreich und wir unsicher. Doch der Barservice ist auf Zack und berät gern. Die Wahl fällt – passend zum Kaminfeuer – auf einen Scotch und einen Rotwein. Achtung, Versacker-Gefahr: In den weichen Polstern mit Blick auf den Kamin kann der Abend schon mal ganz schön lang werden. Da empfiehlt sich auch direkt die Brasseriekarte mit Quiche Lorraine, Pastrami-Stulle oder Weiderind-Tatar. AR

Rauchen nein // **Musik** entspannte Loungemusik // **Herzstück** Peppered Low Rider (mit tasmanischem Pfeffer, Grapefruitlikör, Chartreuse, grünem Tee und Zitronensaft) // **Signature Drink** Hygge Spritz (Aperol, Orange Flower Water, Zitonensaft, Dry Tonic und Orange Bitter) // **Perfekt** für ein Kuschel-Date // **Das Besondere** skandinavische Hygge-Atmosphäre

€€€€ Baron-Voght-Straße 179 (Groß Flottbek) Telefon

Behaglich: Im Hygge wird unter Holzbalken genossen

FOTO: WOLFGANG STAHR (O.), HYGGE (U.)

Hellgestellt an der Küste.
plop'
FLENSBURGER
PREMIUM QUALITÄT
SEIT 1888
EDLES HELLES
FLENSBURGER
EDLES HELLES
VOLLMUNDIG & FRISCH
FLENSBURGER
BIER
BEWUSST
GENIESSEN.
DIE DEUTSCHEN BRAUER
FLENS
Genuss erleben. Flensburger Edles Helles.

Platz nehmen für Schwarzwald-Atmo: die Black Forest Bar

Bar DaCaio

Blue Curaçao trifft britische Eleganz

Ganz am Ende der Langen Reihe, dort wo St. Georg fast endet und wo das vornehme Flair der Alster unübersehbar in den Stadtteil schwappt, liegt das nicht minder mondäne Designhotel The George. Und mit ihm die Bar DaCaio. Das Ambiente: britisch, schick, modern. Braunes Leder, dunkles Holz, Karos, Samt und Gold treffen hier in gehoben-aufgeräumter Atmosphäre aufeinander. Die digitale Cocktail-Karte (etwas Haptisches würde besser ins Bild passen) ist umfangreich und reicht von klassisch bis kreativ. Bestes Beispiel: der Greenback. Wer hätte gedacht, dass Blue Curaçao tatsächlich so schmecken kann! So britisch-vornehm das DaCaio daherkommt, die Drinks zeigen sich durchdacht und auch ein wenig verspielt. Das macht Spaß und lässt Kleinigkeiten wie die etwas unpassend-poppige Musik und das vielleicht ein mini-bisschen zu bemüht-freundliche Personal schnell vergessen. Wer spannende und hochqualitative Drinks will, ist im DaCaio gut aufgehoben – und Musik ist halt Geschmackssache. ACM

Rauchen nein // **Musik** launig, poppig, animierend // **Herzstück** Klassiker und Kreatives // **Signature Drink** zum Beispiel die Göttliche Komödie „Dante Alighieri" (Ransom Gin, Cordial Médoc, TBT Xocolatl Mole Bitters) // **Perfekt** zum Zelebrieren eines Jahrestags // **Das Besondere** die Campari Lounge auf dem Dach des The George an lauen Sommerabenden

€€€ Barcastraße 3 (St. Georg), Telefon 040 2800300, Mo-Di 17–22 Uhr, EC-Karte, VISA, Mastercard, Amex; AK St. Georg Bus 6, Bus 17; thegeorge-hotel.de

Black Forest Bar

Schwarzwald de luxe

Die Black Forest Bar in Eppendorf zelebriert High-End-Barkultur mit einem ordentlichen Einschlag Schwarzwald. Und das so stringent und mit so viel Liebe zum Detail, dass es nie aufgesetzt wirkt. Im Mittelpunkt stehen dabei die Premium-Cocktails, die in Kategorien wie „frisch und süffig" und „puristisch und intensiv" angeboten werden. In jedem findet sich immer eine Prise Regionalität, zum Beispiel durch besondere Brände. Der Service ist so kompetent wie freundlich. Neben den Spirituosen ist ein weiterer Star das Bar-Food, zum Beispiel die badischen Flammkuchen in verschiedenen Variationen oder aber auch die wunderbaren „Black Forest Tapas". Die Stimmung ist entspannt, der Geräuschpegel niedrig – hier treffen sich die Eppendorfer für ein Barerlebnis der besonderen Klasse. MH

Rauchen nein // **Musik** Loungemusik // **Herzstück** High-End-Cocktails mit regionalem Schwarzwälder Einschlag // **Signature Drink** zum Beispiel der Förster Sling mit Gin, Kirsch-Brand, Kirsch-Brandy, Maraschino, Peychaud's Bitter, Winzer-Traubensaft und Soda // **Perfekt** für ein bisschen Schwarzwaldfeeling // **Das Besondere** der rote Schwarzwälder Faden, der sich durch die gesamte Bar zieht

€€€ Curschmannstraße 9 (Eppendorf), Telefon 040 30031400, Mo-Do 18–1, Fr-Sa 18–2 Uhr, EC-Karte, VISA, Mastercard; Eppendorfer Baum U3; blackforest-bar.de

Die Bar DaCaio bietet britischen Schick und leckere Drinks

FOTOS: DAVE GOLD (O.), FOTO: THE GEORGE HOTEL HAMBURG (U.)

HOPTAILS

DAS ERGEBNIS, WENN ZWEI GROSSARTIGE WELTEN ZUSAMMENKOMMEN. COCKTAILS UND BIER.

JAVAL
Du brauchst: 120 ml Holsten Pilsener 30 ml Gin (Lind & Lime) 15 ml Zitronensaft 12 ml Holunderblütensirup (Monin) Zitronenzeste

So geht's: Zutaten ohne Holsten Pilsener auf Würfeleis shaken und auf Würfeleis in ein Longdrinkglas doppelt abseihen.
Mit Holsten Pilsener auffüllen und unterheben.
Zitronenzeste über dem Glas ausdrücken und zugeben

RED ALE PYRATE
Du brauchst: 66 ml Duckstein Original 12 ml Ananaslikör (De Kuyper Crystal Clear Pineapple) 20 ml Caribbean Rum (Pyrat) 2 ml Ahornsirup 1 Prise Salz Zitronenzeste

So geht's: Zutaten ohne Duckstein Original auf Würfeleis shaken und auf Würfeleis in ein Double Old Fashioned Glas doppelt abseihen. Mit Duckstein Original auffüllen und unterheben. Zitronenzeste über dem Glas ausdrücken und zugeben

BROOKLYN ROYAL
Du brauchst: 120 ml Brooklyn Amber Lager 20 ml Cassissirup (Monin) 10 ml Limettensaft

So geht's: Zutaten ohne Brooklyn Amber Lager auf Würfeleis in einem Longdrinkglas anrühren,
mit Brooklyn Amber Lager auffüllen und kurz anheben

APEROL LAGER
Du brauchst: 200 ml Carlsberg Premium Lager
20 ml Aperol Orangenzeste

So geht's: Aperol auf Würfeleis ins Copa Glas geben,
mit Carlsberg auffüllen und unterheben.
Orangenzeste über dem Glas ausdrücken und zugeben

„Bei der Entwicklung der Hoptails der Carlsberg Deutschland GmbH waren wir begeistert von der Aromenvielfalt der sehr umfangreichen Auswahl an Bierstilen und Cider. Die feine Karbonisierung und der für den jeweiligen Bierstil typische Geschmack von Hopfen, Malz und Bittereinheiten bringen ein einmaliges Mundgefühl und eine spannende Geschmacksebene in die Hoptails. Somit sind für mich Hoptails die perfekte Bereicherung für jede Bar." – Frank Frensdorff (CATERISTIC)

Weitere Hoptail-Rezepte findest Du unter: www.draughtmaster.de

TIPPS DER REDAKTION

Das perlt!

Geht noch eins? Klar, schließlich hat sich Hamburg längst zur Hauptstadt in Sachen Bier gemausert. An Alster und Elbe gibt es urige Pinten, kreative Brauer und jede Menge Sommeliers, die wissen, was ins Glas gehört. Prost!

TEXTE: ANDREAS DAEBELER

Altes Mädchen

Altes Mädchen

Bier und Schanzenhöfe – das passt. Seit knapp zehn Jahren ist das Alte Mädchen mit seinen 30 Sorten am Hahn feste Anlaufstelle für alle, die Pils, Ale und Stout lieben. Bier-Sommeliers helfen aus, wenn Beratung gefragt ist. Leckere Burger gibt's ebenfalls. Und hausgemachtes Brot. Das Ambiente im Schatten des Fernsehturms ist kiezig bis gemütlich. Sonntags ist Frühschoppen angesagt. Betrieben wird das Brauhaus von Ratsherrn.

Lagerstraße 28b (St. Pauli); altes-maedchen.com

Gröninger Privatbrauerei

In der Hamburger Altstadt – unweit der historischen Speicherstadt – liegt die Gröninger Privatbrauerei. In dem Brauhaus mit eigenem Braukeller kann man zwischen Kupferkesseln, in denen das Bier mit seiner süffigen, hopfigen Note gebraut wird, und altehrwürdigen Gemäuern auch üppige, rustikale Speisen genießen. Zu den Klassikern gehören Spanferkel, Schweinshaxe, Fischspezialitäten oder Brotzeitteller. Sein Gröninger Pils kann man hier übrigens auch selbst direkt aus dem Holzfass zapfen.

Willy-Brandt-Str. 47 (Altstadt), groeninger-hamburg.de

Blockbräu

Das Blockbräu an den Landungsbrücken bietet gehobene Kunst, wenn es ums Brauen geht. Gepaart ist der Biergenuss mit einem einmaligen Blick aus dem Lokal oder von der Dachterrasse der historischen Brücke 3. Das Bier, das im Blockbräu ins Glas kommt, fließt aus riesigen Kupferkesseln, die im Gastraum unter der Terrasse stehen. Insgesamt werden 260.000 Liter jährlich ausgeschenkt. Die Küche im Blockbräu ist zünftig. Außer den Block-House-Steaks gibt es typische Brauhausgerichte wie Spanferkelkrustenbraten und Rostbratwürstchen. Und es gibt regelmäßig Brauereiführungen.

Bei den St. Pauli Landungsbrücken 3 (St. Pauli); blockbraeu.de

Ratsherrn Bar

In der Ratsherrn Bar, die es seit 2019 gibt, kann in rustikal-schickem Ambiente mit lauschigem Blick auf den Osterbekkanal aus 43 Bieren gewählt werden. Aus 24 Zapfhähnen sprudeln die brauereieigenen sowie internationale Bierspezialitäten. Vom Fass gibt's unter anderem rotes Lager und in Hamburg eher selten zu findendes belgisches Witbier. Die Küche bietet ausgefallene Stullen, kreative Salate und Brauhaus-Klassiker. Verkostungen, Tap Takeover und individuelle Events gibt's in der Ratsherrn Bar auch.

Mühlenkamp 2 (Winterhude); ratsherrn.de

Das Lokal

Das Lokal ist im Stil der 1920er-Jahre eingerichtet. Es gibt eine großzügig überdachte Terrasse. Die Gaststätte ist eine Art Nachbarschaftstreff im Stadtteil Eimsbüttel. Die Küche serviert deftige saisonale Klassiker wie Hamburger Rundstück oder Frikadellen, aber auch Vegetarier müssen nicht hungrig nach Hause gehen. Es gibt drei Tankbiersorten, die direkt aus der Ratsherrn-Brauerei in den Schanzenhöfen in die Tanks des Lokals geliefert werden. Plus weitere hauseigene Fassbiere.

Bismarckstraße 60 (Eimsbüttel); ratsherrn.de

Wildwuchs Brauwerk

Friedrich Carl Richard Matthies braut sein Craft-Bier auf Hamburgs Stadt-Insel. Wildwuchs nennt sich sein Brauwerk in Wilhelmsburg. Der Braumeister setzt auf erfrischend unkonventionelle Biere. Ausgeschenkt werden etwa das dunkle Espresso Ale, das Altkanzler-Rauchbier oder schlankes Lager. Wildwuchs ist zertifiziert, sämtliche Zutaten kommen aus ökologischem Anbau. Seit 2016 hat Wildwuchs eine eigene Hopfenplantage in Finkenwerder. In Wilhelmsburg gibt's regelmäßig Tastings und Seminare.

Jaffestraße 8 (Wilhelmsburg); wildwuchs-brauwerk.de

Brauerei Bunthaus

Auch die Brauerei Bunthaus ist nicht weit von der Elbe entfernt. Sie ist am Moorwerder Hauptdeich zu finden. Der Schankraum ist allerdings im alten Wilhelmsburger Wasserwerk untergebracht. Die Braumeister Jens Block und Jens Hinrichs haben Black IPA, Stout, Elder Sour und vieles mehr zu bieten. Für Sauerbier haben die beiden eine ganz besondere Schwäche. Und wer sich die kreativen Biere aus Wilhelmsburg lieber zu Hause schmecken lassen will, der kann sich beliefern lassen.

Kurdamm 24 (Wilhelmsburg); bunthaus.beer

Galopper des Jahres

Der Galopper der Jahres ist längst Kult auf der Schanze. Zwölf verschiedene Fassbiere sind dort immer am Start. Abwechslung muss sein, die Taplist wird täglich aktualisiert. Im Galopper gehen Hamburgs beste Brauer ein und aus. Oliver Wesseloh von der Kreativbrauerei Kehrwieder etwa steuert seine Kreationen bei. Das Pils der Ricklinger Privatbrauerei gehört ebenso zum Programm wie die Leckereien der Berliner Privatbrauerei am Rollberg. Im Galopper hat alternative Bierkultur ein Zuhause.

Schulterblatt 73 (Sternschanze); dreiundsiebzig.de

Circle 8 Brewery

Die Circle 8 Brewery in Alsterdorf ist eine charmante Hinterhof-Brauerei. Und zwar mitten im Wohngebiet. Mittwochs, donnerstags und freitags ab 16 Uhr füllen sich im Taproom der kleinen Brauerei die Gläser. Die Inhaber Nicole und Nikhil haben vom Brown Ale bis zum schweren Heavy Hoppa mit seinen 7,3 Umdrehungen jede Menge verschiedene Rezepturen am Start. Und stellen seit Jahren unter Beweis, dass es für gutes Craft Beer nicht unbedingt die Nähe zur Elbe sein muss.

Alsterdorfer Straße 267 (Winterhude); circle8brewery.de

Landgang Brauerei

Die Landgang Brauerei ist am Beerenweg in Altona zu finden. Das Flair drinnen ist industriell-cool. Es gibt regelmäßig Führungen und Verkostungen, bei denen zehn unterschiedliche Biere probiert werden können. Dazu gibt's jede Menge Infos rund ums Brauen. Die Kreationen reichen vom bernsteinfarbenen Lager namens „Helle Aufregung" übers güldene „Goldgräber" getaufte Pale Ale bis hin zur „Dunklen Macht", einem Porter. Das gibt's natürlich auch in der Bar in einem umgebauten Seecontainer mitten in der Brauerei – mit zehn verschiedenen Bieren am Zapfhahn.

Beerenweg 12 (Bahrenfeld); landgang-brauerei.de

FOTO: HENNING AHNGERER

Botanist Bar

Auf einen Highball mit den Stars

Einmal durch die beeindruckende Hotellobby, dem Geruch von frisch gegrillten, saftigen Steaks nach und dann ... Ach nee, doch lieber erst mal einen Drink. Die Botanist Bar ist Teil des Side Hotels und versprüht den Duft der weiten Welt. Hier sitzt man abends auch gern mal mit Rockmusikern aus der USA an der Bar, die sich hier nach ihrem Auftritt in der Stadt noch einen Absacker genehmigen. Und der hat es in sich. Denn was hier über den Tresen geht, hat Klasse. Das botanische Namensversprechen löst die Bar mit vielen frischen Zutaten ein, neben den üblichen kommen auch Blaubeeren, Thymian, und Pfeffer zum Zuge. Der Asian Herb Garden mit Gin und Ingwerlikör hat gar eine deutliche Koriander- und Zitronengrasnote. Das gefällt. Auch den Rockmusikern, denen man eher das Bier und den Wodka zugetraut hätte. Einzig etwas andere Musik hätten sie sich wahrscheinlich gewünscht. ILO

Rauchen nein // **Musik** Charts // **Herzstück** Drinks mit Kräutern und Gewürzen // **Perfekt** für einen After-Work-Absacker und im Sommer einen Sundonwer mit Blick über die Stadt // **Das Besondere** im Sommer mit grandioser Dachterrasse

€€€ Side Design Hotel, Drehbahn 49 (Neustadt), Telefon 30 99 95 95, Mo–So ab 17 Uhr, Mastercard, Visa, Amex, EC-Karte; Gänsemarkt U2; side-hamburg.de

In der Botanist Bar darf es an Grün nicht fehlen

Beim Drink in der The Boilerman Bar ist der alte Seebär immer präsent

The Boilerman Bar Altes Hafenamt

Perfekte Kombi

Die Boilerman Bar passt perfekt in das Ambiente der HafenCity: klassische Einrichtung mit dunklen Möbeln im Industrie-Flair – fühlt sich ein kleines bisschen an wie in einem Barbershop. Vor allem bei Touristen und Geschäftsleuten ist die Bar beliebt. Kein Wunder: Sie ist das Erste, was Google ausspuckt, wenn nach den Schlagworten „Bar" und „HafenCity" gesucht wird. Wer ausgefallene Drinks will, ist hier allerdings fehl am Platz. Langweilig ist die Auswahl trotzdem nicht. Die Barkeeper interpretieren Highball-Klassiker neu und zaubern leckere Abwandlungen wie den Gin Basil Highball – absolute Empfehlung. Tipp: Früh kommen lohnt sich. SAS

Rauchen nein // **Musik** von Hip-Hop bis Achtziger // **Herzstück** Highballs // **Signature Drinks** Gin Basil Highball // **Perfekt** für Drinks nach einem nervenaufreibendem Elevator-Pitch-Date // **Das Besondere** Hier dreht sich alles um Rum

€€ Osakaallee 12 (HafenCity), Telefon 040 555575440, So-Do 17–1, Fr-Sa 17–2 Uhr; EC-Karte, VISA, Mastercard, Amex; Überseequartier U4; boilerman-hafenamt.de

FOTOS: CLAUS BRECHNMACHER & REINER BAU (O.), 25HOURS HOTEL (U.)

Turmbar

Der Aufstieg vor dem Absturz

Einen Drehwurm gibt's hier schon, bevor die Bartheke überhaupt erreicht ist. Das breite Angebot der schmalen Karte – von Cocktails über Longdrinks bis hin zu Bier und Likör – lockt Studenten und Pendler hinauf in den ehemaligen Bunker. Der kurze Aufstieg führt immer im Kreis entlang, vorbei an fensterlosen Wänden – wie in einem Parkhaus. Oben angelangt lässt sich in kleinen Sitznischen der ideale Platz mit ein paar Freunden oder für etwas Zweisamkeit finden. Die stimmungsvolle Atmosphäre in der Bar ist schön und gut. Aber wer nach dem Aufgang mit einem leckeren Drink in der Hand die Aussicht genießen möchte, muss noch weiter hoch – und zwar auf die Dachterrasse. SAS

Rauchen ja // **Musik** Hip-Hop, Pop // **Herzstück** von allem etwas// **Signature Drink** Pisco Sour // **Perfekt** für Zweisamkeit // **Das Besondere** mittendrin, dennoch entspannt

€€ Rothenbaumchaussee 2 (Rotherbaum), Telefon 040 444567, Do-Fr 18–1, Sa 18.30–2 Uhr, EC-Karte, VISA, Mastercard; Dammtor S11,21,31; turmbar.de

In der Turmbar lässt es sich beim Drink lässig abhängen

Botanic District

Ein bisschen New York, ein bisschen Dschungel

Im Botanic District bekommt der Abend amtlich Style. Die Bar von Hannes Schröder und Tim Lang bringt schließlich einen mächtigen Hauch von New York ins schicke Viertel. Da bekommt sogar der Dschungel ordentlich Schick! Barchef Ilir und sein Team setzen seit Oktober 2017 darauf, coole Drinks unter die Nachtschwärmer zu bringen. Bekannt ist das Botanic District vor allem für seine exzellenten Highballs, die in der Mischung aus Bar und Restaurant so richtig zelebriert werden. Die Spezialität: mit Kräutern angesetzte Spirits. Für botanische Geschmackserlebnisse. Botanic eben. Unser Lieblingsdrink: The Root Boy, in dem Havana Club mit Kurkuma, Lime, Ingwerbier, Lemongras, Espuma und Pfeffer gemixt wird. Würzige Angelegenheit. Auch Botanical-Tapas, Bowls und Burger werden serviert – im Sommer auch auf der lauschigen Terrasse an der Hegestraße. ILO

Der Style im Botanic District: ein Großstadtdschungel

Rauchen nein // **Musik** Loungemusik, ab 22 Uhr Elektro- und Funkmusik // **Herzstück** Drinks, Barfood und Burger // **Signature Drinks** Violette Highball, Rtp Highball, The Root Boy, Bay Bramball // **Perfekt** für den Feierabend und dafür, das Leben zu feiern // **Das Besondere** der urbane Großstadtdschungel-Style und gut gelaunte Bartender

€€€ Hegestraße 14 (Hoheluft), Telefon 46 09 53 10, Mo–Mi 17–1, Do 17–2, Fr–Sa 17–3 Uhr; EC-Karte, Visa, Mastercard; Eppendorfer Baum U3; botanic-district.de

FOTOS: TURMBAR (O.), BOTANIC DISTRICT (U.)

Die Location im Überblick:
- historische Fischauktionshalle im Herzen des Hamburger Hafens
- traditioneller Fischmarkt jeden Sonntag
- historisches Ambiente
- exklusive Eventlocation
- Platz für bis zu 4000 Personen
- öffentliche Events

Wir stellen ein (m-w-d), Vollzeit, Teilzeit, Aushilfe:
- Projektleiter Catering
- Service Allrounder
- Veranstaltungslogistiker

Bewerbung per E-Mail an:
bewerbung@stacklies.de

Die Location im Überblick:
- über 450 Jahre altes reetgedecktes Bauernhaus
- 1.000 m² über 3 Etagen verteilt
- Restaurant, Shop, Café
- große Terrasse und ein schöner Garten
- über 3.000 Artikel im Shop
- gläserne Küche
- ideal für Veranstaltungen
- Happiness Brunch jeden Sonntag

Wir stellen ein (m-w-d):
- Koch
- Assistent der Restaurantleitung
- Servicemitarbeiter

Bewerbung per E-Mail an:
bewerbung@stacklies.de

Mehr Infos zu den Stellenanzeigen STACKLIES CATERING & EVENTS **unter www.gastrojobs.de**

Die Location im Überblick:
- älteste Braustätte Hamburgs
- urige hanseatische Atmosphäre
- über 600 Plätze
- hausgebrautes Gröninger Pils
- Besonderheit: 10 & 20 l-Fässer können am Tisch angeschlagen werden
- rustikaler Flair

Wir stellen ein (m-w-d):
- Koch
- Servicemitarbeiter

Bewerbung per E-Mail an:
bewerbung@stacklies.de

Die Location im Überblick:
- mitten in der historischen Speicherstadt gelegen
- hohe Decken
- Restaurant Shop Café
- ideal für Veranstaltungen und/oder größere Gruppen
jeden Samstag und Sonntag Frühstück von 10.00-12.00 Uhr

Wir stellen ein (m-w-d):
- Stellvertretender Betriebsleiter
- Koch
- Servicekraft

Bewerbung per E-Mail an:
bewerbung@stacklies.de

CafeReiseBar

Ausflug in die Welt der Botanicals

Es ist ein lauer Sommerabend, und wir haben Lust auf Gin. Eine gute Adresse in Ottensen ist da seit vielen, vielen Jahren die Reisebar. Das wissen wir offenbar nicht exklusiv, denn an diesem Donnerstag ergattern wir noch den letzten Tisch draußen, auch drinnen ist die durchgestylte Bar bereits gut gefüllt. Zu Flammpizza Tuna mit Thunfisch und Oliven (11,50 Euro) sowie Geißbock mit Ziegenkäse und Datteln (11,50 Euro) lassen wir uns nach ausführlicher, geduldiger und sehr beeindruckender Beratung den milderen Gin Mare mit Rosmarin, Thymian, Basilikum und einem mediterranen Tonic (12,50 Euro) und einen etwas kräftigeren Botanist Islay Dry Gin mit 22 Wildkräutern und einem Indian Tonic kommen (11,50 Euro) und stoßen auf ein Wiedersehen nach langer Zeit an. Die Flammpizza ist groß und macht satt und so gönnen wir uns zum Nachtisch auch noch einen Monkey 47, der seinen Namen von eben genau so vielen Botanicals hat. Außergewöhnlich und ein krönender Abschluss! Da stört es uns auch nicht, dass die Sache mit dem Bewirtungsbeleg nicht rund läuft. ILO

Rauchen nein // **Musik** wechselnd // **Herzstück** Breakfast Martini mit Gin, Orangenlikör, Zitrone und Orangenmarmelade // **Signature Drinks** Gin-Kreationen // **Perfekt** für den Absacker nach Feierabend // **Das Besondere** große Ginauswahl

Ottenser Hauptstraße 30 (Ottensen), Telefon 040 60867733, Mo-Do 16–1, Fr–Sa 16–3 Uhr, EC-Karte; Altona S1, S2, S3, S11, S21, S31; cafereisebar-hamburg.de

Die CafeReiseBar bietet eine echte Spirituosen-Batterie

In der Klinkerbar werden ausgewählte Naturweine angeboten

Klinkerbar

Die kleine Schwester mausert sich

Das in offensichtlich unerhörter Eigenmächtigkeit angepflanzte Blumenbeet vor der Klinkerbar ist auf Anordnung des Bezirksamtes (#kopfschüttel) schon längst verschwunden. Der guten Laune tut das keinen Abbruch. An diesem sommerlichen Abend versammelt sich ein durchaus buntes Publikum auf den Außenplätzen vor der Klinkerbar, um ausgewählte Naturweine, vegetarische Kleinigkeiten und einen extrem lässigen, unaufgeregt-hippen und gleichwohl kompetent-fröhlichen Service zu genießen. Weil wir wissen, dass der berühmte Probierschluck den Gastronomen teuer zu stehen kommt, lehnen wir das Angebot dankend ab. Was wiederum vom Service ignoriert wird. Wir fühlen uns sehr kompetent beraten und entscheiden uns für den 2017er Riesling Kabinett vom Weingut Isegrim aus der Pfalz (37 Euro), der etwas jünger und leichter schmeckt als der 2018er-Wein. Er rundet unser liebevoll arrangiertes und extrem leckeres Barfood (10 bis 16 Euro) jenseits des Nullachtfünfzehn-Flammkuchen-Angebots harmonisch ab. Die Stimmung um uns herum ist fröhlich, das kennen wir so auch schon von der großen Schwester, dem Restaurant Klinker in der Schlankreye. Darauf gönnen wir uns noch einen Haselnussschnaps von Frau Brösel (2 cl 6 Euro) und freuen uns, dass diese Bar, die 2020 mitten in den Pandemie-Wirren und zwei Wochen vor Einführung der Sperrstunde eröffnet hat, offenbar fest im Sattel sitzt. ILO

Rauchen nein // **Musik** 80er Pop // **Herzstück** Wein des Monats // **Signature Drinks** naturnahe Weine aus Deutschland, Österreich, Südtirol, Slowenien und Tschechien // **Perfekt** für einfachen und lässigen Genuss // **Das Besondere** Boozy Brunch Menü am Samstag: #boozybrunch #saturdaydaydrinking

Eppendorfer Weg 5 (Eimsbüttel), Telefon 040 60867733, Mo-Fr 18 - 24, Sa 11–17 Uhr, EC-Karte, VISA, Mastercard; Schulweg Bus 20, Bus 25; klinker.bar

FOTOS: VOLKER RENNER (O.), ILONA LÜTJE (U.)

Wein ist mehr als Genuss. Wein ist ein Lebensgefühl.
Entdecke jetzt bei einem **unserer Seminare** die spannende **Welt der Weine.**

schon ab **39 €***
*p/Pers. mit Genießerkarte

Infos & Buchung
rindchen.de/seminare

TIPPS DER REDAKTION

Gut gesch(w)enkt

Satte Farbe, Schlieren im Glas, im Mund passiert was – feine Sache, so ein im Eichenfass gereifter Roter. Oder soll es lieber der leichte Weißwein sein, der so herrlich beschwingt macht? Hier kommen ein paar der besten Adressen für prima Tropfen

TEXTE: ANDREAS DAEBELER

Rindchen's Weinkontor

Die trubelige Osterstraße ist nur ein paar Minuten entfernt. Rotklinkerbauten so weit das Auge reicht. Ja, der Stellinger Weg ist ein klassisches Wohngebiet im Herzen von Eimsbüttel. Und mittendrin findet sich eine Perle für Liebhaber feiner Tropfen aus aller Welt. Leute an Stehtischen nippen an Gläsern, denn hier, wo früher mal die Fischhandlung Schlüter beheimatet war, wird seit 2014 Wein verkauft und verkostet. Wie in all den anderen Filialen von Rindchen's Weinkontor, die es im Hamburger Stadtgebiet gibt. Das Personal hat Ahnung und immer einen lockeren Spruch am Start. Manch einer ist im netten Plausch schon mal bei einem tiefroten Spanier oder dem leichten Weißen aus dem Elsass versackt. Wer Lust auf Neuentdeckungen hat, kommt bei Rindchen's ebenfalls auf seine Kosten. Einfach immer mal nach neu ins Programm aufgenommenen Anbaugebieten fragen. Es gibt manch auf den ersten Blick ausgefallen anmutende Region zu entdecken – das gehört zur DNA des Unternehmens und hat sich nicht geändert, obwohl Gründer Gerd Rindchen nicht mehr an Bord ist.

Stellinger Weg 26 (Eimsbüttel); Lutterothstraße U2; rindchen.de

Vineyard

Das Vineyard ist in einer alten Fabrikhalle an der Osterstraße beheimatet. Der Laden ist zugleich Weinhandel und Bar. Drinnen geht es rustikal und gemütlich zu. Jede der in den Regalen gelagerten Flasche kann gegen ein Korkgeld gleich vor Ort an den rustikalen Holztischen geleert werden. Am Start sind mehr als 500 Kreationen von Gütern aus aller Welt. Zudem können mehr als 40 offene Weine bestellt werden. Die Atmosphäre im Vineyard ist geschäftig und immer ein wenig wuselig. Ein prima Treffpunkt zum Klönen und Genießen. Und zum satt werden, denn die Küche serviert leckere Kleinigkeiten wie Flammkuchen und Quiche. Zutaten fürs Essen kommen von regionalen Erzeugern. Sinnvoll ist es, einen Tisch zu reservieren, sonst wird es vielleicht nur ein Hocker an der Bar. Und nach dem Abend kann jeder das Fläschchen seiner Wahl mit nach Hause tragen.

Osterstraße 92 (Eimsbüttel); Osterstraße U2; vineyard-weinhandel.de

Wein am Limit

Die echten Könner muss man suchen, denn weltweit gibt es gerade mal so um die 200 Master Sommeliers. Einer davon hat Hamburg als Heimathafen. Hendrik Thoma heißt er. Und teilt sein Wissen ziemlich gern im Internet. Auf seinem beliebten Video-Blog „Wein am Limit" spricht der Experte aus Eppendorf ganz entspannt und unprätentiös über seine ganz persönlichen Lieblingstropfen und über coole Winzer. Er vermittelt wertvolles Weinwissen und verzichtet dabei auf den Laien verwirrendes Fachchinesisch. Von ihm geschätzte Tropfen von kleinen Weingütern aus aller Welt verkauft Thoma über seinen Onlineshop, den er von einem kleinen Ladenoffice in der Erikastraße aus betreut. Alle Weine werden vorher mit seinem ganz persönlichen Soulfaktor bewertet. Thoma kategorisiert in unterirdisch über trinkbar und zuverlässig bis hin zu 100 Prozent Soul. Für den richtigen Groove im Glas.

Erikastraße 47 (Eppendorf); Kellinghusenstraße U1; weinamlimit.de

Weinbagaluten

Okay, Bagaluten kennen wir Norddeutsche natürlich. Vor allem die weihnachtlichen, die uns als trinkfeste Band namens Torfrock Jahr für Jahr in die Alsterdorfer Sporthalle locken, um mit ihnen festliche Gassenhauer zu grölen. Gibt aber auch noch die Weinbagaluten. Die locken ebenfalls – und zwar zum Genießen nach Eppendorf. Dort, gar nicht weit von der Uni-Klinik, ist die gleichnamige Weinhandlung beheimatet. Deren Betreiber proben eine kleine Rebellion im Glas, wie sie kundtun. Das richte sich nicht grundsätzlich gegen konventionell hergestellte Weine. Aber man suche nach dem an die herkömmlichen Geschmackserwartungen nicht ganz so angepassten Stoff – eben etwas abseits vom Mainstream. Und tatsächlich finden sich in dem kleinen Naturweinladen kleine Schätze und Neuentdeckungen. Vorsicht: Besuch kann Genuss zur Folge haben.

Martinistraße 16 (Eppendorf); Kellinghusenstraße U1; weinbagaluten.de

Weinquelle Lühmann

Die Weinquelle Lühmann mitten in der Hamburger City gibt es bereits seit 1919. Es wird viel Wert auf kompetente Beratung gelegt. Inhaber Uwe Lühmann und sein Team sind zudem immer auf der Suche nach außergewöhnlichen Winzern, die es wert sind, entdeckt zu werden. Und es werden regelmäßig Tastings angeboten. Die Weinquelle Lühmann hat nicht nur rund 1000 verschiedenen Weine am Start, sondern auch noch mehr als 6000 Spirituosen auf Lager. Darunter sind ausgewählte Sorten Whiskey, edle Rums, feine Gins, Liköre und natürlich auch der eine oder andere Klare. Seit 2014 ist das Unternehmen auch im Kreis Stormarn vertreten. Im dortigen Siek wurde ordentlich Lagerfläche geschaffen, es gibt ebenfalls Verkaufsräume und einen Showroom. Bei der Weinquelle Lühmann lassen sich geerdete Tischweine für unter zehn Euro genauso finden wie der etwas edlere Tropfen für den speziellen Moment.

Lübecker Straße 145 (Hohenfelde); Wartenau U1; weinquelle.com

So leer ist es im Vineyard nur, bevor der Betrieb losgeht

FOTO: MARCO GRUNDT

Holzkisten, Flaschen und Weinkartons in der W die Weinbar

W die Weinbar

Weinbar mit Charme und ohne Attitüde

Gestapelte Weinkartons, Holzkisten und Weinflaschen in jeder Ecke, Stühle, Tische und Hocker dazwischen – Platz ist hier Mangelware. Doch genau das macht die Räumlichkeiten der W die Weinbar in Winterhude so gemütlich und einladend. Überhaupt: Von überheblicher Weinarroganz fehlt hier jede Spur, der Service ist freundlich, zuvorkommend, berät bei Fragen, hält sich aber ansonsten zurück. Die zentimeterdicke Weinkarte mit mehr als 500 Weinen bietet richtigen Weinfans dennoch ein wahres Eldorado. Darunter sind namhafte Weingüter aus aller Welt – vor allem Frankreich, Deutschland und Italien. Aber auch Länder wie Mazedonien, Israel oder Georgien sind vertreten. Wir bereuen, dass wir nur zu zweit sind. Denn auch wenn es viele Weine per Glas gibt (8 bis 10 Euro) – das Angebot der Flaschenweine ist weitaus größer. Auch die überraschend umfangreiche Speisekarte, die mit Austern über Käse hin zu mediterranem Gemüse und überbackenem Schafskäse (große Empfehlung!) weit über kleine Appetizer hinausgeht, lohnt einen genaueren Blick. Wir kommen wieder: mit mehr Menschen und mehr Hunger. Denn Lust auf Wein bekommt man hier ganz automatisch. ACM

Rauchen nein // **Musik** lässig, entspannt, Loungemusik // **Herzstück** Rotwein aus Kanada, Weißwein aus Israel und Bier aus Estland // **Signature Drinks** alle, durch hausgemachte Liköre //**Perfekt** für romantisches Date, Abendessen mit den Schwiegereltern oder mit weinliebenden Freund:innen // **Das Besondere** gemütlich, bodenständig und gehoben zugleich

Dorotheenstraße 180 (Winterhude), Telefon 040 87973368, Mo-Do 18–22, Fr-Sa 18–23 Uhr, EC-Karte, VISA, Mastercard, Amex; Sierichstraße U3; w-die-weinbar.de

FOTOS: W – DIE WEINBAR (O.), WEINLADEN ST. PAULI (U.)

Weinladen St. Pauli

Genuss auf dem Kiez

Der Weinladen St. Pauli ist so lässig wie die Paul-Roosen-Straße auf dem Kiez, die charmante Lebendigkeit versprüht. Wir werden in der gemütlichen Weinbar von den beiden freundlichen Sommeliers herzlich begrüßt. Um 19 Uhr an einem Mittwochabend sind wir noch die einzigen Besucher – das wird sich im Laufe des Abends aber rasch ändern. So können wir aber in Ruhe unsere Weine probieren. Nachdem wir unsere Wahl getroffen und draußen eine erste Zigarette geraucht haben, nehmen wir auf dem gemütlichen Sofa Platz. Wir entscheiden uns für einen sehr leckeren weißen und einen köstlichen Rosé 2021 Quai (je 7,50 Euro). „Stay hydrated!" ist das Motto, wenn es ums Weintrinken geht. Deswegen bestellen wir auch jeweils ein Wasser mit und ohne Sprudel (je 3 Euro) dazu. Ein Besuch im Weinladen St. Pauli ist auf jeden Fall empfehlenswert. KS

Rauchen nein // **Musik** Loungemusik // **Herzstück** Materia Prima (Naturwein) // **Signature Drinks** Hauswein Quai 2021 // **Perfekt** für ein Date // **Das Besondere** familiäre Atmosphäre

Paul-Roosen-Straße 29 (St. Pauli), Telefon 040 37029728, Di-Fr 14–23, Sa 12–23 Uhr, EC-Karte, VISA, Mastercard, Amex; Reeperbahn S1, S3; weinladen.de

Der Weinladen St. Pauli ist längst ein Klassiker auf dem Kiez

Gin-tastisch

Gin geht eigentlich immer, oder? Vor allem in Hamburg, wo sich etliche Manufakturen einen Namen gemacht haben. Tonic muss gar nicht ins Glas, die guten Brände funktionieren auch solo!

FOTO: UNSPLASH/NICOLA-DREYER

Rüdemann

Gin als traditioneller Jagdschnaps? Gar nicht so abwegig, dachten sich die Jagdfreunde Niklas und Jan. Der Urvater des Gins ist schließlich der Wacholderbrand und der hat – ebenso so wie das edle Waidwerk – eine lange Tradition. Eine Tradition, die etwas in Vergessenheit geraten ist und die die Jagdfreunde mit ihrem Rüdemann-Gin wiederbeleben möchten. Der Name Rüdemann kommt aus der Jägersprache und steht für den Führer eines Jagdhundes. Rüdemann ist immer klar und ehrlich, egal ob pur oder klassisch als Rüdemann-Tonic. Prost und Ho, Rüd', ho!
jagdschnaps.de

Blankeneser Gin

Mit welchen Begleitern versteht sich euer Gin am besten?
Pur mit einem großen Eiswürfel und einer frischen Orangenzeste.
In welchen Momenten ist ein Drink mit eurem Gin unverzichtbar?
Nach einem gelungenen Essen als Digestif oder als Nightcap mit Blick ins Weite.
Was macht euren Gin so einzigartig?
Seine süße Schärfe und eine unterschwellige, edle Bitternote.
Welche Botanicals geben ihm den letzten Schliff?
Den Auftakt macht ein fruchtig-herbes Bouquet. Der erste Schluck birgt die süße Schärfe der Ingwerwurzel. Ab dem zweiten Schluck wird es sanfter: Koriander und Ceylon-Zimt bilden die aromatische Stütze des Wacholders. Kardamom und Wermutkraut kombiniert mit Angelikawurzel und Mädesüß lassen den Blankeneser mit einer edlen Bitternote ausklingen.
Welche Geschichte erzählt euer Gin?
Die eng mit Seefahrt und Handel verbundene Geschichte Blankeneses war uns Anlass, dem „Kleinod an der Elbe" einen eigenen Gin zu widmen. Seefahrt und Gin gehören einfach zu einander. Denn neben der Liebe zur Heimat liegt die Sehnsucht nach dem Fremden und der Trieb zu Abenteuern den Blankenesern seit jeher im Blut.
Wäre euer Gin ein Musikstil, welcher wäre das?
Jazz, Jazz, Jazz.

Woodland Gin

Was macht euren Gin so einzigartig?
Alle unsere Gins sind auch pur ein absoluter Genuss. Ein Gin muss zunächst mal alleine als Spirituose überzeugen. Wenn das der Fall ist, lässt er sich auch im Longdrink oder als Cocktail genießen.
Welche Botanicals geben ihm den letzten Schliff?
Unsere Sauerland-Botanicals: Löwenzahnwurzel, Fichtenspitzen, Sauerampfer, Brennnessel und Baumpilz.
Welche Umgebung passt perfekt, um euren Gin zu genießen?
Woodland passt nicht nur bei uns im Sauerland in den Wald, sondern weltweit überall dorthin, wo guter Geschmack geschätzt wird.

Meereszeiten 360° Gin

Genuss aus Heiligenhafen

Das Vier-Sterne-Hafenhotel Meereszeiten präsentiert seinen HAUSEIGENEN CRAFT-GIN. Weil das Hotel für seinen 360-Grad-Rundblick berühmt ist, und der GIN dank Geschmack und Duft intensiv an die Ostsee erinnert, erhielt er den Namenszusatz „360°". Wer davon ein Schlückchen nimmt, bekommt nämlich den absoluten Rundblick und weiß anschließend, wie der Aufenthalt an der Ostsee wirklich schmeckt und riecht.

KUTTER EDITION

Neu!

Die Seele dieses Gins hat Wellen eingefangen und einen Hauch von echtem Ostseesalz in sich. Eine Spirituose, die wörtlich mit allen Wassern gewaschen und kreiert ist.

Classic-Edition 0,5 l Verpackt in einer attraktiven Geschenkbox	€ 39,00
Glitzer-Edition 0,5 l Erhältlich in 6 stylischen Farben: Hot Pink, Türkis, Antrazit, Blau, Silber oder Gold	€ 59,00
Pocket-Edition 0,1 l	€ 9,90
Kutter-Edition 0,5 l	€ 39,00
Kutter-Pocket-Edition 0,1 l	€ 9,90

Erhältlich an der Rezeption des Hafenhotels Meereszeiten, in der Käpt'ns Lounge oder online unter **meereszeiten-shop.de**

4 STERNE *im Zentrum des Hafens und der Stadt* **HEILIGENHAFEN**

Meereszeiten®
★★★★ DAS HAFENHOTEL

DIREKT BUCHEN UND SPAREN!
Online: hafenhotel-meereszeiten.de
Telefonisch: 04362 500 500
und kostenlos parken
(statt 8 € pro Nacht, Verfügbarkeit vorausgesetzt)

Erleben Sie das Vergnügen einer durchgängig modernen, hellen und hochwertigen Wohnlichkeit in unserem 4-Sterne Hotel garni mit 86 Zimmern und Suiten, Wellness- und Fitnessräumen, Lifestyle-Boutiquen und viele weitere Annehmlichkeiten.

Hafenhotel Meereszeiten GmbH · Am Yachthafen 2-4 · 23774 Heiligenhafen
Tel. 04362 500 500 · E-Mail: info@hhm.sh · **hafenhotel-meereszeiten.de**

The Northman Gin

Mit The Northman Gin den Norden erleben! Die zwei Gründer Lars und Claas sind waschechte Norddeutsche und haben es sich zur Aufgabe gemacht, den Norden und sein Lebensgefühl in die Flasche zu bringen. Und das ist gelungen: Ihre Gins bringen mal salzig-meerige Frische und mal angenehm pfeffrige Rauchnoten ins Glas. Und so erinnern sie an einen Strandspaziergang oder die leckeren Räucherprodukte des Nordens. Den Gin destillieren die beiden noch selbst und von Hand in Batches von gut 200 Flaschen in ihrer kleinen Produktion an der Ostsee. Am Ende wird natürlich jede Flasche persönlich signiert.

northman-gin.com

Ginnlich – Hamburg Dry Gin

Vollmundig-mediterraner Geschmack trifft auf hanseatische Raffinesse und macht Ginnlich – Hamburg Dry Gin damit für dich zu einer außergewöhnlich sinnlichen Erfahrung. Nicht selten als das „Tor zur Welt" bezeichnet, ist der Hamburger Hafen der Ort, der unsere Hansestadt mit dem Meer verbindet und an dem zugleich die meisten Zutaten eintreffen, die den Geschmack unseres Gins so unverwechselbar machen. Tauche ein in die inspirierende Geschmacksvielfalt von Ginnlich, egal ob nach einem stressigen Arbeitstag oder für einen ausgedehnten Abend mit den besten Freunden.

Jetzt entdecken unter ginnlich.de

Elephant Gin

„Gutes Trinken. Gutes Tun." Dafür steht die in Wittenburg ansässige Destillerie Elephant Gin. Inspiriert von der Natur Afrikas, bringt Elephant Gin den African Spirit als Sundowner Gin Tonic direkt ins Glas und schärft gleichzeitig das Bewusstsein für die Bedrohung der Afrikanischen Elefanten. Das viel prämierte Geschmacksprofil basiert auf seltenen afrikanischen Kräutern, die sich mit frischen Äpfeln und reinem Quellwasser aus Deutschland vereinen. Diese besondere Komposition verleiht dem Gin ein komplexes und auffällig mildes Bouquet mit blumigen, fruchtigen und würzigen Aromen. Seit Bestehen fließen 15 Prozent des Verkaufserlöses jeder Flasche an Partnerstiftungen und Wildtierschutz-Projekte in Afrika. Im April hat Elephant Gin aus Flaschenverkäufen und Spendenevents mit Stolz die Erlössumme von einer Million Euro erreicht. Am 12. August 2022 launcht das Unternehmen für seine Mission eine eigene Stiftung – die Elephant Gin Foundation.

elephant-gin.com

Meereszeiten 360° Gin

So schmeckt die Ostsee

Salz und Sanddorn – die Ostsee lässt grüßen. Über der Küste der Ostsee liegt immer ein Hauch von Salz, der sich in den Frühjahrsmonaten mit dem Duft des Sanddorns vermischt. Diese Geruchs- und Geschmackserlebnisse hat Fabian Kohlscheen, Hotelmanager des Vier-Sterne-Hotel Meereszeiten, in seinem 360° Gin vereint. Die Brennerei setzt den Wacholderschnaps mit echtem Ostseesalz und mit fruchtigem Sanddorn an. Pur und gemischt – ein außergewöhnlicher Geschmack.

Der Gin wird in der Hotelbar „Käpt'ns Lounge" vom Hafenhotel Meereszeiten oder im Onlineshop angeboten.

meereszeiten-shop.de

Register alphabetisch

Chay Vegan

FOTO: CHJAY VEGAN

KOCHSCHULE HAMBURG

Basic „Das 1x1 der Küche"
Candlelight dinner
Wild(e) Küche
La Cucina Italiana
Prime beef
Thailändisch
American diner
... und vieles mehr!

Hier kocht Hamburg

WWW.KOCHSCHULE-HAMBURG.DE
Das Original seit 2003

Bei uns macht Kochenlernen Spaß: Mit netten Leuten, Profi-Köchen und bester Stimmung! Egal ob Ihr alleine kommt oder mit Euren Freunden – hier kocht Ihr zusammen, in kleinen oder großen Gruppen. Die Profis zeigen Euch dabei Ihre Tipps und Tricks. Übrigens: Ideal auch für Firmenevents oder Geburtstagsfeiern!

Beim Alten Gaswerk 1
Tel 040 / 333 10 860
info@kochschule-hamburg.de

www.kochschule-hamburg.de

Register alphabetisch

Madame Mai

FOTO: MADAME MAI

Register nach Stadtteilen

Saliba

FOTO: JAKOB TOUBA

Register nach Stadtteilen

Tapas y Más

FOTO: MARC SILL

Cafes & Röstereien

Bars

Bar DaCaio

FOTO: S. BAADE

IMPRESSUM

SZENE HAMBURG ESSEN + TRINKEN 2022/2023
Herausgeber: Tanya Kumst, Mathias Forkel
VKM Verlagskontor für Medieninhalte GmbH
Gaußstraße 190c, 22765 Hamburg
Telefon: (040) 36 88 110–0
Online: www.genussguide-hamburg.com
www.facebook.com/genussguidehamburg
www.instagram.com/genussguidehamburg
E-Mail: info@genussguide-hamburg.com
Projektleitung: Ilona Lütje (ILO), Andreas Daebeler (AND)
Redaktion Essen+Trinken: Karoline Gebhardt (KG), Alice von der Laden (AVL), Katharina Stertzenbach (KS), Johanna Zobel (JZ)
Assistenz: Ann-Cathrin Forkel, Josephine Giese, Luna-Lavinya Kumst, Jule Luetge, Rebecca Heine
Online-Redaktion & Social Media: Isabel Rauhut (IR)
Schlussredaktion: Folko Damm, Elke Müller
Layout: Constanze Henk (Ltg.), Thorge Geerdts, Julia Friederike Kleinwächter, Almut Moritz, Tom Weber-Ude
Autoren dieser Ausgabe:
Michel Abdollahi, Stefan von Ameln (SVA), Manfred Augener (AUG), Thorsten Bartels, Gunnar Beuth (GB), Pernille Behnke, Reimar Biedermann (BIE), Kai Bösel (KB), Erik Brandt-Höge (EBH), Anissa Brinkhoff (AB), Hedda Bültmann (HED), Nicole Büsing (NB), Stefanie von Carlsburg, Kathrin Corda (CO), Benjamin Cordes (BC), Brian Couch, Andreas Daebeler (AND), Folko Damm (FD), Beke Detlefsen (BD), Jens Dorendorf (JD), Mathias Elwardt, Hakan Evcil (HE), Dagmar Ellen Fischer (DEF), Kristin Flöter (KF), Marco Fuchs (MF), Andreas Garbrecht (AG), Lilli Gavrić (LG), Markus Gölzer (MG), Katharina Grabowski (KGR), Franziska Hanff (FH), Anke Harnack, Frehn Hawel, Michael Hein (MH), Lisa Holldorf (LH), Tina Ingwersen-Matthiesen, Heiko Klaas (HK), Julia Friederike Kleinwächter (JFK), Nanny Kock (NK), Dayan Kodua, Thomas W. Kraupe, Melanie-Gitte Lansmann, Peter Lau (PL), Kai Lohfeld (KL), Laura Lück (LL), Henry Lührs (HL), Katharina Manzke (MAN), Antonia Marmon, Edina Müller, Jan Nebendahl, Levke Marie Nielsen (LMN), Ole Masch (OMA), Anna Christina Massing (ACM), Sascha Mika, Hubert Neubacher, Eliane Neubert (EN), Katharina Neumann (KN), Matthias Onken (MO), Michael Otremba, Jan Paersch (JP), Stevan Paul, Anna Reclam (AR), Matthias Rüsch, Kerstin Schallmaier (KSM), Leo Schmidthals, Inka Schneider, Jan Schröder (JAS), Dirk Schumaier, Sarah Seitz (SAS), Frank Sill (FS), Noemi Smethurst (NSS), Tom Till, Jasmin Tran (JT), Friederike Trudzinski (FT), Mara Veigel (MV), Denise Wachter (DSW), Peter und Silvi Wagner (PESI), Tom Weber-Ude (TWU), Nadine Wenzlick (NW), Bettina Wiebe (WIE), Felix Willeke (FW), Jens Wohlrab
Cover: Thomas Escher
Fotos: Jérome Gerull, Julia Schumacher, Marc Sill
Illustrationen: Thomas Escher
Anzeigen: Kumst Medien Vermarktungsgesellschaft mbH
Geschäftsführung und verantwortlich für Anzeigen: Tanya Kumst
Anzeigen-Disposition: Lars Heitmann
Telefon: (040) 524 72 26 87 | info@kumst-media.de
Beilage: Flyer Genuss-Touren
Druck: Dierichs Druck+Media GmbH & Co. KG
Redaktionsschluss: 15. Juni 2022

Nachdruck von Texten, Bildern und vom Verlag gestalteten Anzeigen nur mit schriftlicher Genehmigung.
© VKM Verlagskontor für Medieninhalte GmbH

Umland

Neueröffnungen

mama® trattoria

Italienisches Essen mit Liebe gemacht! Tag für Tag!

Salate, Suppen, italienische Bio-Pasta und knusprige Pizza – frische Qualität zu kleinen Preisen. Das ist mama.

Hamburgs Nr. 1!

mama Eppendorf Lehmweg 44, Tel. 040 24 43 87 97
mama City Schauenburgerstraße 44, Tel. 040 360 99 993
mama HafenCity Am Sandtorkai 52, Tel. 040 320 86 777
mama Pöseldorf Mittelweg 138, Tel. 040 53 77 97 99
mama Winterhude Gertigstraße 61, Tel. 040 31 70 17 33
mama Blankenese Blankeneser Bahnhofstr. 31, Tel. 040 80 00 73 73
mama Wellingsbüttel Wellingsbüttler Weg 119, Tel. 040 507 98 555

Fatto con amore®

Öffnungszeiten: So.–Di. 12:00–21:30 Uhr + Mi.–Sa. 12:00–22:00 Uhr

@mamatrattoria

Wir sind biozertifiziert von DE-ÖKO-006.

www.mama.eu

Top 10 zum Überleben

438 Seiten – ein dickes Ding. Das heißt: viel Schweiß, harte Diskussionen, fesselnde Interviews, grandioses Essen und große Pleiten. Dazu das eine oder andere Kilo mehr auf der Hüfte. Vor allem aber: unbeschreibbarer Stolz, diese 35. Ausgabe von SZENE HAMBURG ESSEN+TRINKEN an den Start zu bringen. Wie wir das geschafft haben? Hiermit!

1. **KAFFEE.** Ganz viel Kaffee! Die Public Coffee Roasters rollen uns bald den roten Teppich aus, so häufig gingen wir dort ein und aus.

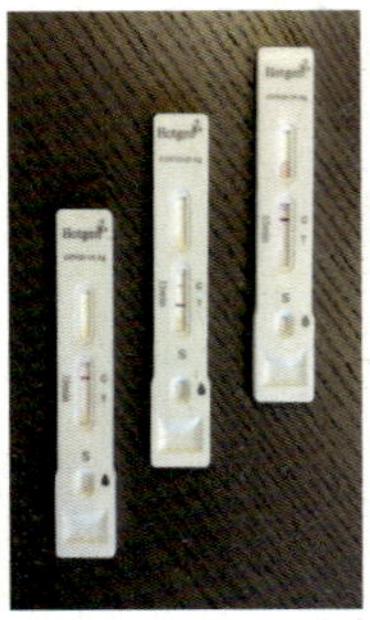

2. **SCHNELLTESTS.** Corona schlug während der Produktion leider wieder voll zu, das Team wurde täglich kleiner. Also wieder die Essstäbchen gegen die Teststäbchen getauscht, bevor es in die Redaktion geht.

3. **SONNE.** Da wird die Pause auf dem Hof vor der Redaktion mit Kolleginnen und Kollegen auch schon mal ein Minütchen länger. Und die Vorfreude auf die Feierabend-Bootstour größer.

4. **NERVENNAHRUNG.** Psst, wir wissen, wo der Schlüssel für den Naschi-Schrank versteckt ist. Und der hat verdammt geiles Zeug, wenn die Nerven mal wieder blank liegen.

5. **PIZZA.** Da sitzen wir mit dem „Farina meets Mehl" als Nachbarn schließlich an der Quelle. Die Rettung, wenn's mal wieder etwas später wurde.

6. **ALKOHOL.** Keine Ausgabe, in der uns nicht abends das Bier und – in schlimmen Notfällen – auch mal der Helbing in den Feier-abend starten ließ.

7. **SOMMERREGEN.** Gibt es etwas Erfrischenderes, als sich nach einem hitzigen Tag in der Redaktion den Schweiß von der Haut und den Nerven abduschen zu lassen?

8. **SPORT.** Joggen gegen zusätzliche Kilos. Ist ja schließlich Bikini- und Badeshort-Zeit!

9. **FILME UND SERIEN.** „Stranger Things", „Kardashians", „deep und deutlich".

10. **SCHLAFEN!** Das werden wir jetzt wieder ausgiebig.

FOTOS: JULIA KLEINWÄCHTER (L.), ERIK BRANDT-HÖGE (M., R., U.)